KB202853

"오늘 여기에서 예수 따름이로 살아가며 또 다른 따름이를 키워 내고 그들의 공동체를 세우려는 사람에게, 사도 바울보다 더 소중한 선배가 있을까? 그는 2천 년 전 팔레스타인 지역의 유대 문화 속에서 선포된 예수의 가르침을 충실하게 소화하여, 당시의 전 세계적 문화라 할 수 있는 그리스-로마 문화 속에 완벽하게 상황화하였다. 그는 도서관 신학자가 아니라, 온 세상을 돌아다니며 시장 바닥에서 목회하는 신학자였다. 이 경탄할 만한 1세기 사상가요 실천가의 삶과 사역, 더 나아가 속마음까지 살펴볼 수 있는 책을 기다려 왔는데, 톰 라이트가 이 일을 해냈다. 그것도 어렵지 않게 읽을 수 있도록! 이 책은 지금까지 쓰여진 수많은 바울과 그의 신학에 대한 책들 중에서, 시대가 바뀌어도 다섯 손가락 안에 남을 중요한 책이 될 것이다." **─김형국** 하나복DNA네트워크 대표, 신학박사

"바울에게 다가가는 길은 여러 가지다. 그의 글을 차례대로 읽으며 시작할 수도 있고, 당시 사회의 맥락 속에서 그 생각의 줄기들을 따라갈 수도 있다. 톰 라이트는 역사적 탐구의 중요성을 역설하며, 일세기 사회의 다양한 맥락 속에서 바울의 복음을 이해하려고 노력해 온 학자다. 《바울 평전》 역시 그런 노력의 한 열매다. 바울의 개인적 여정을 따른다는 점에서 바울 평전이지만, 통상적 의미의 '전기'는 아니다. 이 책에서 라이트는 자신의 역사적 탐구에 절제된 상상력을 버무려, 바울이 거쳐 갔던 다양한 세계에 대한 폭넓은 설명을 제공한다. 바울의 심리나 의도에 관한 불필요한 상상은 없지만, 사람들이 살고 생각하는 세상을 그려 내는 붓질은 언제나처럼 대담하다. 이런 밑그림과 더불어 그는 바울이 그 세계와 얽히며 복음을 사유하고 선포하던 장면들을 성실한 그림으로 완성해 나간다. 그래서 그의 글은 촘촘한 내러티브적 묘사와 탄탄한 사유 사이를 자유롭게 오고 간다. 이 책은 '엄청 박식한' 가이드와 함께 바울의 여정을 하나씩 좇아가는, 그야말로 최고 품질의 수학(!) 여행이다. 이 가이드의 '강한' 자기 주장은 독자들의 탐구 여행을 그만큼 더 흥미진진한 것으로 만들어 줄 것이다." **─권연경** 숭실대 기독교학과 교수

"역사에 충실하면 신학이 부박하고, 신학에 치중하면 역사가 부실하기 쉽지만, 톰 라이트는 두 가지 모두 알차다. 이런 균형과 깊이를 우리가 배워야 한다. 마치 밀착카메라로 훑어 내는 듯한 바울의 삶과 신앙을 통해 교회가 그의 가르침을 제대로 가르치고 있는지, 개인은 올바르게 실천하고 있는지 통찰할 수밖에 없다. 바울을 제대로 알아야 신약을 올바르게 이해할 수 있고 교회가 지금 제 역할을 제대로 수행할 수 있다. 그런 바울에 대한 평전으로서 압권이고 백미다!" **─김경집** 인문학자, 전 가톨릭대학교 인간학교육원 교수

"길을 가는 사람에게 이정표가 더 이상 필요 없을 때는 이정표가 잘못되었을 때가 아니다. 목적지에 이미 도착했을 때다. 모든 그리스도인에게 바울은 이정표다. 그가 더 이상 필요 없을 때는 오직 예수 그리스도를 통해 하나님나라가 이 땅에 임했을 때뿐이다. 이 책은 이 엄연한 사실을 일목요연하게 보여 준다. 그때가 언제일까? 또 어떻게 올까? 궁금하다면 바울은 누구인가, 그가 무슨 일을 했는가. 그리고 그 일이 왜 성공했는가를 밝힌 이 평전을 일독하길 권한다." —김용규 《신: 인문학으로 읽는 하나님과 서양문명 이야기》 저자

"라이트는 그만의 뛰어난 솜씨로 역사 속에 살았던 바울의 풍모와 언행을 드러내는 데에 성공했다. 라이트 자신의 것을 포함하여 바울에 관한 많은 책이 있지만, 이 책은 종교를 떠나 교양으로 흥미롭게 읽을 수 있는 알찬 책이다. 저자는 거시와 미시를 오가며 역사와 교리와 편견의 뿌연 먼지가 잔뜩 앉은 한 인물의 초상을 오롯이 되살린다." —김학철 연세대학교 학부대학 교수

"언제나 그렇지만, 톰 라이트는 방대한 학식을 생생하고 명쾌하며 누구나 읽을 수 있는 형태로 만들어 내는 데 탁월한 능력을 가진 이다." —로완 윌리엄스 전 캔터베리 대주교

"오늘날 가장 주목 받는 바울 해석자 중 하나가 쓴 가장 중차대한 신학자에 대한 설득력 있고, 정교하며, 잘 읽히는 평전이다." —미로슬라브 볼프 예일 대학교 신학 교수

"톰 라이트만큼 기독교 신앙을 훌륭하게 해석하는 인물은 없다." —윌리엄 윌리몬 미국 연합감리교회 감독

"우리 시대 위대한 신학자 가운데 한 사람이 바울의 생각 속으로 들어가 흥미진진하고 사람 마음을 쏙 빼앗는 여행기를 내놓았다. 한 인간을 이해하는 통찰과 깊이, 그리고 관대함이 넘쳐흐르는 작품이다." —랍비 조너선 색스 《Not in God's Name》 저자

"언제나처럼, 라이트는 해박한 지식과 놀라운 직관, 무르익은 재치, 그리고 지혜를 잘 조합하여 바울의 삶을 그려 냈다. 그가 쓴 이 바울 평전은 한 인간이요 선교사이며 저술가였던 최초의 위대한 기독교 신학자를 밝혀낼 열쇠를 찾으려 할 때마다 틀림없이 훌륭한 도움을 제공할 것이다." —벤 위더링턴 3세 애즈베리 신학대학원

"라이트의 탁월한 책은 바울을 생생히 살려낼 뿐 아니라 그의 삶을 복잡하고 중층적인 로마 제국 내 유대 및 비유대 공동체들 속에 자리하도록 만든다." —존 로빈슨 에딘버러 대학교 고전학 교수

"바울에 관해 설교하는 혹은 바울의 삶과 메시지에 관심하는 어떤 이도 톰 라이트가 제시하는 이 작품을 놓치고 싶지 않을 것이다. 이 책은 바울의 사역과 신학, 그의 사람됨에 대해 신선한 시각을 제공할뿐더러 책을 내려놓지 못할 정도로 즐겁게 읽을 만하다."
—**존 오트버그** 멘로 교회 담임목사

"라이트는 성경에서 가장 논란이 많고 가장 큰 영향력을 행사하고 있는 저자를 파고들어 모든 이가 주목할 만한 일을 해냈다. 그는 바울도 한 인간임을 생생히 보여 준다. 나는 첫 페이지부터 이 책에 빠졌다." —**마이크 맥하그** 《Finding God in the Waves》 저자

"이 시대의 가장 위대한 바울 해석자가 쓴 바울 평전. 이런 책이 나왔으면 했는데, 드디어 꿈이 이루어졌다." —**톰 홀랜드** 역사학자 겸 전기작가

"저명한 성경학자 톰 라이트가 들려주는 초기 기독교 설립자 바울의 삶. 라이트는 바울의 서신과 신학에 집중함에 있어서 학자나 목회자들이 바울이 당대의 상황 속에 있는 한 인간임을 간과해 왔다고 본다." —〈퍼블리셔스 위클리〉

"가장 매력적인 특징은 라이트가 바울을 삼차원적 인물로, 다면적이고 복잡한 인간으로 그려 낸다는 점이다. 《바울 평전》은 명민하고, 도발적이며, 상상력 넘치고, 탁월한 책이다." —〈가스펠 코올리션〉

"엄청난 설득력으로 다가오는 장대한 평전. 많은 독자들이 읽어야 할 책."
—〈처치 타임스〉

"바울을 생생히 되살려 낼 뿐 아니라 그가 교회를 이루었던 공동체들 그리고 그 공동체를 감싸고 소용돌이치던 종교 사상까지 생생히 그려 낸다. 이 가독성 높은 책은 성서의 역사에 관심하는 이들에게 논쟁의 주제와 숙고할 많은 것을 선사한다." —〈북리스트〉

"세계 신약 학계를 선도하는 학자." —〈뉴스위크〉

"라이트는 의심의 여지 없는 탁월한 예술가다." —〈크리스채너티 투데이〉

바울 평전

PAUL

바울 평전

톰 라이트 지음
박규태 옮김

캐리 앨리슨 라이트(1956년 10월 12일-2017년 6월 3일)를

깊이 애도하며

차
례
/

1부: 시작

2부: 왕의 사자

일러두기 /

- 본서의 성경 인용은 신약의 경우 저자의 사역인《하나님나라 신약성경》(IVP)을,
  구약의 경우 역자의 번역과 새번역을 사용했다.
- 저자의 주는 미주로, 옮긴이 주는 각주로 표기했다.

**지도
목록
/**

서

문

/

고대 세계의 인물 가운데 지금도 책 속에서 뛰어나와 우리와 대면할 능력을 가진 이는 손가락으로 꼽을 정도다. **사도 바울**은 바로 그런 인물 중 하나다. 우리가 사도 바울에 동의하든 동의하지 않든—우리가 그를 **좋아하든** 좋아하지 않든!—그가 쓴 서신은 개인적이면서 열정이 넘치고, 때로는 눈물을 자아내지만 때로는 사람을 괴롭히며, 종종 난해하고 모호할 때도 있지만 지루하거나 재미없지는 않다. 그런데 바울은 누구였는가? 그를 움직인 원동력은 무엇이었는가? 기이해 보이는 그의 선교 이력이 어떻게 고대 그리스와 로마 세계에 깊은 영향을 끼치고 결국 우리 시대의 세계에까지 깊은 영향을 끼쳤을까?

어떤 대답이든 이런 물음에 의미 있는 대답이 되려면, 무엇보다 바울 서신을 역사와 신학의 관점에서 자세히 연구하는 동시에 이 시대의 학문을 깊이 고찰하고 이 시대 학자들과 토론해 봐야 한다. 나는 이런 일을 《언약의 절정*The Climax of the Covenant*》(1991/1992)과 《바울과 하나님의 신실하심*Paul and the Faithfulness of God*》(2013; CH북스 역간), 논문을 엮은 책인 《바울을 바라보는 관점들*Pauline Perspectives*》 (2013), 그리고 현대 학자(주로 영어권)의 바울 연구를 두루 살펴본 《바울과 최근의 바울 해석자들*Paul and His Recent Interpreters*》(2015)에서 시도해 보았다.[1] 그러나 평전 저자가 던지는 질문은 위의 질문과 미묘한 차이가 있다. 우리는 텍스트 뒤에 자리한 그 사람을 탐구해 보려고 한다.

　대다수 역사가처럼 나도 모든 관련 증거를 될 수 있는 한 단순한 틀 안에 담아 보려 한다. 나는 일부 서신의 저자가 바울이 아니라거나 (아마도 누가는 사도행전의 사건들이 일어난 때로부터 오랜 시간이 흐른 뒤에 자신의 신학에 맞춰 사건 내용을 꾸며 기록했으리라는 근거를 들면서) 사도행전은 역사적 사실을 담은 기록이 아니라고 지레 단정하는 것을 미덕이라 여기지 않는다. 각 세대는 탁자 위에 있는 모든 조각을 가지고 그림을 맞춰 봐야 하며, 그 조각들이 언뜻 봐도 분명한 그림을 만들어 낼 만큼 타당하게 맞춰질 수 있는지 살펴봐야 한다. 나는 특히 다음의 두 가지 가설을 전제한다. 첫째, 갈라디아서는 남南갈라디아에 보낸 서신이다. 둘째, 옥중 서신은 에베소 옥중에서 쓴 것이다. 첫째 가설과 관련해서는 다른 작품도 많이 있지만 특히 스티븐 미첼Stephen Mitchell이 쓴 《아나톨리아: 소아시아의 땅과 사람과 신*Anatolia: Land, Men, and Gods in Asia Minor*》의 2권인 《교회의 발생*The Rise of the Church*》을 따르겠다.[2] 둘째 가설과 관련해서는 나보다 앞서 세인트 앤드루스 대학교에서 가르쳤던 조지 던컨▪이 오래전에 쓴 작품 《바울의 에베소 사역: 재구성*Paul's Ephesian Ministry: A Reconstruction*》[3]을 포함하여 많은 작품의 도움을 받았다. 나는 이 가설들이 역사적 자료, 신학적 자료, 전기적 자료를 탁월하게 이해하고 설명해 준다는 것을 발견했다. 참고한 1차 자료는 이 책의 미주尾註에 기록해 놓았으나, 사도행전만 끝도 없이 인용한 주로 대충 채워 넣지는 않았다.

이 책의 스타일을 짤막하게 언급하고 넘어가겠다. 이의를 제기하는 의견들이 있으나, 나는 일관되게 '영(혹은 성령)'을 가리키는 영어 단어 spirit(혹은 holy spirit)의 첫 글자 s를 소문자로 적는다. 그렇게 하는 것은 내가 이 책에서 사용한 나 자신의 번역*과 일치하기 때문이요(구약 인용문은 나 자신이 번역했거나 NRSV에서 가져왔다), 특히 바울이 프뉴마*pneuma*라는 그리스 단어를 쓸 때 대문자와 소문자로 구분하여 쓰는 방법을 택하지 않았기 때문이다. 그의 서신은 어느 경우에든 애초에 큰 소리로 낭독하게 하도록 쓴 것이었다. 프뉴마*pneuma*라는 단어는 그 말이 본디 가졌던 의미와 미묘하게 다른 철학적, 종교적 의미를 갖게 된 세계에서 시각적 기호의 도움 없이 뻗어 나가야 했다. 이 자체가 혼란스럽고 다툼 많은 세상에서 예수의 형상을 지닌 유대인의 메시지를 전하고 삶으로 살아 낸 바울과 관련하여 중요한 시사점을 던진다.

이 책의 초고 전부 또는 일부를 읽고 여러 의견을 제안하여, 바로잡을 곳과 추가할 내용 및 더 명쾌하게 서술해야 할 부분을 일러

■ 1884-1965. 스코틀랜드 신약 신학자. 1919년부터 1954년까지 세인트 앤드루스 대학교에서 성경 비평을 가르쳤다.

준 몇몇 친구와 동료에게 감사한다. 이 책에 오류가 남아 있다면, 그것은 오로지 내 잘못이다. 특히 사이먼 킹스턴, 스캇 맥나이트, 마이클 버드, 마이클 고먼, 막스 보트너, 크레이그 키너, 앤드루 코원, 존 리처드슨, 조너선 색스가 떠오른다. 출판사 사람들도 하나같이 도움과 격려를 베풀어 주었다. 미키 모들린, 노엘 크리스먼, 이들과 함께한 하퍼원HarperOne의 동료들, 그리고 샘 리처드슨, 필립 로, 또한 이들과 더불어 SPCK의 동료들이 생각난다. 격려와 뜨거운 관심을 보여 준 세인트 앤드루스의 동료와 학생들에게, 언제나 변함없이 든든한 버팀목이 되어 주는 사랑하는 가족에게 다시 한 번 감사한다. 마지막으로, 바울처럼 자신의 주위 사람들에게 사랑과 기쁨을 아낌없이 베풀어 주었던 나의 제수씨인 고(故) 캐리 라이트를 사랑을 담아 깊이 추도하며 이 책을 그에게 헌정한다.

2017년 예수 승천일에
세인트 앤드루스에서
톰 라이트

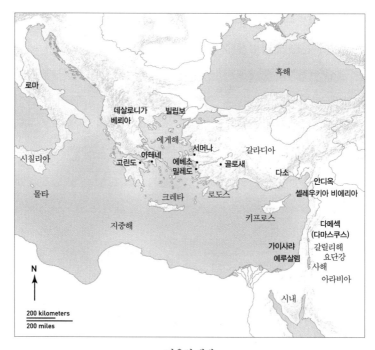

로마

흑해

데살로니가
베뢰아

빌립보

시칠리아

에게해

아테네

서머나

갈라디아

고린도

에베소
밀레도

골로새

다소

몰타

크레타

로도스

안디옥
셀레우키아 비에리아

키프로스

다메섹
(다마스쿠스)

지중해

가이사랴
예루살렘

갈릴리해
요단강
사해
아라비아

N

시내

200 kilometers
200 miles

바울의 세계

들어가는

글

/

인류 문화는 대개 빙하의 속도로 발전해 왔다. 우리 현대인은 급격한 변화와 드라마 같은 혁명에 익숙하지만, 그래도 세상 일이 늘 그런 식으로 이루어지지는 않는다는 것을 마음에 새겨 둘 필요가 있다. 더디고 변함없는 것이 규칙이었다. 이따금 인간의 삶을 좋은 쪽으로든 나쁜 쪽으로든 갑자기 바꿔 놓는 발명이 있긴 했지만(바퀴, 인쇄기, 화약, 인터넷이 그런 예다), 그런 발명은 드문 일이다.

2천 년 전 유럽 동남부와 서아시아에서 벌어진 사건들이 돌아볼 때면 그때나 지금이나 여전히 놀랍기만 한 것은 그 때문이다. 활력 넘치고 말 많은 한 사람이 있었다. 용모는 보잘것없었고 멸시받는 민족 출신이었다. 그런 사람이 이 도시에서 저 도시로 다니며 한 분 하나님과 그분의 '아들' 예수를 이야기했고, 그의 말을 받아들인 사람들로 이루어진 작은 공동체를 세웠으며, 그들에게 편지를 썼다. 이 서신이 지닌 폭발력은 처음 그 서신을 받아 적게 했을 때만큼이나 오늘날에도 신선하다. 바울은 그 자신이 세계를 바꿔 놓았다는 의견을 반박할지도 모른다. 아마 그는 자기보다 앞서 예수가 세상을 바꿔 놓으셨다고 말했을 것이다. 그러나 바울이 예수와 하나님과 세계에 관해 이야기한 내용, 그리고 인간으로 존재한다는 것이 진정 무슨 뜻인지를 두고 이야기한 내용은 독창적이고 설득력이 있었다. 뿐만 아니라 그 자신의 시대는 물론이고 그 후에도 논쟁거리가 되었다. 그와 같은 일은 다시없을 것이다.

눈에 띄는 사실부터 살펴보자. 바울 서신은 현대의 표준 역본으로 80쪽이 넘지 않는다. 서신 전체를 다 합쳐도 플라톤의 〈대화편〉이나 아리스토텔레스의 여러 논문 중 어느 하나보다 짧다. 하지만 바울 서신의 한 쪽 한 쪽이 고대 세계의 다른 어느 기록보다 더 많은 주석과 설교와 세미나와 단행본과 박사학위 논문을 만들어 냈다는 말은 누구도 부인하지 못할 사실이다. (복음서의 경우도 그 분량이 전부 합쳐도 바울 서신의 절반이다.) 이는 마치 어느 이름 없는 예술가가 그린 작은 그림 여남은 편이 전 세계에 있는 렘브란트와 티치아노, 모네와 반 고흐의 그림을 다 합친 것보다 사람들이 많이 찾고, 연구하고, 베끼고, 높이 평가하는 것과 마찬가지인 셈이라 할 수 있다.

이것은 여느 역사가나 자칭 전기 작가에게 여러 의문을 불러일으킨다. 어떻게 이런 일이 일어났을까? 바삐 살았지만 보잘것없었던 이 사람은 다른 사람이 갖지 않은 뭔가를 갖고 있었는가? 그랬다면 그것은 무엇이었을까? 그는 자신이 무슨 일을 하고 있다고 생각했으며 왜 그 일을 한다고 생각했을까? 바울과 같은 배경을 갖고 같은 교육을 받은 이들은 마땅히 성자가 되고 학자가 되었지, 바울 같은 이가 되지는 않았다. 어찌하여 그와 같은 배경을 갖고 교육을 받은 이가 이런 말을 하고, 이런 여행을 하고, 이런 편지를 쓰게 되었을까? 바로 이것이, 다시 말해 사도 바울로 알려지기 전에는 다소의 사울로 알려져 있던 인물의 생각과 이해와 야심(이 말이 바른 표현이라면)의 내면을 들여다보는 것이 이 책에서 다루고 싶은 첫 번째 난제다. 바울의 마음 깊은 곳에서 그를 움직인 동인動因은 무엇이었을까?

이런 질문은 두 번째 질문으로 곧장 이어진다. 사울이 예수에 관한 소식을 접했을 때 그의 생각은 백지상태가 아니었다. 그 소식을 들을 때 그는 정반대 방향으로 전력 질주하고 있었다. 바울은 자신이 조상으로부터 물려받은 전통을 엄격히 지키는 유대교 학파에서 교육받았음을 독자들에게 몇 번이나 되새겨 준다. 젊은 날 다소의 사울은 이 운동을 이끄는 빛이었다. 이 운동원들의 목표는 동포 유대인들을 독려하여 오래전부터 내려온 율법에 더 철저히 순종케 하고, 폭력을 사용하는 한이 있더라도 가능한 한 모든 수단을 동원하여 그 법에서 절대 벗어나지 않게 하는 것이었다. 그렇다면 왜 이 모든 것이 바뀌었을까? 다메섹 도상에서 대체 무슨 일이 일어난 것인가?

이는 오늘날의 독자들에게 당장 언급하고 넘어가는 것이 더 나을 법한 문제를 하나 제기하지만, 우리는 이 문제를 조금씩 차차 다룰 수 있을 뿐이다. '다메섹 도상Damascus Road'이라는 말은 어떤 사람의 신념이나 성품에 갑자기 일어난 변화를 가리키는, 그것이 '종교적', '정치적', 심지어 심미적인지를 불문하고 모든 '회심'

을 가리키는 유명한 관용어가 되었다. 여기서 우리는 전에는 데이비드 보위*의 음악을 싫어했다가 어느 순간 '다메섹 도상'을 경험하고 그의 음악을 좋아하게 되었다고 선언하는 비평가를 상상해 볼 수 있겠다. 이런 현대의 용법은 방해가 된다. 이런 용법 때문에 원래 있었던 사건을 이해하기가 더 힘들어진다. '회심'(돌이킴, conversion)이라는 언어 자체도 그렇다. 오늘날 이 단어는 어떤 사람이 세속의 무신론이나 불가지론에서 어떤 형태의 기독교 신앙으로 '돌이키거나', 불교나 이슬람교 같은 '종교'에서 '기독교'라는 '종교'로 '돌이키는'―또는 그 역逆으로 돌이키는―것을 가리키는 것 같다. 그 때문인지, 다소 사람 사울이 다메섹 도상에서 '유대교'라 불리는 무언가에서 '기독교'라 불리는 무언가로 '돌이켰다'고―아울러 사울이 그의 성숙한 사상 속에서 이 두 '종교'를 **비교하면서** 유대교보다 기독교가 나을 수밖에 없는 이유를 설명하고 있었다고―생각한 이가 많았다. 그러나 우리가 이런 문제에 그런 식으로 접근한다면, 두말할 것도 없이 다소의 사울이나 사도 바울을 이해하기란 결단코 불가능할 것이다.

우선, 우리가 아주 조심해서 돌아야 할 모퉁이가 있음을 알리는 표지판이 있거니와, 바울이 살았던 세계에서는 '유대교'(그리스어로 *Ioudaïsmos*)가 우리가 흔히 '종교'라 부르는 것을 가리키지 않았다. 말이 나온 김에 덧붙이면―이 역시 우리 앞에 있는 여러 난제

━ 1947-2016. 영국의 가수.

를 시사하는 것이지만—'종교'라는 말 자체가 이제는 바울 시대와 다른 뜻을 갖고 있다. 바울 시대에 '종교'는 정치와 공동체 생활과 더불어 어느 문화를 하나로 결속해 주고 그 문화에 속한 구성원들을 그 문화가 섬기는 신과 하나로 묶어 주며 그 사람들을 서로 묶어 주는, 하나님과 관련된 모든 활동으로 구성되어 있었다. 현대 서구 세계는 '종교'를 문화와 정치와 공동체 생활과 별개로 여겨지는, 하나님과 관련된 개인의 믿음 및 실천을 뜻하는 것으로 여기며, 이런 믿음과 실천은 문화, 정치, 그리고 공동체 생활과 별개라고 생각한다. 바울은 '종교'를 삶의 모든 것과 얽혀 있는 것으로 보았지만, 현대 서구 세계는 삶의 모든 것과 분리된 것으로 본다.

따라서 바울이 십중팔구 가장 먼저 썼을 서신에서 "내 또래와 동족 중 많은 사람들보다 유대교에 더욱 앞장섰습니다"라고 말할 때,[1] '유대교'라는 말은 어떤 '종교'가 아니라 어떤 **활동**을 가리킨다. 이는 곧 조상 때부터 내려온 삶의 방식을 열심히 전파하고 변호했다는 말이다. 다소 사람 사울의 관점에서 보면, 나사렛 예수의 첫 추종자들은 이스라엘의 하나님을 영화롭게 하려면 뿌리 뽑아야 할 그릇된 행위를 일삼는 가장 확실한 본보기였다. 다소 사람 사울이 이런 사람들을 핍박하는 데 "극도로 열심이었던"(바울 자신이 쓴 표현으로,[2] 이는 그저 억센 감정만 가리키는 게 아니라 폭력을 적극 휘둘렀음을 가리킨다) 것도 그 때문이었다. 그것이 바로 다소 사람 사울이 생각했던 "유대교*Ioudaïsmos*"의 의미였다. 가능한 모든 수단을 동원하여 이스라엘의 한 분 하나님이 가지신 참된 목적에 걸림이 될 운동을 뿌리 뽑아야 했다. 사울과 그의 동료들은 그 하나님의 계획이 마침내 영광스러운 성취를 눈앞에 두고 있다고 믿었다. 그러던 중 사울은 다메섹 도상에서 이 신성한 계획이 참으로 영광스럽게 성취되었음을, 하지만 사울 자신이 전혀 상상치 못했던 방법을 통해 이미 성취되었음을 믿게 된다.

때문에 사울은 그가 고대 문화나 고대 '종교'나 고대 신앙을 탐구하는 학생들에게 제시하는 많은 질문에 더하여 역사가에게도 이 중 질문을 하나 제시한다. 그는 어떻게 세상을 바꿔 놓은 사람이 되었을까? 우리는 그가 이런 역할을 맡기엔 뜻밖의 후보가 아니었나 하는 생각을 해볼 수도 있다. 그는 유대 전통을 가르치는 교사였지만, 어쩌면 개혁자였을 가능성도 있다. 그러나 그는 이 도시 저 도시에 보잘것없는 사람들이 구성원을 이루고 그 구성원 중 대다수가 유대인이 아닌 작은 모임들을 세우고, 그들을 하나로 묶어 주는 기쁜 소망을 불어넣어 타오르게 했던 행동가가 아니었다. 사람들에게 새로운 사상뿐 아니라 완전히 새로운 사고방식을 가르친 철학자도 아니었다. 기도를 그 뿌리부터 완전히 다시 생각하던 영혼의 스승도 아니었다. 그렇다면 어떻게 그런 일이 일어났을까? 바울이 펼친 운동이 처음에 끼쳤던 영향을 넘어 그토록 큰 성공을 거둔 이유는 무엇일까? 여기저기 떠돌아다닌 한 유대인이 세운 이 작은 공동체들이 장차 '교회'로 바뀌어 간 것은 무슨 이유 때문일까? 이것이 우리가 이 책에서 가장 먼저 다루려 하는 질문들이다.

두 번째로 다룰 질문들은 이 첫 번째 질문들을 완전히 뒤틀어 놓는다. 박해자 사울은 어떻게 사도 바울이 되었을까? 그것은 어떤 종류의 변전變轉이었는가? 그것도 어쨌든 '회심'이었을까? 바울은 '종교를 바꾸었는가?' 아니면 우리는 그가 십자가에 못 박히셨던 예수를 따르고 이스라엘의 하나님이 이 예수를 죽은 자 가운데서 부활시키셨다고 선포할 때도—비록 그것이 그 자신이나 다른 어느 누구도 예상하지 못했던 방법이긴 하지만—사실은 그가 조상에게서 물려받은 전통을 충실히 따랐다는 바울 자신의 설명을 받아들여도 될까?

바울과 같은 시대를 살았던 이들에겐 이런 질문이 분명 풀기 어려운 수수께끼였다. 이 수수께끼를 놓고 고민한 이들 중에는 예수를 따르던 다른 이들이 있었을 것이며, 그 가운데 일부는 바울을 깊은 의심의 눈으로 바라보았다. 그렇게 의심한 이들 중에는 그의 동포 유대인도 있었을 것이며, 그 가운데 어떤 이들은 마치 바울 자신이 초기 예수 운동에 그러했던 것처럼 바울에게 폭력까지 휘두르는 반응을 보였다. 바울이 갔던 도시들에 살았던 비非유대인들도 분명 바울을 의심했을 것이다. 이런 사람들 가운데는 바울이 미쳤으며 위험한 인간이라고 생각한 이들이 많았다(게다가 유대인이라고 말하며 비웃는 이도 일부 있었을 것이다). 바울이 가는 곳마다 사람들은 틀림없이 그가 누구이며, 자신이 무슨 일을 한다고 생각하는 사람인지 궁금해했을 것이다. 강경파 민족주의자였던 유대인이 많은 민족이 함께하는 공동체의 설립자로 변모했다는 것이 무슨 의미인지 묻는 이도 틀림없이 있었을 것이다.

이런 질문들이 바울 자신을 당혹하게 만들지는 않은 것 같다. 그러나 앞으로 보겠지만, 바울 자신도 어둠 속을 더듬을 때가 있었다. 바울은 이런 질문들을 곱씹어 생각했으며 탄탄하고 예리한 대답에 이르렀다. 그럼에도 이 질문들은 그 후에도 계속하여 독자들과 사상가들에게 도전을 던져 왔으며, 특히 때로 '종교'라는 복잡하고 미묘한 말이 규정하는 것들을 포함하여 인간의 삶과 관련된 수많은 상이한 측면 때문에 혼란스러워했던 현대 세계도 이 질문을 피하지 못한다. 바울은 그 자신이 살았던 세계뿐 아니라 우리가 사는 세계에도 여러 질문과 난제를 던진다. 바울에 관한 평전인 이 책은 이런 질문들을 다뤄 보려는 시도다. 나는 이 책이 이런 난제들도 명쾌하게 밝혀 주기를 소망한다.

애초에 나 스스로 바울을 진지하게 읽어 보게끔 자극했던 질문은 이런 것들이 아니었다. 그러나 그런 것은 중요하지 않다. 여러분이 일단 바울을 읽기 시작하면, 그는 곧 여러분을 다른 모든 질문으로 이끌어 갈 것이다. 나는 10대 때에 나와 생각이 같은 친구들과 함께 바울을 공부하면서(1960년대에는 갖가지 스타일의 저항 문화가 많았으며, 나는 이 공부가 내 나름의 저항 문화라는 게 즐거웠다), 신학의 기본 이슈들에 초점을 맞추곤 했다. '복음'은 정확히 무엇이며, 어떻게 '작용했는가?' '구원받았다'는 것은 무슨 뜻이었으며, '의롭다 하심을 받

았다'는 것은 정녕 무슨 뜻이었는가? 여러분은 자신에게 이런 일이 일어났음을 어떻게 알 수 있을까? 여러분이 "오직 믿음으로 의롭다 하심을 받았다"면, 그렇게 의롭다 하심을 받은 뒤에도 여러분이 어떻게 행동하느냐가 중요한 이유는 무엇인가? 여러분이 정말 '다시 태어나' 영(성령)이 여러분 안에 사신다면, 여러분은 이제 죄를 짓지 않는 완벽한 삶을 살아야 하지 않는가? 이 두 입장 사이에 중도라 할 것이 있었는가, 있다면 그것을 어떻게 이해했는가? 믿음 자체가 각 사람이 하나님의 호의를 얻으려고 '행하는' 어떤 것이었을까, 아니면 믿음은 단지 뒷문으로 몰래 '선행'을 들여온 것에 불과할까? 바울은 '예정'을 가르쳤는가, 만일 가르쳤다면 그가 말한 예정은 무슨 뜻이었을까? '영(성령)의 선물'(영적 은사)은 무슨 말인가? 바울이 방언을 했으니, 우리도 그래야 한다는 말이었을까? 바울은 분명 갈라디아서에서 자신이 회심시킨 사람들이 할례를 받을까 봐 걱정했다. 우리 가운데 누구도 그런 일을 하라는 압력을 받지는 않지만, 우리가 사는 세계에도 그와 같은 일이 있을까? 있다면 무엇일까? 그것은 곧 바울이 모든 '종교 의식'에 반대했다는 뜻일까, 만일 그렇다면, 바울의 그런 견해는 교회 생활과 전례와 세례 자체에 관하여 무엇을 말해 주었을까?

우리가 설교를 경청하고, 교회 생활에 참여하고, 본문을 붙들고 씨름할 때면 그런 질문들이 우리 젊은이들의 진지하고 뜨거운 생각을 휘저어 놓았다. 우리는 1960년대와 1970년대에 바울을 교회의 일부 그룹이 갖고 있던 상당히 독특한 관심사에 비춰 읽고 있었지만, 물론 우리가 알고 싶었던 것은 이런저런 설교자나 교수의 생각이 아니라 바울 자신이 했던 생각이었다. 우리는 바울 서신을 비롯한 성경의 '권위'를 (스스로 곱씹어 봄 없이 상당히 무턱대고) 믿었다. 결국 우리가 찾던 것은 바울 자신이 말하려 한 것이었다. 다시 말해, 우리는 고대사를 연구하려 하고 있었다. 하지만 우리는 바울 자신이 말하려 한 것을 탐구하는 일을 고대사 연구와 같다고 생각하지 않았으며, 만일 그리 생각했다면 아마 그런 생각에 저항했을 것이다. (내 경우는 이런 말을 하는 것이 더 아이러니한 게 고대사도 내가 학사학위를 받은 분야이기 때문이다.) 우리가 하나님의 영에 감동한 말이라 믿었던 바울의 말은 하나님의 진리가 가진 위엄을 담고 있었기에, 그 의미는 역사 연구라는 방법보다 기도와 믿음으로 찾아야 했다. 물론 그렇다 해도, 그 말 자체를 이해하고자 할 때는 당시 세계에서 그 말이 가졌을 사전적 의미의 범위를 꼼꼼하고도 정확하게 연구해야 한다.

우리는 바울 서신이 복잡하고 어지러운 1세기 일상생활에 전혀 영향을 받지 않은 일종의 성역聖域 안에 존재한다고 보았다. 때문에 바울이 칭의를 말할 때 16세기 신학자와 20세기 설교자가 칭의라는 용어를 사용하여 언급하던 내용을 그대로 이야기하고 있었다고 마음 편히 생각할 수 있었다. 그런 생각은 바울이 예수를 "하나님의 아들"이라 부를 때 '삼위일체의 두 번째 위격'이라는 의미를 염두에 두었다고 추정하게 해 주었다. 그러나 여러분의 말마따나 여러분이 원래 의미를 찾는다면, 늘 놀라운 것을 찾아낼 것이다. 역사는 언제나 우리 자신과 다른 생각을 하는 사람들의 정신 속으로 들어가 그 정신을 생각해 보려고 애쓰는 일이다. 특히 고대사는 우리를 16세기 및 20세기의 사고방식과 사뭇 다른 몇몇 사고방식으로 이끈다.

나는 우선 내가 여전히 바울 서신을 '성경'의 일부로 본다는 것을 덧붙여 둔다. 나는 지금도 피아노를 혼자 연주하는 법을 배우는 것이 슈베르트의 즉흥곡을 이해하려 할 때 중요한 부분이라고 생각하듯, 바울 서신을 이해하려 할 때도 기도와 믿음이 가장 중요하며 결코 양보할 수 없는 부분이라고 생각한다. 그러나 논의가 진전되고 사람들이 이런저런 이론을 실험해 보면, 그리고 바울 서신을 그리스어로 읽고 이런저런 그리스어가 1세기에 가졌던 의미를 탐구해 보면, 사람들은 머지않아 가장 위대한 주석가가 고대 역사가, 특히 사전 편집자의 어깨 위에 서 있었음을 발견할 것이며, 어떤 경로를 통하든 이 책이 던지는 질문들—곧 바울은 과연 누구였는가, 그는 자신이 무슨 일을 하고 있다고 생각했는가, 그 일이 왜 '효과를 거두었는가', 그리고 그 안에 포함되는 것이지만, 그가 다메섹 도상에서 겪은 변화의 본질은 무엇이었는가—에 이르게 될 것이다.

10대 때 성경을 읽던 내 자아와 역사적 시각으로 바울을 읽는 것 사이에는 또 다른 명백한 장벽이 있었다. 나는 적어도 30대까지만 해도 사람들이 "죽어서 천국에 가는 것"이 기독교가 말하는 요체

임을 추호도 의심치 않았다. 찬송, 기도, 설교(나 자신이 처음 했던 설교 몇백 편도 포함하여)가 모두 이런 쪽이었다. 바울도 그렇게 보였다. "우리는 하늘의 시민입니다"라고 써 놓았으니 말이다.[3] 바울이 쓴 가장 위대한 서신인 로마서의 중심 언어인 '구원'과 '영화'도 같은 뜻이라 생각했다. '구원받음'이나 '영화롭게 됨'은 더도 말고 덜도 말고 딱 '천국에 감'이라는 뜻이리라 생각했다. 우리는 사람들이 널리 바울의 으뜸가는 가르침이라 여겼던 '칭의'라는 문제가 '구원'은 실제로 어떻게 작용하는가(구원은 실제로 어떤 효과를 내는가)라는 문제에 그가 내놓은 주요 대답이라고 당연하게 받아들였다. 이 때문에 가령 "의롭다 하신 그들을 또한 영화롭게 하셨습니다"[4]는 "여러분이 먼저 의롭다 하심을 받으면, 결국 여러분은 천국에 갑니다"라는 뜻이라고 생각했다. 지금 그때를 돌아보면, 나는 우리가 성경을 진지하게 탐구하면서 **중세가 내놓았던 질문들**에 성경이 제시하는 정답을 찾고 있었다는 생각이 든다.

나중에 밝혀지지만, 첫 그리스도인들이 던졌던 질문은 그런 게 아니었다. 내 친구들과 나는 자신들의 '영혼'이 현재 머물고 있는 물질세계를 뒤로하고 '천국으로 가길' 소망하던 사람들을 찾아 1세기를 부지런히 뒤져 보면 바울 같은 그리스도인이 아니라 플루타르코스 같은 플라톤주의자를 발견하게 되리라는 것을 전혀 생각지 못했다. 우리는 우리가 당연하게 받아들였던 '천국과 지옥'이라는 틀이 중세 전성기▪의 구성물임을 깨닫지 못했다. 16세기 종교 개혁자들은 이런 구성물에 중요하고도 새로운 변화를 제시했으나,

이것도 기껏해야 1세기의 시각을 왜곡한 것이었다. 바울과 그 밖의 모든 초기 그리스도인이 중요하게 여긴 것은 '구원받은 영혼'이 이 세상에서 건짐 받아 저 먼 '천국'으로 옮겨 가는 것이 아니라, 하늘과 땅 자체가 온 우주의 갱신이라는 위대한 행위를 통해 **하나가 되고** 이 온 우주의 갱신 안에서 인간의 몸도 다시 새롭게 되어 새 세계에 자리하게 되는 것이었다. (바울은 "우리는 하늘의 시민입니다"라고 말한 뒤, 곧바로 예수가 하늘**에서** 오시지만, 우리를 거기로 다시 데려가시지 않고 **현재 존재하는 세계**와 우리를 함께 **변형시키**시리라고 말한다.) '부활'하리라는 이 소망, 새롭게 다시 지어진 창조 안에서 새 몸을 갖게 되리라는 이 소망은 단순히 마지막에 맞이할 '운명', 미래를 내다보는 소망만을 뜻하지 않는다. 그것은 마지막에 이르는 과정에서도 만물을 변화시킨다.

우리가 일단 이것을 분명히 알고 나면 '역사적' 시각을 얻는데, 이때 이 시각은 서로 다른 세 가지 의미를 가진다. 첫째, 우리는 1세기 사람 바울이 사실은 후대 신학자와 설교자가 그가 말했다고 추측해 온 것과 다른 것을 말하고 있음을 찾아내려고 애쓰는 일이 중요함을 깨닫기 시작한다. 앞서 말했듯이, 역사는 다른 사람들의 정신 속으로 들어가 그 정신을 생각해 봄을 뜻한다. 바울 읽기를 배운다는 것은 이보다 많은 것을 내포하지, 이보다 적은 것을 내포하지는 않는다.

둘째, '바울이 실제로 말하고 있는 것'을 인식하기 시작하면,

■   1000년경부터 1300년경까지.

바울 자신이 이야기하는 '역사'가 공간과 시간과 물질로 구성된 세계인 '현실 세계에서 일어나는 일'이라는 뜻임을 발견한다. 바울은 첫 창조가 선함을 믿고 당신께서 지으신 세계를 다시 새롭게 하시려는 창조주의 의도를 믿는 유대인이었다. 그가 전한 '구원'의 복음은 시편에 있는 약속대로 이스라엘의 메시아가 "온 세상을 유업으로 받으리라"는 것이었다. 바울이 볼 때 하나님이 예수 안에서 예수를 통해 하신 일이란 '저 세상을 바라보는' 새 소망을 제시한 것이 아니라, 하늘과 땅을 아우른 한 운동을 시작하신 것이었다.

우리 시대의 많은 회의론자가 기독교는 '현실 세계'와 무관하다고 생각했다. 그리스도인 가운데도 '하늘의' 차원을 주장하려 한다면 '땅의' 차원이 지닌 중요성을 부인할 수밖에 없다고 여겨 그런 회의론에 동조한 이가 많았다. 이렇게 세계를 하늘과 땅으로 나눠서 보는 모든 이론은, 비록 선의에서 나왔을지라도 핵심을 놓친 잘못된 이론이다. 바울은 하나님나라가 "하늘에서와 같이 땅에서도" 임하기를 구하는 예수의 기도를 인용하지 않는다. 하지만 바울의 모든 이력과 생각은, 이것이 늘 하나님의 뜻이요 이 새 하늘과 새 땅이라는 역사 속 실체가 예수 안에서 탄생했고 영으로 말미암아 활발히 움직여 오고 있다는 가정 위에 세워졌다.

셋째, 따라서 바울을 다룰 때도 바울 자신이 살았던 '역사적' 맥락과 배경이 중요했다. 바울이 살았던 세계는 복음이 밀려들어 왔던 세계요, 복음이 도전을 던지던 세계였으며, 복음이 바꿔 놓을 세계였다. 그가 활동했던 더 넓은 무대는 여러 나라와 문화, 신화와 이야기, 제국과 인공물, 철학과 신탁, 왕과 포주, 소망과 두려움이 복잡하게 엉켜 있는 덩어리였다. 이 현실 세계는 원리상 누구든지 어떤 문화에서나 선포할 수 있는 '시간을 초월한' 메시지에 우연히 배경이 되었던 세계가 아니었다. 누가는 아테네에서 스토아 학파와 에피쿠로스 학파 사람들 그리고 다른 사상가들과 설전을 벌이는 바울을 묘사하는데, 여기서 바울은 바울 서신 전체에서 암시하는 내용을 분명하게 이야기할 뿐이다. 즉 오늘날의 언어로 표현하자면, 바울은 **상황** 신학자*contextual* theologian였다. 그렇다고 이것이 우리가 그의 생각을 절대시하지 않아도 된다는 뜻은 결코 아니다("바울은 자신이 살던 상황 속에서 말했지만, 우리의 상황은 그의 상황과 다르니 그를 한쪽으로 제쳐 놔도 된다"는 말이 아니다). 그 반대다. 바로 이곳에서 바울이 이스라엘의 소망에 충실했음이 아주 강하게 나타난다. 바울은 한 분 하나님이 "기한이 찼을 때" 예수 안에서 행하셨다고 믿었다.[5] 바울은 자신이 역사의 마지막 전환점에 살고 있다고 보았다. 그가 그 순간에 그 문화 속에서 예수를 선포한 것 자체가—그도 그렇게 주장했겠지만—하나님의 장기 계획 가운데 일부였다.

그렇다면 바울을 이해하려 할 때 우리는 그가 몸담았던 정황—아니, 정황들이라고 복수로 써야 옳겠다—을 이해하는 힘든 작업을 해야 한다. 그가 살았던 유대 세계, 그리고 다면성을 지닌 채 정치, '종교', 철학, 그리고 다른 모든 분야를 망라하여 그 세계 속에서 살아가던 유대 세계에 갖가지 영향을 미쳤던 그리스-로마 세계는 단순히 우리가 바울의 초상을 그려 그 안에 담아낼 수 있는 한 '틀'에 불과한 세계가 아니라, 훨씬 더 많은 틀을 지닌 복잡한 세계다. 사실, 화랑畵廊의 기획 책임자라면 다 알듯이, 초상화의 액자는 선택사항인 테두리 장식에 불과한 것이 아니다. 그것은 화가의 의도를 잘 전달하여 보는 이의 이해를 촉진할 수도 있고, 화가의 의도를 망가뜨려 보는 이의 눈을 다른 곳으로 돌리고 시선을 빗나가게 할 수도 있다. 그러나 바울과 같은 역사적 인물에게 있어서 주위의 문화는 그런 틀이 아니다. 오히려 초상의 일부다. 이런 주위 문화의 형체와 핵심 특징을 이해하지 않으면, 우리의 첫 번째 큰 질문, 곧 바울을 움직였던 원동력은 무엇이었으며 그가 한 일이 성공을 거둔 이유는 무엇이었는지를 이해하지 못할 것이다. 특히 바울이 몸담았던 유대 세계를 이해하지 않으면, 우리의 두 번째 질문, 곧 바울이 예수 따름이들을 열렬히 핍박하던 자에서 그 자신이 열렬한 예수 따름이로 바뀌었던 사건이 무슨 의미인가라는 질문을 어떻게 던져야 하는지조차 알지 못할 것이다.

———————

어린 사울이 성장했던 유대 세계는 그보다 넓은 그리스-로마 문화라는 토양 속에 단단히 뿌리를 내리고 있었다. 고대사를 연구할 때 종종 있는 일이지만, 우리가 사울의 고향 다소Tarsus라는 도시에 관하여 아는 내용은 알고 싶은 만큼 많지는 않으나 그림을 그릴 수 있을 만큼은 충분히 안다. 현대 터키 동남부 내륙으로 16킬로미터

들어간 베르단강▪가에 자리하고 있었던 길리기아의 빼어난 도시 다소는, 동서를 잇는 주요 교역로 상에 있었다. (당시는 우리가 오늘날 터키라 생각하는 큰 땅덩어리가 서부는 '아시아', 중부와 동부는 '소아시아', 북부는 '비두니아' 등과 같이 몇 개의 행정 구역으로 나뉘어 있었다. 나는 당시의 명칭과 들어맞진 않지만 이 지역 전체를 그냥 간단하게 현대의 명칭으로 부르겠다.)

　　다소는 그 역사가 2천 년은 거슬러 올라갈 수 있었다. 알렉산드로스 대왕과 율리우스 카이사르처럼 온 세계에 이름을 떨친 장수들도 다소가 전략 요충지임을 인식했다. 아우구스투스 황제는 이 도시에 따로 여러 특권을 주었다. 다소는 문화와 정치, 철학과 산업의 도시였다. 산업 가운데 특히 주거지를 만들 때 사용하는 재료를 양모로 만들어 내는 직물업이 번성했다. 이것이 필시 사울이 도제로서 훈련을 받고 이후에도 계속하여 영위했던 가업인 장막 만들기의 기초가 되었을 것이다. 국제성을 띤 지중해 동부 세계는 알렉산드로스 제국이 남긴 문화를 공유했으며, 이런 세계의 문화가 이런저런 경로를 통해 다소로 흘러들어왔다. 다소는 아테네와 철학의 중심지 자리를 겨루었는데, 특히 아테네가 100년 전에 지중해 패권 싸움에서 판단 착오로 패자 편을 들어 로마의 분노를 사면서 아테네의 철학자 절반이 다소로 이주하게 된 것이 그런 겨룸이 생겨난 계기가 되었다. 그러나 로마인은 무자비하면서도 실용주의자였다. 그들은 일단 패권을 쥐자 기꺼이 협상에 나섰다.

▪　타르수스(다소)강이라고도 부르며, 그리스에서는 퀴드노스강이라 부른다.

특히 그런 협상 가운데 하나가 유대인들과 벌인 협상이었다. 사울 시대에 스페인(서반아)*에서 시리아(수리아)에 이르는 지역에 살던 다른 모든 사람은 여신 로마goddess Roma와 '주 황제', 곧 **퀴리오스 카이사르**Kyrios Caesar를 예배해야 했다. 아우구스투스 황제는 죽은 자신의 양아버지 율리우스 카이사르가 이제 신이라고 선언함으로써, 그 자신도 손쉽게 *divi filius* 곧 '신이 된 이의 아들', 또는 그리스어로는 간단히 *huios theou*('신의 아들')이라 표현하는 칭호를 획득했다. 그의 후계자들도 대부분 선례를 따랐다. 로마 여신 숭배와 황제 숭배는 그 방식과 속도는 제각각이었어도 제국 전역에 퍼졌다. 사울의 고향 지역인 지중해 동부 지역에서는 로마 여신 숭배와 황제 숭배가 일찍부터 굳건히 자리를 잡았다.

그러나 유대인은 몹시 완강했다. 그들은 황제 숭배에 동참하려 하지 않았다. 그들은 자신들이 '신'이라는 이름에 합당한 유일'신'이라 믿었던 그들 조상의 하나님, 곧 유일하신 한 분 하나님께만 예배하고 기도할 수 있었으며 예배하고 기도하려 했다. 바울 시대에 유대인이 모두 말했던 그리스어로 된 고대 이스라엘인의 기도는 '주主들'을 예리하게 구분한다. "황제가 주이시다?*Kyrios Caesar?*" 아니, 그들은 그렇게 선포하지 않았다. 그들은 "주님은 우리의 하나님이시요, 주님은 오직 한 분뿐이십니다*Kyrios ho theos, Kyrios heis estin*"라고 선언했다.[6] 한 **주**, 유일하신 주만이 계신다. 그렇다면 어떻게

■   오늘날의 스페인과 포르투갈을 아우르는 지역.

해야 했을까? 로마 이전에 존재했던 몇몇 정복 제국이 그리하려 했던 것처럼 로마인도 유대인더러 타협하라고 강압하려 했을까? 일부 유대인 지도자는 자신들이 황제**에게** 기도하는 대신, 로마와 로마 황제**를 위해** 그들이 섬기는 한 분 하나님**께** 기도하겠다고 제안했다. 그것으로 충분했을까? 그랬다. 황제는 그것이면 됐다고 말했다. 그야말로 누이 좋고 매부 좋은 특혜였다. 서로 피해를 주지 않고 각자 자기 방식대로 살아갔다. 그것이 바로 어린 사울이 자랐던 세계였다.

우리는 사울 집안이 얼마나 오랫동안 다소에 살았는지 모른다. 후대에 나온 전설은 다양한 견해를 제시한다. 그 가운데 하나는 그의 아버지나 할아버지가 팔레스타인에 살다가, 그 세계에서 간간이 일어났던 사회 및 정치 격변 가운데 하나가 벌어지는 동안 다소로 이주해 왔다는 견해다. 당시 팔레스타인에서 일어난 그런 격변은 늘 '종교적' 의미도 함축하고 있었다. 우리가 사울 집안에 관하여 아는 것은 이들이 가장 엄격한 유대교 분파 사람들이었다는 것이다. 그들은 바리새인이었다.

'바리새'라는 말은 오랜 세월 동안 좋지 않은 평을 들어 왔다. 학자들은 수긍해도 보통 사람들은 늘 그렇지는 않은 현대의 연구 결과도 그런 인상을 몰아내는 데 거의 기여하지 못했는데, 문제가 된 연구 결과가—연구 결과란 것이 자주 그렇듯이—문제를 더 복잡하게 만들어 버린 것도 그 한 이유였다. 사울 시대의 바리새인을 이해하는 데 도움을 주는 자료는 대부분 훨씬 후대에 나왔다. 기원후 3세기와 4세기의 랍비들은 시간을 거슬러 올라가 바리새인을 그들의 영적 조상으로 보고, 그들 자신이 가진 의문과 사물을 보는 방식을 바리새인에게 투사하곤 했다. 아이러니하게도 바울을 그가 속했던 바리새인이라는 정황 속에 놓고 연구하려는 이들이 보기에는, 바울이 쓴 글 자체가 기원후 66-70년에 벌어진 로마-유대 전쟁 이전 시기의 정황을 연구하는 데 가장 좋은 증거를 제공한다.

바울이 남긴 증거는 분명 액면 그대로 믿지 말고 걸러 들어야 한다. 그가 새로 예수를 믿게 되었기 때문이다. 후대의 일부 유대인은 바울이 정말 바리새인이었는지 의문을 제기했다. 그러나 1세기에 바리새인을 다룬 또 다른 위대한 자료인 유대인 역사가 요세푸스의 저작도 바울의 글과 같이 신중하게 받아들일 필요가 있다. 사실 요세푸스는 당시 바리새파 운동을 많이 이야기한다. 그러나 그는 그가 말하는 모든 내용에 그 자신의 입장을 덧칠해 놓았다. 로마-유대 전쟁이 터졌을 때만 해도 유대의 장군이었던 요세푸스는 나중에 로마인으로 변신했으며, 나아가 이스라엘의 한 분 하나님도 같은 일을 하셨다고 주장했는데, 이는 분명 하나님을 자신이 생각하는 이미지대로 만들어 낸 놀라운 사례였다. 따라서 모든 증거는 조심스럽게 다루어야 한다. 하지만 이럴지라도 나는 분명 사울과 그의 집안이 정말 바리새인이었다고 생각한다. 그들은 조상의 전통을 지독히 엄격하게, 그러면서도 기꺼이 순종하며 살았다. 그들은 다른 유대인에게도 똑같이 행하라고 권면하는 데 최선을 다했다.

다소 같은 도시에서 이렇게 살기는 결코 쉽지 않았을 것이다. 심지어 인구 대대수가 유대인이며 바울 시대 무렵에 재건되어 그 아름다움을 자랑하던, 하늘과 땅이 만나는 곳인 성전이 있는 예루살렘에도 독실한 유대인마저 타협하게 할 수 있는 온갖 문화적 압력이 있었다. 그러니 수 세기에 걸친 과정을 통해 당시 사람들이 알고 있던 세계의 나머지 부분으로 '흩어진' 유대인 디아스포라 안에는 이런 종류의 도전이 더더욱 많지 않았겠는가? 문화적 압력과 그런 압력에 보인 상이한 반응은 유대인이 가족과 개인으로서 다음과 같은 문제―곧 무엇을 먹어야 하는가, 누구와 먹어야 하는가, 누구와 거래해야 하는가, 누구와 혼인해야 하는가, 지역 관리와 지역의 세금, 지역의 관습과 제의 따위에 어떤 태도를 취해야 하는가 같은 문제―를 마주하며 영위하던 삶의 고정 자산이었다. 어떤 이들은 유대인 하나하나가 이 모든 문제에 관하여 내린 결단을 보면서 이 유대인들이 너무 타협한다고 생각했겠지만, 또 다른 이들은 반대로 이들이 너무 엄격하다고 생각했을 것이다. (우리 시대에 쓰고 있는 '진보'와 '보수'라는 말은 당시 시대와 너무 맞지 않은 가설을 많이 담고 있어서 이 지점에서는 별로 도움이 되지 않는다.)

고대 세계에서는 그냥 간단하게 유대인과 비유대인을 구분했을 뿐 복잡한 구분이 없었다. 오히려 우리는 유대인 전체가 그들 자신을 비유대인 이웃들과는 아주 다른 사람들로 보았던 복잡한 하위문화를 상상해 봐야 한다. 그 하위문화 속에서도 유대인의 모든 하위 그룹은 자신을 다른 하위 그룹과 다른 그룹으로 보았다.

우리가 당시 팔레스타인 유대인의 삶에서 알고 있는 당파와 분파(사두개파, 바리새파, 에세네파, 그리고 로마에 맞서 무력 투쟁도 불사하려 했던 신생 '열심'당)는, 특히 사두개파가 예루살렘을 근거지로 삼았던 소수 귀족 집단이었던 것만 봐도 우리가 묘사하는 바로 그 모습대로 존재하지 않았을 수 있지만, 그래도 유대인 내부의 정치 및 사회 집단 구분은 그대로 존속했을 것이다. 우리는 오늘날 복잡다단한 중동 문화와 정치뿐 아니라 여러 문화가 뒤섞인 삶의 도전(단조로운 균질성 또는 특별한 정체성의 위험한 융합?)에 봉착한 서구 사회에도 익숙하기 때문에 다소 같은 도시가 틀림없이 어떤 모습이었을지 어느 정도는 상상할 수 있다.

사울 시대에 얼마나 많은 유대인이 다소에 살았는지 확실히 알 수는 없다. 전체 인구가 10만쯤 되는 도시였으면 적어도 몇천은 살았을 가능성이 높다. 그러나 우리는 어린 사울이 어떻게 살았는지 분명하게 알지 못한다.

오늘날의 복잡한 사회와 다소 같은 고대 도시 사이에 여러 유사점이 있을지라도, 최소한 현대 서구의 시각에서 보면 큰 차이점이 하나 있다. 고대 세계에는 사생활 같은 것이 사실상 전혀 없었다. 극소수 귀족이나 갑부만이 어느 정도 사생활을 영위할 수 있었다. 그러나 대다수 사람은 너와 나의 생활 구분 없이 만인 앞에 드러나는 삶을 살았다. 길은 거의 다 좁았고, 단독 주택과 공동 주택은 대부분 비좁고 답답했다. 어느 집이나 시끄럽고 작았으며, 누구나 다른 집의 시시콜콜한 사정까지 다 알 정도였다. 다소에서는 많은 유대인이 안전 때문에(유대인은 황제 숭배 축전을 비롯한 공식 공공 '종교' 행사에 참석하지 않았기 때문에, 설령 이들이 다른 면에서는 선량한 시민이었다 하더라도 보통은 체제를 전복하려는 사람 취급을 받았기에), 그리고 유대 율법에 따른 정결한 음식(코셰르)을 쉽게 얻으려고 서로 가까이 붙어 살았을 것이라 추측해 볼 수 있다. 어떤 사람이 한쪽에는 조상 때부터 내려온 율법인 토라를 엄격히 지키는 입장이 있고 다른 한쪽에는 '타협'하는 입장이 있는 스펙트럼에서 어디에 서 있는가라는 문제는 그저 이론적인 문제가 아니었다. 그것은 어떤 이가 이웃들이 다 보는 데서 무슨 일을 하고 무슨 일을 하지 않았는지와 관련된 문제였으며, 그렇게 무슨 일을 하거나 안 했을 때 이웃들이 보일 반응과 관련된 문제였다.

이런 사정은 분명 일터에서도 마찬가지였다. 어른이 된 바울의 삶과 글은 그가 수공업에 종사했음을 알려 준다. '천막 만들기'는 천막 자체를 만드는 일이 핵심이었겠지만, 십중팔구는 가죽이나 동물의 털로 다른 제품을 만드는 일도 포함했을 것이다. (우리는 천막을 레저용 캠핑 장비라고 생각할지 모르겠지만, 바울이 살았던 당시 세계에서는 오늘날 세계의 일부 지역에서처럼 많은 사람이 철 따라 이곳저곳으로 옮겨다니며 일을 했고, 심지어 정착한 사람들도 그들이 뜨거운 태양 아래서 일할 수 있게 해 줄 캔버스 차양과 보호 장비에 의지하곤 했다.) 이것은 필시 두 의미일 것이다.

첫째, 사울은 십중팔구 이 가업을 아버지에게서 배웠을 것이다. 사울의 아버지가 토라 학자였는지는 모른다. 그러나 사울이 나중에 예루살렘에서 교육을 받으면서 이스라엘의 성경과 전통을 많이 터득하긴 했어도, 그는 이미 집에 있을 때부터 성경과 전통에 깊이 숙달하기 시작했던 것 같다. 그러나 토라 학생이나 토라 교사는 급료를 받는 직업이 아니었다. 사울 시대는 물론이요 그 후로도 여러 세기 동안 랍비는 다른 생계 수단을 강구하여 생활비를 벌었다.

둘째, 천막과 비슷한 제품을 사고팔 시장이 넓었을 것이다. 이런 제품을 사는 사람 가운데는 병사들도 있었을 가능성이 높지만, 바삐 돌아가던 로마 제국 초기 세계에서는 다른 많은 사람에게도 여행이 삶의 한 방식이었으리라 짐작해 볼 수 있다. 다소 같은 도시에서 천막을 만들어 파는 유대인이 다른 유대인에게만 제품을 팔았을 개연성은 거의 없어 보인다. 따라서 사울은 한편으로는 유대 전통과 율법을 기꺼이 엄격하게 지켰던 유대인 가정에서 자랐지만, 다른 한편으로는 여러 언어를 사용하고 여러 문화, 여러 민족이 뒤섞여 일하는 환경에서 자랐다고 생각해도 무방하겠다. 조상 때부터 내려온 전통을 엄격히 지켰다 하여, 다른 세상이 어떻게 돌아가는지, 그 세계 사람들은 어떻게 말하고 어떻게 행동하며 어떻게 생각하는지는 도통 모르는 꽉 막힌 삶을 살았다는 뜻은 아니다.

사실, 성인 바울이 보여 주었던 여러 논증의 치밀함은 지금도 그의 글을 읽는 이들에게 버거운 도전거리일 수 있으나, 그래도 논리 정연한 사유는 성인 바울이 특히 잘하는 일이었다. 우리가 그에 관하여 아는 모든 것을 고려할 때, 다소에서 살았던 어린 사울은 남달리 영특한 어린이였다고 생각해도 되겠다. 그는 성경 히브리어를 막힘없이 읽었다. 중동 아람어(예수의 모어母語였고 사울도 이 말을 모어로 썼을 가능성이 아주 높다)는 물론이요 지중해 세계 전역에서 사용했던 그리스어도 아주 빠른 속도로 말하고 썼다. 모르긴 몰라도 라틴어 역시 적어도 어느 정도는 구사했을 것이다.

이런 다중 언어 구사 능력 자체가 바울을 표현하는 특징은 아니다. 많은 나라의 많은 어린이가 기능상 다중 언어를 구사한다. 사실, 역사를 더 긴 시각에서 보면, 한 언어만 아는 사람이 유별난 사람이다. 그러나 어른 바울은 심지어 그가 살았던 세계에서도 더 적은 사람들만이 자랑할 수 있었던 다른 무언가를 갖고 있었다. 그는 언제나 성경을 통째로 삼켜 버렸다는 인상을 준다. 창세기와 시편 사이, 신명기와 이사야서 사이를 아주 기막히게 왔다 갔다 한다. 그 이야기가 어떻게 흘러가고, 그 높이와 깊이가 어떠하며, 그 곡절曲折이 어떠한지를 손바닥 들여다보듯 안다. 그는 펜을 한 번 가볍게 움직이는 것만으로 복잡한 암시를 할 수 있었고, 이 언어 저 언어를 넘나들며 재치 있는 말장난과 언어유희를 만들어 낼 수 있었다. 예수의 복음은 이전과 완전히 다른 시각을 제공했는데, 이 시각은 그가 이미 샅샅이 알고 있던 본문을 새롭게 보게 해 주는 시각이었다. 그는 분명 그 시대 유대교가 내놓은 다른 책들을 읽었다. 솔로몬의 지혜 같은 책을 읽었고, 그와 거의 같은 시대 사람인 필론▪의 철학도 십중팔구는 어느 정도 읽었을 것이다. 이런 이들 역시 그들

■ 기원전 50년경에 태어나 기원후 20년경에 세상을 뜬 헬레니즘 시대 유대인 철학자로서 알렉산드리아를 중심으로 활동했다.

의 성경을 아주 잘 알았다. 사울도 그들에게 뒤지지 않았으며—반론을 펼 이가 있을지도 모르겠지만—그들을 능가하기도 했다.

나아가, 사울이 당시에 살았던 비非유대인 철학자의 글이나 플라톤 및 아리스토텔레스까지 거슬러 올라가는 위대한 전통을 담은 글을 읽었는지 여부는 확실치 않으나, 그는 그 사상을 알았다. 사울은 거리에서 그들이 하는 말을 들었고, 자신의 벗들과 그들이 하는 말을 두고 토론했다. 사울은 전문 용어, 우주의 신비와 인간 내면의 작용을 밝혀 주는 철학 도식圖式, 에피쿠로스 학파처럼 신들 및 세계와 거리를 두거나 스토아 학파처럼 신들과 세계를 '만유' 곧 *to pan*이라는 전일체全一體로 귀결시킨 이론들을 알았다. 사울이 키케로를 읽었을 가능성은 거의 없다. 사울이 자신의 완숙한 작품을 쓰기 거의 한 세기 전에 나온 키케로의 책《신들의 본성에 관하여*On the Nature of God*》는 당시 배운 로마 사람이 선택할 수 있었던 모든 신을 논했다(물론 유대인의 세계관은 이 책에 들어 있지 않다). 그러나 만일 누군가가 사울의 천막 가게에서 키케로의 사상을 설명하기 시작하면, 사울은 그 대화 내용을 알아들었을 것이다. 그는 그 자신의 방식대로 그런 사람과 이야기를 주고받을 수 있었을 것이다. 이처럼 그는 유대인의 이야기 세계와 비유대인의 철학 세계에 아주 해박했다. 사울이 그와 같은 시대에 살았던 몇몇 사람들처럼 이 두 세계를 결합해 보려 하지 않았을까 하는 생각도 해볼 수 있다.

실제로 그가 쓴 몇몇 서신을 읽어 보면, 현실을 중시하여 철학을 교실에서 거리로 끌어내려 했던 철학자 에픽테토스▪ 같은 이가 그의 어릴 적 친구였으리라는 생각이 들 정도다. 그는 잘 알려진 수사修辭 전략을 활용한다. 그는 고린도 사람들에게 인간의 지혜가 쓸데없다고 말하는데, 때로는 그런 말이 견유학파 사람이 하는 말처럼 들린다. 그가 미덕에 관하여 하는 말을 무심코 들은 사람은 잠시나마 그를 스토아 학파라고 착각했을지도 모른다. 그는 '속사람'과 '겉사람'의 차이를 이야기하는데, 이런 글을 보며 오늘날까지도 그가 일종의 플라톤주의자가 아니었나 하는 생각을 한 이가 많았다. 그가 플라톤주의자라면 그가 부활과 창조의 갱신에 관하여 말하는 내용이 문제가 된다. 성인 바울은 자신이 이런 인상을 풍기기를 저어하지 않았을 것이다. 그는 이스라엘의 메시아 안에서 드러난 새 지혜가 세상과 겨룰 수 있으며 세상의 가장 뛰어난 통찰을 이전의 틀과 다르고 이전의 틀보다 큰 틀 안에 융합할 수 있다고 믿으며, 이런 점을 여기저기서 분명하게 말한다. 그는 메시아가 전하신 '좋은 소식'이 "참되고 매력이 넘치며 기쁨을 안겨 주는"[7] 모든 것이 제자리를 발견할 완전한 새 창조를 내다볼 눈을 열어 준다고 본다.

그러나 메시아의 '좋은 소식'은 무엇보다 1세기 유대 세계 안에서 의미하는 것을 의미했다. 이 의미가 담고 있는 모든 측면을, 특히 다소의 어린 사울과 관련이 있는 측면을 책으로 쓰라면 한 무더기나 쓸 수 있겠지만, 우리는 간략하게 이야기해야 한다. 사울은

■ 기원후 55년경부터 135년까지 살았던 스토아 철학자.

이야기와 상징의 세계에서 자랐다. 하나님이 그 때를 정해 두신 완성을 기다리는 한 이야기가 있었고, 그 이야기에 초점을 맞추며 유대인이 그 이야기 안에서 살아가게 해 준 상징들이 있었다. 그를 이해하고 그가 정말 어떤 사람인지 알고자 한다면, 이 점을 유념해야 하며 그에겐 이런 것이 단지 어떤 개념 덩어리가 아니었음을 인식해야 한다. 오늘날 클래식 음악 교육을 받은 음악가에겐 바흐에서 베토벤으로, 다시 브람스로 이어지는 위대한 음악 이야기가 기초가 되듯이, 사울에게도 그런 이야기와 상징이 그의 존재 전체를 규정하는 기초였다. 그 이야기와 상징이 기초로서 가지는 비중은 더했으면 더했지 덜하지는 않았다.

그 이야기는 이스라엘 전체, 아브라함의 자손 이스라엘, 하나님이 택하신 백성 이스라엘, 세상**에서** 택함을 받았지만 마찬가지로 세상**을 위해** 택함 받은 이스라엘의 이야기였다. 이스라엘은 이방인의 빛이요 그들을 통해 온 민족이 복을 받게 될 백성이었다. 아울러 이스라엘은 유월절 백성이었다. 노예 처지에서 구함을 받아 한 분 하나님과 언약을 맺고, 혼약을 맺은 백성이었다. 이 혼약 관계에서 이스라엘은 하나님과 설령 헤어진다 한들 잠시 헤어질 뿐이었다. 이 시대(대략 바울 시대 직전 두 세기와 바울 이후 두 세기를 아우르는 시대)에 나온 유대교 기록을 모두 살펴보면, 그 배경도 천차만별인 허다한 유대인이 하나같이 그들의 성경을 규칙과 교리의 집약체가 아니라, 창세기와 출애굽기, 아브라함과 모세에 뿌리를 둔 하나의 거대한 이야기로 보았음을 일러 주는 흔적들이 있다. 사울이 본 성경은 무엇보다 화려한 조각들의 모음도 아니요 초연한 지혜들의 단편도 아니었다. 그것은 창조와 언약에 뿌리를 두고 알려지지 않은 어둠 속까지 뻗어 나간 내러티브였다.

사울 시대에 이르기까지 수 세기가 흘러가는 동안 시대는 정말 컴컴해졌다. 이사야서나 예레미야서나 에스겔서를 읽든, 열왕기와 역대기를 죽 읽으며 생각의 흐름을 따라가든, 아니면 그냥 모세 오경 곧 창세기부터 신명기까지 이어지는 '토라' 자체를 읽든 사람들이 읽었던 메시지는 똑같았다. 이스라엘은 다른 민족과 다른 소명을 받았고 한 분 하나님께 예배하라는 부름을 받았지만, 철저히 실패했으며 결국 바벨론에 포로로 끌려갔다. 그리하여 언약에 따른 결별이 일어났다. 잇달아 등장한 예언자마다 모두 그렇게 말했다. 한 분 하나님은 예루살렘 성전을 버리시고 그 운명을 외인^{外人}의 손에 맡기셨다.

이스라엘의 성경(구약 성경) 어느 곳을 들여다보든 이야기는 똑같다. 바벨론 포로 생활에서 돌아온 유대인은 누구나 이후에 창세기 첫 세 장을 읽을 때면 한눈에 유대인의 전형적 이야기를 보곤 했다. 하나님이 인간을 한 동산에 놓아두셨다. 그들은 하나님의 명령에 순종하지 않아 동산에서 쫓겨났다. 신명기 마지막 열 장을 읽는 유대인은 누구나 그 본문이 생생하면서도 분명하게 말하는 내용을, 곧 한 분 하나님을 예배하고 그분 말씀을 행하면 약속받은 동산이 너희 것이 되겠으나 다른 신들을 예배하면 너희가 포로로 끌려가리라는 말씀을 보곤 했다. 바울 시대 무렵에 살았던 수많은 유대인도—우리는 신약 성경이 기록된 뒤에 나온 유대 문헌 이 책 저 책에서 그 증거를 발견하거니와—그런 본문들을 그런 식으로 읽었다. 그들은 **포로 생활이—그 신학적 의미와 정치적 의미를 고려할 때—아직 끝나지 않았다**고 믿었다. 신명기는 장차 있을 큰 회복을 이야기한다.[8] 이사야서, 예레미야서, 에스겔서도 모두 이 주제를 되울려 준다. 위로하는 말을 담은 이사야 40-55장, 언약 갱신을 약속하는 예레미야 31장, 회복을 말하는 에스겔 36-37장이 다 그런 본문이다. 사실, 바벨론에 포로로 끌려갔던 유대인은 일부만 돌아왔다(결코 다 돌아오지 않았다). 실제로 성전도 다시 세워졌다. 그러나 이것은 예언자들과 신명기 자체가 약속한 회복이 아니었으며, 그런 회복일 리도 없었다.

혼란스럽고 곤혹스러운 세월을 오랫동안 거치면서, ('포로기 이후에 나온') 에스라서와 느헤미야서는 이런 불만을 쏟아 냈다. "우리 땅에 돌아왔지만, 우리는 여전히 노예입니다! 외인이 우리를 다스립니다."[9] 노예에게는 당연히 출애굽 같은 것이 필요하다. 새로운 출애굽. 이사야가 약속했던 새로운 출애굽. 오경의 핵심에 있는 이 이야기—노예살이, 구원, 하나님의 임재, 약속된 땅—가 신명기 27-32장이 말하는 문제, 곧 언약을 어기고 하나님을 배역한 문제, **그리고** 이와 유사하지만 더 심오한 문제, 곧 창세기 1-3장이 말하는 인간의 배역 문제를 모두 해결해 줄 답으로서 다시 한 번 살아나리라는 것이 바로 소망이었다. 전자는 후자를 풀 열쇠가 될 것이다. 언약의 하나님이 이스라엘을 위해 행하실 일을 행하시면, 어떤 식으로든―어떻게 그리되는지는 아무도 모르지만―그 결과는 온 세계에 미치게 될 것이다.

구원을 향한 이런 간절한 소망, 새 출애굽을 향한 이런 간절한 소망의 중심에 특별히 자리한 한 본문이 있었다. 이 본문은 다소의 사울처럼 간절한 소망을 품은 유대인의 마음에서 중요한 자리를 차지했다. 다니엘 9장은 신명기에 있는 회복의 약속을 가져다가, **바로 포로 생활이 늘어나리라**는 뜻을 선포한다. 예레미야는 이스라엘이 유배지에서 포로로 '70년'을 머물 것이라고 말했지만, 이제 이 기간은 **70년의 일곱 배**로 늘어났다. 말하자면 한 분 하나님이 애초 당신 백성이 포로로 끌려가게 된 원인이 되었던 죄를 마지막에 이르러 처리하심으로써 결국 당신 백성을 회복하실 때까지 천 년의 거의 절반을 기다려야 했다. '일곱 칠십'(70을 일곱 번 거듭함)이라는 도식은 성경이 희년―희년은 마지막까지 남은 빚이 모두 면제받는 때였다[10]―과 관련하여 제시하는 여러 약속과 잘 들어맞았다. 1세기의 독실한 유대인은 언제 그 490년이 다 찰지 알아내려고 애쓰면서, 종종 그들의 다니엘서 해석과 신명기의 관련 본문들을 연계하곤 했다. 이것이 이스라엘의 오랜 소망이요, 다소의 사울처럼 성경을 깊이 파고들며 오래도록 늦어지는 하나님의 구원을 갈구하던 많은 이가 미래를 내다보며 소중히 여기던 내러티브였다. 그들 가운데는 **그때가 가까이 왔다**고 믿은 이가 많았다. 그들은 그때를 대충이라도 계산할 만한 연대를 알고 있었다. 그때가 가까워졌다면, 더더욱 토라를 엄격히 지켜야 했다.

어린 사울처럼 약속된 땅 밖에 있어서 성전으로부터 멀찌감치 떨어져 사는 사람에겐 토라가 훨씬 더 크게 보였다. 사실 토라는 유대 땅 너머 더 넓은 세계에 흩어져 살던 많은 유대인에게 움직일 수 있는 성전 역할을 했다. 그러나 성전은 지리 면이나 상징 면에서 여전히 중심이었다. 성전은 하늘과 땅이 만나는 곳이었기에, 궁극에 이루어질 약속, 하늘과 땅의 갱신과 통일, 한 분 하나님이 몸소 영원히 임재하실 새 창조를 가리키는 이정표가 되었다. 사울이 그 부모와 함께 유대인의 대축일을 지키러 이 본향(예루살렘)을 얼마나 자주 여행했는지 우리는 모른다. 누가는 열두 살의 예수가 그 부모를 따라 유월절을 지키러 나사렛에서 예루살렘으로 올라간 일을 적어 놓았다. 우리는 수만 명의 유대인이 유월절, 그리고 토라를 하나님께 받은 일을 기념하는 축일인 오순절 같은 절기를 지키러 사방천지에서 모여들었음을 안다. 따라서 십중팔구는 어린 사울도, 지리 면에서 보나 영적 측면에서 보나 모든 길이 다윗이 그 도읍을 세웠던 산으로, 현자의 전형이요 다윗의 아들인 솔로몬이 첫 성전을 세웠던 유대 중앙의 언덕으로 이어진다는 것을 이른 나이에 깨달았을 것이다. 성전은 문화와 신학의 자석 같아서, 하늘과 땅뿐 아니라 성경의 위대한 약속과 이야기도 한데로 끌어당겼다.

따라서 성전은 이스라엘이 품었던 소망의 초점이기도 했다. 예언자들이 한 말처럼, 한 분 하나님은 당신 백성의 우상 숭배와 죄 때문에 예루살렘에 있던 당신 집을 버리고 떠나셨다. 그러나 잇달아 등장한 예언자들(이사야, 에스겔, 스가랴, 말라기)은 하나님이 언젠가는 돌아오신다고 약속했다. 이 예언자 명단은 중요한 의미가 있다. 마지막 두 예언자, 곧 스가랴와 말라기는 일부 포로가 바벨론에서 돌아온 **뒤에**, 곧 이 돌아온 포로들이 성전을 다시 세우고 늘 올렸던 희생 제사를 다시 시작한 뒤에 그런 글을 쓰기 때문이다. 우리가 다소의 어린 사울과 같은 사람이―어떻게 기도했는가는 관두고라도―어떤 생각을 했는가를 이해하려면, (오늘날 한 분 하나님이 실제로 거기에 거하신다고 생각하지 않으면서도, 수많은 유대인은 물론 비유대인조차도 가서 기도하는 예루살렘 서부 성전 벽처럼) 성전이 여전히 하나님의 임재에 얽힌 강력한 기억들을 담고 있었음에도 불구하고 종국에는 하나님이 돌아오시리라는 약속이 아직 성취되지 않았다는 인식이 강하게 존재했다는 이상한 사실을 먼저 파악해야 한다.

일부 사람들이 그리 보듯이, 이것이 이상해 보이면, 다음과 같은 점을 생각해 보기 바란다. 이스라엘의 성경에서 가장 위대한 두 장면은 하나님의 영광이 광야의 성막을 가득 채운 순간과 그 후에 광휘를 발산하는 그분의 임재와 능력이 예루살렘 성전을 가득 채웠던 순간이다.[11] 이사야는 이 일이 한 번 더 일어나리라고 약속하면서, 그때는 예루살렘이 마침내 구속받고 이스라엘의 하나님이 만인이 보는 가운데 당신의 능력과 영광을 나타내시며 당신의 나라를 세우실 것이라고 일러 주었다.[12] 후대의 다른 어떤 유대 저자도 이런 일이나 이와 비슷한 일이 실제로 일어났다는 말을 결코 하지 않았다. 이와 가장 가까운 장면으로 생각해 볼 법한 장면이 기원전 200년 무렵에 기록된 집회서 24장과 50장에 거듭 등장하는 영광스러운 장면이다. 첫 장면을 보면 '지혜'라는 인물이 하늘에서 내려와 성전 안에 거하며, 두 번째 장면에서는 대제사장 자신이 이스라엘의 하나님을 거의 그대로 보여 주는 이로 등장한다. 그러나 당시의 귀족 대제사장이 보기에 상당히 명백한 선전물이던 이 장면은 그 후에 여러 위기를 겪으면서 그 힘을 거의 잃고 말았다. 아니, 솔직히 말해 **그런 일은 아직 일어나지 않았다.** 이스라엘의 하나님은 돌아오시겠다고 말씀하셨지만, 그분은 아직 돌아오시지 않았다.

다소의 사울은, 어쩌면 아주 일찍부터, 그런 일이 일어나리라고 교육받았다. 이스라엘의 하나님은 정말로 영광 중에 돌아오셔서 온 세상에 당신의 영광을 보여 주시며 당신 나라를 **세우실** 분이었다. 아울러 그는 하나님이 다시 오실 때까지 이 약속과 소망이 순조롭게 이어져 가도록 유대인이 할 수 있는 일이 있다는 것도 배웠다. 유대인은 토라를 세세한 부분까지 엄격히 주의하여 지키고, 토라와 성전을 있을 수 있는 공격과 위협에 맞서 지켜 내는 것을 목숨처럼 중하게 여겼다. 이런 일들에 실패하는 것은 그 약속의 성취를 저지하고 그 위대한 이야기의 완성을 방해하는 일이었다. 다소의 사울이 초기의 예수 따름이들을 핍박한 이유도 그 때문이다. 사도 바울이 마지막으로 예루살렘에 돌아왔을 때 폭동이 일어났던 이유도 그 때문이다.

앞서 말한 점을 되풀이하는 말이지만, 이 모든 내용은 오늘날 우리가 말하는 '종교'의 의미와 사뭇 다르다. 내가 종종 종교라는 단어에 인용부호를 붙여, 다소의 사울이 어릴 때나 장성한 사도였을 때에 현대인이 말하는 의미의 '종교를 가르쳤다'고 상상하는 것이 위험하다고 암시하는 것도 그 때문이다. 오늘날 대다수 서구인이 생각하는 '종교'는 삶의 어느 한 고유(다른 영역과 별개인) 영역, 정의상(몇몇 나라에서는 법으로 그렇게 규율한다) 정치와 공공생활, 과학과 기술과 별개인 것을 좋아하는 이들이 사사로이 즐기는 일종의 취미를 가리킨다. 바울 시대에 '종교'는 방금 말한 것과 거의 정반대의 것을 뜻했다. 라틴어 *religio*는 여러 가지 것을 함께 '묶음'과 관련이 있다. 예배, 기도, 희생 제사, 그리도 다른 공공 제의祭儀는 사람 눈에 보이지 않는 도시의 거주자들(신들 그리고 어쩌면 도시 주민들의 조상들)과 눈에 보이는 거주자들, 곧 살아 있는 사람들을 함께 묶어 줌으로써 일상생활뿐 아니라 사업과 혼인과 여행과 가정생활에 없어서는 안 될 틀을 제공하려고 고안된 것이었다. (공인받고 그 권위를 인정받은 *religio*와 그 권위를 인정받지 못한 채 어쩌면 반역 행위로까지 간주되었을 *superstitio*가 구분되었다.)

유대인에게도 이와 같은 것이 분명 있었다. 다소의 사울은 보이지 않는 세계('하늘')와 보이는 세계('땅')를 함께 묶어 주는 장소를 성전이라고 보았다. 성전에 갈 수 없으면, 토라를 연구하고 실천하면 되었고 그렇게 해야 했다. 그러면 성전에 간 것과 같은 효과가 있었다. 성전과 토라는 유대인의 삶을 지탱하는 커다란 두 상징이었다. 이 두 상징은 사울과 그의 집안처럼 독실한 유대인이 그 안에서 살아간다고 믿었던 이야기, 곧 이스라엘과 온 세계를 아우르는 위대한 이야기를 가리켰다. 그들은 이 이야기가 하나님이 당신의 영광을 신선한 방법으로 나타내실 지점에 결국 다다르기를 소망했다. 한 분 하나님은 결국 돌아오셔서 당신의 나라를 세우시고, 온 세계를 영광이 가득한 큰 한 성전으로 만드시며, 모든 사람이—또는 적어도 당신이 택하신 백성이—토라를 완전히 지킬 수 있게 하실 것이다. 시편으로 꾸준히 기도하거나 노래하는 이는 누구나, 날이 가고 달이 갈수록 변함없이, 이런 일을 생각하고 소망하며 기도하는 자신을 발견할 것이다.

분주히 사는 이방인의 도시 다소 한가운데서 자라던 어린 사울은 이 모든 것이 충실한 유대인에게 무엇을 의미하는지 아주 완벽히 알고 있었다. 그것은 곧 우상 숭배와 부도덕에서 자신을 순결히 지킴을 뜻했다. 구석구석마다 이교 신전과 신당神堂이 있었고, 사울은 거기서 무슨 일이 벌어지는지 익히 알았을 것이다. 충실(충성)loyalty은 **유대인 공동체**를 그런 것들로부터 순전히 지킨다는 의미도 갖고 있었다. 요컨대, 이스라엘 역사의 모든 시대를 살펴보면, 한 분 하나님의 백성은 타협하고픈 유혹에 말려들었다. 더 너른 세상을 따라 살면서 언약을 잊어버리라는 압력이 계속 이어졌다. 사울은 자라면서 이런 압력에 저항하라고 교육받았다. 그것이 곧 '열심'이었다.

그 열심이 결국 나중에 사울이 자신의 서신에서 언급하는 자기 전기의 출발점으로 우리를 데려간다. 그는 이렇게 말한다. "열심이요? 나는 교회를 박해했습니다!"[13] 그는 말한다. "나는 내 또래와 동족 중 많은 사람들보다 **유대교**Ioudaïsmos에 더욱 앞장섰습니다.

나는 조상들의 전통을 지키는 데 극도로 열심이었습니다."[14] 이 '열심'은 어디서 나왔는가? 이 열심은 실제로 무엇을 의미했는가? 만일 이것이 어린 사울을 움직인 동력원이었다면, 똑딱똑딱 소리 내며 움직이는 이 시계가 계속하여 1초도 어긋남이 없이 움직이게 한 메커니즘은 무엇이었을까? 그는 자신의 첫 서신에서 이런 종류의 '열심'을 사뭇 다른 종류로 바꾸었다고 말하는데, 이는 무슨 뜻이었을까?[15] 이런 질문들을 다루다 보니, 우리는 이제 이 책의 진정한 출발점에 이르렀다.

1부

———

시 작

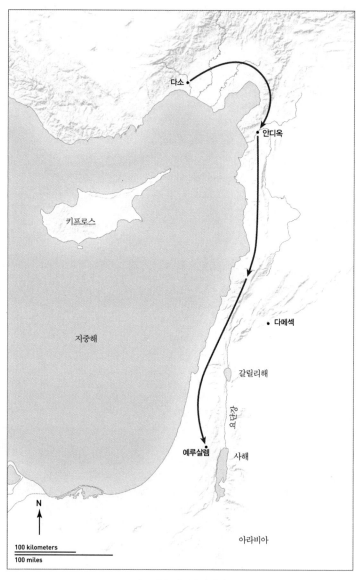

다소에서 예루살렘까지

1장

/

열심

섹스와 폭력이 뒤엉킨 아주 오래전 이야기. 거기서 시작해 보자.

언뜻 보니, 자그마한 소년이 보인다. 나이보다 조숙하고, 조상의 이야기를 남김없이 섭렵하고, 그 이야기를 스스로 읽어 내면서도 자기 같은 조그만 소년이 큰 책을 읽는다는 것이 얼마나 비범한 일인지 정작 그 자신은 알아차리지 못하는 소년. 아주 어린 친구들이 천재가 될 수 있는 활동이 있다. 음악, 수학, 체스 같은 일이 그렇다. 유대인 가정에서는 토라 공부가 그런 활동이 될 수 있다. 어린 정신과 마음도 토라를 글자 하나까지 남김없이 들이마시고, 토라가 펼쳐 보이는 드라마와 리듬을 느끼고, 조상의 이야기와 조상이 남긴 약속을 맛볼 수 있다. 자기 집 구석구석을 손바닥 보듯 알듯 어린 소년도 모세오경을 환히 꿰뚫을 수 있다. 다소의 사울이 바로 그런 아이였음을 일러 주는 표지는 다분했다. 그의 부모가 어린 아들의 싱싱한 열정을 얼마나 기뻐했을지 짐작이 간다.

이는 단순히 머리에 쌓은 지식의 문제가 아니다. 그것은 요새 사람들의 생각이지, 유대인들과는 거리가 멀다. 유대인의 삶에서 중심이 되는 것은 예나 지금이나 기도의 리듬이다. 우리는 모세가 아침기도 때마다 행하라고 유대인 남성에게 명한 대로 어린 사울이 성경의 핵심 본문이 담긴 조그만 가죽상자 '테필린*tefillin*'을 자기 팔과 머리에 묶는 법을 배우는 모습을 본다. 시편을 소리 내어 읊는 어린 사울을 본다. 이 소년은 거룩하고 두려운 한 분 하나님의 이름을 실제로 입에 올리지 않으면서도 그분께 기도하는 법을 배우고, 마치 국기에 대한 경례를 하는 어린 애국자처럼 하루 세 번 이런 말로 그분께 충성을 선언한다. **"쉐마 이스라엘, 아도나이 엘로헤누, 아도나이 에하드!"** 곧 "들으라, 이스라엘아. 주님은 우리 하나님, 주님은 한 분이시니!" 사울은 비록 어렸지만 이 고백에 서명했다. 그는 충성파다. 신실함을 지킬 것이다.

어린 사울은 머잖아 이스라엘 민족의 역사의 위대했던 순간을 기념하는 초막절과 수전절 같은 큰 절기를 고대하게 된다. 특히 그는 경이로운 이야기와 옛일을 떠올려 주는 이상한 식사를 나누는 유월절을 즐긴다("왜 오늘밤은 다른 모든 밤과 달라요?" 집안에서 가장 어렸을 적에 그는 이렇게 어른들에게 물었다). 그는 후대 사람들이 출애굽기 곧 '빠져나온' 이야기 책으로 알게 되는 책에서 **그 유월절** 이야기, 자유를 얻은 이야기를 읽는다. 이것은 과거에 일어난 일이요 장차 일어날 일을 담은 이야기다. 이것이 바로 당신의 백성이 노예로 잡혀가 살 때 한 분 하나님이 하신 일이다. 하나님은 폭군을 뒤엎으시고, 당신의 백성을 해방시켜 자유를 얻게 하시며, 그들을 이집트(애굽)에서 이끌어 내 그들이 '유업'으로 받을 땅, 그들이 약속받은 땅으로 인도하셨다. 사울은 이 모든 것을 남김없이 들이킨다. 이것은 **그의** 이야기, 그 자신이 만들어 갈 이야기다. 이 일은 다시 일어날 것이다. 새로운 출애굽, 두 번째 출애굽이 일어나 최종 완성된 완전한 자유를 가져다줄 것이다. 이 장편 드라마에서 그는 자신이 맡은 역할을 감당할 것이다.

물론 하나님의 백성이 거듭거듭 바른 길을 벗어나 제멋대로 행하는 경향이 있어 보이는 게 문제였다. 그곳으로 섹스와 폭력이 침투했다. 항상 그런 식이었던 것 같다. 그들은 애초에 부름 받은 대로 구별된 백성으로 살기보다 **고임**_goyim_, 곧 다른 민족들처럼 살고 싶어 했다. 음식법도 구별된 백성으로 살아가는 것과 관련된 것이었다. **다른 민족**은 피까지 포함하여 온갖 것을 다 먹지만, **유대인**은 동물을 어떻게 잡고 요리해야 하는지 그 절차까지 꼼꼼하게 규정한 절차를 따른 '정결한' 음식만 먹는다. 할례도 그 목적에 따른 것이었다. **다른 민족**은 섹스를 장난처럼 여기지만, **유대인**에게 할례는 오래된 언약을 일깨워 주는 영광스러운 표다. **다른 민족**은 삶에 리듬이 없지만, **유대인**은 안식일을 지키면서 하나님이 약속하신 미래, 하나님의 때와 사람의 때가 마침내 하나가 될 날을 매주 기대하기를 기뻐했다. 옛 이스라엘은 이 교훈을 걸핏하면 잊어버렸고, 그때마다 안 좋은 일이 일어났다. 멀리 볼 것 없이 당장 사울 시대의 유대인만 생각해 봐도, 많은 유대인이 그런 교훈을 또 잊어버린 채 타협했고 **다른 민족**처럼 되었다. 일부 유대인들이 '열심'이라는 오래된 전통을 따른 것도 그 때문이었으며 사울도 그런 유대인

가운데 하나였다. 이것이 우리가 어린 사울에 관해 가장 확실하게 아는 사실 가운데 하나다. 이스라엘에서 악을 뿌리 뽑으려면 폭력이 불가피했을 것이다.

'열심'이라는 전통도 그 자유 이야기의 일부다. 어린 사울은 일찍부터 그 이야기를 배웠다. 하나님의 백성은 세계의 나머지 백성들, 곧 **고임**이라 부른 다른 민족들과 대립하며 대개 이 **다른 민족들**이 이스라엘에 승리했던 이야기를 배웠다. 물론 이스라엘에게도 짧게나마 섬광처럼 찬란히 빛나던 영광스러운 역사가 있었다. 다윗이 블레셋을 격파하고 솔로몬이 온 세상에 지혜를 가르치던 시절. 이스라엘 역사는 원래 그래야 했다. 그러나 이 이야기를 붙드는 것은 현실과 상반되는 소망을 유지하고자 분투하는 것을 의미했다. 시대가 흐르고 또 바뀌어도 되풀이되는 절망과 재앙이 당연한 일처럼 보였다. 열 지파는 사라졌고, 남은 두 지파는 포로로 끌려가 바빌론 강가에서 울었다.

왜 그런 일이 왜 일어났을까? 예언자들이 그 이유를 분명히 일러 주었다. 이스라엘이 죄를 지었기 때문이다. 그것이 애초에 하나님이 세우신 약정이었다. "내가 너희를 구해 주었으니, 언제나 내게 충성하거라. 그러면 너희가 그 땅에 살 것이다. 나를 등지고 다른 신에게 예배한다면, 내가 너희를 쫓아낼 것이다." 이스라엘도 에덴동산의 아담과 하와 같았다.

사울의 아버지도 안식일이 돌아올 때마다 틀림없이 설명해 주었겠지만, **다른 민족들**이 여전히 위협이었다. 그들은 전과 변함없이 세상을 제멋대로 경영했다. 그들은 이스라엘의 하나님을 믿지 않았고, 그들 스스로 자잘한 잡신雜神을 숱하게 만들어 냈다. 그리고 이러저러한 행위와 방법으로 그 모든 잡신의 환심을 사려고 애썼고, 그 잡신들을 달래려고 최선을 다했다. 이 옛 이야기를 읽으면 읽을수록, **다른 민족들**이 하나님께 충실한 유대인을 그 이름, 곧 한 분 하나님에게서 떼어놓으려고 얼마나 애썼는지를 더 많이 보게 될 것이다. "우리는"―사울의 아버지가 말한 '우리'는 단순히 "우리 유대인"을 뜻할 뿐 아니라 "우리 **페루심***perushim*, 우리 **바리새인**"을 의미했을 것이다―"토라를 알아야 하고, 하나님께 충성을 다하는 기도를 올려야 하며, 정결을 지켜야 한다. 그리고 때가 오면 행동할 준비를 해야 한단다."

어린 사울은 이 말이 무슨 뜻인지 정확히 안다. 그는 자유 이야기, 곧 오경을 안다. 조상이 물려준 이 전승을 샅샅이 읽고 마음속으로 곱씹고 곱씹기를 거듭하다가, 그는 별다른 사건이 들어 있지 않은 긴 단락―희생 제사를 규율한 규정, 이름을 나열한 명단, 상세한 법을 기술한 법전―을 마주할 것이다. 이런 본문은 본디 엄청난 힘이 있다. 일단 알고 사랑하게 되면, 마치 사람을 홀리는 듯한 성질을 지닌 것이 이런 본문이다. 그러나 소년이 원하는 것은 액션이다. 그런데 별안간 그런 장면이 등장한다.

먼저 기이한 발람 이야기가 나온다.[1] 이스라엘 백성은, 광야 이곳저곳을 유랑하던 생활을 마칠 무렵, 요단강 동안東岸 모압 땅에 이른다. 그들 눈앞에는 그들이 약속받은 땅이 펼쳐져 있다. 그러나 이는 모압 왕 발락에게는 나쁜 소식이다. 그는 이스라엘을 저주하려고 점쟁이 발람에게 보상을 약속하고 불러들인다. 처음에 발람은 이 부름을 거부하지만, 발락이 약속한 보상이 그의 영혼을 잡아먹는다. 발람은 그의 나귀를 타고 부름에 응하여 발락에게 간다. 하지만 이 나귀는 발람이 보지 못하는 것을 본다. 주의 사자가 손으로 칼을 빼 들고 길에 서 있다. 나귀는 길에서 벗어나 드러누워 앞으로 나아가기를 거부한다. 발람은 화가 폭발하여 이 가련한 동물을 두들겨 팬다. 그러자 나귀가 사람의 목소리로 발람에게 말한다. 이때 발람의 눈이 열리고, 그는 자신이 운 좋게 죽음을 모면했음을 깨닫는다. 결국 그는 이스라엘 백성을 저주하는 대신 축복한다. 물론 발락은 이에 아주 어쩔 줄 몰라 한다.

이는 엄청난 이야기로서 거의 그림 동화에나 나올 법하다. 그러나 이 이야기의 진짜 요체, 곧 사울이 물려받은 전승이 크게 선전하는 핵심은 아직 나오지 않았다. 그 전승의 핵심은 한 어린 친구가 받은 소명에 불을 붙일 어떤 사건에 초점을 맞춘다. 아울러 그것은 한 약속을 제시하는데, 이 약속은 또 다른 약속 곧 사도 바울이 장차 자기 신학의 중심으로 삼게 될 더 오래된 약속을 되울려준다.

이야기는 발람의 고민에서 시작한다. 이스라엘을 저주해야 돈을 받는다. 그것이 그의 고민이었다. 뭐, 어쩌면 다른 길이 있었을지도 모른다. 아리따운 처자들을 보내면 되지 않을까? 기나긴 광야 유랑에다 사람을 옥죄는 성도덕에 지쳐 버린 허다한 이스라엘 남자들은 모압 여자 친구를 얻으면 그저 혼이 녹아 버릴 테니까. 그러나 이런 일을 하는 것은 한 분 하나님과 그분이 주신 토라에 (그리고 그들의 아내에게도) 불성실하다는 뜻이기도 했지만, 모압의 잡신들을 예배하며 모압인의 관습을 따른다는 뜻이기도 했다. 우상 숭배와 부정不貞은 늘 그렇듯 함께 붙어 다녔다. 이스라엘은 한 분 하나님과 결코 깰 수 없는 혼약을 맺었으니, 그분의 하나뿐인 신부가 되어야 했다. 사람과 맺은 혼약을 깬다는 것은 하나님과 맺은 언약을 깼음을 보여 주는 표지요 징표였다.

다음에 일어난 일은 이후 많은 세대의 심상을 형성했다. 상황은 걷잡을 수 없는 막장으로 치달았다. 이스라엘 사람들은 제멋대로 행했다. 역병이 발생했지만—역병은 하늘이 내린 보응 같았다—사람들은 신경 쓰지 않았다. 한 남자는 모세와 다른 모든 이가 버젓이 지켜보는데도 자신의 모압 여자를 자기 천막에 데려갔다.[2] 이제 더는 참을 수 없었다. 아론의 아들 비느하스가 창을 들고 그 남자를 따라 그 천막으로 들어갔다. 이미 엉겨 붙어 있던 둘을 발견한 비느하스는 일격에 그 둘을 모두 죽였다.

그것이 '열심'의 의미를 결정한 순간이었다. 비느하스의 행동은 즉시 효과를 낳았다. 역병이 그치고 반역이 멈췄다. 이때 '열심'을 보인 영웅 비느하스는 그 뒤로 죽 그 자신과 그 집안에 영원히 효력을 가지는 언약에 근거하여 주목할 만한 약속을 받았다. 그의 집안이 영원히 제사장이 되리라는 약속이었다.

이 사건을 섬세히 언급하는 오래된 시 하나(이 시는 다만 "비느하스가 개입했다"라고만 말하는데, 이 대목은 어쩌면 "비느하스가 중재했다"로도 번역할 수 있을지도 모르겠다)는 하나님과 비느하스 사이에 체결된 이 영원한 언약을 가리키는 표현을 담고 있다. 이 노래는 "그때에 비느하스가 개입했으니… **그것이 그의 의로 여겨졌다**"고 말한다.[3] '의'를 가리키는 히브리어 **체다카**[*tsedaqah*]는 어떤 관계, 곧 헌신과 언약에 바탕을 둔 관계를 가리킨다. "하나님이 그것(열심에서 나온 비느하스의 행동)을 의로 여기셨다"는 말은 이 행동이 하나님과 비느하스 집안의 언약, 곧 비느하스 집안을 영원히 제사장 집안으로 삼겠다는 언약을 인증하는 표지였다는 뜻이다. 열심은 결코 깰 수 없는 이 관계를 만인에게 드러내는 증표였다.

　어린 사울도 어떤 식으로든 이 글귀를 알았을 것이다. 그것이 바로 창세기가 아브라함에 관하여 말하는 내용이기 때문이다. 하나님은 아주 광범위하여 언뜻 불가능해 보이는 약속을 아브라함에게 하셨다. 아브라함은 그 약속을 믿었다. 그러자 하나님은 단단한 구속력을 가진 약정 곧 언약을 아브라함과 맺으셨다. 창세기는 이 일을 비느하스의 경우와 같은 문구로 이렇게 집약하여 말한다. "주님께서는 그것을 그의 의로 여기셨다."[4] 다시 말해, 아브라함의 믿음이 바로 하나님이 그와 맺으신 언약의 인증 표지였다. 아브라함의 믿음은 그가 언약 구성원임을 나타내는 표지요 증표였다. 아브라함과 비느하스 이야기를 담은 본문을 잘 아는 사람은 누구나 이 두 사람의 공통점을 분명히 알았지만, 우리가 이런 말을 하는 이유는 그것 때문만이 아니다. 사울 시대에 '열심'을 가장 강조한 텍스트 가운데 하나였던 마카베오1서에서는 아브라함과 비느하스를 다룬 두 본문이 가까이 붙어 등장한다.[5] 하나님과 율법을 열렬히 따르던 이 소년은 이 모든 본문을 장래에 참조하려고 고이 간직했으리라. 그는 하나님과 토라를 열렬히 앙망하게 된다. 어쩌면 하나님은 그를 언약 갱신의 위대한 순간에 그 일부로 사용하려 하셨는지도 모른다. "그것이 그의 의로 여겨졌다." 아마 어느 누구도 이 중차대한 본문이 바로 눈앞에 다가온 신세계에서 얻게 될 더 심오한 의미를 짐작하지 못했을 것이다.

다소의 사울은 자라면서 이 이야기를 알았다. 우리는 다소의 길거리에서 **다른 민족** 사람들이 하는 행동을 아주 똑똑히 알았던 이 소년이 다른 민족과 같은 행동을 하는 하나님 백성의 생각에 역겨움과 매력을 동시에 느꼈다가, 비느하스의 열심이 보여 주는 생각에 흥분을 느낌과 동시에 자극을 받았으리라고 상상한다. 섹스와 폭력이 이 소년의 심상을 사로잡는다. 사도 바울은 생애 초반의 자신을 조상의 전통을 지키려는 열심에 사로잡혀 있던 사람이라고 묘사하면서, 비느하스가 빚어낸 동기에 이끌려 살았던 자신의 젊은 날을 돌아본다.

하지만 비느하스만이 '열심'을 대변하는 역할 모델은 아니었다. 또 다른 주요 인물 하나를 열왕기에서 찾아볼 수 있는데, 그 인물 이야기조차 토씨 하나까지 남기지 않고 집어삼키는 어린 사울이 상상이 간다. 황금시대였던 다윗과 솔로몬 시대가 지난 뒤 상황은 점점 더 나빠졌다. 대다수 이스라엘 사람은 가나안 사람들이 풍요와 다산의 신으로 섬기던 바알을 진작부터 예배하기 시작했다. 모압의 잡신들을 예배할 때처럼 바알 예배도 몇몇 관습을 당연하게 여겼다. 풍요와 다산을 비는 제의를 거행하다 보니, 자연스레 어린 자녀를 제물로 바치는 희생 제사가 뒤따랐는데, 후자는 아마도 전자에 따른 결과를 처리하는 의식이었던 것 같다. 엘리야 예언자가 앞에 나선다.[6] 그는 바알 예배자들을 꾀어 이스라엘의 하나님이 승리하신 겨루기를 벌여 그들을 모두 죽였다. 이번에도 위대한 열심에 위대한 승리가 뒤따랐다.

후대 전승은 예언자의 지위를 논할 때 엘리야와 모세를 짝지어서 말한다. '열심'을 이야기할 때는, 마카베오1서 2장에서 볼 수 있듯이 엘리야와 비느하스를 짝짓는다. 이런 후대 전승이 이런 일을 이런 식으로 볼 때는 그저 옛적의 기억거리들을 기념하고 만다는 말이 아니다. 이런 내용은 새 세대에게 새로운 도전에 응하라고 요구한다. 사도 바울이 그가 이전에 보였던 '열심'을 언급할 때면, 우리는 비느하스와 엘리야의 메아리를 듣는다. 앞으로 보겠지만, 엘리야 이야기에는 그 나름의 더 어두운 측면도 들어 있다.

비느하스와 엘리야를 함께 묶어 보면, 바울이 나중에 고백한 일 곧 그가 폭력을 쓰면서까지 열심을 보였던 허다한 사례가 설명된다. 그러나 그를 비느하스 및 엘리야와 같은 방향으로 밀어붙인 또 다른 요소가 있었다. 겨울에 열리는 축제인 수전절은 민족의 기억을 늘 신선하게 가다듬어 주었는데, 이 기억은 사울 시대보다 두 세기 전에 유다 마카베오('망치 유다'라는 뜻)가 그 열심을 보여 주었던 행동을 기념했다. 과대망상에 취한 시리아(수리아) 왕 안티오쿠스 에피파네스('에피파네스'는 '신의 현현顯現'을 뜻한다)는, 사울의 아버지가 사울에게 되새겨 주곤 했듯이, **다른 민족**이 늘 하려 했던 일을 유대 민족에게 하려고 했다. 즉 유대 민족을 질식케 하여 그 생명을 **빼앗**고, 반역이요 반사회적 신앙인 한 분 하나님을 믿는 신앙을 영단번에 뒤집어엎으려고 했다. 안티오쿠스가 유대인을 고분고분 순종하는 자기 제국 백성으로 바꿔 놓을 길은 그 길밖에 없었다. 때문에 그는 엄청나게 우월한 무력을 동원하여 예루살렘 성전을 더럽혔고, 바로 그곳에 이방신을 예배하는 의식과 관습을 들여왔다. 이런 상황에서 유대 백성은 어찌해야 했을까?

유대 백성 가운데 많은 이가 (마치 그들 조상이 광야에서 그랬던 것처럼) 타협하려 했다(사울은 이 일을 곱씹었을 것이다). 그들은 새 체제에 순응했다. 그러나 한 집안만은 비느하스처럼 행동하기로 결심했다. 마카베오서는 이스라엘의 하나님만 섬기려는 열심, 하나님이 주신 토라를 지키려는 열심, 이스라엘의 정결을 지키려는 열심을 이야기한다. 이 모든 열심은 아브라함까지 거슬러 올라가는 이야기에 그 뿌리를 두었으며, 그 열심의 핵심 계기 가운데에 비느하스와 엘리야가 들어 있었다.[7] 이것이 이스라엘의 이야기라면, 이것이 바로 충실한 이스라엘인이 같은 문제를 만났을 때 취해야 할 행동이었다. 유다 마카베오와 그 형제들은 일어나 행동에 나섰다. 그들은 강력한 이교도 제국에 대항할 자그마한 혁명 그룹을 조직했다. 그들은 온갖 역경을 무릅쓰고 성공을 거두었다. 시리아 사람들을 격파하여 내쫓고, 성전을 다시 정결하게 만들었으며, 한 세기 남짓 독립을 유지한 유대인의 나라를 세웠다. 열심이 이런 일을 해냈다. 이는 한 분 하나님께 철저히 충성함이 무엇인지를 생생히 보여 주었다. 이 열심은 자유를 가져왔다. 이 투쟁 과정에서 고난을 겪거나 죽은 이들은 새로운 미래상, 곧 부활이 저 지평선 위에 아른거림을 보았다. 한 분 하나님은 새 세계를 만드시고, 당신 백성, 특히 당신에게 충실하고 열심을 보이는 백성을 새로운 창조 안에서 새 몸을 지닌 생명으로 부활시키실 것이다.[8] 열심은 하늘에서 이루어지듯 땅에서도 이루어질 하나님나라에서 그 최종 보상을 받을 것이다.

이 이야기들은 독실한 유대인 가정인 사울의 집에서 힘찬 공명을 불러일으켰을 것이다. 로마 제국의 영토인 오늘날 터키 지역과 다른 많은 지역에 있던 유대인 공동체는 그들의 이웃인 **다른 민족** 사람들과 제법 평화롭게 어울려 살았다. 그러나 이 공동체는 이스라엘이 언약에 기초하여 한 분 하나님께 바치는 충성을 다른 민족이 언제 또 뿌리부터 훼손하려고 할지 혹은 어떤 악독한 수단을 찾아내 그렇게 훼손하려고 할지 알지 못했다. 유대인 공동체는 그런 일을 대비해야 했다. 사울은 하나님께 충실하다는 것이 무슨 의미인지 알았던 집안 출신이었다. 그것은 **유대교**^{Ioudaïsmos}를 뜻했다. 앞서 보았지만, 여기서 말하는 유대교는 현대 서구에서 생각하는 일개 '종교', 경건과 도덕을 집약한 체계인 '유대교'가 아니라, 조상 때부터 내려온 삶의 방식을 적극 전파하고, 외부의 공격과 내부의 부패에 맞서 그 삶의 방식을 지키면서, 토라의 전통을 다른 유대인에게 힘써 권면함을, 특히 다른 유대인이 그런 전통을 버리고 타협하려는 것처럼 보일 때면 더더욱 힘써 권면함을 의미했다.

그것이 바로 기원후 첫 몇 년 동안 어린 사울이 자라면서 호흡했던 공기였다. 사울이 나사렛 예수보다 나이가 조금 아래였다는 것이 가장 그럴듯한 추측이다. 그가 태어난 때는 지금 우리가 1세기라고 부르는 시기의 첫 10년 중 어느 때였다고 보는 것이 좋을 성싶다. 뒤에 가면 알겠지만, 그의 친족 중에는 예루살렘에 사는 누이와 조카가 있었다. 아마 더 많은 친족이 예루살렘에 있었겠지만, 그의 가족이 사는 집은 십중팔구 다소에 그대로 있었을 것이다. 어쨌든 머리에는 토라가 가득 차 있고 마음에는 열심이 가득하던 그는, 십중팔구 십 대일 때 바로 그 예루살렘으로 갔다. **"쉐마 이스라엘, 아도나이 엘로헤누, 아도나이 에하드!"** 이 위대한 기도는 감히 입에 올릴 수도 없었던 한 분 하나님의 이름을 **아도나이**▪로 바꾸었는데, 사울 시대 지중해 지역 도처에서 사용했던 그리스어는 이를 **퀴리오스**^{Kyrios}('주')로 바꾸었다. 한 분 하나님, 한 토라, 한 주, 한 백성. 이스라엘은 그렇게 철저히 충실하겠다고 외쳤다. 바로 그 충실과 함께 한 소망 곧 유월절의 소망이 다가왔다. 그 소망은 자유를 얻으리라는, 특히 외인의 통치에서 벗어나 자유를 얻으리라는 소망이었다. 이스라엘이 영단번에 위험에서 구원받아 살게 될 완전한 신세계가 도래하리라는 소망이요, 새 창조, 새 에덴이 오리라는 소

▪ '나의 주'라는 뜻.

망이었다.

이것은 단지 꿈이 아니었다. 이제 그 모든 일이 일어날 적기適期가 되었다. 우리는 다소의 회당들이 어린 사울에게 예언자의 글에 숨어 있는 비밀, 한 분 하나님이 행동에 나서실 때를 어떻게 분별할 수 있는지 일러 주는 비밀, 그가 이 하나님에 관한 환상을 그 스스로 체험할 수도 있는 길을 일러 주는 비밀, 하늘의 실상을 희미하게나마 엿볼 수 있게 해 줄 기도와 묵상 패턴, 장차 다가올 일을 미리 보는 것에 관하여 가르쳤는지 여부를 알지 못한다. 이런 내용은, 어디서 찾아야 하며 어떻게 찾아야 할지만 안다면, 성경 도처에서 찾을 수 있었다. 예루살렘에는 열심이 넘치는 어린 학생에게 틀림없이 이 모든 것을 남겨 줄 선생이 있었다. 사람들이 예언자들의 글, 특히 다니엘서에서 그때가 무르익었음을 일러 주는 힌트를 풍성히 찾아내고 그들이 그 미래로 나아가면서 어떻게 기도해야 하는지 일러 주는 내용을 풍성히 찾아내자, 사울도 고향에서 혹은 예루살렘에서 혹은 두 곳 모두에서 점점 더 큰 흥분을 느꼈을 것이다.

예루살렘에서 바울을 가르친 선생은 바울이 조상의 전통에 깊이 빠져 있음을 확인했을 것이다. 가말리엘은 그 시대의 가장 위대한 랍비 가운데 하나였다. 사울은 그의 지도 아래 성경 자체는 물론이요 글로 기록되지 않은 토라도 공부했을 것이며, 사람들이 더세세한 문제들을 놓고 꾸준히 축적해 온 토론 결과도 공부했을 것이다. 이 토론 결과는 구전으로 쌓여 오다가 거의 200년 뒤에 글로 기록되어 미쉬나 안에 성문법으로 수록된다. 그러나 당시 토라를 둘러싸고 상이한 해석이 많이 있었지만, 그중에서도 한 해석의 불일치는 시간이 갈수록 점점 커져, 결국 다음 세기에는 이런 위기 때 충성을 다한다는 것이 무슨 뜻인가를 놓고 완전히 다른 두 믿음이 등장하게 된다. 사울이라는 젊은이를 형성한 것이 바로 이런 토론이었다. 그가 가담한 쪽은 그의 위대한 스승이 지지한 쪽이 아니었다.

가말리엘은, 적어도 사도행전이 묘사한 모습을 보면, '서로 상관 말고, 각자 좋은 대로 살아가자'는 정책을 지지했다. 이 예수라는 사람을 따르길 원하는 사람은 그렇게 하면 된다.[9] 이 새 운동이 하나님에게서 나왔다면 사람이 막아도 흥흥하겠지만, 그렇지 않다면 제풀에 넘어지고 말 것이다. 로마인이 세계를 경영하고 싶어 하면, 그렇게 하라고 내버려 두면 된다. 유대인은 토라를 스스로 공부하고 실천하곤 했다. 넓게 말하면, 이것이 이전 세대의 유력한 랍비였던 힐렐의 가르침이기도 했다.

그러나 모든 증거를 보면, 가말리엘 문하의 영특한 다소 출신 학생은 이런 접근법에 만족하지 않았다. 그는 '열심' 때문에 반대 학파에 들어가 힐렐의 경쟁자인 샴마이를 따랐을 것이다. 샴마이, 하나님이 당신의 통치를 하늘에 세우시듯 땅에서도 세우시려 하신다면, 하나님과 토라를 향한 열심을 품은 이들은 기도해야 하고, 그 칼을 갈아야 하며, 행동을 취할 준비를 해야 한다고 주장했다. 그랬다. 사악한 이교도에 맞서 행동을 취해야 할 때가 바야흐로 이르렀으니, 이제는 행동에 나서야 했다. 뿐만 아니라, 사실은 배교자나 타협한 유대인에게도 맞서 행동을 취해야 했다. 비느하스를 기억해야 했다. 후대에 나온 유대 전승은 힐렐 학파와 샴마이 학파 사이에 날카로운 대립이 있었다고 주장하지만, 이 대립은 (다른 무엇보다도) 두 큰 위기, 곧 기원후 66-70년에 벌어진 로마-유대 전쟁과 기원후 132-135년에 있었던 바르-코흐바 봉기가 일어났을 무렵의 엄혹했던 시대는 물론이요, 이 두 사건 사이에 존재했던 긴장과 불안의 세월을 반영한다. 사울 시대에는 상이한 견해들을 토론하고 학생이 스승과 의견을 달리하는 일이 훨씬 더 거리낌 없이 이루어졌다. 가말리엘은 서로 상관 말고 각자 좋은 대로 살아가는 것이 좋다고 믿었다. 반면, 사울은 열심을 믿었다.

나는 이스라엘 총리 이츠하크 라빈■이 이갈 아미르라는 학생에게 암살당했던 1995년 11월에 다소의 어린 사울을 생각했다. 라빈은 오슬로 협정에 참여하여, 팔레스타인 지도부와 평화로 나아갈 약정을 만들어 냈다. 1994년, 그는 그의 정치 라이벌인 시몬 페레스■■ 그리고 팔레스타인 지도자인 야세르 아라파트■■■와 함께 노벨 평화상을 받았다. 아울러 라빈은 요르단과 평화 협정을 맺었다. 이스라엘 강경파는 이 모든 일이 지나치다고 생각했다. 그들은 라빈의 행동이 이스라엘 민족의 정체와 안전을 심각하게 훼손한다

■　1922-1995, 이스라엘의 총리를 두 번 역임한 군인 출신 정치인.
■■　1923-2016, 이스라엘의 총리와 대통령을 모두 지낸 정치인.
■■■1929-2004, 팔레스타인 독립 투쟁 기구인 팔레스타인 해방 기구 의장이었고 팔레스타인 자치 정부의 첫 수반이었다.

고 보았다. 뉴스 매체는 라빈을 암살한 이를 '법학도'라 표현했지만, 유럽과 미국에서는 이 말이 오늘날 이스라엘에서 가지는 의미는 물론이요 다소의 사울 시대에 가졌을 의미와 다른 의미를 가진다. 아미르는 서구식 법정에서 변론하는 변호사가 되려고 공부하던 이가 아니었다. 그는 열심을 품은 토라 학생이었다. 그는 재판 때 자신이 1995년 11월 4일에 한 행동은 유대 율법을 따라 한 것이라고 주장했다. 그는 지금도 사형수로서 형 집행을 기다리고 있으며, 자신이 한 행동을 전혀 뉘우치지 않고 있다. 20세기 말은 1세기 초와 분명 완전 딴판인데도, '열심'은 변함없이 유지되고 있다.

그 11월 오후에 텔레비전 보도를 지켜보던 내 마음은 현대 예루살렘과 사울 시대 예루살렘을 왔다 갔다 했다. 사울 시대 예루살렘에서는 스데반이라는 젊은이가 돌에 맞아 죽었다. 이는 불법이었다. 로마가 통치하는 곳에서는 로마인만이 사형을 집행할 수 있었기 때문이다. 열심을 품고 토라를 배우는 젊은 학생이던 다소의 사울도 거기 있었다. 그는 스데반이 죽임을 당하는 광경을 지켜보며 그 모든 일이 합당하다 여기고, 스데반에게 돌을 던지던 사람들, 말하자면 스데반이 말로 퍼뜨린 독毒을 예루살렘에서 씻어 내는 의식을 행하던 이들의 겉옷을 지켰다.

그 독은 무엇이었는가? 그것은 예루살렘 성전과 관련이 있었으며, 그것은 곧 하나님 자신과 관련이 있음을 의미했다. 예루살렘 성전은 '그 집'(유일한 집, the house) 혹은 '그 곳'(유일한 곳, the place)이었다. 다시 말해 이스라엘의 하나님이 당신의 이름과 당신의 임재와 당신의 영광을 두시겠다고 약속하신 곳, 한 분 하나님이 지켜 주시 겠다고 약속하신 곳이었다. 그곳은 하늘과 땅이 만나고, 연결되며, 영광스럽지만 아주 위험한 거래를 하는 곳이었다. 그곳은 한두 해 전에 사울보다 나이도 그리 많지 않으면서 예언자라 자칭하는 한 갈릴리 사람이 상징을 내포한 시위 행동으로 소동을 일으킨 곳이었 다.■ 당시에는 그 시위 행동이 하나님의 심판이 임박했음을 일러 주는 경고로, 이스라엘의 하나님이 이방 민족들을 사용하셔서 이 스라엘이 가장 소중히 여기는 상징을 파괴하시려 한다는 것을 일 러 주는 경고로 보였다. 물론 사울은 그런 생각을 완전히 엉터리라 고 보았다. 하나님의 심판은 그와 정반대 모습이리라는 것을, 한 분 하나님이 사악한 이교도를 심판하시고 당신 백성의 의로움을 확 인해 주시리라는 것을 모든 이가 알고 있었다. 어쨌든 당국은 그런 시위 행동을 한 예언자를 붙잡아 로마 당국에 넘겨주었으며, 그 예 언자가 인간이 상상할 수 있는 가장 수치스러운 방법으로 죽임을 당하는 모습을 지켜봄으로써, 그가 하나님을 모독한 사기꾼임을 단번에 분명히 밝혔다. 메시아가 십자가에 못 박히다니? 그런 메시 아는 아무도 들어 본 적이 없었다.

그러나 이제 이 예수를 따르는 이들은 그가 죽은 자 가운데서 부활했다는 주장을 하고 있었다. 그들은 어쨌든 **그 사람** 안에서, 이 미치광이이자 위험인물이요 망상에 사로잡힌 사람 안에서 하늘과

■ 예수의 성전 정화 사건을 말한다.

땅이 하나가 된 것처럼 이야기하고 있었다. 그들은 이 예수와 비교하면 고대 이스라엘의 제도는 그 지위가 더 낮은 것처럼 말하고 있었다. 스데반은 예루살렘 성전 자체가 임시방편일 뿐이라고 말했다. 하나님은 새 일을 하려 하셨다. 그랬다. 예수와 그의 말씀을 거부한 현세대는 심판 아래 있었다. 스데반은 자신의 목숨이 왔다 갔다 하는 재판 자리에서 사태를 더 악화시키고 말았다. 그는 이렇게 외쳤다. "보십시오! 하늘이 열리고 인자가 하나님 오른편에 서 계신 것이 보입니다!"[10] 하늘과 땅이 서로 열리고, 이 예수란 이가 기도를 통해 하늘과 땅을 하나로 만든다고? 두말할 것 없이 신성 모독이었다! 법정은 더 들을 필요도 없었다. 스데반은 성 밖으로 끌려나가 비 오듯 쏟아지는 돌에 맞아 온몸이 깨지고 부서진 채 죽고 말았다. 사울은 이 죽음을 당연하게 여겼다. 이것이 토라가 요구하는 행동이었다. '열심'은 이런 모습으로 나타나야 했다.

그 순간부터 이 젊은이는 자신이 해야 할 일을 알았다. 스데반이 죽자, 더 많은 폭력 행위가 있을까 두려워한 일부 예수 따름이들이 부랴부랴 예루살렘을 떠났다. 그러나 그들은 계속하여 그 독을 퍼뜨렸다. 그들은 어디 가든 조금은 혁명적이라 할 그룹을 만들고, 이 새로운 가르침을 전파하고, 성전 자체까지 아우르는 고대 이스라엘의 여러 상징을 몰아내고 대신 예수를 그 그림의 중심으로 삼았다. 사울의 관점에서 보면, 옛 성경 이야기 속의 타협하는 자들보다 이 예수 따름이들이 나빴다. 이들의 이런 행태가 오고 있는 하나님나라를 막을 수도 있었다. 이런 행태는 이스라엘에 하나님의 더 큰 진노를 불러올 수도 있었다.

이 때문에 사울은 새 비느하스, 새 엘리야로 나섰다. 성경의 모델은 분명했다. 토라와 성전—한 분 하나님 바로 그분—이 이 새 운동의 공격을 받고 있었다. 이제 젊은 사울은 그 머리에는 그의 성경을, 그 마음에는 열심을, 그 가방에는 대제사장이 그에게 권한을 부여한 공식 문서를 담고, 그 자신 역시 진정한 언약 구성원으로 인정받을 날이 오리라는 소망을 굳게 간직한 채 행동에 나섰다. "그것이 그의 의로 여겨졌다." 이전에는 비느하스가 그 말을 들었다면, 이제는 사울이 그 말을 들을 차례였다.

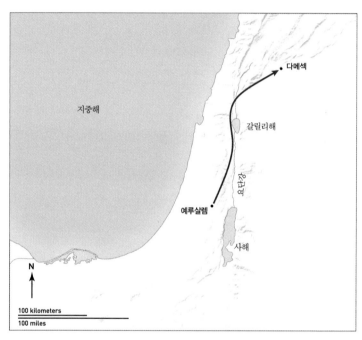

지중해

다메섹

갈릴리해

요단강

예루살렘

사해

N

100 kilometers

100 miles

예루살렘에서 다메섹으로

2장

/

다메섹

빛이 눈을 멀게 하고, 하늘에서 음성이 들려왔다. 카라바조*의 걸작이 묘사하는 모습이다.** 그 도를 핍박하던 자가 그 도를 전하는 자가 된다. 내가 속한 교회를 포함하여 서구의 많은 교회가 해마다 1월 25일을 바울 회심 축일로 기념한다. 이 사건은 일종의 문화적 은유가 되었다. 전통과 세상 사람들의 관습이 합세하여 다소의 사울에게 일어난 일을 유명하면서도 불분명한 일로 만들어 버렸다. 사도행전이 (흥미롭게도 매번 변화를 주면서) 세 번에 걸쳐 이야기하는 이 사건은 분명 아주 중차대하다. 바울이 그가 쓴 서신에서 언급하는 자신의 자서전 같은 내용을 보면, 분명 그날 그에겐 상당히 무시무시한 일이 일어났다. 그렇다면 정확히 무슨 일이 일어났는가? 그 일은 무슨 의미가 있었을까?

프로이트 이후 한 세기가 지나니, 이제는 우리가 모두 아마추

■ 1571-1610. 이탈리아 화가. 빛의 효과를 활용하여 인간의 감정과 신체를 기막히게 표현했다.
■■ 카라바조가 1600-1601년에 그린 〈바울의 회심〉에 나오는 장면이다.

어 심리학자다. 다메섹(다마스쿠스)이 실제로 어디 있는지 아주 어렴풋이 알 뿐인 허다한 사람들을 가리키는 대명사가 된 '다메섹 도상'(다메섹으로 가는 길, road to Damascus)은 사람들을 심리학적 사색에―심리학적 환원주의에―빠뜨리는 달콤한 유혹이 되었다. 그날 사울의 생각과 마음속에서는 무슨 일이 벌어지고 있었을까? 대체 무엇이 열심을 앞세워 그 도를 핍박하던 사람을 열심을 다해 그 도를 전하는 사도로 바꿔 버렸을까?

숱한 이론이 나왔다가 사라졌다. 사울이 본 환상은 '실제로' 그의 거듭난 인격이 첫발을 내딛은 순간이었다. 아니, 그 순간은 스데반에게 돌을 던져 죽일 때 그에게 남아 있던 죄책감이 다시 그를 찾아와 괴롭히게 된 때였다. 아니, 어쩌면 그 순간은 한 젊은이의 내면에 자리한 욕망과 거룩함을 엄격히 지키라는 외부의 요구 사이에 존재하던 긴장이 결국 폭발할 때 찾아올 법한 순간이었을지도 모른다. 사실, 그것은 간질 발작이었다. 아니면, 그저 한낮에 뙤약볕 아래에서 탈수 증상이 일어나는 바람에 그런저런 일이 벌어졌는지도 모른다. 어쩌면 그렇게 정반대 각도에서 바라볼 일이 아닐지도 모른다. 이런 정도의 일이 아니라 더 큰 의미를 지닌 사건이라면, 그런 사건이라면 어찌되는 걸까?

사실, 이런 종류의 이론들은 네온사인을 한 번도 본 적이 없는 사람들이 갑자기 네온사인을―그것도 어떤 외국어로 쓴 네온사인을―만났을 때 일어나는 일과 조금 비슷하다. 이런 사람들은 이런 네온사인이 뭔가를 말하고 있다는 것조차 알아차리지 못한 채, 이

것이 대체 어떻게 커지는 건지 알아내는 데 시간을 다 쓴다. 엉뚱
한 구석이 있었던 영국 시인 존 베처면*은 이를 이렇게 표현한다.

바울은 자주 비판을 받는다네,
그의 회심이 못마땅한 현대인에게.
그들은 프로이트가 그걸 다 설명했다 말하지.
그러나 그들은 내버렸네,
그 회심에서 진짜 중요하고 중요한 부분을.
그 회심이 어떻게 이루어졌느냐가 아니라,
바울이 믿었던 것이 무엇인가, 바로 그것이 중요하지.[1]

공교롭게도 베처면은 "바울이 믿었던 것이 무엇인가"를 설명
하는 아주 좋은 일을 하지 않지만, 그가 말하는 요지는 옳다. "그
회심이 어떻게 이루어졌는지" 묻고자 하면 바울의 심리를 연구해
야 할 수도 있고 그럴 필요가 없을 수도 있지만, 결국 그것은 잘못
된 질문이다. 어쨌든 역사 심리학은 탁상공론을 즐기는 사람에게
야 흥미로운 놀이이지만, 실제 역사 탐구에서는 거의 쓸모가 없다.
　이것은 잠시만 생각하면 분명히 알게 되는 일이다. 더구나 이
것은 누군가의 일생을 탐구하기 시작할 때 중요한 점이기도 하다.
현장에서 일하는 정신과 의사는 물론이요 훈련받은 목사나 상담

■　1906-1984. 일상의 서정을 잘 묘사했던 시인으로 1972년부터 영국 계관시인이었다.

자도 모두 인간이 수수께끼로 가득한 깊은 우물임을 아주 잘 안다. 우리는 오랜 세월 함께해 온 벗 혹은 심지어 남편이나 아내와 지내 오면서, 그동안 미처 발견하지 못했던 그 깊고 깊은 내면, 그러니까 어떤 문화는 '마음'이라 부르고 또 어떤 문화는 '영혼'이라 부르는 그것의 내면을 조금이라도 보게 되면, 당장 지금이라도 놀랄 수 있고 심지어 충격까지 받을 수도 있다. 상담자를 완전히 신뢰하여 상담자와 동일한 문화 가설假說 및 영적 가치를 공유할 때도, 십중팔구는 상담자가 자신과 상담하는 이의 내면에 자리한 그 인격의 뿌리, 깊고 깊은 곳에 자리한 동기動機의 원천, 잠들지 못하는 밤이나 무기력한 나날을 만들어 내는 어두운 고통에 다다르기가 사람들이 짐작하는 것보다 훨씬 어렵다. 그러니 2천 년 전에 우리 문화와 생판 다른 문화 속에서 살았던 사람을 들여다보는 것은 더더욱 불가능하다.

그렇게 들여다볼 수도 없지만, 사실은 역사 전반을 서술할 때처럼 누군가의 전기를 서술할 때도 그런 종류의 연구는 다행히 필요하지 않다. 그렇다고 우리가 인간 내면의 동기를 연구하기가 불가능하다는 말은 아니다. 우리는 '일어난 일'을 이야기할 때 사진기나 녹음기가 담아내는 차원의 것만 이야기하지는 않겠다. 역사가와 전기 작가는 **현재** 밝혀낼 수 있는 여러 차원의 동기를 연구할 수 있고, 그런 동기를 연구할 수 있으면 연구해야 하며, 특별히 한 문화를 관통하거나 한 정치 지도자 혹은 고립된 개개인의 생각을 관통하는 내재된 내러티브를 연구해야 한다.

미군과 영국군 그리고 이들의 동맹군은 2003년 이라크 침공을 준비하기 전에 그와 같은 일을 시도했다. 탐구심이 강한 미국 작가 두 사람이 20세기에 미국 대통령을 지낸 이들이 (영화와 TV쇼 그리고 연재만화 속에 등장한) 대중문화 예술인 가운데 좋아하는 이로 꼽은 이들을 조사한 보고서를 만들어 냈다.[2] 대통령들은 이 사람 저 사람 할 것 없이 캡틴 아메리카,[■] 론 레인저,[■■] 그리고 이와 비슷한 인물들 이야기를 좋아했다. 이런 이야기를 보면, 주인공이 어려움에 빠진 공동체에 평화를 되찾아 주고자 법의 경계를 넘어 활동을 펼친다. 이런 내러티브는 걱정을 자아낼 정도로 비슷해 보였다. 그것은 정신분석이 아니라 동기를 연구하는 일이었다. 우리는 원칙상 사람들이 특정한 행동을 하게끔 몰아붙이는 내재된 내러티브를 면밀히 조사하면 된다.

또 하나 예를 들어 보면, 1차 대전을 연구하는 역사가들도 그런 일을 했다. 우리는 역사가이기 때문에 독일, 러시아, 폴란드, 세르비아, 프랑스, 그리고 다른 관련 국가 지도자들 혹은 심지어 무뚝뚝하고 오만했던 당시 영국 외무장관 에드워드 그레이의 정신을 분석할 필요가 없으며, 그들의 정신을 분석하려 해서도 안 된다. 그러나 역사가는 원칙상 이런 사람들이 한 말과 행동이 목적의식, 자기 국가의 정체와 의무에 관한 이해, 바로잡아야 할 과거의 잘못을

■ 미국의 마블 코믹스가 펴내는 만화책에 등장하는 슈퍼히어로.
■■ 미국 서부에서 원주민 친구 톤토와 함께 무법자들에 맞서 싸운 보안관으로 역시 허구의 인물이다.

담은 **내러티브**, 그리고 몇몇 경우에 해당하지만 역사에서 반드시 붙잡아야 할 중요한 순간이 도래했다는 의식을 어떤 식으로 표명했는지 자세하게 조사할 수 있다. 바꿔 말하면, 우리는 왜 아주 많은 나라에서 아주 많은 사람이 모두, 거의 같은 때에 유럽에는 한바탕 활기를 불러일으킬 전쟁이 필요하다는 결론에 이르렀는지 연구해 볼 수 있다. 이것은 심리학이 아니다. 이는 인간이 어떻게 하다 그런 선택을 했고 왜 그런 선택을 했는지 그 역사를 연구하는 일이다.[3] 역사는 그저 사건만 다루지 않고, 동기까지 다룬다. 물론 동기는 빙산처럼 떠다니며, 수면 위로 드러난 부분보다 눈에 보이지 않는 부분이 훨씬 많다. 그러나 종종 강한 암시를 담은 내러티브를 포함하여 수면 위로 드러난 부분이 아주 많을 때도 있다. 그런 부분은 우리가 연구할 수 있다.

따라서 무언가가 어떤 사람의 중심까지 철저히 뒤흔들어 놓고, 이를 통해 그 사람이 어떤 면에서는 이전과 똑같지만 또다른 면에서는 이전과 완전히 다른 대격변을 거쳐 등장한다면, 분명 이런 일에는 많은 설명을 제시할 수 있을 것이다. 이런 설명들이 서로 다른 설명을 배제해서는 안 된다. 우리가 다메섹 도상과 그 이후 다소의 사울을 연구하면서 시도할 수 있는 것은, 그리고 이제 시도하려 하는 것은 우리가 그 사건이 있기 전의 우리 주인공에 관하여 아는 것과 그 사건이 있은 후의 그에 관하여 아는 것을 가져다가, 명백히 서로 대조를 이루는 이 두 초상을 사울 시대의 세계 안에, 유대인을 통제하는 내러티브가 다양한 형태로 가득 존재하긴 했지만 그래도 풍성한 문화적, 영적 세계였던 그 세계 안에 놓아두고 관찰해 보는 것이다. 우리는 그 사건 자체와 관련하여 일어난 일도 그것이 무엇이 되었든 꼼꼼히 살펴봐야 하지만, 그 열렬한 청년 토라 학도의 '열심'이 그가 '좋은 소식'이라 불렀던 것, **유앙겔리온***euangelion*, 복음, 예수에 관한 소식—비록 충격이긴 해도 조상 때부터 내려온 소망이 이뤄진 것—에 보인 '열심'과 다른 형태로 나타나면서 일어난 일도 꼼꼼히 살펴봐야 한다.

일부 사람은 그것■을 그때■■ 일어난 일로 보았지만, 많은 이는 그것을 그 뒤에 일어난 일로, 한 내러티브가 다른 내러티브를 대치한 일로 보았다. 사람들은 '회심'이라는 말 자체를 종종, 어쩌면 늘 그런 식으로 받아들여 왔다. 그러나 사울—사도 바울—은 그것을 동일한 내러티브이지만, 이제는 완전히 새로운 방식으로, 그러나 그 정당함을 증명할 수 있는 방식으로 이해해야 할 내러티브로 보았다. 문제가 된 내러티브는 이스라엘의 소망이었다.

만일 내가 다소의 사울이 자란 세상은 소망을 품은 세상이었다고 말하면, 많은 독자가 나를 오해할지도 모르겠다. '소망'과 '낙관론'은 같은 것이 아니다. 낙관론자는 세상을 바라보면서, 이 세상이 잘 돌아간다고 느낀다. 그들은 만사가 좋아진다고 본다. 모든 일이 잘 풀려 간다! 그러나 소망은, 적어도 유대교 그리고 초기 기독

■　사울의 회심.
■■　다메섹 도상에서.

교가 살았던 세상을 생각하면, 그런 낙관론과 완전히 다르다. 세상이 어두워 보일 때 소망은 질기고 무거운 선택일 수 있으며 실제로 종종 그랬다. 소망은 세상사의 본질이 어떠하거나 세상사가 어떻게 돌아간다는 **느낌**에 매이지 않고 **믿음**에, 한 분 하나님을 믿는 믿음에 바탕을 두었다. 이 하나님이 세계를 지으셨다. 이 하나님이 이스라엘을 불러 당신 백성으로 삼으셨다. 성경은, 그중에서도 특히 시편은 이 하나님이 종국에는 만물을 모두 정리하시고, 당신의 약속을 신실히 지키시고, 당신 백성이 무시무시한 고난을 겪어야겠지만 결국은 당신 백성이 의로움을 확인해 주시리라 믿을 수 있음을 분명히 밝혔다.

이런 의미의 '소망'은 어떤 느낌이 아니다. 그것은 미덕이다. 그것은 마치 어려운 바이올린 곡이나 테니스의 절묘한 타구처럼 연습해야 하는 것이다. 여러분은 예배와 기도를 통해 한 분 하나님을 의지하고 부름으로써, 성경 이야기를 읽고 재차 상상해 봄으로써, 그리고 심지를 굳게 하고 우리가 알지 못하는 미래를 흔들림이 없는 하나님의 약속 안에서 굳게 붙잡음으로써 소망이라는 미덕을 연습해야 한다. 사울은 이렇게 연습하기를 익혀야 했다. 사도 바울은 훨씬 뒤에도 같은 교훈을 거듭하여 익히고 또 익혀야 했을 것이다.

사울의 세계에서는 그런 흔들리지 않는 약속들이 한 위대한 이야기에 초점을 맞추고 있었는데, 이 이야기에는 확연히 큰 차이를 만들어 낼 특별한 요소가 하나 들어 있었다. 그 위대한 이야기는 고대의 자유 이야기 곧 유월절 내러티브였지만, 이제 그 이야기에는 새로운 반전이 들어 있었다. 한 분 하나님은 이집트에서 노예로 살아가던 당신 백성을 해방시키셨다. 그 하나님이 다시 같은 일을 하실 것이다. 그러나 하나님 백성은 이제 이집트에 있지 않았다. 사울 시대에 그 백성이 하고 있던 노예 생활은 더 복잡했다. 우선, 고대의 이야기에서는 어느 누구도 이스라엘이 이집트에서 보낸 시절이 악행에 따른 형벌이라고 말하지 않았다. 그러나 바벨론의 이스라엘은 이야기가 달랐다. 예언자들의 글을 읽어 보라. 그 내용을 쉽게 찾을 수 있다. 우리가 보았듯이, 어린 사울은 에덴동산에서 쫓겨난 아담과 하와를 약속받은 땅에서 쫓겨난 이스라엘과 쉬이 연관 지었을 것이다. 아담과 하와는 뱀의 말을 듣고 에덴동산에서 그들이 할 일을 더 이상 하지 않다가 결국 거기서 쫓겨나 가시덤불과 엉겅퀴가 우거진 세상으로 들어갔다. 이스라엘 백성은 가나안의 우상을 숭배하고, 더 이상 정의를 행하거나 자비를 사랑하거나 겸손히 한 분 하나님과 동행하지 않다가 결국 바벨론으로 끌려갔다.

어느 경우든(아담과 하와의 경우든, 이스라엘의 경우든) 이런 일이 그 이야기의 결말일 수는 없었다. 만일 그랬다면, 한 분 하나님도 무능하다는 유죄 선고를 받았을 것이다. 아브라함 본인에서 시작한 이스라엘 이야기는 언제나 구원 작전의 출발점이었고, 인간을 바로잡음으로써 결국 온 세계를 다시 바로잡으려는 오랜 목적의 시작이었으며, 사울 시대에도 그 이스라엘 이야기를 그렇게 보았다. 인간 프로젝트, 동산에 있던 인간을 상대로 세웠던 프로젝트를 다시 바로잡아야 했다. 그러나 구원 작전(아브라함의 집안) 자체가 구원받아야 했다면, 무엇을 해야 했을까? 그 구명정이 암초에 걸리면, 누가 나서서 도와주며, 어떻게 도와줄 것인가?

바울 시대에 이르자, 아브라함 프로젝트 곧 이스라엘이 받은 소명이 진정 구원을 받아야 할 시점에 이르렀다는 것이 분명해졌다. 앞서 보았듯이, 일부 유대인이 바벨론에서 돌아왔지만, 또 다른 유대인은 당시 사람들이 알고 있던 세계 전역에 뿔뿔이 흩어졌다. 그러나 바벨론 포로 시대부터 시작하여 4세기 뒤에 로마군이 성지聖地를 가로질러 행진할 때까지 이전 세대가 가고 다음 세대가 이어지는 동안에도 **"우리는 여전히 포로로 잡혀 있다"**는 부르짖음이 하늘로 올라갔다. '포로로 잡혀 있음'은 그저 장소 개념이 아니었다. 그것은 생각과 마음, 정치와 실제 삶, 영과 육의 상태였다. 이교도가 유대인을 다스리는 한, 유대인은 다시 포로로 잡혀 있는 것과 마찬가지였다. 로마 황제에게 세금을 내는 한, 그들은 포로였다. 로마군이 거룩한 곳(성전)에서 기도하는 유대인에게 추잡하고 음란한 몸짓으로 놀려댈 수 있는 한, 유대인은 여전히 포로로 잡혀 있는 이들이었다. 이스라엘이 포로로 끌려간 것은 그들이 우상을 숭배한 결과였다(위대한 예언자들이 이 점을 분명히 일러 주었기 때문에, 경건한 유대인은 누구도 이를 부인하지 않았다). 때문에 그들에게 필요한 것은 새로운 유월절, 곧 이교도 폭군의 노예로 살아가는 처지에서 다시 구원받음만이 아니었다. 그들에겐 **용서**가 필요했다.

그것은 예언자들이 이야기했던 좋은 소식이요, 영혼에서 육신까지 모든 차원을 아우르는 위로의 말이었다. 이사야서의 중심에 있는 시의 유명한 서두가 "너희 하나님이 이르시니, 위로하라, 내 백성을 위로하라"며 위로를 강조하는 것도 그 때문이다.⁴ 왕이 옥에 갇힌 죄인을 용서하면, 그 죄인은 풀려난다. 한 분 하나님이 애초에 당신 백성이 포로로 잡혀가게 만든 원인이 되었던 우상 숭배와 악을 마침내 제거하시면, 그분의 백성은 드디어 자유를 풀려나고 이전의 유월절 백성과 다른 유월절 백성이 될 것이다.

다소의 사울은 물론이요 그의 수많은 동포 유대인이 소중히 간직해 온 오래된 소망이 있었다. 유대인이 모두 사울만큼 '열심'이 있지는 않았다. 어쩌면 그처럼 타고난 지성을 소유한 이도 거의 없었을 것이다. 그러나 그들은 대부분 성경과 전례를 통해 오래전에 하나님이 하신 약속 그리고 그런 약속과 현실 사이에 존재하는 긴장에 관하여 잘 알고 있었다. 이렇든 저렇든, 그것은 소망으로 가득한 문화였다. 소망은 오랫동안 이뤄지지 않았지만, 그럼에도 소망은 소망이었다.

그것이 사울과 그의 동시대同時代 사람들이 살아가고 있던 위대한 이야기였다. 그것이 그들의 머리와 마음에 담고 있던 내러티브였다. 그 이야기가 갖가지 방식으로 그들의 열망과 동기에 형체를 부여하고 에너지를 공급했다. 그것이 소망과 행동을 설명해 준다. 이것은 정신 분석이 아니다. 이것은 역사다.

이 모든 것의 초점을 사울이 경험한 다메섹 도상에 날카롭게 맞추게끔, 아니 아예 다른 것에는 주목하지 못하게 하고 오로지 다메섹 도상에만 초점을 맞추게 하는 특별한 요소는 이스라엘의 하나님 바로 그분과 관련이 있었다. 그것은 그저 이스라엘이 포로로 잡혀간 사건만이 아니었다. 예언자들은 이스라엘의 하나님이 예루살렘을 버리시고 성전을 떠나심으로써, 그곳이 침공당하고 파괴당하게 버려두셨다고 했다. 그러나 예언자들은 거기서 이야기를 끝내지 않았다. 그들은 위대한 회복을 약속했다. 이스라엘에서 가장 위대한 예언자 가운데 두 사람인 이사야와 에스겔은 분명 당신 백성을 버려 비참한 운명을 당하게 하셨던 한 분 하나님이 돌아오시리라고 보장하신 이 원대한 약속에 초점을 맞추었다. 이사야는 "언덕이 평평해지고 골짜기가 메워지리라"고 외친다. "하나님이 돌아오시니, 레드카펫을 펼쳐라!"[5] 예루살렘 성벽 파수꾼들은 하나님이 예루살렘으로 돌아오심을 똑똑히 보고 기뻐 외칠 것이다.[6] 에스겔은 새 성전이 나타나고 하나님의 영광이 자유 이야기, 곧 출애굽기가 절정에 이르렀을 때 광야의 성막에 거하셨던 것처럼 그 새 성전에 거하실 것이라고 선언했다.[7]

이 모든 것은 모든 고대 성전의 중심에 자리한 상징주의가 마침내 현실로 이루어지리라는 의미였다. 성전을 세움은 하나님의 영역('하늘')과 인간의 영역('땅')이 하나가 되게 하려 함이었다. 예루살렘 성전도 그 앞에 있었던 광야의 성막처럼 온 우주가 어떻게 돌아가는지를 보여 주는 자그마한 실제 모형으로 설계되었다. 이곳은 만물을 지으신 한 분 하나님이 당신 백성 가운데 사시며 거주하실 곳이었다. 성전이 파괴당했을 때, 이런 꿈은 산산조각 났지만, 예언자들은 하나님이 언젠가는 돌아오신다고 선언했다. 고대의 마지막 예언자 가운데 한 사람이요 바벨론에서 일부 유대인이 돌아온 뒤 여러 세대가 지나 등장한 말라기는 비관론자들에게 "너희가 찾는 주께서 별안간 당신의 성전으로 **들어가시리라**"고 강조했다.[8] 성전을 떠나신 하나님이 영원히 돌아오시지 않으리라는 소문은 거짓이었다. 그는 돌아오실 것이다. 그러나 백성은 준비를 하는 편이 좋았다.

그렇다면 어떻게 준비해야 했을까? 독실한 유대인이라면 하나님이 다시 오시기까지 무엇을 준비해야 했을까? 그렇다, 당연한 일이지만 우선 토라부터 지켜야 했다. 우리가 앞서 봤듯이, 토라는 바로 이 시기의(즉 기원후 70년 예루살렘 성전이 마지막으로 파괴당하기 전의) 많은 유대인에게는 움직이는 성전 같은 것이 되어 있었다. 그들이 어디에 있든, 로마나 바벨론에 있든 그리스나 이집트에 있든, 기도하며 토라를 연구하면 그것이 곧 **성전 안에 있음과 매한가지**일 수 있었다. 비록 번쩍이는 영광은 함께하지 않아도, 구름기둥과 불기둥은 함께 하지 않아도 하나님은 거기 계실 것이다.

뿐만 아니라 기도 패턴과 훈련도 존재했다. 독실한 유대인은 그런 기도 패턴과 훈련을 통해 영광스러운 순간이 임하길 기대했을지도 모른다(두말하면 잔소리겠지만, 어린 사울도 그런 독실한 유대인이었다). 기도하는 방식이 있었으며(우리는 그런 방식을 대부분 훨씬 뒤에 나온 전승을 통해 듣지만, 사울 시대에 사람들이 이미 그런 방식을 알고 있었음을 일러 주는 증거가 있다), 심지어 개인들도 그런 방식을 통해 땅과 하늘의 융합을 현실로 맛보았을지도 모른다. 기도, 금식, 그리고 엄격한 토라 준수는 예배자가 하늘로 붙들려 올라가거나 신선한 계시가 땅 위에 있는 누군가에게 나타날, 혹은 진정 이 둘이 다 일어날 조건을 만들어 주었을 수도 있다. 이런 일은 말 그대로 언어와 경험의 경계선에서 일어나는데, 누가 과연 이 모든 일이 실제로 정확히 무슨 의미인지 말해 줄 수 있을까? 환상, 계시, 비밀을 드러내고 신비를 드러내는 일… 성전 자체처럼 그보다 훨씬 더 신비로운 것을….

이런 종류의 일이 이루어지길 갈망했고 몇몇 경우에는 그런 일을 허락받았던 유대의 현인들 이야기를 담아 수 세기 동안 내려온 전승이 있었다. 그런 이야기는 모두 이스라엘 족장들을 다룬 내러티브로 거슬러 올라간다. 아브라함은 하도 기이하여 사람을 불안에 떨게 하는 하나님의 임재 환상을 체험한다. 하나님이 불타는 화덕처럼 임재하사, 쪼개 바친 희생 동물 사이로 지나가시며 언약을 수립하셨다.[9] 목숨을 건지려고 줄행랑친 야곱은 꿈에서 한 사다리가 하늘에서 땅까지 닿아 있는 모습을 본다.[10] 요셉은 바로(파라오)의 신하들이 꾼 꿈을 풀어 주고 뒤이어 바로 자신이 꾼 꿈을 풀어 준다. 그런 뒤 어느 순간 자신이 소년 시절에 꾸었던 꿈들이 그도 미처 상상하지 못했던 방식으로 이루어진 것을 깨닫는다.[11] 바울이 살았던 1세기에 더 가까운 인물로 다니엘이 있다. 다니엘도 요셉처럼 이교도 왕에게 꿈을 풀어 주었다. 그런 다음에는 야곱처럼 하늘

과 땅이 위험하면서도 영광스럽게 서로 바뀌는 환상을 직접 목도했다.[12]

이런 기억은 한 분 하나님이 성전을 버리고 떠나신 때부터 그가 영광 중에 다시 돌아오실 때까지 길고도 이해하지 못할 시간 가운데 살고 있었던 1세기 유대인들의 생각에 스며들었다. 하늘과 땅이 결국 하나가 될 것이다. 그렇다면 어떻게 그 둘이 하나가 될까? 또 언제 하나가 될까? 다양한 문헌이 그 중간기 동안 이런저런 대답을 제시했다. 선견자, 신비주의자, 시인이 꿈과 환상을 다룬 글을 썼다. 그들이 다룬 주제는 이스라엘 구원과 종국에 있을 한 분 하나님의 구원 계시였다. 이런 문헌은 종종 '꿈과 해석'을 융합하여 통상 감춰져 있는 일을 일러 주는 '계시'(그리스어로 *apokalypsis*)를 제시하는 문학 양식을 취했다. 이것이 바로 이런 전승을 물려받은 다소의 사울이 엄격하고 성실하게 이스라엘의 하나님께 헌신을 실천하던 세계였다. 이것이 바로 소망이 계속 살아 있게 한 방법이었으며, 어쩌면 그 소망이 이루어진 모습을 미리 어렴풋이나마 맛보게 해 준 방법이었을지도 모른다.

다시 한 번 말하지만, 그를 이런 세계 안에 놓고 살펴보는 일은 심리학의 문제가 아니라 역사의 문제다. 우리는 어떤 희생을 치르더라도 하나님의 뜻을 행하겠다고 굳게 결심하고, 이스라엘에서 우상 숭배와 죄를 열심히 씻어 버리려 하며, 하나님이 다시 오셔서 당신이 지으신 세계를 정의와 의로 통치하실 때를 앞당기고 싶어 했던, 열심이 넘치는 한 유대인 청년의 생각을 우리 나름대로 파고

들어 가 곱씹어 보려 한다. 그런 젊은이에게야 기도와 묵상을 통해 그 스스로 하늘과 땅이 교통하는 그런 기이한 오랜 전승 안에 들어 가 살고자 애쓰는 것, 그 자신의 생각과 마음 그리고 어쩌면 몸까지도 그렇게 하늘과 땅이 하나가 된 실체의 일부가 되는 것, 그 내면의 눈은 물론이요 어쩌면 그 외면의 눈으로도 궁극의 신비를 어렴풋이나마 목격하는, 그야말로 환상을 보는 이가 되는 것보다 더 좋은 길이 어디 있었겠는가?

여러분은 이것이 어디로 흘러가는지 알게 될 것이다(물론 사울 자신은 알지 못했다). 그러나 거기로 가기 전에 하나 더 그 혼합물에 덧붙일 것이 있다. 후대 유대교 전승을 보면(이 경우에도 우리는 이런 전승이 역사에 깊이 뿌리박고 있었지만, 이제 우리는 볼 수 없는 것이라고 추측할 수밖에 없는데), 이런 종류의 묵상을 담은 중심 본문 하나가, 우리가 그렇게 부르길 원한다면 하늘과 땅이 하나 됨을 내다본 신비주의를 표현한 본문 하나가 에스겔서 서두에 있었다. 성경 전체를 통틀어 가장 기이한 장면 가운데 하나라 할 그 장면을 보면, 에스겔 예언자가 하나님이 거기 앉으셔서 당신 일을 두루 행하시는 천상의 보좌 전차를 본다. 그는 이 모습을 아주 주의 깊게 묘사하면서, 우선 아랫부분에서 시작하여 빙빙 돌며 불꽃을 내는 바퀴와 네 얼굴을 갖고 그 바퀴에 사는 기이한 생물(누구도 딱 부러지게 무엇이라 말할 수 없는 존재다. 천사일까?)을 이야기한다. (여러분은 이 본문을 읽기만 해도 현기증이 날지 모르겠다. 후대의 몇몇 랍비는 사람이 적어도 마흔 살이 될 때까진 이 본문을 읽지 못하게 했다.)

그런 다음, 예언자는 천천히 그리고 점차 이 생물과 도는 바퀴

바울 평전

에서 보좌 자체로 올라간다. 이어 그는 이 보좌에서 보좌에 앉아 계신 형상으로 옮겨 간다. 여기서 그는 자신이 본 것이 무엇인지조차 이야기할 엄두를 못 낸다. 그는 다만 "인간의 형체처럼 보이는 무언가"라고 말한다.[13] 에스겔 예언자는 죽은 자처럼 엎드린다. 하지만 그는 당장 일어나 예언자의 소명을 받으라는 명령을 받지만, 이것 역시 그 환상 자체만큼이나 사람을 놀라게 하고 떨게 한다. 어쩌면 이런 소명은 그런 광경을 본 사람만 받을 수 있을지도 모른다.

에스겔서의 이 본문은 사울 시대와 그 이후 시대에 살았던 독실한 유대인이 묵상하는 초점이 되었다. 그들 유대인은, 오랫동안 기다려 왔던 하나님의 예루살렘 귀환이 그들 눈앞에서 벌어지기 전에도, 이처럼 두려움을 자아내는 장면을 깊이 묵상함으로써 성전 자체의 존재 이유였던 하늘과 땅의 융합을 그들 자신이 똑똑히 목도할 수 있기를 소망했다. 이것은 비단 우리 현대인이 '영광스러운 영적 체험'이라 부를 법한 일을 경험한 어느 한 사람에게 국한된 일이 아니었을 것이다. 보좌 환상, 성전 환상은 하늘과 땅이 하나가 됨을 보여 주는 환상이었으리라. 다시 말하면, 이것은 필시 온 피조물이 오랫동안 고대해 온 피조물 자체의 갱신—그것이 결국 예언자가 내다본 궁극의 환상이었다—과 관련이 있었을 것이다.

나는 다메섹으로 가던 다소의 사울에게 일어난 일을 깊이 생각하면서, 사도행전과 바울 자신이 쓴 서신에서 간략하면서도 수수께끼 같은 말로 언급해 놓은 다소 틀에 박힌 설명을 결합해 보았다. (역사가라면 마땅히 할 일이지만) 그러면 그럴수록 바울이 과연 위에서 말한 것과 같은 종류의 묵상을 실천했을까 하는 의문은 커져만 갔다. 이런 종류의 일은 예루살렘에서 다메섹까지 작열하는 태양 아래 오랜 시간 여행하는 동안에 충분히 할 법하다. 카라바조가 그린 유명한 그림을 보면, 사울은 말을 타고 간다. 그러나 역사를 살펴보면, 말보다 나귀를 탔을 가능성이 훨씬 더 커 보인다. 이것 역시 자신의 나귀를 타고 간 발람 이야기에서 시작하여 비느하스가 열심을 보이는 순간으로 막을 내린 이야기의 희미한 메아리를 만들어 냈을 것이다.

사도 바울이 훨씬 뒤에 이 사건에 관하여 한 말을 곱씹어 보면, 그 자신도 할 수만 있으면 에스겔 예언자가 보았던 것을 살짝이라도 보고 싶어 그 예언자가 본 환상을 깊이 묵상했으리라 추측하는 것이 전혀 그르지 않음을 이해할 것이다. (나는 바울이 이 환상 이야기를 읽을 수 있는 나이로 정해 놓은 마흔 살에 족히 이르렀을 것이라고 추측한다. 그러면서도 그렇게 마련해 놓은 금지 규정이 젊고 성질 급한 이들을 위험에서 보호하려고 후대에 마련한 제한이라 추측한다.) 어쩌면 사울은 쉐마, 곧 "들으라, 이스라엘아. 주님은 우리 하나님, 주님은 한 분이시니"라는 기도를 올리고 있었을지도 모른다. 그는 그 기도를 주문처럼 올리면서, 자신의 호흡 리듬에 맞춰, 자신의 아래에 있는 동물의 꾸준한 움직임에 맞춰 기도를 되풀이했다. 기도하고 깨어 있어라. 깨어 기도하라. 이스라엘의 하나님께 늘 충실하라. 하나님나라를 지지하고 지켜 나가라. 기도하고 깨어 있어라. 생물과 도는 바퀴에서 시작했던 환상, 어쩌면 그것이 거기서 내려올지도 모른다.

　이어서 그는 그 마음의 눈으로 네 얼굴을 가진 생명과 바퀴를 본다. 그것들에게 시선을 집중한다. 그것들을 바라본다. 그리고 그것들을 깊이 생각한다. 아예 용감히 더 나아갈까? 기도와 더불어 맥박도 빨라지는데, 그의 시선은 위로 올라가 바로 그 전차에 이른다. 상상이었을까? 아니면 정말 그 전차를 보고 있었을까? 그의 육안肉眼이 열려 있었을까, 아니면 그냥 그 심안心眼이 열려 보통 육안으로는 볼 수 없는 실체를 보았던 걸까? 이런 체험을 한 사람 가운데 누구도 이런 질문에 과학적 대답을 제시하기는 불가능할 것 같다. 하지만 하늘과 땅이 하나가 되면 그런 질문들은 어쨌든 뒤에 버려지리라. 이어서 보좌 위에 앉아 있는 어떤 형체, 사람과 같은 형체처럼 보이는 존재의 아랫부분으로 눈길이 올라간다. 성경이 가득 찬 머리, 열심을 가득 담은 마음을 지닌 다소의 사울은 한 번 더 천천히 그의 눈을 위로 옮긴다. 그는 지금 눈을 크게 뜨고 바라본다. 자신이 완전히 깨어 있음을 인식하면서도, 사실은 어떤 틈새가 있는 것 같음을, 우주의 구조 안에 어떤 균열이 있는 것 같음을 인식한다. 그리고 깨어 있는 자신의 눈이 아주 위험한 것들을, 그가 미처 준비되어 있지 않고, 정결하지 않으며, 세세한 구석까지 경건하지 않았으면, 감히 이 멀리까지 와서 보려고 하지 않았을 위험한 것들을 보고 있음을 인식한다. 그의 눈은 다시 위로, 가슴에서 얼굴로 옮아간다. 그는 눈을 들어 자신이 평생 예배해 왔고 섬겨 온 분을 본다. …그는 나사렛 예수의 얼굴을 직접 본다.

이것의 의미를 심리학 언어로 설명하는 것은 어린이 크레용으로 티치아노▪의 작품을 베끼겠다고 용쓰는 일과 같을 것이다. 이것이 초래한 폭발을 이해하려면, 역사가 필요하고, 신학이 필요하며, 1세기 유대 세계 내부에 존재했던 긴장과 유대 문화를 열심히 선전하던 이들을 확실히 인식해야 한다. 이 순간은 지독히 날뛰던 사울의 거친 꿈들을 산산조각 냈으면서도, 동시에 그 꿈들을 이루어 주었다. 이것은―그도 즉시 알아차렸지만―오래전부터 내려온 이스라엘의 성경이 말했던 일이 이뤄진 일이자, 그가 그 시점까지 성경에서 읽어 왔던 것을 완전히 부정한 일이기도 했다. **창조주 하나님은 예수를 죽은 자 가운데서 살려 내시고, 이 예수가 정말로 이스라엘의 메시아일 뿐 아니라, 한 분 하나님이 몸소, 친히 행하시겠다고 약속하셨던 일을 행하신 이임을 선언하셨다.** 사울이 한 분 하나님께 헌신한 것은 절대 옳았지만, 한 분 하나님이 어떤 분이시며 그 하나님의 목적이 어떻게 이루어질 것인지에 관한 그의 이해는 절대 틀려 있었다. 이스라엘과 토라에 헌신한 그의 자세는 절대 옳았지만, 이스라엘의 소명과 정체를 바라보는 그의 견해 그리고 심지어 토라 자체의 의미에 관한 그의 견해만큼은 절대 틀려 있었다. 그가 평생에 걸쳐 보인 충성은 완전히 옳았지만, 그 충성은 완전히 잘못된 방향을 향하고 있었다. 그는 하나님께 열심을 품고 있었지만, 한 분 하나님이 하시려는 일이 무엇인지 이해하지 못했다. 이제는 모

▪ 1488-1576. 이탈리아 베네치아 화파의 화가.

든 것이 눈을 멀게 하는 빛을 내보내는 형체, 주인이 노예를 부르듯 사울을 부르시는 형체, 사울이 십자가에 못 박히셨던 나사렛 예수라 인식한 형체에 초점이 맞춰져 있었다. 하늘과 땅이 이 형체 안에서 하나가 되었다. 그분은 사울에게 이 사실을 인정하고, 그에 따라 그 삶이 나아갈 방향을 다시 정하라고 명령하고 계셨다.

따라서 기독교 전승이 사울의 '회심'에 관하여 이야기할 때면 우리는 잠시 멈춰야 한다. 앞서 보았듯이, 우리가 사는 세계에서는 보통 회심이라는 말을 한 '종교'에서 다른 '종교'로 옮겨간 사람에게 적용한다. 그러나 사울에겐 그게 들어맞지 않는다. 사울은 단 한 순간도 아브라함과 이삭과 야곱의 한 분 하나님을 믿기를 중단한 적이 없다. 그의 문제는 말하자면… 그에게 뭔가 일어났는데… 그걸 그 자신도 표현할 수 없다는 것이었다. 그는 20년쯤 지나 "메시아 예수의 얼굴에 있는 하나님의 영광"을 어렴풋이 본다고 쓰게 된다.[14] 그것이 그에게 일어난 그 일을 표현한 한 방법이었다. 다른 방법들도 있었을 것이다. 이것은 고대 사람들이 생각했던 '종교'나 (고대와 사뭇 다른 의미이지만) 현대인이 생각하는 의미의 '종교'에 관한 일이 아니었다. 그것은 예수에 관한 일이었다. 하늘과 땅이 하나가 된 바로 그 지점(순교자 스데반이 주장한 게 바로 이것이었다), 하늘과 땅이 융합되는 지점이신 예수에 관한 일이었다. 그 자신이 바로 성전 자체가 가리키는 실재였던 예수에 얽힌 일이었다.

우리 문화에서는 이를 심각하게 오해하기가 쉽다. 사람들은 지금도 바울과 예수 따름이 그룹들을 이야기하면서, 이 그룹들이 '유대교'라 불리는 것과 비교할 만한, 혹은 이 '유대교'와 경쟁하던 새로운 종류의 종교를 제시한 바울의 사역을 통해 등장했다고 말한다. 이는 몇 가지 점에서 잘못되었다. 1세기에는 '기독교'라 불리는 것이 존재하지 않았으며, 다만 나사렛 예수가 이스라엘의 메시아요 온 세상이 마땅히 섬길 주라 믿었던 사람들로 이루어진 그룹들만 존재했다. 1세기에는 우리가 지금 '유대교'라 부르는 것에 상응하는 것이 전혀 없었다(앞서 보았지만, 사실 당시에는 유대교라는 말이 '유대인의 삶의 방식을 열심히 전파한다'는 의미를 갖고 있었다). 세상에는 오로지 이스라엘의 하나님께 기도하고, 성경을 연구하며, 성전과 토라에 초점을 맞춘 많은 유대인 공동체만 있었다.

바울이 다메섹으로 가던 순간부터 그가 그 후로 살아가는 내내 그를 이끈 동력원은 이스라엘의 하나님이 앞으로 당신이 하시겠다고 늘 말씀하셨던 일을 행하셨다는 믿음이요, 이스라엘의 성경이 이전에 사람들이 결코 상상하지 못했던 방법을 통해 다 이루어졌다는 믿음이며, 성전과 토라는 그 자체가 결국 궁극의 실재가 아니라 장차 예수 안에서 나타날, 하늘과 땅이 하나가 된 새로운 실재를 가리키는 영광스러운 이정표였다는 믿음이었다. 바울은 죽는 날까지 예수 안에서 신선하면서도 눈이 멀 정도로 찬연한 초점으로 나타나신 이스라엘의 하나님께 철저히 충실했다. 바울과 그가 섬긴 공동체들이 전심전력을 바친 대상은 '비교 종교'가 아니었다. 그들은 "우리는 우리 나름의 종교를 시도했는데, 이제는 우리 종교가 더 낫다고 생각합니다"라고 말하지 않았다. 1세기에는 누구도 그렇게 생각하지 않았으며, 유대인은 분명 그렇게 생각하지 않았다. 그들은 우리가 **메시아 종말론**이라 부를 만한 것에, 한 분 하나님이 역사가 정점에 이르렀을 때 이스라엘의 메시아 안에서 그리고 바로 이스라엘의 메시아로서 모든 것에 마침표를 찍듯 확실하게 행동하셨다는 믿음에 초점을 맞췄다. 그야말로 충격이요, 눈조차 멀게 하는 사실이었다. 이 사실이 역사를 바꿔 놓게 된다.

그들은 사울의 손을 잡고 이끌어 다메섹 안으로 데리고 들어왔다.

여러분이 (가령 구글 어스에서) 다메섹(다마스쿠스)의 '곧은 길Straight Street'을 찾으면, 바브 샤르키Bab Sharqi를 만날 것이다. 이 거리는 옛 도시 중심부를 동에서 서로 가로지르는 고대 로마 도로의 일부다. 바브 샤르키는 이제 더 긴 도로의 동반부東半部이며, 이 도로 남쪽에는 유대인 구역이 있다. 다소의 사울은 완전히 눈이 먼 채 이 구역 어딘가에 있는 숙소로 이끌려 갔다. 그는 거기서 충격을 받아 정신을 놓은 채 사흘을 보냈다. 그는 먹지도 않았고 마시지도 않았다. 볼 수도 없었다. 그러나 그는 기도했다. 물론 이렇게 기도했다. "들으라, 이스라엘아…."

그러나 이제 그 위대한 기도가 어떤 의미가 있을까? 이제 한 분 하나님께 바쳐야 할 충성은 어떤 형태를 띠어야 할까? 물론 바울은 계속하여 이스라엘의 하나님이신 한 분 하나님을 부르며 그분께 기도하려 했다. 하지만 이스라엘의 목적이 한 사람 안에서, 기름 부음을 받은 왕 안에서 이루어졌다면 어찌하겠는가? 이스라엘의 하나님이 **몸소**, 이 사람 안에서, 당신이 하시겠다고 말씀하셨던 일을, 죽음 자체를 격파하고 새 창조를 시작하시는 일을 행하셨다면 어찌하겠는가? 그렇다면 이제 '하나님'이라는 말 자체는 무슨 의미일까? '이스라엘'이라는 말은 이제 무슨 의미일까? (이 질문이 바로 그다음 세기 무렵까지 쿰란의 언약파부터 열심을 품고 다양한 '메시아들'을 지지했던 그룹들에 이르기까지 그 시기에 존속했던 많은 유대인 그룹이 부닥친 문제였다. 이 그룹들은 각기 자기 그룹만이 하나님의 목적에 이르는 내밀한 길을 갖고 있다고 주장했다.) 시편과 예언서, 그리고 이 모든 책 뒤에 자리한 창조와 출애굽의 위대한 이야기를 알고 있던 사울은 기도하고 또 기도했다.

셋째 날, 누군가가 문을 두드렸다. 다메섹에 있던 자그마한 예수 따름이 무리는 일찍이 다소의 사울이 그들을 잡아 끌어내 옥에 가두거나 심지어 죽이려 한다는 말을 들었었다. 그들 가운데 일부는 아마 예루살렘에서 일어난 핍박을 피해 온 이들이었을 것이다. 이 무리 중 한 사람이었던 아나니아는 환상을 보았다. (오늘날 사람들은 그런 환상을 비웃지만, 그런 비웃음은 그저 편견일 때가 잦다. 지금도 다양한 문화에 속한 많은 사람이 그것을 따르면 뜻밖의 결과가 발생하는 지시나 명령, 예상치 못한 자극을 겪었던 기이한 일을 이야기한다.) 그는 사울에게 가서 안수하여 그가 다시 볼 수 있게 하라는 명령을 받았다. 아나니아는 자기도 모르게 주춤했다. 주님은 그더러 덫으로 들어가라고, 사자 굴로 들어가라고 요구하셨을까? 그럴 리 없다. 그런 일을 해야 할 때는, 순종하면서도 걸핏하면 신경질 내고 걱정스러운 제자를 통해 할 때가 잦았다. 이는 초기 기독교가 되풀이하여 들려주는 이야기의 주제가 된다. 결국 아나니아는 나간다.

예수는 사울과 관련하여 아나니아에게 세 가지를 일러 주셨다. 첫째, 사울은 기도하고 있다. 사람들은 때로 이 '기도' 자체가 마치 오늘날 세속의 무신론자가 하나님을 만나 처음으로 기도하는 경우처럼 사울이 새로운 '신앙 체험'을 했음을 보여 주는 표지라고 주장했지만, 이는 당연히 말도 되지 않는 소리다. 사울은 평생 기도해 왔으며, 다만 이제는 새로운 초점을 향해 새로운 수수께끼 앞에서 당황해하며 기도하고 있었다. 둘째, 사울은 세상으로 나아가 복음의 도를 전할 자로 '택함 받은 그릇'이 될 사람이었다. 셋째, 사울은 예수를 위해 고난을 받아야 했다. 그러나 아나니아는 이런 것을 사울에게 말하지 않았다. 그것은 예수가 몸소 분명히 알려 주실 일이었다. 아나니아가 할 말과 할 행동은 따로 있었다. 그 말과 행동이 사울의 삶과 사역을 형성할 몇 가지 주제를 소개한다.

"사울 형제." 아나니아는 그렇게 말문을 열었다. 근데, 웬 **형제**? 그렇다. 분명 형제였다. 바로 그 순간부터—예수 자신의 가르침이 선포된 그 순간부터—이 이상한 새 그룹 구성원들은 '가족'이 오늘날 대다수 서구 문화에서 의미하는 것보다 훨씬 더 많은 것을 의미했던 세계 안에서 서로 '가족'이라 여겼다. 아나니아는 심지어 사울이 세례를 받기 전에도 그를 인류학자들이 '유사 친족 그룹

fictive kinship group'이라 부르는 이 가운데 일부라 여긴다. 물론, 이때만 해도 예수 따름이는 모두 유대인이었다. 때문에 이미 예수 따름이 사이에는 그들이 다 넓게 보면 이 새로운 실재를 낳은 친족이라는 인식이 존재했다. 그러나 이 친족은 곧, 특히 사울 자신이 한 일을 통해 훨씬 더 넓은 무리로 확장된다. 그 과정에서 여러 가지 심각한 문제를 일으켰지만, 그럼에도 그들은 늘 동일한 메시지를 강조하며 역설했다. "더 이상 유대인이나 그리스인도, 노예나 자유인도, '남자와 여자'도 없습니다. 여러분은 모두 메시아 예수 안에서 하나입니다."[15] 바울은 적어도 15년이 흐른 뒤에 이런 말을 썼다. 그러나 아나니아의 첫인사에 이미 이 말이 표현하는 진리가 들어 있었다.

아나니아는 사울에게 그가 다시 볼 수 있게 하며 성령을 받게 하려고 예수가 자신을 그에게 보내셨음을 설명해 주었다. 이 말이 사흘이나 눈이 먼 채 극심한 혼란에 빠졌던 사울을 어떻게 흔들어 놓았는지 아무도 모른다. 사울의 내면에서 벌어지고 있던 일이 무엇이든, 겉으로 드러난 증거는 분명했다. 그의 눈에서 비늘 같은 것이 떨어져 나갔다(항간에서 흔히 쓰는 또 다른 표현이었다. 그의 눈을 멀게 한 빛이 그 눈에 딱지 같은 것을 만들어 냈을까?). 그러자 그는 볼 수 있게 되었다. 현대 세계에 사는 우리는 '기적'을 그리 신뢰하지 않는다. 하지만 우리는 다른 어떤 범주에도 속하지 않는 것처럼 보이는 사건에 부닥치면, 마치 이 세상 밖에 존재하는 어떤 '초자연력'이 '자연계의 인과법칙'이라는 사슬 '속으로 뚫고 들어와' 그 사건을 일으키는 것처럼 이야기하며 기적을 들먹인다. 때로는 그런 느낌이 들 수도 있다. 그러나 성경에 더 합당한 설명은 하나님이 소위 자연계의 인과법칙 안에서도 기이한 일을 꾸준히 행하신다는 것을 인정함으로써, 갑작스럽고 충격을 안겨 주는 새 사건도 결국 하나님으로 귀결되는 더 커다란 인과법칙의 연속선 안에 놓고 볼 것이다.

어쨌든 초기 예수 따름이들은, 예수가 몸소 이리저리 다니시며 사람들을 고치셨듯이 그들에게도 이런 은사가 맡겨졌음을 아주 잘 알았다. 그렇다고 이런 병 고침이 늘 나타나며 그냥 제멋대로 행하는 일은 결코 아니었다. 이런 병 고침은 지속적이고 강력한 효과가 있었으며, 그 자체가 증거로서 무게를 갖고 있었다. 바울은 몇 년 뒤에 서신을 쓰면서, 이와 같은 치유 능력이 자신과 다른 이들을 통해 역사했음을 언급하게 된다. 그러면서도 동시에 그는 낫지 않거나 사람이 원하는 대로 낫지 않은 그 자신과 다른 이들의 병도 언급한다. 신비는 여전히 존재했지만, 능력도 역시 존재했다.

그런 다음 아나니아는 당황해하는 사울에게 세례를 주었다. 사도행전에서 볼 수 있는 다른 몇몇 사례처럼, 이번에도 세례 받는 이가 십자가에 못 박히셨던 예수를 부활하신 주로 믿자마자 곧바로 세례를 주었다. 기다리거나, 교육을 받거나, 준비하는 기간이 없었다. 그 일은 머지않아 나타나게 된다. 예수 자신이 받으신 세례, 그리고 더 거슬러 올라가 유월절 이야기에서 홍해를 건넌 이야기를 되돌아보면, 세례는 새 가족, 새 유월절 백성이 되었음을 나타내는 사건이었다.

예수 자신이 이 세례라는 이미지를 사용하여 당신이 죽음으로 다가가심을 이야기하셨다. 바울은 나중에 물에 푹 빠졌다가 다시 물 위로 올라오는 이 드라마 같은 사건이 예수의 죽음과 부활, 그리고 그런 사건들을 통해 탄생한 신세계를 강력하면서도 탁월한 상징 언어로 이야기해 준다는 것을 분명히 밝혔다. 따라서 세례를 받음은 예수와 함께 죽고 함께 부활함이요, 옛 삶을 뒤로 내버리고 새 삶으로 거듭남을 의미했다. 세례는 새 가족이 되었음을 나타낸다는 점에서, 여자도 세례를 받는다는 점만 제외한다면, 유대인이 받는 할례와 다소 비슷한 기능을 했다. 마찬가지로 세례는 노예가 낙인을 받는 것과 조금 비슷했다(노예는 그 과정을 거쳐 이제 새 주인을 섬겼다). 물론 노예와 자유인이 모두 세례를 받는다는 점은 다른 점이었다. 중요한 것은 세례를 받으면 세례 받은 사람은 이제 메시아의 소유라는 점이었다. 사울은 이제 하나님이 이스라엘을 향해 품으셨던 목적을 다 이루신 예수를 본받아 만들어진 '메시아의 사람'이었다.

그와 동시에 다른 무언가가 일어났다. 사울이 예수 바로 그분의 영을 받은 것이다. 아나니아의 곧은 길 방문에서 네 번째이자 마지막으로 아주 큰 의미가 있는 점은 사울이 영의 은사를 약속받았다는 점이다. 이후 그의 삶과 글에서 나타나는 모든 것은 그가 이 일이 이때 여기서 일어났다고 믿었음을 일러 준다. 사도행전의 이야기는 사울이 방언으로 말했다거나 예언했다는 말을 하지 않는다. 영의 은사가 진짜이려면 그와 같은 일이 일어나야 한다는 생각은 훨씬 뒤에 나온 거짓말이다. 오히려 사도행전은 사울이 다메섹 회당에 들어가서 예수가 하나님 아들임을 선포했다는 말을 두드러지게 제시한다(예수가 하나님 아들이시라는 주제는 적절한 때에 다시 다뤄 보겠다). 새로운 능력이 새로운 방향 감각과 결합하는 일이 일어났다.

바울은 영의 인도를 받아 예수가 '하나님 아들'이심을 강력히 선포했지만, 이를 우리가 사는 세상의 교회에서 이루어지는 '설교'와 같은 의미의 '설교'라 부르지는 못한다. 바울의 선포는 공중 앞에서 하는 선언으로서, 마치 중세 시대의 사자使者나 성읍의 소식 공표자town crier가 종을 들고 거리 곳곳을 돌아다니며, 사람들의 주의를 불러 모아 새 왕이 등극했음을 선언하는 것과 비슷했다. 실제로 당시 로마 세계 전역에서는 '복음'이라는 말을 바로 이런 식으로, 마치 새 황제를 알리는 포고문처럼 들었을 것이다. 그렇다면 바울의 선포는 그 지역 유대인 공동체에서 으레 이루어지던 가르치는 일을 새롭게 틀어 바꾼 일은 아니었던 셈이다. 그는 어떻게 하면 더 거룩한 삶을 살 수 있는지 그런 방법을 권고하지 않았다. 그는 분명 사람들에게 어떻게 해야 죽을 때 하늘로 가는지 이야기하지 않았다. 그가 언제나 선언한 것은 단 하나였다. 이스라엘의 소망이 다 이루어졌다! 왕이 보좌에 오르셨다! 바로 그것이었다. 그는 십자가에 못 박히셨던 예수가 이스라엘이 오랫동안 기다려 온 메시아이심을 선언했다.

그렇다면 그 성읍 사람 절반이 이 새 왕을 원하지 않으면 무슨일이 일어날까? 사울은 그 모든 물음에 대한 답을 곧 발견했지만,

그 답에 특별히 놀라지는 않았을 것이다. 다메섹 지역의 유대인 공동체는 성질이 불같던 이 젊은이가 복음의 도를 핍박하는 자에서 선포하는 자로 갑자기 뒤바뀐 것에 충격을 받았다. 공동체 사람들은 충격만 받은 게 아니었다. 그들은 이스라엘 역사가 십자가에 못박히신 메시아 안에서 그 절정에 이르렀다는 주장에 마음이 심히 상했다(물론 사울 자신도 그런 말에 그랬었다). 우리가 말할 수 있는 범위만 놓고 본다면, 이 시기에 모든 유대인이 처음부터 오실 메시아를 믿지는 않았다. 그런 인물을 소망하던 이들도 메시아를 떠올리면 전쟁 영웅을 생각했다. 그런 메시아는 새 다윗이요, 사악한 이교도들을 뒤집어엎고 성전을 회복하여 이스라엘의 하나님이 마침내 돌아오시기에 합당한 곳으로 만들며, 온 세계를 정의와 평화로 통치할 분이라고 생각했다. 모든 사람이 알고 있었듯이, 나사렛 예수는 그런 일을 전혀 행하지 않았다. 다소의 사울은 자신이 오랜 세월에 걸쳐 성경을 연구한 결과에서 자신이 좋아하는 모든 '증거'를 만들어 낼 수 있었다. 그러나 다메섹의 회당은 그 증거를 확신하려 하지 않았다.

우리는 이 지점에 이르기까지 바울이 다메섹으로 가면서 겪은 일과 다메섹에서 겪은 일을 담은 이야기를 많든 적든 사도행전에서 발견한 내용대로 따라오며 살펴보았다. 그러나 바울은 나중에 쓴 글에서 우리가 이 지점에서 만난 혼합물(이야기)에 또 다른 일화를 집어넣는다. 이 추가 일화는, 우리가 바로 이해하기만 하면, 우리가 여태까지 그려 온 한 청년의 초상, 성질이 불같고 열심이 끓어 넘쳤으나 별안간 자신이 가는 길을 제지당했던 한 청년의 초상을 강하게 밑받침해 준다. 그는 자신이 아라비아로 갔다고 말한다.[16] 이건 대체 무슨 일일까? 그는 왜 아라비아로 갔을까? 이 일은 대체 무슨 의미가 있었을까? 이 일은 우리가 처음부터 사울을 움직인 동력원이 무엇인지, 그리고 무엇이 과연 그를 느닷없이 핍박자에서 사도로 바꿔 놓았는지 아는 데 어떤 도움을 주는가? 이 일은 이후에 온 세계를 아우르는 운동, 나아가 어떤 의미에서는 세계 자체를 형성하게 될 글을 쓸 사람을 이해하고자 하는 우리의 노력에 어떤 도움을 주는가?

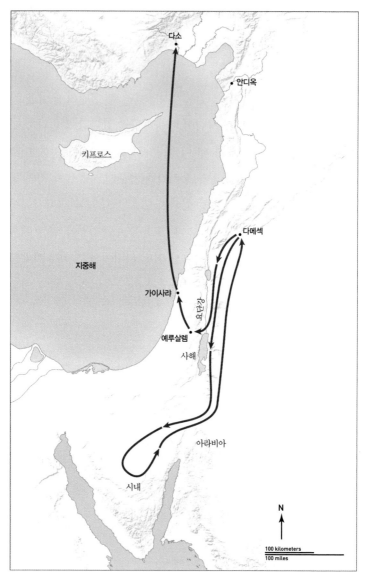

다소로 돌아가다

3장

/

아라비아와 다소

바울이 쓴 서신들은 그의 삶을 감질나게 어렴풋이 보여 주는 몇 가지를 우리에게 제시하는데, 이 부분이 가장 기이한 대목 가운데 하나다.

모태에서부터 나를 구별하시고 은혜로 부르신 하나님께서 내 안에 자기 아들을 계시하기를 기뻐하시어 그분에 대한 복음을 여러 민족에게 선포하게 하셨을 때, 나는 어떤 사람과도 의논하지 않았습니다. 또한 나보다 먼저 사도 된 이들을 만나러 예루살렘으로 올라가지도 않았습니다. 그렇습니다, 나는 아라비아로 떠났다가, 그 후 다마스쿠스로 돌아갔습니다.[1]

나중에 보겠지만, 바울은 자신을 변호하려고 이 글을 쓴다. 그는 분명 그가 전하는 '복음'을 예루살렘의 사도들을 통해 간접으로 전해 들었다는 비판을 받았다. 그 때문에 바울을 반대하는 이들은, 마치 어떤 사람이 어떤 밴드가 옛날 비틀스 노래를 연주하는 것을 듣고 그 연주 방식이 마음에 들지 않는다며 폴 매카트니▪에게 직접 전화를 걸어 그 곡을 어떻게 연주해야 하는지 한 수 일러 달라고 부탁하듯이, 아예 바울을 무시하고 베드로와 야고보 그리고 다른 이들에게 가르침을 청했다. 이 때문에 바울은 자신이 전하는 메시지가 자신의 메시지임을, 초기 기독교 운동의 다른 구성원에게서 전해 들은 게 아니라 자신이 직접 예수 바로 그분에게서 들은 메시지임을 역설한다. 바울은 그 메시지가 "메시아 예수의 계시를 통해" 자신에게 왔다고 말한다.[2] 문제가 된 '메시지'는 결국 어떤 이론이나, 새로운 가르침이나, 사람이 어떻게 하면 구원을 받을 수 있을지 소상히 일러 주는 것이 아니었다. 그 '메시지'는 예수 바로 그분을 알려 주는 소식이었다. 그가 죽은 자 가운데서 부활하셔서 이스라엘의 메시아요 온 세상의 주가 되셨다는 소식이었다. 바울은 이 모든 것을 다메섹으로 가던 길에 '받았다.' 그는 이스라엘의 성경을 알고 있었기에, 그 메시지가 과연 무슨 의미인지 설명해 줄 이가 따로 필요하지 않았다. 성경 이야기에서 출발하여, 십자가에 못 박히셨다가 부활하신 예수를 그 이야기의 절정에 놓아두고, 그리고 그것이 지닌 의미는 비록 뜻밖이요 충격이긴 해도 추호도 의심스럽지 않았다. 그것이 바로 바울이 강조하는 점이다.

그렇다면 왜 아라비아로 갔을까? 투박하지만 딱 부러지고 거침없는 대답은 바울이 예수를 사람들에게 전하길 간절히 원했다

▪ 1942-. 비틀스의 멤버였다.

는 것이요, 그가 처음으로 '복음을 전하는 선교' 활동을 펼친 곳이 바로 아라비아였다는 것이다. 학자들과 설교자들은 '바울이 아라비아에서 펼친 선교 활동'에 관하여 쓰고 이야기할 때 그런 해석을 마치 기정사실처럼 여겼다. 그러나 흔히 그러하듯이, 딱 부러진 대답은 십중팔구 틀린 답이다. 그리고 역시 그런 경우가 자주 있지만, 바울이 왜 아라비아로 갔는지 그 속내를 일러 주는 실마리는 그가 아주 잘 알았던 성경에서 찾을 수 있다.

우리는 다소의 어린 사울이, 유대인 세계에서 사용하는 전문 표현을 빌리자면, "조상들의 전통에 극도로 열심"이었음을 기억한다. 갈라디아서를 보면, 이 말이 위에서 인용한 본문 바로 앞에 등장한다. 나아가 우리는 사울 시대 유대인들이 물려받은 전승 안에 '열심'을 두드러지게 보여 주었던 옛적의 두 영웅, 곧 이스라엘 남자와 그와 함께 있던 모압 여자를 창으로 찌른 젊은 제사장 비느하스, 그리고 풍요의 신인 바알을 예배하던 이들을 계책을 써서 죽인 엘리야가 들어 있던 것도 기억한다. 비느하스는 우리가 바울을 이해하는 데 중요하다. 그 이유는 나중에 다시 살펴보겠다. 엘리야가 중요한 이유는 특히 그가 우리에게 바울이 '아라비아'로 간 이유를 풀 실마리를 제공하기 때문이다.

1세기에 '아라비아'는 넓은 지역을 아우르는 말이었다. 당시 아라비아는 시리아 동부로 조금 들어간 지역—사실은 다메섹에 가까운 지역—에서 남쪽으로 오늘날 요르단 지역을 가로질러 저 멀리 시내(시나이) 반도까지 아우르던 고대 나바테아 왕국을 가리키는 말이었을 수도 있다. 그러나 신약 성경이 이곳을 유일하게 달리 언급한 곳 가운데 하나—사실은 그곳도 같은 서신, 곧 바울이 갈라디아 사람들에게 보낸 서신이다—는 훨씬 더 자세한 위치를 우리에게 일러 준다. 즉 그곳은 성지 남쪽이자 이집트 동쪽에 있는 시내 반도의 시내산이다. 시내산은 하나님이 불 가운데 내려오셔서 모세에게 토라를 주신 곳이었다. 그곳은 계시를 주신 곳이요, 율법을 주신 곳이며, 일찍이 하나님과 아브라함, 이삭, 야곱과 세우셨던 하나님과 이스라엘의 언약을 엄숙히 비준한 곳이기도 했다. 아라비아의 위대한 산 시내산은 그런 의미에서 시작의 장소였다. 그곳은 이후 세대들이 구원을 베풀어 주시고 까다로운 요구를 제시하는 이상한 하나님과 자기 뜻대로 목을 뻣뻣이 세우던 하나님 백성의 풍파 잦은 혼인 관계, 그 길고 파란만장한 관계의 출발점으로서 되돌아보던 곳이었다. 시내는 만사가 완전히 잘못된 길로 가고 있을 때 엘리야가 들어간 곳이었다. 시내는 다소의 사울도 같은 이유로 간 곳이었다.

엘리야 이야기의 메아리는 작지만 의미심장하다. 엘리야는 그의 열심으로 바알 예언자들에게 승리를 거둔 뒤, 그 자신이 바알 신앙의 열렬한 후원자였던 왕비 이세벨이 보낸 사자를 만난다. 왕과 왕비는 아예 대놓고 위협했다. 엘리야의 목숨이 위태로웠다. 열심은 공황 상태로 바뀌고, 엘리야는 뒤도 돌아보지 않은 채 호렙산으로 도망쳤다.[3] (호렙은 시내를 가리키는 또 다른 이름이거나 이스라엘 사람들이 가나안으로 출발했던 곳에 가까이 있던 산의 이름이다.) 거기서 엘리야는 자신이 "주 만군의 하나님을 위해 아주 열심을 냈건만"(다시 말하면, 자신이 바알 예언자들을 죽였는데), 그게 말짱 도루묵이 되었다고 하나님께 불평한다. 사람들은 여전히 하나님께 반역했고, 그만 홀로 남아 하나님께 성실을 다하는 마지막 사람이 되었다. 엘리야는 잠시 뒤 바람과 지진과 불의 강력한 계시에 이어 "완전한 침묵의 소리a sound of sheer silence"가―흠정역이 "고요하고 작은 소리a still small voice"라 번역해 놓은 히브리어 문구를 한 현대어 역본은 그렇게 옮겼다⁴―뒤따르자 두 번째로 그런 불평을 되풀이한다.

마침내 하나님이 대답하신다. 하나님은 엘리야에게 "가라, 네가 오던 길을 돌이켜 다메섹 광야로 돌아가라"고 말씀하신다. 엘리야는 거기서 시리아와 이스라엘을 다스릴 새 왕을 세우고 그 자신의 자리를 맡을 새 예언자 엘리사를 세워야 한다.⁵ 새 왕과 새 예언자는 그 땅에서 바알 숭배를 제거하려면 반드시 해야 할 일을 하게 될 것이다. 하나님은 한술 더 떠 당황해하는 엘리야에게 "나는 이스라엘에 칠천 명을 남겨 놓을 터인데" 그들이 끝까지 성실함을 지킬 것이라고 선언하신다.⁶ (바울은 이 본문을 다른 서신에서 인용하면서, 자신을 '남은 자'의 초점인 엘리야에 빗댄다.)⁷

들을 귀가 있는 사람은 이미 갈라디아서에서 바울이 남긴 메아리를 포착했을지도 모르겠다. 그는 "조상의 전통에 극도로 열심"이었으며, 그러다 보니 이단을 뿌리 뽑으려고 폭력을 사용하기까지 했다. 바울은 자신이―엘리야가 그랬던 것처럼―"아라비아로 떠났다가"―역시 엘리야가 그랬던 것처럼―"그 후 다메섹으로 돌아갔"다고 말한다. 그렇다면 이건 다 무엇 때문이었을까? 왜 사울은 아라비아로 갔을까?

그와 엘리야의 유사성—두 사람의 말에서 울려 퍼지는 메아리가 아주 비슷하고, '열심'에 관한 생각이 딱 들어맞는 것으로 보아, 바울도 틀림없이 엘리야와 같은 일을 하려 했을 것이다—은 그도 엘리야처럼 언약 비준이 이루어졌던 곳으로 되돌아가려고 시내산으로 순례 길을 떠났음을 일러 준다. 그는 한 분 하나님 앞에 나아가, 자신이 "극도로 열심"이었지만, 이제 그의 포부와 그의 세계관 전체가 완전히 뒤바뀌었음을 설명하고 싶어 했다. 그리고 그는 그 하나님께 "가서 새 왕을 선포하라"는 명령을 받았다.

사도행전이 묘사하는 그림은, 우리가 보는 그대로, 너무 단순하다. (여태까지 기록된 역사 기록 가운데 가장 긴 역사 기록이건만 그 안에 담아 놓은 것보다 빠뜨린 것이 훨씬 많다. 누가는 두루마리 하나에 딱 들어갈 분량만큼만 책으로 남기려 한다.) 사도행전 9:20-28을 보면, 바울은 그의 목숨을 앗아 가려는 음모가 일어나서 그 성읍을 떠나 예루살렘으로 돌아갈 수밖에 없는 상황이 될 때까지 다메섹에 있는 회당에서 예수를 선포했다. 이 이야기 어딘가에 분명 바울이 "다메섹으로 돌아가기"전에 거쳤던 광야 순례 기록이 들어 있어야 한다.

그러나 이 전기 기록자는 단순히 두 자료 사이에 일어날 수도 있는 충돌을 해결하기보다 예루살렘으로 돌아갈 때까지 회당에서 예수를 선포했다는 점을 중요하게 여긴다. 우리는 아라비아 순례에서 바울 자신의 자의식을 일러 주는 무언가를 발견한다. 이에는 그때 바울이 열심을 내는—처음에는 핍박자로 열심을 내다가 나중에는 예수를 선포하는 자로서 열심을 내는—와중에도 어쩌면 그 자신에게 느꼈을 법한 회의를 기꺼이 표출하는 내용도 들어 있다. 걸어서 가든 나귀를 타고 가든, 그저 조용히 기도할 곳을 찾아보겠다고 몇 날 며칠 걸려 광야로 들어가는 이는 아무도 없다. 사울은 분명히 알고 싶었다. 충격적인 이 새 일, 자신이 계시받은 이 새 일이 정말 옛적에 한 분 하나님이 제시하셨던 목적, 특히 시내산에서 모세에게 주신 율법으로 제시하신 목적의 성취인지, 사람에게 놀라움을 안겨 주긴 했지만 그래도 결국 그 목적이 이르러야 할 종착지인지 분명히 알고 싶었다. 그는 변함없이 충성을 지키고 싶었다. 사울은, 하나님의 목적이 예수 안에서 다 이루어졌다면, 그것은 곧 여태까지 거의 의심하지 않았던 하나님의 계획이 이제는 완전히 새로운 국면에 접어들었다는 뜻일 수 있음을, 토라 자체를 완전히 새로운 시각으로 봐야 할 국면에 접어들었다는 뜻일 수 있음을 순순히 받아들이기 시작했다. 사울노 엘리야처럼 돌아가 그가 할 일을 시작해야 했다. 엘리야는 새 왕과 새 예언자에게 기름을 부어야 했다. 다소의 사울은 돌아가서 나사렛 예수가 기름 부음을 받은 진정한 왕이요 메시아이며 세상의 정당한 주권자이심을 선포하는 예언자 직무를 시작해야 했다.

그리하여 사울은 다메섹으로 돌아갔다. 이는 분명 사울 자신을 고대에 하나님의 진리와 하나님이 기름 부으신 왕을 이스라엘과 세상 모든 민족에게 선포하는 역할을 다했던 예언자로 이해했음을 확인해 주는 증거였다. 우리가 보통 그를 이런 시각으로 보아 오지 않았다면, 그건 아마도 사울이 그의 글 속 많은 곳에서, 특히 우리가 지금까지 살펴보고 있는 바로 그 본문에서, 성경을 되울려 주며 이야기하는 내용에 우리가 충분한 주의를 기울이지 않았기 때문일지도 모른다. 그는 하나님이 그를 그 어머니 뱃속에서부터 구별하셨다고 이야기할 때, 일부러 하나님이 예레미야를 부르실 때 일을 되울려 준다.[8] 그는 하나님이 당신 아들을 그 안에 "드러내셨음"을 이야기할 때 '드러냄'이나 '계시'를 하나님께 사명을 받는 장면을 구성하는 요소로 사용하던 유대 신비주의자와 선견자의 언어를 사용한다.[9] 사울은 예루살렘 교회가 훗날 "나로 인해 하나님께 영광을 돌렸습니다"라고 말하면서, 그가 이사야서에서 늘 좋아하던 장 章들 가운데 하나를 되울려 주고 그 자신이 예언자로서 '종'의 역할을 하는 자임을 주장한다.[10] 그는 계속하여 갈라디아서 2장에서 자신이 "달리고 있는 일이나 달려 왔던 일이 허사가 되지 않"을지 모르겠다는 심정을 이야기할 때도 이사야서의 그 장을 되울려 준다.[11]

다시 말해, 바울은 갈라디아서 1-2장에서 그의 복음이 예루살렘 지도자들을 거쳐 간접 전달받은 것이 아니라 자신이 직접 받은 것임을 분명히 한다. 뿐만 아니라, 그는 그 두 장에서 자신이 부르심을 받고 사명을 받은 일이 그 자신을 고대 예언자 전통 안에, 그 예언자가 이사야이든 예레미야이든 아니면 엘리야이든 상관없이, 바로 그 전통 안에 세워 놓았음을 분명히한다. 바울의 대적들은 바울을 무시하고 예루살렘에 호소하려고 하지만, 도리어 바울은 예수 바로 그분 그리고 자신이 받은 복음과 예언자 직무를 미리 보여 주는 성경에 호소함으로써 다른 모든 이를 무시해 버린다.

결국 이것이 그가 아라비아로 간 이유였다. 그는 이전에 받았던 사명을 넘겨주고 이제 새 사명을 받고자 아라비아로 갔다. 그가 이스라엘의 한 분 하나님께 바친 충성은 늘 그랬던 것처럼 굳건했다. 많은 그리스도인이 그리고 많은 유대인도 달리 추측했다(이를테면, 그들은 사도 바울이 유대 세계를 배신했다고 주장하거나 그가 사실은 애초부터 유대 세계를 전혀 이해하지 못했다고 주장했다). 때문에 우리가 바울의 생애를 다룬 주요 작품에 다가가기 전이라도 그런 점을 미리 강조해 두는 것이 필요하겠다.

우리가 그다음에 일어난 일을 정확히 이해하려 할 때, 우리가 가진 자료는 여러 사건이 혼란스럽게 뒤엉켜 있는 모습을 우리에게 제시하며, 사울이 예루살렘을 잠시 방문했다가 고향 다소로 돌아가는 것으로 끝맺는다. 사울이 아라비아로 갔다가 되돌아온 기간을 포함하여 그가 다메섹에서 보낸 시간은 십중팔구 3년이었을 것이며, 기원후 33년부터 36년까지였을 가능성이 아주 높다. (연대가 얽힌 문제는 늘 복잡하지만, 큰 가닥은 확실하다.) 이로 보아, 처음에는 사람들이 사울의 예수 선포에 놀라며 분노하는 데 그쳤던 것 같으나, 이 놀람과 분노처럼 보였던 것이 폭력으로 바뀌는 데는 오랜 시간이 걸리지 않은 것 같다. 바울은 지역의 유대인뿐 아니라 그 지방 관원까지 그의 목숨을 노리면서 위협이 살벌한 지경에 이르러서야 그 유명한 탈출을 감행했다. 그는 성문 경비병을 피해 광주리를 타고 성벽을 내려갔다.

여러 해가 지난 뒤, 바울은 기막힌 수사 효과를 거둘 목적으로 저 사건을 사용하게 된다. 그는 고린도후서에서 그가 이룩한 모든 '업적'을 이게 정말 업적인가 싶은 느낌이 들게 열거하는데, 바로 이 모든 업적의 정점에 자신이 도망쳐야 했던 저 때 일이 올라와 있다.[12] 그 일은 앞으로 닥칠 일들을 미리 보여 주는 형상이었다. 그도 그것을 알았지만, 그가 앞으로 걸어갈 길이 대체로 이 한 사건 안에 들어 있었다. 예수를 메시아로 선포한다면, 십자가에 못 박힌 메시아라는 생각조차 싫어하던 유대인은 물론이요 평화가 깨질 것을 두려워한 이교도 관원들도 반발할 것이다. 어쩌면 오히려 더 지각이 있어서 이스라엘의 메시아는 그저 어느 한 지역이나 부족의 우두머리에 그치는 이가 아닐 것이라는 (성경의) 강조점을 어렴풋이나마 알고 있던 이교도들조차도 그런 선포에 반발할지 모른다. 하지만 그런 이가 온 세상의 주가 되신다.

어쨌든 바울은 뒤이어 예루살렘으로 간다. 그때는 기원후 36년이나 37년이었을 가능성이 아주 높다. 바울은 10년이 더 지나 갈라디아 사람들에게 보낸 서신에서, 자신이 베드로(이때 바울은 베드로를 아람어식 이름 게바로 부른다)와 두 주를 함께 보냈으며, 다른 예수 따름이들은 만나지 못하고 오직 주의 아우이자 이미 이 새 운동의 중심인물로 인정받고 있던 야고보만 보았다고 이야기한다. 이 만남은 바나바가 주선했다. 예루살렘의 지도자들은 예상대로 사울을 의심했으나, 바나바는 사울이 정말 다메섹으로 가다가 예수를 만났고 실제로 다메섹에서 예수를 메시아로 담대히 선포했음을 확실히 보증했다. 이때까지는 일이 잘 풀렸다고 생각해도 될 성싶다.

그러나 그 패턴이 다시 나타나기 시작한다. 성경을 속속들이 알았고 예리한 지성과 막힘없는 달변을 소유했던 사울은 이제 사람들 앞에서 토론을 벌일 수밖에 없는 처지가 되었다. 그는 이런 공개 토론 때문에 고초를 겪게 된다. 스데반을 돌로 쳐서 죽인 지 불과 수년 뒤에 찾아온 이 고초는 예수를 믿는 자들이 겪지 않아도 될 일이었다. 결국 신자들은 바울을 가이사랴 해안으로 데려간 뒤, 거기서 그를 배에 태워 그의 고향인 지금의 터키 남부로 보낸다.

예루살렘 공동체가 뒤이어 무슨 일이 일어나리라고 생각했을지 우리는 알기 어렵다. 그들은 아직 누구의 발길도 닿지 않은 위험한 새 땅에 있었다. 부활하신 예수를 만난 기억이 아직도 그 가슴에 불타오르던 다소의 사울은 그 모든 일의 전말을 성경을 토대로 설명하고 싶은 열망에 들뜬 나머지, 자신이 건드린 벌집에는 분명 신경조차 쓰지 않았다. 이제 그는 문제만 아주 많이 만드는 골칫덩어리였다. "그를 다소로 돌려보냅시다." 그들은 필시 그런 생각을 했을 것이다. "거기 사람들은 달변가를 좋아한다죠. 게다가 거기는 본디 그의 고향이기도 하니…."

———————

그 뒤, 대략 36년부터 46년까지 10년 남짓 침묵이 이어진다(이 책이 제시하는 대다수 연대를 포함하여 고대사에 등장하는 연대 대부분이 그러하듯, 우리가 다루는 연대도 어림이라, 한두 해쯤 차이가 날 수도 있다). 소설가라면 어떤 이의 삶을 형성한 시기에서 침묵으로 남아 있는 10년과 마주쳤을 때 엄청나게 흥분하여 상상의 나래를 폈을지도 모르지만, 우리는 소설가보다 침착해야 한다. 그러나 만일 우리가 빈칸으로 남아 있는 이 시기의 역사와 사울의 행적을 양쪽에서 신중히 파고들어 간다면, 탐구해 봐야 할 주제를 적어도 셋은 발견할 수도 있다.

첫째, 이는 가장 확실하면서도 간명한 주제인데, 우리는 사울이 가업에 종사하면서 스스로 생계를 꾸려 가기 시작했다고 추측할 수밖에 없다. 앞서 보았듯이, 사울은 천막을 만드는 사람이었다. 천막을 만드는 일에는 다양한 종류의 가죽과 섬유를 두루두루 다룰 줄 아는 일반 기술은 물론이요, 실제로 천막과 차양遮陽 따위를 만드는 일이 다 얽혀 있었다. 유대 사회의 교사는 누군가를 가르쳐 생계를 꾸려 갈 기대를 아예 하지 않았다. 사울도 비록 특이하고 새로운 유형의 유대 교사였지만, 여기저기 두루 다니며 십자가에 못 박히셨던 예수를 이스라엘의 메시아요 세상의 주로 선포하여 먹고 살리라는 생각을 하지 않았을 것이다. 그가 하는 일은 고된 육체노동이었다. 나중에 그가 사도로서 쓴 서신들은 이 사도가 손수 일하여 생계를 꾸린 일을 자랑스러워했음을 보여 준다. 이제 어쩌면 20대 후반이나 30대 초반에 접어들었을 사울은 그의 가족과 더불어 살고 일하며, 큰 도시 다소를 지나가는 아주 다양한 사람들과 가까운 사귐을 나누었을 것이다.

사울이 나중에 한 일을 고려할 때 중요한 사실은 천막 만들기가 여기저기 옮겨 다니며 할 수 있는 직업이라는 점이다. 작업 도구만 있으면, 어느 도시에나 가게를 내고, 그 지역에서 원자재를 구입하여 자신이 늘 만들던 제품을 만들어 팔 수 있었다. 오늘날 교회 안에 있는 사람들은 바울과 그가 쓴 서신을 토론할 때면, 종종 고매하고 어려운 개념을 다루는 사상가만 생각하면서, 도서관이나 세미나실 혹은 적어도 목사가 조용히 설교를 준비하는 서재만 연상한다. 우리는 이 서신들을 쓴 이가 거의 모든 노동 시간을 그 소매를 걷어 올리고 더운 날씨 속에서 고된 육체노동을 하며 보냈음을, 그가 예수와 복음서를 주제로 사람들과 나눈 대화도 어쩌면 3분의 2 정도는 예배 장소나 연구실, 심지어 그 자신의 집도 아니라 비좁고 답답한 그의 작은 일터에서 이루어졌을 수 있음을 쉬이 잊어버린다. 사울의 발은 늘 땅에 닿아 있었고, 그의 손은 일로 굳은살이 박여 있었다. 그러나 그의 머리는 여전히 성경과 예수에 관한 소식으로 분주했다. 그의 마음은 여전히 한 분 하나님께 열심을 냈고 그분에게 충성을 다했다.

우리가 확신할 수 있는 두 번째 사실은 그가 기도했고 연구했으며 온갖 종류 일을 이해했다는 것이다. 그가 (10여 년 뒤에 쓴) 서신들을 마주하면, 이 서신들이 집약된 논지를 담고 있어 난해하긴 하지만 그래도 그가 이 서신들을 쓰면서 완전히 신기원을 이룩했다고 생각하기는 불가능하다. 그는 분명 그때그때 상황을 따라 즉석에서 생각나는 대로 쓰기도 했지만, 그래도 그가 오랫동안 숙고했음을 보여 주는 모든 증거를 그의 무르익은 사상을 통해 제시한다. 사울은 침묵하며 10년을 보냈다. 이 세월 동안 그는 성경 성찰이라는 우물을 더 깊이 파고들었고, 나중에 이 우물에서 그에게 필요한 물을 길어 올리게 된다.

이 시기 동안 그는 특별한 체험을 하나 하며 나중에 이 체험을 되돌아보다 특별한 교훈을 하나 얻었다. 그는 56년에 고린도에 보낸 서신에서 황홀한 '영적' 사건을 체험하고 싶어 하는 고린도 사람들의 욕망을 조롱하는 것 같다. 그는 이렇게 말한다. "좋소, 뭐. 기왕지사 이렇게 되었으니, 나도 탁 까놓고 말할 수밖에 없군요. 메시아 안에서 내가 아는 어떤 사람이…." 그는 그 사람이 자신임을 굳이 말하려 하지 않지만, 서신을 읽다 보면 그 사실이 분명히 드러난다. "이 '사람'이 셋째 하늘로 붙들려 올라갔습니다." (당시 사람들이 종종 하늘을 일곱으로 나누었던 것을 생각하면, 이렇게 말한 것 자체도 조금 낮춘 것이라 봐도 될 것 같다.) 이어 그는 이렇게 말한다. "이 일이 몸 안에서 그런 것인지 몸을 떠나서 그런 것인지 나는 모르고 하나님께서는 아십니다. 이 사람은 들었습니다. 그러나 나는 들은 것을 여러분에게 이야기해서는 안 됩니다. 아, 더구나 그 모든 일과 관련하여 가장 중요한 것은 내가 너무 기고만장하지 않도록 '내 육신 안에 가시', 사탄의 사자를 받았다는 것입니다." 이 서신 밑바닥에 깔린 뜻은 분명하다. 그건 바로 **"여러분은 이런 종류의 문제를 묻지 말아야 하고, 나를 다른 이들과 다른 이들이 한 체험과 비교하며 내 등급을 매기려 하면 안 됩니다.** 여러분이 굳이 캐묻는다면, 나는 그저 이런 일들이 일어났다는 것, 그러나 이 일에서 정말 중요한 점은 내가 겸손을 배워야 하고, '내가 약할 그때에 비로소 강하다'는 것을 깨달아야 한다는 것만 이야기하겠습니다"라는 것이었다.[13]

우리가 바울을 이해하려 할 때 전제해야 할 점은 그가 기도하고 묵상하는 습관을 이어 갔다는 것이다. 나는 그가 다메섹 도상에서 환상을 본 것도 그런 습관을 이어 가는 가운데 일어난 사건이며, 때로는 그런 습관이 다메섹 도상 체험과 거의 맞먹을 정도로 놀라운 결과를 가져오기도 했다고 주장했다. 어쩌면 이런 점이 만사가 아주 틀어져 그가 고향 다소로 돌아가야 했던 순간에도 그에게 위로와 확신을 주었을지도 모르겠다. 아울러 그가 말하는 '육신의 가시'가 육체의 질병인지 혹은 거듭되는 시험인지 혹은 사람들이 스데반을 돌로 쳐서 죽일 때 바울 자신도 그 자리에 서서 잔인하게 가담했던 일이 밤마다 무서운 악몽으로 찾아오곤 했던 일을 말함인지를 놓고 추측이 분분하지만, 어쩌면 그 '육신의 가시'는 그가 각별히 사랑했던 사람들이 복음에 계속하여 맞선 일을 가리키는지도 모른다. 그가 말하려는 이야기는 아이러니한 절정으로 이어진다. 그는 이 '육신의 가시'를 놓고 세 번이나 기도하며 이 가시를 없애 주시길 간구했다고 고린도 사람들에게 말한다. 고린도 사람들은 분명 그가 이것을 그들이 자랑스러워할 수 있는 위대한 '기도 응답'으로 제시하리라고 예상한다. 그러나 바울은 그리하지 않고 도리어 그 간구가 거절당했다고 말한다.

이것이 우리가 바울이 다소에서 보낸 침묵의 시간을 들여다볼 수 있는 유일한 창이다. 바울은 이 세월 동안 어쨌든 침묵을 지키겠다고 결심했던 것 같다. "그렇다. 무슨 일이 일어나긴 했지만, 그건 중요하지 않다." 그러나 우리는 여기에서도 그의 정신이 작동하고 있음을 볼 수 있다. 그는 기도하고, 수수께끼 같은 일들을 풀어내고, 사색했다.

우리는 그의 사색을 아주 조금 추론해 볼 수 있다. 우리가 모든 자료를 통해 한편으로는 다소의 사울에 관하여 알고, 다른 한편으로는 사도 바울에 관하여 알지만, 우리가 아는 그 사람이 이 같은 초기初期에 깊이 생각하기를 그만두고, 유대인이 하는 대로 기도하며 깊은 성찰에 잠기길 멈추고, 이스라엘의 성경에 집중하길 멈추고, 다른 많은 독실한 디아스포라 유대인처럼 그를 에워싼 모든 문화와 소통하길 그만두었으리라고 상상하기는 불가능하다. 그는 온 힘을 다해 예부터 내려온 성경을 탐구하고, 회당과 작업대 앞에서 그 친구 및 가족과 그 성경을 놓고 논쟁했다. 그는 자신이 걸어온 길을 십자가에 못 박히셨다가 부활하신 메시아에 관하여 그가 알게 된 '새 사실'로부터 거꾸로 되짚어 생각했으며, 거기서 다시 그 사실에 비추어 이스라엘이 간직해 온 성경과 전통의 세계, 그 진짜 종착지를 한 번 보지도 못한 채 그 지점까지 더듬더듬 기어오고 있던 길고 어두운 그리고 종종 뒤틀린 이스라엘의 내러티브 속으로 파고 들어갔다. 그는 창세기를 다시 읽었다. 출애굽기를 다시 읽었다. 토라 전체와 예언서, 특히 이사야서를 다시 읽었으며 시편으로 기도하기를 계속했다. 그는 자기가 과거에 겪은 일을 되돌아보면서(그리고 그는 아마 자신이 영—성령—과 함께 주어진 신선한 지혜를 통해 그리했다고 역설했을 것이다), 예수를 도처에서 만났다. 그러나 그가 예수를 만난 지점은 임의의 지점도 아니요, 공상空想에서 나온 알레고리(그가 유일하게 자신이 알레고리를 사용하고 있다고 말할 때는 십중팔구 그가 이 알레고리라는 방법을 최우선으로 의지하던 이들을 놀리던 때다)도 아니라 이스라엘의 유구한 내러티브를 담은 평행선들이 결국 만나게 될 무한 속의 지점이었다.

이 평행선들은 그의 성숙한 사고의 중심이요 나중에 기독교 신학이 될 것의 근본이 된다. 첫째, **이스라엘**이 가진 이야기가 있었다. 한 분 하나님이 무엇을 행하셨고, 무엇을 행하고 계시며, 무엇을 행하시겠다고 약속하셨는지를 다룬 이야기였다. (유대인과 초기 그리스도인이 하나님을 가리켜 '살아 계시다'고 말할 때 표현하려 했던 생각에는 하나님이 어떤 이야기를 갖고 계시고 계획을 세우시며 그 계획을 펼쳐 가신다는 관념도 들어 있던 것 같다.) 이 이야기 역시 시간을 따라 내려가면서 한 점으로 집중된다. 이스라엘의 하나님은 사람들이 보는 가운데 권능으로 다시 오셔서 당신 백성을 궁극의 원수에게서 구하시고 결코 요동치 않는 나라를 세우실 것이다. 바울은 나중에 이렇게 쓴다. "하나님께서 하신 모든 약속은 그분 안에서 '예'가 됩니다."[14]

사울은 이 두 이야기, 곧 이스라엘의 이야기와 하나님의 이야기가 놀랍게도 하나로 결합했음을 알게 되었다. 나는 이런 확신이 분명 늦어도 다소에서 보낸 침묵의 10년 동안에 형성되었으리라고 생각한다. 이 두 내러티브는 예수 안에서 완전히 이루어졌다. 예수는 사람이 되신 이스라엘이셨다. 그러나 그는 사람이 되신 이스라엘의 하나님이기도 하셨다. 성경의 위대한 이야기인 창조와 새 창조, 출애굽과 새 출애굽, 성전과 새 성전이 모두 같은 점으로 모여들어서 하나가 되었다. 이것은 새 종교가 아니었다. 이것은 새 세계였다. 한 분 하나님이 늘 약속하셨던 새 세계요 이스라엘이 밤낮으로 간구하던 새 세계였다. 만일 여러분이 아직 다메섹 도상에서 부활하신 주를 만나지 않은 다소의 사울에게 이스라엘의 이야기와 하나님의 이야기가 하나가 되는 지점이 어디냐고 묻는다면, 그는 당연히 성전(이스라엘이 약속받은 땅의 중심에 자리한 곳이요 하나님이 사시겠다고 약속하신 곳이었다)과 **토라**(하나님이 이스라엘 민족의 삶이 되게 일러 주신 말씀이요 이스라엘 민족의 삶을 좌우했던 하나님 말씀)라고 대답했을 것이다. 성전은 이스라엘의 하나님이 당신 백성 가운데 사시고 싶어 한다는 것을 일러 주었다. 그런가 하면 토라는 하나님이 삶을 바꿔 놓는 당신의 말씀으로 당신 백성에게 하신 말씀이었다. 사울은 이제 이 두 대답이 이 둘 너머에 있는 예수, 그리고 당연히 영(성령)까지 가리킴을 알게 되었다.

이 새 세계에서 중요한 것은 이스라엘의 하나님이 사실은 온 세상의 한 분 하나님이라는 사실이었다(이것 역시 무르익은 바울 사상의 공리가 되었고 그가 펼친 공적 활동의 주제가 되었다). 잘 짜인 조직을 갖춘 채, 부산하고 이교 철학의 생각이 지배하던 도시 안에 자리해 있던 정통 유대인 공동체는 이 모든 것을 깊이 사색하기 시작하기에 틀림없이 안성맞춤인 장소였을 것이다. 얼른 보면, 이스라엘의 성경은 이스라엘이 이방 민족, **다른 민족**^{goyim}과 늘 분리된 민족으로 남아 있기를 요구하는 것 같다. 광야에서 이스라엘 사람들을 유혹하려고 이스라엘 사람들 가운데 들어왔던 모압 여자들처럼, 이방 민족은 이스라엘 사람들을 그릇된 길로 인도할 것이다. 따라서 이스라엘 사람들은 그들과 따로 머물러야 했다. 그러나 앞으로 보겠지만, 특히 시편, 특히 시편과 예언서가 같이 담고 있는 제왕 예언을 다시 살펴보면, 이스라엘의 진정한 왕이 임하실 때 그 왕은 이스라엘뿐 아니라 온 세상의 왕이 되시리라고 말한다. 사울도 틀림없이 다소에서 시편 2편이 현실로 이루어진다는 것이 무슨 의미이겠는지를 깊이 성찰했을 것이다. 시편 2편을 보면, 한 분 하나님이 진정한 왕에게 이렇게 말씀하신다.

> 너는 내 아들,
> 내가 오늘 너를 낳았다.
> 내게 청하여라. 뭇 나라를 유산으로 주겠다.
> 땅끝까지 너의 소유가 되게 하겠다.
> 네가 그들을 철퇴로 부수며,
> 질그릇 부수듯이 산산조각 낼 것이다.[15]

이 시는 아브라함이 받은 약속, 장차 가나안 땅으로 구성된 '유산'과 '소유'에 관한 약속을 되울려 준다. 그러나 이 약속은 온 세상을 아우르게 되었다. 이제 이 약속은 온 세상으로 확대되었다. 실제로 이 약속은 '성지'를 주시겠다던 약속이 더 큰 실재의 맛보기요 표지판이었음을 일러 준다. 아브라함의 하나님은 창조주셨다. 그 하나님이 아브라함—그리고 한참 뒤에 다윗—을 부르사, 비록 재 앙과 그릇된 출발로 가득하긴 하지만 그래도 그들의 긴 이야기를 통해 회복이라는 당신의 목적과 온 세상을 연결하셨다.

실제로 또 다른 시는 바로 그 메시지를 말하는 것 같다.

> 하나님은 뭇 나라를 다스리는 왕이시다.
> 하나님이 그의 거룩한 보좌에 앉으셨다.
> 온 백성의 통치자들이
> 아브라함의 하나님의 백성이 되어 모였다.
> 땅의 방패들이 하나님께 속하였으니,
> 그가 높임을 받으신다.[16]

이 시들을 시편 72편("그가 이 바다에서 저 바다에 이르기까지, 이 강에서 저 땅 맨 끝에 이르기까지 다스리게 해 주십시오"[17]) 같은 다른 시들과 결합하여, 이사야 11장("이새의 줄기에서 나온 싹" 곧 다윗이 정의와 평화의 새 창조를 시작할 것이다) 같은 성경 예언서 본문에 담가 보면, 이스라엘의 소망을 보여 주는 몽타주를 만난다. 이 소망은 비단 구원받은 혹은 새로워진 백성만 내다보는 소망이 아니라, 새 세계를 내다보는 소망이며 장차 이 새 세계를 다스리시게 될 왕이 오실 것을 내다보는 소망이다. 이 모든 것을 기도하는 지성知性, 다소 사람 사울 안에 넣어 보라. 그는 지금 새로운 에너지가 이전에 그가 품었던 '열심'을 바꿔

바울 평전

놓고 그 '열심'의 방향을 다시 설정함을 느끼고 있다. 여러분은 이런 장면에서 무엇을 얻는가? 다소 같은 도시의 유대인 공동체에서는 **십자가에 못 박히셨다가 부활하신 예수**가 시편 2편이 말한 왕이라 말하는 것이 과연 무슨 의미일지 의문을 품고 사색하지 않으면 시편의 저런 시들과 다른 시들을 부를 수 없었으리라. 그런 일이 어떻게 일어날까? 실제로 그런 일이 벌어진다면 과연 어떤 모습일까?

이것과 가까운 질문이지만, 아브라함이 받은 약속이 온 세상을 아우르는 약속이 되었다는 말은 무슨 뜻이었을까? 온 세상을 아우르는 아브라함 집안은 무엇으로 구성될까? 말하자면, 그것은 어떻게 움직일까? 바울이 내놓은 많은 성숙한 글의 밑바탕에는 이런 물음들이 깔려 있다. 우리는 그가 다소에서 오랜 침묵의 세월을 보내면서 그런 물음들을 궁구했으리라고 상상해 볼 수 있다.

이어 우리 눈에는 작업대 앞에 있는 사울이 어렴풋이 들어온다. 사울은 기도하고 사색한다. 그리고 셋째, 사울은 그 주위에서 들려오는 모든 사상에 귀를 기울인다. 국제도시 다소의 종교 문화뿐 아니라 철학 사상과 정치 사상에도 귀를 기울인다. 그는 이 모든 것을 이방인의 어리석음을 더 깊이 일러 주는 증거요(물론 그런 증거는 많았을 것이다), 비록 인간의 삶 그리고 다소 너머의 더 넓은 세상이 하나님이 아닌 다른 신들을 예배함으로 말미암아 뒤틀리고 흠이 났을지라도, 만유를 지으신 한 분 하나님이 이 세상과 인간의 삶 속에서 역사하고 계심을 일러 주는 징표로 받아들였을 것이다.

우리가 이미 말했듯이, 다소는 삶, 죽음, 여러 잡신, 미덕, 괴로움이 없는 실존으로 나아가는 길에 관한 말과 철학적 담화, 사색, 논리, 현명한 충고와 그리 현명하지 않은 충고가 넘쳐나는 곳이었다. 플라톤과 아리스토텔레스, 그리고 그들의 저술에서 나온 위대한 체계를 발전시킨 여러 저술가를 연구할 수 있는 학교들이 있었으나, 그래도 철학은 소수 부유층의 전유물이 아니었다. 철학 탐구를 촉진한 질문은 모든 이가 품고 있던 질문이었다. 무엇이 한 도시를 '정의롭게' 만드는가, 혹은 무엇이 인간을 '지혜롭게' 또는 '유덕하게' 만드는가? 훌륭한 논증이나 탁월한 연설을 구성하는 것은 무엇인가? 세계는 무엇으로 만들어졌으며 어떻게 생겨났는가? 인생의 목적은 무엇이며, 그 목적은 어떻게 알 수 있는가? 사람들은 이런 질문과 다양한 모범 답안을 교사와 진지한 생각을 지닌 학생이 있는 교실은 물론이요 이발소나 선술집에서도 나누었을 것이다.

다소는 물론이요 고대 지중해 세계의 다른 많은 지역에서도 잠시나마 세상의 분주한 생각을 내려놓는 방법^{default mode}은 스토아주의 같은 사상이었을 것이다. 스토아주의는 인간이 그 내면의 합리성이나 로고스^{logos}를 통해 참여하는 어떤 통일된 신성한 세계 질서를 꿈꾸며 만물을 망라하여 바라보았다. 또 다른 유명한 철학 사상인 에피쿠로스주의는 소수 엘리트가 선택한 사상이었다. 이 사상은, 만일 신들이라는 게 존재한다면, 이 신들은 그 자체가 인간사에는 전혀 관심이 없고 세상에도 분명 끼어들려 하지 않는, 초연하고 행복한 엘리트라고 보았다. 플라톤의 후계자들인 '아카데미'

가 내놓은 불확실한 말("우리는 신들이 존재하는지 확실히 알 수 없으니, 만일을 대비하여 시민 종교를 계속 발전시키는 편이 낫다")은 사람들을 곤혹스럽게 했다. 이런 불확실한 말은 결국 더 새로운 가르침에, 바울 다음 세대에 활동한 전기 작가이자 철학자인 플루타르코스▪가 묘사한 모습처럼, 세계를 상층과 하층으로 구분하여 보는 세계관에 길을 내주게 되었다. 플루타르코스는 공간과 시간과 물질로 구성된 악한 영역을 떠나서 '하늘'로 가는 길을 찾는 것이 결국 그 게임의 목표라고 보았다. 순수한 영혼은 그 '하늘'에서 잠시 이 악한 영역으로 유배당했지만, 궁극에는 영원한 복락이 있는 그곳으로 되돌아갈 것이다. (이런 말이 현대 서구 기독교가 하는 말과 흡사하게 들린다면, 그것은 우리의 문제다. 바울이 믿은 것은 분명 그런 것이 아니었다.)

그 모든 것이 대략 그려 본 윤곽이었다. 천막을 만들던 그 사람의 비좁고 작은 가게, 길거리, 친구들과 밥 먹는 자리, 그리고 집에서는 더 많은 이야기 주제와 그런 주제를 변형한 이야기가 오갔으며 쉴 새 없는 토론이 이어졌다. 어떤 때는 그런 것이 흥미진진하다가도 또 어떤 때는 사람들을 좌절케 하지 않았을까 추측해 볼 수도 있겠다. 다소의 사울도 그 시대에 살던 다른 많은 유대인처럼, 유대인으로서 사고思考하면서도 더 넓은 세계의 이론들을 받아들임으로써 세계(이스라엘을 제외한 다른 세계)의 지혜와 이스라엘의 지혜 사이에 존재하는 유사성과 비유사성을 곱씹어 보곤 했을 것이다.

▪ 46-120. 그리스의 철학자이자 정치가로《영웅전》을 썼다.

창세기와 시편 그리고 이사야서가 그리는 비전을 그 마음에 담고 있던 사울은, 세상과 거리를 두고 물러나 있음에 아무런 의문이 없었을 것이다. 스토아 학파 사람들이 만물이 한데 어우러진 통일된 세계라는 어떤 큰 비전을 품고 있었다면, 사울도 그러했다. 로마 제국이 모든 이가 오직 한 주에게 충성을 바치는 단일 사회를 소망했다면, 그도 그러했다. 바울은 이런 일이 이스라엘의 메시아를 통해 이미 이루어졌다고 믿었다. 플라톤주의자들이 '하늘'과 '땅' 사이에 교류가 가능함을 이야기하고 있었듯이, 그도 그러했다. 그러나 바울은 영혼이 이 땅을 탈출하여 하늘로 올라감을 꿈꾸지 않고 하늘이 이 땅에 임하길 꿈꾸었다. 유대인이었던 그는 피조 세계 전체가 한 분 하나님의 작품이라고 믿었다. '메시아의 사람'이었던 그는 십자가에 못 박히셨다가 부활하신 예수가 세상과 인류를 타락시킨 악을 처리하셨으며, 그 예수가 사람들이 오랫동안 기다려 온 새 창조 사업을 시작하셨다고 믿었다. 세례를 받고 예수를 믿는 예수 따름이들로 이루어진 공동체가 그런 새 창조 사업을 처음 시도한 것이었다.

그는 나중에 자신이 "모든 생각을 포로로 사로잡아 메시아께 순종하게 만"드는 법을 배웠다고 쓰는데,[18] 이런 확신은 십중팔구 다소에서 보낸 침묵의 10년 동안에 갖게 된 것 같다. 마찬가지로 그는 빌립보 교회에 "참되고 거룩하고 올바르고 순수하고 매력 있고 호평받고 덕이 되고 칭찬할 만한 것은 무엇이든"[19] 주의 깊게 생각해 보라고 이야기할 때도, 인간 사회가, 심지어 철저히 흠투성이

인 비⁺유대인 세계조차 지혜롭게 잘 살기를 열망할 수 있으며 실제로 그렇게 열망한다는 것을 인정한다. 이 모든 것이 예수를 믿음으로 말미암아 새로워지고 깊어진 사울의 유일신론 가운데 일부다. 사울은 세계에 구속이 필요함을 알았다. 아울러 그는 그런 세계도 늘 하나님의 세계로 남아 있음을 알았다.

나는 사울이 그때 다소에서 침묵의 시간을 보내면서 일하고 공부하고 기도하며 한 분 하나님에 관한 더 큰 그림을, 장차 온 세상을 흔들어 놓고 온 세상을 포위하여 공격할 더 큰 그림을 그의 생각 속에 통합하고 있었다고 주장한다. 예수가 오래전부터 내려온 성경 이야기의 완성이시라면, 그런 결론은 불가피했다. 하지만 그러는 동안에도 틀림없이 그는 한 분 하나님과 그분의 세계를 바라보는 이런 시각을, 곧 아직도 철저히 유대 색채를 띠었으나 십자가에 못 박히셨다가 부활하신 메시아를 중심으로 다시 만들어진 이 새 시각을 (조심스레 말하자면) 그의 모든 동포 유대인이 공유하지 않음을 씁쓸한 심정으로 인식하고 있었을 것이다. 분명 사울은 그가 걸어간 길 내내 그와 함께했던 사회, 문화, 주해, 신학 차원의 긴장과 이미 부닥치고 있었을 것이다. 이스라엘의 메시아가 자기 백성에게 왔는데 자기 백성은 이 메시아를 영접하지 않으려 한다니, 이게 과연 말이 되는 말일까? 이를 어떻게 이해할 수 있을까?

다소에 이미 예수 공동체가 있었는지, 사울도 이런 공동체 지체였는지, 그가 조금밖에 안 되었을 다른 지체들과 꾸준히 만나 예수의 이름으로 빵을 떼었는지 우리는 모른다. 이 세월 내내 사울이 홀로 외로이 예수를 믿은 사람이었으리라 생각하기는 어렵지만, 역사는 이런 쪽으로든 저런 쪽으로든 확실한 답을 알 수 있는 실마리를 전혀 제시하지 않는다. 그러나 분명 그가 내내 침묵만 지켰으리라 상상할 수는 없다. 십자가에 못 박히셨다가 부활하신 예수를 이야기함은 논란을 일으킬 수밖에 없었을 것이다. 많은 유대인이 십자가에 못 박힌 메시아를 무턱대고 말도 안 되는 신성모독으로 본 것만은 아니었다. 한 분 하나님이 **인간**이 되셨다는 생각이 유대인의 사고 체계에 그저 충격이지만은 않았다(당시 유대교 사상 가운데 몇몇 가닥은 어쩌면 그런 일이 일어날 가능성을 탐구했는지도 모른다). 이 모든 것이 조상 때부터 내려온 오랜 삶의 방식에 암시하는 의미 역시 분명치 않았거나 아니면 아주 큰 동요를 일으킬 정도로 분명했다. 한 분 하나님이 메시아 안에서 '형제자매'로 이루어진 새로운 단일 가족을 지으신다면 그 가족은 어떤 모습일까 하는 바울 자신의 물음에는 어쩌면 혁명적이라 할 만한 대답이 있었을 것이다. 물론 전통 사회는 혁명을 달가워하지 않는다.

사울에겐 이 물음이 그저 이론에 그치는 질문일 수 없었다. 여기서 우리는 사울이 다소에서 보낸 침묵의 10년 가운데 가장 민감한 부분 중 하나를 조심스럽게 깊이 파고 들어간다. 그는 자기 가족에게 돌아갔다. 우리가 사울에 관하여 아는 모든 내용은 그가 가족을 만나자마자 곧장 가족에게 자신이 부활하신 예수를 만났고, 성경이 그 예수가 하나님의 메시아임을 증명하며, 한 분 하나님이 오랜 세월 동안 감춰 오셨던 계획을 그 예수 안에서 그를 통해 드러내셨음을, 그리고 이 예수가 그 영의 능력으로 사람들의 마음과 삶 속에서 일하시면서 새 일을 행하시고 새 공동체를 창조하신다는 것을 이야기했으리라고 일러 준다. 그의 가족은 이런 사울의 말에 어떤 반응을 보였을까?

사울 가족은 아마 사울을 한 번 너그러이 이해해 주려 했을지도 모른다. 많은 젊은이가 잠시 집을 떠났다가 평지풍파를 일으키는 새 사상을 들고 집으로 돌아온다. 그들은 결국 정착하고 어른들은 그런 젊은 친구의 열정에 너그러이 미소를 보낼 때가 자주 있다. 그러나 어린 사울이 집에서 전통 대대로 내려온 '열심'을 배웠던 일을 생각하면, 이번에는 격렬한 반응이 나타났을 가능성이 더 커 보인다. 사울은 물러서지 않았을 것이다. 그는 자신이 전한 메시지의 수위를 낮추지 않았다. 어떤 것도 그를 멈추게 하지 못했을 것이다. 예수가 메시아이시든지 아니든지, 둘 중 하나만이 옳았다. 그가 메시아이시라면, "그 사실을 받아들이느냐, 아니면 무시하느냐" 하는 일은 있을 수 없었다. 어깨 한 번 으쓱하고 잊어버리면 될 일이 아니었다. 이스라엘의 메시아가 오셨다면, 어쨌든 이스라엘은 그를 중심으로 다시 짜일 수밖에 없었다. 이스라엘 역사에 등장한 모든 사이비 메시아 운동은 그런 도전을 받았다. 상상컨대, 조상이 물려준 전통에 성실하지 않다는 논박과 오해와 고발이 있었으리라. 물론 사울은 예수 안에서 일어난 일과 영을 통해 일어나고 있는 일이 예부터 성경이 줄곧 이야기해 온 것임을 있는 힘껏 강조했을 것이다. (그러나 그의 아버지는 그런 사울의 주장에 지쳐 한숨을 내쉬며 이렇게 대답했을지도 모르겠다. "그럴지도 모르겠다만, 모세는 네가 할례를 받지 않고도 이스라엘 백성이 될 수 있다고 말하지 않았다······.")

바울의 무르익은 글을 보면 거듭거듭 등장하는 또 다른 강점들이 있다. 이런 강점들은 분명 끊임없이 이어지는 논쟁이라는 모루 위에서 해머로 두들겨 맞으며 단련되었을 것이다. 우리는 이런 강점 가운데 예수가 자신의 죽음과 부활로 이룩하신 일을 바라보는 바울의 시각이라는 강점을 발견한다. 바울은 그의 후기 서신에서 온 땅을 흔들어 놓은 이런 사건들을 언급할 때마다 이전에 성찰한 깊은 우물에서 다른 신선한 개념을 끌어낸다. 우리는 사울이 어릴 적부터 알았고 예수 역시 자신의 삶과 죽음의 테마로 삼았던 유월절 테마에 뿌리박은 그 성찰의 핵심부에서 **승리**라는 개념을 발견한다. 뭔가가 예수의 죽음과 부활 안에서 일어났으며, 그 죽음과 부활로 말미암아 세계는 다른 곳이 되었다. 겉으로 보면 달라진 게 없었다. 자신이 어린 시절을 보낸 다소로 돌아온 사울도 변함없는 광경, 변함없는 우상과 신전, 변함없는 이방 종교의 관행을 예전과 똑같이 보았을 것이다. 그러나 사울이 예수에 관하여 믿었다는 것은 세상의 바탕이 되는 영의 무게 중심이 옮겨 갔음을 의미했다.

그가 알았던 세상은 어둠의 세력들이 가득한 곳이었다. 아니, 더 정확히 말하면, 창세기가 말한 것처럼 피조 세계는 좋았지만, 인간은 신이 아닌 것들, 거짓 신들, 자연계 안에 존재하는 '세력'을 숭배함으로써, 본디 이들이 소유하는 게 옳지 않은 권세를 이 어둠의 존재들에게 넘겨주고 말았다. 이런 '세력'은 본디 인간이 세상에 행사했던 권위를 찬탈했다. 그 증거가 온 천지에 있었다. 다소도, 유대 밖의 모든 고대 도시처럼 신당과 요상한 예배 그리고 인간의 가치를 망각한 관행이 잘못 빚어낸 인간의 삶이 가득한 곳이었다. **그러나 바울은 나사렛 예수가 십자가에서 악이라는 궁극의 세력을 격파하셨다고 믿었다.** 부활이 그것을 증명했다. 예수가 죽음을 이기셨다면, 그것은 오로지 죽음으로 이끄는 세력, 부패를 일으키는 우상 숭배와 인간의 약함이라는 권세를 그가 이기셨기 때문이었다.

이것은 어두운 주제이며 뒤에 가서 다시 살펴보겠다. 여기서 이 주제를 언급한 이유는 바울이 이렇게 이른 시기에도 이런 문제들을 분명 깊이 생각했겠기 때문이며, 그런 주제가 소위 이방인 선교에 관하여 그가 가졌던 이해의 밑바탕에 자리해 있기 때문이다. 그 주제가 어떻게 작동하는지 여기서 이야기해 보겠다.

바울은 한 분 하나님이 예수와 예수의 죽음을 통해 이 세상을 손아귀에 쥐고 있던 권세들을 격파하고 이기셨다고 믿었다. **그것은 유대인뿐 아니라 모든 인간이 그 손아귀에서 풀려나 사유를 얻어 한 분 하나님을 예배할 수 있게 되었음을 뜻했다.** 예수 형상을 띤 이 해방의 메시지에는 과거의 모든 그릇된 행위에 베푸는 용서가 들어 있었다. 이 용서의 메시지는 유대인인 메시아 백성과 유대인이 아닌 메시아 백성을 가르는 장벽이 있을 수 없음을 뜻했다. 이런 장벽을 세움은 예수가 메시아로서 승리하셨음을 부인한다는 뜻이었다. 열심당이었던 사울은 메시아라는 분이 벌레 떼 같은 이교도를 격파해 주시길 기대했다. 사도 바울은 메시아가 모든 악 뒤에 자리한 어둠의 권세들을 **이미** 격파**하셨다**고 믿었다. 이런 믿음은 그의 무르익은 사상이 다루는 위대한 주제 중 하나로 곧장 바뀌었으며, 특히 그가 목회 현장에서 펼쳐 보인 여러 노력으로 곧장 바뀌었다. 그 주제는 바로 메시아의 백성이 민족의 경계를 초월하여 모두 하나라는 것이었다. 이 주제는 분명 사울 자신의 가족이 받아들이기가 불가능한 것 가운데 하나였다.

　나는 성숙한 바울이 "그의 혈육 친척"을 보면서 그 마음에 늘 품었던 슬픔의 근원이 바로 여기에 있다고 믿는다.[20] 그가 생각할 때마다 ("내 마음속에 크나큰 슬픔과 끊임없는 고통"을 품고) 격심한 고통을 겪은 원인이 된 사람들은 널리 '믿지 않는 유대인' 대중이 아니다. 바울은 자신에게 격심한 고통을 안겨 준 그 사람들의 이름을 안다. 그는 그들의 얼굴을 보고 슬픔에 찬 얼굴로 고개를 젓는 그들의 모습을 본다. 그들은 그의 어머니요 그의 아버지다. 그는 그 내면의 귀로 그 부모의 목소리를, 그 부모가 자신에게 가르쳐 주었던 바로 그 기도 **쉐마**로 기도하는 목소리를 듣는다. 그의 부모, 그의 형제, 그의 친족은, 영특하다는 말도 부족할 정도로 비범했으며 지극히 독실했던 아들이요 형제이며 조카인 사울이 어쩌다 그렇게 무시무시한 이단이 되어 버렸는지 이해할 수 없었다. 그래도 그들은 사울을 변함없이 사랑했다. 사울이 언제나 그 속내를 숨김없이 털어놓았기 때문이며 그들도 사울이 언제 우울해하는지 알았기 때문이다. 사랑과 비탄은 아주 가까우며, 따뜻하고 열정이 넘치는 마음속에서는 특히 그렇다. 사울은 어떤 것도 피하지 않았다.

그는 끊임없이 사랑—하나님의 사랑, 인간의 사랑, '메시아의 사랑'—에 관하여 썼다. 그리고 그는 그 사랑과 함께 한 비탄 때문에 고통을 겪었다.

사랑에 관하여 이야기할 때, 그리고 어쩌면 비탄에 관하여 이야기할 때에도 우리는 다소에서 그가 보낸 더 큰 침묵 속에 또 다른 침묵이 숨어 있음을 본다. 바울을 읽는 이는 누구나 조만간 이런 질문을 던진다. 바울에게도 사랑하던 소녀가 있었을까? 그는 약혼했었을까? 아니 혼인했었을까?

우리는 그 침묵을 밝혀낼 수 없거니와 그 침묵을 섣불리 채우려 해서도 안 된다. 그러나 바울은 혼인에 관하여 쓰면서 "모든 사람이 나와 같은 처지에 있는 것을 보면" 기쁠 것이라고 말한다.[21] 그는 이를 부연하면서도, 그의 청중이 그의 사연을 알리라 짐작하여, 후대 독자들을 약 올리듯 그 세세한 내용을 명확히 밝히지 않고 그대로 마무리한다. 그는 이렇게 말한다. "결혼하지 않은 사람들과 과부들에게 말합니다. 나처럼 지내는 것이 여러분에게 더할 나위 없이 괜찮습니다."[22] 그는 왜 이렇게 말했을까?

그가 이런 말을 쓰던 때만 해도—특히 **여자가**—혼인하지 않고 그대로 지내는 것은 수치나 다름없었다. 혼인하지 않은 사람이 어떤 처지에 빠질지 누구도 이야기할 수 없었다. 그 시대의 문화를 지배하던 가설은 미혼 성인, 특히 여자는 언젠가는 닥칠 사회적, 도덕적 재앙이라는 것이었다. 그러나 앞으로 보겠지만, 바울은 당시 사회를 지배하던 이런 문화에 새 창조, 이전과 다른 가치를 중시하는 새 창조라는 소식을 내세워 도전장을 던졌다. 한편으로, 그는 (인간의 몸과 몸이 누리는 즐거움을 부끄럽게 여기곤 했던 모든 형태의 이분법에 맞서) 혼인한 부부의 성관계는 창조주가 주신 아름다운 선물로서 즐거워해야 한다고 역설한다. 다른 한편으로, 그는 홀로 지냄 곧 독신도 (종種을 번식시켜야 하는) 현세 너머에 자리한 새 세계를 온전히 가리키는 선물이라고 역설한다. 바울은 이 모든 주장의 중간에 서서 "나와 같은 처지"라는 말을 쓰며 자신을 한 본보기로 내세운다. 그 처지는 어떤 처지였을까?

분명 바울은 그의 서신이 배경으로 삼던 때만 해도 미혼이었다. 초기 기독교의 순회 교사들은 대부분 기혼이었으며, 그들의 여행에는 아내도 동행했다. 그러나 바울은 달랐다(바나바도 분명 그랬을 것이다).[23] 이를 보면, 우리가 그의 처지에 관하여 생각해 볼 수 있는 가능성은 네 가지가 있다. 첫째, 사실 대다수 정통 유대인은 보통 아주 젊을 때 혼인했지만, 그는 한 번도 혼인하지 않았을 가능성이 있다. 둘째, 혼인했지만, 아마도 다소에서 침묵의 10년을 보내던 동안, 당시 많은 이가 그랬듯이 그의 아내도 일찍 죽었으며, 그 뒤에 재혼하지 않았을 가능성이 있다. 셋째, 어쩌면 그의 아내는 그 남편이 실제로 전하려는 것이 십자가에 못 박히신 예수와 관련된 아주 위험한 새 가르침임을 깨닫고 그 혼인을 파하기로 결심했었는지도 모른다. (바울도 "형제든 자매든 이런 경우에는 얽매이지 않아도 됩니다"라고 썼다.)[24] 넷째, 그것도 아니면—내가 그의 처지를 추측해야 한다면 이 견해를 택하겠다—그는 일찍이 약혼했으며, 그 약혼 상대는 십중팔구 그 집안과 친구인 집안의 딸이었을 것이다. 그는 이 여인이 사무치도록 다시 보고 싶어 다소로 돌아왔지만, 동시에 이 여인이 자신처럼 예수를 알게 되면 어떤 일이 일어날지 이런저런 생각을 하며 기도했다. 그러나 이 여인과 여인의 부모는 젊고 생기발랄할 사울이 무시무시하고 얼토당토않은, 십자가에 못 박힌 나사렛 사람 이야기로 가득 찬 머리와 마음으로 돌아온 것을 발견하고 약혼을 파기했다. 사울은 "그 여인을 잊고 이겨 냈을까?" 그것을 누가 알 수 있겠는가?

그는 나중에 많은 여성 친구와 동역자를 얻었다. 우리는 그 사실을 그가 보낸 서신들, 특히 로마서의 인사말에서 확인할 수 있다. 그는 이 친구들과 동역자들을 복음을 섬기는 일에서 동등한 동지로 여겼던 것 같다. 그가 한 유명한 본문에서 메시아의 집에서는 그 가족 사이에 성별 구분이 무의미하다고 강조하는 게 그 좋은 예다.[25] 그러나 바울은 이제 자신은 혼인이 불가능하다고 결론을 내린 뒤였다. 그 이유는 그가 볼품없는 이류 인생을 능가하는 영적 초인超人이었기 때문도 아니요(후대의 일부 그리스도인은 그런 사람인 체 행세하려 했다) 그가 보통 사람이 가진 욕구를 가지지 않았기 때문도 아니라, 혼인이 그가 받은 특별한 소명과 양립할 수 없었기 때문이었다. 고린도전서 행간에 드러나듯이, 그는 인간 본능의 욕구를 극복했다는 인상을 주면서도 이런 연단에는 끊임없이 절제하는 자세가 필요했음을 인정한다.[26]

그 답을 확실히 알 수 없는 이런 질문을 파고드는 이유가 뭘까? 우리는 이제 바울의 공중 사역을 살펴볼 준비가 거의 다 되었지만, 그러기 전에 먼저 바울이 여성을 혐오하는 사람이었다는 오랜 관념에 이의를 제기해 보는 것이 중요하다. 그는 여자와 남자가 모든 면에서 같다고는 생각하지 않았다. 고대 세계의 어느 누구도 그렇게 생각하지 않았을 것이며, 현대 세계에서도 그렇게 생각하는 이가 많지 않다. 그러나 바울은 여자를 하나님의 백성 안에서 동등한 발판을 딛고 서 있는 같은 가족으로 보았으며, 하나님의 백성이 펼치는 공중 사역에서도 역시 그렇다고 본 것 같다. 그는 여자들과 친구로서 사귐을 나누고 함께 일하면서도 그들의 후견인 노릇을 하거나 그들을 유혹하려 한다거나 학대하는 일을 하지 않았다.

따라서 고향 다소로 돌아온 사울에게 가장 가슴 아팠던 일은 실제 배우자 혹은 배우자가 될 수도 있었던 사람을 잃어버린 것이 아니었다. 물론 그랬을 수도 있다. 하지만 그를 가장 비통하게 했던 일, 훨씬 더 깊은 의미의 상실을 맛보게 한 일은 그와 아주 가까웠던 사람들, 그가 어릴 적부터 알았고 여전히 그를 깊이 사랑하는 사람들을 잃어버린 것이었다. 그가 여성 혐오자가 아니었다면, (기괴한 만화에서 볼 수 있는 사람처럼) 그가 누구인가를 그 자신에게 되새겨 주었다는 이유로 다른 유대인을 증오했던 부류의 유대인도 아니었으리라. 사도 바울은 '믿지 않는' 유대인을 생각할 때, 어떤 '신학' 범주로 생각하지 않았다. 바울이 생각하던 유대인은 진짜 살아 숨 쉬는 인간이었다. 얼굴도 없는 공허한 존재나 화면에 투영된 판타지 때문에 끝없이 두통에 시달리는 사람은 없다.

　사울이 다소에서 보낸 10년 남짓한 시간이 분명 그를 형성했다. 그가 그때 자신이 미래에 감당할 소명을 얼마나 많이 생각했을지 우리는 상상할 수 없다. 그러나 그는 1세기의 40년대 중반 어느 때쯤―예수가 십자가에 못 박히셨다가 부활하신 뒤로 겨우 15년 정도가 흘렀을 때 그리고 사울은 십중팔구 30대였을 때―그의 인생을 완전히 새로운 방향으로 이끌어 갈 방문을 받았다. 어떤 의미에서 보면 그를 움직인 요인은 늘 있었던 요인과 똑같았다. 그것은 바로 한 분 하나님께 철저히 헌신함이자 온 세상에서 그분의 영광을 드러내는 일을 하고자 하는 '열심'이었다. 그러나 사울은 다소에서 보낸 10년의 시간을 마칠 즈음 한 분 하나님이 십자가에 못 박히셨다가 부활하신 예수 안에서 그리고 그런 예수로 당신을 나타내셨다는 것이 무슨 의미인지를 상당히 상세하게 깨달아 알았다. 그것은 곧 그의 헌신에 새 차원이 열렸고, 그의 '열심'이 새 형상을 갖게 되었으며, 그의 '충성'이 새로운 깊이에 이르렀음을 의미했다. 이런 새로운 차원과 형상과 깊이가 부리나케 기록한 문서를 잇달아 만들어 내게 되며 그가 이 문서를 통해 던진 옹골차면서도 폭발력이 있는 도전은 온 세상을 바꿔 놓게 된다.

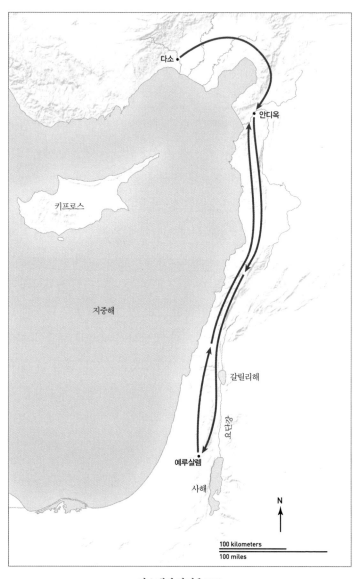

다소

안디옥

키프로스

지중해

갈릴리해

요단강

예루살렘

사해

N

100 kilometers
100 miles

다소에서 안디옥으로

4장

/

안디옥

다소로 사울을 찾아온 이는 바나바였다. 우리는 사울이 다메섹 체험을 한 뒤 처음 예루살렘을 방문할 때 이 방문을 주선했던 이가 바로 바나바였음을 기억한다. 사도행전에 등장하는 조연 가운데 한 사람이요 너그러운 영혼을 가진 인물이었던 바나바는 본디 키프로스(구브로) 출신이요 레위 지파 유대인이었다. 그의 진짜 이름은 요셉이었으나, 누가는 예루살렘에 있던 예수 따름이들이 그에게 바나바라는 별명을 붙여 주었다고 설명한다. 바나바는 '용기를 북돋아 주는 아들'이라는 뜻이다. 어떤 이들은 다른 이가 살 되게 하는 은사를 갖고 있다. 바나바도 그런 사람 가운데 하나였다.

예루살렘의 지도자들은 안디옥에 있던 예수 공동체 안에서 새로운 양상이 전개되고 있다는 소식을 전해 듣고 당황하여, 그리스어를 사용하는 공동체의 모습과 예루살렘 교회 자체의 관심사를 이해할 누군가를 보내고 싶어 했다. 바나바를 고른 것은 자연스러운 일이었다. 안디옥에서는 벽이 무너졌다. 오래되고 낡은 댐이 금이 가서 갈라졌다. 당장 수리해야 하나? 아니면 이 균열은 한 분 하나님이 새 일을 하고 계심을 일러 주는 징표였을까? 이 모든 일이 문제가 된 이유가 무엇이며, 안디옥의 이 문제가 사울이 장차 만사를 바라보는 시각을 형성한 연유가 무엇인지—나아가 사울의 섬김을 통해 존재하게 된 운동이 그토록 남다른 성공을 거두게 된 여러 이유 가운데 하나를—알아보려면, 또 한 걸음 뒤로 물러서야 한다. 우리는 유대인의 삶이 속해 있던 더 넓은 문화 배경 속에서 발휘한 그 삶 내면의 역동성을 이해해야만 한다.

문제가 된 벽 곧 무너진 벽은 유대인과 비유대인을 구분함이었다. 이런 구분은, 유대인의 관점에서 보면, 사회나 문화 속에 존재하는 다른 어떤 구분보다 크고, 심지어 고대 세계 전체를 관통하던 두 구분 곧 노예와 자유인의 구분과 남녀 구분보다 중요했다. 우리가 앞서 언급했듯이, 당시도 오늘날처럼 유대인과 비유대인을 가르는 벽이 얼마나 높아야 하며 유대인은 비유대인과 어떤 관계를 가져야 하는가 하는 문제가 논란거리였다. 서로 다른 사람들이, 심지어 서로 다른 유대인 공동체 지도자들이 곳곳에서 우리와 남을 가르는 선을 그리곤 했다. 사업상 거래는 아마도 신경 쓰지 않았겠지만 동업은 아마 하지 않았을 것이다. 친구로서 사귀는 것은 괜찮았겠지만 통혼通婚은 십중팔구 하지 않았을 것이다. 이렇게 가르는 선은 흐릿해지고 끊어졌다가 다시 그려지곤 했으며 어떤 때는 같은 곳에 그려지기도 하고 또 어떤 때는 다른 곳에 그려지기도 했다.

하지만 이 모든 일의 밑바탕에는 언제나 '그들'과 '우리'는 다르다는 의식이 깔려 있었다. 그들과 우리가 다름을 일러 주는 사회적, 문화적 지표는 눈으로 볼 수 있는 표지였을 것이다. 당신이 먹는 것(과 당신이 먹지 않는 것), 당신이 같이 먹는 사람(과 당신이 같이 먹지 않는 사람), 그런 것들이 가장 두드러진 표지였지만 다른 표지도 있었다. 그 시대 비유대인 저술가들은 유대인이 '안식일'을 지킴을 비웃으며 유대인은 그저 일주일에 한 번 '게으름 피우는 날'을 원할 뿐이라고 주장했다. 유대인이 일반적으로 가장 쉽게 얻을 수 있는 고기인 돼지고기를 먹지 않는다는 사실은 유대인이 사회에서 비유대인보다 위에 있음을 과시하려는 술수처럼 보였다. 유대인 남자는 할례를 받았다. 때문에 보통 벌거벗은 몸으로 임하던 경기장의 체육 활동에 참여하는 유대인은 상스러운 말을 들으리라고 예상했을 것이다.

이런 사회 지표 아래에는 비유대인 가운데 더 깊숙이 자리한 의심, 곧 유대인은 무신론자라는 의심이 있었다. 요컨대 유대인은 신들을 숭배하지 않았다. 유대인은 대축제에 얼굴을 보이지도 않았고, 신전에서 열리는 잔치에 오지도 않았으며, 지역의 신당에 동물을 희생 제물로 바치지도 않았다. 유대인은 참된 신전이란 단 하나뿐이라고, 예루살렘에 있는 성전만이 참 신전이라고 주장했지만, **유대인에게는 그들의 신을 새긴 형상이나 입상**立像**이 전혀 없다**는 소문이 수없이 나돌았다. 이 헛소문의 시작은 로마 장군 폼페이우스▪가 예루살렘 성전 지성소로 쳐들어갔던 때였다. 결국 유대인은 무신론자라는 비판이었다. 유대인을 무신론자라 비방할 때 문제 삼은 것은 유대인의 신학이 믿은 것이 아니었다. 당시 사람들은 온갖 이상한 것을 다 믿었으며, 당국도 사람들이 제멋대로 믿게 놔 두었다. 오히려 문제는 철두철미하게 현실과 관련이 있었다. 신들은 공동체의 삶과 건강에 중요한 존재였다. 나쁜 일이 생기면, 그건 분명 신들이 진노했기 때문이요 사람들이 신들을 진지하게 대하지 않고 그들에게 필요한 예배를 드리지 않았기 때문이었다. 따라서 신들을 믿지 않는 사람들은 그들이 사는 도시나 문화 전체 혹은 온 세계를 위험에 빠뜨리는 이들이었다.

유대인은 그들 나름대로 이 모든 비판에 대답할 말이 있었지만, 그것이 꼭 많은 비유대인이 그들을 이해하려 했기 때문은 아니었다. 다소의 사울은 이런 논쟁을 잘 이해할 수 있을 만큼 자랐을 것이다. 그는 다소에서 지내는 동안, 그리고 안디옥으로 옮겨 간 뒤 그런 논쟁이 물리다 못해 피곤할 정도로 되풀이되는 것을 틀림없이 들었을 것이다. 유대인은 우리 하나님이 온 세상을 지으신 한 분 하나님이라고 말했을 것이다. 그분은 인간이 만든 형상으로 표현할 수 없다. 우리는 그분이 우리가 살아가는 식으로 존재하시는 분임을 증명해 보겠다. 우리도 세상과 합세하여—(사울이 자랄 때 사람들이 행하기 시작했던) 로마 황제 숭배에 참여함은 물론이요—각 지역이 섬기는 신들을 숭배한다면, 우리 조상이 저지른 실수를 되풀이하는 꼴이 될 것이다. (사실, 비유대인 중에도 상당히 소수이지만 이 모든 이유 때

■   기원전 106-48. 로마 공화정 말기 군인, 정치가.

문에 유대인을 칭송하면서, 어둡고 뒤죽박죽인 이교보다 유대인이 간직한 선명하고 정결한 노선의 믿음을 좋아했다. 많은 이가 '하나님을 두려워하는 자'로서 회당 공동체에 참여했다. 일부 사람은 유대교로 완전히 신앙을 바꿔 '개종자'가 되기도 했다.) 그러나 유대인은, 만일 그들이 그들 주위의 이교 세계와 타협한다면, 설령 그 '타협'이 어떤 특정 도시나 집안에 국한된다 할지라도, 그것은 곧 그들의 전통—과 소망—을 포기하는 셈이 되리라는 사실을 분명히 했다.

전통이 중요했지만 소망은 더더욱 중요했다. 소망은 새 세계를 바람이요 한 분 하나님이 마침내 왕이 되심을 바람이었기 때문이다. 좋은 날에는 한 분 하나님이 온 세상에 평화와 정의를 가져다주셨다고 생각한 유대인이 많았으리라. 나쁜 날에는 한 분 하나님이 마침내 이방인이 받아야 할 것을 이방인에게 주심으로써 당신의 오랜 백성 이스라엘을 구하시고 이들의 의로움을 확인해 주시리라고 생각하는 이들이 일부 있었을지도 모른다. 그렇다면 유대인, 특히 안디옥이나 다소 같은 곳의 디아스포라 유대인 공동체에 속한 유대인은 한 분 하나님이 **십자가에 못 박힌 메시아를 보내심으로** 당신이 이전에 약속하셨던 일을 행하셨다는 주장을 어떻게 생각했을까? 이 좋은 소식은 그저 유대인에게만 좋은 소식이었을까, 아니면 모든 이에게 좋은 소식이 될 수 있었을까?

시리아 안디옥은 다소보다 훨씬 더 이 문제가 금세 수면 위로 떠올라 주목을 받게 된 곳이었다. (바울이 나중에 가르치는 오늘날 터키 남부의 비시디아 안디옥처럼, 같은 이름을 가진 다른 도시들과 구분하고자 이곳을 시리아 안디옥이라 부르겠다. 고대에 알렉산드리아라 불렀던 많은 도시의 이름이 기원전 4세기 말 알렉산드로스 대왕에서 비롯되었듯이, 안디옥이라는 이름을 가진 도시들도 그 기원이 기원전 2세기 초 안티오쿠스 에피파네스로 거슬러 올라간다.) 이 시리아 안디옥은 예루살렘에서 북쪽으로 400킬로미터쯤 떨어져 있었으며, 지중해 동북 구석 오론테스 강가에 있었다. 이곳은 해안에서도 그리 멀지 않은 주요 십자로이자 교역 중심지였으며, 동과 서, 남과 북이 교차하는 지점에 자리해 있어서 중세 전성기의 베네치아와 아주 비슷했다.

시리아 안디옥은 여러 문화, 다양한 민족 집단과 종교 전통이 정신없이 부산하게 뒤섞여 있는 모습을 자랑했으며, 유대인도 상당히 많았다. 로마 장군 폼페이우스는 이 안디옥을 로마의 새 속주인 시리아의 수도로 삼았고, 율리우스 카이사르는 이곳을 자치시自治市로 승격시켰다. 인구가 약 25만에 이르자, 고대 사람들은 이 도시를 동방에서 알렉산드리아와 셀레우키아Seleucia 그리고 훗날의 콘스탄티노플에 이어 서너 번째 도시로 널리 인정했다. 그곳은 고전 시대의 용광로였다. 온갖 종류의 사회 그룹과 문화 그룹이 등장했다. 사람들로 북적이는 거리, 그 지역 산물뿐 아니라 이국의 과일도 파는 시장, 무역상과 여행자, 낯선 옷차림을 한 외국인 그리고 먹이와 물이 필요한 나귀, 곳곳에 자리한 신전을 상상하기는 어렵지 않다. 초기 예수 따름이들 가운데 일부가 이런 곳에 다다랐다 해도 놀랄 일은 아니었다. 결국 다른 모든 이도 그렇게 여기에 이르렀다.

일단 안디옥에 자리 잡은 예수 따름이들은 당연히 예수를 알리는 소식을 유대인뿐 아니라 비유대인과도 열심히 나누고 싶어했다. 이 예수 따름이들은 하나님의 메시아가 하나님나라를 이미여셨으며, 자신들이 이 메시지를 선포할 때 발견한 새 에너지가더 넓은 세계를 기꺼이 포용할 수 있게끔 새로운 방식으로 부어진하나님 바로 그분의 영이 행하신 일이라고 믿었다. 성경이 오실왕을 온 세상의 주로 보았다면, 이 나라의 백성이 어찌 유대인뿐이겠는가?

키프로스(구브로)와 구레네(키레네)에서 안디옥으로 온 일부 신자들은 하나님 백성을 유대인으로 한정해야 할 이유를 찾지 못했다. 그들은 유대인이 아닌 이들에게도 가서 예수를 전했다. 그런 비유대인이 숱하게 이 메시지를 믿고, 자신들이 따랐던 이교 습속을버렸으며, 예수를 주로 성실히 섬기게 되었다. 유대인 공동체가 이런 모습에 보였을 반응을 상상해 볼 수 있다. 당연한 일이지만, 이런 이방인이 철저히 유대인의 길로 행하여 완전한 유대인이 되어야 한다고 생각하는 유대인이 많았을 것이다. 이런 이방인도 오래전부터 내려온 약속을 공유하고 있다면, 유대인이 오래전부터 가져온 문화도 공유함이 마땅하지 않겠는가? 이 새 공동체가 발전시켜야 할 새 공동체 생활은 어떤 종류의 삶이어야 할까? 바울은 공중 사역을 펼치면서 그 가운데 많은 시간을 마치 귀찮은 벌떼처럼그 머리 주변에서 왱왱거리는 이 문제들을 붙들고 고민했다.

사실, 이런 문제들은 새 운동 전체에도 큰 과제요 운동 전체의 운명을 좌우할 숙제였다. 안디옥은 그런 문제들이 중대 국면을 맞은 곳이었다. 바나바와 사울이 이 문제의 중심에 있었다. 두 사람의 우정은 처음엔 견고했다가 요동치더니 결국 비극으로 끝났는데, 이는 사울의 생각과 가르침을 형성하는 데 보탬이 되었다.

그 모든 일은 예루살렘 지도자들이 바나바를 안디옥에 보내 거기서 일어나고 있는 일들을 알아보려 할 때 시작되었다. 선한 마음을 지닌 바나바는 그저 새로운 일이 일어나고 있다는 이유만으로 무조건 싫어하는 반응을 보이며 사람들에게 익숙한 선입견을 들이대는 부류의 인간이 아니었다. 그는 이방인 신자들의 변화된 삶과 투명한 신앙을 보면서, 이것이 실로 사람들의 배경과 출신을 묻지 않고 모든 이에게 후히 베풀어 주시는 사랑을 통해 사람들에게 다다른 하나님의 은혜의 역사임을 알 수 있었다. 바울은 예수의 죽음과 부활로 말미암아 이방인을 하나님 백성에 포함시키는 것을 가로막았던 장벽이 사라졌다고 보았는데, 바나바도 바울과 견해를 같이했다. 이제 삶의 변화를 보여 주는 증거, 예배의 새로운 역동성을 보여 주는 증거, 그리고 (초기 그리스도인들은 '사랑'을 가족처럼 함께 생활하며 상호 부조의 의무를 짊어지는 삶으로 보았음을 기억할 때) 무엇보다 사랑을 보여 주는 증거가 안디옥의 이야기를 들려주었으며, 바나바도 그 이야기를 부인하려 하지 않았다. 그는 이런 모습을 보고 하나님의 역사를 인정했으며 기뻐했다.

그러나 예루살렘에서 온 다른 이들은 같은 증거를 마주하고도 다른 결론에 이르렀던 것 같다. 우리는 이들을 곧 만나게 된다. 이

바울 평전

들은 안디옥의 예수 신자들에게 적어도 식사 때만은, 그리고 어쩌면 "빵을 떼는" 주의 만찬 때도 각 민족 그룹끼리 하라고 요구했다. 많은 유대인이 이방인은 우상을 숭배하고 부도덕한 그들의 문화에 감염된 상태를 여전히 유지하고 있다고 추측했을 것이다. 그러나 바나바는 그렇게 보지 않았다. 그가 중요하게 여긴 것은 이 이방인들의 믿음에서 우러나온 충성이었다. 그들은 그 마음 깊은 곳으로부터 주께 늘 성실을 다했다. 따라서 이 새 공동체는 혈통이 정의하지 않았다. 이 공동체는 주 바로 그분이 정의하셨으며, 이 주께 속한 자임을 확실히 보여 주는 표지는 '충성'과 '신실함'이었다.

여기서 우리는 바울을 진지하게 읽는 모든 이가 만나는 문제와 맞닥뜨린다. 그리스어로 분명 '충성'을 가리키는 한 단어가 바울이 좋아하는 단어 가운데 하나인 **피스티스***pistis*다. 이 말은 보통 '믿음'으로 번역하지만, 종종 '신실함', '신뢰할 수 있음'이라는 의미도 지니며, 당연히 '충성'이라는 뜻도 담고 있다. **피스티스**라는 말은—**믿는 사실**은 물론이요 **믿은 것** 또는 **믿는 행위**를 가리키는 말인—'믿음belief'이란 의미의 '믿음faith'을 뜻할 수 있는데, 이 조그만 한 단어로 이미 아주 충분한 의미를 표현하는 것 같다. 그러나 **피스티스**는 어떤 진정한 믿음에 함께 따르는 개인의 헌신을 가리킬 수도 있었는데, 이 경우에는 예수가 이제 온 세상의 정당한 주권자이신 '주'이시라는 뜻이었다. 따라서 **피스티스**는 '성실'이나 '충성'을 의미한다. 이것이 바로 카이사르(로마 황제)가 그 백성들에게 요구한 것이었다.

바울은 이 말이 그 모든 것을 의미하지만 동시에 훨씬 많은 것을 의미한다고 보았다. 그는 이 "믿음에서 우러나온 충성"이 단순히 '종교적' 자세나 '정치적' 자세가 아니라고 보았다. 그것은 훨씬 더 큰 의미를 담고 있는 말이어서, 어떤 점에서는 바울의 언어처럼 우리의 언어도 그 의미를 분명히 표현하는 데 어려움이 있다. 바울은 이 **피스티스**, 곧 예수가 하나님께 보이신 이 깊디깊은 신뢰와 충성이 어떤 이가 진실로 이 새 공동체의 지체인지 아닌지를 보여 주는 아주 긴요한 표지이자 실체라고 본다. 이런 견해는 이미 바나바도 취하던 입장이었다. 그는 공동생활을 하는 단일 공동체를 봤다. 그가 이를 하나님의 은혜가 낳은 결과로 인정했다는 말은 단순히 일부 사람들이 상상하는 것과 같은 어떤 경건한 판타지가 아니다. 고대 근동에서 **전통이 규정하는 문화, 성별, 그리고 민족과 사회 집단의 경계를 넘어** 단일 공동체를 형성한다는 관념은 들어 보지 못한 것이었기 때문이다. 실제로 그런 공동체는 생각할 수 없었다. 그러나 그런 공동체가 있었다. 새로운 종류의 '가족'이 존재하게 되었다. 이 가족 정체의 초점은 예수였다. 예수가 이 가족 공동체가 영위하는 삶의 방식을 형성했다. 이 가족의 독특한 표지가 예수를 향한 믿음에서 우러나온 충성이었다. 바나바는 그것을 보고 기뻐했다.

이 새 프로젝트, 이 새 공동체가 어떤 도전을 던졌으리라고 말하는 것은 이 공동체의 의미를 인정하면서도 사실은 그 의미가 지닌 중요성을 깎아내리는 말일 뿐이다. 살아 있고 활력이 넘치던 안디옥의 예수 따름이 그룹은 그 시대 문화를 완전히 거스르는 일을 하고 있었다. 고대 세계에는 다른 어느 누구도 오래된 담이 무너지고 있는 집에 살려 하지 않았다. 다른 어느 누구도 완전히 새로운 인간의 존재 방식을 실험하지 않았다. 바나바는 이를 분명히 인식했을 것이다. 아울러 그는 이런 일을 앞으로 지속하려면 우리가 사회 문화의 압력이라 부르기도 하지만 동시에 철학과 정치와 종교 그리고 신학과 함께 어우러진 엄청난 압력이 있을지라도, **그런 새로운 존재 방식이 진정 무엇인지를** 사람들이 **철저히 생각하게끔** 도와주어야 한다는 것도 알았을 것이다.

사실, 그것은 기나긴 세월이 흘러 이제는 우리가 '기독교 신학'이라 부를 수 있는 프로젝트의 시작을 의미했을 것이다(그러나 당시에 그들은 오늘날 우리가 말하는 이런 신학을 내다보지 못했을 것이다). 안디옥에 있던 공동체와 같은 공동체가 여러 문화가 충돌하던 세계에서 살아가는 예수 따름이 그룹으로서 균형을 유지하려 했다면, 그 공동체 지체들은 두 가지를 함께 잡아야 했을 것이다. 한편으로 보면, 그들은 유대 전통과 성경에 뿌리를 든든히 내려야 했을 것이다. 다른 한편으로 보면, 그들은 이스라엘의 메시아 곧 이스라엘의 성경을 완성하신 그분이 십자가에 못 박히셨다가 죽은 자 가운데서 부활하셨다는 것이 정확히 무슨 의미인지 숙고해야 했을 것이다. 이런 공동체는, 이스라엘의 성경 이야기 및 예수와 관련된 사건 속으로 깊이 파고 들어가 그것이 지닌 의미를 서로 다른 여러 각도에서 곱씹어 봐야만 비로소 그 정체와 그 완전성과 그 신경을 보존할 수 있었으리라. 바나바는 이런 지식과 이런 뜨거운 에너지와 말로 이런 지식을 전달할 방법을 가진 사람이 누구인지 알았을까? 누가 봐도 확실한 후보가 하나 있었다.

사울이 잠시 다메섹에 있다가 예루살렘을 방문하고 다소로 돌아온 지 10여 년의 세월이 흘렀다. 우리는 이 시간 동안 예루살렘이나 안디옥에 있던 누군가가 그를 보았거나 그에 관하여 들었는지 확실히 알지 못한다. 그러나 바나바는 그를 잊지 않았다. 그는 사울이 그 일에 적임자임을 확실히 알았다. 이것이 이 새로운 운동에서 처음 기록으로 남은 공식 '선교'에 닻을 올릴 협력 관계의 시작이었다. 아울러 이것은 2-3년 안에 이 운동 안에서 여전히 해결이 필요했던 내부 갈등을 그대로 보여 주게 된다. 바나바와 사울은 같은 악보를 보며 노래하게 된다. 누군가가 이 노래에 새 가사를 더하려고 시도할 때까지….

이리하여 사울은 안디옥으로 갔다. 그는 다시 한 번 고향 집을 떠났다. 아마도 이번에는 그가 나중에 "크나큰 슬픔과 끊임없는 고통"[1]이라 묘사하는 복잡다단한 감정이 뒤엉킨 채 떠났으리라. 그는 바나바 및 안디옥 지역 지도자들과 꼬박 한 해를 일하면서, 성장하던 새 공동체를 가르치고 이끌었다. 이들은 성경이라는 뿌리 그리고 예수에 관한 '좋은 소식' 사건들을 따라 새 신자들을 빚어내고 그들의 공동생활을 빚어내고자 최선을 다했다. 이런 초기에는 다른 사람을 조용히 관찰하길 좋아할 것 같으나, 그래도 우리는 이미 바울의 무르익은 서신에서 완전히 성장한 모습으로 등장하는 성경 읽기 방법과 예수 사건의 해석 방법이 비단 바울의 머리와 마음뿐 아니라 안디옥 공동체의 삶 속에서도 만들어지고 있었다고 확신할 수 있다. 이 새로운 운동에서 가장 위대한 이론가였던 바울은 **단순히** 이론가가 아니었다. 그가 나중에 자세히 진술하는 숱한 사상은 그 하나하나가 사람들이 북적대는 안디옥의 좁은 거리에서 노상시험路上試驗을 마친 것이었다.

누가는 이 시기에 처음으로 안디옥에서 예수 따름이들이 **크리스티아노이**^{Christianoi} 곧 '메시아 백성'이라 불렸다고 주장한다.[2] 그러나 이런 주장에 이의를 제기하는 이들은 우리가 쓰는 '그리스도인'이라는 말이 유대교 세계와 별개 조직을 갖춘 운동을 암시하며 적어도 한 세대 남짓은 이런 것이 존재했음을 밑받침하는 증거가 없음을 올바로 지적했다. 신약 성경의 또 다른 곳에서는 "그(아그립바)를 그리스도인으로 만들려 한다"는 이유로 바울을 괴롭힌 헤롯 아그립바가 이 말을 사용하며, 한 초기 서신에서는 베드로가 "그리스도인으로서 고난을 당"하는 사람들을 언급하며 이 말을 사용한다.[3] 이 두 책은 이 말을 예수 따름이들이 자신을 가리키려고 쓴 말이라기보다 십중팔구는 외부인들이 멸시하는 말로('메시아에 미친 인간들!'이라는 뜻으로) 쓴 별명이라고 본다. 그러나 어쨌든 그건 중요하지 않다. 여러분이 40년대 안디옥에 살았으면 **크리스토스**^{Christos}라는 말을 사람 이름으로 착각했을지도 모르겠다. 예수 따름이 곧 메시아 백성은, 말하자면 그들 자신을 지칭하는 이름이 생기고는 있었지만, 그와 동시에 그들의 실체에 상응하는 이름도 충분히 가질 수 있었을 것이다. 그런 이름으로 가장 자연스럽게 고를 수 있는 것이 **크리스티아노이**, 메시아 백성이었으리라. 이 말은 그 공동체 자체처럼, 그리고 다소의 사울 자신처럼 유대의 뿌리를 깊이 간직하면서도 기이하며 새로운 범위와 힘을 갖고 있었다.

초창기의 다른 모든 예수 공동체도 그랬지만, 이 새로운 종류의 삶이 가진 독특한 의미도 성령의 강력한 임재와 인도에 크게 의지했다(그들 자신이 그렇게 말했을 것이다). 오늘날 우리가 이런 현상에 관하여 제시하고 싶어 하는 설명이 무엇이든, 사울과 바나바와 이들의 동역자를 이해하려 할 때 가장 먼저 유념해 두어야 할 것은 그들이 기도하고, 찬송하고, 성경을 연구하고, 그들이 몸담은 공동체의 공동생활을 조직하고, (특별히) 유대인은 물론이요 비유대인에게도 예수에 관하여 전하기 시작할 때면 그들이 이전까지 알아 왔던 것과 다른 어떤 에너지가 역사함을 알았고 누군가가 그들을 이끌어 주심을 인식했다는 점이다. 그들은 주저 없이 그 에너지를 그들 활동의 근원으로 지목했고 하나님의 영의 인도함을 받았다. 이는 애초에 성경이 제시한 약속이었고, 불과 몇 년 전에는 예수보다 앞서 와서 그분의 길을 준비한 세례 요한이 재차 약속한 것이었다. 이 초기 예수 따름이들은 결코 분별력이 없이 쉬이 잘 속아 넘어가는 '광신자'가 아니었다. 이미 첫 수십 년 동안에 영의 역사에 관한 일부 주장에는 비판을 제기해야만 했고 속임수일 가능성이—사실은 자기 기만일 가능성이—높음을 경고해야 했다. 그러나 우리가 이렇게 일어난 일들을 이해하려면, 사울과 다른 이들이 실제로 인격체로 임재하신 한 분 하나님이 자신들을 인도하시고 자신들에게 에너지를 부어 주신다고 믿었음을 인정해야 한다.

바나바와 바울이 사명을 받고 첫 협력 프로젝트에 나서게 된 것도 바로 이런 인도하심 때문이었다. 영의 인도를 받았던 안디옥 '예언자' 가운데 한 사람이었던 아가보라는 이는 안디옥 공동체에게 가뭄이 지중해 세계 전역을 덮치리라고 경고했다. (다양한 증거가 이 가뭄이 기원후 46년에 일어났음을 일러 준다.) 이 경고에 사람들이 보인 반응은 이 공동체가 본능처럼 생각했던 것을 우리에게 많이 일러 준다. 어쩌면 우리는 이와 같은 경고가 자기도 모르게 내면을 들여다보며 불안해하는 결과를 낳았으리라고 상상할지 모르겠다. 그들은 식량을 비축했을까? 요셉이 이집트에서 했던 것처럼, 풍년일 때 흉년을 버틸 곡식을 저장했을까? 안디옥의 예수 따름이들은 즉시 그렇게 하지 않겠다고 결심했다. 대신 그들은 자신들보다 사정이 안 좋은 공동체 지체들이 있는지 찾아보았다. 그들이 염두에 둔 곳은 예루살렘이었다. 예루살렘은 첫 예수 따름이들이 가진 땅을 팔고 그들이 가진 사원을 공동으로 사용하던 곳이었다. 그러나 이제 예루살렘은, 그때로부터 10년 내지 20년이 지나는 사이 당국으로부터 혹독한 박해를 받고 십중팔구는 공동체가 더 커지면서 살아남으려는 투쟁을 벌이고 있었다.

안디옥에 자리한 예수 따름이들은 해야 할 일이 뭔지 알았다. 그들은 자신들이 예루살렘의 예수 따름이들과 상관없는 이들이라고 생각하지 않았다. 오늘날 우리야 '교회'를 포함하여 국적을 초월한 조직에 익숙하지만, 당시에는 그 다음 단계로 나아가는 것이 보통 일이 아니었음을 깊이 생각해야 할 것 같다. 안디옥은 **민족**을 초월한 새로운 종류의 공동생활을 이뤄 보려는 진정한 노력이 처음으로 이뤄진 곳이었다. 마찬가지로 안디옥은 바로 이런 행동의 연장선에서 예수 따름이들이 자신을 **지역**을 초월하여 다른 지역 공동체를 돌볼 책임을 지는 공동체로 생각하는 본보기를 처음으로 보여 준 곳이었다. 이와 견줄 만한 유일한 사례가 회당 공동체 조직망(그러나 이들은 민족을 초월한 조직이 아니었다), 그리고 로마군과 로마의 공무집행자다(그러나 이들이 로마인이 아닌 사람까지 아우르긴 했지만, 그래도 이들은 황제 직인을 찍는 사람이었다). 말 나온 김에 마저 물어보자. 온 세상을 아우르는 새 공동체에 속한다는 것은 무슨 의미일까? 이 역시 다소의 사울이 장차 독특하고 세상을 뒤집어 놓을 답을 내놓게 되는 한 거대한 질문을 증명하게 된다. 이것도 재차 사울의 프로젝트가 오랜 세월에 걸쳐 만들어 낼 두드러진 결과를 미리 일러 준다.

이리하여 안디옥 공동체는 바나바와 사울을 예루살렘에 보내 예루살렘 신자들에게 보내는 선물인 연보를 전달하게 했다. 그때가 필시 46년이나 47년이었을 것이다. 전통 방식은 역사의 조각그림을 달리 조합하지만, 나는 사울이 나중에 갈라디아서 2:1-10에서 바울이라는 이름으로 서술하는 방문과 이 방문이 같은 방문이라고 생각한다. 그리 보는 것이 옳다. 그는 자신이 "계시를 따라" 예루살렘으로 갔다고 말하는데, 이 계시는 아마도 아가보가 예언으로 했던 경고를 말하는 것 같다. 그가 직접 이 방문을 설명한 내용은 예루살렘 지도자들이 그에게 늘 "가난한 자들을 기억해야 한다"고 권면한 말로 끝난다.⁴ 이 권면은 분명 더 널리 적용된다. 예수 따름이들은 이렇게 처음부터 자신들이 모든 '가난한 자'에게 특별한 의무를 지고 있다고 믿었다. 그러면서도 특별히 예루살렘 공동체에 초점을 맞췄다.

하지만 바울은 자신의 이 방문을 서술하면서 재정과 관련된 목적은 거의 당연한 일처럼 치부해 버리고 오히려 그가 거기 있는 동안에 일어났던 다른 일에 초점을 맞춘다. 그가 다소에서도 공중 사역을 했는지 안 했는지 모르지만, 아무튼 그는 그에 더하여 안디옥에서도 1년 동안 일을 해 오고 있었다. 그는 그 기간 동안 유대인은 물론이요 비유대인에게도 예수를 힘차게 전했으며, 유대인과 비유대인이 한데 어울려 한 가족처럼 살아가라고 그 공동체를 독려해 오고 있었다. 예루살렘 지도자들은 이 대담하고 새로운 실험을 어떻게 생각했을까? 그들이 그런 모습을 좋아하지 않았다면, 그건 결국 무슨 의미였을까? 바울은 시간만 낭비한 것일까?

정말 시간만 낭비했을 가능성이 그의 사역 단계 단계마다 그를 괴롭혔던 것 같다. 그는 자신이 시간만 낭비하지 않았는지, 전력 질주했으나 "허사가 되"는 것은 아닌지 염려했다.⁵ 이는 이사야 49장을 암시한다. 이사야 49:4을 보면, 그 '종' 곧 하나님의 빛을 모든 민족에게 전할 임무를 짊어진 이가 어쩌면 자신이 "헛수고" 한 것은 아닌지 혹은 "쓸모없고 허무한 일에 내 힘을 허비한"건 아닌지 고민한다. 바울이 이런 성경의 언어로 이 특별한 불안을 표명한다는 사실은 물론 그가 이론으로는 그 답이 무엇이어야 하는지 알고 있음을 의미한다. 그러나 어쨌든 그는 그렇게 말한다. 여기에서는 예루살렘 여행과 관련하여 그렇게 말하고, 이어 아테네에서 기다리는 동안에 데살로니가 사람들을 염려하며 그렇게 말하고, 에베소에서 빌립보 사람들에게 서신을 써 보낼 때 다시 그런 말을 한다.[6] 그는 마치 혀끝으로 아픈 이를 어루만지듯 걸핏하면 이 말을 하고 또 한다. 어쩌면 그 모든 일이 헛되지 않았을까? 그러나 그는 뒤이어 예언자의 생각 흐름을 따라 그 '종'이 그런 심정을 표현한 것으로 보아 어쩌면 그런 느낌도 그가 행한 임무의 일부였을 수도 있겠다고 추론했을지 모른다. 그러나 그는 여전히 그런 의문을 던질 수밖에 없었다.

이는 바울이 고린도전서에서 자신이 연단을 받은 근원 가운데 하나를 밝히는 두드러진 순간과도 잘 들어맞는다. 바울의 생각 중 가장 잘 알려진 것 가운데 하나가, 사람이 예수를 부활하신 주로 믿으면 그 사건 자체가 영(성령)이 복음을 통해 역사하심을 나타내는 표지요, 영이 믿음을 그 첫 열매로 삼는 '선한 일'을 시작하시면 영이 그 일을 마치시리라는 것도 믿을 수 있다는 그의 견해다. 그것이 바로 그가 빌립보서 1:6에서 말하는 내용이다. 이는 그가 다른 곳에서 제시하는 가르침, 특히 로마서 5-8장에서 제시한 가르침과 일치한다. 그러나 바울은, 제자가 나태하거나, 여유를 부리거나, 제자 자신은 인간으로서 해야 할 노력도 전혀 하지 않은 채 영이 그 모든 일을 하시게 수수방관하면 이런 일이 일어나지 않음을 안다. 그는 운동선수를 생각해 보라고 말한다. 훈련에 들어가는 사람은 철저히 자기를 절제해야 한다. 이는 바울에게도 마찬가지였다.

> 나는 목표 없이 달리지 않습니다! 나는 허공으로 주먹을 날리는 사람처럼 권투하지 않습니다! 그렇습니다. 다른 사람에게 메시지를 전한 다음 나 자신이 실격당하지 않도록, 나는 내 몸을 거칠게 다루고 종으로 삼습니다.[7]

그렇다면 그는 '헛되이 달려 왔던가?' 그는 이 의문을 늘 품고 살아간다. 어떤 차원에서 보면, 그는 이 물음의 답을 완벽하다 할 정도로 잘 안다. 예수에 관한 진리, 복음을 선포할 때 역사하는 하나님의 능력, 영의 임재, 성경의 증언. 이 모든 것이 같은 방향을 가리킨다. 그러나 또 다른 차원에서 보면, 바울은 계속하여 그 물음을 던질 수밖에 없다. 그는 자신의 몸을 연단하여 복종하는 노예로 계속 만들어 가야 한다.

이처럼 바울은 자연스러운 불안과 성경에서 우러나온 격려에 용기를 얻는 상태를 왔다 갔다 하는데, 이런 상태를 더 복잡하게 만든 것이 예루살렘 방문에 얽힌 인간관계의 역학이다. 이 역학은 바울이 이후 여러 해 동안 붙잡고 씨름할 문제를 야기했다. "여기 돈이 있습니다. 그런데 여러분은 우리의 방침에 만족합니까?" 바울은 우리가 단지 다른 이에게 후히 베풀어 주었다는 이유만으로 그 다른 이에게 우리의 방침이나 관습에 동조하라고 강요해서는 안 된다는 것을 맨 처음 이야기한 사람이었을 것이다. 그러나 질문 아래에는 더 깊은 질문이 깔려 있다. 그가 은연중에 말하고자 했던 뜻은 이 돈이라는 선물이 사실은 그들이 정말 한 가족인지, 한 몸처럼 사귐을 나누는 이들인지, 한 **코이노니아**$^{koin\bar{o}nia}$인지 증명해 준다는 것이었으리라. **코이노니아**라는 그리스어 단어는 보통 '사귐'으로 번역하지만, 바울의 세계에서는 다른 여러 의미 가운데 동업同業이라는 의미도 갖고 있었으며, 이런 동업 관계는 가족과 가족의 유대 관계와 겹칠 때가 자주 있었을 것이다. 바울은 그들에게 적어도 은연중이나마 이 코이노니아가 한 분 하나님이 예수 안에서 새 일을 이루셨기 때문에 존재한다는 것을 깨달으라고 요구하곤 했다. 바울은 그들더러 한 분 하나님이 예수를 통해 새로운 종류의 가족, 우리 전통이 아주 조심스레 유지해 왔던 벽들을 뛰어넘어 이제는 안디옥에서 예루살렘까지 두루 퍼진 한 공동체를 만드셨음을 깨달으라고 요구하곤 했다.

바나바와 사울이 예루살렘에 갔을 때 넌지시 제시했던 이 물음에는 한 특별한 초점이 담겨 있었다. 그들은 홀로 가지 않았다. 그들은 유대인이 아닌 한 젊은이를 데려갔는데, 그는 열정이 넘치고 지체들에게 많은 사랑을 받는 예수 따름이요 안디옥 공동체의 지체가 된 이였다. 그의 이름은 디도였다. 바나바와 사울은 디도가 선례가 될 가능성이 높음을 인식했을까? 그들은 자신들이 그를 난처한 입장에 빠뜨릴 수도 있음을 인식했을까?

어쨌든 그런 일이 일어나고 만다. 바울은 예루살렘의 주요 지도자들이 안디옥이 취한 노선을 흡족히 여겼다고 보고한다. 유대인이 아닌 신자들도 이 가족[■]의 완전한 식구였다. 그러나 예루살렘의 다른 일부 예수 따름이들은 불만을 품었다. 그들은 디도가 그리스인이지 유대인이 아님을 알아차렸다. 그는 할례를 받지 않은 사람이었다. 따라서 그는 '완전한 개종자' 곧 완전히 회심한 비유대인이 아니었다(당시에도 할례가 누군가를 진짜 유대인으로 만들어 주느냐를 놓고 논쟁이 있었지만, 대다수 사람은 할례를 충분조건이라 여겼을 것이다). 그들은 바나바와 사울이 디도를 그 가족의 완전한 식구와 똑같이 여겨 공동 식사에 참여하게 해야 한다는 주장을 펴고 있음을 알았다. 이 그룹^{■■}은 끔찍해했다. 그들은 이렇게 말했다. "이것이 바로 한 분 하나님이 우리가 피하길 원하시는 오염이다! 이교도를 형제로 삼고 친교를 나눔은 우리 조상을 곤란하게 만드는 일이다! 예수를 다시 살리신 한 분 하나님이 당신의 약속을 다 이루시고, 당신의 나라를 하늘에 세우셨듯이 땅에도 세우시며, 우리를 모든 원수와 이 땅의 질고에서 건져내 자유롭게 하시려 한다 해도, 우리가 정결을 더럽힌다면 그분은 분명 그런 일을 하시려 하지 않으리라! 우리는 지금처럼 계속하여 유대인 예수 따름이와 이방인의 식탁을 구분하겠으니, **디도가 우리 식탁에 참여하려면 할례를 받아야 하리라**. 그대들이 정말 디도를 예수 가족의 완전한 식구로 인정받게 하고 싶으면, 디도가 완전한 유대인이 되어야 한다."

바나바와 사울은 굳건했다. 문제는 할례가 디도에게 가져다줄

■　하나님이 지으신 새 가족.
■■　바나바와 사울의 주장을 마뜩지 않게 여긴 무리.

혼란과 신체의 고통이 아니었다. 문제가 된 것은 한 신학 원리였다. 그것은 바울이 나중에 선언했듯이 '자유'의 문제였다. '자유'는 많은 의미를 함축한 단어요 유월절 단어였으며, 사울 같은 유대인이 바라고 기도했던 아주 많은 것을 표현한 슬로건이었다. 그러나이제는 새로운 종류의 '자유'가 예수의 죽음과 부활이라는 새로운 '유월절'로 말미암아 탄생했다. 그 자유는 **유대인과 이방인을 가리지 않고 모든 이가** 누릴 수 있는 자유였으며 새 세계, 새 가족, 메시아의 뒤를 따르며 영의 인도를 받는 새 삶에 함께 참여하는 지체가될 자유였다. 그것이 새 '자유'라면, 그것에 딴죽을 거는 것은 노예제였다. 사울은 **이 사람들이 우리를 노예로 삼고 싶어 한다**고 결론지었다. 그들은 유월절의 순간을 되돌리고 우리를 이집트로 다시 끌어가고 싶어 한다. 디도는 예외를 인정받았다.

예루살렘의 세 중심 지도자인 야고보(예수의 아우), 베드로, 요한은 만족했다. 이들의 견해는 무게가 있었으며, 이들은 '기둥'으로 알려져 있었다. 우리가 보기엔 '기둥'이란 말이 죽은 은유일지도 모르겠다. 그러나 그런 표현은, 여전히 성전이 서 있는 예루살렘에 살던 이들이 보기에 논란을 부르는 주장이었다. 초기 예수따름이들은 이미 그들 자신을 이 세 사람이 '기둥' 역할을 하는 또다른 성전으로 이해했던 것 같다. 그들은 새 하늘과 땅의 사회였다. 그들은 옛 성전과 나란히 살고 예배했지만, 옛 성전을 더 이상필요 없는 곳으로 만들었다. 스데반이 했던 말이 현실로 이루어지고 있었다.

바로 그런 점 때문에 야고보와 베드로와 요한이 바나바 및 사울과 의견을 같이할 수 있었다는 사실에 더더욱 주목하게 된다. 성전은 정결을 의미했으며, (충실한 유대인에게) 정결은 보통 비유대인과 접촉하는 것에 극도로 주의함을 의미했다. 바나바와 사울이 이미 얼핏 목격했고, (사도행전에 따르면) 베드로 자신도 유대인이 아닌 고넬료의 집에서 목격한 이 일은 새로운 종류의 정결이 탄생한 것이었다. 새로운 자유였다. 새로운 성전이 세워졌다. **이전과 그 종류가 다른 새로운** 정결이 탄생했다. 많은 혼란이 일어난 것은 당연했으며, 특히 장차 하나님이 베풀어 주실 구원 행위를 가장 열렬히 고대하던 이들은 아주 혼란스러워했다. 일부 성실한 유대인이 그런 점을 지나치다 싶을 정도로 밀어붙이는 바나바와 사울에게 분개한 것도 당연했다. 당연한 일이지만, 이 두 벗 역시 한 걸음도 물러서지 않은 채 자신들의 의견을 고수했다.

사울이 이 지점에서 성경을 토대로 자신의 논지를 얼마나 많이 주장했는지 우리는 모른다. 그러나 '기둥들'은 이 문제와 관련하여 사울과 손을 잡았다. 그들은 거래를 했다. 거래 조건은, 겉으로 보면 (바울이 갈라디아서에서 인용한 것처럼) 단순해 보이지만, 생각하면 할수록 복잡하다. 야고보와 베드로와 요한은 유대인과 일하게 되지만, 사울과 그의 벗들은 유대인이 아닌 사람들과 일하게 된다. 이렇게 말하니 간단한 것 같지만, 사실은 그렇지 않았다. 원래 의도는 민족을 기준으로 나누기보다 지역을 기준으로 나누는 것이었는지도 모른다. '기둥들'은 자신들이 메시아를 선포하는 지역을 옛 이스라엘 땅으로 국한하려 했지만, 사울은 온 세상을 돌아다니려 했다. 그러나 이는 베드로가 나중에 한 여정과 일치하지 않는다. 그는 고린도까지 갔거나 아니면 궁극에는 로마까지 갔는지도 모른다. 마찬가지로, 민족을 기준으로 한 구분도 의미가 없었다. 사울이 디아스포라 지역에서 유대인과 일하는 것을 조심스러워하며 피했다고는 하지만, 사도행전을 보면 그는 거의 항상 회당에서 일을 시작하니 말이다. 뿐만 아니라, 사울은 고린도전서에서도 자신이 "유대인을 얻으려고 유대인에게는 유대인처럼" 되었다고 말할 뿐 아니라,[8] 로마서의 중대한 서두에서도 복음이 "먼저는 유대인에게, 그리고 또한 그리스인에게도" 이르렀다고[9] 말하기 때문이다.

바울이 갈라디아서 2장에서 보고하는 협약은 예루살렘의 강경파를 달래고, 유대인 예수 따름이라면 적어도 그들 자신의 정결을 훼손하지 말아야 하며 그들의 양심을 왜곡함이 없이 살아갈 수 있으리라는 확신을 그들에게 재차 심어 주고자 맺은 잠정 합의로 보인다. 신학과 인간관계, 그리고 분명 정치와 관련된 흐름까지 뒤엉켜 소용돌이치고 있는 이 일화 전체는 우리에게 이 신생 운동이 당면하고 있던 복잡다단한 난제와 도전을 일깨워 준다. 따라올 이가 없었던 사울의 비범한 성경 지식을 고려하면, 사울 자신도 그런 난제와 도전 앞에서 성경이 십자가에 못 박히신 메시아 안에서 다 이루어졌다는 것이 무슨 의미인지를 이해하고 능력 있게 조목조목 설명해야 함을 절실히 느꼈을 것이라고 추측해도 될 것 같다.

바나바와 사울은 안디옥으로 돌아갔으며 그들의 사명을 완수했다. 우리는 디도도 그들과 함께 돌아갔으리라고 추측한다. 그들은 또 다른 젊은 동역자 마가 요한도 데려갔다. 그는 바나바 및 베드로의 친척이었으며 나이가 어렸다. 이 두 벗이 그때까지 이뤄진 일에 만족했다면, 이런 모습은 지극히 자연스러운 광경이었으리라. 그들은 한 팀으로 일을 잘 해냈다. 이는 이제 놀랍도록 새로운 도전에 직면하게 될 그들에게 큰 도움이 될 터였다.

2부

/

왕의 사자 使者

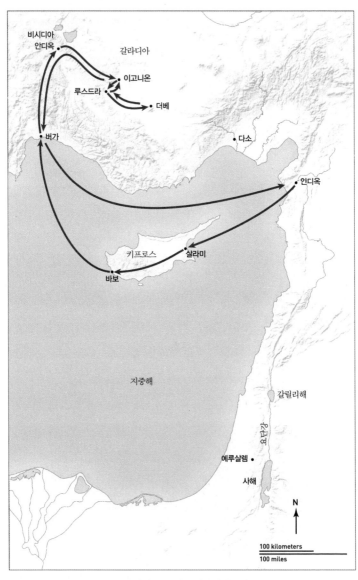

비시디아
안디옥

갈라디아

이고니온

루스드라

더베

버가

다소

안디옥

키프로스

살라미

바보

지중해

갈릴리해

요단강

예루살렘

사해

N

100 kilometers
100 miles

갈라디아로, 그리고 갈라디아에서

5장

/

키프로스와 갈라디아

인쇄본 성경은 대부분 지도를 담고 있는데, 으레 바울의 선교 여행 지도가 들어 있다. 나는 글을 읽을 수 있을 무렵부터 지도를 좋아하고 지도 읽기를 즐기기 시작했다. 학교 선생님이 우리더러 바울의 다양한 여정을 알아오라는 숙제를 내주시면, 물 만난 오리처럼 해치웠다. 지도 읽기는 내가 이미 탐구하기 시작했던 고전 연구와 사연스럽게 들어맞았다. 나는 그때만 해도 내가 그렇게 쉽게 짚어 갔던 여로 가운데 일부, 특히 북갈라디아 및 남갈라디아와 관련된 여로가 논쟁거리인지 몰랐다. 내가 흥미롭게 여긴 점은 바울이 늘 쉼 없이, 거의 혹독하다 싶을 정도로 돌아다녔다는 점이다. 그는 산맥을 넘고, 강을 건너고, 에베소나 고린도처럼 낯선 이국땅에 머물렀다. 로마의 훌륭한 도로망을 활용했고, 그에 못지않게 지중해와 에게해를 배로 건너고 돌아다닐 수 있는 좋은 기회를 활용했다. 당시 나는 바울이 갔던 곳을 방문한 적이 없었다. 그러나 좋은 지도 그리고 주요 도시와 산길 같은 다른 중요 사항을 찍은 사진을 실어 놓은 몇몇 책 덕분에 바울의 모든 여정을 생생히 알 수 있었다.

그때만 해도 나는 바울 자신이 정확히 무엇을 행한다고 생각했는지 혹은 왜 그렇게 행한다고 생각했는지 물어보려는 마음이 없었다. 우선, 그는 왜 그 여행을 떠났을까? 그는 왜 다른 곳이 아니라 **그곳들**로 갔을까? (적어도 사도행전에 따르면) 그는 왜 늘 회당에서 말씀을 전하는 일로 자신의 사역을 시작했을까? 내가 그때 그런 문제를 생각했다면, 십중팔구 바울은 하나님이 자기에게 원하시는 것이 사람들에게 예수를 알리는 것이라 믿었으며, 그러려면 어딘가에서 그 일을 시작할 수밖에 없지 않았겠느냐고 말했을 것이다. (물론 그런 말도 한편으로 보면 옳은 대답이지만, 썩 만족할 만한 답은 아니다.) 좀 더 시간이 지난 뒤에는 누군가가 내게 바울은 말씀의 확산에 도움이 될, 사람의 왕래와 상거래가 왕성한 큰 도시들에 초점을 맞춰 사람들이 많이 모이는 주요 중심지에 집중하는 경향이 있었음을 일러 주었다. 그것도 충분히 타당한 답변이지만, 이 답변에도 여전히 아직 풀리지 않는 몇 가지 근본 질문이 남아 있다. 여기서 우리는 바울이 그에게 명성을 안겨 주고 마찬가지로 유명한 그의 서신에도 배경 정황을 제공하는 선교 여행의 첫발을 떼는 모습을 보면서, 다시 한 번 우리가 품고 있는 기본 질문에 이른다. 무엇이 그를 움직였을까? 왜 그것이 그를 움직이는 요인이 되었을까?

회당에서 말씀을 전하기 시작하는 그의 습관 역시 우리가 안고 있는 또 다른 중대한 질문을 새로운 형태로 안겨 준다. 회당에서 사람들은 그가 하는 말이 무엇인지 알게 되면 그에게 화를 내고 적대감을 보였다. 다메섹 도상에서 대체 무슨 일이 일어났는가라는 수수께끼는 단순히 바울이 초기에 경험했던 한 변화의 순간에 얽힌 수수께끼에 그치는 것이 아니다. 이 수수께끼는 바울이 선포한 메시지와 이스라엘이 물려받은 전통의 관계—그리고 유대 세계가 아닌 고대 터키와 그리스라는 더 넓은 세계는 이런 전통을 어떻게 인식하고 어떻게 삶으로 살아냈는가—라는 난제에 영향을 미치고, 다시 그 난제의 영향을 받는다. 바울은 정말 예부터 내려온 하나님 백성의 충실한 구성원이었을까? 그는 하나님의 집을 다시 세우고 있었을까, 아니면 문제를 일으키며 그 집을 무너뜨리고 있었을까? 이 질문은 이내 바울과 각 지역의 유대인 그룹뿐 아니라 바울과 다른 일부 예수 따름이들 사이에 심각한 긴장을 불러일으키는 원인이 된다.

한편으로 보면, 그 답은 명백하다. 바울은 선교를 다니며 사람들에게 예수에 관해 이야기했다. 그는 예수가 이스라엘의 메시아요 성경 말씀의 성취라고 믿었으며, 그가 십자가에 못 박히셨다가 죽은 자 가운데서 부활하셔서 하나님 오른편으로 올림을 받으셨다고 믿었다. 맞다. 하지만 이는 근본 질문에 답을 주지 못한다. 앞서 말했듯이, 나는 오랫동안 진짜 중요한 점은 단 하나 곧 사람들로이 예수를 "믿게" 하여 이들이 "구원받아" "죽어서 천국에 가게" 하는 것이라고 믿었거니와 여전히 이렇게 생각하는 사람이 많다. 그러나 이것이 바울과 바나바를 추동한 관심사는 아니었다. 나는 다른 곳에서 이 점을 힘써 논증했지만, 바울이 복잡하고 여러 측면이 교차하는 여행을 떠나는 모습을 보니 재차 부연할 필요가 있겠다.

초기 그리스도인들은 자신들이 죽은 직후에 무슨 일이 일어날까 하는 질문에 별로 관심을 기울이지 않았다. 누군가 그런 질문을 던지면, 그들은 "메시아와 함께" 있으리라고 대답하거나,[1] 예수가 죽어가는 강도에게 말씀하신 것처럼 "그와 함께 낙원에" 있으리라고 대답했을 것이다.[2] 하지만 그들은 그런 문제를 거의 이야기하지 않았다. 그들은 '하나님나라'에, 이미 이루어지고 있었고 종국에는 '하늘에서와같이 땅에서도' 완전히 이루어질 그 나라에 훨씬 더 관심이 있었다. 중요한 것은 마지막에 이루어질 온 피조 세계의 회복이었다. 그때가 오면 하나님 백성이 죽은 자 가운데서 부활하여 이 새로운 세계를 경영하는 데 참여하게 된다. 죽음 직후 사람들에게 일어날 일은 상대적으로 중요하지 않았으며 단지 중간기■ 문제일 뿐이었다. 이런 이야기가 도통 믿을 수 없는 말처럼 들릴지 모르겠지만, 초기 예수 따름이들은 하나님나라가 분명 아직-미래라는 차원을 강하게 갖고 있을지라도, 그것이 단지 미래에 이루어질 실체만은 아니라고 굳게 믿었다. 하나님나라는 예수의 삶에서 벌어진 사건들을 통해 이미 시작되었다. 이 사실을 우리 머릿속에 단단히 새겨 두지 않으면, 바울의 선교 활동 내면에 자리한 역동성을 결코 이해할 수 없다.

■ 죽음과 종국에 이루어질 하나님나라 사이의 시기.

이는 예수가 이스라엘의 메시아라는 생각과 밀접하게 연결되어 있었다. 이 시대 유대 역사를 잠시만 훑어봐도, 누군가 이미 메시아가 왔다고 주장한다면, 이는 그저 우리가 말하는 어떤 '종교적' 주장에 그치는 것이 아니었음이 드러난다. 그런 주장은 한 분 하나님이 당신이 오래전에 하셨던 약속을 마침내 행동으로 옮기고 계신다는 뜻이었으며, 그 행동 방식이 새로운 체계, 새롭고 권위 있는 통치를 확립하게 되리라는 뜻이었다. 랍비 아키바는 기원후 132년에 시므온 벤 코시바가 하나님이 보내신 메시아라고 선언했는데, 이는 시므온이 이제 로마에 맞서 봉기함으로써 자그마한 유대 국가의 통치자가 되었다는 뜻이었다. (이 '나라'는 마지막 재앙이 닥치기 전까지 3년 동안 지속되었으나, 이는 결국 그 논리의 귀결이 어떠한지를 보여 준다.) 만일 누군가가 디아스포라 유대인 공동체들을 돌아다니며 하나님이 드디어 이스라엘의 메시아를 보내셨다고 선언했다면, 당시에는 이런 선언을 '종교' 관련 메시지로 여기지도 않았을 것이요(당시 사람들은 메시아를 어떤 새 '종교'를 시작할 이로 여기지 않았다!) '죽음 이후의 삶'과 관련된 메시지로 여기지도 않았을 것이다(독실한 유대인은 하나님이 그들을 내세에도 보살펴 주시리라고 오랫동안 믿어 왔다). 아울러 그것이 어떤 새로운 철학과 관련이 있다고 여기지도 않았을 것이다. 그 시대 유대인은 언제나 이런 선언을 심오한 신학을 함축한 선언으로 여기곤 했지만, 그래도 그것은 우리가 '정치적'이라 부를 법한 것이었다. 사람들은 그 선언을 새 세상, 새 주인에게 충성하는 새 공동체를 선언하는 것이요, 한 분 하나님이 언약에 신실하심을 마침내 세상에 드러내신 것으로 인식했을 것이다. 그것이 정확히 바울이 전하려 했던 바다.

물론 바울의 메시지는 또 하나 새로운 측면이 있었다. 그것은 단순히 한 정치 권력을 다른 정치 권력으로(카이사르를 예수로) 대체하는 것이 아니었다. 사실, 바울이 내다본 나라는 오늘날 사람들이 생각하는 '정치적' 나라이면서도 동시에 그런 나라가 아니었다. 당신이 생각하는 '정치적'이라는 말이 (오늘날 여느 국가에서 볼 수 있는 것처럼) 경찰과 군을 배경 삼아 법의 지배를 실현하는 것이라면, 바울이 선포한 나라는 분명 그런 나라가 아니었다. 당신이 생각하는 '정치적'이 한 개인이나 한 그룹이 지리상 경계를 넘어 다른 이들에게 자신의 의지를 강요하고 세금을 거두고 사회 전체를 특정한 방향으로 조직하는 것을 의미한다면, 바울의 선교 이력에는 분명 그런 방향을 가리키는 것이 존재하지 않는다. 그러나 당신이 말하는 '정치적'이 새로운 세상, 곧 사람들이 지역 통치자가 아닌 누군가에게 또는 로마의 보좌에 앉아 있는 황제가 아닌 누군가에게 온 마음을 다해 궁극의 충성을 바치는 상황을 의미한다면, 그리고 당신이 말하는 '정치적'이 이런 새 통치자에게 충성을 다하고 구원을 베풀어 주는 그의 통치를 칭송하고 그 결과로 탄생한 새 공동체 안에서 살아가는 모임을 세우는 것을 의미한다면, 바울이 한 일은 '정치적'이라고 말할 수밖에 없다. 그가 한 일은 기존 체제의 중심에 새 **폴리스**polis 곧 새로운 도시국가나 공동체를 세우는 것과 관련이 있었다. 바울의 '선교' 여행은 사람들에게 예수를 알려 그들 내면의 변화를 일으키고 궁극의 소망을 새로이 일깨우는 것도 중요한 목적으로 삼았지만 단순히 그것만을 목표로 삼지는 않았다. 그의 선교 여행은 하늘에서와같이 이 땅에서도 새로운 종류의 나라를 세우는 데 그 목적이 있었다. 이스라엘의 하나님이 늘 세우려 했던 그 나라, 바울은 바로 이 나라를 힘주어 선포했던 것이다.

인간적으로 말해서, 이것은 물론 취약한 프로젝트였다. 그럴 수밖에 없었던 것이 메시아의 수치스러운 죽음이 이 프로젝트의 성격을 규정하는 출발점이었기 때문이다. 나중에 바울이 강조하듯, 그 나라가 현실로 이루어지는 방법은 늘 변함이 없을 텐데, 곧 그 나라는 그 구성원, 특히 그 지도자가 고난을 당함으로써 이루어지게 된다. 사도행전이 들려주는 바울의 선교 여행은 고초와 핍박과 매 맞음과 돌에 맞음 따위로 가득 차 있다. 그러나 이것은 바울이 이 모든 일의 핵심에 자리해 있다고 보았던 것을 부각시켜 줄 뿐이다. 왜 당장 이런 일을 겪으면서까지 그 나라를 전해야 했을까? 세상이 그렇게 적대시한다면, 왜 더 좋은 기회를 기다리지 않고 지금 당장 메시지를 전해야 했을까? 이때가 유대인이 아닌 민족들이 그 메시지를 들어야 했던 순간이었을까? 바울은 자신이 활화산 분화구를 가로지르는 밧줄 위를 걸어가고 있음을 알아차리지 못했을까?

그 답의 일부는 바울이 순종했던 소명과 관련이 있다. 누가가 꼼꼼히 다듬어 낸 장면 가운데 하나인 것이 분명한 사도행전 26장을 보면, 그 소명의 진정한 의미를 파악할 수 있다. 바울이 헤롯 아그립바 앞에서 한 연설을 전한 누가의 보고는 이 소명이 예수가 다메섹 도상에서 바울에게 말씀하셨던 것이라 일러 준다.

나는 너를 종으로, 곧 네가 이미 본 일과 장차 내가 네게 나타날 일을 증언할 증인으로 세우겠다. 내가 이 백성과, 너를 보낼 이방 민족들에게서 너를 구출할 것이다. 그리하여 네가 그들의 눈을 열어 그들이 어둠에서 빛으로 돌아서고, 사탄의 권세에서 하나님께로 돌아서도록 하겠다. 그리하여 그들이 죄를 용서받고, 나를 믿음으로 거룩해진 사람들 가운데서 유산을 얻게 할 것이다.[3]

어느 하나 버릴 것 없이 치밀하게 요약해 놓은 내용이다 보니, 이 글을 읽다 보면 자칫 핵심을 놓치기가 쉽다. 그 시대 대다수 유대인이 그렇게 믿었지만, 다소의 사울도 세상 민족들이 그들 자신의 우상에 사로잡힌 노예로 살고 있다고 오랫동안 믿었다. 이 민족들은 신이 아닌 것들을 신으로 숭배했다. 성경에 뿌리를 둔 유대 사상은 우상을 숭배하는 자들이 우상의 노예가 되어 인간다움을 잃어 가는 타락의 악순환에 빠지고 말았다고 보았다. 이것이 바로 바울이 말하는 "사탄의 권세"가 지닌 뜻이다. '사탄'이라는 말은 히브리어로 '고소하는 자'를 가리키는데, 당시 사람들이 널리 쓰던 말이었으며, 아마 모호하게나마 인간 사회와 개인을 사로잡아 비틀고 결국에는 파괴하는 것으로 보이는 흑암의 권세를 가리키는 말로도 종종 사용됐다. **바울은 나사렛 예수가 십자가에 달려 죽음**

으로 어둠의 권세를 이기셨다고 믿었다. 예수가 돌아가실 때 무슨 일이 일어났고, 그 일로 말미암아 '사탄'—그리고 그런 이름표 아래 띄엄띄엄 무리지어 모여 있을 수도 있는 어둠의 세력들—은 실제로 힘을 발휘하는 권위를 더 이상 갖지 못하게 되었다. (바울은 이런 일이 어떻게 이루어졌는가를 그가 쓴 글의 여러 곳에서 설명한다. 그러나 우리가 그의 선교를 이해할 때 중요한 점은 **바로** 그런 일이 일어났다는 것, 그리고 그런 어둠의 권세가 격파되었다는 것이다.) 결국 바울의 선교는 그저 백지 상태에 있는 사람들을 설득하여 예수를 믿게 하는 일이 아니었다. 그것은 유대인이 아닌 민족들에게 감옥 문이 열려 있으니 자유로이 떠날 수 있다고 선언하는 것이었다. 그들은 자기들을 노예로 삼은 우상에게서 돌이켜 살아 계신 하나님을 예배하고 섬겨야 했다.

과거가 낳은 결과에서 자유케 되는 것은 바울이 사도행전의 이 본문에서 강조하듯 죄 용서 받는 것을 의미한다. 용서는 비유대인 세계가 많이 생각하던 것이 아니다. 고대 이방신들은 그 이유가 무엇이든 그때그때 경우에 따라 어떤 이를 벌하거나 벌하지 않겠다고 결정할 수 있었다. 그러나 어떤 신이 누군가를 벌하지 않기로 했다 해도, 그들은 그 자체를 **용서**라고 생각하지 않았다. 그것은 다른 의미도 있겠지만 무엇보다 신과 인간 사이에 보통 사람들이 상상했던 것보다 훨씬 더 친밀한 관계가 존재함을 암시하곤 했다. 벼락이 여러분을 빗겨 나가 여러분 옆에 있는 사람을 때리면, 사람들은 이것이 곧 여러분이 '용서받았음'을 뜻한다고 말하지 않는다. 오히려 **유대인이 생각하는** 용서의 개념에 훨씬 가까운 용서, 곧 이스라엘이 한 분 하나님과 맺은 언약이라는 개념에서 나오고 특히 이스라엘에게 재앙을 안겨 준 불순종 뒤에 언약 갱신이 있으리라는 관념에서 나온 용서가 이미 널리 퍼져, 세상 모든 민족이 창조주 하나님의 품 안으로 이끌려 들어가 그 품에 안기는 일이 일어나고 있었다. 유대인이 아닌 민족들도 피할 수만 있으면 피하고 피할 수 없으면 견뎌야 할 어떤 예측 못할 운명을 발견할 뿐 아니라 살아 계신 하나님이 베풀어 주시는 용서를 발견하라는 권유를 받고 있었다. 그들은 난생 처음으로 그들 자신을 어떤 지혜로운 창조주 앞에 각자 책임을 지는 인간으로 이해하라는 권면을 받고 있었던 것이다. 그것은 마치 무시무시한 교육 기관에서 얼굴도 모르는 관원에게 양육 받은 고아가 미처 계신지 몰랐던 자신의 부모를 처음으로 만나는 것과 같은 일이다.

이런 사실에서 등장하는 것, 곧 어둠의 세력들이 뒤집어짐으로써 나타나는 좋은 측면이 바로 이전 인류와는 다른 모델의 인류를 뜻하는 **새 인류**라는 개념이다. 예수가 자신의 죽음으로 이 세상의 권세들을 물리치셨다면, 그의 부활은 새 창조(피조 세계), 온전히 새로워진 세계의 시작을 의미했다. 바울이 선포하는 '좋은 소식'에 사로잡힌 사람들은 그 새 세계로 이끌려 들어갔다. 바울은 이런 사람들 자신이 그와 같은 것을 보여 주는 자그마한 실제 모델이 되리라고 가르쳤다. 이 새 모험을 시작하는 바울을 생각하면, 화산 위를 가로지르는 밧줄이라는 이미지가 그리 멀리 있지 않아 보인다. 그는 새로운 인간 존재를 만들어 내고 있었으며, 자신이 그것을 만들고 있음을 분명 알았을 것이다. 그런 것은 마치 일련의 음표들이 멜로디를 만들어 내고 한데 어우러진 음표들이 화음을 만들어 내며 그 순서를 질서 있게 배열하면 리듬이 만들어진다는 것을 깨달은 첫 번째 사람과 어느 정도 같았을 것이다. 음악이 없다가 나중에 만들어져 공간과 시간과 물질에 그때까지 꿈도 꾸지 못했던 깊이와 힘을 부여하는 세계를 상상해 볼 수 있다면, 바울이 받았던 소명의 엄청난 강도를 어느 정도 감지할 수 있을지도 모른다.

키프로스로 갔다가 거기서 터키 남부 중심부로 들어간 뒤 다시 되돌아왔던 바울의 첫 선교 여행을 따라가 보면, 방금 말한 내용이 훨씬 더 분명해진다. 우리는 이 여행이 대략 기원후 47, 48년경에 이루어졌다고 볼 수 있다. 바울의 선교 여행과 그 목적을 소개하려면 말해 두어야 할 것이 두 가지 더 있다.

첫째, 바울이 예수와 그의 죽음과 부활과 더불어 어떤 일이 일어났다고, 이 세계를 돌이킬 수 없을 정도로 완전히 바꿔 놓은 어떤 일회성 사건이 일어났다고 믿고 가르쳤다면, 동시에 그는 예수에 관한 메시지('좋은 소식', '복음')를 선포할 때 그와 비슷한 일회성 사건이 그가 전하는 메시지를 듣는 이들의 마음과 생각과 삶 속에서도 일어날 수 있고 일어나리라고 믿었다. 바울은 이 일회성 사건을 '능력'이라는 말로 이야기한다. 복음의 능력, 복음 안에서 복음을 통해 역사하는 영의 능력, 혹은 '하나님 말씀'의 능력. 이런 말들은 같은 사실을 다른 식으로 표현한 말인 것 같다. 다시 말해, 바울이 예수 이야기를 전할 때 어떤 이들이 이 예수가 단순히 가까운 과거의 이름이 아니라 살아 있는 존재가 되셨음을 발견한 것이다. 변화를 일으키고, 치유를 가져오고, 묵은 것을 휘저어 버리고, 도전하는 존재. 이 존재는, 어떤 차원에서 보면 하나님의 능력과 연결되겠지만, 또 다른 차원에서 보면 인격적인─실은 **인간적인**─존재였던 것 같다. 따라서 이것이 앞서 말한 내용의 초점이 되었는데, 사람들이 전에 섬기던 우상에서 돌이켜 **살아 계시고** 많은 일을 행하셨으며 사람들의 삶을 완전히 바꿔 놓으신 하나님을 예수 안에서 발견한 것이다. (오늘날의 회의론자와 마찬가지로 당시의 회의론자도 일어나고 있는 일에 대해 다른 설명을 할 수 있었고 실제로 다른 설명을 내놓았다. 그러나 그렇다고 해서 사람들의 말처럼 이런 일이 그들에게 벌어지고 있다는 사실이, 이런 일이 계속 일어나리라고 바울이 이해했다는 사실이, 그리고 그들이 모두 미혹되었든 위험한 진실을 말하고 있든 상관없이 그 결과가 오래 지속되었다는 사실이 바뀌지는 않는다.)

　그 변화는 극적일 수밖에 없었다. 바울이 살던 세계에서 '신들'─거대한 만신전을 메운 그리스와 로마의 신들 외에도 여기저기서 추가된 다른 많은 신들까지─을 예배하는 것은 생활의 모든 측면에 스며들어 있었다. 그 모든 것에서 물러나 '살아 계신 하나님'을 예배한다는 것은, 오늘날 서구 사회에서 도박을 끊고 매주 교회에 출석하기 시작하는 것보다 훨씬 큰 일이었다. 그것은 매일 매시간 하는 행동과 삶의 패턴이 이전과 다름을 의미할 것이다. 오늘날의 세속 세계에서 그런 것을 상상해 볼 수 있는 유일한 방법은 우리가 일상적으로 사용하는 기계와 문명의 이기利器, 그러니까 자동차, 휴대전화, 조리 시설, 중앙난방, 에어컨 같은 것을 모두 포기

　　　　　　　　　　　　　　　　　　　　　　　　　바울 평전

하는 것이리라. 그런 상황이 되면 모든 일을 지금과는 다른 방법으로 할 수밖에 없을 텐데, 심하면 심했지 덜하지는 않을 것이다. 신은 어디에나 있었고 모든 일에 얽혀 있었다. 고대 세계 사람들은 집에 있든, 거리에 있든, 광장에 있든, 크고 작은 축제에 참가하든, 위태로운 순간이든, 기쁜 순간이든(혼례식이든, 장례식이든, 여행을 떠날 때든) 자신들이 인정하거나 호소하거나 기쁘게 하거나 달래야 할 신이 거기 있다고 보았다. 일단 예수의 메시지가 터를 잡으면, 그 모든 것이 사라져야 했다. 이웃들이 알아차릴 것이다. 무신론자는 사회적으로 환영받지 못했다.

예수 믿는 이가 포기해야 할 신 가운데 누가 봐도 가장 막강한 신은 로마 황제(카이사르)였다. 이 때문에 우리는 다시 지리에 얽힌 질문으로 돌아간다. 즉 바울은 왜 자기 앞에 온 세상이 펼쳐져 있는데도 그곳으로 갔는가. 나는 이미 황제 숭배와 로마 숭배를 언급한 바 있다. 이런 숭배는 방대한 로마 제국 전역에서 다양한 방식으로 발전했지만, 어쨌든 그 핵심은 제국 자체를 공고히 하는 것이었다. 자신들을 다스리는 이가 어떤 의미에서는 '신의 아들'이라 믿는 이들은 자신들을 통치하는 이들이 그저 평범하고 어리벙벙한 인간이라고 보는 이들보다 반란을 일으킬 가능성이 낮다. 예수의 좋은 소식이 듣는 이들에게 '우상'에게서 돌아서라고 요구했을 때, 바울이 살던 세계 전역의 촌락과 도시에 서 있던 이런 우상 가운데 일부는 로마 황제나 황제 집안 식구들을 표현한 입상立像이었을 것이다. 바울의 **지리적** 전략이 은밀하고도 명확한 **정치적** 의미를 담고 있는 것처럼 보이기 시작한다. 그가 선교 여행 대상으로 삼았던 주요 지역들 가운데 많은 곳—우리가 곧 살펴볼 비시디아 안디옥뿐 아니라 에베소, 빌립보, 고린도 등—이 지중해 동부 지역에서 로마의 통치와 종교에 긴요한 중심지였다. 물론 바울은 이곳들을 지나 로마를 향했고 로마 문화의 주요 중심지이자 로마 문화가 영향을 미친 스페인까지 나아가려 했다. 바울이 실제로 여행했거나 여행하려고 계획했던 지점들을 연결해 보면, 마치 로마 황제가 그 핵심 지역을 두루 거쳐 순행하던 길을 지도에 표시해 놓은 것 같다.

따라서 나는 바울이 이 도시들을 선택한 것이 그저 실용적 이유 때문만은 아니었다고 생각한다. 다시 말해, 그가 전한 메시지가 외부로 흘러나가기에 좋은 중심지를 고르려는 이유 때문만은 아니었다는 것이다. 아울러 바울 자신이 날 때부터 로마 시민이었기 때문에 이 거대한 로마 제국 밖으로 나가기보다 안에서 여행하는 것이 분명 더 수월했겠지만, 그 때문만은 아니었다. 나는 바울이 다음 사실, 곧 한 '주', 한 **퀴리오스**_Kyrios_가 계시며 카이사르(로마 황제)는 그 주가 아님을 강조할 길을 의도적으로 찾고 있지 않았나 생각한다. 그의 복음 선포로 말미암아 자라나 예수께 충성을(다시 한 번, **피스티스**를) 다하던 이들의 공동체를 규정하는 특징은 바로 그런 충성 고백이었다. 이 고백은 지극히 단순하면서도 심오했는데, **퀴리오스 예수스 크리스토스**_Kyrios Iēsous Christos_ 곧 "메시아 예수가 주이시다"가 바로 그 고백이었다. 바울은 이 말이 사람들 귀에 어떻게 들릴지 정확하게 알았을 것이다. 그는 황제를 가리키는 수사가 주화와 비문에서, 시민의 충성을 표현한 진술 속에서 어떻게 작동하는지 잘 알았을 것이다. 결국 그도 세네카와 플루타르코스 그리고 선택받은 다른 몇 사람과 더불어 1세기에 가장 치밀한 지성을 소유한—이를 확인해 줄 증거가 현재까지 남아 있는—여섯 사람 가운데 하나였다. 또한 그는 온 세상 통치자들이 충성을 바쳐야 할 분이신 오실 왕을 이야기한 시편과 예언서의 후예였다. 바울과 그의 공동체는 위험한 길을 밟고 있었다.

그래도 그는 그 길이 필요한 길이라고 말했을 것이다. 처음에는 미미했으나 자라 가고 있던 이들 공동체는 인간의 존재 방식, **함께** 살아가는 인간의 존재 방식을 실험하고 있었다. 이전 세상은 그런 실험을 한 번도 해본 적이 없었다. 그것은 유대교의 한 형태 같았다. 특히 가난한 이들을 돌보고, 엄격한 성윤리를 가르치고, 이방신을 배척하는 유일신론을 옹골차게 주장한 점 때문에 그리 보였다. 그러나 예수의 좋은 소식에 사로잡힌 모든 이를 차별 없이 받아들이는 점은 유대인의 생활 방식과 완전히 달랐다. 바로 그 점이 대다수 사람을 혼란스럽게 했다. 게다가 기존 정치를 뒤집어엎는 요소를 분명하게 담고 있는 점도 상황을 악화시킬 뿐이었다.

이 모든 것이 사회와 문화의 대격변에 대비한 처방처럼 들린다면, 우리는 제대로 가고 있는 셈이다. 사도행전의 이야기가 증언하듯—그리고 바울 서신이 강조하듯—세상을 뒤집어엎는 이런 메시지를 퍼뜨리는 이는 경멸과 분노와 폭력의 표적이 되기 마련이다. 바울은 머지않아 그의 첫 번째 선교 여행에서 이 셋을 모두 직면하게 된다.

_____

누가는 사도행전 13-14장에서 바울의 1차 선교 여행을 이야기한다. 사도행전의 다른 많은 부분처럼, 이 두 장도 빨리 다음 장이 보고 싶을 만큼 재미있다. 한 가지 일이 끝나기가 무섭게 다른 일이 곧바로 이어진다. 바울과 바나바는 이 도시에서 저 도시로 정신없이 다니면서, 흥분하고(흥분하거나) 자신들을 적대시하는 군중을 들쑤셔 놓는다. 많은 사람이 그들이 전하는 메시지를 듣거니와, 어떤 이는 믿고 또 어떤 이는 깜짝 놀란다. 사람들이 병 고침을 받는데, 때로는 엄청난 장면이 펼쳐진다. 각 지역 당국은 뭔가 새로운 일이 벌어지고 있다는 사실을 알아차린다. 이 두 장은 이 상당히 짧은 여행을 전주곡으로 삼아 이후의 더 긴 여행이 펼쳐질 무대를 제공함은 물론이요, 바울과 바나바 그리고 이들의 벗들이 본거지로 돌아간 뒤 얼마 지나지 않아 벌이게 될 격렬한 논쟁의 무대를 제공한다.

이들이 셀레우키아(안디옥에서 가장 가까운 항구)에서 배를 타고 키프로스로 갈 때는 바나바가 일행을 이끌었던 것 같다. 바나바는 본래 키프로스 사람이었다. 게다가 이 일행은 이 섬을 그들이 선교 활동을 시작하기에 알맞은 장소로 마음에 두었던 것 같다. 그 섬에는 필시 바나바의 친족이 아직 있었을 것이다. 이런 짧은 뱃길 여행이 바나바에게는 익숙했겠지만 바울에게는 아마 그러지 않았을 것이다. 유대인은 바다를 두려워하는 이들이 아니었으나, 그들의 성경은 바다를 종종 컴컴하고 인간을 적대하는 세력으로 묘사한다. 바나바의 조카인 마가 요한이 조력자로 일행에 합류했는데, 십중팔구 신출내기 뱃사람이었던 것 같다. 키프로스에는 친척도 있고 고향을 떠올려 주는 회당 문화도 있었으니, 이 마가 요한 역시 키프로스에서 안온함을 느꼈으리라.

바울이 유대인에게 전한 메시지는 이스라엘이 오랫동안 기다려 온 메시아를 선포하는 것이었으니, 회당은 그런 메시지를 전하기에 적절한 출발점이었다. 우리는 사도행전 13장 뒷부분에 나오는 상당히 긴 글, 곧 바울이 비시디아 안디옥에 있는 회당에서 길게 이야기한 내용을 담은 대목이 바로 누가가 (이런 자리에서 주된 연설자로 등장하는) 바울이 이 회당 저 회당에서 말하던 것을 요약하여 제시한 것이라고 추측해도 무방할 것 같다. 앞으로 보겠지만, 바울의 말에는 다양한 반응이 뒤따른다. 하지만 성경은 키프로스의 유대인이 보인 반응에 관하여 우리에게 아무것도 일러 주지 않는다. 그러나 바나바와 마가 요한이 나중에 이 섬으로 돌아갔다는 사실은 뭔가 좋은 반응이 있었으며, 적어도 작은 예수 따름이 공동체를 만들어 냈음을 암시한다. 이와 관련하여 성경은 이 선교 여행자들이 이 섬의 도읍인 바보(파포스)에 이르렀을 때 일어난 일을 들려준다.

키프로스 섬 서남쪽에 위치한 바보는 오래전부터 섬 동북쪽에 위치한 옛 도읍 살라미(살라미스)항(港)보다 먼저 있었다. 이 도시는 유구하고 중요한 역사를 자랑했으며, 특히 전설로 내려오는 아프로디테 여신의 출생지를 기념한 거대한 신당으로 유명했다. (바울과 바나바가 거기서 보았을 이 신전은 76-77년경에 일어난 지진으로 파괴되었다. 오늘날 여러분이 거기서 볼 수 있는 것은 후대에 대신 지은 건물이다.) 게다가 바보는 섬의 도읍이었기에 자연히 로마 총독이 거주하는 곳이기도 했다.

어떤 로마 총독이든 그가 하는 일 가운데 하나는 특별한 관심사, 그중에서도 특히 그가 관장하는 영역 안에서 진행되고 있을지 모를 사회 전복 행위를 계속하여 관찰하는 일이었을 것이다. 키프로스는 아주 작았다. 순회하며 가르치는 세 유대인 교사와 그들이 전하던 뜻밖의 메시지에 관한 이야기는 분명 서기오 바울(세르기우스 파울루스) 귀에도 이르렀을 것이다. (누가는 서기오 바울이 '똑똑한 사람'이었다고 담담히 언급하는데, 아마도 이 표현은 이 이야기의 다른 곳에 등장하는 다른 로마 관원들과 그를 대조하려고 쓴 말 같다.)[4] 그리하여 서기오 바울은 자신이 직접 당시 벌어지고 있던 일을 들어 보고자 이 여행자들을 불러들였다. 그러나 이내 일이 더 꼬이고 말았다. 바예수■라 하며 그 지역에서 마술사로 명성을 얻고 있던 또 다른 괴이한 유대인 교사가 이미 거기에 있었다. 이 인물이 '유대인의 관점'을 총독에게 대변하려 하고 있었는지, 아니면 자신의 마술을 사용하여 사람들을 사로잡거나 수입을 한몫 챙기려 했는지 분명치 않다. 그 지역 유대인 공동체들은 당연히 이 바예수를 위험한 괴짜로 취급했겠지만, 정말 그랬는지 우리는 알 수 없다. 아무튼 그는 바나바와 사울 및 이들이

■ 바르 예수. 아람어로 '예수의 아들'이란 뜻.

전하는 메시지에 반대하며 비난하는 데 열중했던 것 같다. 우리는 바로 이 지점에서 뭔가 새로운 일이 일어나고 있음을, 다소 사울의 개인적 지위와 그의 자의식 안에서 어떤 일이 일어나고 있음을 느낀다.

이때까지만 해도 사울은 바나바와 동역하되 그보다 후배요 피후견인이었던 것으로 보인다. 그러나 이제 그는 새로운 종류의 에너지(그와 초기 그리스도인들이 성령을 그 발원지로 지목했던 큰 파도와 같은 힘)로 충만한 듯 앞으로 나아가 바예수를 맹렬하고도 혹독한 말로 비판한다. 사울은 바예수를 사기꾼 악당이요, 마귀의 자식이며, 하나님의 계획을 망가뜨리는 자라고 비판한다. 이렇게 센 말을 할 때는 독설로 가득한 전승을 가져다가 대적에게 퍼붓기 쉽다. 그러나 사울의 말은 잠시 눈이 멀 것이라는 저주의 형태를 띤 행동으로 뒷받침된다. 마술사는 갑자기 눈이 멀어 어둠 속을 더듬거리고—이야기는 분명 의로운 보응 분위기를 풍기거니와 주문을 거는 자가 도리어 주문에 걸린 꼴이라니—새로운 능력을 눈앞에서 본 총독은 여행자들이 하는 말을 믿는다. 누가가 언급하듯이, 총독은 "주의 가르침에 놀랐다."[5] 여기서 독자들은 의아할 것이다. 왜 누가는 '능력'이라 하지 않고 '가르침'이라 했을까? 그것은 아마도 요상한 술수를 행할 수 있는 이는 많았겠지만, 이 여행자들의 능력은 그들 자신에게서 나오는 것이 아니라 그들이 "가르치던" 사람에게서, 그러니까 그의 죽음과 부활과 보좌에 앉으심이 그가 곧 참된 주*Kyrios*이심을 계시한 그분에게서 나온 것으로 보였기 때문일 것이다. 그런 설명에 능력이 함께했다. 이 일을 겪으며 사울은 어른이 된 것 같다. 그는 이제 안디옥에서처럼 그저 교회 안에서 활동하는 교사나 예언자가 아니다. 이제 그는 전면에 나섰으며, 새로운 종류의 도전에 맞설 뜻밖의 에너지와 초점을 발견하고 있었다.

그는 이제 새로운 대변인으로서 등장할 뿐 아니라 새 이름을 갖고 등장한다. 누가는 힘들이지 않고 기어를 바꾸면서 "바울이라고도 하는 사울"이라고 말한다.[6] 이때부터 사도행전과 서신서는 줄곧 그를 바울이라 부르고 그도 자신을 그렇게 부른다. 왜 이렇게 바꾸었을까?

'사울'은 분명 왕의 이름이다. 베냐민 지파 출신의 이스라엘 초대 왕의 이름이다. 같은 지파 자손임을 알았던 다소의 사울도 이 이름의 의미를 곱씹어 봤던 것 같다. 그는 하나님이 사울 왕을 선택하심을 다룬 본문의 한 곳을 인용하면서 이를 자신의 소명에 적용한다.[7] 어떤 이들은 그가 '작은, 하찮은'이라는 뜻을 가진 형용사 **파울로스**_paulos_라는 말과 관련된 그리스어를 사용하고자, 고매한 의미를 함축한 이 이름을 일부로 따로 떼어놓았다고 추측했다. 어쩌면 이 이름은 "사도들 가운데 가장 보잘것없는 사람"이라는 그의 진지한 겸손을 보여 주는 표지인지도 모른다. 뭐, 그랬을지도 모른다. 또 다른 이들은 그가 단지 비유대인들이 사는 더 넓은 세계에서 더 널리 알려진 이름을, 이 이야기에 나오는 총독도 가진 이름을 택했을 뿐이라고 추측했다. 대다수 로마 시민처럼, 사울/바울도 둘 이상의 이름을 가졌을 것이다. 그는 이미 '바울'이라는 이름도 갖고 있었으며 자신이 사용할 수 있는 선택지 안에서 바꿔 가며 썼을 가능성이 높다. 하지만 그리스 세계 대다수 학생들이 알고 있던 아리스토파네스의 글을 보면, **사울로스**_saulos_가 지나치게 여성 같이 화려한 차림새로 걸어가는 남자가 '으스대다, 뽐내다'라는 의미를 지닌 형용사였다는 점도 주목할 필요가 있다. 그렇다면 바울은 그리스어를 사용하는 더 넓은 세계에서 그런 이름표를 내보이고 싶지 않았으리라고 이해할 수 있다. 어느 경우든, 이제부터 그는 '바울'로 살게 된다.

그러나 우리는 마가 요한이 과연 키프로스에서 편안하게 느꼈는지 의심이 든다. 우리의 이런 의심에 힘을 실어 주는 일들이 다음에 일어난다. 이 여행자들은 바보에서 출항하여 북으로 가서 밤빌리아 해안(오늘날 디기 중남부)에 도착한다. 그들은 버가(페르가)항에 내린다. 거기서 마가 요한은 일행과 헤어져 예루살렘으로 돌아간다. 바울은 이를 보고 오랫동안 배신감을 느꼈으며 마가 요한에 대해 의문을 품었다. 나중에 바나바가 또 다른 선교 여행을 시작하려 하면서 마가 요한에게 재차 기회를 주고 싶어 하자, 바울은 대놓고 거절하면서 그를 누가 봐도 믿을 수 없는 사람으로 치부한다. 이 일화는 역시 또 다른 의문을 낳는다. 이런 여행에서 조력자는 정확히 무슨 일을 해야 했을까? 여행 계획, 숙소, 노자路資를 챙기는 일? 일

행 모르게 밖으로 나가 필요한 물건을 사 오는 일? 성경을 필사한 두루마리 짐을 나르는 일? 어쨌든 바울은 마가 요한이 떠난 일을 잊지 않았으며, 이 일은 나중에 바나바와 갈라서는 이유 중 일부가 된다. 그럼에도 두 사람은 북쪽으로 나아가 밤빌리아 해안에서 내륙의 비시디아 지방으로 들어간다. 이곳은 로마의 속주인 갈라디아의 일부였다. 그들은 당시에 '새 로마'로 알려져 있던 도시 비시디아 안디옥에 도착한다.

당시 사람들이 비시디아 안디옥을 '새 로마'라 생각했던 이유는 그 무렵 그곳의 식민지 역사와 관련이 있었다. 기원전 44년에 율리우스 카이사르가 죽은 뒤 로마 세계에 상처를 입혔던 내전[■]은 그리스와 터키 그리고 그 밖의 다른 곳에 수만이나 되는 퇴역 군인을 남겼다. 그들 가운데 많은 이들이 어쨌든 이탈리아가 아닌 다른 나라에서 왔겠지만, 그래도 그들 모두가 현역으로 복무했기에 뭔가 보상을 받기를 기대했을 것이다. 로마는 이런 사람들이 로마는 말할 것도 없고 이탈리아로 돌아오는 것을 원치 않았다. 로마는 이미 인구가 차고 넘쳐 일자리가 없었고 늘 식량 부족의 위협을 받았다. 그 때문에 아우구스투스는 이 퇴역 군인들이 살 곳을 마련하고자 이탈리아에서 멀리 떨어진 곳에 식민지를 세웠다. 비시디아 안디옥은 그런 식민지 가운데 그 지역에서 가장 유명한 곳이었으며,

---

■ 로마의 2차 삼두정치를 이끌었던 이들이 벌인 싸움으로, 결국 카이사르의 양자였던 옥타비아누스가 안토니우스를 물리치고 정권을 장악하면서 로마 공화정이 몰락하고 제정이 시작되었다.

이전에 이 도시가 세워질 당시 가졌던 이름(안디옥)을 그대로 유지했다. 그러나 이제 이 도시는 기원전 25년에 갈라디아 속주가 세워지면서 콜로니아 가이사라(이름에서 나타나듯이 '카이사르의 식민지'라는 뜻)라는 공식 명칭을 갖게 되었고, 비시디아 안디옥은 이 식민지 남부에서 가장 유력한 도시가 되었다.

비시디아 안디옥은 1세기에 로마의 여러 훌륭한 원로원 의원과 다른 고위직 인사들의 고향이었으며, 그런 인물 가운데에는 바울과 바나바가 바보에서 만났던 서기오 바울(세르기우스 파울루스)도 있었다. 식민지들이 으레 그렇듯이, 비시디아 안디옥도 그 건축물은 물론이요 통치 방식이나 공휴일, 도시 전체의 기풍까지 로마를 모방하려고 최선을 다했다. 기원후 1세기 중엽 바울이 이 도시에 이르렀을 때, 이 도시 중심부는 황제 숭배에 초점을 맞춘 거대한 건물 단지가 차지하고 있었다. 이것이 다른 몇몇 건물과 아우구스투스가 비시디아 사람들에게 거둔 승리를 기념하는 거대한 개선문과 더불어 신전 자체를 형성했다. 오늘날 이곳에 가면 수도水道 및 극장을 포함하여 로마의 전형적인 다른 건물들을 여전히 볼 수 있다. 나아가 이곳은 누가 봐도 아우구스투스의 자전적 작품임이 분명한 《업적록Res Gestae》처럼 곧 그의 '업적'을 길게 전시해 놓은 공공 건물들을 볼 수 있는 곳이었다. 아우구스투스는 비시디아 안디옥에서 훨씬 북쪽인 갈라디아의 도읍 앙카라를 비롯한 몇 곳에 라틴어와 그리스어로 이런 비문碑文을 새겨 놓았다. 안디옥 도시 전체가 새 제국의 실체를 책임지는 주인공이 누구이며 새 제국의 실체가 지닌 '종교적' 함의가 무엇인지를 아주 명백하게 강조해 주었다. 이 도시와 도시가 속한 지역을 하나로 묶어 줄뿐더러 이 도시를 누구나 다 알도록 확실하게 그 궁극의 후견인과 연결함으로써 도시에 안전을 제공해 주는 예배, 카이사르와 로마는 바로 그 예배의 중심이자 초점이었다.

이 모든 것이 누가가 전하는 바울이 안디옥 회당에서 했다고 하는 긴 연설의 배경 가운데 일부다.[8] 앞서 말했듯이, 누가는 아마도 이것을 바울이 회당을 다니며 말했던 내용의 전형으로 제시하려고 했던 것 같다. 이전에 학자들은 이런 연설이 실제로 우리가 바울 서신을 통해 바울에 대해 알고 있는 내용과 양립할 수 있는지 의문을 던지곤 했다. 특히 이 연설은 예수가 다윗 왕의 진정한 자손이라는 점을 아주 강하게 부각시키고 있어서, 바울은 예수가 다윗 혈통에서 난 메시아임을 거의 생각하지 않았다고 주장하려던 학자들이 의심을 표명하는 대상이 되었다. 하지만 우리는 이런 판단을 뒤집을 만한 좋은 근거들이 있으니, 이 연설을 유대 색채가 뚜렷한 맥락 안에서뿐 아니라 '새 로마'라는 더 큰 틀 안에서 거리낌 없이 탐구해 보겠다. 유대인의 왕을 그런 맥락에서 선포한다는 것은 무슨 뜻이었을까? **바울**이 그리하고 있었다는 것은 무슨 뜻이었을까?

바울은 분명 자신이 평생 이런 순간을 준비하고 있었다고 느꼈을 것이다. 그는 옛 이스라엘 이야기를 모든 이가 알아들을 만한 방법으로, 그러나 어느 누구도 본 적 없는 결론을 덧붙여 이야기하

바울 평전

려 했다. 그는 하나님이 처음에는 다윗 왕을 택하셨다는 점, 그러나 결국에는 새 다윗을 보내시겠다고 약속하신 점에 초점을 맞추려 했다. 때문에 그는 아브라함에서 출애굽으로, 가나안 땅 정착 이야기로, 그런 다음 사무엘과 사울과 다윗 이야기로 신속히 옮겨 간다. 이어서 그는 예수 이야기로 도약하여, 다윗에게 주신 약속이 예수의 부활로 성취되었음을 주의 깊게 부각시킨다. 이를 위해 그는 시편과 예언서의 핵심 본문을 인용한다.[9] 그는 논거를 아주 철저하게 준비하는데, 예언서와 성문서(히브리 성경의 두 번째 부분과 세 번째 부분)로 토라(히브리 성경의 첫 번째 부분) 이야기를 밑받침한다. 그리고 이스라엘의 오랜 소망이 이루어졌다는 데서 이야기는 절정에 이른다. 모세의 율법은 한 수수께끼로 막을 내렸다. 신명기는 이스라엘이 오랜 기간 언약에 신실하지 않았으며 그에 따른 결과가 있을 것을 경고했었다. 그러나 이제 돌파구가 있었다. 지금까지는 모세가 그들을 겨우겨우 데려왔지만, 이제는 하나님이 그 장벽을 허무셨다. '죄 용서'가 시공간 속으로 들어왔으며, 새 실재가 새 세계를 열었디. 그러나 모세 때도 그랬지만, 이 세대가 들으려 할까? 바울의 연설은 예언자가 할 법한 또 다른 경고로 끝난다. 새로운 일이 일어나고 있는데 그들은 그저 그릇된 길만 보다가 완전히 놓쳐 버릴 수도 있다는 경고로.

이것은 물론 극적이고 혁명적이었다. 젊은 날 바울은 수많은 회당 강론에 참여하였기에, 사람들이 그저 이런 일을 이야기하는 게 아님을 틀림없이 알았을 것이다. 그가 그들에게 제시하던 것은 어떤 새로운 도덕 권면이 아니었다. 그는 분명 새로운 '종교' 같은 것을 제시하지 않았다. 그는 그들에게 "어떻게 하면 천국에 갈 수 있는지"를 이야기하지 않았다(이 점은 이미 말했지만, 이와 관련된 명백한 오해를 피하고자 이야기해 둔다). 그는 **오랜 세월에 걸쳐 진행되어 온 하나님의 계획이 이루어졌음**을 선포하고 있었다. 모세의 언약은 여기까지만 그들을 인도할 수 있었다. 아브라함과 더불어 시작되었고 장차 나타날 다윗 혈통의 왕을 지시했던 이야기는, 모세가 만든 장벽을 무너뜨리고 완전히 새로운 세계 질서에 이르게 된다. 시편(특히 바울이 여기서 인용하고 바울 시대의 다른 유대인들도 이미 깊이 공부했던 시편 2편)을 들으며 자라난 유대인이라면 이 점을 놓칠 리가 없었다. 새 다윗이 왔다면, 그는 모든 것과 모든 사람—새 로마와 저 바다 건너편에 있던 로마의 위대한 황제를 포함하여—을 능가할 것이다. 이는 심장을 뛰게 하는 메시지이자 위험한 메시지였다. 몇몇 사람들은 회당의 많은 지체들—유대인과 유대교로 개종한 자를 불문하고—이 회당 모임이 끝난 후 바울과 바나바를 따라간 것은 아닌지 의심한다. 이 메시지는 완전히 속임수이자 하나님을 모독하는 헛소리이든지, 아니면 그것이 정녕 참이라면 완전히 새로운 세상이 열렸음을 의미했다.

몇몇 사람은 다음 안식일에 엄청난 무리가 바울의 말을 들으러 몰려드는 것은 아닐까 하는 생각도 한다. 그러나 이때 이 지역 공동체는 그 모든 일이 의미할 수도 있는 것을 심사숙고했는데, 조짐이 좋지 않았다. 바울이 성경을 강론하는 솜씨가 빼어났는지는 모르겠지만, 그때까지 **십자가에 못 박힌** 메시아에 관하여 들어 본 이는 아무도 없었고, 이스라엘의 하나님이 전에 약속하신 일을 마침내 행하셨는데도 일부 유대인이 —바울이 (성경 말씀과 동일 선상에서) 경고한 대로— 이를 알아차리지 못할 수도 있다고 상상한 이는 아무도 없었다. 이 밑에도 숨은 의미가 깔려 있다. 바울의 말처럼 용서를 가져오는 이 새로운 세계가 활짝 열려 유대인이든 비유대인이든 가리지 않고 포용한다면, 로마 세계에 정착하기는 했지만 여전히 연약했던 유대인 공동체의 자리는 어떻게 될까? 모든 것이 바뀔 터였다.

다소의 어린 사울이 그랬듯, 그 결과는 **열심**—이스라엘의 하나님을 향한 열심, 토라를 향한 열심, 조상이 전해 준 질서를 뒤집어엎는 것으로 보일 수 있는 어떠한 것도 거부하는 열심—이었다. 추측컨대, 그 지역 유대인들 가운데도 바울이 말해 온 것이 어쩌면 참일 수 있음을 어렴풋이 느낀 이들이 일부 있었을 것 같다. 대다수 사람들은 그저 그들이 살아 온 방식을 위협하는 깃으로, 그들의 소망이 늘 그려 왔던 형상을 전혀 다르게 다시 그려 보인 것으로 보았을 수도 있다. 그들은 바울과 바나바가 이스라엘을 그릇된 길로 인도하는 가짜 교사라고 비난했다. 바울의 반응은 예언자의 글을 다시 한 번 인용하는 것이었는데, 이번에는 그가 늘 인용하던 본문인 이사야 49장이었다. "내가 너를 뭇 민족에 빛이 되게 하여 네가 땅 끝까지 구원을 가져오는 자가 될 수 있게 하겠다."[10] 유대인의 반응 자체가 성경에 바탕을 둔 그의 인식, 곧 이스라엘의 하나님이 전에 약속하셨던 일을 이스라엘을 위해 행하시면 세상 모든 민족이 약속된 복 안으로 들어오리라는 인식을 확인해 주었다.

이런 내용은 당연히 자신들도 이제 아무 거리낌 없이 하나님의 오랜 백성에 속하게 되었다는 바울의 메시지를 들은 비유대인들에게 기쁨을 안겨 주었다! 그러나 이 때문에 유대인들의 반응은 더 강경해졌으며, 더 심각한 사태 변화를 만들어 냈다. 우리는 바울이 안디옥의 유력한 시민들과 접촉했는지 여부를 모른다. 그러나 만일, 일부 사람들이 주장했듯이 그가 키프로스에서 서기오 바울이 써 준 추천서를 갖고 왔다면 충분히 가능한 주장이다. 그래도 안디옥의 귀족들은 (로마 사람들이 늘 그랬듯이) 자칫 민감한 사회와 문화의 현상황을 뒤엎을 수도 있는 이상하고 새로운 가르침을 담은 주장에 놀랐을 것이다.

바울의 메시지는 그때까지 알려지지 않았던 영역, 곧 아브라함과 다윗과 예언자들의 연속선상에 있음을 주장하면서도 이제는 새롭게 선포된 '메시아' 예수께 충성할 것을 고백한 비유대인까지 아우를뿐더러 동시에 예수를 그들이 약속 받은 메시아로 보기를 거부하는 유대인은 누구라도 이 새로운 완성을 놓치게 되리라고 위협하는(유대인들은 바울과 바나바가 그렇게 위협한다고 보았으니) 새로운 '유대인' 공동체를 지향하는 것으로 보였다. 율리우스 카이사르는 유대인에게 로마가 섬기는 신들을 예배하지 않아도 된다는 특권을 주었는데, 이는 제국 내의 모든 그룹 가운데 유대인만 누리는 특권이었다. 때문에 두 그룹(안디옥의 유력한 유대인들과 유력한 시민들) 모두 진짜 시민 봉기가 일어날지도 모른다는 위협을 보았을 가능성은 충분하다. 수많은 비유대인이 자신들도 유대인과 같은 특권을 누린다고 주장하려 하는 상황을 생각해 보라. 두렵지 않았겠는가?

새 로마를 방문하는 것은 이렇게 바울이 새 삶을 시작하는 것으로 끝난다. 바울은 이제 고난당하는 사도의 삶을, 그가 선포하는 십자가에 못 박히신 주를 가시적으로 보여 주는 상징으로의 삶을 살아가게 된다. 반대가 폭력으로 돌변하자, 바울과 바나바는 상징적인 행동으로 자신들의 발에 묻은 먼지를 떨어 버리고 부랴부랴 그 도시를 떠났다.[11] 하지만 그들이 떠난 뒤에 "기쁨과 성령으로 충만"한 새 공동체가 태동했다.[12] 봄이 온 것 같았다. 뭔가 새로운 일이 시작되었다. 그러나 봄을 알리는 전령은 가는 길에 잠시 들른 철새처럼 허겁지겁 가던 길을 마저 가야 했다.

세 도시가 재빨리 이어지는데, 누가는 특별히 루스드라에서 일어난 한 사건을 골라 다룬다. 당신이 안디옥에서 동쪽으로 여행하면서 안디옥 동남쪽에 있는 산맥을 넘는 간선 도로(세바스테 가도)를 따라간다면, 결국 바울의 고향인 다소를 지나 시리아로 향하게 된다. 이때 맨 처음 들어가게 되는 지역이 루가오니아이며, 거기서 맨 처음 만나는 도시가 이고니온일 것이다. 곧이어 만나는 곳이 루스드라이며, 조금 더 가면 더베가 나온다.

이 지역은 기원전 2세기에 로마의 아시아 속주의 일부였다. 그러던 것이 기원전 80년경에 새 속주인 길리기아의 일부가 되었다. 이어 지역 분봉왕들이 정신없이 나타났다 사라진 뒤, 기원전 25년에 새 갈라디아 속주의 일부가 되었다. 이고니온과 루스드라도 로마 식민지였는데, 기원전 26년에 아우구스투스는 이 도시들을 퇴역 군인의 정착지로 사용했다. 이 도시들이 안디옥만한 중요성을 띠거나 안디옥에 있는 것과 같은 거대한 공공 건물을 가진 적은 없었다. 그러나 이 도시들이 로마의 문화와 종교 중심지로서 가졌던 중요성은 과소평가해서는 안 된다.

이어서 우리는 바울이 이미 등장한 패턴을 따라가는 모습을 본다. 그의 메시지와 선교는 이스라엘의 여러 전승과 소망에 여전히 견고한 닻을 내리고 있다. 그는 당연히 회당에서 메시지를 전하기 시작하며, 추측컨대, 우리가 보았다시피 안디옥에서 그가 드러낸 내러티브(아브라함, 출애굽기, 다윗… 그리고 예수) 가운데 어떤 버전을 활용할 것이다. 일부 청중은 그를 뜨겁게 받아들이지만, 일부 청중은 예상대로 냉혹한 적대감을 표명한다. 그러나 이 세 도시에서는 물론이요 바울이 머잖아 이곳에 있는 교회들에 써 보내는 서신에서도 나타나는 특징이 두 가지 더 있다.

첫째, 폭발하듯 일어난 치유 활동은 새 시대가 동트고 있으며 새 창조(피조물)가 갑자기 탄생했다는 바울의 메시지를 드라마처럼 보여 주는 상징이다. 나중에 바울은 이 교회들에 서신을 써 보낼 때, 이미 행해졌고 여전히 그들 가운데 행해지고 있는 것으로 보이는 강력한 표적들을 언급한다.[13] 그런데 우리는 이와 관련해서 현대인들이 사용하는 '기적'이라는 단어에 유의해야 한다. 종종 사람들은 어떤 힘이 외부에서 자연 질서 안으로 '침입'하는 것이 '기적'

이라고 생각한다. 그러나 초기 그리스도인들은 기적을 그렇게 보지 않았다. 그들은 달리 설명할 길이 없는 극적인 치유를 **새 창조**의 증거라고, 곧 창조주가 몸소 전과 다른 새로운 방식으로 일하심을 보여 주는 증거라고 보았다. 이 점은 특히 루스드라에서 일어난 사건에서 분명히 드러나는데, 잠시 후 살펴보겠다.

바울 일행의 선교 여행 중 이 부분이 보여 주는 두 번째 특징은 고난이다. 이고니온의 공동체 지도자들은 유대인과 이방인을 불문하고 바울과 바나바를 공격하는가 하면 심지어 이들에게 돌팔매질까지 한다.[14] 루스드라에서는 바울 자신이 돌에 맞고 버려져 죽을 뻔한다.[15] 바울과 바나바 일행이 처음 이 지역에 침투했다가 나중에 빠져나갈 때 그들이 전하는 메시지는 엄중해진다. 하나님나라가 정말로 이 세상 속으로 뚫고 들어왔으나, 그 새 시대, 새로운 하나님의 통치에 속하는 것은 곧 고난을 겪는 것을 의미하리라고 말이다. '**현 시대**'와 '**오는 시대**'는 맷돌의 윗돌과 아랫돌처럼 서로 맞물려 돌아가고 있으며, 그 과정에서 하나님이 여시는 새 세상이 탄생한다. 예수의 메시지에 붙잡힌 이는 **현 시대**와 **오는 시대**의 중간에 낀 처지가 되어 **그들 스스로 그 메시지** 곧 십자가에 못 박히신 메시아가 이제 온 세상의 주이시라는 소식을 **더 깊이 증언하게 될 것이다.**

이처럼 바울의 사도직이 지닌 여러 역설은 그가 선교 여행을 시작할 때부터 온 천하에 훤히 드러난다. 어떤 의미에서 보면, 나중에 그의 펜에서 흘러나올 모든 글은 그가 이미 발견해서 본받고 있던 실체를 설명해 놓은 복잡한 각주가 되는 것이다. 바울은 갈라디아에 있는 교회들에 서신을 써 보내면서 자신이 처음 그들을 방문했던 일을 언급한다. 이때 그는 "내가 처음에 여러분에게 복음을 전한 것이 육체의 약함 때문"이었다고 말한다.[16] 어떤 이들은 바울이 이때 심각한 질병을 앓았다고 추측했다. 다메섹 도상에서 일어난 일을 간질이나 심각한 편두통에 따른 증상으로 '설명'한 이들은 여기서 이야기하는 것도 당연히 같은 질환으로 설명했다. 또 어떤 이들은 그와 다르게 다음 설명을 대안으로 제시했다. 이어서 바울은 갈라디아 사람들이 그를 아주 따뜻이 맞아 주었고 그들이 할 수만 있었다면 자신들의 눈이라도 빼서 그에게 주었으리라고 이야기하는데, 이는 곧 그가 어떤 눈병 때문에 고생하고 있었음을 일러 준다는 것이다.[17] 나는 이게 현대의 독자들이 1세기의 유명한 은유를 이해하지 못하는 사례라고 생각한다(물론 그런 경우가 이것만은 아니지만).

나는 바울이 말하는 육신의 연약한 상태가 그가 당해야 했던 폭력의 결과일 가능성이 훨씬 높다고 생각한다. 오늘날도 그렇지만 고대 세계에서도 공인의 신체 외모는 그들이 받는 평가에서 상당한 비중을 차지했다. 어떤 곳에서 돌로 맞거나 흠씬 두들겨 맞고 얼마 안 있어 다른 도시에 나타난 사람은 당당한 풍채가 아니었을 것이다. 하지만 갈라디아 사람들은 그런 바울을 마치 하늘에서 온 천사라도 되는 것처럼, 아니 심지어 바울이 바로 메시아라도 되는 것처럼 맞아 주었다.[18] 바울이 나중에 설명하듯이, 그의 신원을 나타내는 몸의 흔적으로 그가 중시했던 것은 할례라는 표지가 아니라 "예수의 흔적"—다시 말해, 그가 겪은 고난을 일러 주는 표지—
이었다. 나중에 그는 (신경쇠약처럼 보이는 것을 포함하여) 또 다른 차원의
고난을 당할 때도, 그것 역시 사도로 산다는 것이 무슨 의미인지를
보여 주는 일부임을 이를 악물고서 설명하게 된다.[19]

　바울의 공중 사역 전체에 걸쳐 울려 퍼지는 또 다른 주제가 여
기 루스드라에서 처음으로 등장한다. 그는 유대인의 종교 문화와
완전 딴판인 고대 아나톨리아의 종교 문화를 일찍부터 잘 알았을
것이다. 많은 신, 많은 '주', 신들의 행적을 담은 많은 이야기는 모
두 호메로스가 살았던 저 고전 세계까지 거슬러 올라갈 수 있었지
만, 당시에는 그 지역 전설과 민담으로도 다양하게 퍼져 있었다. 로
마 시인 오비디우스가 보고하는 그런 이야기 가운데 하나는 그리
스 신인 제우스와 헤르메스가 그 지역에서 사람들에게 들키지 않
고 이리저리 돌아다닌다고 이야기한다. 나중에 이 지역에서 나온
비문은 이후에도 이 지역에서 이 두 신을 섬겼음을 일러 준다.[20] 따
라서 바울이 날 때부터 다리를 저는 사람을 고쳐 사람들을 크게 놀
라게 했을 때, 그 지역 사람들이 옛 이야기가 현실로 이루어졌다고,
드디어 제우스와 헤르메스가 나타났다고 생각한 것도 놀랍지 않
다. (누가는 흥미로운 지방색을 살려, 군중이 루가오니아 방언으로 환영하는 말을 외쳤
다고 우리에게 알려 준다.) 헤르메스는 "신들의 사자"이고 바울 혼자 말
을 다 하는 것 같았기에 사람들은 바울이 바로 헤르메스라고 생각
한다. 바울이 헤르메스라면 바나바는 분명 제우스다. 사도들이 벌
어지는 상황을 알기도 전에, 그 지역 종교계는 신속히 행동에 나선

다. 제우스 신관神官은 아예 행렬을 지어 사도들을 만나러 온다. 그는 화환을 씌운 황소와 큰 희생 제사를 올리는 데 필요한 모든 비품을 갖고 있다. 음악과 춤도 당연히 있다. 사도들은 자신들이 예부터 내려온 이방신 예배의 한가운데 있음을 간파한다.

이 지점에서 평생 독실한 신자였던 두 유대인의 심오한 본능과 신학이 중요한 역할을 한다. 이것이 바로 유대 세계가 늘 거부했던 우상 숭배였다. 아브라함이 부름 받은 일을 다룬 초기 유대교 이야기들은 아브라함의 배경에 다신교가 있었지만 그가 그 모든 것을 버리고 한 분 하나님의 부름을 따랐다고 강조한다. 모세의 율법은 이방신 예배와 어떤 타협도 해서는 안 된다고 거듭 경고한다. 소년 시절부터 토라에 몰두했던 바울은 모압 여인들을 보내 이스라엘 남자들을 꾀어 우상을 숭배하게 하려 했던 발람이 남긴 위협을, 비느하스가 '열심'으로 불탔던 순간을, 엘리야가 바알 숭배자들을 마주했던 순간을 결코 잊지 않았을 것이다. 이후의 도전들도 그 점을 강조해 주었다. 유일신을 믿었던 유대인은 이런 종류의 일과 이에 따르는 모든 일을 가장 깊이 혐오했다. 유대인은 그때부터 지금까지 바울이 이방 종교와 타협했다고 비난해 왔다. 그러나 이 장면은, 바울이 설령 맞바람을 안고 항해하는 것처럼 위험해 보일지라도(그는 이렇게 자신을 단정하는 것이 그릇된 결론이라고 말했겠지만, 많은 이가 그렇게 결론을 내렸다), 이는 그가 몰래 이방신을 섬기는 사람이 되었기 때문이 아님을 아주 똑똑히 알려 준다. 그는 어느 누구 못지않게 지독하고 열심이 넘치는 일신론자였다. 그는 자신이 이방신을 예배하는 자리 가운데 있음을 발견하고 마치 뱀이 우글거리는 굴에 들어간 사람 같은 반응을 보인다. 그런 자리는 그가 있을 곳이 아니었다.

이것은 그저 '다른 사람들의 종교 행위'에 자동으로 튀어나온 반응이 아니었다. 우리는 바울의 무르익은 사역 전반에서 그가 한 분 하나님이 곧 이 세상을 지으신 **창조주**이시라는 그의 믿음을 바탕으로 이방 철학과 종교 세계를 주도면밀하게 비판한 증거를 목격한다. 그는 이방 종교가 자연계 안에 존재하는 힘들을 숭배하는 것으로, 자신의 존재뿐 아니라 이런 힘들이 지닌 매력과 그 힘의 근원이 애초에 그것들을 만드신 창조주께 있음을, 그리고 이런 힘들을 숭배하는 것이 인간 본래의 가치를 잃어버리고 노예로 전락하는 지름길임을 깨닫지 못한 채 벌이는 우스꽝스런 짓거리에 불과하다고 믿었다. 바울은 이런 비판을 제기함과 동시에 그 비판의 밑바탕에 깔린 내러티브를 역설하는데, 곧 이 하나님이 오랫동안 여러 민족이 제멋대로 행하도록 내버려 두셨지만 이제는 새로운 일이 나타났다는 것이며, 이는 "우상을 버리고 돌아서 살아 계신 참 하나님을 섬기라"는 그의 슬로건과 완전히 일치한다.

바울과 바나바는 군중 속으로 뛰어들어가, 꼼꼼한 준비를 갖춰서 온 전례 행렬을 해산시키고 음악을 멈추게 한다. 두 사람은 자신들이 전한 메시지가 그런 것을 이야기한 게 **아님**을 있는 힘껏 설명한다. 그들 곧 바울과 바나바는 신이 아니라 평범한 사람이며, 그들의 방문 목적은 모든 사람에게 그런 어리석은 일을 버리고 돌아서라고 권면하기 위함이라는 것이다. 그 지역 주민들이 부르며 간구하는 '신들'은 생명이 없는 우상이나, 그들 곧 사도들은 살아 계신 하나님에 관한 소식을 그들에게 전하고 있다. 그분은 창조주이시며 인간에게 필요한 모든 것을 공급해 주시는 유일한 분이다. 그런데 이 메시지가 절박한 호소력을 발휘하게 만드는 일이 일어났다. 이 살아 계신 하나님은 오랫동안 민족들이 각각 제 길로 가도록 허락하셨지만, 이제는 당신의 능력과 뜻을 드러내시기 위해 어떤 일을 행하셨다. 그것이 바로 이제 그들이 이 모든 헛된 연극에서 돌아서서 그 모든 잡신을 부끄럽게 하시는 하나님의 능력과 사랑을 체험해야 할 이유인 것이다.

이 사건과 사도행전 13장 서두에 나오는 회당 설교를 나란히 놓고 보면, 바울의 선교가 지닌 내면의 논리가 실제로 어떻게 작용하는지 분명하게 드러난다. 한편으로 보면, 그는 유대인 공동체에게, 그다음으로는 모든 이를 향해, 오랫동안 기다려 왔던 이스라엘의 소망이 마침내 완성되었다고 선언하고 있다. 아브라함과 더불어 시작한 이야기, 즉 한 분 하나님이 온 인류 그리고 나아가 피조 세계가 안고 있는 심오한 문제를 어떻게 다뤄 가시는지 들려주는 이야기가 그 종착점에 이르렀다. 이스라엘의 하나님은 민족들을 포로로 사로잡고 있던 어둠의 세력들을 격파하시고, 장엄한 두 번째 출애굽을 통해 예수를 죽음을 거쳐 부활하게 하심으로써, 그가 다윗의 진정한 자손이요 이스라엘이 기다려 온 메시아이며 온 세상의 참된 주이심을 선언하셨다.

그러나 다른 한편으로 보면, 이 모든 것이 참이라 할지라도 이 것이 곧 유대인은 틀렸고 이방인은 옳다는 의미는 아니다. 그와 반 대로, 이방 세계를 사로잡아 온 권세들과 이 '권세들'이 민족들을 속이려고 사용해온 거짓 '신들'이 뒤집어졌다. 제우스, 헤르메스, 그리고 나머지 잡신은 결국 가짜임이 드러났다. 한마디로 그들은 존재하지 않는다. 그들이 어떤 '권세'를 갖게 된 것은 그들 자신의 사이비 신성神性 때문이 아니라, 그들을 숭배하는 인간들이 그런 이 름을 겉옷으로 사용하는 사악한 힘들에게 하나님이 늘 인간이 스 스로 행사하길 원하셨던 권위를 넘겨 버렸기 때문이다. 그것이 바 로, 우리가 이미 보았듯이, 이런 "권세들"이 뒤집어졌고 사람들이 오랫동안 기다려 온 새 창조가 다윗 계열의 왕의 통치 아래 시작되 었다면, 온 세상 민족들에게도 한 분 하나님을 예배하는 백성 가운 데 합류하라고 권면할 수밖에 없는 이유다. 마치 유대인에게 그들 의 메시아를 영접하고 (바울이 안디옥에서 역설한 바) 모세가 직접 신명기 27-32장에서 이스라엘에게 한 말의 수수께끼 같은 끝부분이 해결 되었음을 발견하라고 권면할 수밖에 없는 것처럼 말이다. 이스라 엘이 계속 배역하고 그 마음을 완고히 하는 바람에 더 이상 진행될 수 없었던 이야기가 이제 새로운 종착지에 도착했다. 모세 아래서 는 해결할 수 없었던 일이 영단번에 해결되었다.[21]

사정이 급변한다. 조금 전까지만 해도 바울을 예배하려 했던 루가오니아 사람들은 이제 그에게 돌을 던지려 한다. 이것이 극과 극을 오가는 일로 보인다면─하지만 그렇다고 완전히 다른 문화를 가진 이들을 우리가 어떻게 판단할 수 있겠는가?—그 점은 우리가 상상하는 것보다 쉽게 설명할 수 있을지도 모른다. 이는 단지 (종려주일에는 "호산나"라고 외쳤다가 불과 며칠 뒤에는 "십자가에 못 박으라"고 외쳤던 이들과 같은) 군중의 변덕이라는 원리만으로 설명할 수가 없다. 오히려 바울은 병자를 치유하는 비범한 위업을 이루었다. 그것은 아무도 부인할 수 없었다. 그러나 그를 그리스 제신諸神 가운데 하나와 동일시할 수 **없다면**, 대체 그는 누구란 말인가? 마술사인가?

어떤 이에겐 기적인 것이 또 다른 이에겐 마술이었다. 적절한 규제를 받지 않고 능력 있는 행위를 행하는 자는 위험한 사기꾼일 수 있다. 예수 자신도 마귀와 한패라는 비난을 받은 바 있다. 신명기도 이스라엘에게 이런 종류의 일을 경고했었다. 바울이 행한 기적을 어떻게 설명해야 할지 몰라 당황한 이방인 군중은 비슷한 설명을 하려 했을 것이다. 어쩌면 바울은 그들을 먹잇감으로 삼고자 마술 같은 술수로 그들을 현혹하며 혼란에 빠뜨리고 있었는지도 모를 일이다. 이런 사람은 멀리 쫓아내는 편이 낫겠다. 그리하여 열심이 넘치는 유대인과 화가 난 그 지역 이방인은 힘을 합쳐 바울을 돌로 쳐 죽이려고 한다. 나중에 그는 "한 번 돌에 맞았"다고 말한다.[22] 일단 그런 일이 벌어지면 대다수 사람은 목숨을 잃겠지만, 어떤 이유인지 바울은 살아서 이 이야기를 들려준다. 어쩌면 바울이 돌에 맞아 일찍 의식을 잃자, 사람들이 그를 그대로 죽으라고 내버려 두었기 때문일지도 모른다.

마찬가지로, 이런 사건을 당하면 많은 사람은 자신이 바보짓을 하고 있다 생각하여 자신이 전하는 메시지를 이해시킬 수 있는 더 안전한 방법을 찾아야겠다고 확신할 것이다. 그러나 바울의 단호한 결심은 더 단단해질 뿐이다. 그의 친구들이 와서 그를 도시 안으로 데려간다. 바울은 이런 종류의 고난이 바로 두 세계가 충돌함을 보여 주는 표지라고 설명한다. 그들은 새 세계의 첨단에 서 있다. 만일 이것이 그에 따른 대가라면, 치를 만한 대가다. 그는 이렇게 가던 길을 계속 갈 것이다.

한 번 더 방문이 이어진다. 이번에는 같은 길을 따라 좀 더 아래로 내려간 곳에 있던 더베다. 바울 일행이 세바스테 가도를 따라 훨씬 더 멀리 갔으면, 가파른 길을 따라 올라가 길리기아문[*]을 지나 타우루스 산맥으로 들어갔다가 이어 내리막길을 따라 내려가 바울이 태어난 다소에 이르렀을 것이다. 더 멀리 가지 않은 데는 여러 이유가 있었을 것이다. 대신에 그들은 길을 돌려 자신들이 작은 새 창조 공동체를 시작했던 도시들을 다시 방문한다. 이 공동체들은 유대 색채가 아주 강하면서도 지역 유대인 공동체들이 이전에 생각했던 어떤 것과도 사뭇 다른 (그래서 그런 유대인 공동체들이 아주 큰 위협이라 느꼈을) 운동에 몰두하며 그 운동의 메시지에 놀란 사람들도 이루어진 그룹이었다. 예상대로 바울 일행은 이 작은 그룹들을 격려한다. 일행은 그들더러 "믿음 안에 머물라"고 권면하는데, 이는 바꿔 말하면 신실하신 분 곧 참된 왕 예수께 "변함없이 충성하라"라는 말로도 번역할 수 있겠다. 일행은 두들겨 맞은 바울의 몸을 명백한 증거로 제시하면서 결국 나타날 '하나님나라', 하늘에서 이뤄지듯 땅에서도 이뤄질 주권자 한 분 하나님의 통치가 "많은 고난을 통과"해 나타나리라고 그들에게 되새겨 준다.[23] 고난은 단순히 신실한 사람들이 그 종착지에 이르려면 거쳐 가야 할 어떤 것이 아닌 것 같다. 고난은 그 자체로 이 세상을 통치하던 어두운 권세들이 기진맥진하여 나가떨어지게 할 방법이요 메시아가 십자가에서 단번에 거두신 승리가 이 세상에서 실행될 방법이다.

바울과 바나바는 이제 이 모든 것을 그들의 의식과 잠재의식 속에 새겨 넣었다. 그들은 예수 안에서 절정에 이른 이스라엘 이야기를 전할 때 하나님의 능력이 드러나는 것을 보았다. 그들은 다양한 '기사와 표적'을 목격했다. 그리고 고난을 겪었으며, 이 고난 역시 하나님의 새 시대가 탄생하도록 하는 능력의 방편임을 발견했다. 특히 그들은 많은 비유대인이 그들이 전한 메시지를 듣고, 십자가에 못 박히셨다가 부활하신 주이신 예수를 기쁨으로 받아들이고, 믿고, 그 예수께 변함없이 충성함을 보았다. 그들이 이전에 시리아 안디옥에서 목격했던 일, 곧 유대인과 이방인을 갈라놓았던 모든 것이 십자가에서 해결됨으로 말미암아 이들이 함께 살아갈 수 있는 새 공동체가 만들어지는 일이 이 도시 저 도시에서 현실로 이루어진 것이다.

이를 구성하는 모든 요소가 바울의 가장 심오한 동기를 물었던 우리의 첫 질문에 첫 답을 제공한다. 그 모든 요소는 다메섹 도상에서 바울에게 일어난 일의 의미를 물었던 우리의 두 번째 질문을 더 깊이 이해하는 데도 도움을 준다. 바울이 그가 이전에 추구했던 종교와 다른 어떤 '종교'를 받아들였음을 시사하는 내용은 전혀 없다. 그가 그 지점에 이르기까지 사람들이 '하늘나라'에 가려면 도덕에 비춰 선한 일을 행함으로 이스라엘의 하나님을 기쁘게 해 드려야 한다고 주장했다가 이제는 그보다 쉬운 길("그냥 믿기만 하면 된다!")을 제시하고 있었다고 시사하는 내용도 전혀 없다. 그렇게 생각하는 견해들―지난 수 세기 동안 서구 사상 속에 널리 퍼져 있던 견해들―은 한마디로 바울 시대와 들어맞지 않는다. 그런 견해는 그 시대 유대인이나 이방인이 생각하던 방식이 아니며, 분명 바울의 생각이 작동한 방식도 아니다.

바울과 바나바가 중요하게 여긴 것은, 온 세상의 창조주이신 이스라엘의 하나님께서 당신이 늘 약속하셨던 일을 예수 안에서 행하셨고, 아브라함과 다윗까지 거슬러 올라가는 오래된 내러티브를 완성하셨으며, '모세가 세워놓은 장벽' 곧 모세 자신이 언약의 실패와 그에 따른 결과를 경고했었다는 유대인들의 오랜 의식을 허물어 버리셨다는 것이었다. 이제 그런 일이 일어났다면, 메시아의 죽음이 유대인과 이방인을 모두 사로잡았던 '권세들'을 처리하고 메시아의 죽음이 "하늘에서와 같이 땅에서도" 새로운 세상 질서를 열어 놓았다면, 이제 비유대인 민족들도 얼마든지 아무 힘이 없는 그들의 우상에게서 돌이켜 살아 계신 참 하나님을 섬길 수 있게 되었을 뿐 아니라 그들의 '부정不淨함'―유대인이 그들을 형제로 삼아서는 안 되는 이유로 늘 인용되었던 우상 숭배와 부도덕―자체도 처리되었다고 할 수 있었다. 메시아의 십자가에 담긴 그런 급진적 의미가 양쪽 모두 이제는 메시아의 모든 백성으로 구성된 단일 가족만이 존재해야 함을 일러 주는 이유였다. 어쩌면 결국은 이것이 바울을 다루는 모든 연구 위를 떠도는 또 다른 질문, 곧 에너지 넘치고 세상을 뒤집어 놓은 이 사람이 시작한 이 범상치 않은 운동이 왜 그런 식으로 퍼져 갔는가라는 물음을 푸는 데도 도움을 줄지 모른다.

이 모든 질문을 다룰 때는 이 새 운동이 어떤 새로운 '종교'도 아니요 내세에서의 구원을 추구하는 어떤 새로운 체계도 아님을 그 모든 질문의 핵심으로 인식해야만 한다. 바울이 전한 메시지와 가르침, 그리고 그가 살아간 삶의 중심에는—전문 문구를 사용하자면—**철저한 메시아 종말론**이 자리해 있었다. '종말론', 그것은 사람들이 오랫동안 기다려 온 하나님의 새날이 왔다는 의미였다. '메시아', 그것은 부활을 통해 다윗의 참된 자손으로 선포된 예수가 하나님이 아브라함에게 알려 주셨고 시편을 통해 온 세상을 아우르는 것으로 확장하셨던 목적을 이루셨다는 의미였다. '철저한'이라는 말은, 바울이나 바나바의 배경 속에는 이런 새로운 상태를 준비하게 할 만한 것이 전혀 없었다는 의미였다. 그들은 한 분 하나님이 늘 계획하셨던 일이 그들 자신의 경외심과 경이감을 축소시키지 않았다는 사실을 믿었다. 그들은 이런 프로그램이 거센 저항은 물론 심지어 폭력에 부닥치리라는 것도 곧장 깨달았다. 그들은 갈라디아 속주 남부 지역을 통해 이전에 갔던 길을 되돌아온 뒤 배로 시리아 안디옥으로 돌아가지만, 이때 그들은 자신들이 목격했던 새로운 현실이 심지어 예수 따름이들 가운데서도 첨예한 논쟁을 불러일으키는 초점이 될 뿐 아니라, 그 따름이들 가운데 두 사람 곧 바울과 바나바도 그 논쟁이 가열되면서 서로 반대편에 서게 되리라는 것을 예측할 수 없었을 것이다.

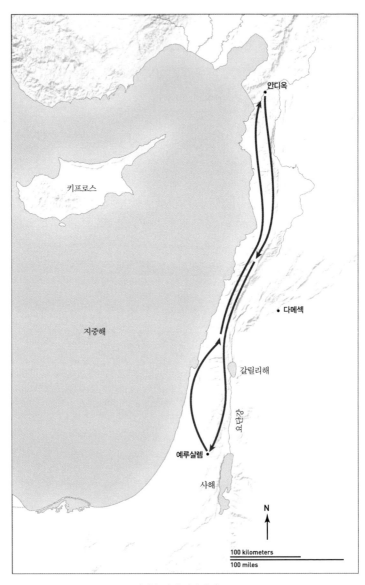

키프로스

지중해

다메섹

갈릴리해

요단강

예루살렘

사해

N

100 kilometers
100 miles

안디옥

안디옥에서 예루살렘으로

6장

/

안디옥과 예루살렘

앞서 말했듯이, 평전은 우리와 같은 식으로 생각하지 않았던 사람들의 생각을 들여다보고 곱씹어 보게 한다. 역사 또한, 비록 같은 시대에 살았더라도 우리 자신은 물론이요 그들끼리도 사뭇 다른 생각을 했던 다양한 개인과 집단의 생각을 힘써 들여다보고 곱씹어 보게 할 때가 잦다. 바울의 세계 안에서 격렬히 소용돌이쳤던 생각과 행동의 흐름을 추적해 보려고 애쓰는 것도 그런 종류의 작업이라 하겠다.

우리는 바울이 갈라디아 남부 여러 도시에서 한 일에 사람들이 보인 반응을 설명해 줄 만한 서로 다른 관점들을 적어도 서론 수준에서 이미 살펴보았다. 로마 당국은 평화를 지키고 사회를 안정시키기 원했다. 제국이 이끄는 세계 앞에서 좋은 낯빛을 보이고자 애썼던 그 지역의 유력한 시민들은, 로마 당국과 같은 목표를 이루고자 최선을 다했다. 평화롭게 살면서도 그들의 온전함을 지키고 싶어 했던 유대인 공동체들은, 당연히 제국이 섬기는 여러 신까지 포함하는 '신들'을 예배해야 할 의무를 자신들만 특별히 면제

받은 사실을 소중히 여겼다. 이렇게 안정을 이루고자 했던 바람은, 능력 있는 일의 뒷받침을 받으면서 이스라엘의 성경이 약속한 바가 예수와 관련된 메시아 사건을 통해 완성되었다고 선포하는 바울의 메시지에 필연적으로 무너질 수밖에 없었다.

바울의 메시지는 다른 시각, 새로운 사회적 실체를 만들어 냈다. 그의 메시지는 유대인이 비유대인과 형제로 살아갈 것을 거부하면서 늘 지켜 왔던 금기에 도전장을 내밀었다. 바울의 메시지가 도전이 된 것은 그가 느닷없이 18세기의 이상이었던 '관용'을 만들어 냈기 때문이 아니라, 그가 모든 메시아 백성이 동등하게 환대받으며 모든 이가 이제 막 닻을 올린 '나라'의 '상속인'임을 확실히 보장하는 새로운 세계 질서가 동트고 있다고 믿었기 때문이다. 예수의 죽음과 부활이라는 사건 그리고 신성神性을 지닌 영이라는 강력한 선물은, 이방 세계를 사로잡았던 '권세들'이 뒤집어졌으며 이제 메시아를 믿게 된 이방인들이 자신들을 더럽게 했던 우상 숭배와 부도덕에서 자유로워졌음을 의미했다.

이 모든 것이 한편으로는 한 분 하나님을 믿는 믿음들을 단단하게 이어 주는 연결고리를 형성했으며, 다른 한편으로는 새로운 사회적, 문화적 실체를 형성했다. 이후 세대들은 때로 이것을 반반하게 펴서 추상적 신학으로 만들려고 노력했다. 우리 시대에도 일부 사람들이 그런 일을 다른 방식으로 시도하면서 오로지 사회학에만 주목했다. 그러나 이는 지나친 단순화다. 바울이 가졌던 시각은 유대교의 시각이 그 핵심에 있었지만 예수와 관련된 메시아 사건을 중심으로 재형성된 것이었다. 이 시각은 신학과 100퍼센트 관련이 있었지만, 다른 한편으로는 새 공동체의 형성 및 유지와 100퍼센트 관련이 있었다. 이는 골칫거리를 의미했다.

아나톨리아 남부의 정황이나 시리아 서북부의 정황만 골칫거리를 안겨 준 게 아니었다. 예루살렘, 그러니까 바울이 유력한 청년 '열심당원'으로 살았던 시절부터 아주 잘 알았던 이 도시에는 실상을 완전히 달리 보는 시각이 널리 퍼져 있었다.

당시 예루살렘은 누가 뭐래도 예수 운동의 확실한 중심지였다. 예수와 형제지간이었던 야고보는 버금가는 이가 아무도 없는 지도자로 인정받았다. 그는 기원후 62년 강경파 행동주의자들에게 살해당할 때까지 그 역할을 유지했을 것이다. 예수의 마지막 날에 예수와 가장 가까웠던 세 사람 가운데 여전히 남아 있던 두 사람인 베드로와 요한(요한과 형제지간인 야고보는 40년대 초 헤롯 아그립바에게 죽임을 당했다), 그리고 야고보가 새로운 세 거두巨頭를 형성했던 것 같다. 우리가 앞서 말했듯이, "야고보, 베드로, 요한"은 "새 성전"을 떠받치는 구조물인 "기둥들"로 불릴 만했다. 그들은 이스라엘의 하나님이 인간으로 다시 오셨고 이제는 예수 따름이들 가운데 그리고 그들 안에 사신다고 믿었다. 이 믿음은 이제 뿌리를 내려, 예수 따름이들에게 강하면서도 논란의 여지가 있고 위험한 정체감正體感을 제공했다.

물론 그 정체감은 여전히 **유대인이라는** 정체감이었다. 예루살렘의 초기 그리스도인 공동체도 아나톨리아 남부 출신의 바울처럼—그러나 그 공동체가 내린 결론은 바울의 그것과 달랐지만—
자기 공동체가 오래전에 이스라엘이 받았던 약속의 성취라고 보았
다. 그렇다고 이것이 예루살렘 교회가 모두 같은 생각이었다는 말
은 아니다. 사도행전은 중대한 분열을 보여 준다. 그러나 1세기 중
엽 예루살렘에 살았던 사람은 누구라도 이 질문, 곧 한 분 하나님
은 과연 언제 당신이 약속하셨던 일을 기어코 행하셔서 오랜 세월
동안 당신 백성이었던 이들을 로마의 통치라는 치욕과 걸림돌에서
단번에 해방시켜 주실 것인가라는 질문이 던지는 도전을 마주할
수밖에 없었다. 당시 유대인은 로마야말로 짐승 같은 이방인이 하
나님 백성을 통치하는 게 그 궁극에 이른 형태라고 보았다. 때문에
그들은 한 분 하나님이 어떤 방법으로 그리고 언제 저 짐승을 뒤집
어엎으시고 이 땅에 결코 요동치 않는 당신 나라를 세우실지 물어
볼 수밖에 없었다.

　이런 질문은 디아스포라 유대인보다 예루살렘 유대인에게 훨
씬 절박했다. 비시디아 안디옥 같은 도시나 심지어 다소 같은 곳에
오랫동안 거주한 유대인에게는 토라를 잘 지키면서도 로마가 그
들을 강제적인 공공 의무 준수나 축제 참여 같은 일에서 면제해 준
것에 감사를 표할 수 있는 길을 조화롭게 모색하는 일이 더 긴요했
다. 그렇다고 그 상황에 있던 유대인은 다른 미래를 꿈꾸지 않았다
는 말이 아니다. 성경은 아직도 한 분 하나님을 아는 지식과 그분
의 영광이 온 세계를 가득 채울 때가 오리라고 이야기하고 있었다.
비유대인이 사는 저 바깥 세상에 살던 일부 유대인은 그들 자신을

비밀 전위대로 여기면서, 장차 임할 그때로 나아가는 길, 그 미래의 '나라'를 지시하는 이들로 보았을 것이다. 그럼에도 대다수 사람은 로마 당국과 직접 충돌하지 않으면서도 이스라엘의 하나님께 충성할 수 있게 해 주는 삶의 방식을 찾아내는 것으로 만족하곤 했다. 그러나 예루살렘은 사정이 그리 녹녹치 않았다.

우리는 바울과 동시대 사람이지만 그보다 조금 어린 요세푸스가 남긴 상세하고 다채로운 기록을 통해 예루살렘의 상황을 알고 있다. 요세푸스는 그 자신이 부요한 유대인 귀족이었다. 그는 자신이 다양한 유대 '학파'를 섭렵하려 했다고 주장했는데, 로마에 맞선 전쟁(66-70년)이 터졌을 때만 해도 유대 군대의 장군으로 복무했으나, 이후에는 유대를 등지고 로마로 넘어가 로마에서 황제가 주는 연금을 받으며 여생을 보내다 죽었다. 그가 1세기 중엽 예루살렘을 묘사해 놓은 내용을 읽는 것은 대단히 복잡하고 혼란스러운 세계로 자신을 던지는 일이다. 서로 다른 당파와 집단, 메시아 운동과 예언자 운동, 교사와 설교자가 모두 이스라엘의 하나님이 **여기** 혹은 **저기서** 혹은 **이런 식으로** 활동하신다고 주장하면서, 자신들과 현실을 다르게 보거나 자신들과 경쟁하는 지도자를 따르는 이들을 저주하고 그들에게 종종 폭력까지 휘둘렀다. 로마인은 유대 전쟁 마지막 몇 달 동안 예루살렘의 숨통을 조여 왔다. 이들이 어찌나 많은 유대인을 십자가에 못 박았던지, 십자가로 쓸 나무가 다 떨어질 지경이었다. 이때 요세푸스는 비통한 심정을 담아 사실 로마인에게 죽은 유대인보다 다른 유대인에게 죽은 유대인이 더 많았다고 기록해 놓았다. 그것은 로마인이 관대했기 때문이 아니었다.

로마는 이 시기에 평화를 유지하고자 여러 총독을 계속 보냈으나, 적임자가 아닌 이들을 보내는 바람에 사태에는 도움이 되지 않았다. 일부 사람들일지라도 틀림없이 이 사태가 해결되어 양쪽이 모두 사는 화해 협정이 맺어지길 소망했던 때가 있었다. 특히 헤롯 아그립바라는 이름을 가진 두 왕 때가 그랬는데, 이 두 왕은 모두 로마 황제 집안과 친분이 있었다. 그러나 열심이 가득하여 마지막에 임할 하나님나라를 열망했던 다소의 어린 사울에겐 그런 일이 탐탁지 않았을 것이다. 40년대, 50년대, 60년대의 예루살렘은 그런 강경한 견해를 취했던 사람들, 즉 이방인과 타협하려는 생각을 증오하고 히스기야가 하늘의 도움을 힘입어 산헤립에게 거둔 승리나 홍해에서 이집트 사람들을 몰살시킨 일과 같은 것을 더 간절히 바랐던 모든 세대의 본거지였다. 그런 예루살렘에서 예수 따름이가 된다는 것은 과연 어떤 것이었을까?

이번에도 역시 중요한 것은 충성이었다. 당신은 과연 누구 편인가? 당신은 철두철미하게 열심을 품고 한 분 하나님과 그분이 주신 토라를 지지하는 사람, 하나님의 영광을 지키고 그분의 나라를 세우는 일에 필요한 것이라면 무엇이든 하려는 사람인가, 아니면 타협하는 사람인가? 당신은 이방 세계가 당신과 맞으면 기꺼이 그 세계와 협약을 맺고 거래하겠는가? 당신은 기꺼이 당신의 참된 충성을 누그러뜨리고 이방 세계가 우상을 숭배하며 그 결과로 입에 담지도 못할 행위를 저지른다는 사실을 간과하겠는가? 따지고 보면, 광야 세대가 저지른 행위가 그것이었다. 발람을 기억해야 하고, 모압 여자들을 기억해야 했으며, 비느하스와 그의 '열심'을 기억해야 했다. 그리고 비느하스가 그 결과로 받은 위대한 언약의 약속들도 기억해야 했다("이 일이 그의 의로 인정되었으니"). 성경은 한 분 하나님께 바치는 철저한 충성이란 이방 세계와 결코 타협하지 않음을 의미한다는 것을 아주 분명히 했다. 예부터 내려온 이런 충성을 굳게 따르고 이런 충성을 지키는 모습을 드러내야 한다는 사회와 문화의 압력이 강했다. 그런 세계에서 예수 따름이로 존재한다는 것이 어떤 의미였을지 생각해 보라. 그런 세계에서는 시리아나 터키에 있던 예수 따름이들이 부닥쳤던 도전과 사뭇 다른 도전에 직면했으리라.

앞서 보았듯이, 예루살렘 교회가 이 무렵 일종의 반反성전 운동이라는 정체감을 수립했다 할지라도, 그것이 곧 그 구성원들이 '반反유대적'이었다는 의미는 아니다. 설령 그런 일이 있었더라도, 그들은 현재 존재하는 성전 고위층(대제사장 가문을 포함하여 부유한 귀족 계층의 사두개인)을 자신의 잇속을 챙기는 일에는 악을 쓰고 달려들면서 로마인들과 타협하는 데도 열심을 내는 부패하고 맛이 간 무리로 여겼던 다른 많은 그룹과 자신을 동류로 보았다. 초기 예루살렘 교회는, 어떤 면에서 보면 하나님이 '마지막 날'—그 의미가 무엇이든—이 도래했음을 알리고 계신다고 믿었던 다른 그룹들과 같은 삶을 살아가고 있었던 것 같다. 아직 초기 단계였던 이 교회들은 들뜬 마음에 재산을 공동으로 소유했다. 이런 열렬한 사회적 실험은 당연히 훗날 그들을 가난하게 만든 원인이 되었을 것이다. 그들은 기도하고 금식하며 공동체를 이루어 살았고, 가난한 이들과 과부들을 보살폈다. 우리가 말할 수 있는 범위만 놓고 보면, 그들은 유대 율법을 신실히 따랐다. 이런 관점에서 볼 때, 많은 구경꾼의 눈에는 그들이 틀림없이 바리새 운동을 이상한 메시아를 내세워 변형한 이들로, 말하자면 이스라엘의 한 분 하나님께 바치는 뜨거운 충성과 어쩌면 그때까지만 해도 그다지 분명치 않았던 그들 자신의 믿음, 곧 한 분 하나님이 십자가에 못 박히셨다가 부활하심으로 하나님나라를 이 땅에 가져오신 예수 안에서 **그리고 그런 분으로서** 자신을 나타내셨다고 믿는 믿음을 결합한 이들로 보였을 것이다.

나는 심지어 바울 자신을 포함하여 누구라도 우리가 모두 읽고 싶어 하는 책을 쓸 수 있었을까 하는 의문이 든다. 그러니까 예루살렘에 있던 그룹들이 믿었던 것이 무엇인지, 그들이 그들의 여러 소망과 기대를 어떻게 정리했는지, 그들이 어떤 성경 본문을 사용했는지 따위를 꼼꼼히 분석한 책을 쓸 수 있었을까. 그러나 그들은 모두 이스라엘의 소망을, 하나님이 위대한 구원을 이뤄 주시리라는 소망을 믿었다. 예수 따름이들은 그 구원이 아직 완전히 실행되지는 않았지만 이미 시작되었다고 보았다. 그들은 모두 이스라엘의 한 분 하나님께 철저히 충성해야 한다고 믿었다. 이 충성이 정확히 무슨 의미인지를 놓고 격렬한 대립이 있었지만, 이스라엘이 조상에게서 물려받았고 토라에 초점을 맞췄던 전통(전승)이 중심 역할을 하지 않는 충성의 형태가 있을 수 있다고 주장하는 것은 간 큰 이단이나 할 말이었을 것이다. 사도행전에 따르면, 처음으로 이런 금기를 깨고 비유대인에게 가서 설교하며 그들과 식탁 교제를 나눈 이는 바로 베드로였다. 그는 전례 없는 행동이 옳음을 하나님께 확실히 확인받았으며, 의심스러운 눈으로 바라보는 예루살렘의 동료들에게 그렇게 행하는 것이 옳다고 설득했다.[1] 그러나 이런 행동도 그들이 예수 바로 그분에 관하여 믿었던 것과 관련지어 깊이 생각해 보지는 않았던 것 같다. 그것은 실리를 고려한 결단이었다. 영이 이렇게 인도하셨으니, 이는 분명 하나님이 원하시는 일이었다.

따라서 예루살렘이 근거지였던 대다수 예수 따름이들은 여전히 그들의 운동을 예수에 초점을 맞춰 유대인이 충성해 온 강령을 변형한 것으로 보기 쉬웠다. 물론 하나님이 일부 비유대인을 이 운동으로 이끄셨을지도 모른다. 그런 일은 이스라엘 역사에서 늘 일어났으며, 룻기와 나른 다양한 본문도 그 점을 명확히 보여 준다. 그러나 당신의 성경을 통해 언약을 배반하지 말라고 끊임없이 경고하셨던 하나님이 별안간 토라 자체가 더 이상 필요 없다고 선언하실 것을 상상할 수는 없었다.

그러나 많은 예수 따름이를 포함하여 예루살렘에 있던 많은 이들은 바울이 바로 그렇게 가르쳐 오고 있다고 믿었다. 우리는 이런 모습을 이후에도, 그러니까 바울이 그리스와 터키에서 광범위한 선교 여행을 펼친 뒤인 50년대 중엽에 마지막으로 예루살렘에 돌아왔을 때도 목격한다. 바울은 이스라엘의 한 분 하나님이 당신 백성을 언약에 근거하여 다루신 복잡한 내력을 초기 그리스도인의 관점에서 다룬 가장 위대한 글인 로마서 집필을 막 마친 뒤 "이방인에게 간다"고 기탄없이 천명한 그의 말을 그가 분별없이 이방인과 타협했음을 분명히 보여 주는 증거라 여겼던 성난 폭도를 향해 자신을 해명한다.[2] 왜곡된 헛소문에 부화뇌동하여 이런 종류의 반응을 보이는 일은 이미 40년대 중엽 시리아 안디옥에서나, 아나톨리아 남부의 새 교회에서나 빈발했던 것 같다. 사실 따지고 보면, 유대인 예수 따름이를 포함하여 유대인들은 예루살렘을 주기적으로 오고갔다. 예수에 관한 메시지 그리고 그 메시지가 낳은 결과처럼 기이하고 믿어지지 않는 일은 분명 그들의 대화 주제였을 것이다. 시리아 안디옥의 이상한 혼합■ 공동체에 소속한 것에 만족하지 못한 바울과 바나바가 온 세상을 돌아다니며 유대인에게 더 이상 모세 율법에 순종하지 않아도 된다는 말을 하고 다닌다는 말이 나왔을 것이다. 만일 바울이 정말로 하나님이 모세가 남겨 놓고 떠난 문제들을 해결할 길[3]—즉 사람들이 모세 아래에서는 여전히 문제가 되는 모든 일에서 '의로워질' 수 있는 길—을 여셨다고 말했다면, 이는 사실상 토라 자체를 제쳐놓아도 된다고 말하는 것과 다름없었다. 어떤 끔찍한 결과가 이어질지 누구도 단언할 수 없었다.

■ 유대인과 이방인이 뒤섞이고 유대의 전통 가르침과 예수의 메시지가 뒤섞인 것을 말한다.

바울 평전

이 모든 것의 초점은 할례라는 언약의 표지였다. 바울 시대에 살았던 일부 유대인은 할례 관습을 '설명'하려 하면서 할례가 주는 도덕적 효과를 지적했는데, 이들은 성기 포피를 잘라내면 정욕이 줄어든다고 주장했다. 나는 이것이 실제로 효과 있음을 증명하는 증거를 알지 못하나, 유대인이 부도덕한 성생활을 반대하며 내세운 강력한 금기들은 비유대인이 보통 따랐던 성생활 접근법과 달리 분명 억제 효과가 있었다. 그러나 바울 시대 이전 수 세기 동안 할례는 강력한 상징적 의미를 갖게 되었다. 남자아이가 태어난 지 8일 만에 할례를 받음은 창세기 17장으로 거슬러 올라가는 일이자 오경의 여러 곳에서 누차 힘주어 강조하는 일이었으며 언약 구성원이 지켜야 할 의무를 나타내는 표지였다. 다른 몇몇 민족도 이와 비슷한 관습이 있었지만, 바울 시대만 해도 '할례'와 '유대인'은 사실상 같은 말이었다. 이것은 곧 유대인이 아닌 남자가 유대인 공동체에 속하고자 한다면, 창세기 34장에 나오는 히위 족속처럼 할례를 받아야 한다는 의미였다.[4] 사실 예언자들과 모세는 '마음의 할례'야말로 육체의 할례가 가리키고자 했던 궁극의 실체라고 이야기했다. 그 깊은 실체는 종국에 언약 갱신이 있으리라는 약속과 밀접한 관련이 있었다. 그러나 1세기 초에 살았던 사람이라면 설령 한 분 하나님이 정말 언약을 갱신하실지라도 그 언약에 포함될 비유대인이 육체의 할례를 면제받을 수 있다는 생각은 추호도 하지 않았다. 오히려 그 반대였다. 할례는 시금석이요, 기준이라 할 상징이며, 언약에 **충성**함을 다시 한 번 보여 주는 표지가 되었다.

우리는 충성이 무엇인지 그리고 과열된 정치 상황 속에서 살아갔던 한 긴밀한 공동체가 실제로 기능했던 방식들을 생각해 보면, 정말 중요한 문제가 무엇인지를 깨닫게 된다. 예루살렘의 예수 따름이들은 처음부터 곤란에 부닥쳤다. 일찍이 있었던 핍박으로 많은 이가 흩어졌지만, 특히 야고보가 주축이 된 단단한 핵심부는 여전히 예루살렘에 있었다. 그들은 적어도 스데반이 죽임을 당한 때부터 성전과 성전을 중심으로 한 전통에 충성하지 않을 수도 있는 반역적인 이들로 취급받았다. 이제 이런 불충성이 새로운 방식으로 나타나고 있었다. 그들은 예수와 관련 있다고 하는 운동과 하나가 되어, 먼 땅까지 나아가, 거기 있는 유대인에게 토라에 순종하지 않아도 된다고 가르쳤다! 언약에 충성하는 유대인이라면 이 운동을 당연히 그런 운동이라고, 즉 여전히 이 운동을 따르는 유대인이 있다면 결국 마지막 한 사람이 이방인과 구별될 수 없는 지경에 이를 때까지 잇따라서 이방인과 타협하려는 운동이라고 생각했을 것이다. 이곳 예루살렘에 살던 모든 충성스러운 유대인은 이방인이란 하나님이 홍해에서 바로(파라오)의 군대를 뒤집어엎으셨듯이 언젠가는 뒤집어엎으실 원수로 알고 있었다. 그러나 멀리 디아스포라 지역에서는 이 새 운동이 이방인을 유대인과 동등한 친구로 여기는 것처럼 보였다.

결국 예루살렘 항간(巷間)에서는 이 예수 따름이들이 사실은 충성스러운 유대인이 아니라는 말이 떠돌았을 것이다. 그들은 동포를 실망시키고 있었다. 어둠의 세력들이 활동하는 방식은 늘 그런

식이었고, 예루살렘에는 그 지역 예수 운동 가운데서 활동을 드러
내는 첫 징표를 잡고자 눈에 불을 켜고 경계하던 이들이 많았다.
예수 따름이들은 이미 의심을 받던 터라 위험에 빠질 수도 있었다.
그들은 더 넓은 세계에서 벌어지는 예수 운동이—특히 과격파인
바울이—그들을 더 깊은 어려움에 빠뜨리지 말기를, 그들을 공범
으로 만들지 말기를 소망했지만 그것은 이뤄질 가망이 없는 소망
이었다. 그들에게 들려오는 이야기를 종합해 보면, 징후가 좋지 않
았다.

　이처럼 예루살렘에 있던 예수 따름이들과 디아스포라 지역에
있던 그들의 동지들(만일 그들이 이들을 동지라 여겼다면)이 부닥쳤던 실제
삶의 상황을 역사의 관점에서 몇 가지 조심스럽게 제시해 보았는
데, 이런 제안들은 그동안 바울을 읽는 과정에서 걸핏하면 기어들
어왔던 지나치게 단순한 시각을 바로잡아 준다. 현대 서구의 독자
들에겐 이것이 특히 문제였다. 서구 철학은 세계를 둘로 나누어 왔
다. '과학'은 오로지 '확실한 사실'을 다루지만, '예술'은 내면의 의
미를 캐는 막연한 질문을 다룬다고 생각한다. 마찬가지로, 대중문
화만 봐도 내면의 느낌과 동기("자신이 진정 누구인지를 발견하기" 혹은 "마음
가는 대로 하기")를 겉으로 드러낸 '정체'와 대비되는 인간의 참된 실
체라 부르는 게 보통이다. 개신교의 몇몇 형태는 이를 깊이 받아들
여, '복음'은 오로지 내면의 느낌, 마음의 성향과 관련이 있고 겉으
로 드러나는 실체나 행위는 그것이 설령 성격상 도덕이나 '종교'와
관련이 있을지라도 복음과 무관하다고 주장했다. 때로 사람들은

이것이 바로 바울이 가르쳤던 "행위가 아닌 믿음으로 의롭다 하심을 받음"의 유일한 의미라고 생각했다.

이런 생각이 떠도는 분위기이다 보니, 우리는 바울이 할례는 더 이상 하나님의 가족 구성원이 되는 데 중요하지 않다고 역설한 이유를 이해했다고 경솔히 생각해 버렸다. 분명 우리는 바울이 사람의 내면 실체에 관심이 있었으며, 사람들이 제의와 관련된 일련의 가르침에 순종해야 한다고 생각했던 까다로운 율법주의자들의 반대 지점에 있었다고 생각한다! 말하자면, 그가 믿은 것은 율법의 메시지보다 사랑의 메시지, 외면만 일치(준수)하는 것보다 내면의 느낌, 규칙을 담은 책에 의지하는 종교나 전례 행위보다 마음으로 믿음이었다. 특히 우리는 바울이 하나님은 사람에게 완벽한 도덕적 순종을 요구하시지 않는 분이라 믿었다고 생각하는데, 하나님은 어떤 경우에든 늘 바른 행위(이는 사람을 교만하게 만들 수도 있으니)보다 바른 느낌(여기에는 '믿음'도 들어간다)을 선호하시기 때문이었다. 우리는 계속 그렇게 나아갈 수 있었다.

이렇게 묘사한 그림들은 그 자체가 모순으로 가득하다. 바른 '느낌'을 갖는 것이 사람을 교만하게 만들지 않는다고 생각하는 사람은 현재 유행하는 개념 곧 오늘날의 현안과 관련하여 중요한 것은 올바른 '태도'라는 개념을 도통 모르는 사람이다. 하지만 이것 때문에 그런 그림들의 힘이 약해지지는 않는다. 그리고 그런 그림들은 예루살렘에 있던 사람들이 바울이 행하고 가르치는 바를 듣고 놀라는 반응을 보였을 때 일어난 일을 우리가 이해하는 데도 전혀 도움이 되지 않는다.

———————

이어서 네 가지 일이 빠른 시간 안에 잇달아 일어났다. 첫째, 베드로는 안디옥으로 가서 잠시 교회 생활을 같이했다. 우리는 그가 얼마나 오래 안디옥에 있었는지는 모른다. 하지만 이번 일과 그 다음 사건들—바울이 첫 서신 곧 갈라디아서를 쓴 일도 여기에 포함되는데—이 일어난 때는 분명 48년경이었을 것이다. 둘째, 다른 몇몇 사람이 예루살렘에서 안디옥에 왔는데, 이들은 야고보가 자신들을 보냈다고 주장했다. 이런 주장은 안디옥 교회에 작은 동요를 일으켰으며, 바울 자신이 아주 매섭게 묘사한 논쟁을 불러일으켰다. 바울의 묘사가 어찌나 매서운지, 이만큼 멀리 떨어져 있는 우리도 그런 혹독한 비난을 전해 듣자니 얼굴이 붉어질 정도다. 셋째, 어쩌면 몇 주 몇 달이 지난 뒤였을 텐데, 바울은 자신이 바나바와 함께 얼마 전에 세운 비유대인 신자들로 이루어진 아나톨리아 남부의 작은 공동체들로부터 나쁜 소식을 받는다. 이 모든 것이 수많은 고리가 아주 단단하게 맞물려 있는 것처럼 서로 물려 있던 1세기 유대인과 초기 그리스도인의 이해와 오해, 주장 및 반대주장(반박)과 관련이 있다. 이런 점 때문에 네 번째 사건을 이해하기가 특히 어렵지만, 오히려 그렇기 때문에 이 네 번째 사건을 붙잡고 씨름하는 일이 특히 중요하다. 네 번째 사건은 바울이 그의 유명한 첫 서신인 갈라디아서를 쓴 일이다.

그 후 바울은 이 골칫거리의 화근으로 보이던 이들을 말끔히 해결할 수 있으리라는 소망을 품고 예루살렘을 향해 떠났다. 물론 그들은 오히려 **바울**이 골칫거리를 야기한 장본인이라고 생각했다. 논쟁은 늘 그렇다. 오랜 세월에 걸쳐 갈라디아서를 성경의 일부로 읽어 온 그리스도인들은, 갈라디아서가 성경의 일부라면, **우리가 가지고 있는 모습 그대로의 갈라디아서**가—흠 하나 감추지 않고 날 선 말과 비꼬는 말도 그대로 담고 있는 그 책이—바로 성경의 일부임을 다시금 명심해야 한다. 사실은 어쩌면 그것이—사람들이 배워야 할 진리나 순종해야 할 명령을 잠잠히 조용하게 열거해 놓은 목록이 아니라, 여러분 스스로 붙들고 씨름하면서 생각을 키워 가도록 강권하는 들쑥날쑥한 책이야말로—바로 진짜 '성경'일지 모른다.

어쨌든 나는 바울이 이 서신을 구술하기 시작했을 때(그가 구술하여 이 서신을 썼다고 말할 수 있는 이유는 그가 이 서신 말미에서 자신이 직접 자필로 마무리 인사를 쓰고 있다고 일러 주기 때문이다), "이것도 '성경'의 일부가 되겠지"라는 생각을 하지는 않았으리라고 생각한다. 하지만 바울은 한 분 하나님이 그를 불러 비유대인 곧 이방인에게 보낼 사도로 삼으셨다고 믿었다. 그는 예수께서 당신 자신을 그에게 나타내시고 죽음을 이기셨으며 주로 높임을 받으셨다는 소식을 전할 사명을 그에게 맡기셨다고 믿었다. 바울은 예수 자신의 영이 그를 통해 일하셔서, 복음의 능력으로 삶이 바뀐 사람들이 모여 이제 삶을 바꿔 가는 공동체를 세우고 유지하신다고 믿었다. 이제 그는 안디옥과 예루살렘, 그리고 갈라디아에서 벌어진 논쟁에서 긴요한 관건이 된 문제를 분명히 밝힐 책임이 자신에게 있다고 믿었으며 그것 역시 공동체를 세우고 유지하는 일의 일부라고 믿었다. 바울 자신이 이런 과정에서 분명하게 보여 준 취약성도 (그가 나중에 다른 서신에서 강조하듯이) 그가 밝힌 요점 가운데 일부였다. 바울의 글은 복음서와 마찬가지로 한 분 하나님이 예수를 통해 시작하신 새로운 세계 안에서 '권위'라는 것이 가질 법한 모습을 이전과는 완전히 다른 내용으로 재정의했다.

갈라디아서 같은 서신—서신 저자가 아주 빠른 속도로 구술하면서, 저자가 더 자세히 이야기해 주었으면 좋았을 수백 가지 것을 그냥 지나친 채 우리도 저자만큼 이해하고 있으리라 지레 짐작하고 있는 서신—을 이해하는 것은 복잡한 전화 통화의 한쪽 이야기만 들을 때처럼 답답하고 괴롭다. 말하는 이와 듣는 이는 십중팔구 자신들의 말을 듣는 이가 틀림없이 빈칸을 다 채워 넣으리라고 짐작한다. 이런 상황에서는 오해가 일어나기 쉽다. 특히 갈라디아서와 같은 서신의 경우, 서신이 기록된 때로부터 한참 후대에 벌어진 논쟁들은 논쟁 당사자들이 예상하는 바를 서신에 강요하고, 바울이 이야기하는 몇몇 핵심 주제만 강조하며, 어떤 때는 아예 그런 핵심 주제를 왜곡했을지도 모른다. 우리가 그 모든 대화가 벌어졌던 넓은 세계를 더 많이 이해할수록, 바울이 자신이 한 바로 그 말을 해야 했던 이유도 더 많이 알게 될 것이다. 그렇게 되는 것이 바람직하다.

따라서 우리는 안디옥에서 일어난 사건들을 순서대로 다시 살펴보겠다. 첫 번째 사건은 이해하기가 쉽다. 베드로가 안디옥에 왔는데, 때는 아마도 48년 초였으리라. 성경은 베드로의 안디옥 도착을 설명하지 않으며, 사도행전 12:1-17에 그의 기이한 탈옥을 기록한 뒤로는 그가 펼친 활동을 전혀 기록하지 않았다. 우리가 아는 것은 오로지 그가 순회 선교사로 일했다는 것뿐이다. 중요한 점은 그가 처음부터 유대인 신자와 이방인 신자가 '가족'으로 한데 어울려 살아가면서 함께 식사하게 했던 그 지역 예수 따름이들의 관습을 기꺼이 따랐다는 점이다. 따지고 보면, 이것이 바로 베드로 자신이 사도행전 10-11장에서, 그러니까 그가 고넬료(코르넬리우스)를 방문했을 때 자신이 한 행동이 정당함을 예루살렘의 비판자들에게 보여 주면서 받아들였던 원리다. 베드로는 "하나님께서 깨끗하게 하신 것을 네가 속된 것으로 여겨서는 안 된다"는 말을 들었다.[5] 베드로는 그 원리를 따라 행동하면서, 복음의 능력이 유대인의 눈으로 보면 제의 면에서 혹은 도덕적으로 부정한 이방인을 "깨끗하게 하셨다"고 생각했다. 유대인은 이방인의 그런 부정함을 보통 그들과 친밀한 식탁 교제를 나누지 못하게 막는 장벽으로 여겼다.

여기까지는 그런대로 괜찮았다. 하지만 두 번째 사건이 일어나면서 모든 것이 바뀌고 만다. 몇몇 사람들—우리는 이들이 누구인지 모르나, 바울은 이들이 예루살렘에 있던 "야고보에게서 왔다"고 말한다—이 안디옥에 와서는 이 이방인들도 진짜 가족의 일부가 되어 이제 한 분 하나님이 시작하신 위대한 구원 활동에 동참하려면 할례를 받아야 한다고 주장했다. 바울은 갈라디아 사람들에게 이 순간을 적어 보내면서, 베드로가 이 일 때문에 생각을 바꾸었다고 말한다. 베드로는 이때까지만 해도 예수를 믿는 이방인과 즐거이 앉아 식사를 함께 했지만, 이때 예루살렘에서 왔다는 이들이 강경 노선을 취하는 모습을 보고 뒷걸음질쳤다. 베드로 자신이 이 운동 안에서 갖고 있던 위치를 고려할 때, 예수를 믿은 다른 유대인들이 그의 선례를 따른 건 놀랍지 않다. 바울은 "바나바조차 그들의 가식에 끌려가고 말았습니다"라고 말한다.[6]

따라서 이것은 단순히 가르침의 문제, 이론적인 다툼의 문제가 아니었다. 관습의 문제, 그것도 그 밑바탕에 깔린 믿음을 드러내는 관습이 얽힌 문제였다. 애초에 안디옥 공동체가 따랐던 관습은 예수를 믿는 모든 이가 할례를 받고 안 받음에 상관없이 같은 식탁에 앉아 식사한다는 믿음을 반영했었다. 그러나 유대에서 안디옥으로 온 사람들은 할례 받지 않은 이방인과 식탁을 함께함은 잘못이며 유대인 예수 따름이가 충실한 유대인이라면 그 자리에서 물러나야 한다고 분명하게 말했다.

바울이 '조차'라는 표현을 쓴 것은 그가 이때 받은 충격이 오래갔음을 압축적으로 보여 준다. 이 말에는 마치 뼈가 부러진 발로 걸음을 내디디려고 몸부림치는 사람의 고통 같은 것이 들어 있다. **바나바조차!** 바나바는 갈라디아 선교 때 바울과 동고동락했다. 그들은 모든 것을 함께했다. 늘 나란히 붙어 기도하고, 일하고, 찬미하고, 고난을 겪었다. 그들 자신이 많은 비유대인을 가족으로 반가이 맞아들였다. 그런데 이제 이런 일이 벌어졌다. 대체 무슨 일이 일어난 것일까?

바울은 예루살렘에서 온 사람들을 야고보가 실제로 보냈다고 말하지 않으려고 주의한다. 하지만 그들은 야고보의 권위를 앞세운 어떤 주장을 갖고 온 것 같다. 그들의 관심의 초점은, 우리가 조금 전 예루살렘에서 일어난 갈등을 탐구하며 살펴본 내용에 비추어 쉽게 설명할 수 있듯이, 언약에 대한 변함없는 충성이 대단히 중요하다는 것이었다. 할례는 결코 타협 대상이 아니었다. 하나님의 백성은 반드시 정결해야 했기 때문이다. 하나님이 정말로 당신의 나라를 가져오셔서 이스라엘과 온 세상을 이방 민족들이 충성을 바쳤던 어둠의 권세에서 구원하고 계셨다면, 분명하고 단호하게 단절해야만 했다. 이방인이 언약 백성 곧 하나님의 새 창조를 물려받을 백성에 들어오는 것을 허락받으려면, 그들도 언약에 충성한다는 것을 보여 주어야만 했다. 그리고 그것은 곧 할례를 의미했다.

열의와 열심을 다해 하나님나라를 생각했던 유대인으로 가득한 예루살렘의 시각에서 본다면, 방금 말한 내용은 당연한 이야기였다. 그러나 이미 하나님이 당신의 나라를 **십자가에 못 박히신 메시아를 통해** 가져오신다는 것이 무슨 의미인지 심사숙고했던 바울의 시각에서 보면, 그런 내용은 말이 안 되는 이야기였다. 바울은 예수가 이전 사람들이 생각했던 구원을 베풀어 주는 하나님나라 모습에 단지 추가되는 것으로 그칠 존재가 아니라고 믿게 되었다. 그야말로 충격이요 뜻밖이었던 메시아의 죽음과 부활이라는 사건은, 하나님의 영이 부어졌기 때문이라고밖에 설명할 수 없는 개인적 거듭남이 지닌 극적 의미와 결합하여, 모든 것이 바뀌었음을 의미했다. 새 세계가 시작된 것이었다. 사람들이 이 새 세계에 살려하면서도 그와 동시에 이 새 세계가 이전 세계와 완전히 다름을 전혀 깨닫지 못하는 사람들 앞에서도 태연한 척하려 한다면, 그들은 가면으로 실상을 가린 채 연기를 하면서 '얼굴을 꾸미고' 있을 뿐이다. 요컨대 그들은 "연기하는" 것이다. '연기하다'를 가리키는 그리스어가 **휘포크리시스**^{hypokrisis}인데, 여기서 위선을 뜻하는 영어 단어^{hypocrisy}가 나왔다.

소동과 혼란이 일어나고, 서로 고소하며 맞고소하는 일이 이어졌으리라 상상해 볼 수 있다. 바울은 자신이 베드로를 대면했을 때 했던 말을 부랴부랴 요약하여 제시한다. 이런 혼란의 와중에서 그가 한 말을 사람들이 얼마나 많이 알아들을 수 있었을지 우리는 알 수 없다. 다만 다른 경우처럼 이번에도 바울이 애초에 했던 말은 이 요약보다 훨씬 길었으리라는 짐작만 해본다. 이번 문제는 신학과 사람이 다 얽혀 있었다. '기둥'이라 인정받던 사람 가운데 하나였던 베드로는 이방인과 함께 식사하는 자리에서 다른 유대인 예수 따름이들과 함께 물러났다. 이 운동을 통틀어 가장 유명한 인물 가운데 하나였던 그가 이렇게 행동했으니, 다른 유대인들이 침착함을 유지하며 그 자리를 지키기란 매우 힘들었을 것이다. 물론 이 때문에 바울이 베드로와 대면하여 그를 힐난하기는 더 힘든 일이 었으나, 그럴수록 더더욱 베드로를 책망할 수밖에 없었다. 베드로 가 더 이상 그 길로 가지 않게 막아야 했다. 바울은 시간이 흐르는 사이에 성질이 고약하고 말다툼을 좋아하는 사람이라는 평을 얻었 는데, 물론 그의 성격에는 그런 측면이 있었다. 그러나 당신이 만일 어떤 친구가 자신도 모르는 사이에 차가 마주 오는 길로 발을 내디 디면서 자신이 이끌던 무리까지 함께 그리로 데려가려 한다면, 큰 소리로 당장 멈추라고 외치는 것이 그에게 보일 수 있는 가장 큰 사랑이다. 이것이 바로 바울이 한 일이다.

> 게바가 안디옥에 왔을 때, 나는 그에게 정면으로 맞섰습니다. 그가 잘 못을 저질렀기 때문입니다. … 나는 그들이 복음 진리의 길을 올곧게 걷지 않는 것을 보고, 모든 사람 앞에서 게바에게 말했습니다. "보십 시오, 당신은 유대인이면서 이방인처럼 살아왔습니다. 그런데 어떻게 이방인들에게 유대인이 되라고 강요할 수 있습니까?"[7]

이방인에게 유대인이 되라고 강요하는 것. 베드로는 자신이 하는 일이 그런 게 아니라고 생각했을 수도 있다. 그러나 바울은 조금 전에 일어난 일(베드로와 다른 유대인들이 이방인 예수 따름이와 식탁 교제를 나누 다 말고 그 자리를 떠난 일)을 돌아보면서, 그 일이 함축하고 있는 분명한 의미와 그 결과를 내다본다. 만일 여러분이 한 무리 안에 또 다른 무리를 만든다면, 또 다른 무리에 속하지 않은 사람들에게 이 또 다른 무리로 들어와야 한다는 메시지를 보내는 셈이다. 그러나 베드로는 이미 "이방인처럼" 살아오고 있었다. 물론 이것은 베드로가 우상을 숭배한다거나 부도덕한 성생활에 탐닉한다는 말이 아니라, 유대인과 이방인을 구분하지 않고 모든 사람과 더불어 먹곤 했다는 뜻이었다. 베드로는 그 점에서 "잘못을 저질렀다." 그가 현재 하는 행동이 옳다면 그가 전에 취한 입장이 잘못이며, 그가 이전에 취한 입장이 옳다면 그가 현재 하는 행동이 잘못이라는 말이었다.

바울은 이 두 분석 가운데 어느 쪽이 옳은 분석임을 의심치 않았다.

우리는 태어나면서부터 유대인이지 '이방 죄인'이 아닙니다. 그러나 우리는 사람이 유대 율법의 행위가 아니라 메시아 예수의 신실하심을 통해 '의롭다'고 선언됨을 압니다.[8]

이 본문은 예부터 해석자들이 잘못된 결론으로 비약했던 곳이다. '의righteousness'의 문제는 서구의 신학 토론을 지배해 왔다. 대다수 학자들은 여기서 바울이 베드로가 이방인과 함께 음식을 먹는 것(경우에 따라선, 함께 먹지 않는 것)에 관해 이야기하다가 갑자기 화제를 바꿔서 서구 전통이 생각해 온 "사람이 어떻게 의롭다 하심을 받는가"라는 문제에 관해, 다시 말해 전에 '죄인'이던 사람이 어떻게 하나님이 보시기에 '의롭게' 되는가 하는 문제에 관해 이야기를 시작한다고 생각했다.

이제 바울은 죄가 중요한 문제이며 죄에서 구원받는 것이 중요하다고 분명히 믿는다. 그러나 예루살렘이나 안디옥이나 갈라디아에서는 이게 중요한 문제가 아니다. 그들에게 중요한 것은 **언약 가족 안에 있는 신분**이다. '의롭다'는 말은, 종종 이렇게 번역하는 그리스어와 히브리어 단어처럼, 여기에서는 한 분 하나님과 '올바른 관계에 있는 사람'을 가리키며, 이 '관계'는 하나님이 아브라함과 맺으신 **언약**을 말한다. 곧 보겠지만, 예를 들어 바울이 중요한 논증을 확실히 매듭 짓는 갈라디아서 3:29의 결론에서 다루어야 했던 문제는 "누가 아브라함의 참 자녀인 것을 어떻게 알 수 있는가?"이다. 그의 답은 예수에 확실한 초점을 맞춘다. 바울이 베드로에게 강조한 점도 간단하다. 중요한 것은 언약 가족의 일부라는 것이며, 언약 가족은 유대 율법에 의해 정의되지 않고 "메시아 예수의 신실하심을 통해" 정의된다.

우리는 여기서 다시 강력하고 다면적인 단어인 '신실함' 곧 그리스어로 **피스티스**_pistis_를 만난다. 앞서 보았듯이, 바로 이 그리스어는 다양한 뜻의 '믿음'을 의미할 수도 있고, '신실함'이나 '충성'이나 '신빙성'을 의미할 수도 있다. 바울은 여기는 물론이요 다른 곳에서도 우리 눈에는 여러 의미처럼 보이는 말로 언어유희를 구사하는 것 같다. 그러나 그의 눈에는 물론 그렇게 보이지 않았을 수 있다. 중요한 점은 바울이, 열심 넘치는 유대인이라면 하나님과 하나님의 율법을 향한 '충성'이 가장 중요하다 여겨지던 세계에서 다음 넷을 믿었다는 사실이다. 그 넷은 (1)메시아 예수가 하나님의 목적에 철저히 신실하여, 그가 다른 곳에서 말한 대로 "십자가에서 죽기까지 순종"하셨다는 것,[9] (2)예수를 따르는 것—그것이 무엇이든 간에—을 이스라엘의 하나님께 바치는 가장 중요한 충성의 표현으로 봐야 한다는 것, (3)예수를 따르는 자임을 외부인에게 보여 주는 표지는 예수를 믿고, 예수를 '주'로 고백하고, 예수가 죽은 자 가운데서 부활하셨음을 믿는 것, (4)이 예수 형상을 한 충성이 정말 중요하다면, **율법이 말할 수 있는 어떤 것도 예수를 따르는 이들 사이에 끼어들어서는 안 된다**는 것이었다. 다시 말하면(바울이 베드로에게 한 말을 그 자신의 서술 대로 이야기하면) 이렇다.

> 우리 또한 메시아 예수를 믿는 것은 그 때문입니다. 이는 우리 자신이 유대 율법의 행위에 근거해서가 아니라 메시아의 신실하심에 근거하여 '의롭다'는 선언을 받으려는 것입니다. 알다시피, 율법의 행위를 근거로 해서는 어떤 피조물도 '의롭다'는 선언을 받을 수 없을 것입니다.[10]

이 본문은 또 다른 요소를 추가하는데, 바울은 여기서 그 요소를 분명히 밝히지 않는다. 유대 율법이 언약 가족을 정하는 기준이 되면, 바로 그 율법은 유대인을 포함하여 누구에게나 적용될 예리한 질문을 제기할 것이다. 신명기를 읽으면, 이스라엘이 반역하여 한 분 하나님에게서 돌아서고 그에 따른 결과를 치르리라는 것이 보인다. 바울은 이를 근거 삼아 베드로(그리고 자신이 베드로 면전에서 한 말을 듣거나 자신이 쓴 서신이 낭독될 때 이를 들을 다른 모든 이들)에게 이 전혀 새로운 입장을 깊이 생각해 보라고 독려한다.

그렇다면, 메시아 안에서 '의롭다'는 선언을 받으려다가 우리 자신이 '죄인'으로 드러난다면, 메시아를 '죄'의 중개자로 만드는 것입니까? 결코 아닙니다! 내가 이전에 무너뜨린 것들을 한 번 더 세운다면, 나 자신이 범법자임을 입증하는 것입니다.[11]

다시 말해, 바울이 위에서 이야기한 일반적인 유대인의 범주("우리는 태어나면서부터 유대인이지 '이방 죄인'이 아닙니다")에서, 이방인은 율법이 없기 때문에 저절로 '죄인'이 된다는 관념에서 출발한다면, 메시아 백성이 되는 데 율법은 필요하지 않으니 베드로와 같은 사람도 율법이 없는 '이방 죄인'과 똑같은 조건에 근거하여 생명을 얻는다고 말하는 것은 결국 메시아가 이제 '죄'를 눈감아 주신다거나 '죄'와 한통속이 되신다는 말이 되는데, 과연 그러한가? 되새겨 보건대, 이것이 바로 예루살렘 사람들이 염려하던 일이다. 고향에 돌아와 하나님과 율법에 최선을 다해 충성함으로써 장차 임할 하나님나라가 더 빨리 임하게 하려고 애쓰던 그들이었으니, 그들 눈에는 그런 일이 원수와 형제가 되는 것으로 보였을지도 모른다! 그들은 자신이 메시아를 따른다고 말하는 바울의 주장 속에서 사람들을 그릇된 길로 인도하는 거짓 메시아를 보았을지도 모른다. 그들은 바로 이것이 율법이 경고했던 일이라고 말했을지도 모른다.

바울은 이런 생각을 즉각 반박한다. 만일 베드로든 다른 누구든 처음에는 유대인과 이방인을 갈라놓은 벽을 허물었다가(바울의 말처럼, 베드로는 정말로 그렇게 했다. "당신은 유대인이면서 이방인처럼 살았습니다") 뒤이어 그 벽을 다시 세우기로 한다면, 그가 행하는 모든 일은 결국 자기 자신에게 손가락질하는 꼴이 될 것이다. 그가 자신이 "이방인처럼 사는" 잘못을 저질렀다고 인정하면서 율법에 호소한다면, 이는 그가 어쨌든 율법을 어긴 자임을 그 자신에게 상기해 주는 셈이 될 것이다.

나아갈 길은 오직 하나뿐이다. 그것은 메시아가 인도하신 길, 죽음을 통해 새 생명으로 나아가는 길로 가는 것이다. 이 여정은 유대인과 이방인을 가리지 않고 모든 메시아 백성에게 똑같이 적용된다. 여기서 우리는 예수와 관련된 메시아 사건 속에서 일어난 일에 관해 바울이 갖고 있던 이해의 핵심에 다다른다. 이것이 그가 사뭇 다른 세 상황—예루살렘의 상황, 시리아 안디옥의 상황, 갈라디아의 상황—에 내놓은 대답을 생각해 낼 때 중심으로 삼았던 원리다. 바울은 이를 일인칭 단수("나")로 묘사하는데, 그 이유는 그가 자신을 어떤 특별한 영적 체험의 두드러진 사례로 제시하려 하기 때문이 아니라, 열심 있는 유대인인 그조차도 이 길을 걸어가야 했다면, 그것은 분명 이 길만이 가야 할 유일한 길이기 때문이다.

그 점을 이렇게 설명해 보겠습니다. 나는 율법을 통해 율법에 대해 죽었는데, 이는 내가 하나님에 대해 살기 위해서입니다. 나는 메시아와 함께 십자가에 못 박혔습니다. 내가 살아 있지만 내 안에 사는 것은 더 이상 내가 아니라 메시아이십니다. 내가 지금도 육체 가운데 사는 삶은, 나를 사랑하여 나를 위해 자신을 내주신 하나님의 아들의 신실하심 안에서 사는 것입니다.[12]

나는 율법을 통해 율법에 대해 죽었는데, 이는 내가 하나님에 대해 살기 위해서입니다. 이는 1세기에 살았던 유대인은 물론이요 어쩌면 모든 세기를 통틀어 유대인이 여태까지 쓴 말 가운데 가장 비범한 문장 중 하나이리라. 동시에 이 말은 바울이 자신을 충성스러운 유대인, 하나님과 율법에 충성하는 유대인으로 여겼음을 우리에게 일러 준다. 아울러 그는 율법 자체가 일종의 '죽음'을 가리키며, 그 너머에 있는 무언가를, 율법의 은밀한 영역에서 벗어나 새 세계로 들어갈 때에만 얻을 수 있는 무언가를 가리킨다는 것도 알게 되었음을 말해 준다. 율법 자체는 그보다 뛰어난 새 실체, 곧 메시아가 이루실 실체가 나타나면 무대 뒤로 사라질 순간을 예상했었다. 바울은 이 단락에서 세례를 언급하지 않는다(다음 장에서 다룬다). 그럼에도 그가 여기서 피력하는 생각은, 그의 견해에 따르면 세례가 아주 중요하다는 것이다(로마서 6장에서도 같은 생각을 피력한다). 세례는 옛 생활을 버리고 '죽음'을 통해 완전히 새로운 삶으로 들어감을 뜻한다. 그는 여전히 이전과 마찬가지로 살과 피를 가진 인간이지만("내가 육체 가운데 사는 삶은") 이제 자신의 정체성을 인간의 혈통이나 지위가 아니라 메시아 바로 그분 그리고 그 메시아의 신실하심과 성실하심에서 발견한다. 다시 말해, 당신이 원하는 게 하나님과 율법에 대한 충성이라면, 그 충성이 진정 어떤 모습인지를 모든 시대를 상대로 정의해 준 것이 바로 메시아의 죽음과 부활이었다. 메시아가 이루신 그런 실체의 일부가 된 사람에게 중요한 것은, 그들이 전에 가졌던 '유대인'이니 '이방인'이니 하는 지위(와 그 지위를 겉으로 나타내는 표지)가 아니라, 바로 이것 곧 메시아의 죽음과 부활이다.

메시아의 '사랑'을 언급하는 말("나를 사랑하여 나를 위해 자신을 내주신")은 감정에 호소하는 말이지만 그렇다고 감정에만 호소하는 말도 아니다. '사랑'이란 것이 이스라엘의 하나님에게서 나오고 이스라엘 백성을 그 사랑이 없었으면 겪었을 비참한 운명에서 구해 낸다는 생각은 하나님과 이스라엘 간의 언약 그리고 출애굽이라는 구원 행위까지 거슬러 올라간다. 바울은 다른 곳에서 이런 생각을 발전시킬 것이다. 그러나 당장은 자신이 안디옥에서 베드로에게 한 말을 요약한 뒤(이 말을 "야고보에게서 온 어떤 사람들"도 들었다. 그들은 분명 자신들이 들은 말에 충격을 받았으리라) 곧장 결론을 이야기한다.

나는 하나님의 은혜를 저버리지 않습니다. 만약 '의'가 율법을 통해 온다면, 메시아께서 헛되이 죽으신 것입니다.[13]

다시 말해, 베드로와 (딱히 명시되지는 않지만) 야고보에게서 온 사람들이 유대인과 이방인이 각각 딴 층에 자리 잡고 살림을 차리는 2층짜리 예수 운동을 재건하려 한다면, 그들이 행하는 일은 아무

자격이 없는 이들에게 베풀어 주시는 하나님의 주권적인 사랑(다른 말로, '은혜')에서 비롯된 운동과 사실상 아무 상관이 없었다. 하나님은 사람들을 귀찮게 하실 이유가 없었다. 토라 곧 모세 오경이 하나님의 백성을 정의하기에 영구히 충분하다면, **십자가에 못 박히신 메시아는 필요 없는** 셈이다. 이렇게 말할 수도 있을 텐데, 만일 하나님이 부활을 통해 십자가에 못 박히신 예수가 진정 전에도 그리고 지금도 메시아라고 선언하신 것이라면, 하나님은 모세가 하나님의 백성을 거기까지만 이끌 수 있다고 선언하신 셈이다. 모세는 약속받은 땅 곧 이스라엘이 받을 '유산'을 가리켰지만, 정작 그 자신은 이스라엘 백성을 거기로 데려가지 못했다. 갈라디아서는 온통 하나님이 약속하신 궁극의 '유산'을 이야기한다. 아울러 곧 보겠지만, 바울은 이 '유산'의 '상속인'을 토라가 정의하지 못하며 오직 궁극의 '상속인'인 메시아만이 정의할 수 있다고 역설했다.

이제 바울과 베드로가 안디옥에서 빚은 갈등은 그만 이야기하자. 그간 신약 해석자들 사이에서는 바울이 이 논쟁에서 지는 바람에 이후의 선교 여행은 안디옥 교회의 도움을 못 받고 출발해야 했다는 추측이 통설이었다. 나는 딱히 이런 결론을 내려야 할 이유를 모르겠다. 시리아 안디옥에서 갈라디아 남부는 그리 멀지 않다. 모든 상황에 비춰 추측하건대, 사람들은 이 두 곳을 얼마 걸리지 않고 쉽게 오고갈 수 있었다. 나는 바울이 그런 논쟁에서 졌다면, 갈라디아에 서신을 써 보내면서 이런 말은 관두고라도 굳이 위와 같은 내용을 언급했을 리 만무하다고 생각한다. 어쨌든 나중에 그는 안디옥으로 돌아오지만 곤란한 일이 있었다는 말을 일절 하지 않는다.[14] 그러나 이는 우리를 안디옥 상황으로 되돌아가서 세 번째 요소를 살펴봐야 할 지점으로 이끈다. 갈라디아에서는 대체 무슨 일이 벌어지고 있었을까?

———————

바울 서신의 뒤편 상황은 분명 복잡했다. 우리는 그 뒤편 상황을 재구성하려고 바울이 실제로 말하는 내용을 뒤집어 읽어 보는 '거울 읽기mirror reading'에만 의존하지는 않겠지만, 뒤편 상황의 일부는 그렇게 읽어 봐야 할 때도 있다. 아울러 우리는 범위를 더 넓혀 예루살렘과 갈라디아, 그리고 바울의 근거지 안디옥의 상황을 이해하고자 최선을 다해 보겠다.

거듭 말하지만, 지나친 단순화, 특히 (이것은 사람들 사이에 널리 퍼져 있는 것인데) 이전에 좋은 개혁파 신학을 배웠던 갈라디아의 예수 따름이들이 이제는 아르미니우스주의나 펠라기우스주의를 받아들여 그들 스스로 뭔가 '선한 일'을 행함으로 하나님이 그들에게 주신 구원에 뭔가를 덧붙이려 하고 있다는 식의 주장은 피해야 한다. 아울러 두말하면 잔소리지만, 앞의 주장과 내용은 반대이나 수준은 동일한 주장, 곧 바울은 한마디로 공동체들을 꼭두각시 부리듯 부려먹으면서 자신의 진짜 목적을 숨기고자 '사회를 향한' 강령을 제시하고 '신학' 논증을 사용했다고 주장하는 일 역시 피해야 한다.

이 가운데 어느 주장도 타당하지 않다. 모든 표지를 살펴보건대, 바울은 성경에서 말하는 한 분 하나님의 목적이 메시아 예수 안에서 다 이뤄졌다고 이해했으며, 이런 목적 달성이 어떤 특정한 유형의 공동체를 창조해 내는 것과 관련이 있다고 이해했다. 그런 점에서 바울에겐 우리가 '신학'이라 부르는 것과 '사회학'이라 부르는 것이 한 덩어리로 단단히 뭉쳐 있었다.

그러나 "야고보에게서 온 어떤 사람들이" 시리아 안디옥에 왔을 때와 거의 같은 시기에 역시 어떤 이들이 예루살렘 교회의 권위를 앞세우며 갈라디아에도 왔던 것 같다. 갈라디아에 온 이들이 전한 메시지도 야고보에게서 왔다는 이들이 안디옥에 퍼뜨리고 있던 것으로 보이는 메시지와 비슷했다. 그 메시지는 이방인을 형제로 삼는 일을 모두 그만두어야 한다는 것이었다. 참된 이스라엘 백성 곧 아브라함의 가족으로 인정받고픈 이방인은 누구든 할례를 받아야 했다. 하나님나라가 정말로 임하면 하나님의 백성을 이 세상과 이 세상의 악한 길에서 구해 내겠지만, 할례를 받은 이들만이 그 나라를 유산으로 받을 것이다.

적은 수에 불과한 갈라디아의 예수 따름이 무리에게 설파한 이 날카로운 메시지는 바울 자신을 향한 인신공격도 담고 있었다. 이 메시지를 전하던 이들은 바울이 예수의 메시지를 한 다리 건너 전해 들은 2순위 대표에 불과하다고 말했다. 바울은 자신의 '복음'을 예루살렘에서 전해 들었지만, 그 복음의 본질 요소 가운데 하나를 파악하지 못했거나 그 본질 요소는 그냥 전하지 않기로 하고 제

쳐 버렸다. 만일 갈라디아 사람들이 나무의 꼭대기라 할 예루살렘
에 물어보았으면, 바울이 그들에게 전해 준 이야기와 다른 이야기
를 발견했으리라는 게 그 메시지를 전하던 이들의 이야기였다.

이 모든 일이 예루살렘에서 온 사자들에게 왜 그토록 절박했
으며 갈라디아 남부 지역의 많은 이들에게 왜 그토록 중요했는지
알아보려고 그 심층까지 깊게 파들어 갈 필요는 없다. 앞서 보았듯
이, 예루살렘에는 다가오는 하나님나라와 관련된 열심에서 우러나
온 추측이 난무했다. 이런 추측을 하는 이들은 '이방인'을 늘 마지
막에 그들이 받을 벌을 받을 악당이라 여겼다. 사람들은 토라를 지
킨다는 말이 정확히 무슨 의미인가에는 의견을 달리했지만, 토라
를 지키는 것이 중요하다는 데는 아무도 이의를 달지 않았다. 이방
인이 왜 이스라엘이 조상 때부터 물려받은 믿음과 이스라엘의 소
망에 위협에 되는가라는 문제에서는 사람마다 의견이 다를 수 있
었으나, 이방인의 위협이 현실이라는 데에는 아무도 이의가 없었
다. 따라서 이스라엘의 메시아가 이방인을 이스라엘 백성과 같은
조건으로 새 공동체 안에, 곧 (언약을 나타내는 표징인 할례를 포함하여) 토
라가 보통 내걸던 기준을 제쳐놓은 공동체 안에 반가이 받아 주신
다는 어떤 주장도 틀림없이 앞뒤가 안 맞는 주장으로 취급받았을
것이다. 그런 주장은 마치 이름은 지체 높은 이들의 혼례라면서, 실
은 그 태생이 귀한 신랑이 식장에 와서 자신은 길에서 만나 눈이
맞은 집시 여인과 달아나려 한다고 선언하는 것과 같으리라. 하나
님은 이스라엘에게 온 세상을 유업으로 주신다고 약속하셨으며,

이방인은 이제 자신들도 이 약속을 공유하고 있다고 생각했겠지만, 그렇게 생각하는 이방인은 착각에 빠진 것이다. 할례 받지 않은 이방인을 '가족'으로 여기라는 유혹에 넘어간 유대인은 하나님 백성의 순수성을 훼손하는 것이었다. 그런 유대인은 약속 받은 유업 자체를 위험에 빠뜨리고 있었다.

우리는 조금 전 예루살렘을 기초로 삼았던 예수 따름이들이 받은 압박을 언급했다. 우리도 충분히 짐작할 수 있지만, 그들은 문제를 바로잡아 자신들이 사실은 얼마나 충성스러운 유대인인지를 자신들을 의심하는 예루살렘의 친구들과 이웃에게 증명해 보이고 싶었으리라. 예수를 믿는 이방인이 할례를 받기만 하면 모든 사람이 행복해질 것이다! 충성스러운 유대인이 아니라는 비판도 사라지리라. 그리하여 마치 다소의 사울이 10년 전에 하나님을 모독하던 그런 예수 따름이들을 불러모으기 시작했듯이, 다른 누군가─그림자처럼 그 이름도 드러나지 않은 인물로서 아마도 두세 친구가 있었을 법한 인물─도 바울이 내건 강령과 관련은 있으나 사뭇 다른 강령을 주장하기 시작했다. 그는 이 새로운 운동이 이 주장을 따르게 하려고 했다. 바울은 이 사람이 하는 일을 알아차렸을 것이다. 예전의 그가 했을 법한 일이었다. 바울은 십중팔구 문제가 된 이 사람을 알았을 것이다.

이와 동시에 갈라디아 남부에 있던 유대인 공동체들도 압박을 받았다. 완전히 로마식으로 바뀐 속주에 살던 이들이 특정 성읍이나 도시에 사는 유대인들이 어떤 사람들인지 알았다면, 아무 문제가 없었을 것이다. 사람들은 유대인의 우스꽝스러운 관습을 조롱했을지도 모른다. 그러나 적어도 유대인이 지역의 종교 제의, 특히 사람들을 흥분케 하고 로마와 카이사르를 숭배하던 새 종교 제의에 참여하지 않아도 된다는 공식 허가를 받은 사실만은 모든 이가 알았을 것이다. 이 새 종교 제의는 바로 로마 안에서 '주'와 '구주'가 제공한 평화와 번영이 온 세상에 걸쳐 새로운 현실로 나타난 것을 송축했다.

그러나 비유대인이 예수의 복음에 붙잡힐 때마다 맨 먼저 일어나는 가장 중요한 일이 있었으니, 일단 살아 계신 참 하나님이 계시고 그분이 자신들을 사랑하신다는 말을 들으면 그들은 전에 숭배하던 우상에게서 돌이키곤 했다. 그렇게 하여 사생활이란 게 없던 세계, 사람들이 서로 남의 집 대소사를 다 알고 사회규범에서 어긋나는 행위는 금세 눈에 띄어 사람들의 분노와 질타의 대상이 되곤 했던 세계에 별안간 새로운 그룹이 등장했다. 이 예수 따름이라는 새로운 그룹은 유대인 같지 않았다. 아니, 분명 이전의 유대인 그룹과 달랐다. 남자가 할례를 받지 않았고, 안식일을 지키지 않았으며, 다른 것도 달랐다. 그러나 이 그룹에 속한 이들도 유대인과 마찬가지로 때를 따라 행하는 제의나 주마다, 달마다, 혹은 해마다 거행하는 의식과 송축 행사와 거리를 둔 채 떨어져 있었다. 따라서 예루살렘에 있던 예수 따름이들이 이스라엘의 성전과 토라에 보인 태도 때문에 충성하지 않는다는 의심을 받았다면, 디아스포라에 있는 예수 따름이들은 그들 자신이 사는 지역의 종교 제의에 보인 태도 때문에 그들이 속한 공동체와 로마에 충성하지 않는다는 의심을 받았을 것이다.

따라서 비시디아 안디옥, 이고니온, 루스드라—모두 로마 식민지였음을 기억하자—같은 도시에 있던 유대인 공동체들은 이러지도 저러지도 못하는 신세였을 것이다. 시 당국이 그들을 의심했으리라는 상상도 해볼 수 있다. 당국은 이들에게 이렇게 물었을 것이다. "이 사람들은 누구인데 별안간 신들에게 예배하기를 그만두겠다는 거냐? 유대인인가, 아니면 다른 이들인가? 우리가 알아야겠다! 정리하고 넘어가든지, 심문하든지 해야겠다." 지역 회당 공동체는 당연히 엇갈린 반응을 보였을 테고, 사회가 가하는 압박은 고조되었으리라. 견딜 수 없는 상황이었다. 뭔가 조치를 취해야 했을 것이다. 따라서 우리는 지역 유대인 지도자들이 그 지역 유대인 예수 따름이들에게 사람들을 놀라게 한 그들의 새 친구인 이방인 예수 신자도 유대인 예수 따름이와 같은 길을 걷게끔 설득하라고 압력을 넣으려 했으리라는 것을 쉬이 상상해 볼 수 있다. 지역 유대인 지도자들은 이렇게 다그쳤다. "너희 이방인 친구를 설득하여 할례를 받게 해라. 어떤 수단이든, 어떤 압력이든, 너희 좋을 대로 사용해서 할례만 받게 해라. 그러지 않으면 우리가 다 곤란해진다."

예루살렘과 갈라디아에서 일어났을 법한 일을 이런 시나리오로 재구성해 봤지만, 물론 이것은 어디까지나 추측이다. 그러나 이렇게 재구성한 결과는 우리가 당시의 더 큰 세계*에 관해 알고 있는 내용 그리고 각 지역 공동체들이 종종 직면했던 다양한 도전과 부합한다. 무엇보다 이 재구성의 결과를 따르면, 바울이 당시에 쓴 서신을 아주 잘 이해할 수 있다. 우리는 이런 압력들—서로 다른 사회와 문화를 배경 삼아 형성된 그룹들 사이에 빚어진 갈등—이 관련된 사람들이나 바울 자신의 눈에는 (우리가 쓰는 용어로) '종교적' 갈등이나 '신학적' 갈등**이라기보다** '사회적' 갈등으로 보였으리라고 상상해서는 안 된다. 1세기에는 그런 구분이 무의미했다. 신께 올리는 예배가 공동생활의 중심임을 모두가 알고 있었다. 그 예배가 모든 것을 하나로 묶고 사회를 안정시켜 주었다. 예수 따름이들에게 복음 사건 속에서 극적으로 역사하셨고 이제도 당신의 영으로 능력 있게 역사하고 계신 살아 계신 참 하나님을 예배하는 일은 전과 다른 새로운 공동생활을 만들어 내고 유지시켜 주었으며 공동생활에 통일성을 부여하고 안정성을 북돋아 주었다. 물론 그에 따라 그 지역의 다른 모든 공동생활이 갖고 있던 말쑥한 패턴을 무너뜨리는 희생을 감내해야 했다.

따라서 바울이 할 일은 복잡하고 만만치가 않았다. 그는 상이한 온갖 불안은 물론이요 사회와 문화, 종교와 신학과 관련된 여러 압력과 강령이 그물처럼 복잡하게 얽혀 있음도 아주 잘 이해했을 것이다. 그는 자신이 세운 공동체들이 가운데 끼어 난처한 처지에 있음을 보았을 것이다. 아울러 그들이 혹은 그들 가운데 일부가 그들을 '괴롭히는' 이의 가르침에 아주 속절없이 굴복하고 마는 것

■ 팔레스타인을 넘어 온 지중해 지역을 아우르는 세계.

에 충격을 받았을 것이다. 그들은 바울이 그들을 위해 온갖 풍상을 겪는 것을 보고도 그에게 충실하지 않았고, 바울은 인간적으로 그런 그들에게 상처를 받았을 것이다(그는 이 서신 여러 곳에서 그런 심경을 토로한다). 그러나 무엇보다 바울은 그들이 그 모든 것의 핵심, 곧 예수 자신과 그의 죽음과 부활이 가지는 의미는 물론이요 이 예수를 통해 새 세계, 새 창조가 이미 시작되었다는 사실을 이해하지 못한 것처럼 보인다는 데 충격을 받았던 것 같다. 그들은, 마치 십자가와 부활이 전혀 일어나지 않은 것처럼, 마치 살아 계신 참 하나님이 언약에 기초한 당신의 사랑을 이스라엘**에게는** 물론이요 인간으로 나타나신 이스라엘인 메시아**를 통해** 온 세상에 계시하시지 않은 것처럼 여기면서, 새 실체에서 옛 세계로 뒷걸음질 치는 심각한 위험에 빠져 있었다.

우리가 갈라디아서를 샅샅이 연구하여 바울이 이처럼 그가 사용할 수 있는 온갖 수사와 풍자를 사용함과 동시에 비애와 인간적 호소를 동원하여 일필휘지로 정곡을 찌르는 글을 쓰게 된 전말을 설명하려면 따로 책 한 권이 필요할 것이다. 그는 몇 가지를 이야기하는데, 이야기는 하나씩 다가온다.

바울은 자신이 서두에서 한 인사말을 중단하고, 자신의 '사도직'이 한 다리 건너 다른 누군가에게 받은 것이나 다른 사도의 사도직보다 떨어지는 것이 아니라, 하나님과 예수께서 직접 주신 선물임을 역설한다. 그는 "사도 된 바울"이라는 말로 시작한다. 이어 잠시 말을 끊고 마치 괄호를 써서 말을 덧붙이듯이 "내 사도직은 사람들에게서 유래한 것이 아닙니다"라고 말한다. 곧이어 그는 균형을 되찾고 근본 원리를 진술한다. 그의 사도직은 하나님 바로 그분, 그리고 메시아이며 우리 주*Kyrios*이신 예수에게서 왔다. 이 메시아는

> 우리 아버지 하나님의 뜻에 따라 현재의 악한 시대로부터 우리를 건지시려고 우리 죄를 위하여 자신을 내주셨습니다. 하나님께 영광이 세세토록 있기를 바랍니다. 아멘.[15]

여기에서는 각 요소가 모두 반드시 있어야 할 것이다. 바울이 선포한 '좋은 소식'은 한 분 하나님이 늘 계획하셨고 의도하신 것이다. 그것은 갑자기 나중에 다시 생각하여 덧붙인 게 아니다. 예루살렘이나 갈라디아에 있던 유대인들은 예수에 관한 메시지를 이상하다고, 독특하고 괴이하다고 여겼을 수도 있다. 그러나 실은 그것이 오랫동안 기다려 온 새 창조의 첨단이다. 이것이 가장 중요하며 바울도 일하는 내내 이를 중심으로 삼았다.

이 중심점은 "현재의 악한 시대"와 이제 동튼 새날의 차이와 관련이 있다. 바울은 여기서 세상이 잘 알고 세상에 널리 퍼져 있던 고대 유대인들의 믿음, 곧 세계사는 슬픔과 치욕과 유배와 죽음으로 점철된 '이 시대'와 만물이 바로잡힐 '오는 시대'라는 두 '시대'로 나뉜다는 믿음을 강조한다. 이 믿음은 바울 이전에 여러 세기 동안 널리 퍼져 있었으며, 한참 뒤인 랍비 시대에도 줄곧 규범

노릇을 했다. 그러나 바울에게 뭔가가 일어났었다. 살아 계신 하나님이 사람들을 '이 세대'에서 구하시고 '오는 시대'를 여시고자 사람으로, 예수라는 사람으로 활동하셨다. 이 두 시대는 첫 시대가 끝나면 두 번째 시대가 오는 식으로 잇달아 오는 시대가 아니었다. 새 시대는 '이 시대'가 아직 굴러가고 있는데 느닷없이 역사 무대에 등장했다. 이것은 하나님의 계획이 직접 초래한 결과였다. 이 계획을 통해 예수가 "우리 죄를 위하여 자신을 내주셨"고 이 계획으로 말미암아 '이 시대'의 힘이 부서지고 새 세계가 시작할 수 있었다. 어떤 의미에서는 이 서신 전체가, 그리고 어느 정도는 바울의 모든 작품이 이 찬란한 시작을 그저 풀어 보이고 설명할 뿐이다.

요약은 늘 위험을 동반하지만, 독자들을 바울의 세계 안으로 초대하여 살아 보게 함으로써 바울이 쓴 서신을 원래의 문맥 속에서 읽고 이를 통해 그 서신이 말하는 취지를 완전히 파악할 수 있게 하는 것이 이 책의 목적 가운데 하나다. 당장은 거듭 등장하는 다섯 가지 요지만 언급해도 될 것 같다. 요지 하나하나를 길게 이야기할 수도 있겠지만 말이다.

첫째, 되풀이하는 말이지만 바울은 예수를 통해 일어난 일이 새 창조의 시작임을 되새겨 준다. 예수와 영이 펼쳐 보인 메시아 사건은 단순히 여러 종교적 선택지 가운데 또 다른 선택지를 제시하거나 옛 주제를 새롭게 비틀어 제시한 것이 아니다. 그 사건이 의미하는 게 있다면, 그것은 바로 창조주 하나님이 옛 창조를 끝낼 시간이 되었음을 밝히시면서 옛 창조가 다 끝나기도 전에 새 창조를 시작하셨음을 뜻한다. 당연히 새 창조는 불편하다. "할례도 아무것도 아니요, 할례 받지 않은 것도 아무것도 아닙니다. 중요한 것은 새 창조입니다."[16] 예루살렘에서 온 사자들과 그 지역의 압력 집단들은 새 창조라는 태풍을 옛 세계라는 병 속에 다시 집어넣으려 한다. 그런 일은 될 수가 없다. 메시아의 죽음은 이 세상 권세를 격파했다. 덕분에 우상을 섬기던 비유대인이 이전의 노예 신세에서 풀려나 자유를 얻었다. 바울의 분석은 예리하다. 그는 이렇게 말한다. "너희가 이를 되돌리려 한다면—너희 소원대로 할례를 받고자 한다면—너희 스스로 새 창조를 믿지 않는다고 말하는 셈이다. 말하자면, 메시아가 죽지 않아도 되는데 괜히 죽었다고 말하는 셈이다. 그것은 너희가 여전히 옛 세계 사람이라고 말하는 것이다. 그건 너희가 앉아 있던 나뭇가지를 잘라 버리는 일이다."

둘째, 복음 사건 속에서 일어난 일 그리고 바울 자신의 사역에서 일어난 일은, 사실 성경이 하나님의 계획이라 밝힌 것의 완성이다. 바울이 복음을 한 다리 건너 얻었고 제멋대로 뒤죽박죽 만들어 놓았다는 사람들의 비판을 물리치고자 자신의 초기 활동을 길게 설명해 놓은 내용은, 예언자들이 '부름' 받았던 장면과 열방의 빛이 되리라는 이사야서의 '종'을 거듭 되울려 준다. 바울은 이렇게 말한다. "유대인 사자들이 너희에게 뭐라 말하든, 나는 너희에게 예수를 통해 일어난 **일과 내 자신의 사역을 통해 일어나고 있는 일**이 바로 이스라엘의 성경이 늘 보여 주었던 일임을 증명할 수 있다." 바울이 다메섹으로 가는 길에 부르심을 받고 사명을 받은 일과 이후에 있은 그의 예루살렘 방문은 그의 복음이 누구를 거치지 않고 직접 받은 복음임을 분명하게 일러 준다. 예루살렘의 사도들이 이런 과정에서 기여한 게 있다면 오로지 그를 도와준 것뿐이었다. 마찬가지로, 갈라디아 교회가 내내 가까이서 지켜보았던 바울의 고난도 그의 복음을 아주 선명하게 증명하는 표지판이었다. 특히— 이것은 이 서신의 중심 주제를 이루는 것이기도 하다—하나님이 아브라함에게 하셨던 약속이 메시아 예수 안에서 완전히 이루어졌다. 하나님은 아브라함에게 온 세상을 아우르는 가족을 약속하셨다. 시편과 이사야서는 이 약속의 초점을 오실 왕, 하나님의 아들이 될 다윗의 자손에게 초점을 맞췄다. 하나님은 예수 안에서 당신이 이전에 약속하셨던 일을 행하셨고, 새 창조를 이뤄낼, 하늘에서 당신 나라를 이루시듯 땅에서도 이뤄낼 운동을 시작하셨다.

이어서 바울은 세 번째로 대단히 중요한 점을 이야기한다. **이모든 것이 모세가 제기했던 문제를 훌륭하게 해결했다.** 갈라디아서 3장은 예루살렘의 열심당과 그들의 디아스포라 사촌들이 토라에 보인 열렬한 충성을 측면에서 포위해 압박한다. 모세는 신명기 말미에서 이스라엘에게 저주가 담긴 경고를 남기는데, 그 저주는, 아담과 하와가 창세기 3장에서 살던 동산에서 쫓겨났듯이, 살던 곳에서 쫓겨나 포로로 끌려감으로써 절정에 이르게 된다. 모세의 토라는 하나님이 사람들을 살릴 목적으로 주셨으나, 그 목적은 아브라함에게 주신 약속이 이뤄지기 이전 시대까지만 유효하다는 시간 제약이 있었다. 이제 이 약속이 이뤄졌으니, 토라는 더 이상 이 주제에 관하여 할 말이 없었다.

메시아에게 속한 이는 모두 아브라함의 참된 '씨'요, 하나님나라와 새 창조라는 약속을 유업으로 받기로 보장받았다. 바울은 창세기를 인용하면서, 아브라함이 하나님을 믿으니 "그것이 그의 의로 여겨졌다"고 말한다.[17] 앞서 이야기했지만, 다소의 사울이 어린 열심당원으로 살던 시절부터 그의 머릿속을 떠나지 않았던 말이 있다. 비느하스는 하나님과 토라를 향한 열심을 품고 행동했으며, "그것이 그의 의로 여겨졌다." 하나님은 그와 당신의 언약을 세우셨다. 유다 마카베오의 아버지 맛다디아는 자기 아들들에게 거룩한 열심이 가득한 삶을 살아가라고 당부하면서, 이 말을 인용하고 아브라함과 비느하스를 언급했다.[18] 이제 바울은 언약과 열심을 재해석한다. 하나님은 당신이 아브라함에게 하신 약속을 이행하셨지만, 이는 거룩한 유대인과 사악한 이방인을 갈라놓지 않고, 오히려 유대인과 이방인이 한 식구가 되는 믿음의 가족을 세우고 있었다. 이것은 하나님이 늘 뜻하시던 일이었다.

넷째, 이 일은 오랫동안 기다려 왔던 '새 출애굽'을 통해 이루어졌다. 모든 유대인이 그 이야기를 알았다. 이집트에서 노예로 살았던 삶, 하나님이 바로(파라오)에 거두신 승리, ('하나님의 맏아들'인) 이스라엘이 구원받아 홍해를 건넌 일, 시내산에서 토라를 선물로 받은 일, 하나님이 성막에 오셔서 영광스럽게 임재하셨던 일, 아브라함의 자손들이 약속받은 땅을 '유산'으로 받고자 고향으로 돌아간 일을 알았다. 바울은 갈라디아서 4:1-7에서 예수와 영을 핵심으로 삼아 이 이야기를 다시 각색하여 들려준다. 온 세상이 노예로 잡혔다. 그러나 하나님은 당신의 아들을 보내 이 세상을 구하시고 당신의 영이 내주하게 하셨다. 아브라함의 자손들은 그들이 받을 '유산'을 보장받았다. 하지만 씁쓸한 뒷맛이 있다.[19] 바울은 갈라디아 사람들에게 그들이 광야에서 이집트로 돌아가고 싶어 했던 옛 이스라엘처럼 행동할 위험에 빠져 있다고 경고한다. 만일 그들이 할례를 받는다면, 그들 스스로 새 자유보다 옛 노예 생활이 좋다고 말하는 셈이 될 것이다.

이 때문에 살아 계신 하나님은, 마지막으로 그리고 확실하게, 당신이 늘 생각하셨던 **단일 가족**을 창조하셨다. 이 가족 구성원을 규정하는 특징은 **믿음**, 곧 **피스티스**다. 하나님은 아브라함에게 유대인 가족 하나와 비유대인 가족 하나라는 두 가족을 약속하시지 않았다. 베드로가 안디옥에서 한 행위, 즉 유대인 예수 따름이와 비유대인 예수 따름이가 각각 다른 식탁에 앉아 식사하려 한 일은 사람들에게 마치 하나님이 두 가족을 약속하셨다는 암시를 주었을 것이다. 남자 이방인 회심자에게 할례를 행하여 억지로 단일 가족을 만들어 내는 것 역시 하나님 뜻이 아니었다. 토라로 언약 지체가 될 수 있었다면, 메시아가 굳이 죽을 이유가 없었으리라.

그렇다면 여러분은 이 단일 가족을 어디서 찾아낼 수 있을까? 유일하고 확실한 표지는 **피스티스**—믿음, 신실함, 충성—이다. **피스티스**는 이 모든 의미는 물론이요 더 많은 의미를 담고 있다. 물론 이것은 사람들이 보통 말하는 어떤 '종교적 믿음'이 아니라 '메시아의 믿음', 곧 그의 죽음이 죄의 힘을 이김으로써 사람들을 이 악한 시대에서 구해 낸 메시아 자신의 신실하심이다. 그 믿음은 복음의 메시지가 불러일으킨 믿음이요, 예수가 주^{Kyrios}이심을 고백하고 하나님이 그를 죽은 자 가운데서 부활시키셨음을 믿음으로써 메시아 자신의 신실하심을 그대로 되울려 주는 믿음이다. 그 믿음은 복음의 메시지에 귀를 기울이며 바른 길에서 벗어나기를 거부하는 충성이다. 바울은 예루살렘에 있던 토라 충성파와 갈라디아에 있던 황제 충성파를 움직인 동인이 된 중심 주제 가운데 하나를 가져다가, 그것을 거의 전문 용어 수준으로 높인 한 단어로, 곧 예수 안에서 그리고 예수로서 자신을 나타내시고 이제는 영을 통해 활동하시는 살아 계신 참 하나님, 한 분 하나님께 바치는 충성을 가리키는 단어로 바꿔 놓았다. 그것이 새로운 충성이요 논란의 대상이 된 충성이었다. 하지만 **피스티스**라는 단어는 본디 그것이 갖고 있던 이런 의미를 떠나지 않으면서 훨씬 더 많은 의미를 아우르게 되었다. 이 단어는 특히 예수를 알리는 소식을 듣고 사람의 마음과 생각 속에서 용솟음치는 인격적 지식과 신뢰, 하나님의 친밀한 임재와 사랑을 느끼는 것마저 의미하게 되었다.

이것이 말하자면 바울의 유명한 '이신칭의'론* 교리이다. 이는 어떤 '종교적 인식'이라는 의미의 '믿음'이 다른 어느 것보다 우

■ doctrine of 'justification by faith.' 보통 이신칭의 교리라 번역하나, 바울이 이를 주장할 때는 아직 교회의 공식 교리로 확정되기 이전이므로 교리라 번역하지 않고 논論이라 번역했다.

월한 인간 경험의 한 종류라는 의미가 아니라, 복음을 믿고 복음이 드러낸 한 분 하나님께 충성한 사람은 아브라함이 약속받았던 온 세상을 아우르는 단일 가족의 식구로 알려지며 그도 자신이 그런 사람임을 알게 되리라는 의미다. 그 가족은 모든 사람이 온갖 차이에도 불구하고 함께 한 식탁에서 식사하는 새 공동체, "모두 메시아 예수 안에서 하나"이므로 유대인이나 그리스인도 없고, 노예나 자유인도 없으며, "남자와 여자"의 구분도 없는 새 공동체를 의미했다.[20]

따라서 이 새로운 종류의 공동체는 새 창조의 전위대였다. 그것은 이스라엘의 성경에 내린 뿌리 가운데 가장 깊은 뿌리이자 이스라엘의 하나님과 맺은 관계 가운데 가장 친밀한 관계를 갖고 있음을 주장하는, 그야말로 드라마틱한 새 전망vision이었다. 바울은 갈라디아 사람들에게 그들이 새 출애굽 백성이요 하나님의 참된 "자녀"이므로 하나님이 "자기 아들의 영을" 그들 마음에 "보내셔서" "'아바, 아버지'라 부르게 하셨"다고 말한다.[21] 따라서 영은 마지막에 받을 유업, 곧 새 창조라는 약속된 땅을 내다보고 가리킨다. 이 새 실체를 무너뜨리려 하는 자, 어떤 동기에서든 이것들을 옛 세계로 다시 끌고 가려는 자는 누구든 버림을 받을 것이다. 예루살렘이 지금도 만물의 중심이니 예루살렘 지도자들이 최종 결정권을 가져야 한다고 주장하는 자는 누구든 하늘에 있는 예루살렘이 정말 중요함을 명심해야 한다.[22] 황제(카이사르)의 '복음'이든, 토라와 예수를 결합한 '복음'이든, "또 다른 복음"은 있을 수 없다. "중요한 것은 새 창조입니다."[23]

갈라디아의 교회들이 처음에 이런 말을 듣고 과연 얼마나 이해했을까 싶은 생각이 들 수도 있다. 그러나 갈라디아 교회들은 바울이 갈라디아에 보낸 서신을 큰 소리로 읽고 또 읽었으리라. 그들은 이 서신을 놓고 토론과 논쟁을 거듭했을 것이다. 이 서신을 전한 이는 십중팔구 바울이 하려는 말이 뭔지 설명해 달라는 요구를 받았을 것이다. 교회 안의 교사들은―가르침은 초기 교회 생활에서 아주 중요한 부분이었다―회심자들이 거미줄처럼 치밀하게 얽혀 있는 성경 언급 부분과 인용 부분을 이해할 수 있게끔 최선을 다해 도왔을 것이다. 우리는 당시에 그것이 얼마나 효과를 거두었는지 모른다. 어쩌면 갈라디아의 일부 비유대인 예수 따름이들은 자신들의 뜻을 밀고 나가 할례를 받았을 수도 있고, 아니면 그들 모두가 열심을 앞세워 그들에게 완전한 유대인이 되라고 다그치는 열심당의 요구를 뿌리치고 바울과 함께 가기로 결정했을 수도 있다. (바울은 그다음에도 이 지역에 오시만, 누가는 문제가 된 교회의 상태가 어떠했는지 우리에게 거의 일러 주지 않는다.) 우리는 갈라디아에 와서 바울에 대항한 선교사가 누구였는지 모르기 때문에, 이후 이 사람과 그의 동료들에게 무슨 일이 일어났는지 모른다.

바울이 이 문제를 우려하지 않았던 것은 아니다. 그와 바나바는 이미 짐을 꾸려 예루살렘으로 떠나려 하고 있었다. 이제는 얼굴을 마주 보고 이 새 운동의 통일성은 물론이요 바울 자신의 관점에서 보면 복음 자체의 완전성까지 위협한 쟁점들을 토론해야 할 때가 되었다.

———————

바울이 사도행전 15장이 서술하는 '예루살렘 공의회'를 아예 언급
하지 않기 때문에, 그가 과연 이 공의회와 관련하여 무슨 생각을
했는지 알 수가 없다. 서로 의견을 달리하는 그룹들이 미친 듯이
서로 다른 메시지를 이렇게저렇게 내놓고 있었으니, 분명 일을 그
대로 진행할 수는 없었다. 적어도 그룹들 사이의 이견을 조정하지
않고 **그냥 그대로** 일을 밀고 나갔다면, 예수 따름이들 사이에 존재
하던 큰 틈새는 더 깊어지고 커졌을 것이다.

  이 일이 왜 중요했을까? 예수 운동의 초기 지도자들은 처음부
터 모두 통일을 중요한 가치로 여겼던 것 같다. 통일을 어떻게 이
룩할 것인가를 이야기하면 지도자마다 의견이 사뭇 달랐고 이 운
동을 분열로 내모는 압력 역시 거셌지만, 그래도 지도자들이 모두
통일을 중시한 점은 흥미롭다. 이렇게 통일을 중시한 것은 현실 상
황과 일부 관련이 있었을 수도 있다. 지도자들은 외부에서 다가오
는 여러 압력에 시달렸기 때문에 하나로 뭉쳐야 했다. 그러나 바울
이 쓴 서신을 살펴볼 때 바울 자신도 그리고 예루살렘 지도자들도
이 새 운동이 갑작스레 커지면서 겪을 수밖에 없는 갈등이 있을지
언정 예수 따름이들이 단일 가족으로서 함께 살아갈 길을 찾는 것
이 중요하다고 보았던 것 같다. 이는 사실 이런 종류의 운동과 비

숫한 것이 고대 세계에는 전혀 존재하지 않았음을 우리에게 되새겨 준다. 그런 점은 바울의 삶에서 일어난 많은 일의 특징이기도 했다. 앞서 보았듯이, 로마군 및 로마 공무원은 유대교 회당 조직과 일부 유사한 점도 있었으나, 바울은 이 둘의 상이점을 찾아내려고 한다. 바울 및 다른 이들이 당면한 도전은 유대인과 이방인 예수 따름이가 혈연이나 조상이 물려준 상징이라는 유대紐帶도 없이, 예루살렘과 성전이라는 지리적 초점도 없이, 황제의 권위처럼 중심이 될 만한 권위도 없이 어떻게 한 대가족으로 살아갈 수 있을까 하는 것이었다.

그들은 예루살렘으로 갔다. 그들이 간 것은 예루살렘이 지리상 성지이기 때문이 아니라(바울은 예루살렘이 그런 곳이라는 데 회의를 표시한다. 그는 갈라디아서에서 "현재의 예루살렘"은 "자기 자녀들과 함께 종살이하고" 있다고 말함으로써 그의 그런 시각을 암시한다),[24] 그곳이 바울과 바나바가 하고 있던 일에 반대하는 저항운동의 중심지였기 때문이다. 예루살렘 공의회는 십중팔구 48년 말이나 49년 초에 열렸다.

우리는 예루살렘으로 가는 길에 오고 갔을 대화를 상상해 볼 수 있다. 바울은 바나바가 안디옥에서 보인 입장 변화(나는 이것이 잠시 동안의 변화였다고 추측한다)가 다소 마뜩지 않았을 것이다. 사상가요 학자이며 교사였던 바울은 전속력으로 돌진하면서, 성경을 길게 강론하고, 예수가 당한 십자가형과 그의 부활을 전한 메시지가 옛적의 모든 예언을 설명해 주었으며, 유대인과 이방인을 불문하고 모든 인간이 단일 가족의 식구로 반가이 맞아들여질 새날을 직접 일러 주었음을 아주 자세히 설명하려 했을 것이다.

추측컨대, 바나바는 이런 바울더러 자제하라고 주문하지 않았나 싶다. 그는 예루살렘에서 안디옥에 온 이들이 보낸 신호를 알아차렸을 것이다. 그들은 늘 바울을 의심했었다. 바울의 이야기가 길어지면 길어질수록, 그들도 바울의 상세한 성경 이야기에 더욱더 귀를 기울이지 않게 되었고, 바울이 자신들을 막다른 골목으로 몰며 괴롭힌다고 느끼기 시작했다. 예루살렘의 예수 따름이들은 바울의 성경 논증을 논박하지 못했을 수도 있다. 하지만 그들은 여전히 그 논증을 곧이곧대로 믿지 않고 거짓말일지도 모른다고 생각하려 했으며, 틀림없이 어딘가에 허점이 있다고 결론지었다. 바울이 위험하고 유대의 기존 전통을 뒤집어엎으려는 인물임을 이미 듣고 알았기 때문이다. 게다가 바울은 이전에 핍박하던 자가 아니었던가? 그런 자가 갑자기 예수 따름이라고 나타나 그저 성경 좀안다는 이유로 그보다 예수를 친밀히 알았던 이들에게 예수 사역의 의미를 떠벌리고 있었으니, 그런 이를 믿을 수 있었을까! 어쩌면 바나바는 자신들이 갈라디아에서 실제로 일어난 일을 이야기로 들려주는 쪽이 훨씬 좋으리라고, 안디옥에서 벌어지고 있었던 일을 들려주고, 비유대인이 그들의 삶과 공동체 안에서 영이 능력 있게 역사하심을 발견한 일을 들려주는 쪽이 훨씬 좋으리라고 제안했을 것이다. 따라서 베드로와 야고보에게 베드로가 고넬료를 방문한 일을 되새겨 주고 그와 관련된 성경 본문을 강설하여 그들에게 도전장을 던짐으로써 그들을 당황하게 만드는 것이 훨씬 현명하리라고 제안했을 것이다. 말하자면 베드로와 야고보에게 무거운 신학적 짐을 지우자는 것이었다.

여행 자체는 용기를 북돋아 주었다. 바울과 바나바 두 사람은 남쪽으로 내려가 페니키아(베니게)와 갈릴리를 거쳐 사마리아로 들어갔다가 예루살렘에 가까이 이르렀다. 이때 이들은 도중에 만난 작은 신자 무리에게 갈라디아 교회에서 일어난 일을 이야기해 주었다. 무리의 반응은 용기를 주었다. 이 일은 그들의 결의를 굳게 해 주었을 뿐 아니라, 그들의 이야기를 아주 효과 있게 전달할 수 있도록 훈련시켜 주었을 것이다. 그것이 바로 그들이 뒤이어 예루살렘에서 한 일이다. 그들은 이 이야기 저 이야기를 통해 하나님이 그들의 사역을 통해 행하신 비범한 일을 제시했다. 그들은 자신들이 겪은 맹렬한 반대도 설명했겠지만, 중요한 것은 이방인이 복음에 붙잡히고 영으로 말미암아 변화된 일이었다. 우리는 바울이 입술을 깨물며 창세기와 신명기, 이사야서와 나머지 다른 책을 강설하고픈 욕구를 억눌렀을 모습을, 그리고 바나바가 이런 바울에게 경고하는 눈빛을 보내면서 그들이 세웠던 계획이 차질 없이 이루어지기를 소망하고 기도했을 모습을 상상해 볼 수 있다. 그들의 계획은 잘 진행되었다.

강경파는 이방인 회심자가 할례를 받아야 하고 토라를 지켜야 한다는 자신들의 입장을 분명히 밝혔다. 전체 토론이 있었다. 바울과 바나바는 이 토론에서 제한된 역할을 했으나, 추측컨대 이들은 어떤 긴 신학 담론도 자제했던 것 같다. 뭔가 이 토론에 기여하고 싶어 하는 사람들이 많았으며, 그들의 증언은 나름대로 힘이 있었다. 마지막에 베드로와 야고보가 일어서서 발언했다.

베드로는 자신이 고넬료를 방문했을 때 일어났던 일로 되돌아갔다. 그때 하나님은 이방인이 할례를 받지 않아도 당신의 영을 이방인에게 부어 주심을 사람들에게 똑똑히 보여 주셨다. 이 이방인들에게 일어난 일로 말미암아 으레 부정한 사람들과의 접촉을 금지했던 유대인의 금기 규범은 이제 더 이상 쓸모없게 되었다. 더구나 베드로는 우리가 이미 언급한 것에 사람들로 하여금 주목케 한다. 그것은 바로 경건한 유대인들이 모세의 율법 전체가 그것을 지키던 자들을 좋지 않은 처지에 빠뜨렸음을 인정한 것이었다. 그것은 이스라엘의 마음이 완고하며 이것이 결국 언약에 따른 저주로 이어지리라는 것을 솔직하게 경고한 말이었다. 그런데 왜 유대인 예수 따름이들은 유대인인 그들 자신도 그들의 성경을 따르다 결국 짐이라는 것을 발견한 제약을 이방인 회심자들에게 지우려 한단 말인가? 베드로는 모인 무리에게, 비유대인이 굳이 모세의 율법 아래 들어오지 않아도, 그들이 할례를 받지 않아도 하나님의 순전한 은혜가 예수의 메시지를 통해 이 비유대인들의 마음과 삶을 바꾸어 놓았음을 확실하게 증언했다.

우리는 여기서 바울과 바나바가 안심하고 내쉬는 한숨을 느낀다. 그들은 얼른 눈빛을 주고받는다. 이것이 바로 그들이 베드로에게 요구했던 것이었다. 베드로는 바울과 바나바의 선교 이야기가 미친 영향을 재차 강조했다. 이제 바울과 바나바가 조금 더 덧붙인

바울 평전

다. 그들은 이 모임이 고비를 넘겼다고 생각한다.

이제 마지막으로 야고보가 할 말이 남아 있다. 우리는 다양한 자료를 통해 그가 비단 예수와 형제지간이기 때문만이 아니라 기도에 아주 열심히 정진하여 사람들에게 큰 존경을 받았음을 알고 있다. 야고보는 그를 비롯한 많은 사람이 들은 모든 이상한 이야기를 성경의 맥락에 비춰 살펴본다. 그는 옛적부터 성경이 제시해 온 소망의 분명한 완성이 이루어졌다고 말한다. 하나님이 마지막에 다윗의 참된 자손인 메시아를 보내시면, 그가 온 세상을 유업으로 받으리라는 소망이 이루어졌다고 말한다. 하나님은 "무너진 다윗의 장막을 다시 지을 것이고" 그 결과 "인류의 나머지도, [하나님의] 이름으로 불리는 모든 민족도 주를 찾을 것이다."[25] 이것은 다른 예언서들이나 시편의 상당히 많은 시詩도 강조했을 수 있지만, 어쨌든 이것이 말하고자 하는 메시지는 분명하다. 옛 이스라엘의 메시아 대망에는 다윗의 자손이 온 세상의 주가 되리라는 약속이 들어 있었다. 이것은 이런 새 공동체가 모세의 율법이 부과한 제약을 내버리리라고 확실하게 일러 주지는 않는다. 그러나 모세의 율법이 이스라엘 민족을 위한 것임은 모든 이가 알았다. 그러니 이제 다른 민족이 들어온다면, 모세의 율법이 부여한 제약이 더 이상 타당하지 않은 새 세대가 시작된 셈이다.

바나바와 바울은 조용히 감사의 미소를 짓는다. 이것이 바로 그들이 바라던 일이다. 위기를 모면한 것이다.

이렇게 하여 큰 쟁점은 해결되었다. 그러나 모든 이가 고분고분하게 따랐으리라고 상상하면 안 된다. 실제 공동체로 옮겨 가면 일이 그렇게 이루어지지 않는다. 공식 선언이 있었다 하여, 그것이 곧 모든 교회가 단숨에 그 선언대로 행함을 의미하지는 않는다. 하지만 실제 현장과 관련된 중요한 결론이 있었다. 이방인 예수 따름이가 할례를 받지 않아도 된다 하여 그들이 제멋대로 행동해도 된다는 의미는 아니었다. 그들은 예수를 믿는 유대인 이웃을 포함하여 유대인 이웃에게 분노를 사지 않게 조심해야 했다. 그 때문에 그들이 누리는 자유를 줄여야 할 영역이 있었다. 부도덕한 성생활 (유대인과 이교도의 생활방식 사이에 존재하는 큰 차이점 가운데 하나였다)을 해서는 안 되었으며, "우상으로 말미암아 오염"되거나 "우상에게 희생으로 바친" 것, 혹은 코셰르 방식이 아닌 방식으로 도축하여 하나님이 주신 생명을 나타내는 표지이자 생명을 담고 있는 피까지 먹곤 했던 고기와 접촉하면 안 되었다. 따라서 유대인의 독특한 몇몇 금기를 여전히 지켜야 했으며, 적어도 유대인 공동체와 긴밀히 접촉할 때는 더더욱 그러했다. 민감한 유대인이 예수 따름이를 에워싸고 있었으니, 예수 따름이가 조심해야 했다.

그러나 큰 쟁점―할례―은 양보 받았다. 온 교회가 "우리 이방인 형제자매"에게 보내는 서신에 모든 이가 동의했다. 이 서신은 이미 할례 받지 않은 신자도 사실은 **가족의 일부**임을 강조했다. 이 서신은 안디옥, 시리아, 길리기아로 보냈다(터키 남부의 넓은 지역인 길리기아는 이 무렵 로마의 속주인 갈라디아와 시리아로 나뉘어 있었으나, 길리기아라는 이름은 여전히 이 지역 전체를 가리키는 이름으로 널리 쓰고 있었다). 이 문서는 이런

바울 평전

주요 내용 외에도, 안디옥과 갈라디아에 왔던 사람들이 예루살렘에서 가긴 했지만, 야고보와 다른 이들은 그들에게 권위를 부여하지 않았다는 것도 분명히 밝혔다. 민감한 대외 사안이 두루 원만하게 해결되었다.

많은 대외 문제 해결책이 그렇듯이, 이 해결 방안 역시 적어도 잠시나마 만사를 두루 융화시키려고 생각해 낸 방안이었지만 많은 문제를 미해결로 남겨 두었다. 앞으로 보겠지만, 바울과 다른 이들은 이 미해결 문제들을 붙들고 씨름할 수밖에 없는 처지가 된다. 그러나 예루살렘 강경파는 분명 이방인 회심자가 할례를 받아야 한다는 그들의 요구가 받아들여지지 않은 것에 쓸쓸한 실망을 맛보았지만, 이방인도 그들을 더럽히는 주요 원인이요 비유대인 사회의 규범이었던 우상 숭배와 부도덕한 성생활을 피하게 되었다는 생각에 적어도 마음이 누그러졌을 것이다.

바울의 이야기가 이 지점에서, 그러니까 49년에 예루살렘에서 끝났다면, 우리는 바울을 이야기할 때 무슨 이야기를 했을까? 바울을 움직인 것은 무엇이었으며, 그는 어떻게 하여 이 지점에 이르렀을까? 갈라디아서가 그의 유일한 기록이라면, 우리는 그가 엄청난 지식과 에너지를 가진 사람임을 진작 알았을 것이다. 갈라디아서는 지금도 방금 나온 책처럼 따끈따끈한 느낌이 든다. 거침없는 필치로 방대한 영역을 다룬다. 더 채워 넣어야 할 부분이 많아 보이나, 바울은 일부러 정말 중요한 것에, 이미 바울 자신을 정의해 준 것에 초점을 맞추었다. "나는 메시아와 함께 십자가에 못 박혔습니다. 내가 살아 있지만 내 안에 사는 것은 더 이상 내가 아니라 메시아이십니다. 내가 지금도 육체 가운데 사는 삶은, 나를 사랑하여 나를 위해 자신을 내주신 하나님의 아들의 신실하심 안에서 사는 것입니다."[26] 이보다 명쾌하고 이보다 확 와닿는 것은 없다. 그가 했던 일을 하게 만든 원동력이 무엇이냐는 물음에 바울 자신이 내놓은 대답은 바로 예수였다. 십자가에 못 박히셨다가 부활하신 예수, 한 분 하나님의 사랑을 삶으로 구현하신 예수가 바로 그 원동력이었다.

다메섹 도상에서 일어난 일이 무엇이며 그 일의 의미는 무엇인가 하는 물음에 바울 자신이 내놓은 대답도 역시 분명하다. "모태에서부터 나를 구별하시고 은혜로 부르신 하나님께서 내 안에 자기 아들을 계시하기를 기뻐하시어 그분에 대한 복음을 여러 민족에게 선포하게" 하셨다.[27] 이것은 '회심'이었지만, 유대 세계를 뒤에 남겨두고 새 '종교'를 시작하거나 퍼뜨리기 시작했다는 의미의 '회심'이 아니었다. 이 '회심'은 이스라엘의 메시아 자신이 죽음으로 내려가시면서 유대 세계 전체와 그 전통을 포함하여 온 세상을 당신과 함께 가져가신 뒤에 죽음에서 새로운 형체로 나타나셨다는 의미요, 이제 그 메시아께 속한 모든 이가 그 죽음과 부활과 그에 따르는 새 정체를 공유한다는 의미였다. 바울이 한 분 하나님께 철저히 충성하지 않았던 순간은 전혀 없었다. 그러나 한 분 하나님은 십자가에 못 박히신 메시아라는 충격적 형상 속에서 당신의 오랜 목적을 드러내셨으며, 그것이 만물을 바꿔 놓았다. 그리하여 충성의 의미가 쟁점이 되었다.

우리가 이를 온통 수수께끼 혹은 역설로 여길진대, 바울의 대적은 말할 것도 없고 그의 수많은 벗과 동역자도 이를 가리켜 수수께끼나 역설이라 했을 것이다. 우리가 베드로후서로 알고 있는 서신은 바울 서신에 관해 이야기하면서 이렇게 말한다(신약 성경에서 바울 자신이 쓴 기록이 아닌 기록이 바울을 서신 저자라 말한 유일한 경우다).

> 그[곧 바울 서신] 가운데는 이해하기 어려운 내용이 더러 있습니다. 무식하고 동요하는 사람들은, 다른 성경을 왜곡하듯 그의 말도 왜곡하여 파멸을 자초합니다.[28]

일부 사람들이 바울 서신에서 이해하기 힘들어 잘못 해석할 수 있는 부분을 찾아낸 것이 특히 주목할 일은 아니다. 주목할 점은 바울이 쓴 글을 이미 '성경'이라 부른다는 것이다. 이는 그의 작품이 오늘날까지 제기하는 더 큰 물음을 우리에게 일러 준다. 바울은 온갖 문제, 논란이 된 충성, 그리고 외부에서 다가오는 위협에 노출된 이 작은 공동체들이 살아남을 뿐 아니라 흥왕하게 하려고 일했다. 그가 한 일은 무엇이었는가? 다음에 일어난 일은 이 질문이 예리하게 한 점을 겨냥하게 만들어 준다.

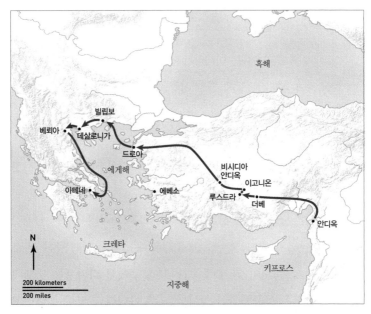

흑해

빌립보
베뢰아 •
데살로니가
드로아
에게해
비시디아
안디옥
이고니온
에베소
루스드라
더베
아테네
안디옥
N
크레타
키프로스
200 kilometers
200 miles
지중해

안디옥에서 아테네로

7장

유럽으로

누가는 바울의 부끄러운 부분을 감추지 않는다. 이 이방인의 사도가 사도행전 전체, 아니면 적어도 사도행전 후반부의 주인공일 수도 있다. 그러나 이제 들어야 할 이야기에서는 어느 누구도 좋은 모습으로 등장하지 않는다. 바울은 나중에 자신의 소명을 '화해 사역'이라 정의한다. 그가 갈라디아서에서 제시하고 그 서신을 중심으로 펼친 모든 활동을 통해 제시한 주제는 유대인과 이방인이 단일한 메시아 가족 안에서 화해를 이뤘다는 것이었다. 그러나 화해를 이야기하게 되면, 바울은 부끄러움과 실패했다는 느낌을 가질 수밖에 없었을 것이다. 그와 바나바는 사이가 틀어졌다.

어쩌면 둘의 불화는 베드로가 안디옥에서 비유대인 신자들과 따로 식사하고 "바나바조차" 그들의 위선에 현혹되어 그릇된 길로 빠졌던 순간의 충격이 오랜 시간에 걸쳐 곪은 결과였을지도 모른다. 그때는 그들이 화해한 것 같았다. 그들은 함께 예루살렘으로 갔으며, 한목소리로 이방인을 메시아 가족에 포함시켜야 한다고 주장했다. 그러나 바울이 그의 벗과 동료에게 보냈던 신뢰는 심대한 타격을 입었다. 또 다른 선교 여행에서 잘못된 일이 벌어지면, 바나바는 자신이 온전히 신뢰할 수 있는 인물임을 증명해 보일까? 사람들을 격려하고 도와주는 바나바의 남다른 능력은 바울의 초기 사역에 필수불가결한 요소였다. 그러나 바나바의 성품이 지닌 그런 진정한 강점—사람들과 함께하고자 하고 사람들을 도우려 하는 그의 바람—이 안디옥에서는 그를 그릇된 방향으로 이끌었다. 만일 같은 일이 한 번 더 일어난다면?

두 사람을 폭발 직전까지 몰고 갔던 특별한 쟁점은 바나바의 조카 마가 요한과 관련이 있었다(이 마가 요한을 그의 이름을 지닌 마가복음의 마가로 여기는 게 통설이다). 바울이 아나톨리아 남부의 교회들을 다시 방문하자고 제안한 것은 인지상정이었다. 이 교회들에 끈끈한 유대감을 느꼈던 바울은 서신을 보내, 돌아가는 사정이 어떤지 알기를 열망하며, (그의 말대로) 그들을 다시 방문하여 다른 어조로 말하고 싶어 했다.[1] 바나바가 마가에게 한 번 더 기회를 주고자 그를 데려가려 했던 것도 역시 인지상정이었다. 그러나 바울이 이를 거절하리라는 것은 얼마든지 예상할 수 있었다.

겉만 보면, 이는 사람을 믿을 수 있는가 하는 문제였다. 마가는 지난 선교 여행 때 일행이 터키 남부에 상륙하자마자 일행을 버리고 떠났다. 바울 일행이 다음 여행 때 조력자를 데려가고자 한다면, 당연히 그들이 아는 누군가가 다시 그런 식으로 그들을 버리고 떠나는 일은 용납하지 않을 것이다. 그러나 다른 요인이 있었을 수도 있다. 마가는 바나바의 친척이었지만, 베드로와 친척이기도 했다. 베드로는 물론 예루살렘 공의회에서 바울의 선교를 지지했다. 그러나 이미 그 성품에서 미덥지 않은 모습을 보인 마가는 어쩌면 베드로가 안디옥에서 취했던 노선과 같은 노선을 취하려 했는지도 모른다. 갈라디아에는 식사 때 유대인과 이방인이 식탁을 따로 써야 한다는 정책을 지지하면서, 말하자면 이방인도 할례를 받아야 한다는 정책을 지지하면서 베드로나 야고보의 권위를 주장하던 이들이 여전히 있었을까? 그때 마가는 무엇을 했을까?

바나바는 바울이 그의 판단을 의심스러워하자 참을 수 없었을 것이다. 바나바는 지난 10년 동안 다른 사람들이 바울을 의심할 때 바울을 두둔하며 바울 편이 되어 주었다. 이제 그는 마가에게도 똑같이 해 주고 싶었다. 바나바는 필시 마가를 은밀히 불러다가 이야기를 나누었을 것이며, 자기 조카가 지난 일에서 교훈을 얻었으리라고 믿었을 것이다.

지난 일이니 말이지만, 이 문제를 서로 의가 상하지 않고 잘 해결할 수 있는 방법이 많이 있었으리라는 생각이 든다. 실제로 나온 해결책—바나바와 마가 요한은 키프로스로 돌아가고 바울과 다른 이는 갈라디아와 그 너머로 가는 것—이 그들 앞에 있었다. 그들은 기도하고 서로 격려하면서 이 해결책을 따르기로 의견을 모으려면 모을 수도 있었다. 그러나 그들은 그러지 않았다. 누가가 **파로쉭스모스***paroxysmos*, 맹렬하고 무시무시하며 날 선 싸움이라 부르는 일이 벌어졌다. 이 일로 모든 이가 상처를 입었다. 안디옥의 신생 교회가 이 일을 어떻게 판단했는지는 하나님만이 아시리라. 나중에 바울은 분노가 담긴 독설을 피하라는 글을 쓰는데, 그런 내용 가운데 일부는 이미 그가 늘 가르치곤 했던 윤리 가운데 일부였으리라고 짐작해 볼 수 있다. 그러나 이번에는 모든 것이 사라지고, 씁쓸한 뒷맛과 슬픈 기억만이 남았다.

이리하여 바나바와 마가는 배를 타고 키프로스로 떠났다. 뿐만 아니라, 이들은 사도행전 내러티브에서도 사라졌다. 마가는 바울이 에베소에서 옥고를 치르는 동안 그의 동역자 가운데 한 사람으로 다시 등장하는데, 나중에 다른 서신에서 언급하는 말은 그가 결국 바울에게 귀중한 동료가 되었음을 일러 준다.[2] 바울은 바나바가 일을 계속했음을 알았지만, 두 사람은 다시 한 팀을 이루지 못했다.[3] 바울은 이제 실라(혹은 실루아노)를 다른 동행자로 선택한다. 그는 바울처럼 로마 시민이었고, 예루살렘 교회의 지체였으며, 사실은 예루살렘 지도자들이 다른 교회들에 보내는 서신을 믿고 맡긴 사람 가운데 하나였다. 이 선택은 타당했다. 안디옥 교회는 이들을 하나님 은혜에 부탁하면서, 이들이 갈 길로 보냈다. 이들에겐 하나님의 은혜가 필요할 터였다.

성경에서 '역사'를 기록하는 이들은 자신들이 들려주는 이야기에서 도덕과 관련된 교훈을 명백히 끌어내는 사례가 거의 없다. 이런 사례의 고전이 바로 다윗이 우리아의 아내 밧세바와 간음하고 우리아를 죽인 직후에 일어난 압살롬의 반역 이야기다. 둘 사이의 연관성이 분명하게 드러나 있지는 않지만, 다윗이 평상시에 성관계와 인생에 보인 태도와 아들 압살롬의 반역을 불러온 부정한 성

행위 및 살인 사이에는 분명 연관성이 있다. 또 더 행복한 사례라 할 룻기를 보면, 화자가 "이것이 바로 하나님이 뒤이어 하신 일이었다"라고 말하지 않는다. 우리는 그저 룻과 나오미가 보리를 거둘 때 베들레헴에 도착했다는 말만 들을 뿐이다. 이것이 모든 이의 예상을 뒤집고 룻이 남편을 맞게 될 계기요 방편이었음을 발견하는 건 우리 몫이다. 이와 관련하여 에스더서 중간 부분에서 이야기의 흐름을 기막히게 바꿔 놓는 본문, 곧 "그날 밤 왕은 잠을 이룰 수 없었다"⁴를 떠올려 봐도 되겠다.

이와 비슷한 것이 바울과 실라가 이제 떠나는 선교 여행을 이야기한 누가의 내러티브에서도 나타나는 것 같다. 이 여행은 안디옥에서 내쳐 고린도까지 이어졌는데, 아마도 49년 말에서 51년 초까지 계속된 것 같다. 디모데가 루스드라에서 일행에 합류한 뒤, 세 사람은 계속 나아갔지만, 사실 어떤 방향을 딱히 의식하지 않았다. 그들은 하나를 해보고, 뒤이어 또 다른 것을 시도했다. 그들이 하나님께 받은 인도는, "이 길로 가지 말라, 저 길로 가지 말라"처럼, 무언가를 하지 말라는 것뿐이었다. 이들은 영이 서쪽으로 가서 아시아 속주(에베소를 중심으로 한 서남 해안 지역)로 들어가지 못하게 막으시자 비두니아와 갈라디아를 거쳐 북쪽으로 간 것 같다. 이어 이들은 무시아를 거쳐 흑해 연안에 있던 위쪽 지역인 비두니아로 가려 했으나, 그쪽으로 가라는 허락을 받지 못했다. 광야에서 구름기둥과 불기둥을 의지했던 이스라엘 자손처럼, 이들도 예수의 영에 의지한다. 그 영은 이들이 딱히 어떤 방향을 의식하지 않고 이리 갔다가

저리로 가게 하신 것 같다. 바울은 애초에 아나톨리아의 몇몇 주요 지역을 두루 다니며 일하면서, 갈라디아에서 그랬던 것처럼 여기에서도 더 많은 교회를 심으려 했던 것 같다. 그러나 그의 계획대로 이루어지지 않았다.

누가는 이 모든 일을 우리에게 들려주면서 단 두 절만 할애했지만, 바울 일행이 다닌 지역은 결코 작지 않았다. 그들이 간 것으로 보이는 길을 생각해 보면, 안디옥을 떠나 당황하고 지친 몸으로 그들이 도착한 먼 서북 해안 무시아에 이르기까지 적어도 약 500킬로미터는 갔을 것이다. 모르긴 몰라도 필시 몇 주는 걸렸으리라. 여행 초에 바울 일행은 갈라디아 남부에 있는 교회들을 방문하여 그들이 발견한 것으로 말미암아 힘을 얻었다. 그 뒤로는, 복음 전도든 목회 활동이든 더 이상 활동을 하지 않은 것 같다.

혹자는 이때 바울과 실라가 서로 상대를 더 잘 알게 되었고, 둘이 루스드라를 지나갈 때 불러다 일행에 합류시켰던 디모데에게 공동 멘토이자 안내자 역할을 할 수 있었으니, 바울과 실라 두 사람에게는 좋은 때였으리라고 말할지도 모르겠다. 반면, 이 여행은 누군가가 냉정을 잃고 성급히 결정하는 바람에 일어난 일이라고 말하는 이가 있을 수도 있겠다. 어쩌면 누가도 그리 말하는 것 같다. 만일 그렇다면, 이때가 바울의 사역에서 유일하게 냉정을 잃은 기간이었던 셈이다. 바울은 이때를 겪으며 교훈을 얻었던 것 같다. 그러나 교훈은 늘 아팠다.

그래도 이 당혹스러운 시기에 밝은 희망이 있었으니, 그건 바로 디모데였다. 디모데는 루스드라 출신이었다. 루스드라는 바울이 다리를 저는 이를 고쳤다가 그리스의 여러 신 가운데 하나로 오해 받았던 곳이다. 이때 바울은 (그가 아무리 늦어도 기원후 10년에 태어났다고 추정하면) 30대 후반이나 40대 초반이었다. 디모데는 필시 10대 후반이나 20대 초반이었을 테니, 바울에겐 아들이 없었어도 사람들 눈에는 틀림없이 바울의 아들처럼 보였을 게다. 분명 다른 사람들과 바울 사이에서는 거의 생기지 않았던 이해와 상호 신뢰라는 유대가 바울과 디모데 사이에서는 점점 더 단단하게 자라갔을 것이다.

디모데는 믿는 유대인 어머니와 그리스인 아버지 사이에서 태어난 아들이었다. 때문에 바울은, 누가가 말하듯이, "그 지역에 있는 유대인들을 생각하여" 디모데에게 할례를 행했다. "그들은 모두 디모데의 아버지가 그리스인이라는 것을 알고 있었기 때문이다."[5] 여기서 바울이 한 행동을 보면서 의아해하는 독자가 많았다. 우리는 바울과 바나바가 기근 부조금을 들고 디도를 데리고서 예루살렘에 갔던 때를 다시 떠올려 본다. 예루살렘의 강경파는 디도가 할례 받기를 원하여 바울에게 할례를 행하라고 압력을 넣었지만, 바울은 자신의 입장을 꿋꿋이 지켰다. 바울은 갈라디아 사람들에게 서신을 써 보내면서 이 점을 강조했었다.[6] 그는 갈라디아에서 선교하고 이어 안디옥으로 돌아와 선교할 때, 이방인 회심자가 할례를 받아야 한다고 주장하는 어떤 견해도 완강히 반대했다. 그는 예루살렘에 가서도 이 원리를 주장했고, 자신의 논지를 관철시켰다. 그런 그가 이제 디모데에게 할례를 행한다. 왜 그랬을까? 이건 앞뒤가 안 맞는 행동 아닌가? 바울은 이를 어떻게 변명하는가?

여기서 우리는 바울이 고린도전서 9장에서 천명하는 영리한 정책의 시작을 본다. 모든 일에는 동기가 있기 마련이다. 만일 **디도가 할례를 받지 않으면 메시아 집안 식구들과 한 식탁에서 밥을 먹을 수 없을 테니** 할례를 받아야 한다고 말하는 이가 있다면, 바울은 그 말에 반대하며 디도는 메시아 집안에 속한 신자라고 대답했을 것이다. 그러나 바울은 다음에 그가 일할 때도 함께 데려가길 원했다. 더구나 바울이 하는 일은 거듭거듭 회당에 들어가 메시지를 전해야 하는 일이었다. 회당에서 일하는 이들이 회당에 새로 온 이가 할례를 받았는지 여부를 확인하려고 신체 검사까지 하는 일은 없었겠지만, 그래도 바울은 자기 일행에 속한 모든 이가 사실은 공인받은 유대인이라는 확신을 의심하는 모든 이에게 심어 줄 수 있길 원했다.

"나는 유대인을 얻으려고 유대인에게는 유대인처럼 되었습니다. 나 자신은 율법 아래 있지 않은데도, 율법 아래 있는 사람들을 얻으려고 율법 아래 있는 사람들에게는 율법 아래 있는 사람처럼 되었습니다"[7]라는 바울의 말은 바로 그런 의미다. 이 말 자체만 보면 요상한 말이다. 어떻게 바울이 "유대인처럼" 될 수 있다는 말인지? 그는 **이미 유대인이었다.** 이 대답은 필시, 그가 유대인 공동체나 유대인 개인과 일하려 할 때면 유대인처럼 행동하면서 자신의 사역을 생각하여 유대인이 지키는 금기를 준수하려고 조심하곤 했지만, 하나님이 바울 자신에게 메시아 가족의 구성원이 되려면 그런 것을 지킬 것을 요구하신다고 믿어서 그리한 것은 아니었다는 뜻이리라.

바울은 아슬아슬 줄타기를 하면서, 늘 일관성이 없다는 비판을 받을 위험을 감수한다. 그러나 누가 메시아 백성에 속하는가라는 근본 질문을 다룰 때도 그랬지만, 바울에게 중요한 것은 복음 자체였다. 그는 회당에서 예배하던 그의 습관을 이어갈 수 있기를 원했고, 이스라엘 이야기(아브라함과 출애굽, 다윗, 그리고 해결되지 않은 '포로 생활')를 새롭고 충격적인 메시아 관련 결론과 함께 강론할 수 있는 기회를 늘 얻을 수 있길 원했다. 디모데도 나머지 일행과 마찬가지로 진짜 유대인이 되어야 했을 것이다.

바울 일행에는 한 사람이 더 있다. 누가는 우리더러 재차 행간을 읽어 보라고 요구한다. (이를 설명하는 상이한 이론이 많이 있으나, 가장 단순한 이론이 가장 훌륭한 설명 같다.) 바울과 다른 이들은 드로아(트로아스)에 도착했다. 오늘날 터키 서북단 산악 지대 가장자리에 있는 항구였다. 고대 트로이 지역에 가까이 있었던 드로아는 헬레스폰트 가장자리에 있었다. 헬레스폰트는 좁은 물길이요, 너비가 6.4킬로미터였다. 고대사에서는 그리스인과 페르시아인을 가르는 경계로 유명했고, 근대 문학사에서는 영국 시인 바이런이 1810년 5월 3일에 헤엄쳐 건넌 곳으로 유명하다. 드로아는 알렉산드로스 시대에 전략상 중요한 도시였지만, 로마 내전 기간에는 상당한 고통을 겪었으며, 그 중요성도 줄어들었다. 그러나 이 해협을 건너 그리스 내륙으로 들어가려는 사람에겐 분명 중요한 항구였다.

물론 바울과 다른 이들이 이곳에 온 것은 성령이 이들더러 다른 곳으로 가지 말라 하셨기에 십중팔구는 그들이 계획했던 곳과 사뭇 다른 지역으로 들어가야겠다고 이미 결심했기 때문이었을지도 모른다. 심지어 바울은 에그나티아 가도^{Via Egnatia}를 따라 곧장 로마로 가려는 생각까지 했을지도 모른다. 그 생각대로 했다면, 그리스 북부 빌립보에서 이 가도로 들어가 그리스 서부와 이탈리아 반도 뒤꿈치를 가로질러 나아갈 수도 있었다. 그러나 나는 누가가 이 모든 사건 순서를 서술해 놓은 글을 읽으면서, 뭔가 다른 일이 벌어지고 있다는 생각이 들었다. 나는 바울과 실라와 디모데가 드로아에 도착했을 때 피곤하고 낙심한 채 어쩔 줄 몰라 당황해하는 상태에 있었음을 누가가 알았다고 생각한다. 아울러 나는 누가가 바울 일행이 이런 상태에 있었음을 알게 된 것은 바로 이 지점에서 누가 자신이 바울 일행에 합류했기 때문이라고 생각한다.

바로 이것이 누가의 내러티브가 별안간 '그들'이라 하지 않고 '우리'라 말하는 이유를 단연코 가장 간명하게 설명해 준다. 바울은 밤에 환상을 봤다(종종 그렇듯이, 그런 인도를 원할 때보다 그런 인도가 필요할 때 그런 인도를 받곤 한다). 마케도니아 사람 하나가 거기에 서서 이렇게 간청했다. "마케도니아로 건너와 우리를 도와주십시오!"(이 사건은 바울이 이 일이 있기 전까지만 해도 유럽으로 건너가 선교할 생각이 없었으며 이때까지는 우리가 오늘날 터키라 부르는 곳 전역에 더 많은 교회를 세우기를 소망했었다고 보는 내 견해에 힘을 실어 준다.) 그리하여 누가는 이렇게 말한다.

그가 그 환상을 보고 나서, 우리는 하나님께서 우리를 부르셔서 그들에게 좋은 소식을 전하게 하신다고 결론 내리고.[8]

물론 다른 이론도 있다. 그런 이론은 늘 있다. 그러나 오컴의 면도날, 곧 추가로 요구하는 가정이 가장 적은 가설을 따르는 게 늘 타당하다는 주장이 지금도 도움이 된다. 따라서 비록 사도행전의 '우리' 본문이 훨씬 후대에 사도행전을 쓴 이가 입수할 수 있었던 자료의 일부일 가능성이 대단히 높을지라도, 여기의 '우리'가 저자의 서명일 가능성 역시 충분하며, 나는 그렇게 보는 것이 더 설득력이 있다고 판단한다. 누가는 세 바울 서신(골로새서, 빌레몬서, 디모데후서)에서 인사를 전하는 이들 가운데 한 사람으로 등장한다. 확실하다고 확신할 수는 없으나, 여러 표지는 드로아에서 바울 일행에 합류한 사람이 나중에 이 이야기를 기록으로 남긴 이와 동일인임을 시사한다.

───────────

빌립보는 바울과 바나바가 이전의 선교 여행에서 만났던 도전과 종류가 다른 도전을 안겨 주었다. 이 도시는 그 이전에 정착했던 이들이, 그러니까 알렉산드로스 대왕의 아버지이자 기원전 382년부터 336년까지 마케도니아 왕이었던 필리포스 2세가 세웠지만, 엄밀히 말하면 그는 도시를 세웠다기보다 확장하고 재건했다. 고대에 이 도시는 품질 좋은 금이 나오는 금광으로 유명했으며, 필리포스는 이 금광에서 상당한 이득을 얻었다. 그러나 빌립보 역사에서 가장 중요한 사건은 로마 내전 초기에 일어났다. 안토니우스와 옥타비아누스 카이사르는 기원전 42년에 벌어진 빌립보 전투에서 2년 전에 옥타비아누스의 양아버지인 율리우스 카이사르를 죽인 브루투스와 카시우스를 격파했다. 이어 안토니우스와 옥타비아누스는 이 도시를 한 번 더 확장하여, 이곳에 로마 식민지를 세우고 퇴역 군인들을 정착시켰다. (비시디아 안디옥과 갈라디아 남부의 다른 로마 식민지처럼, 로마는 노병들이 이탈리아로 돌아와 성실히 복무한 데 따른 보상으로 토지를 달라고 주장하거나 무턱대고 토지를 점유하는 일이 없게 하려 애썼다.) 빌립보는 바울이 일했던 도시 가운데 다른 도시보다 잘 보존된 곳이어서, 오늘날도 거리와 훌륭한 극장, 서쪽의 로마에서 동쪽의 비잔티움까지 이어지는 에그나티아 가도의 윤곽을 볼 수 있다. 다시 말해, 이 도시가 자리한 곳은 민간의 여러 활동과 교역이 이루어지는 주요 도로 가운데 하나였다. 바울과 일행은 사모드라게 섬과 네아볼리 항구를 곧장 지나 빌립보에 도착했다.

빌립보가 앞서 바울이 선교했던 도시들과 크게 다른 점 중 하나는 회당이 없다는 점이었다. 이 사실은, 이 지역 사람들이 바울이 유대인임을 알게 되자 중요한 의미를 갖게 된다. 빌립보는 유대인에게 좋지 않은 선입견을 가질 정도로 유대인을 충분히 알았던 것 같다. (바울도 필시 이런 사실 때문에 괴로움을 겪었을 것이다. 그는 자라면서 이방인이 그의 동포 유대인에게 던지던 조롱을 익히 들었는데, 이제 또 그런 조롱을 들었다.)

바울 평전

하지만 빌립보에는 **프로슈케***proseuchē*, 곧 '기도처'가 있었으며, 이곳
에는 소수 유대인과 '하나님을 경외하는 자들'(유대인은 아니나 회당 예
배에 참여하길 원했던 이들)이 때를 정하여 모이곤 했다. 바울과 일행은
이곳에 당도한 지 며칠 뒤에 바로 이곳에서 활동을 시작했다.

그들이 처음으로 회심시킨 사람은 두아디라에서 온 여성 사업
가였다. 이름은 루디아였는데, 성경은 "자색 옷감 장수"라고 말한
다. 그의 직업은 물론이요 실은 루디아라는 그의 이름도, 그의 출신
지인 소아시아 루디아 지역에 있었던 도시 두아디라와 일치한다.
두아디라는, 조개에서 자주 염료를 추출하는 다른 곳과 달리, 꼭두
서니 뿌리에서 귀중한 자주 염료를 훨씬 싸게 추출해 내는 기술을
갖고 있었다. 이는 루디아가 다른 사람에게 의지하지 않고 생계를
꾸려갈 수 있었던 여성이었음을 뜻한다. 그는 가장이었는데, 아마
도 남편과 사별했거나 이혼한 것 같다. 루디아가 복음을 받아들인
이야기는 사도행전에 들어 있는 어떤 이야기보다 분명하고 확실
히다. 사도행전은 "주께서 그의 마음을 열어 바울의 말에 집중하게
하셨다"고 말한다.⁹ 루디아는 집안사람 전부와 함께 세례를 받고,
바울 일행 전원 곧 바울과 실라와 디모데와 누가를 강권하여 자신
의 집에 오게 하고 머물게 했다.

소규모 유대인 모임 장소에서는 예수가 이스라엘의 메시아요
온 세상의 주라는 선포가 아무런 문제가 되지 않았던 것 같다. 그
러나 종류가 다른 어려움이 가까이에 있었다. 그 어려움은 바울이
장차 적어도 한 번 더 만나게 될 형태를 띠고 있었다. 바울 일행은

기도처를 오가는 길에 우리라면 '미래를 내다보는 능력'이라 묘사했겠지만 누가는 "점치는 영"이라는 것에 사로잡힌 소녀를 만났다. 이 소녀는 노예였는데, 예언(우리라면 '운세'라 부를 수 있겠다)을 함으로써 그 주인들에게 큰 이득을 안겨 주었다. 그 주인들과 바울에게 모두 불행한 일이 되었지만, 바울 일행과 바울 일행이 전하는 메시지와 관련된 무언가가 이 소녀의 눈과 귀를 끌어당겼다. 영에 사로잡힌 자들이 예수의 신비한 정체를 소리쳐 알리던 복음서 속의 몇몇 장면처럼, 이곳에서도 이 소녀는 모든 사람에게 큰 소리로 이렇게 외쳤다. "이 사람들은 지극히 높으신 하나님의 종들입니다! 여러분에게 구원의 길을 선포하고 있어요."[10]

"지극히 높으신 하나님"이라는 말은 사람들이 들어 본 말이었을 것이다. 고대의 많은 이들은 복잡하게 얽혀 있는 이방 종교의 남신들과 여신들에 질린 나머지, 어떤 한 궁극의 힘, '지극히 높은' 신을 믿게 되었다. 그러나 "구원의 길"이라는 표현은 다소 놀려대는 말이다. '구원'은 로마 제국이 그 시민들에게 제공한다고 주장하던 것이었다(제국은 자신이 그 시민들을 내전과 사회 불안 등에서 건져 주었다고 주장했다). 그러나 몇몇 철학에서는 이 말이 공간과 시간과 물질로 이루어진 악한 세상에서 영혼을 '구해 냄'을 가리킬 수도 있었다. 물론 초기 그리스도인은 '구원'을 결코 위와 같은 의미라고 생각하지 않았다. 다른 몇몇 본문처럼, 여기에서도 이 소녀가 자신이 아는 것보다 많은 사실을 말한다는 데 의미가 있다.

혹자는 바울 일행 뒤를 매일 따라다니며 소리치는 이 불쌍한 소녀가 딱히 해는 끼치지 않았으리라고 생각할지도 모르겠다. 그러나 바울과 그 벗들이 바라던 관심은 그런 게 아니었다. 결국 바울은, 키프로스에서 마술사에게 그리했던 것처럼, 뒤돌아 이 소녀를 보면서 소녀에게 들러붙은 영에게 소녀에게서 떠날 것을 예수의 이름으로 명령했다. 그러자 그 영은 즉시 소녀에게서 떠났다. 여기서 실라와 디모데 그리고 누가의 얼굴을 스치고 지나가는 표정을 상상해 볼 수 있겠다. 이것은 바울이 욱하여 분노를 터뜨리는 바람에 자신과 다른 모든 이를 곤란하게 만들어 버린 또 하나의 사례였을까? 그런 것 같았다.

이 소녀의 주인들은 자신들의 사업이 좋 쳤음을 금세 깨달았다. 소녀는 더 이상 예언을 들려주거나 운수를 이야기해 주지 않게 되었다. 이는 곧 이제는 이 주인들이 이 소녀의 특별한 능력을 이용하여 돈을 벌 일이 없게 되었음을 의미했다. (사도행전을 보면, 어떤 일이 일어났을 때 그 다음에 무슨 일이 일어났을지 알고 싶은 사례가 많은데, 이 경우도 그런 사례 가운데 하나다. 어쩌면 루디아가 이 소녀를 구해 내어 양녀로 삼았을 것 같다고 생각하고픈 이가 있을지도 모르겠다. 그 길 외에는 달리 좋은 방도가 없기 때문이다. 하지만 우리에겐 딱히 정보가 없다.) 하지만 이 소녀의 주인들은 바울이 자신들의 생계 방편을 앗아갔다고 불평만 늘어놓는 대신, 곧바로 소訴를 제기했다. 그들이 제기한 소는 우리 용어로 말하면 '민사' 소송이자 '종교' 소송이었지만, 전자에 강조점이 있었다. 그들은 바울과 실라를 붙잡아(왜 바울과 실라만 붙잡혔을까? 디모데와 누가는 이때 군중 속으로 자취를 감춰 버렸을까?) 광장으로 끌어낸 뒤 관리들에게 넘겼다. 그들은 이렇게 말했다. "이자들이 우리 도시를 큰 소란에 빠뜨리고 있습니다. 이들은 유대인인데, 우리 로마인들이 받아들일 수도 실천할 수도 없는 불법적 관습을 가르치고 있습니다!"[11]

우리는 바울이 그가 겪은 고초에도 불구하고 이런 아이러니를 알고 있었길 바란다. 그가 갈라디아에서 만난 분노와 폭력 그리고 그의 선교 전략이 예루살렘과 안디옥에서 당한 반대는, 그가 조상 때부터 내려온 전통에 성실하지 않은 것 같다는 점에 격분한 유대인 무리들이 부추긴 것이었다. 그런 그가 이제는 사람들에게 로마에 충성하지 말라고 가르친다는 죄목으로 고발당했다. 유대인이 이전에 로마를 상대로 반란을 일으켰으니 다시 또 그런 일을 할 수도 있다는 인식이 퍼져 있는 세계에서는, 불쾌하지만 사람들이 공감할 만한 고발이었다.

물론, 고발 동기는 분명했지만, 그 밑바닥에 깔려 있는 생각의 순서는 황당하고 갈피를 잡을 수 없었다. 바울이 그 소녀에게서 귀신을 쫓아낸 일은 (애당초 '종교' 문제였으나) 금세 수입 상실 문제(경제 문제)로 변질되었으며, 이는 다시 앙심을 품고 바울과 실라가 로마인이 보기에는 불법 행위인 관습을 가르치는(정치 문제) 유대인(민족 문제)이라는 고발로 바뀌었다. 로마인이 보기에 불법 행위라는 점은 그야말로 수수께끼다. 로마인이 유대 관습을 받아들여서는 안 된다고 금지한 로마법이 있었는지 명확하지 않기 때문이다. 실제로 많은 로마인이 유대 관습을 받아들이고도 아무런 형벌을 받지 않았다. 이 수수께끼를 설명하라면, 예수를 전하는 복음의 메시지, 곧 사람들에게 '우상' 숭배를 멈추고 살아 계신 하나님께 돌아오라고 요구했던 복음의 메시지가 유대인이 아닌 이들이 보기에는 사람들더러 황제 숭배나 국가 숭배를 그만두라고 다그치는 유대인의 메시지로 보였을 수도 있다고 설명할 수밖에 없을 것 같다. 우리는 누가 자신이 늘 그렇게 이해했다고 추정하지만, 어쩌면 누가는 그렇게 생각하지 않았을 수도 있다.

그렇게 이해한다면, 고발자들도 나름대로 일리가 있었을 수도 있다. 이 고발 내용을 보면, 비록 왜곡되긴 했지만, 예상처럼 바울 일행을 둘러싸고 이런저런 뒷담화가 빌립보 전역에서 이미 떠돌고 있었던 게 분명하다. 이 낯선 이들은 실제로 유대인의 메시지를, 이스라엘의 하나님이 뭔가 극적인 사건을 행하심으로써 이스라엘의 메시아를 온 세상의 참된 주로 세우셨다는 메시지를 가르치고 있었다. 따라서 고발자들의 주장과 결론이 모든 면에 허점이 있었다 할지라도, 그들이 결국 말하는 것에는 일말의 진리 이상의 것이 들어 있었다.

관리들은 어떤 공식 절차를 기다리지 않고—이들은 이 절차 생략 때문에 결국 괴로움을 겪게 된다—바울과 실라의 옷을 벗기게 한 뒤 매질하게 하고 옥에 가두었다. (다시 말하지만, 왜 바울과 실라만 고발을 당하여 이런 고초를 치렀는지 그 이유가 궁금하다. 디모데와 누가는 필시 덜 중요한 인물로 여겨졌든지, 아니면 루디아의 집이나 다른 곳에 몸을 숨겼던 것 같다.) 우리가 아는 한, 바울은 이때 처음으로 옥고를 맛보았다. 그러나 이것이 그의 마지막 옥고는 아니었다.

바울이 살던 세계는, 우리가 사는 세계와 달리 옥에 갇힌다는 것 자체가 '판결에 따른 형벌'은 아니었다. 옥은 관리들이 사람들을 어떻게 처리할지 결정할 동안 그들을 붙잡아 두는 곳이었다. 옥에 갇힌 사람의 복리를 배려한 물품은 전혀 공급되지 않았다. 옥에 갇힌 이가 음식과 다른 필수품을 구하려면 친구나 가족에게 의지해야 했다. 위생 상태도 최악이었다. 쥐 같은 설치류나 해충이 득실대곤 했다. 바울 일행은 그 누구에게도 1순위 친구가 아니었을 것이다. 며칠이라도 이런 지하 구멍에 갇혀 있던 사람은, 아마 이 끔찍한 곳에서 벗어나게만 해 준다면, 어떤 형벌이나 무거운 벌금이나 최소한 추방이라도 받았으면 하는 마음이 굴뚝같았을 것이다.

바울과 실라는 오래 기다리지 않아도 되었다. 이어지는 이야기는 영화의 한 장면이나 다소 장황한 스릴러 같다. 두 사람은 한밤중에 기도하며 찬송하고 있었다. 옥에 갇혀 있던 다른 이들이 이렇게 이상한 일을 하며 깨어 있는 바울과 실라를 어찌 생각했을지 궁금한 이도 있겠지만, 두 사람이야 고초를 겪고 발에는 차꼬가 채워져 있었으니 잠이 올 리 만무했다. 하지만 그것은 그들이 지닌 근심 중 가장 작은 것에 불과했다. 별안간 건물 전체가 흔들리는 것을 느꼈기 때문이다. 그리스 북부는 지진대인데, 이때도 갑자기 옥 전체가 흔들렸다. 이는 간수에게는 나쁜 소식이었다. 그는 갇힌 자들을 자물통과 자물쇠로 지켜야 할 책임이 있었다. 그런데 옥문이 갑자기 열리고 사슬이 풀어졌다. 이 가련한 간수는 최악의 상황을 우려했다. 그는 로마의 많은 하급 관리가 이 상황에서 생각할 법한 일을 했다. 자신의 임무를 다하지 못한 간수는 고문을 당하거나 죽을 수도 있었다. 그는 그런 일을 당하느니, 자기 칼을 빼 스스로 목숨을 끊으려 했다.

그러나 바울은 생각이 달랐다. 그는 이렇게 소리쳤다. "스스로 해치지 마시오! 우리 모두 여기 그대로 있소!"[12] 간수는 등불을 찾은 뒤 옥으로 달려 들어갔다. 그가 공황 상태에 빠졌던 것은 죄수의 탈옥으로 받을 수 있는 처벌 때문이기도 했지만, 바울과 실라가 어떤 종교 문제 때문에 고발당하여 그곳에 있음을 성읍 전체는 물론이요 간수 자신도 알고 있었던 데다, 아마도 격노한 신들이 지진으로 자신들의 불쾌한 심정을 표현한다는 전승을 간수 자신이 알고 있었기 때문이리라. 이렇게 설명하면, 그의 공황 상태는 물론이요 그가 떨며 던진 이런 질문도 이해가 간다. 그는 이렇게 물었다. "선생님들, 어떻게 하면 제가 이 곤경에서 벗어날 수 있겠습니까?"[13]

이 간수의 질문을 "내가 무엇을 해야 구원을 얻겠습니까?"로 번역해 온 것이 전통이었다. 그러나 오히려 이 번역은 어떻게 해야 하늘에 갈 수 있는지 알고 싶어 안절부절못하는 17세기 청교도의 탄원처럼 들린다. 그러나 고대 세계에서는 '구원'이라는 언어가 서로 다른 몇 개의 차원에서 작동했다. 바울이 귀신을 쫓아내 주었던 노예 소녀는 이 여행자들이 '구원의 길'을 선포하고 있다고 소리쳤었다. 로마 제국은 그 백성에게 '구원'을 제공했는데, 이는 전쟁과 사회 혼란, 빈곤에서 구해 준다는 의미였다. 사도행전 뒷부분에 가면, 누가는 파선을 서술하면서, 모든 승선자가 '구원받았다'고 말하는데, 이는 아주 구체적 의미이며, 물에 빠져 죽기 직전에 구출되었다는 말이다. 따라서 공황 상태에 빠진 이 간수의 물음은 가장 명백한 의미로 이해하는 것이 자연스럽다. 이 간수는 악몽이 끝나고 어떤 곤란도 피하길 원한다. 그러나 뒤이어 더 깊은 차원이 등장한다. 이 차원으로 들어가 살펴보면, 이 간수와 그의 식구들은 예수를 믿자마자 곧바로 예수가 죄와 죽음에 거두신 승리를 이미 축하하고 있는 집안 식구가 된다. 그리고 궁극의 차원이 있다. 이 차원을 살펴보면, 누가와 바울은 모두 하나님이 언젠가는 모든 피조물을 "썩어짐의 종노릇"하는 처지에서 구해 내사, 온 피조물과 예수의 백성 전체를 마지막에 이루어질 완전한 새 창조 속으로 인도하시리라고 믿었다.

이 기괴한 순간에 이런 구원 개념 중 얼마나 많은 것이 바울의 뇌리를 스쳐갔을지 말하기란 어렵다. 하지만 바울은 재빠른 기지가 있었고 온 우주를 아우르는 하나님의 계획을 두루 이해하고 있었으니, 원리상 그것을 어렴풋이나마 알 수 있었을 것이다. 그가 말한 것은 방금 말한 모든 차원에 해당한다. "주 예수를 믿으세요. 그러면 당신과 당신 가족이 구출받을 것입니다."[14] 간수는 이 말에 그저 기뻐서 바울과 실라를 자기 집으로 데려다가 바울의 이 말이 실제로 무슨 의미인지 설명하게 했다. 그는 물을 가져오게 하여 바울과 실라의 상처 부위를 씻어 주었다. 바울과 실라는 간수와 그 집안 사람들에게 세례를 베풀어 보답했는데, 아마도 간수가 가져오게 했던 그 물로 세례를 베푼 것 같다. 거의 비극이 될 뻔했던 사건이 이제 온 가족이 함께 식사하는 축하연으로 바뀐다. 다른 죄수들에겐 무슨 일이 있었는지 모른다.

뒤이어 바울 일행이 보기에는 바울이 요행을 믿고 일을 무리하게 밀어붙인다고 생각할 법한 순간이 다시 한 번 닥친다. 다음 날 아침, 동이 트자마자, 관리들은 옥에 전갈을 보내 바울과 실라를 풀어 주라 하고 그들더러 그 성읍을 떠나라 명령했다. 바울은 이를 거부한 뒤, 그 성읍 전체에 충격파를 몰고 올 패를 내보인다. 그는 이렇게 말했다. "우리는 로마 시민이요! 그런데 우리에게 재판을 열어 주지도 않고 공개적으로 매질하고 감옥에 처넣고는, 이제 와서 우리를 슬그머니 내보내려 한단 말입니까? 안 됩니다! 그들이 직접 와서 우리를 데리고 나가라고 하시오."[15] 그가 그리할 만한 이유가 있었다. 로마 시민은 법에 따라 완전한 권리를 누렸다. 재판도 받지 않고 사람들 앞에서 매를 맞고 옥에 갇힌다는 것은 시민이 아닌 사람이나 당할 법한 일이지, 시민이 그런 일을 당했다간 천지가 뒤집힐 사건이었다. 바울이 이를 문제 삼으려 한다면, 이런 일을 한 관리들이 아주 어려운 처지에 빠질 것이다. (키케로가 기원전 70년에 베레스를 탄핵한 이후, 로마 관리들은 이 점을 잘 알았을 것이다. 베레스가 저지른 역대급 잘못은 한 로마 시민을 십자가형으로 죽인 일이었다.)▪

▪ 가이우스 베레스는 기원전 120년에 태어나 43년에 사망한 로마 정무관이었다. 시칠리아에서 폭정을 행하다가 키케로에게 탄핵당했다. 키케로는 '베레스를 탄핵함*In Verrem*'이라는 연설로 주목받는 인물이 되었다.

또 다른 아이러니가 있다. 본디 바울은 로마인이 받아들이면 불법인 관습을 가르친다는 죄목으로 고발되었다. 그러나 종국에는 바울이 오히려 관리들이 로마 시민에게 불법 행위를 저질렀다는 죄목으로 고소한다. 물론 이것은 참 어처구니없게 혼란스러운 상황이지만, 새 세계가 옛 세계로 뚫고 들어올 경우에 충분히 일어날 법한 일이다. 이 사건은 공개 사과, 그리고 분명 이제는 무엇을 해야 할지 몰라 허둥댔을 관리들이 바울과 실라에게 그 성읍을 떠나 달라고 간청하는 것으로 막을 내린다. 바울 일행은 그 간청을 허겁지겁 따르지 않고, 우선 루디아의 집을 방문한 뒤 거기 있던 신자 그룹을 만나 이야기를 나누고 천천히 떠났다.

바울과 실라가 떠날 때 디모데와 누가도 함께 떠났는지는 확실치 않다(그러나 디모데는 바울 사도가 베뢰아에 머물 때까지만 해도 사도를 따라갔다). 그러나 누가는 다음 장면에 가서 더 이상 '우리'라는 말을 쓰지 않는다.

빌립보 자체도 중요한 도시였으나, 바울의 다음 기항지였던 데살로니가는 빌립보보다 훨씬 중요했다. 데살로니가는 주요 교차로에 자리하고 있었던 데다, 할키디키 반도 서쪽 테르마이코스만 머리 부분에 자리한 항구로서 수행하던 역할 때문에 번영을 누릴 수밖에 없었다. 데살로니가는 로마의 마케도니아 속주의 수도였으며,

바울 평전

로마 장군 폼페이우스는 로마 내전 때 이곳을 자신의 기지로 사용했다. 바울 시대에는 이곳이 로마의 공식 식민지가 아니었다. 로마의 공식 식민지가 된 것은 두 세기 후였다. 그럼에도 이곳은 분명 로마의 영향을 받은 주요 중심지였다.

데살로니가는, 빌립보와 달리 유대인 숫자가 회당을 유지하기에 충분했다. 바울이 세 안식일에 회당에서 강론한 것을 요약해 놓은 누가의 글은 그가 앞서 제시한 요약들, 특히 바울이 비시디아 안디옥에서 한 강론을 요약한 것(아브라함, 출애굽, 다윗, 포로 생활, 소망)과 일치하며, 바울 자신이 그의 서신에서 되풀이하는 말과도 일치한다. 그 메시지는 크게 둘로 요약해 볼 수 있다. 첫째, 성경은 이스라엘의 메시아가 당할 고난과 죽음, 그리고 그의 부활을 일러 준다. 둘째, 예수가 바로 그 메시아였으며 지금도 그 메시아다. 일부 유대인, 하나님을 두려워하던 몇몇 그리스인, 그리고 수많은 유력한 여자들이 이 메시지를 받아들였다. 아울러 바울이 이 첫 방문이 있은 후 얼마 지나지 않아 데살로니가에 보낸 첫 서신에서도 신생 교회 안에 여러 신을 섬겼던 이교도가 많이 있었으나 그들이 "우상을 버리고 하나님께로 돌아서서 살아 계신 참 하나님을 섬기고" 있다는 말이 나온다.[16] 이는 분명 유대인과 이방인으로 이루어진 중요한 그룹이었다.

특히 그 그룹 지체 중 하나인 야손은 바울과 실라를 환대했다가, 갈라디아에서도 그랬듯이 이곳에서도 회당 공동체의 일부 지체들이 이제는 참을 만큼 참았다 싶어 터뜨린 격분에 부닥쳤다. 선동당한 폭도가 폭력을 휘둘렀으나, 선교하러 온 선교사들을 찾을 수 없었다. 그러나 여기서 문제는 이 폭도들이 바울 일행을 고발한 내용이 정치적 성격을 띠고 있다는 점이었다.

"이들이 바로 세상을 뒤엎는 사람들입니다! 이제 그들이 여기까지 왔습니다! 야손이 자기 집에 그들을 데리고 있었습니다! 그들은 모두 황제의 명령을 거스르는 행동을 하고, 예수라는 또 다른 왕이 있다고 말합니다."[17]

바울 일행이 당한 고발은 이번에도 복잡했다. 유대인이 바울 사도의 메시지에 제기한 반론(우리 유대인은 예수가 진정 이스라엘의 메시아라고 확신하지 않는다)은 로마에 반역하라고 선동했다는 고발로 금세 바뀌었다(정말 유대인 메시아가 있다면, 성경은 그런 사람이 온 세상을 통치하리라고 말한다). 정말, 또 다른 왕을 따르라 선동했다는 고발로! 그 점을 파고들어 가서, 우리가 당시 갈라디아 상황의 한 핵심 요소로서 밝혀 낸 문제를 일러 줄 힌트가 있을지도 모른다. 비유대인이 우상 숭배를 포기하고 이스라엘의 하나님을 예배하게 되었으나 그 과정에서 형식상 유대인이 되는 일을 하지 않았다면, 그들은 사실 황제의 칙령을 거역한 셈이다. 우상을 숭배하지 않고 이스라엘의 하나님을 예배할 수 있게 허락받은 이는 진짜 유대인뿐이기 때문이다.

그렇다면 이것은 바울과 다른 이들이 정말로 '세상을 뒤엎고' 있다는 뜻인가? 넓게 보면, 그런 뜻이다. 바울과 그 벗들은 예수가 친히 선포했던 하나님나라, 곧 이 세상이 보통 추구하는 정치적 가치와 권력 구조를 완전히 뒤집어엎는 나라를 똑같이 선포하고 있었으며, 이전과 다른 인간 존재 방식, 이전과 다른 유형의 공동체를 그들 자신의 삶으로 보여 주고 있었다. 이는 모두 이 세상 왕과 그 종류가 아주 다른 '왕'이 계시기 때문이었다. 물론, 폭도들은 초기 기독교의 메시지가 담고 있는 이런 정교한 강조점을 이해하지 못했을 것이다. 그러나 누가는 이 고발 사건을 요약하면서, 뭐가 뭔지도 모르는 이 이교도 무리가 자신들이 아는 것보다 많이 떠들어 대게 기꺼이 내버려 두는 것 같다. 어쨌든 야손과 그 친구들은 평화를 지키라는 명령을 받았으며, 바울과 실라는 밤을 틈타 그 성읍을 빠져나와 거기서 서쪽으로 80킬로미터쯤 떨어진 베뢰아로 갔으나, 대로가 아닌 샛길로 갔다. 그들은 얼마 되지 않는 신자들이 위협을 받고 있음을 알아차리고 허겁지겁 그 성읍을 떠났다.

바울이 이 공동체에 보낸 첫 답신으로 50년 말이나 51년 초에 썼을 가능성이 아주 큰 서신은 그가 그들과 상당히 짧은 시간을 함께했는데도 끈끈하며 사랑이 넘치는 유대 관계를 구축했음을 분명히 밝힌다. 바울은 이렇게 써 놓았다.

우리는 여러분 가운데서 마치 유모가 자기 자녀를 돌보듯 온화하게 처신했습니다. 우리는 여러분에게 이처럼 헌신하여 하나님의 복음뿐 아니라 우리의 생명까지도 기꺼이 여러분에게 나누어 주려 했습니다. 여러분이 우리에게 사랑받는 사람이 되었기 때문입니다.[18]

바울은 자신이 그들에게서 떨어져 있으나 "몸이" 그런 것이지 "마음은" 그렇지 않다고 말한다. 이는 그가 그들을 "얼굴을 마주하고" 만나기를 "큰 열망으로 간절히 바랐기" 때문이다.[19] 이런 감정이 어찌나 강했던지, 바울은 아테네에 도착한 직후 디모데를 데살로니가에 다시 보내 일이 어찌 돌아가는지 알아오게 했다. 디모데는 좋은 소식을 갖고 돌아왔으며, 바울은 이를 데살로니가 사람들에게 이렇게 보고한다. "여러분이 우리에 대해 늘 좋은 기억을 갖고 있고, 우리가 여러분을 보고 싶어 하듯, 여러분도 우리를 간절히 보고 싶어 한다고 말해 주었습니다."[20]

바울이 첫 방문 직후에 보낸 친밀한 서신에 들어 있는 이 짧은 언급은 바울의 생활 방식, 그가 사람들을 가르치고 목자로서 회중과 사귐을 나누었던 스타일에 관하여—그리고 어쩌면 그 자신에게 필요했던 것에 관하여도—많은 것을 알려 준다. 바나바와의 헤어짐, 내내 불안을 달고 다니며 아나톨리아 중부 지방을 오랫동안 뚜렷한 목적도 없이 돌아다닌 일, 새로운 문화권에 이르렀다는 느낌, 사람들 앞에서 매를 맞고 옥에 갇히면서 받은 충격 등, 모든 것이 바울을 손가락으로만 밀어도 쓰러질 것 같은 취약한 상태에 빠뜨렸을 것이다. 이런 상황에서 그가 얼마 전에 잠시 만났던 사람들의 순전하고 평온한 사랑과 도움을 느끼고 복음을 전하는 내내 '가족'이라는 말 외에는 달리 적절한 표현을 찾을 수 없는 깊은 유대를 발견한 것은 틀림없이 바울에게 위로와 힘을 주었을 것이다.

바울은 사역 초기에 자신이 하는 일이 헛되지 않을까 우려했다. 그랬던 그가 이제 아테네에 있으면서 자신이 데살로니가에서 한 모든 일이 무익한 수고는 아니었는지 염려한다.[21] 여기에서도 다시 한 번, 그가 이런 불안을 이사야의 '종' 주제와 관련지어 표현한다는 사실이 곧 이런 불안이 현실성이 떨어지는 기우임을 뜻하지는 않는다. 바울은 그가 그리스 북부에서 보낸 시간을 되돌아본다. 분명 충격을 안겨 준 기억도 일부 있지만, 그래도 그는 대체로 자신이 그 공동체들과 함께 있으며 그 공동체들 역시 자신과 함께한다고 느낀다. 하지만 이런 느낌은 새로운 소식으로 다시금 강하게 다져질 필요가 있다. 바울의 첫 선교 기지였던 안디옥은 멀리 떨어져 있다. 지금 그가 발견한 것은 바로 새로운 고향이 아니라―그는 그리스 북부에서 결코 긴 시간을 보내지 않았을 것이다―그가 그 마음의 일부를 떼어 놓고 떠나온 곳이다. 어쩌면 그곳은 그에게 진정한 격려를 줄 수도 있지만, 또 어쩌면 그에게 절망을 안겨 줌으로써 나락에 빠뜨릴지도 모른다.

그리하여 바울과 실라 그리고 디모데는 서쪽이 아니라 남쪽으로 향한다. 나는 오히려 이것이 계획을 변경한다는 의미였다고 생각한다. 나는 앞서 바울이 본디 에게해를 건너 그리스로 들어가려 하지 않았다고 말했다. 그러나 일단 그리스로 들어간 바울은 로마 냄새가 아주 짙게 나는 이 도시들에서 주 예수*Kyrios Iēsous*의 복음이 사람들로부터 좋은 반응을 얻고 있음을 느꼈고 자신이 에그나티아 가도에 있음을 알았다. 이렇게 되고 보니, 그는 필시 내친김에 아드리아 해안의 두라기온(뒤라키움)항까지 간 다음, 거기서 바다를 건너 이탈리아로 들어가 곧장 로마로 가고픈 마음이 들었을 것이다. 그러나 바울은 데살로니가에서 자신을 반대하는 자들이 폭력을 휘두르는 바람에 그 성읍을 황망히 몰래 떠나야 했기 때문에 드러내 놓고 동서를 잇는 가도를 따라 여정을 이어가기가 어려웠을 것이다. 실제로 바울 일행은 서쪽에서 남쪽으로 살짝 벗어난 길을 택했으며 곧 베뢰아에 도착했다.

베뢰아에 머문 기간은 짧았다. 어쩌면 데살로니가에 몇 주 머물렀던 것보다 짧았을지도 모른다. 당시 베뢰아는 황제 숭배의 주요 중심지였을 뿐 아니라 마케도니아 '연합'의 지도부가 있는 곳이었다. 데살로니가처럼 베뢰아에도 회당이 있었다. 그러나 베뢰아의 유대인 공동체는 사뭇 다른 접근법을 취한다. 그들은 바울이 말하는 것을 열린 마음으로 꼼꼼히 새겨들으려 하면서, 바울이 강론하는 성경 내용을 연구하여 그가 말하는 내용이 성경 본문과 일치하는지 알아보려고 했다. 우리는 베뢰아 사람들이 바울과 함께 앉아, 환영 인사와 정담을 나누고, 아브라함 이야기, 출애굽 드라마, 다윗이 기름 부음을 받은 이야기, 포로 생활의 어둠을 뚫고 새로운 새벽이 열릴 가능성을 가리키는 시편과 예언서를 꼼꼼히 살펴보는 모습을 상상해 본다. 이처럼 함께 연구하는 모습은 희망찬 출발 같다. 많은 유대인이 신자가 되고, 몇몇 이방인도 신자가 되었으며, 특히 귀한 집에 태어난 몇몇 여성이 신자가 된 점은 주목할 만하다. 그들은 아마도 회당 문화를 주위 이교 세계에서 일어난 반가운 변화라 여겼을지도 모른다. 깨끗하고 확고한 윤리, 그리고 한 분 하나님을 믿는 소박하면서도 거의 굳건하다 할 믿음은 로마 세계에서 살아가는 보통 사람들의 삶과 확연히 달랐다. 바울은 나중에 고린도에 서신을 써 보내면서, 신자 가운데 "귀한 가문에서 태어난 사람도 많지 않습니다"라고 강조한다.[22] 그러나 "많지 않다"가 '하나도 없다'는 뜻은 아니다. 예수 따름이로 이루어진 소소한 그룹들은 사회 계급과 성별과 출신 민족이 다른 이들이 뒤섞여 있었다.

베뢰아에서의 좋은 출발은 지속되지 않았다. 말썽을 일으켰던 자들이 길(에그나티아 가도)을 따라 내려갔다는 말이 데살로니가로 들려왔다. 데살로니가에서 바울을 대적했던 이들은 바울을 뒤쫓으면서, 다시금 소동을 일으키고자 군중을 선동했다. 결국 바울은 다시 길을 떠나야 했다. 그러나 이번에는 바울만이 군중의 분노가 겨눈 표적이었던 것 같으며, 실라와 디모데는 뒤에 남을 수 있었다. 공로公路를 따라 남쪽으로 내려가면 아테네에 이를 수 있었을 것이다. 그러나 베뢰아에서 바울과 동행한 무리는 그를 뱃길로 데려가기로 했던 것 같다. 바울은 아테네에 도착했고, 그를 지키며 동행해 준 이들에게 작별을 고하면서, 실라와 디모데에게 가능한 한 빨리 자신에게 합류하라는 말을 전해 달라고 부탁했다.

우리는 누가가 바울이 유럽에 도착한 뒤 짧은 기간 동안 빌립보와 데살로니가와 베뢰아에 머문 일을 설명한 내용을 따라왔다. 이런 내용은 바울 자신이 쓴 서신이 확증한다. 그러나 누가의 글은 자칫하면 우리에게 잘못된 인상을 심어 줄 수도 있다. 누가는 숨가쁘게 이루어진 바울 일행의 도착, 복음 선포, 바울 일행을 향한 반대와 핍박, 그리고 떠남이라는 사건들을 부각시킴으로써 재미난 소설처럼 책장을 휙휙 넘기게 글을 썼다. 하지만 우리는 이런 내용을 읽을 때, 사실은 이런 일들이 순식간에 봇물 터지듯 24시간 동안에 일어나지 않았음을 유념해야 한다. 여러 암시를 보면, 바울은 적어도 몇 주 동안 빌립보에 머물렀다. 그가 몇 년 뒤 빌립보 교회에 써 보낸 서신은 온통 사랑으로 가득하다. 때문에 사도행전을 후다닥 읽으면 그가 거기에 얼마 안 머문 것 같은 인상을 받지만, 우리는 그가 거기에 그토록 짧게 머물렀으리라고 상상할 수가 없다. 우리는 같은 맥락에서 바울이 옥에 있었을 때(나중에 설명하겠지만, 에베소에서 옥에 갇혔을 때) 빌립보 교회가 그에게 돈을 보낸 일을 발견한다. 바울은 자신이 그들을 떠나자마자 그들이 그런 후원을 했다고 언급하면서, 그들이 그의 데살로니가 사역도 도왔다고 말한다. 바울은 자신이 돈을 벌 목적으로 복음을 설교하지 않았음을 분명히 밝힌다. 그러나 바울의 설교와 가르침을 듣고 그 삶이 바뀐 이들은, 그런 변화를 겪자마자 바울을 돕고 싶어 했던 것 같으며, 빌립보 사람들은 이런 면에서 특히 두드러진 모습을 보여 주었다. 이렇게 도와주려는 마음이 불과 며칠 동안의 방문으로 생길 리는 만무하다.

이 점은 길게 설명할 만한 가치가 있다. 우리 시대 사람들은, 무엇이 바울이라는 사람을 만들어 냈으며 결국 그의 계획이 성공을 거둔 이유가 무엇인지 의문이 들 때면, 바울이란 사람이 까다롭고 상대하기 힘들며 완고한 고객으로서 매사에 사람들과 늘 불화를 빚었던 인간이라 주장해 오곤 했기 때문이다. 그는 분명 그런 인상을 줄 만하다. 특히 바울이, 베드로처럼 그보다 먼저 사도가 된 사람이든 아니면 빌립보 관리들과 같은 지역 관리들이든, 누군가가 하는 말에 담긴 거짓과 모순을 꿰뚫어 볼 수 있는 모습을 보여 주었을 때는 더더욱 그런 인상을 주었을 수도 있다. 그러나— 어쩌면 이 점을 미리 강조한 뒤에 그리스 남부로 가서 활동하는 바울을 살펴보는 게 중요할 것 같은데, 그리스 남부에서도 바울의 인간관계가 늘 원만하지만은 않았다—모든 표지를 살펴보면, 바울이 그리스 북부 지역 교회들에서 상호 사랑과 신뢰에 바탕을 두고 오랫동안 깊이 유지했던 유대 관계를 빠른 시간에 구축했음을 알 수 있다.

물론 바울은 이런 일이 복음 때문에 일어났다고 말할 것이다. 영의 능력이 복음의 메시지를 통해 그리고 예수의 인격으로서 기이하게 임재하심을 통해, 복음을 받아들이는 개개인의 마음과 생각과 삶을 바꿔 놓았을 뿐 아니라, 복음을 전하는 이와 듣는 이의 관계도 바꿔 놓았다. "하나님의 복음뿐 아니라 우리의 생명까지도 기꺼이 여러분에게 나누어 주려 했습니다."[23] 이 말은 바로 그런 이야기를 들려준다.

물론 이 말을 하는 이는 바울 자신이다. 그러나 바울이 이런 말을 자신이 이전에 불과 몇 주 동안 함께 있었던 무리에게 써 보냈으리라고 믿긴 어렵다. **바울**이 **그들도** 자신의 이런 말이 진심임을 알리라고 생각하지 못했다면, 이런 말을 써 보낼 수 없었으리라. 바울을 움직인 가장 강력한 동기가 궁금하면, 그가 나중에 **코이노니아**^{koinōnia}라 부르게 되는 것이 깊디깊은 인간적 차원에서 그를 지탱하고 그에게 자양분을 공급해 주었다는 사실을 그 중심에 놓고 생각해 봐야 한다.

앞서 보았듯이, 코이노니아는 보통 '사귐'이라 번역하지만, 이제 이 조어^{造語}는 오래 써서 닳아졌다. 이 말은 '동업 관계'라는 의미일 수도 있다. 그러나 이런 의미도 이 단어가 지닌 의미의 일부이며, 이것 역시 의미의 핵심은 아니다. 핵심이 중요하다. 그 의미를 표현할 말이 떨어지면, 이미지라도 동원해야 한다. 친한 친구가 뜻밖에 불쑥 찾아왔을 때의 기쁜 표정, 음악가들이 함께 뭔가 아주 아름다운 말을 나눌 때 그들 사이를 스쳐가는 교감, 병상에 있는 이의 손을 오랫동안 꼭 잡아 주는 일, 같이 예배하고 기도하면서 함께 나눴던 만족과 감사. 코이노니아에는 이 모든 의미는 물론이요 이보다 많은 의미가 담겨 있다. 바울이 다다를 또 다른 그리스어는 물론 **아가페**^{agapē} 곧 사랑이다. 그러나 이 경우에도 이 아가페를 가리키는 영어 단어는 너무 낡아서 아가페라는 말의 언저리만 맴돌고 그 의미를 쉬 깨닫지 못한다. 이는 마치 근시인 사람이 자신이 사랑하는 사람이 다가와도 알아보지 못하는 것과 같다. 우리가 자주 놓치는 점은 이 말이 세상이 말하는 의미를 뜻하면서도, 그보다 큰 의미를 뜻한다는 점이다. 바울은 갈라디아서에서 "나를 사랑하여 나를 위해 자신을 내주신 하나님의 아들"이라고 썼다. 우리는 바울이 그리스 북부 도시들을 두루 다니며 선교하는 모습을 보면서, 그런 사랑이 고난을 겪고 주를 찬미하는 사도가 자신을 바쳐 회중을 돌보는 사역으로 바뀌어 나타날 때 어떤 모습을 띠는지 목격한다.

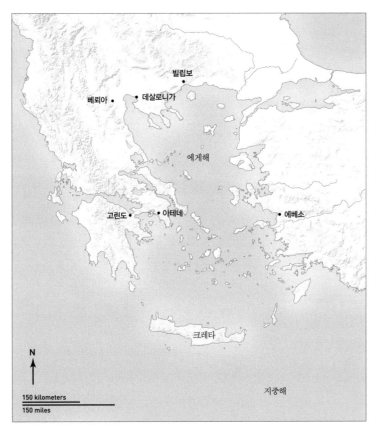

아테네

8장

/

아테네

파르테논은 십중팔구 오늘날 사람들도 그 시대의 건축물임을 즉시 알아볼 수 있는 유일한 건물이다. 사진만 슬쩍 보는 것으로도 충분하다. 모든 이가 그것이 무엇인지 알며, 무엇인지는 몰라도 최소한 **어디에** 있는지는 안다. 그것은 고전 세계의 중심인 아테네에 있다. 기원전 5세기에 페르시아를 누르고 승리한 뒤 아테네 여신을 기리고자 아주 빼어나게 디자인하여 세운 이 대리석 구조물은 아크로폴리스 위에 자리한 채 휘황찬란한 모습을 뽐내면서, 여러 세기 동안 아테네에서 예배의 주된 초점 역할을 했었다. 물론 이 외에도 다른 많은 신전이 있었다. 그 가운데는 더 작지만 훨씬 드라마틱한 신전으로서 기원전 410년에 파르테논 근처에 세운 니케(승리의 여신) 신전이 있었으며, 아테네의 다른 지역에 흩어져 있는 여러 신전들이 있었다. 그 언덕 바로 아래에 있던 제우스 신전은 거대했다. 그러나 파르테논은 그 자체가 한 범주였으며 지금도 그렇다.

서북쪽으로 몇 백 미터 떨어진 또 다른 가파른 언덕에서 보면, 파르테논과 니케 신전 그리고 나머지 모든 건물을 과시하는 아크로폴리스의 장관을 볼 수 있다. 이 언덕이 아레오바고(아레오파고스) 곧 '아레스 언덕'(아레스는 그리스 신화에 나오는 전쟁의 신)이다. 이 언덕에서는 일찍부터 아테네 원로회가 모이곤 했었다. 그 시기 아테네는 '아르콘'들이 다스렸는데(아르콘이라는 말은 그냥 '다스리는 이'를 뜻한다), 이 아르콘 가운데 아홉 사람은 해마다 선출했다. 이들은 임기가 끝나면, 저절로 그 모임이 열리는 언덕의 이름을 그대로 따른 회의체인 아레오바고 의원이 되었다. 이 회의체의 지위와 역할은 정치 개혁이 진행됨에 따라 바뀌었지만, 아테네의 공공 생활에 계속하여 강력한 영향을 미쳤으며 살인, 방화 그리고 일부 종교 범죄를 포함한 중범죄를 재판하는 법원 기능을 하기도 했다.

따라서 우리는 바울이 십중팔구는 50년 말이나 51년 초였을 때 아레오바고에서 연설하면서 우선 여러 잡신에게 바친 신전들이 말하자면 범주의 오류■임을 선언한 것을 보고, 그가 철학자들의 논쟁 모임에 참석하여 토론을 벌였다고 생각해서는 안 된다. 독자들은 여러 세대에 걸쳐 바울의 '아레오바고 연설'이라 불리는 사도행전 17:22-31 본문을 연구하면서, 바울이 자기 나름대로 철학의 근거들을 동원하여 기독교 신앙을 천명하는 데 이르는 길을 논증하려 한다고 생각해 왔다. 근대에 들어와 사람들이 때로 '자연 신학'—하나님의 특별 계시에 의지하지 않고 오로지 자연계만을 관찰함으로써 하나님의 존재, 나아가 어쩌면 기독교가 진리라는 것

■　같은 범주에 속하지 않은 것을 같은 범주에 속한다고 착각하는 오류.

까지도 증명할 수 있다는 주장—이라 부르는 것을 구축하고자 했던 많은 이들은 이 아레오바고 연설을 자신들이 펼치는 노력의 선구라고 찬미했다. 그런가 하면 여러 이유 때문에 이런 '자연 신학'에 저항하려 했던 많은 이들은 사도행전 17장을 살펴보면서, 누가가 무슨 생각을 했든 우리가 바울 서신을 통해 아는 바울은 이런 종류의 담론을 지지할 사람이 아니었으리라고 선언했다. 이런 연설은 바울이 할 소리가 아니라는 것이다.

그러나 이런 주장들은 모두 오해다. 아레오바고는 **법정**이었다. 바울은 재판을 받고 있었다. 그에겐 위험한 순간이었다. 일이 아주 잘못될 수도 있었다. 그는 내내 혼자였으며, 아니 혼자인 것처럼 보이며, 실라와 디모데가 그에게 합류하기만을 기다렸다. 디모데는 바울을 찾아 아테네로 온 것 같다.[1] 그러나 데살로니가의 작은 교회를 염려하던 바울은 곧바로 디모데를 다시 그들에게 보내 그들이 어찌 지내는지 알아오게 했다. 그의 심중에는 중요한 일들이 있었다. 그가 다른 기회에 말하지만, 그의 밖에는 여러 싸움이 있고 안에는 두려움이 있다. 그의 몸이나 정신은 세상을 초월한 철학자 노릇이나 하며 즐길 여유가 없다. 하지만 이런 그가 자기 자신을 변호할 기회를 붙잡는 것으로 그치지 않고—사실은 그것이 그가 아레오바고 연설에서 내내 하고 있는 일이다—이 기회를 활용하여 상당한 수사적 기술로 그리스인의 세계관이 갖고 있는 기본 전제들에 도전하면서 자신을 변호한다는 점은 대단히 독특한 일이다.

내가 '수사적 기술로'라는 말을 썼지만, 물론 우리가 가진 것은 바울이 말한 내용을 짤막하게 요약해 놓은 글뿐이다. 만일 여러분이 누가가 보고하는 바울의 연설문 그리스어 본문을 바울이 공개 장소에서 많은 무리에게 말했을 법한 속도로 읽는다면 2분 정도 걸릴 것이며, 수사적 효과를 잘 판단하여 일부러 몇 곳에서 뜸을 들인다 해도 아마 2분 조금 넘게 걸릴 것이다. 바울이 이 연설을 한 날은 법정이 바빴을 수 있으며, 바울 사건은 다른 몇몇 사건 사이에 다루기로 시간이 잡혀 있었을지도 모른다. 때문에 어쩌면 법정 관리들은 바울에게 단 2분만 이야기할 수 있다고 일러 주었을 수도 있다(언젠가 영국 상원에서 '안락사' 문제를 토론할 때도 발언자로 나서서 한마디 하고 싶어 하는 사람들이 너무 많다 보니, 거기서 발언한 나도 그렇게 짧게 이야기하라는 말을 들었다). 그러나 나는 그랬을 가능성이 아주 낮다고 본다. 아레오바고가 자신들이 할 일을 서둘러 얼른얼른 해치웠다는 증거가 전혀 없다. 모든 사람 중에서도 특히 바울은, 자긍심이 넘치는 고대 문화의 수도요 철학의 고향이며 민주주의의 요람인 도시의 최고 법원에서 연설할 이 절호의 기회를 포기하고 싶지 않았으리라. 어쩌면 그의 연설 자체가 책 한 권이 되겠지만, 누가는 자신의 작품에서 그런 일에 그만한 공간을 전혀 할애하지 않는다. 그는 이 연설의 내용을 줄이고 줄여 뼈만 남겨 놓았다.

그렇다면 그들은 왜 바울을 그곳의 최고 법정 앞에 데려다 세웠을까? 사람들은 종종 고대 이교 세계는 다양한 종교에 관용을 보였다고 말하는데, 어떤 의미에서 보면 일리 있는 말이다. 많은 '신',

바울 평전

많은 '주' 그리고 많은 잡스러운 신앙이 지중해와 경계를 접한 나라들에서 번성했다. 상황이 이렇다 보니, 새로운 신이 어떤 도시로 진입하기는 식은 죽 먹기였으며, 도시에는 곳곳에 신전과 자그만 신당이 있었다. 미트라 숭배 같은 신앙은 로마군에서 이내 인기를 얻었다. 로마와 황제 자신을 숭배하는 새 신앙도 숭배 제의를 거행할 장소를 찾을 수 있었으며, 때로는 이 로마와 황제 숭배를 거행하는 장소가 여러 신들을 섬기는 기존 신당을 능가하기도 했지만, 기존 신당을 몰아내는 일은 보통 일어나지 않았다.

하지만 관용은 한계가 있었고 통제를 받았다. 철학자들이 그들의 가르침 때문에 도시에 추방당했음을 보여 주는 증거가 있다. 특히 아테네는 과거부터 현재까지 철학사를 통틀어 가장 중요한 사건 가운데 하나로 꼽는 소크라테스 재판(기원전 399년)이 열린 곳이었다. 소크라테스는 무슨 죄를 지었는가? 젊은이들을 타락시키고 **외국의 신들을 들여왔다**는 것이 그의 죄목이었다. 소크라테스 재판에는 분명 정치적 동기도 있었기 때문에, 비록 우리가 그의 죄목이 무슨 의미인지 완벽하게 알지는 못해도, 그 재판은 우리 기억 속에 두고두고 살아남았다. 아테네는 유구하고 특별한 역사를 늘 기억하던 곳이었다. 더불어 그 역사가 아테네 여신 그리고 그들에게 우월한 지위를 확보해 준 대對페르시아전 승리와 결합해 있다는 것도 늘 의식했다. 다른 곳도 아니요 바로 이런 아테네에서 바울 같은 이방인이 요상한 새 가르침을 전했으니, 사람들이 보인 관심은 단순히 호기심 정도가 아니라 그보다 훨씬 큰 것이었으리라. 바울은 아테네 사회와 그 사회의 안정, 그리고 이 아테네가 살아가고 움직이고 존재하게끔 선의를 베풀어 주던 신들을 섬기는 예배에 위협이 될 수도 있었으리라. 그는 조사를 받을 수밖에 없었다.

누가는 아테네 시민의 자긍심이 잡탕 자존심임을 비웃는다. 그들은 한편으론 무조건 새것을 사랑했다. 누가는 "모든 아테네 사람과 거기에 사는 외국인들은 그저 최신의 별난 것을 말하고 듣는 일로만 시간을 보냈다"고 비웃는다.[2] 그는 바울을 향한 고발의 심각성을 축소하려고 최선을 다한다. "거기에 사는 외국인들"을 언급한 것은 "바울이 유일한 외부인이 아니기 때문에, 새로운 사상이 하나 더 들어온다 해도 아테네 사람들이 이를 딱히 거부할 명분이 없다"는 것을 암시한다. 누가는 바울이 새로운 신학 사상을 소개한다는 혐의를 받고 아레오바고에 끌려가기 전에도 이미 온 도시가 어쨌든 이런 종류의 일에 열렬한 관심을 보였음을 넌지시 일러 준다. 그러나 어떤 이를 극형에 처할 수도 있는 중대 문제로 처리해야 할 경우가 아니면, 그를 최고법원으로 데려가는 경우는 없다. 거듭 말하지만, 아레오바고는 철학자들의 토론 모임이 아니었다.

오히려 철학자들이 더 자주 토론을 벌였을 법한 곳은 장터요 회당이었다. 바울도 회당에서 복음을 전하기 시작했었다. 누가는 그 지역 유대인이 보인 반응을 우리에게 일절 들려주지 않는다. 도리어 그는 우리의 시선을 바울이 에피쿠로스 학파 및 스토아 학파 사람들과 벌인 토론으로 끌어간다. 여기서 바울은 분명 그의 홈그라운드라도 되는 것처럼 실력을 뽐냈다. 아니, 이 아레오바고는 그의 여러 홈그라운드 가운데 하나였다고 해야겠다. 평생 성경을 능수능란하게 다루었던 공간인 회당도 분명 그의 홈그라운드였으니까. 그러나 그는 고대 세계의 철학 중심지 가운데 하나인 다소 출신이었고, 이제는 유식한 이들이 펼치는 담론의 본고장이며 소크라테스와 플라톤과 아리스토텔레스의 도시인 아테네에 있었다.

에피쿠로스 학파와 스토아 학파는 모두 당대의 주요 철학 학파에 속했다. 아울러 고대 플라톤 학당인 '아카데미아'도 있었다. 당시에는 오랫동안 득세했던 신중한 불가지론이 물러가자, 아카데미아가 다시 돌아오고 있었다. 그러나 당시는 역시 에피쿠로스 학파와 스토아 학파가 주요 경쟁자였다. 당시 에피쿠로스 학파에서 가장 유명한 인물은 로마 시인 루크레티우스였으며, 스토아 학파에서는 바울과 거의 같은 시대 사람인 세네카와 에픽테토스가 유명했다. 이 두 학파 가운데 스토아 학파가 더 인기가 있었다. 이 두 큰 철학 체계 사이에 겹치는 점과 차이점은 많은 면에서 볼 수 있으나, 바울의 목적에 비춰 볼 때 중요한 것은 그들이 '하나님'이나 '신들'에 관해 주장하는 견해였다. 바울이 한 분 하나님에 관해 말하는 내용은 이 두 학파 중 어느 학파와도 들어맞지 않았다. 그럼에도 바울은 두 학파가 암시하는 것들이 그들이 제시하는 주장 너머에 있는 것임을 알 수 있었다.

이런 핵심 질문은 '하나님'이나 '신들'과 세계의 관계, 특히 '하나님'이나 '신들'과 인간의 삶의 관계와 관련이 있었다. 에피쿠로스 학파는 신들이 당연히 존재할 수도 있지만 그들은 인간 세계와 완전히 분리된 그들만의 세계에 산다고 주장했다. 인간이 사는 세계는 그 자신의 힘으로 계속 돌아간다. 그 세계의 원자(원자설은 기원전 5세기에 데모크리토스가 이미 주장했다)는 앞뒤로 움직이면서, 이 길 저 길로 "갑자기 움직여" 서로 충돌하며, 이를 통해 이전과 다른 결과들, 이전보다 진보된 다른 삶의 양식을 만들어 낸다. 이런 점에서 세계와 인간의 삶 속에 존재하는 모든 것은 '자연적인'(그것을 태어나게 한) 원인이 있으며, 죽을 때는 그것을 구성하는 원자들이 원상태로 돌이킬 수 없게 흩어지며 인간은 존재하기를 멈춘다. 이런 세계관은 18세기에 이르기까지 소수 의견으로 존속했다. 그러나 그 뒤에 근대 서구 문화에서는 이 의견이 주류 견해가 되었다. 많은 이는 이를 근대의 '발견'이라고 생각한다.

이와 달리 스토아 학파는 본디 범신론자들이다. '하나님'과 세계는 많든 적든 동일하며, 신이 부여하는 생명의 불꽃인 **로고스**^{logos}가 만물 안에 존재한다고 주장한다. 이 생명은 온 우주가 살아 움직이게 하는 불이나 영으로 구성되며 큰 화재가 일어나는 순간처럼 엄청난 불꽃을 내며 타오른다. 그 뒤에는 마치 불사조처럼 온 세계가 다시 시작되며, 사건들은 이전과 똑같은 경로를 밟아간다. 따라서 현명하고 유덕한 인간의 삶은 세계 내면에 존재하는 **로고스**를 따라 생각하고 행동함 속에 존재한다. 하지만 에픽테토스가 그 좋은 예라 할 많은 스토아주의자는 유연한 범신론을 주장했다. 이 범신론에 따르면, 스토아주의자들 자신이 엄밀히 말하면 다른 것과 마찬가지로 '신성'의 일부이지만, 그래도 이들은 신적 존재에게 공경과 감사를 담은 예배를 올리며 그 신에게 말을 건넬 수 있었다.

물론 이 철학자들만 그런 문제에 관해 생각하지는 않았다. 많은 고대 시인이 신들과 이 세계의 이상한 교류를 감동 깊게 묘사했으며, 일부 시인은 이 어수선한 세계 뒤편에 이교의 만신萬神이 행사하는 은혜로운 힘이 있을지도 모른다고 지적했다. 이 시인 가운데 일부는 극작가였다. 기원전 5세기에 활동한 비극 작가 아이스킬로스Aeschylus가 쓴 한 유명한 연극은 아레오바고라는 법정 자체의 기초를 묘사한다. 여기에서는 아폴론 신이 주재했다. 그리고 사람이 죽어 그 피가 땅에 쏟아졌을 때는 **부활이 없다**고 선고했는데, 이는 무엇보다 살인 사건 재판 때 선고하는 판결 이유 가운데 일부였다.[3] 이렇게 부활을 부인함이 바울이 서 있던 법정이 따르던 기본 헌장의 일부였다.

장터의 철학자들이 볼 때 바울은 그야말로 괴짜 같았다. 바울은 본질상 유대교의 견해라 할 한 분 하나님과 창조된 우주를 이야기했고, 특별히 이를 기독교의 관점에서 변형한 이야기를 들려주었는데, 그 철학자들에겐 이런 이야기가 어처구니없는 말이었다. 그들은 비웃었다. "이 사람이 대체 뭐라고 하는 거지? 아무 데나 씨 뿌리는 사람처럼 제멋대로 지껄이잖아." 그들은 도통 알아들을 수 없다는 표정을 지었다. 그들이 하나 알아들은 것은 바울이 예수라는 사람과 '아나스타시스Anastasis'라는 사람 혹은 사건―'부활'을 가리키는 그리스어―에 관해 이야기하고 있다는 것이었다. 그들은 '예수와 아나스타시스'가 새로운 한 쌍의 신이며, 그리스어로 여성명사인 '아나스타시스'가 예수의 짝일 거라고 추측했다. 이 둘은 마치 이시스와 오시리스처럼 짝을 이루는 신이었다(그러나 이시스와 오시리스를 언급할 때면 늘 여신을 먼저 언급한다). 그러나 결론은 뻔했다. 철학자들은 바울이 그들이 모르는 외인들의 신을 선포하고 있다고 보았다. 분명 소크라테스 재판이 벌어졌던 상황을 떠올려 주었다. 그들이 바울을 아레오바고로 끌고 온 것은 그 때문이었다.

그들이 던진 첫 질문이 세미나 시작 전에 발표할 보고서를 나눠 주라는 식의 악의 없는 권유가 아니었던 것도 역시 그 때문이었다. 우리는 자신 앞에 있는 사람을 매질하게 하거나 추방하거나 심지어 죽일 수도 있는 힘이 자신에게 있음을 알고 있는 재판장(아레오바고를 주재하는 관리)이 그저 조롱하는 속내를 넌지시 내비치며 얼음처럼 차가운 목소리로 내뱉었을 첫 말들을 상상해 볼 수밖에 없다. "그대가 떠들어 대는 이 새 가르침이 정녕 무엇인지 우리가 알 수 있겠는가? (이는 말하자면, "이것은 1급 기밀에 해당하는 신비인가" 또는 "우리 같이 유한한 생명이 그 가르침의 의미를 알 수 있겠는가?"라는 뜻이었다.) 그대는 아주 요상한 사상을 우리 생각 속에 집어넣고 있다. 우리는 그게 과연 무슨 뜻인지 샅샅이 알고 싶다."[4]

이리하여 바울은 바로 이 자리, 아레오바고에 섰다. 이 사도를 연구해 온 사람치고 이 주목할 만한 사람이 정녕 누구였는지 혹은 그를 움직인 동기가 무엇인지 설명하는 일을 사도행전 17장에서 시작하려는 이는 거의 없을 것이다. 그러나 바로 그렇게 해야 하는 강한 논거를 제시할 수 있다. 우리가 일단 바울이 '자연 신학'에서 내세우는 몇몇 논지를 주장하려 한다는 생각을 제쳐놓고, 그가 지금 자신을 변호할 뿐 아니라 자신을 대적하는 이들의 잘못된 반응을 상쇄할 목적으로 현명하게 짜낸 틀 안에서 자신이 득점할 호기를 활용하고 있음을 깨달으면, 그 전인(全人)이 일하는 모습이 보인다. 물론 바울은, 그가 우상 숭배와 이교 신전을 비판할 때도, 당신이 생각해 두신 시간표 끝에 이르면 온 세상에 그 책임을 추궁하실 시간표를 갖고 계신 온 세상의 창조주에 관하여 결정타를 날릴 때도, 그리고 심지어 철저히 유대인의 관념이라 할(그리고 그리스인에게 철저히 우스운 이야기인) 부활을 이야기할 때도 유대인 사상가라는 인상을 풍기지 않는다. 시편이나 솔로몬의 지혜서가 유대인의 생각을 그대로 드러내듯이, 바울이 하는 말도 (바울이 다른 곳에서 말하듯이) "모든 생각을 포로"로 사로잡아 "메시아께 순종하게" 만든다는 점에서 유대인의 생각을 그대로 드러낸다.[5] 바울의 말은, 한 분 하나님이 만유의 창조주이심을 강하게 피력하고, 이런저런 철학이 나름대로 어떤 주장을 펼치지만 어떤 철학도 여태까지 그림 전체를 파악하지 못한 이유를 알 수 있는 우월한 지식이 자신에게 있음을 주장한다는 점에서 유대인의 생각을 드러낸다.

바울이 하는 말은 무엇보다 한 분 하나님이 철저한 초월자이면서도 친밀한 인격체로서 임재하신 분임을 이야기하는 유대인의 생각이다. 바울은 시편이나 이사야서를 인용하지 않는다. 그러나 우리는 이 두 책이 한 분 하나님에 관해 피력하는 시각이 줄곧 그에게 영향을 주었음을 알 수 있다. 주권자 하나님은 저 위 높이 계시고 이 땅 너머에 계시니, 고로 이 땅에 사는 이들은 메뚜기와 같지만, 하나님은 온유하게도 가까이 오사 당신 품에 양들을 모으시고 어미 양을 인도하신다. 바울은 옛적 이스라엘의 지혜를 그 마음 깊이 흡수했다. 바울은 이런 지혜를 갖추고 있었기에, 그 지역에 있는 비문, 장엄한 신전, 철학 토론, 시인의 공상을 침착하고도 냉정하게 바라볼 수 있었다. 이 사람이 최고 자리에 올라선 유대인 바울이다.

마찬가지로, 이 사람 바울은 로마 시민이기도 하다. 예수 따름이가 카이사르(황제)가 다스리는 제국의 공식 시민이 된다는 게 모순일 수도 있지만, 어쨌든 그는 그 제국의 시민이며 그것이 그에게 도움이 될 수도 있다. 바울은 빌립보에서 경험한 일 덕분에 그 점을 틀림없이 인식했을 것이다. 아테네는 로마를 별로 사랑하지 않았다. 로마인은 100여 년 전에 아테네를 약탈했었다. 그러나 바울은 일이 꼬이면 자신이 당시 세계를 호령하던 대제국의 법의 보호를 받고 있음을 지적하는 것이 그에게 해가 되지 않으리라는 것을 알았다. 이것은 단순히 실리의 문제가 아니었다. 이번에도 다시금 유대인이라는 그의 뿌리가 도움이 되었다. 바울은 (예수도 가장 인정하기 힘든 순간에 인정하셨던 것처럼)[6] 이 세상의 통치 권력들이 장차 그들에게 책임을 추궁하실 한 분 하나님을 기쁘게 해 드릴 목적으로 그 통치권을 행사한다고 믿었다. 바울은 분명 뛰어난 연락망, 특히 도로와 각 지역의 사법 체계가 이전에는 결코 상상조차 못했던 조건을 만들어 냈음을 이미 인식했을 것이다. 그런 조건 덕분에 그와

바울 평전

같은 순회 설교자가 이 나라에서 저 나라로 다니며 일할 수 있었다. 물론 바울은 일이 아주 안 좋아질 수도 있음을 알았다. 그가 갈라디아와 그리스 북부에서 했던 경험이 생생히 떠올랐으리라. 그러나 하나님의 섭리를 믿는 그의 믿음에는 한 분 하나님이, 로마 세계가 이교의 온갖 악한 모습을 갖고 있으며 장차 그것 때문에 책임 추궁을 당할 텐데도, 이 세계를 기이하면서도 확실하게 세우셨다고 믿었다. 하지만 앞뒤 안 맞는 말처럼 들릴지 모르겠으나, 바울과 다른 이들은 바로 이런 로마 세계를 방편으로 삼아 예수를 주라 선포할 수 있었다. 따라서 우리는 바울이 이런 점을 알았기 때문에 용기를 냈으리라고 추측하는 것이 옳으리라.

유대인과 로마인이 그리스 사상가이자 여행자인 바울 안에서 만난다. 우리가 재차 강조해 두어야 할 것은 이것을 보면서 바울이 유대의 고유성을 뒤로 제쳐놓고 다른 종류의 사상을 받아들였다고 생각해서는 안 된다는 점이다(그러나 오랜 세월에 걸쳐 많은 이들이 그렇게 생각해 왔고, 특히 근대 유럽의 사상가들은 '유대 사상'이라 불리는 것을 배척하고 싶어 할 때면 그렇게 생각했다). 결코 그렇지 않다. 이미 우리가 말한 이유에 비춰 볼 때, 충실한 유대인이었던 바울은 모든 진리가 하나님의 진리임을 알 수 있었으며, 그러기에 모든 관찰 결과와 토론도 하나님의 세계를 관찰한 결과요 그 세계가 의미하는 것에 관한 토론임을 알 수 있었다. 그는 그리스 사상의 언어와 개념을 철저히 꿰뚫고 있었다. (나는 그가 **프뉴마**^{pneuma}를 말할 때 그가 말하려는 '영'이 스토아 학파 사람이 생각했을 법한 영과 같으면서도 같지 않음을 알지 않았을까, 혹은 그가 예수를 일컬어 **에이콘**

떼우_eikōn theou_라 말할 때 다른 사람들이 이 '하나님의 형상'이라는 말을 다른 의미로 받아들이리라는 것을 알지 않았을까, 그가 그런 사실을 알면서도 오히려 그런 사실을 즐기지 않았나 싶은 생각이 든다. 사실, 그는 자신이 말하려는 의미를 사람들이 오해하면, 그 오해를 끝없이 바로잡곤 했다.) 바울은 수세에 몰린 채 '순수한' 유대 문화로 돌아가지 않으면 모든 게 몰락하리라는 주장을 펴는 게 아니다. 오히려 그는 우상 숭배와 그것이 만들어 내는 거짓 사실이 진리를 뒤집고 왜곡하며, 진리를 단단히 붙잡고 끌어당겨야 밧줄의 매듭과 꼬인 것도 결국 느슨해진다는 것을 아주 당당하게 주장하려 한다.

결국 이 복잡한 사람은 그 자신 속에 성경과 유대 사상이 깊이 녹아 있는 세계관을 품고 있다. 이 세계관은 예수와 영으로 깜짝 놀랄 만한 새로운 초점을 갖게 되었지만, 그렇다고 그가 그 세계관을 포기하거나 구석으로 밀쳐 버린 것은 아니었다. 그는 그런 관점에서 로마 세계를 여행할 수 있었고, 그리스 사상을 두려움이나 부끄러움 없이 생각할 수 있었다. 특히, 그는 예수의 부활을 전했고— 이 부활이 없었다면 그의 삶과 사역은 철저히 무의미했을 텐데— 그가 전한 이 예수 부활에 관한 메시지 안에는 예수가 당한 십자가형이 패배가 아니라 승리라는 소식이 들어 있었다. 바울이 아레오바고 연설에서 우상과 신전을 비판한 것은 유대인이 할 법한 논박이지만, 비단 그것만은 아니다. 이 연설은 신이라 행세하는 세상의 모든 사이비 권력이 왕좌에서 쫓겨나 부끄러움을 당하고 다른 누군가의 개선 행진에 패배한 오합지졸처럼 끌려나왔다고 믿는 사람의 주장이다. 우리가 보았듯이, 예수가 십자가에서 거두신 승리는 바울에겐 심히 내밀한 의미가 있었다. 즉 "하나님의 아들이 나를 사랑하여 나를 위해 자신을 내주셨다." 그러나 이 승리는 온 우주를 아우르는 의미와 긴밀히 결합해 있었다. 즉 "그분은 통치자들과 권세자들의 무장을 벗겨" 내셨다. 바울은 골로새 사람들에게 쓴 서신에서 "그분 안에서 일어난 그들에 대한 승리를 축하하며, 그들을 대중의 멸시를 받는 구경거리로 내보이셨"다고 쓴다.[7] 바울은 메시아의 사람이었다. 그러기에 그는 우리가 방금 열거한 다른 모든 요소도 포함시켰다.

바울이 아테네의 최고 법정에서 노인네들에게 연설할 때, 방금 말한 일이 모두 펼쳐졌다. 그는 이제 자신이 말하려는 요지를 확실히 밝혀야 했다. **"여러분에게는 내가 말하는 것이 '새롭게' 들릴지 모르겠으나, 사실 이것은 여러분 자신의 문화 속에 감춰져 있소이다.** 그것은 정말 감춰져 있소이다. 사실, 따지고 보면 그것을 어리석고 불필요한 상부 구조로 감싸 버린 이는 바로 여러분 자신입니다. 그러나 비록 예수와 부활을 알리는 이 독특한 소식이 여러분 체계에는 충격일지 몰라도"—실제로 충격이었다. 그들은 그 때문에 바울을 비웃었다—"그 소식이 드러내 보인 근본 진리는 이 세상과 이 세상을 지으신 한 분 하나님에 관한 진리입니다. 여러분의 문화는 기껏해야 그 진리를 희미하게 그리고 멀리 떨어져서 증언할 뿐입니다." 바울은 아테네의 문화 상징에서 시작하여 기독교 진리에 다다르는 철학 논지를 세우려 하지 않는다. 바울은 "낯선 신들을 선포한다"는 비판을 논박함과 **동시에**, 한 분 하나님이 예수를 죽은 자 가운데서 다시 살리심으로 이 세상을 향한 당신의 목적을 드러내셨다고 말함이 타당할 법한 세계관 내지 형이상학을 그려 보인다. 그는 셜록 홈즈 같은 인물이다. 갈피를 못 잡고 헤매는 경찰서장에게 그들이 따르는 범죄 이론이 그들에겐 어느 정도 의미가 있을지 몰라도 그것과 완전히 다른 체계, 그들 눈앞에 있는데도 내내 발견하지 못했던 체계가 있으며, 그 체계가 모든 문제를 해결해 주리라는 것을 설명하는 홈즈 같은 인물이다.

그리하여 그는 유명한 제단 비문인 "알지 못하는 신에게"부터 거론하기 시작한다. 학자들은 이런 비문이 본디 정확히 무슨 의미였을지를 놓고 많은 글을 썼다. 그러나 바울은 이런 글의 과거 역사보다 오히려 이 글이 자신에게 제공한 천재일우의 기회에 관심이 많다. 이는 그가 일종의 신학 지푸라기("여러분 자신은 여러분이 아직도 모르는 어떤 신이 있을 수도 있다고 인정하는데, 그렇다면 우리가 과연 그 신을 의지할 수 있는지 살펴봅시다")를 잡으려 한다는 의미가 아니다. 그는 지금 '무지'라는 개념 자체를 집어 들고 이를 이방 종교가 일상이 된 온 세상을 비판하는 지렛대로 활용하려 한다.

"그것은 **무지**일 뿐입니다." 바울은 아테네 사람들이 자신보다 치밀하지 못한 사람들의 난삽한 생각을 물리칠 때 쓸 법한 말투로 그렇게 말하면서, 솜씨 좋은 사람들이 금이나 은이나 돌로 만든 우상이 다른 모든 곳처럼 아테네에도 널렸다고 지적한다. 물론 바울은 우상 숭배를 비판할 때 보통 하던 말을 그대로 되울려 주는데, 이런 말 역시 시편이나 이사야서에서 발견할 수 있지만, 바울 시대에는 솔로몬의 지혜서에서 볼 수 있는 말과 더 가까운 비판이었다. 아울러 바울의 말은 그가 루스드라에서 했던 말을 되울려 준다. 철학에 관심이 많았던 그의 청중 가운데 일부는 그의 말에 동의했을 것이다. 바울은 계속하여 이렇게 말한다. "만일 여러분이 이런 무지를 버리면, 이 우상들이 참 하나님을 오해하게 할 수 있는 초라한 모형일 뿐 아니라, 이 하나님이 인간의 손으로 지은 신전에 사시지 않는다는 것을 깨달을 것입니다." 결국 계곡 건너편에 훤히 보이는 웅장한 파르테논으로도 이미 충분하다는 이야기였다. 바울이 지금 아테네 사람들에게 하는 말은 "우리의 훌륭한 신전이 범주의 오류"임을 깨달으라는 것이다. 바울은 이어 이렇게 역설한다. "신전에서 올리는 예배도 마찬가지입니다. 사람들은 **신**이 늘 **우리**에게 모든 것을 주는 이로 존재하는데 **그를 먹여 살리려고 애씁니다**." (바울은 루스드라에서도 같은 말을 했었다). 그러나 이스라엘의 하나님은 시편에서 이렇게 말씀하셨다. "내가 배고프다 한들, 너희에게 달라고 하겠느냐?"[8]

　그렇다면 누가 참 하나님인가? 그는 어떤 분이며, 이 세상과 어떤 관계를 맺고 있을까? 여기서 바울은 철저히 유대인의 길로 나아간다. 그는 당대를 지배하던 철학자들의 반쪽 진리를 인정하면서도, 그 모든 것을 자신이 옹호하는 더 커다란 총체 안에서 바라본다. 한 분 하나님이 만유를 지으신 분이다. 모세가 말했듯이(바울은 여기서 모세를 언급하지 않으나, 그가 제시하는 생각은 이스라엘의 성경 속에 깊이 뿌리박고 있다), 이 한 분 하나님이 모든 사람(민족)을 지으시고 그들에게 그들의 때와 장소를 나누어 주셨다. 무엇보다 하나님은 사람들이 당신을 **알기를** 원하셨다. 무지는 결코 하나님이 뜻하신 계획이 아니었다. 결국 하나님은 사람들이 성찰할 줄 모르는 꼭두각시가 아니라 당신의 형상을 지닌 인간이기를 원하셨다. 그러나 스토아 학파는 틀린 말을 하고 있다. 그들의 말과 달리, 하나님은 만인과 만물 안에 존재하는 심오한 신성이 아니다. 참 하나님은 만유를 지으신 분이다. 그는 세계와 구별되는 분이지만, 세계와 분리된 분이 아니다(이 점에서 에피쿠로스 학파의 주장과 다르다). "참으로 그분은 우리 각 사람에게서 사실상 멀리 계시지 않습니다. 그분 안에서 우리가 살고 움직이고 존재하기 때문입니다."⁹ 기원전 3세기에 활동했던 스토아 학파 사람이자 바울이 살던 세계 사람들이 호메로스 다음으로 가장 널리 읽었던 작품《현상*Phaenomena*》을 쓴 아라토스(주전 315-240년)는 그것을 이렇게 표현했다. "우리는 그분의 자손이기 때문이다." 바울은 이를 인용하다가, 그 맥락과 상관없이 인용하면, 그것이 곧 스토아주의라고 쉬이 오해할 수도 있는 무언가에 가까이 다가간다. 이어지는 내용은 이런 일이 심각한 실수로 이어진다는 것을 분명히 보여 준다.

첫째, 스토아 학파는 인간이 만든 우상이 나쁜 생각이라는 주장을 전혀 하지 않았다. 스토아 학파가 믿었듯이, 모든 곳에 신이 있다면, 우상을 예배 대상으로 삼는다 하여 해가 될 일은 없었다(물론 그런 대중의 생각은 비판받아야 할 것이다). 바울은 이런 생각을 물리치며, 이것이 더 큰 무지라고 말한다.

둘째, 이미 내가 언급했듯이, 에픽테토스 같은 일부 스토아 학파 사람들은 인간과 '신'의 관계를 부드럽게 이야기할 수 있었다. 그러나 바울이 유대인으로서, 그리고 이제는 예수에 초점을 맞추고서 바라본 인간과 세계 창조주의 관계는 에픽테토스가 생각했던 차원을 넘어 다른 영역으로 옮겨 간다. 하나님은 인간이 당신을 찾게 하셨다! 아마도 손을 뻗어 그를 찾으면 정말 찾을지도 모른다! 이것은 단순히 인간이 그 내면에 자리한 신을 닮은 자아와 만나는 문제가 아니다. 그것은 인간이 자기 스스로 하고 싶어 하는, 어쩌면 오만할 수도 있는 '하나님 탐구'가 아니요, 인간이 주도권을 행사하고 하나님은 그저 인간이 하는 대로 따르는 '하나님 탐구'가 아니다. 하나님은 모든 이에게 모든 것을 주신다. 그가 찾으시는 것은, 신학이라는 이름의 주도권이든 인식론을 내건 주도권이든, 어떤 주도권이 아니다. 그는 그저 반응을 찾으신다. 스토아주의에서는 그런 반응이 보이지 않으며, 에피쿠로스주의는 더더욱 그러하다.

셋째, 스토아 학파의 역사관은 순환론이었다. 그들은 아주 큰 시간의 회전목마가 있다고 생각했다. 일정한 주기로 큰 불이 났다가 다시 시작하는 회전목마인데, 이런 회전목마는 범신론에 따른 불가피한 결과였다. '만물*to pan*'이 늘 존재하는 만물이라면, 그것은 영원히 존재하면서 큰 원을 그리며 회전하고 끝없이 정확하게 되풀이되는 존재일 수밖에 없다. 그러나 바울은 역사란 순환하는 게 아니라 직선으로 이어진다고 말한다. "알지 못하는 신에게"라는 비문이 인정하는 '무지'는 잠시 존재하는 현상이다. 창조주는 그것을 잠시 허용하셨으나, 이제는 그것을 덮고 있던 베일을 걷으려 하신다. 역사—시간 자체!—는 스토아 학파가 말하는 '대화재'나 모든 것이 그저 그 구성 요소인 원자로 용해되어 버리리라 생각했던 에피쿠로스 학파의 사상과 사뭇 다른 목적지를 향해 나아간다. 그 목적지는 세상을 바로잡는 궁극의 정의가 서는 날이다.

이 모든 내용은 당연히 더 심오한 아이러니를 제시한다. 우리는 다시금 바울의 연설을 지켜보던 이가 얼굴을 찡그리며 이런 생각을 하지 않았을까 하는 의문을 품어 본다. "바울 저 사람, 너무 나가는 거 아냐? 이제는 아예 최고 법원 중에서도 최고 법원이라는 이 법정이 기껏해야 최고 법원보다 낮은 포룸(법원)이라는 말로 법관들 심기마저 긁어 버릴 셈인가? 그것이 과연 이 아테네에서 친구를 얻고 사람들에게 영향을 미칠 최선책일까?" 그러나 바울은 보폭을 한껏 벌리며 거침없이 나아간다. 하나님은 "자신이 정한 한 사람을 통해 온전하고 온당한 정의로 온 세상에 책임을 추궁하시기로" 날을 정하셨다.[10] **온전하고 온당한 정의.** 나는 여기서 조금 지나친 번역을 했지만, 오히려 이 번역이 바울이 말하고 있던 핵심을, 다시 말해 이런 하나님의 정의야말로 아테네가 최고 법원이 다양하게 내놓은 이류 정의가 아니라 진정한 정의임을 분명히 밝혀 준다고 생각한다. 바울은, 그 스스로 고린도전서에서 말하듯이, 인간의 법정은 최소한의 관심사를 판단한다고 본다. 중요한 것은 하나님이 인간의 마음속에 자리한 비밀과 의도를 근거로 행하실 마지

막 심판이기 때문이다.[11]

따라서 여기에서는 하나님이 주관하실 미래를 철저히 유대인의 시각으로 메시아와 관련지어 바라보는 바울의 시각이 나타난다. 바울은 그 시대의 다른 몇몇 유대인 저술가처럼, 그리고 초기 기독교가 남긴 다른 많은 증거와 보조를 맞춰 시편 2편을 되울려 준다. 이 땅의 민족들은 제멋대로 분노하고, 음모를 꾸미며, 자신을 과시하고, 참 하나님을 대적하면서 자신을 자랑한다. 그러나 하나님은 그들을 비웃으시며, 당신이 당신의 참된 왕 곧 세상 민족들에게 책임을 추궁할 당신의 '아들'을 세우셨다고 선언한다. 이 때문에 시편의 시는 이렇게 말한다. "그러므로, 이제, 지혜롭게 행동하여라. 세상의 통치자들아, 경고하는 이 말을 받아들여라."[12] 우리는 다시금 바울이 하는 말의 밑바닥에 자리한 텍스트가 무엇인지 깨닫는다. 올빼미를 그 상징으로 삼았던 아테네는 자신이 지혜의 본산이라고 자랑했다. 그러나 바울은 이를 부인하면서, 참된 지혜는 창조주이신 한 분 하나님이 세상을 향한 당신의 목적을 모든 민족 앞에 드러내셨음을 깨닫는 데 있다고 암시한다. 이 목적은 십자가에 못 박혔다가 부활하심으로 하나님의 아들이심을 드러내신 예수에게 초점을 맞춘다. 하나님은 바로 이 예수를 통해 당신이 오래전에 하셨던 약속을 다 이루시고 온 세상을 바로잡으실 것이다.

바울은 이렇게 자신의 논리를 전개하여 결국 '예수와 아나스타시스'를 설명하기에 이른다. 이것이 예수와 부활이다! 물론 이것은 새로운 사상이요, 아테네 자체에서 발생하여 자라난 게 아니라 유대 세계에서 왔다는 점을 생각하면 '낯선' 것이었으며, 진실로 아이스킬로스가 오래전에 외쳤던 구호에 대놓고 반기를 든 것이었다. 그러나 바울은 더 깊은 차원으로 들어가 이것이 결코 낯선 게 아님을 암시한다. 오히려 이것은 아주 많은 이정표가 내내 가리켜 온 실체였다. 바울은 사람이 이 이정표에서 출발하여 각자 나름의 길을 따라 예수와 부활에 이를 수 있다는 주장을 단 한순간도 하지 않는다. 그러나 바울은 아테네와 다른 이교 문화 속에 존재하는 수수께끼와 모순—실은, 무지—이 어둠의 세계를 가리키는 이정표 같은 역할을 했다는 것, 그리고 참 하나님이 예수의 부활 속에서 세상을 향한 당신의 궁극적 목적을 드러내셨다면 사람은 이제 바로 이것이 여태까지 모든 이정표가 내내 알려 온 것일 수도 있음을 분명하게 제시한다. 그렇다. 이것은 새롭다. 사람들을 놀라게 하는 이 마지막 말은 아폴론 자신이 바로 이 법정을 세울 때 했던 말과 분명 정반대다. 그러나 바울의 말은 타당하다.

사람들은 때로 바울이 철학 비슷한 엉터리 신학 쪼가리를 설파한다며 비웃었다. 아무도 회심하지 않았다. 그러나 아레오바고 구성원 가운데 하나인 디오누시오는 다마리라는 여자 그리고 다른 이들과 더불어 믿었다. 그러나 그게 중요한 것은 아니었다. 중요한 것은 **바울이 그들이 모인 자리를 떠났다**는 것이다.[13] 바울은 떠났다. 이것이 재판이라면, 무죄 선고를 받고 풀려난 셈이었다. 이 아테네의 원로들에겐 예수와 아나스타시스가 새롭고도 이상하게, 심지어 헛소리로 들렸을지 모른다. 그러나 바울은, 아테네 사람들이 지켜

온 전통을 다른 각도에서 읽어 보면, 그 전통이 내내 지시해 왔을 수도 있는 것이 바로 그가 전한 메시지의 핵심이었음을 아테네의 원로들에게 확실히 심어 주었다.

바울의 신전과 우상 비판은 틀림없이 현실성이 없는 말로 들렸으리라. 그것은 마치 어떤 이가 월스트리트^Wall Street 한가운데 서서 은행 제도 전체가 범주의 오류라고 선언하는 것과 마찬가지일지도 모른다. 그러나 그에게는 일관된 관점이 있었으며, 이 관점이 자신은 그저 '낯선 외국 신들을 소개하는' 게 아니라는 그의 주장에 정당성을 부여해 주었다. 아레오바고 사람 가운데 일부는 "이 일에 대해 다음에 다시 한 번 들어 보고 싶습니다"라고 말했지만, 이는 다시 **변론**을 열어 바울의 말을 듣겠다는 의미가 아니었다. 아레오바고 사람들 가운데 적어도 일부는 바울이 하는 말에 뭔가 더 숨은 의미가 있는 것 같다고 생각했다. 그들은 다시 한 번 기회를 잡아 바울이 한 말을 깊이 생각해 보고자 했다. 그러나 바울은 아테네에 오래 머무르려고 하지 않았는데, 어쩌면 현명한 결정이었는지도 모른다. 그는 새것을 갈구하는 그 지역의 욕구에 영합하는 것을 무의미하다고 보았다. 아울러 그는 그 법정이 예상했을 법한 내용과 사뭇 다른 연설을 남기고 떠나는 것이 그저 임시방편일 수 있음을 깨달았는지도 모른다. 그는 한 번 더 앞으로 나아간다. 여전히 그는 혼자 여행하고 있었다. 이제 그는 고고하고 고상한 아테네의 문화에서 북적거리고 자기네 말만 옳은 줄 알면서 자기 주장만 내세우는 고린도 세계로 들어갔다.

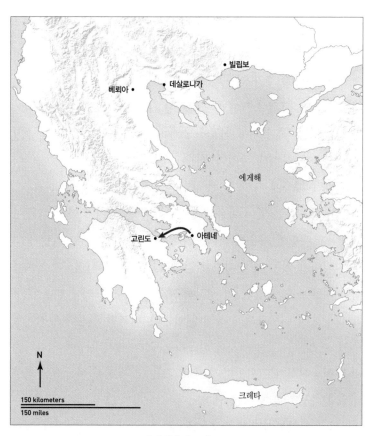

아테네에서 고린도로

9장

/

고린도 I

바울 덕분에 우리는 1세기 그리스의 다른 어느 도시보다 고린도의 삶에 관해 많은 것을 알고 있다. 마르티알리스■와 유베날리스■■는 기원후 첫 두 세기의 로마의 모습을 우리에게 제시한다(물론 이들이 제시한 모습은 한쪽으로 치우쳐 있다). 요세푸스는 두 시인과 사뭇 다른 기록에서 내리막을 걷다가 혼돈으로 빠져드는 1세기 중엽 예루살렘의 모습을 우리에게 보여 준다. 그러나 바울은 활력이 넘치나 음란한 도시 고린도를 우리에게 보여 주면서, 거기에 존재했던 계층 구별(차별), 법정, 신전, 시장, 매음굴, 만찬, 혼인, 축제도 함께 소개하는데, 이는 그의 절박한 목회적 관심사와 신학적 관심사가 낳은 부산물이었다. 우리는 한 공동체가 온갖 도전과 질문이 가득한 세상에서 메시아 백성으로 존재한다는 것이 뜻하는 의미를 인정하고 받아들이는 모습을 목격한다. 이런 모습은 바울이 섬기던 다른 어

■ 40-104년. 고대 로마의 풍자 시인.
■■ 1세기 말에서 2세기 초에 걸쳐 활동한 로마 시인.

떤 교회에서도 볼 수 없는 모습이었다. 아울러 우리는—특히 우리가 이 책에서 추구하는 목적과 궤를 같이하는 것으로서—바울 자신이 새로운 도전, 새로운 기회, 그리고 특히 새로운 마음의 고통을 마주하는 모습을 목격한다. 고린도는 어쨌든 유명한 곳이었지만, 바울은 고대 도시 생활을 다룬 어떤 기록에서도 결코 빠뜨릴 수도 없는 확실한 위치를 고린도에 부여한다.

고린도는 다른 도시가 부러워할 만한 입지를 차지하고 있었다. 그리스는 지리상 둘로 나뉜다. 그리스에서 가장 유명한 도시는 북부의 아테네와 남부의 스파르타였다. 좁은 목 모양의 땅으로서 이 두 도시를 이어 주며 오늘날까지도 이 둘 사이의 교통로와 교역로가 되고 있는 곳이 고린도 지협이다. 바로 이곳에, 그러니까 이 지협의 서남쪽 구석이자 서쪽 만의 동남쪽 구석에 고린도시가 자리해 있다. 고대에는 지협을 4마일(6.4킬로미터) 파내 이 지협을 가로지르는 운하를 만들어 배가 펠로폰네소스 반도 주위를 돌아 먼 길로 가지 않고 서쪽의 고린도(코린토스)만에서 동쪽의 사로니코스만으로 곧장 가게 하여 아드리아해에서 에게해로(또는 그 반대로) 바로 갈 수 있게 하려는 시도를 여러 번 했었다. 67년에 네로가 직접 괭이를 들고 이 사업을 시작하려 했으나(이때 로마-유대 전쟁 초기에 잡힌 유대인 포로를 공사에 동원했다), 그 이전의 다른 모든 시도와 마찬가지로 그의 시도도 실패하고 말았다. 배를 뭍으로 끌어올린 뒤 석조 도로를 활용하여 배를 끌고 가는 대안도 마련했지만, 수고가 많이 들고 비용이 많이 들었다. 19세기 말에 와서야 마침내 오늘날 존재하는 운하를 파서 해상 교통로를 열었다. 그러나 운하 개통 당시는 물론이요 오늘날에도 운하는 아주 얇고 좁은 데다 운하 위에서 돌이 굴러 떨어지기도 쉬워 실제로 원했던 목표를 이루지는 못하고 있다. 대다수 대형 선박은 이 운하를 쓰지 못한다. 이 운하를 방문하면 십중팔구 작은 관광 보트나 보게 될 것이다.

하지만 고린도는 운하가 없었어도 번영을 누릴 곳이었다. 고린도는 신선한 물이 늘 흘러나오는 원천이 몇 곳 있어서 사람들이 거주하고 상업 활동을 펼치고픈 마음이 절로 드는 곳이었다. 게다가 이곳은 주요 해로와 육로 옆에 바로 붙어 있는 데다, 옛적에 비옥한 땅이라 이름이 높았던 해안 평야를 끼고 있었다. 아울러 고린도는 그 도덕성으로, 아니 도덕이 문란한 곳으로 유명했다. 고린도는 누가 봐도 항구 도시였다. 사실 항구로 안성맞춤인 곳은 고린도에서 서쪽으로 3킬로미터쯤 떨어진 레카이움과 동쪽으로 10킬로미터쯤 떨어진 곳에 있던 겐그레아였다. 이 고린도에서는 인간이 저지르는 온갖 행위가 제멋대로 활개쳤을지도 모른다. (고린도의 아크로폴리스 꼭대기에 있던 큰 아프로디테 신전은, 비록 예나 지금이나 그 꼭대기까지 올라가는 일이 훨씬 적은 아테네의 아크로폴리스로 올라가는 일보다 무척 고되긴 하지만 올라가 볼 만했다.) 고린도는 기원전 146년에 로마에 포위 약탈당한 뒤로 한 세기 동안 폐허로 버려져 있었다. 그러다가 율리우스 카이사르가 암살당하기 직전인 기원전 44년에 로마 식민지로 재건했다. (카이사르도 이곳에 운하를 파려 했었다. 사실, 사람들은 운하 건설 사업에 저주의 말을 퍼부었다. 카이사르, 네로, 칼리굴라는 모두 운하 건설을 추진하려 하다가 평안한 죽음을 맞지 못했다.) 고린도는 아가야 속주의 수도였으며 총독이 관장했다.

다른 식민지처럼 고린도도 그 '로마다움*Romanitas*'을 혀가 닳도록 자랑했으며, 그 자랑이 다른 곳보다 더했으면 더했지 덜하지는 않았다. 황제를 숭배하고자 새로 지은 신전은 일부러 그 지역의 다른 신전보다 조금 더 높게 지었으며 지금도 고린도 포룸에서 유명하다. 다른 신을 섬기는 신전은 물론 많이 있었지만, 그 신전 가운데는 아프로디테, 포세이돈(바다와 지진의 신), 아폴론, 그리고 병자를 치료하는 신인 아스클레피오스를 섬기는 신전이 있었다. 황제를 섬기는 신전을 다른 곳보다 높이 올렸다는 사실이 상징하는 것은 과거나 지금이나 명백하다. 고린도는 그 시대 기준으로 보면 대도시였지만, 오늘날 우리 눈으로 보면 모든 것이 한군데 더덕더덕 붙어 모여 있는 것 같다. 오늘날 이 도시 중심가를 걸어서 돌아보면, 당시에는 모든 이가 이웃집 사업이 어떻게 돌아가는지 아는 일이 얼마나 쉬웠는지 다시금 깨닫게 된다. 아주 부유한 사람을 제외하면, 사생활이라는 것이 없었다. 바울은 부자가 아니었다.

이 식민지의 원주민들은 로마에서 온 노예 출신의 자유인, 말하자면 노예였다가 사회적 지위가 올라간 사람들이었다. 로마의 사업가들은 교역과 수송에 더없이 좋은 곳인 이곳에서 이윤을 올리고자 노예 출신의 자유민들을 한데 모았다. 고대 세계의 다른 모든 도시처럼 고린도도 사회 내부의 빈부 불균형이 아주 컸다. 부자는 극소수였고, 가난한 자가 많았으며, 어쨌든 인구 가운데 적어도 절반이 노예 신세였다. 그렇지만 고린도는 가능성으로 가득한 도시이기도 했다. 사회적 지위가 바뀔 가능성도—지위가 상승할 가능성은 물론이요 내려갈 가능성도—얼마든지 있었다. 이 때문에 사람들은 사회에서 높은 지위에 있음을 나타내는 표지에 대단히 관심을 기울였을 개연성이 높다.

바울에게는 그런 표지가 거의 없었다. 터벅터벅 걸어 고린도로 들어가던 바울은—우리는 보통 그가 걸어서 여행했으리라 추측하는데, 아테네에서 고린도까지 아마 사나흘은 걸렸을 것이다—특별히 인물이 빼어나거나 사람들의 시선을 끌 만한 사람이 아니었다. 이때가 51년 초였다. 빌립보에서 심하게 매질을 당한 뒤로 몇 주, 어쩌면 많이 잡아도 두 달이나 지났을 때였다. 그러나 바울은 그때 이후로도 세 도시에서 그곳을 황급히 떠나야 하는 고초를 겪었다. 그는 폭도가 난동을 피우고 야손을 위협한 일이 벌어진 뒤에 데살로니가 사람들을 염려한다. 필시 노자(路資)도 부족했을 것이다. 바울은 이제 디모데를 데살로니가로 돌려보내고 혼자 남았다. 그는 나중에 고린도 교회에 이런 글을 써 보내게 된다. "나는 약함 가운데 큰 두려움과 떨림 속에서 여러분에게 갔습니다."[1] 그러나 이때 그는 새 친구를 몇 명 사귀는데, 이 친구들이 나중에 그의 가장 중요한 후원자 가운데 일부가 된다.

아굴라와 브리스길라(바울은 그의 서신에서 브리스길라를 브리스가로 줄여 부른다)는 흑해 연안에 있던 고대 터키 도시 본도(폰투스)에서 온 유대인 부부였다. 하지만 이들은 클라우디우스(글라우디오)가 유대인들을 폭동을 일으켰다는 이유로 추방할 때까지 로마에서 살았다. 정확히 무슨 일이 있었는지 또는 정녕 언제 그런 일이 있었는지 정확하게 파악하기가 어렵다. 로마 역사가 수에토니우스 ▪는 '크레스투스'가 이 폭동을 부추겼다고 말하는데, 이는 메시아 예수('Christus', 가운데 모음을 길게 발음한다)의 복음이 로마에 이르렀을 때 유대 공동체 안에서 일어난 분란을 왜곡하여 전한 이야기를 반영한 것일 수 있다. 수에토니우스는 이 사건이 일어난 일자를 제시하지 않지만, 다른 증거를 취합해 보면 이 사건은 49년쯤에 일어났을 가능성이 높다. 아굴라와 브리스길라는 이 무렵, 그러니까 바울이 고린도에 도착하기 얼마 전 고린도에 도착했을 가능성이 크다(고린도에는 로마에서 건너온 사업가가 이미 많았다). 바울처럼 아굴라와 브리스길라도 천막을 만드는 사람이었다. 이들은 바울과 금세 친해졌을 뿐 아니라, 바울을 자기네 집에 묵게 하고, 생업을 같이하며, 에베소까지 바울과 동행할 정도로 바울과 아주 가까워졌던 것 같다. 바울이 로마서를 쓸 때, 이 부부는 다시 로마로 돌아가 있었다. 누가가 이들이 처음 만나 동업하게 된 이야기를 들려주는데, 이 이야기를 듣다 보면 그 순간이 행복과 신선한 가능성으로 충만한 것처럼 보인다.

늘 그래왔듯이, 바울은 여기서도 회당에서 그의 사도 사역을 시작한다(그의 생업이었던 천막 만들기와 반대다). 우리는 바울이 익숙한 내러티브, 곧 아브라함과 출애굽과 다윗과 포로 생활과 소망을 담은

▪ 1세기 후반부터 2세기 초까지 활동. 대표작으로 율리우스 카이사르부터 도미티아누스 황제까지 열두 황제의 생애를 기록한 《열두 황제의 생애De vita Caesarum》가 있다.

내러티브를 재차 이야기하고 있다고 추측할 수밖에 없다. 초점도 역시 마찬가지다. 즉 성경은 죽었다가 부활하신 메시아를 이야기 하며 이 메시아가 바로 예수라는 것이다. 바울은 나중에 고린도 청중에게 보낸 그의 첫 서신에서 그가 처음에 선포했던 복음을 아주 간결한 말로 이렇게 되새겨 준다.

> 메시아께서 성경대로 우리 죄를 위해 죽으셨습니다. 그분은 장사되셨고, 성경대로 셋째 날에 일으켜지셨습니다. 그분은 …에게 나타내셨습니다.[2]

그는 이를 훨씬 더 예리하게 요약한다. "여러분에게 가서 여러분을 대할 때, 나는 메시아 예수, 특히 그분의 십자가 죽음 외에는 아무것도 알지 않기로 작정했습니다."[3] 하지만 이 복음은 아주 긴 설명이 필요했으리라. 바울은 안식일마다 회당에서 온 힘을 다해 복음을 제시하고 설명하여 꽤 많은 유대인을 설복시키고 하나님을 두려워하는 몇몇 그리스인도 설복시켰다. 이것이 바로 마침내 바울을 따라 그곳에 다다른 디모데와 실라가 발견한 바울의 모습이다. 디모데는 거푸 여행하여 데살로니가에서 아테네로 갔다가 다시 데살로니가로 돌아온 뒤 이제 고린도에 이르렀다.

나중에 바울은 그가 고린도에서 한 첫 설교를 묘사할 때, 그의 폭넓은 복음 선포 경험을 이렇게 곱씹었다.

알다시피, 유대인은 표적을 찾고 그리스인은 지혜를 찾습니다. 하지만 우리는 십자가에 못 박히신 메시아를 전하는데, 이분은 유대인에게는 걸림돌이고 그리스인에게는 어리석음이지만, 유대인이든 그리스인이든 부르심 받은 사람들에게는 메시아, 곧 하나님의 능력이자 하나님의 지혜이십니다. 알다시피, 하나님의 어리석음이 사람보다 지혜롭고 하나님의 약함이 사람보다 강합니다.[4]

다시 말해, 바울은 늘 처음 들어간 작은 성읍이나 도시에서 입을 열 때면 사람들이 그가 하는 말을 전혀 알아듣지 못할 것을 아주 잘 알고 있었다. 예수 자신을 봐도, 떨이 판매 식의 '표적'은 유대 세계가 원하거나 기대하는 종류의 표적이 아니었다. 십자가에 못 박힌 메시아라는 말은 앞뒤가 맞지 않았다.

비非유대인 세계가 듣기에도 한 **유대인**이 다른 모든 주主를 다스리는 새 '주'가 될지 모른다는 주장은 끔찍한 말이었으리라. 게다가 그 새 주가 **십자가에 못 박힌** 사람이라니? 인간이 상상할 수 있는 죽음 가운데 가장 부끄럽고 무서운 죽음이 십자가형이라는 것은 삼척동자도 다 알았다. 그런데 어찌 그런 사람이 **퀴리오스**(주)로 숭앙을 받을 수 있단 말인가? 만일 하나님이 이 사람을 죽은 자 가운데서 부활시키셨다는 게 그 대답이라면(바울은 그리 대답하곤 했다), 그런 대답을 듣는 이들은 그저 바울이 정말 정신이 나갔다고 확신했을 것이다. (로마 총독은 나중에 그를 정신 나간 놈이라고 비판하지만, 바울은 십중팔구 그런 소리를 귀에 못이 박히도록 들었을 것이다.) 부활이 없음을 모르는

바울 평전

이는 아무도 없었다. 어쩌면 그것은 황홀한 꿈이라 치부해야 할 것이었다. 많은 사람이 영원히 몸을 떠나고 싶다고 말하곤 했지만, 다시 살아난다면 마다할 사람이 있을까? 다 얼씨구나 하겠지. 어쨌든 그런 판타지 세상에서 사는 건 무의미했다.

바울은 이런 역할, 곧 사람들이 생각하기에는 미쳤거나 신을 모독하는 말이었지만, 그 안에 삶을 바꿔 놓는 능력이 들어 있는 것으로 보였던 말을 하는 역할을 받아들인 것 같다. 바울도 분명 자신의 말을 듣는 무리 가운데는 그를 심지어 어떤 신비한 이름을 말 속에 뒤섞으며 도통 이해할 수 없는 말을 지껄여 결국 눈이 휘둥그레지는 일이 일어나게 만드는 마술사쯤으로 보는 이들도 일부 있을 수 있음을 알았을 것이다. 어떤 이는 병 고침을 받았다. 지역의 어느 유명 인사는 변화되어 새 사람이 되었다. 바울은 분명 이런 능력이 어쨌든 그의 소유이거나 그의 통제 아래 있다고 생각하고픈 유혹에 맞서야 했다. 바울은 그저 하나님의 능력과 지혜를 가장 불가능해 보이는 방법으로 드러내 전달하는 임무를 맡은 청지기였다. 그러나 이는 바울과 관련하여 우리에게 많은 것을 일러 준다. 그는 (적어도 고린도전서에서는) 역설을 내재한 이 소명을 일부러 예리하면서도 짓궂게 이야기한다. 물론 이 본문은 훌륭한 수사를 담고 있다. 그럼에도 이 본문은 영리한 수사가 능사는 아님을 말하려 한다. 바울은 틀림없이 그런 일을 즐겼을 것이다. 특히 그도 몇몇 고린도 사람들이 그가 행하는 일을 보면서 역시 즐거워한 것을 알았을 것이기 때문이다. 그러나 바울이 이 지점에 이르기까지, 사람들이 미쳤다거나 신을 모독하는 말이라거나 아니면 둘 다라고 여길 만한 것을 그들에게 이야기함으로써 이력을 쌓아 온 사실은 변함없는 진실이다.

──────────────

디모데가 와서 데살로니가의 소식을 전해 주었다. 이 소식은 곧장 안도감과 애정을 쏟아낸 글을 낳았는데, 그것이 우리가 아는 데살로니가전서다. 이 서신이 유명한 데는 많은 이유가 있다. 갈라디아서의 저작 연대를 나보다 훨씬 뒤로 보는 사람들은 데살로니가전서를 바울의 첫 서신으로 혹은 적어도 남아 있는 서신 가운데 첫 서신으로 본다. 어쨌든 데살로니가전서의 어조는 미친 듯이 불안과 놀람을 표현한 갈라디아서와 완전히 다르다. 데살로니가 교회는 잘못된 길로 가는 일이 전혀 없었다. 그들은 핍박 앞에서도 믿음을 굳게 붙잡았다. 바울은 이들을 자랑스러워하고 이들을 기뻐한다. 그는 이들이 반대자의 폭압에도 굴복하지 않은 것에 대단히 안도했다. 바울은 데살로니가 사람들에게 그들의 삶을 바꿔 놓은 복음 자체의 순전한 능력, 그리고 그들이 바울 안에서 목격했고 그들 자신도 체험한 고난과 기쁨의 기이한 조화가 모두 바울 자신의 방문과 더불어 시작되었음을 되새겨 준다. 디모데와 실라(또는 실루아노. 바울은 데살로니가 서신에서 그를 실루아노라 부른다)는 데살로니가 사람들이 새로이 갖게 된 한 분 하나님을 믿는 믿음과 **주 예수**^{Kyrios Iēsous}

를 향한 충성이 북쪽의 마케도니아에서 남쪽의 아가야에 이르기까지 그리스 전역으로 퍼져 갔다는 소식을 전해 주었다.

바울은 온 나라를 떠돈 소문의 내용을 요약한다. 이 소문에는 데살로니가 사람들이 바울을 반가이 맞아들여 그가 전하는 메시지를 받아들인 경위와 우상에서 "돌아서서"—바울은 우리가 '회심하다', '돌이키다'라는 의미로 생각하곤 하는 말로 이 말을 사용한다—"살아 계신 참 하나님을 섬기고" 있는 경위가 들어 있다.[5] 분명 그것의 핵심은 이교도 세계의 관습과는 정반대편에 있던 유대의 메시지였다. 그 결과는 거리에서 목격할 수 있었으리라. 사람들도 알아차렸을 것이다("이 길의 세 번째 집 알지? 글쎄, 그 집 사람들은 이번 달에 한 번도 축제에 안 갔네!"). 그러나 이 오래된 유대의 메시지가 이제 이교도들의 마음과 삶을 바꿔 놓은 능력을 갖게 된 것은 예수를 통해 일어난 일 곧 우상의 힘이 무너졌기 때문이었다. 역사가들은 역사를 길게 보았을 때 이 말도 안 되는 메시지가 이토록 놀라운 성공을 거둔 이유가 뭔지 늘 묻고 싶어 하는데, 우리가 만일 바울에게 그런 질문을 던진다면, 그는 분명 우리가 방금 언급한 점을 자신의 대답에 포함시킬 것이다.

예수는 이 승리를 통해 새로운 세계 질서를 세우셨으며, **다시 돌아와 그 일을 완성하실 것이다.** 바울은 여기서 자신이 데살로니가 사람들에게 전한 메시지의 일부로서 이미 설명했던 것을 그 청중에게 되새겨 주었다. 즉 오래전에 성경이 약속했던 것, 실은 바울 자신이 아레오바고에서 놀란 재판관들에게 들려주었던 것을 한 분 하나님이 행하시리라는 것, 이 하나님이 온 세상의 문제를 단번에 해결하고 정리하시리라는 것이었다. 그날 곧 인간의 모든 부패와 사악함이 "진노와 격노"를 마주하고 "괴로움과 고통"을 겪을[6] 그 날에는, 우상을 섬기는 데서 돌이킨 이들이 예수 그분으로 말미암아 구원을 받을 것이다.

이어 바울은 일찍부터 시작되어 그가 그들과 함께 보낸 아주 짧은 시간에도 지속되었던 깊은 사귐을 곰곰 곱씹어 본다. 그러나 그렇게 짧은 시간도 바울이 그들에게 목자와 교사 역할을 하며, 그 스스로 일하여 자신에게 필요한 것을 마련하는 모습과 그 자신의 삶을 통해 새로운 삶의 방식을 보여 주는 본보기가 되기에는 충분한 시간이었다.

신자 여러분을 대할 때 우리가 거룩하고 올바르고 흠잡을 데 없이 처신한 것에 대해 여러분이 증인이며, 하나님도 그렇습니다. 여러분이 아는 바와 같이, 마치 아버지가 자녀에게 하듯, 우리는 여러분을 한 사람 한 사람 격려했고, 여러분을 굳건하게 하였으며, 여러분을 자신의 나라와 영광으로 부르신 하나님께 어울리는 방식으로 행동해야 함을 분명하게 밝혔습니다.[7]

이 내용은, 바울이 고린도에서 이를 쓰고 있음을 생각하면, 그가 이 도시 저 도시에서 직면했던 도전이 무엇인지를 우리에게 새삼 일깨워 준다. 완전히 새롭고 낯선 선교 영역이 아니면 오늘날 그 어떤 선교 영역에서 일하는 그리스도인도 이런 일을 상상하기는 힘들다. 바울 시대로부터 2천 년이 흐른 지금, 대다수 문화 속의 대다수 사람들은 그리스도인의 실제 생활을 보며 냉소하는 이들도 최소한 이론 차원에서는 그리스도인이 따라야 할 삶의 방식이 어떤 것일 거라는 생각을 적어도 막연하게나마 갖고 있다. 그러나 바울이 어떤 새 성읍에 도착했을 때, 그 성읍에는 그런 예상이 전혀 존재하지 않았다. 사람들이 갑자기 따를 수 있게 된 새로운 삶의 방식이 존재한다는 생각을 눈곱만큼이라도 하던 이가 전혀 없었으니, 하물며 그런 삶의 방식이 어떤 모습일 거라는 생각을 하는 이가 있을 턱이 없었다. 바울은 그런 삶의 모범이 전무한 상태에서 그 모범을 보여 주어야 했다. 그는 그 모범을 보여 주었다. 그리고 그 모범이 데살로니가 사람들 가운데서 제대로 효과를 발휘하자 당연히 아주 기뻐했다. 데살로니가 사람들은 바울을 본받았으며, 특히 고난을 당할 때 그리했다. 바울은 그 소식을 듣고 넘쳐흐르는 기쁨을 주체하지 못했다. 그는 분명 데살로니가 교회를 그때까지 살아오면서 그가 한 일의 정점으로 여겼다.

> 우리 주 예수께서 다시 한 번 오실 때 그분 앞에서 우리의 희망, 기쁨, 자랑할 면류관이 무엇이겠습니까? 바로 여러분입니다! 그렇습니다, 여러분이야말로 우리의 영광이요 기쁨입니다.[8]

바울은 이 서신을 고린도 교회 사람들 가운데서 쓰고 있었는데, 그 교회 사람들이 이런 말을 들었으면 무슨 생각을 했을지 궁금하다. 그들은 데살로니가 교회 신자들보다 바울의 마음에서 멀어지고 있었을까? 그러나—그리고 이것이 아마 바울이 그 자신의 사역에 관하여 가졌던 이해를 들여다볼 수 있는 중요한 통찰일지도 모른다—데살로니가 교회가 바울에게 유달리 특별했던 이유는 어쩌면 그가 데살로니가에 아주 잠깐 머물렀기 때문일지도 모른다. 바울은 데살로니가에 차분히 눌러앉아 그 교회의 믿음이 자라게끔 돌보지 못했다. 데살로니가 교회의 믿음은 아주 빨리 성장했다. 바울은 그들의 믿음이 그렇게 자라기를 원했지만, 사실은 그런 그도 그런 급속한 성장을 믿지 못하겠다 할 정도였다. 복음이 스스로 그런 능력 있는 역사를 이루었다. 결국 사람들의 마음속에서 역사한 것은 하나님 말씀이었기 때문이다.[9] 이 때문에 바울은 데살로니가에 머물던 때를 돌아보면서, 데살로니가 교회가 지금 고난을 당하는 와중에 오히려 번성함을 살아 계신 참 하나님이 복음의 말씀을 통해 진정 역사하시는 위대한 표지로 본다. 바울은 분명 여태까지 오랜 세월 동안 이런 일이 일어나고 있음을 이미 믿어 왔다. 그러나 이런 일이 일어난다고 믿는 것과 저 낯선 땅에서 온갖 역경을 무릅쓰고 이런 일이 온 천하가 보는 가운데 똑똑히 일어나고 있음을 발견하는 것은 서로 차원이 다른 일이다. 고린도 체류 초기에 쓴 이 서신은 다시금 확인된 믿음 그리고 든든해진 소망과 조화를 이루며 울려 퍼진다.

바울이 더 말하려 하는 문제가 셋 있다. 이 세 문제는 하나하나가 나중에 고린도에서 중요한―중요하다는 말로 부족할 만큼 대단히 중차대한―문제가 된다. 따라서 우리는 여기서 미리 그 문제들을 맛보고 가겠다. 겉으로 보면, 이 문제들은 초기 그리스도인의 세계관이 이전에 사람들이 상상했던 세계관과 달라도 너무 달라서 발생할 수밖에 없었던 쟁점처럼 보인다.

만일 우리가 '성'과 '돈'으로 시작하는 이 세 쟁점을 목록으로 만들어 본다면 세 번째 쟁점으로 '힘'(권력)을 예상할지 모르겠지만, 이 경우에는 **파루시아***parousia* 곧 예수의 '나타나심'(강림)이 세 번째 쟁점이다. 첫 두 쟁점은 누가 봐도 명백하지만, 그래도 강조하고 넘어가야 한다. 예수 따름이에게는 거룩한 성생활이 선택 사항이 아니라 당연지사다.[10] 바울은 이것이 실제로 무슨 의미인지를 나중에 고린도전서에서 밝힌다. 그러나 이런 규칙을 제시하는 이유는 이미 분명하게 나와 있다. 절제가 없고 미친 듯이 격정에 사로잡힌 **정욕**은 **하나님을 알지 못함**을 보여 주는 표지다. 거룩한 성생활을 하라는 것은 어떤 '규칙' 곧 제멋대로 부여한 계명이 아니다. 그것은 우상에서 돌이켜 살아 계신 참 하나님을 섬긴다는 것이 갖는 의미의 일부이기도 하다. 그것은 순전하고 하나님의 형상을 지닌 인간의 존재 양식 가운데 일부이기도 하다. 바울은 같은 취지를 나중에 에베소서와 골로새서에서도 강조하지만, 비록 간결하게 천명한 본문일지라도 바로 위 본문에서 이미 아주 명백하게 선언한다. 분명 바울은 때로 자신이 한 말을 듣긴 들었으나 오랜 세월 동안 찌들어 온 삶의 습관에서 벗어나지 못하는 이들에게 목자로서 도움을 주고자 사역을 중단하기도 했다. 그래도 결국 그런 습관은 깨끗이 버려야 했다.

돈도 처음부터 그리스도인의 제자도 가운데 일부였다. 바울은 이후에도 계속하여 "가난한 이들을 기억하겠다"고 예루살렘에 있던 '기둥들'에게 약조했다. 이는 새 공동체를 규정하는 표지 가운데 하나로서 이후에도 이 공동체의 식별 마크로 죽 이어지게 된다. 바울은 가난한 사람을 생각함이 **아가페**^{agapē} 곧 '사랑'이 만들어 내는 것이라고 보았다. 그것은 단순히 감정과 관련된 것이 아니라 서로 도움과 관련이 있었다. 이는 무엇보다 예수 따름이라는 한 집안에서 식구끼리 도움과 관련이 있었지만,[11] 능력이 허락한다면 예수 따름이들로 이루어진 집안을 넘어 더 큰 세계에 도움을 베풀어 주는 일과 관련이 있었다(더 넓은 범위의 공동체 안에서 "선을 행하라"고 거듭 강조하는 디도서의 권면에 주목하라). 바울은 이미 이곳과 특히 데살로니가후서에서 후히 베푸는 것(관용)을 삶의 방식으로 삼아 유명해진 어느 공동체에서 발생한 2차 문제들을 다룬다. 그건 바로 남에게 노상 얻어먹거나 빌붙어 먹는 일을 해서는 안 된다는 것이다. 예수 따름이는 "외부인들이 존경할 만한 방식으로 살아갈 것이며, 여러분 가운데 누구도 경제적 어려움을 겪지 않게" 해야 한다.[12] 성과 돈은 중요하지만, 이것들을 숭배하면 안 된다. 정결한 성생활과 물질에 인색함이 없음은 처음부터 그리스도인의 DNA 안에 들어와 자리 잡아야 했던 것이었다.

이 문제보다 훨씬 더 복잡한 문제는 **파루시아** 곧 예수가 '왕으로 임재하심' 혹은 '나타나심'과 관련이 있었다. 분명 그것은 바울이 늘 전하던 메시지, 곧 하나님나라가 하늘에서 이루어지듯 땅에서도 예수의 죽음과 부활이라는 사건을 통해 이미 시작되었지만 아직 그 나라가 완성되지는 않았으며 예수가 다시 오실 때 그 완성이 이루어지리라는 메시지의 일부였다. 그렇다면 바울은 어떤 언어를 사용하여 이런 메시지를 다른 문화 속에서 살면서 다른 세계관을 갖고 있고 다른 형이상학 가설을 품고 있던 사람들에게 이해시킬 수 있었을까? 바울은 하나님 영역('하늘')의 생명과 능력이 인간 영역('땅')의 삶과 현실 속으로 침투해 들어오는 방식을 이야기하는 풍성한 은유 언어를 갖고 있던 유구한 유대 전승을 물려받은 사람이었다. 오늘날 많은 사람은 이런 언어를 생소하거나 이해할 수 없다고 여기지만(심지어 이런 언어를 분명히 이해하지 못했는데도 이해했다고 얼렁뚱땅 넘어가기도 하는데, 어쩌면 이런 경우가 더 고약할 수도 있다), 바울의 청중들 역시 영 낯선 언어라 여겼을지 모른다. 바울이 쓰던 것은 단순히 어떤 이론 문제가 아니었다. 목회자의 눈으로 봤을 때 이 서신을 써야 할 절박한 필요가 있었다.

바울이 서신을 쓸 당시 데살로니가에서 문제가 된 것은 이미 죽음을 격파하신 예수가 장차 당신의 사명을 완수하고자 다시 오신다는 바울의 가르침이었다. 그의 청중 가운데 적어도 일부는 이 가르침을 들으면서, 믿음을 가진 자는 그때가 오기 전에 아무도 죽지 않으리라는 인상을 받았다. 하지만 그들은 자신들 가운데 일부가 실제로 세상을 떠나고 나니 바울의 가르침이 다 엉터리가 아닌가 하고 의심했다.

이런 의심은 바울이 분명 그들과 함께 있을 때 말하지 아니한 것을 바울에게서 끄집어내는 결과로 이어진다. 그것은 바울도 오래전에는 그렇게 믿었지만 지금은 믿지 않는 것들에 근거를 두고 있었다. 바울이 그것들을 표현하는 방식은 시간이 흘러감에 따라 발전하는데, 이는 분명 자신의 청중이 쉬이 이해할 수 있는 설명이 무엇이며 자신의 청중이 오해할 소지가 있는 설명이 무엇인지를 바울 스스로 발견한 데 따른 결과이기도 했다. 그러나 그 설명의 핵심을 보면, 바울은 비유대인에게 **유대인처럼 생각하라**고 가르치며, 비유대인과 유대인에게 유대인처럼 생각하되 **예수가 완전히 바꿔 놓은** 방식으로 생각하라고 가르친다. 이것은 어려운 이중 과업이다. 이는 가장 어려운 회심과 다름없는 것, 상상력의 회심과 관련이 있다. 그러나 사람이 자기가 누구이며 자신이 하나님의 가족으로서 어떤 존재인지를 이해하려 한다면, 반드시 이런 회심이 필요하다.

내가 에피쿠로스 학파와 스토아 학파를 논할 때 말했듯이, 고대 비非유대 세계는 딱히 '종말론'이라 할 것을 갖고 있지 않았다. 그들은 시간이 어딘가로 흘러간다거나 역사에는 마지막에 실현될 궁극의 목적이 있다는 인식을 갖지 않았다. 천 년에 한 번 대화재가 있다는 스토아 학파의 사상도 종말론과 다르다. 이 대화재는 순환의 일부이기 때문이다. 바울이 살던 세계에서 유대 종말론을 제외하고 유일하게 진지한 '종말론'이라 부를 수 있는 것으로서 두드러지게 나타난 것이 새 제국 이데올로기가 제시한 견해였다. 이 견해는 아주 오래전에 '시대' 순서를 논하면서 시대가 황금 시대에서 비금속(아주 좋지 않은 금속) 시대로 몰락해 간다고 주장했던 견해를 되살린 것이었다. (이런 견해의 변형을 다니엘 2장 느부갓네살이 꾼 꿈에 나타난 입상을 구성하고 있던 네 금속의 순서에서 발견할 수 있다.) 그리고 이제 드디어 아우구스투스 궁정 시인들이 황금 시대가 돌아왔다고 노래했다! 그 시대에 가장 위대한 몇몇 시인과 건축가가 대표하는 제국의 선전 도구는 아우구스투스 카이사르로 말미암아 역사가 경이와 희열이 넘치는 새 시대에 이르렀다는 말을 쉴 새 없이 쏟아냈다.

그것은 분명, 비록 많은 사람이 그런 가능성을 느끼진 못했지만, 자신들이 로마의 통치에서 혜택을 입을 가능성을 어렴풋이나마 느낄 수 있었던 이들에게는 심장이 벌떡이는 메시지였다. 인간이 가질 수 있는 가장 저열한 차원의 소망만 있을 뿐이요 소망이 거의 존재하지 않던 세계에서 살았던 많은 이들에게 그것은 분명 새로운 사상이었다. 그러나 바울은 이 모든 것이 그저 진리를 흉내낸 것에 불과하다고 보았다. 진짜 '황금 시대'—물론 바울은 그렇게 부르지 않았지만—는 메시아가 죽음을 격파하시고 죽은 자 가운데서 부활하시면서 시작되었다. 그렇다면—다시 데살로니가 사람들의 질문으로 돌아가서—주가 다시 오시기 전에 죽은 신자들은 어찌 되리라고 생각해야 할까?

바울이 이를 고린도에 머무는 동안에 쓰고 있다는 사실이 의미심장하다. 그가 나중에 고린도에 써 보내는 두 서신에서 이 중요한 문제들을 가장 상세히 설명하기 때문이다. 그러나 그는 여기 데살로니가전서에서는 운만 뗀다. 바울은 목자처럼 이야기하면서, 서로 유형이 다른 슬픔 두 가지를 구분한다.[13] 그는 데살로니가 사람들에게 그들이 가진 건 소망 **없는** 슬픔, 곧 환경이나 믿음에서 짐을 덜어 주기는커녕 황량하고 어둡기만 한 상실의 공포가 아니라, 오히려 소망 **가득한** 슬픔이라고 말한다. 이런 슬픔은, 비록 여전히 맹렬하고 다급한 상실감이 존재함에도 불구하고 그 안에 다시 하나가 되리라는(재연합하리라는) 소망이 강하고 분명하게 존재한다. 바울은 이 재연합이 언제 일어날지 정확히 말하지 않는다. 그것을 초점으로 삼고 싶지 않기 때문이다. 중요한 것은 모든 이가 종국에는 '주와 함께' 하나가 되리라는 것이다.

바울은 이 점을 분명히 강조하고자 아주 상이한 세 이미지를 사용한다. 첫째, 그는 나팔 소리가 울려 퍼지는 가운데 산에서 내려오는 모세를 떠올려 주면서, 예수가 이와 비슷하게 하늘에서 내려오시리라고 말한다. 여기서 우리는 바울이 생각하는 "하늘"이 문자 그대로 '저 위', 곧 우리가 자리한 시공간의 연속선에 자리한 어떤 장소라고 추측하는 잘못을 범하면 안 된다. 고대 유대인은 '3층 우주'라는 언어를 사용하면서도 이를 꼭 문자 그대로 받아들여야 한다는 생각을 하지 않았다. 이 하늘은 (말하자면) **우리**가 존재하는 차원 안에 있는 장소가 아니라 **차원**이 다른 실재다. 둘째, 그는 "인자[사람의 아들] 같은 이가 구름을 타고" 땅에서 하늘로 올라가는, 말하자면 고난을 당한 뒤 마침내 그의 정당함을 확인받고 주권자가

통치하시는 나라가 있는 곳으로 높이 올림을 받는 다니엘 7장의
이미지를 떠올려 준다. 그는, 이와 똑같이 주께 속한 이들도 높이
올림을 받아 그 정당함을 확인 받고 주의 보좌에 함께 앉으리라고
말한다. 셋째, 그는 황제나 고위 관리가 어떤 도시나 속주를 방문
했을 때 일어나는 일을 떠올려 준다. 그곳의 유력한 시민들은 황제
나 고위 관리가 오는 것을 보면, 그 위엄에 걸맞게 호위하여 도시
로 맞아들이고자 도시 밖까지 멀리 나아가 영접한다. 바울은 이와
똑같이 "살아남아 있는" 이들이 "공중에서 주님을 만날" 것이라고
말한다. 하늘과 땅이 하나가 됨을 이와 달리 어떤 말로 표현할 수
있을까? 중요한 것은 사람들이 땅에서 낚아채져 '하늘'로 들어가는
게 아니라는 것이다. 바울이 쓴 서신에서 빈번히 보겠지만, 그것은
결코 바울의 견해가 아니다. 중요한 것은 장차 하늘과 땅이 하나가
되며,[14] 메시아께 속한 이들이 그 일부가 되리라는 것이다.

이 본문에서 유일하게 '문자 그대로' 읽을 수 있는 말이 이 본
문의 중심이자 중요한 말이다. 즉 메시아께 속한 죽은 자들이 먼저
살아날 것이다.[15] 예수를 믿는 동안 죽은 이들은 예수가 임재하실
때 안전하며, 그가 나타나실 때 부활할 것이다. 그런 다음 이 모든
다른 일 역시 일어날 것이다. 바울은 이 주제를 다시 다룰 때마다
조금씩 다르게 말한다. 그러나 우리가 일단 그런 이미지가 어떻게
작동하는지 파악하면, 그 밑에 깔린 의미는 늘 같음을 이해할 것이
다.

하지만 다른 이미지 하나가 제국이 떠들어 대던 선전을 재차

되울려 주면서 데살로니가 사람들에게 의문을 안겨 준다. 사람들이 "평화롭고 안전하다" 이야기하고 있던 바로 그때에, 바울은 주가 한밤중 도둑처럼 오시리라고 말한다.[16] 그렇다면 대체 이 세상에 '평화와 안전'을 제공한다고 주장하던 이는 누구였는가? 물론 로마 제국이었다. 로마 제국은 주화와 다른 상징을 통해 제국의 등장으로 이제 온 세상이 '안전하다'고 선언했다. 물론 그것은 거짓말이요 흔해 빠진 정치 선전으로서, 예레미야 예언자가 폭로한 거짓말에 비견할 만한 것이었다.[17] 공포 그 자체인 황제들—티베리우스(디베료), 칼리굴라, 클라우디우스(글라우디오), 네로—이 잇달아 등장하면서 엄혹한 시절이 이어졌지만, 뒤이어 '네 황제 치세기'가 시작되면서(69년) 온 로마 세계는 다시 한 번 기나긴 격동의 시기로 접어든 것 같았다.■ '평화와 안전'은 없었다. 바울이 로마의 자만심에 내놓은 대답은 회심자들에게 그 시대를 그리스도인의 시각으로 생각해 보라고 재차 가르친다.

> 여러분은 어둠 속에 있지 않습니다. 그날은 도둑처럼 여러분을 놀라게 하지 않을 것입니다. 여러분은 모두 빛의 자녀, 낮의 자녀입니다. 우리는 밤이나 어둠에 속해 있지 않습니다. … 우리 낮의 사람들은 자제하고… 메시아께서 우리를 위하여 죽으신 것은, 우리가 깨어 있든

■ 69년에는 오토가 즉위했다가 퇴위하고 뒤이어 비텔리우스가 즉위했다. 뒤이어 베스파시아누스, 티투스, 도미티아누스가 잇달아 즉위했다.

잠들어 있든 그분과 함께 살게 하시려는 것입니다.[18]

따라서 예수 따름이들은 일종의 신학 시차증^{神學時差症, theological} jet lag을 안고 살아가는 데 익숙해져야 한다. 온 세상이 아직도 어둠 속에 있지만, 예수 따름이들은 자신들의 시계를 이 세상과 다른 시간대에 맞춰 놓았다. 이들의 세계관 시계는 이미 낮이다. 그러니 이들은 낮에 속한 사람으로 살아가야 한다. 이것은 바울이 부닥쳤던 가장 큰 난제 가운데 하나였다. 종말을 염두에 두고 자신들이 살아가던 시간이 어딘가로 흘러가고 있다는 생각을 전혀 하지 않았던 사람들을 가르쳐 그들이 살아가는 시계를 다시 맞춰야 한다는 것을 어떻게 가르쳐야 할지, 종말에 결국 이루어질 나라가 장차 단번에 임하리라고 생각해 왔던 유대인들에게 그 나라가 **이미** 예수로 말미암아 이 세계 역사 속으로 뚫고 들어왔지만 **아직** 완성되지는 **않았으며** 예수가 다시 오셔서 만물을 새롭게 하실 때에 비로소 완성되리라는 것을 어떻게 가르쳐야 할지, 그것이 바울의 고민이었다.

이것은 현대 서구에 사는 우리에게 더 익숙한 도전이지만, 현대 서구가 늘 이런 식으로 생각하지는 않는다. 정치인과 철학자는 종종 세계가 18세기 계몽주의로 말미암아 위대한 새 시대에 들어섰다고 선언한다. 이들은 이 시대가 세계 역사에서 이전 시대와 다른 '시대'요 새 시대^{saeculum}라고 말하면서, 세계가 이 새 시대에 걸맞게 살아가는 법을 배워야 한다고 주장한다. 그러나 이들은 종종 뜻대로 일이 풀리지 않는다고 불평한다. 우리는 눈부신 새 시대가 왔다고 생각하지만, 이를 모든 사람이 알아차린 것은 아니었다. 1770년대와 1780년대 프랑스 혁명과 미국 혁명 또는 1917년의 러시아 혁명을 어떤 새 시대의 시작을 알리는 사건으로 보는 이들은 그런 점을 특히 문제 삼는다. 새 시대가 도래하면 무슨 일이 일어나는가? 사람들은 새 시대가 도래했다고 주장하지만 사실은 그 시대가 아직 완성되지 않았다면, 도래했다는 새 시대와 완성이 남아 있는 새 시대 사이에서 어떻게 살아가야 하는가? 좋은 질문이다. 우리가 추측하기에, 이런 질문이 생기는 이유는 오로지 혁명을 겪은 유럽의 이상, 특히 카를 마르크스와 관련된 이상 자체가 유대 종말론과 기독교 종말론을 되울려 주는 메아리 혹은 패러디였기 때문이다.

그 종말론은 또 다른 시대를 내다보는 이야기다. 그러나 우리는 바울이 고린도에 살면서 데살로니가에 서신을 써 보낼 때, 자신이 섬기는 교회들에 도래하는 하나님나라를 이렇게 2단계로 생각하게끔 가르치는 것이 자신의 주된 과업 가운데 하나임을 아주 잘 알았으리라는 점을 특별히 언급해 두고자 한다. 그때가 어느 때인지를 아는 것이 어떻게 살아갈 것인지를 고민하는 교회 사람들에겐 아주 중요한 문제였을 것이다. 사실, 주가 '왕으로 나타나심'(파루시아, 강림)이라는 문제는 앞서 우리가 다루었던 성과 돈이라는 문제와 전혀 무관한 문제로 보일 수도 있지만, 따지고 보면 성과 돈 문제도 주가 '왕으로 나타나심'과 같은 문제다. 여러분이 이미 새 시대를 살아가고 있다면, 새로운 행동 방식이 이미 존재한다.

예수가 언제 다시 오시며 그 사건은 과연 어떤 모습으로 벌어질 것인가라는 문제가 데살로니가후서의 주된 초점이다. 바울은 필시 데살로니가전서를 쓰고 얼마 지나지 않아 이 서신을 고린도에서 써 보낸 것 같다. 바울은 사실 실라(실루아노)와 디모데를 공동 저자(공동 발신인)로 포함시킨다. 이로 보아, 이 서신은 십중팔구 첫 번째 고린도 방문 후반에 써 보낸 것으로 보이며 아마도 51년 어느 때쯤에 써 보낸 것 같다. 고난과 심판, 곧 교회가 현재 당하는 고난과 하나님이 마침내 모든 문제를 처리하실 미래의 심판이 서신의 주된 관심사다.

현대에는 으레 초기 그리스도인이 다가오는 심판을 문자 그대로 '세상의 종말'로, 이 지구가 무너지고 파괴되며 어쩌면 우리가 아는 우주 전체가 그런 운명을 맞는 일로 보았다고 상상하곤 했다. 그러나 이 서신은, 무시무시한 이미지가 가득함에도 불구하고, 마지막 심판을 그렇게 상상하는 것은 옳을 수 없음을 분명히 일러 준다. 바울은 데살로니가 사람들에게 바울 자신을 빙자하여 "주의 날이 이미 임했다"고 떠들어 대는 말을 하거나 그런 서신을 쓴 사람 때문에 동요하지 말라고 당부한다. "주의 날"—옛 이스라엘이 소망했던 "주의 날"을 예수에게 초점을 맞춰 새롭게 각색한 날—은 현재의 시공간 질서가 끝남을 의미하지 않는다. 사람들이 로마의 우편 체계를 통해 그런 일을 전해 듣지는 않았을 것이다. 대략 이 시대에 나온 유대 문헌에서 자주 볼 수 있는 현상이지만, 이 시기 유대 문헌은 우리가 듣기에는 '세상 끝'처럼 들리는 말을 사용하여, 우리가 세계의 주요 사건, 세계를 지배하는 강대국의 급작스러운 흥망이라 부를 법한 일을 지목하고 언급하며, 이런 사건들 내면에 자리한 의미, 하나님과 관련된 의미를 이런 사건들에 **부여한다**.

이런 경우에 해당하는 고전적 사례들을 이사야서 같은 책에서 볼 수 있는데, 이사야서는 해와 달이 어두워지고 별이 하늘에서 떨어진다는 **언어**를 사용하여 바벨론의 멸망을 **나타내고** 이 사건이 '우주 차원에서' 가지는 의미, 곧 하늘 권세들의 흔들림이라는 의미를 이 사건에 **부여한다**.[19] 또는 예레미야서의 사례를 살펴보자. 예레미야는 초기에 세계가 다시 혼돈으로 돌아가리라고 예언했다. 당시 사람들은 예루살렘 성전을 창조(피조 세계)의 초점이자 하늘과 땅이 하나가 되는 곳이라 여겼기 때문에, 성전이 무너질 때를 예언할 때는 그런 말이 적절한 언어였다.[20] 예레미야는 자신이 결국 거짓 예언자가 아닌가 하는 문제를 놓고 오랜 세월 동안 고뇌했는데, 이는 세계가 종말을 맞지 않았기 때문이 아니라 성전이 무너지지 않았기 때문이었다.

이것이 바로 이스라엘과 유대 문화가 오랜 세월에 걸쳐 그런 언어를 사용했던 내력이다. 이스라엘과 유대 문화는 언제나 '하늘'과 '땅'이 밀접하게 연결되어 있다고 믿었으며, '자연 재앙'을 나타내는 언어를 사용하여 우리가 사회 및 정치 상황의 큰 격변이라 부를 법한 일이 지닌 의미를 표현하는 것을 자연스럽게 여겼다. 사실은 우리도 정치적 '지진'이나 '산사태'를 불러온 선거 같은 말을 사용하여 저 이스라엘과 유대 문화와 똑같은 일을 한다. 우리 자신이 구사하는 은유가 자연스럽다 보니, 이것들이 은유임을 잊어버리기도 한다. 다른 사람들이 구사하는 은유는, 그것이 우리의 말하기 방식과 들어맞지 않으면, 마치 그것은 은유가 아닌 것처럼 잘못 해석할 때도 많다. 분명 바울도 여러 문화가 복잡하게 뒤죽박죽 뒤섞인 상황 속에서 이리저리 옮겨 다니며 활동하다 보니, 바로 그런 문제에 직면했다.

그렇다면 바울이 데살로니가 사람들에게 다가오는 그 '날'을 경고할 때 정말 하고자 했던 말은 무엇일까? 이상하면서도 뭔가를 넌지시 암시하는 그의 이 언어는 그가 앞서 데살로니가전서 5장에서 한 말을 자연스럽게 확장한 말로 보는 것이 가장 좋다. 되새겨 보니, 바울은 거기서 '평화와 안전'을 말하다가 급작스런 멸망을 맞이할 이들에 관하여 경고했다. 이는 자신이 온 세상을 지배한다고 주장하면서 자신이 행사하는 힘을 훨씬 뛰어넘어 그 시민에게 안전을 보장한다고 호언장담하던 로마 제국의 정치 선전을 빗대 언급한 것일 수밖에 없다. 바울은 그런 평화와 안전이 사실은 어떤 모습일지 이미 알았다. 유대 세계 전체도 이미 알았다. 바울은 이 서신을 클라우디우스가 황제로 있을 때 쓰고 있었지만, 클라우디우스 앞에 황제를 지낸 가이우스 칼리굴라가 무슨 일을 하려 했는지 모르는 이는 아무도 없었다.

그는 그 일을 거의 이루었다. 20대 중반에 황제에 오른 칼리굴라는 점점 더 정서 불안과 과대망상에 빠져, 자신의 전임자인 아우구스투스(아구스도)와 티베리우스조차도 결코 하지 않으려고 조심했던 일, 곧 로마 자체가 신의 영예를 갖고 있다고 주장했다. 로마 자체를 신으로 받들게 하려니 방해물이 하나 있었다. 유대인에게 그들의 하나님을 그들 나름의 방식대로 예배하게 허락한 일이 바로 그것이었다. 그는 안티오쿠스 에피파네스가 두 세기 전 예루살렘에 자행했던 일을 다시 행하려고 계획하면서 에피파네스보다 한 술 더 뜨려 했다. 칼리굴라는 예루살렘 성전을 아예 자신을 표현한 거대 입상에 초점을 맞춘 큰 신전으로 바꿔 놓으려 했다. 말하자면, 거룩한 곳에 신의 형상을 한 이로 서 있으려 한 셈이다.

고린도 운하를 파려던 그의 원대한 계획이 수포로 돌아간 것처럼, 이 계획도 이루어지지 않았다. 칼리굴라는 41년 1월에 암살 당했다. 그의 이름은 공공 기록에서 지워졌고, 그를 표현한 입상은 파괴되었다. 그러나 자신들의 성경, 특히 다니엘서의 예언을 알던 많은 유대인은 거악ㅌ, 그야말로 거대하고 혼돈 그 자체이며 무시무시한 '불법의 신비'가 일단 꺾였지만 언젠가는 다시 나타나리라는 것을 느꼈다. 뭔가가 당분간 그것이 나타나지 못하게 막으며 "억제하고" 있었다.[21] 이는 무슨 의미였을까? 일부 사람들은 바울이 칼리굴라와 완전히 다른 부류의 황제였던 클라우디우스가 칼리굴라와 다른 정책을 따르고 있지만 그가 물러나면 또 다른 칼리굴라가 등장할 수도 있다는 말을 하는 거라고 생각해 왔다. 또 다른 이들은 바울이 복음 자체의 능력을 말하는 것이라고, 말하자면 예수를 주로 선포하는 일은 온 세상의 권력 구조 속으로 침투할 교두보를 건설하여 거악이 돌아와도 이를 너끈히 격파할 수 있게 해 주는 일임을 말하는 것이라고 추측했다. 어쨌든 바울의 목적은 종말과 관련하여 무시무시한 억측까지 마다하지 않으려는 데살로니가 사람들의 경향을 부추기는 게 아니라, 갖가지 두려움과 풍문에도 불구하고 모든 것은 하나님께 달려 있음을 확실히 일러 주려는 것이다. 예수가 정녕 다가오는 세계의 통치자이셨으니, 그의 백성인 데살로니가 사람들은 안전했다.[22]

그에게는 그들에게 전할 메시지가 하나 더 있었다. 이 메시지 역시 교회가 처음부터 서로 돕는 공동체였음을 우리에게 되새겨 준다. 예수가 십자가에 달리셨다가 부활하신 지 채 스무 해도 지나지 않은 즈음, 다른 이들의 후한 손길과 사랑*agape*을 이용해 먹는 사람들 때문에 벌써 골머리를 앓기 시작한 '가족'이 여기 있었다. 여기서 바울이 제시하는 가르침은 쌀쌀맞다. 그는 일하지 않으려면 먹지 말라고 딱 잘라 말한다.[23] 이것은 물론 바울 당시에 강조한 점이지만, 바울과 데살로니가 사람들이 모두 당연하게 받아들였던 것, 곧 예수 따름이는 '가족'으로 살아가야 하며 가족이니만큼 서로 돕는 것이 마땅하다는 가르침은 어쩌면 오늘 우리에게도 중요할지 모른다. 바울은 (일부러 그 자신을 본보기로 제시하면서, 자신이 그리했던 것처럼) "잠잠히 자기 일을 하여 자기 빵을 드십시오"라고 가르침으로써 개인의 책임을 강조했다.[24] 현대 서구 교회는 개인주의를 극단까지 받아들여, 교회의 지체 각 사람을 상대로 믿고 행하라는 도전을 던지는 일에 큰 힘을 쏟아 왔다. 그러나 바울은 이런 가르침이 더 근본이 되는 사실, 곧 메시아께 속한 이들은 다 '형제요 자매'라는 사실을 손상시키기보다 오히려 적절한 균형을 제공한다고 보았다.

———————————

바울이 갈라디아 지방 도시들에 이어 데살로니가와 베뢰아에서 겪은 일을 곱씹어 보면, 그가 고린도 회당에서 한 일도 폭동으로 이어지고, 그 지역 어느 곳에서나 적대감을 불러일으켰으며, 그 바람에 결국 바울은 이 고장에서 도망쳤으리라는 상상을 해봄 직하다. 그러나 무슨 이유인지 모르겠지만, 그런 일은 일어나지 않았으며 실제로 모든 일이 훨씬 더 바람직한 쪽으로 전개되었다. 그는 예상할 수 있었던 반대에 부닥쳤지만, 오히려 당시 회당장이었던 그리스보 자신이 신자가 되었다. 이는 필시 유대인 공동체는 물론이요 더 나아가 고린도시 전체에 큰 동요를 불러일으켰을 것이다. 바울이 결국 회당에서 더 이상 일할 수 없게 되자, 하나님을 두려워하는 사람 가운데 한 회심자가 다른 모임 장소를 제공했다. 그것은 바로 길 건너에 있던 자기 집이었다. 이번에도 그렇지만, 바울이 부끄럼을 잘 타고 수그러들 줄 아는 사람이었다면, 사람들과 덜 대립하려 했을지도 모른다. 그러나 바울은 절대 그런 스타일이 아니었다.

　바울은 이 무렵에도 예수가 몸소 자신을 격려해 주시는 환상을 보았다. 예수는 이렇게 말씀하셨다. "두려워 마라. 계속 전하고 침묵하지 마라. 내가 너와 함께 있고, 아무도 너를 해치려고 손가락 하나라도 대지 못할 것이기 때문이다. 이 도시에는 내 백성이 많다."[25] 이와 같은 환상은 현대 세계는 물론이요 고대 세계에서도 보통 황홀한 사치품이 아니다. 바울은 그가 앞서 활동했던 대다수 도시에서 얻었던 회심자보다 더 많은 회심자를 얻게 되리라는 보증이 필요했다.

그렇다면 바울은 어쩌면 회당에서 나와 거리를 돌아다니며 모임을 열어 어려움을 자초했을지도 모른다. 그러나 그는 이번에도 다시 그 어려움을 벗어났을 뿐 아니라, 빌립보에서 공식 사과했을 때처럼 훨씬 더 순조롭게 그 어려움을 빠져나왔다. 바울이 고린도에서 1년이 넘는 시간 동안 그들을 가르치고 돌본 뒤, 회당의 나머지 지체들—그리스보와 같이 예수를 따르기로 결심하지 않았던 유대인들—은 합심하여 바울 사도를 공격했다. 여기서 우리는 앞서 바울이 당했던 두 고발 사건의 아이러니를 떠올려 본다. 그 아이러니는 그 안에 역설을 담고 있는 새 정체성에 관하여 바울 자신이 품고 있던 인식과 분명 공명했을 것이다. 바울은 빌립보에서 로마인이 불법이라 여길 **유대 관습을 가르친다**고 고발당했다. 그런가 하면, 데살로니가에서는 로마 황제의 칙령에 어긋나는 가르침을 편다는 이유로 **유대인 공동체에게** 고발당했다. 여기서의 사안은 위의 두 곳만큼 구체적이지는 않으나, 자긍심이 높은 로마 식민지이니만큼 여전히 위협이 잠재해 있었다. 바울은 "사람들에게 불법적 방법으로 하나님을 예배하라고 가르"친다고 고발당했다.[26]

그가 끌려간 법정은 유명한 철학자 세네카와 형제지간인 갈리오가 재판하는 법정이었다. 갈리오는 클라우디우스 황제가 아가야 속주 총독 대행으로 임명했다. 델피(델포이의 옛 이름)에서 나온 한 비문은 그 시기를 상당히 정확히 일러 주는데, 갈리오의 임기가 52년에 끝났다고 알려 준다. 보통 총독의 임기는 1년이었지만, 좀 더 머무르기도 했다. 이로 보건대, 갈리오가 그곳에 부임한 때는 51년 말일 개연성이 높다. 그렇다면 바울이 고린도에 머문 18개월은 십중팔구 51년 초 어느 때쯤부터 52년 말 어느 때까지였을 것이다.

바울을 대적하던 유대인이 말한 "불법적 방법으로 하나님을 예배"함은 무엇을 말하는 것이었을까? 우리가 확실히 알 수는 없지만, 흥미롭고 깊은 뜻을 함축한 대답이 떠오른다. 유대인 공동체는 그들 자신의 하나님께 예배해도 좋다는 공식 허가를 받았다. 우리가 바울의 기도에서 알 수 있듯이, 바울은 늘 유대교식 기도문을 사용했지만, **그 기도문 안에 예수를 포함시켰다.** 가장 유명한 기도문이자 내 생각에 바울이 가장 중요하게 여겼으리라 보는 것이 그가 고린도전서에서 예수를 유일신께 올리는 가장 중요한 기도인 **쉐마** *Shema*■에 통합하여 인용하는 기도다. 그는 거기서 "우리에게는 한 분 하나님, 아버지가 계시니… 주 메시아 예수가 계시니"라고 말한다.[27] 바울의 이런 기도는 예수를 이스라엘의 메시아나 이스라엘의 하나님이 육체로 오신 분으로 여기지 않았던 유대인의 마음을 틀림없이 긁어 놓았을 것이다. 이 때문에 바울을 고발하는 이들은 로마 당국이 바울의 기도를 허가 받은 범위를 넘어선 "불법"으로 여

■ 히브리어로 '들으라.'

거야 한다고 주장했다. 말하자면 로마는 아파트 세입자에게 피아노를 들여놔도 된다고 허락했는데, 바울은 아예 작은 오케스트라를 들여왔다는 주장이었다.

물론 바울을 고발한 이들은 은연중에 예수를 주*Kyrios*나 '하나님의 아들'이라 부르고 그를 이스라엘의 진정한 왕으로 여기는 것이 로마 자체에 맞서 반란을 선동하는 행위일 수 있다고 귀띔한 것일 수도 있지만, 그랬을 가능성은 더 적다. 즉 바울의 작은 오케스트라에는 전투할 군인을 불러 모으는 나팔이 들어 있었다. 고발자들도 나름대로 고발할 이유가 있었을 것이다. 만일 바울이 유대인에게 허용된 전례를 새 형태로 바꿔 적용하면서 이것이 바로 유대인이 따르던 삶의 방식과 이스라엘의 소망의 완성이라고 주장한다면, 이는 분명 로마가 유대인에게 고유한 예배를 허용하면서 그들 스스로 유대인에게 허락했다고 생각하던 범위를 넘어서는 셈이 될지도 모를 일이었다. 게다가 예수를 황제가 제 것으로 삼은 칭호로 부른다는 것은 겁도 없이 무모한 행동을 하는 셈이었다.

나는 갈리오의 반응이 이런 제안을 확인해 준다고 생각한다. 갈리오는 유대인의 고발에 관심이 없었다. 그는 바울이 무언가를 말하기 전에 그 사건 심판 절차를 중단했다. 아마도 그는 바울이 말이 많고 말을 잘한다는 말을 들었던 것 같다. 게다가 그는 앉아서 긴 시간 동안 유대교의 가르침과 그리스도인의 가르침을 듣고 싶은 마음이 없었다. 바울이 아레오바고(아레오파고스) 담화를 되풀이하게 할 수는 없었다. 갈리오는 이 고발 사건이 실제 범법 행위나

악한 행위와 아무 관련이 없다고 선고했다. 그는 이 사건이 유대인 공동체 내부 문제요 "여러분의 관습에 속한 말과 이름과 율법에 대한 논쟁"이라고 말한다.[28] 갈리오는, 바울이 유대교식 기도에 이런저런 이름이나 칭호를 덧붙여 사용하길 원한다면 그것은 바울 마음이라고 생각했다. 갈리오는 이런 일에 재판장이 되기를 거부했다. 이런 일은 유대인끼리 알아서 처리해야 했다.

이 일은 교회사에서 중요한 사건이었다. 어쩌면 바울은 이런 일을 예상하지 않았을까 싶다. 이 일이 의미하는 것은, 그리스 남부 지역('아가야')을 관장하는 관리인 이 로마 총독이, 바울이 여태까지 방문했던 다른 지역 당국자들과 달리, **예수 따름이가 되는 것을 유대인이 영위하던 삶의 방식을 변형한 것으로 봐야 한다**고 선언했다는 점이다. 이 판결은 갈라디아에서 겪은 고통의 일부였던 고민을 단번에 가라앉혔다. 이것은 (다른 무엇보다도) 유대인이 아닌 예수 따름이가 그 도시의 종교 제의에 참여하지 않더라도—재차 언급해 두지만, 자긍심이 높았던 로마 도시에서 다른 이들에게 줄곧 들키지 않고 이런 제의에 참여하지 않는 것은 불가능했을 것이다—이들 역시 자신들의 유대인 이웃과 마찬가지로 그런 제의에 참여하지 않을 권리가 있음을 주장할 수 있다는 의미였다.

고린도에서 일어난 일과 바울이 이전에 겪은 법률 분쟁과 유사 법률 분쟁에서 일어난 일 사이에 존재하는 또 한 가지 큰 차이점은, 폭도들—사람들이 북적대는 도시에서 늘 불안을 야기하는 요소였던—이 바람 부는 방향을 간파하고 자신들의 좌절감을 바울과 그의 벗들이 아니라 새 회당장인 소스데네에게 쏟아냈다는 점이다. 그런데 갈리오는 관리를 보내 폭도들의 구타를 쉬이 중단시킬 수 있었는데도 그냥 아무 일도 하지 않았다.[29]

———————

바울은 이 일이 있은 직후 고린도를 떠났다. 우리는 그 연유를 모른다. 그는 예루살렘으로 가고자 했던 것 같은데, 아마도 어떤 특별한 절기 때문에 그리했던 것 같다. 그가 어떤 서원을 하고 전통 방식을 따라 특별한 예배 행위를 준비했던 것도 아마 그 때문인 것 같다. 사도행전은 느닷없이 바울이 겐그레아 동쪽 항구에서 출발할 배를 기다리는 동안 이 서원 때문에 머리를 깎았다고 말하는데, 이런 말이 불쑥 튀어나오다 보니 일부 해석자들은 깜짝 놀라며 바울이 정말 이런 행동을 했을지 의문을 표시했다. 어쨌든 이 행동에서 하나 이상한 점은 머리를 깎는 것이 어떤 특별한 시간이 시작될 때보다 끝났을 때 할 법한 일이라는 점이다(따라서 그 시간 동안에는 머리를 자유로이 길렀다). 물론 그 서원을 이행하는 데 딱히 시간이 걸리지 않는다면, (아울러 바울이 고린도전서 11장에서 남자가 머리를 기르는 것에 반대했음을 기억하면) 정결 기간이 시작될 때 머리를 깎는 것도 일리가 있었으리라. 그렇게 깎아 두면 이후에 오랜 기간 머리가 자라도 **너무** 길게 자라지 않았을 것이다.

그러나 바울이 한 일을 더 깊이 파 들어가면 또 하나 이상한 점이 있다. 바울 해석자들은 오랫동안 현대 유럽의 개신교(프로테스탄트주의)가 품고 있는 가정들을 갖고 바울에게 다가갔다. 이 개신교에서는 특별히 머리를 깎을 것을 요구할 수도 있는 어떤 정결 서원을 하는 것처럼 그야말로 '가톨릭스러운'—혹은 심히 유대교스러운!—일을 한다는 건 생각조차 할 수 없었다. 그러나 이런 생각은 그야말로 현대의 편견일 뿐이다. 바울의 이신칭의론은 특별한 신앙 관습의 옳고 그름에 관하여 아무 말도 하지 않는다. 바울은 분명 자신을 여전히 충성스러운 유대인으로서 그 조상의 하나님을 예배하되 다만 이스라엘의 메시아가 시작하신 새 시대를 살아가며 예배하는 이로 보았다. 이 때문에 그에겐 이 땅에서 (혹은 하늘에서도!) 딱히 특별한 관습에 매달려야 할 이유가 없었다. 하지만 진짜 이상한 것은 누가가 느닷없이 이 일을 언급한 뒤 이에 관하여 아무 말도 더 하지 않는다는 점이다. 다만 누가는 한참을 건너뛴 사도행전 21:22-26에서 바울이 예루살렘을 마지막으로 찾았을 때 행한 또 다른 정결 의식과 위의 의식을 연계한다.

이리하여 바울은 배를 타고 떠난다. 브리스길라와 아굴라가 동행했다(실라나 디모데에 관한 언급은 나오지 않는다). 바울은 에게해를 건너 에베소로 갔으며, 브리스길라와 아굴라는 거기 머문다. 바울은 그곳에 있는 회당을 잠시 방문한다(우리는 이제 그가 어떤 이야기를 했을지 안다. 그는 아브라함, 출애굽, 다윗, 포로 생활, 소망, 메시아를 이야기했을 것이다). 그러나 바울은 갈 길을 계속 가려 한다. 그는 배를 타고 가이사랴로 갔다. 거기서 예루살렘으로 갔다가, 시리아 안디옥으로 돌아갔다. 이 여행은 필시 52년 말에 있었을 것이며, 이 여행의 마지막 구간, 곧 예루살렘에서 북쪽으로 올라가 안디옥에 이르는 여행은 53년 초에 있었을 것이다.

바울은 여행하는 동안—바다 위에 있을 때나, 뭍 위에 있을 때나—기도했다. 우리는 이 사실을 안다. 그는 사람들에게 "기도를 멈추지 마십시오"라고 말하는데, 이것이 다른 모든 사람에게만 적용되고 바울 자신에게는 적용되지 않는 말일 리는 없다.[30] 그렇다면 어떻게 기도하는 것이 쉽지 않고 내내 기도하는 것인가? 그저 끊임없이 재잘거림인가, 마치 호흡처럼 영을 통해 임재하셨던 하나님께 의식의 흐름이 담긴 독백을(아니면, 실은 그분과 대화를) 이어감인가? 이것도 그런 기도의 일부이었을 수 있으나, 바울이 이후 서너 해에 걸쳐 쓴 서신에 비춰 볼 때 그런 기도가 무엇인지 훨씬 더 정확하고 또렷하게 파악할 수 있다고 생각한다. 바울은 그의 서신 몇 곳에서 새 생명이 옛 전승 속으로 쏟아져 들어왔음을 인정하면서 예수를 유대교 기도와 전례에 담아 이 기도와 전례를 새롭게 고쳐 사용하는 것 같다. 우리는 바울 서신의 많은 본문에서 그가 시편으로 기도하면서, 시편의 초점을 예수에게 맞추었음을 안다. 예수는 하나님이 약속하셨던 왕이요, 궁극의 고난을 당한 분이며, 참 인간으로서 영광과 영예 가운데 왕관을 받으실 분이다. 바울은 그의 논지 안에 이런 생각을 아주 쉽게 엮어 넣는다. 이로 보아, 우리는 **쉐마** 기도를 이처럼 놀랍게 개작한 기도가 이미 바울이 매일, 어쩌면 하루에 세 번씩 예수를 부르며 드리는 기도가 되었고, 예수와 그의 나라를 향한 자신의 충성을 표현하는 방식이 되었다—**우리에게는 한 분 하나님… 또 한 분이신 주가 계시니**[31]—고 추측해 볼 수 있다.

따라서 유대교 전례에서 사용하는 '축도'("…하신 하나님을 송축하리로다")도 한 분 하나님이 예수 안에서 당신의 목적을 이루신 것을 바울 나름대로 기념하는 방식의 일부가 되었다. 그가 올린 기도는 출애굽 기도, 하나님나라 기도, 메시아 기도, 예수 기도였다. 바울은 예수와 관련하여 터무니없고 말이 되지 않아 보이는 메시지를 상세히 전했으며, 이런 메시지가 사람들의 삶을 사로잡고 단단히 움켜쥐며 바꿔 버리는 모습을 목격했다. 이런 바울의 체험은 방금 말한 것처럼 기도해야 할 구체적 이유를, 즉 예수의 이름과 능력을 구하고 그의 보호와 그의 인도와 그의 격려와 그가 주시는 소망을 구해야 할 구체적 이유를, 그분의 임재를 바울이 이전에 그의 삶에서 체험했던 한 분 하나님의 언약에 근거한 사랑의 초점으로 알아야 할 구체적 이유를 바울 자신에게 제공했다.

바울이 걸어갔던 삶의 여정을 그 겉만 따라가다 보면, 그 속에 자리한 여정도 겉의 여정만큼 중요하다는 것을 망각하기 쉽다. 그러나 우리가 그의 혹독한 여정에서 한쪽으로 물러나 이렇게 기도하는 그의 모습을, 그와 그의 벗들이 예수의 이름으로 빵을 떼며 기도하는 모습을, 다음 배를 기다리며 기도하는 그의 모습을, 조류가 바뀌기를 기도하는 그의 모습을, 항해하기 좋은 날씨를 달라고 기도하는 그의 모습을, 아픈 벗들과 새로 세운 작은 교회들을 생각하며 기도하는 그의 모습을, 오랜 벗과 깜짝 놀랄 재회가 이루어질 수도 있고 아니면 오랜 원수들과 불편한 충돌이 발생할 수도 있는 곳을 향해 나아가며 기도하는 그의 모습을 상상하지 않는다면―우리가 바로 이런 모습을 비범하고 활력이 넘치며 담대하지만, 반면에 쉬이 상처 받는 여린 마음을 가진 이로 묘사한 바울의 초상 중심에 세워 놓지 않는다면―우리는 결코 그를 이해하지 못할 것이다. 특히 다음에 일어난 일은 더더욱 이해하지 못할 것이다.

우리는 바울이 에게해 주변 지역에서 탁월한 성공을 거둔 선교 활동에서 시작하여 다시 예루살렘과 안디옥으로 되돌아갈 때까지 그가 걸어간 선교 여정의 모든 단계에서 일어난 일을 알고 싶다. 그는 어디에 머물렀는가? 누구를 만났는가? 무슨 말을 들었고, 사람들에게 어떤 대접을 받았는가? 성경 속의 어느 책을 사람들과 함께 공부했는가? 신선한 만남이나 새로운 갈등이 있었는가? 그는 바나바와 함께 돌아왔는가? 마가 요한을 만났는가? 그랬다면 서로 무슨 말을 주고받았을까? 그는 문화의 경계를 넘어 믿음의 공동체를 조직하고 유지하는 데 따르는 현실의 어려움을 예루살렘의 야고보와 다른 이들에게 다시 보고했는가? 특히 예루살렘 교회가 수년 전 예루살렘 공의회 때 써 준 서신이 실제 삶의 상황에 도움이 된 경우와 도움이 되지 않은 경우에 관하여 다시 보고했는가? 야고보는 이 무렵에 그 자신의 서신('야고보서')을 썼는가? 바울은 야고보 및 다른 이들과 칭의와 믿음과 행위 그리고 아브라함이 가지는 의미를 놓고 토론했는가? 바울은 바로 이 방문 때 예루살렘 교회가 당면한 어려운 처지를, 그리고 예루살렘의 예수 따름이들이 멀리 떨어져 있는 그들의 형제자매가 실제로 어떤 이들인지 그저 아주 막연히 알고 있음을 알게 되었는가? 그렇게 예루살렘 교회의 어려운 처지를 알게 되면서 예루살렘에 실제로 도움을 주고 예루살렘 교회와 다른 곳의 교회가 거리와 문화 차이를 뛰어넘어 한 몸임을 보여 줄 표지 역할을 할 대규모 연보를 거둬야겠다는 계획을 품게 되었을까?

성경은 우리에게 아무 말도 들려주지 않는다. 바울 자신도 이 여행을 일절 언급하지 않는다. 누가는 이를 단 한 구절로 묘사한다. "그런 다음 예루살렘으로 올라가 교회에 문안하고 다시 안디옥으로 돌아왔다."[32] 우리가 가진 자료는 폭풍 전 고요 같은 느낌을 우리에게 전해 준다.

흑해

데살로니가

빌립보

드로아

에게해

비시디아
안디옥

이고니온

고린도

아테네

에베소

루스드라

더베

크레타

안디옥

키프로스

지중해

가이사랴

예루살렘

N

200 kilometers

200 miles

소아시아 여행

10장

/

에베소 I

"우리가 아시아에서 겪은 고난에 대해 여러분에게 숨기고 싶지 않습니다."[1] 바울은 고린도에 그렇게 써 보냈다. 써 보낸 때는 십중팔구 56년이었으리라. 문제는 바울이 고린도 사람들더러 자신이 보낸 혹독한 시간을 알아주길 원한다고 말하면서 정확히 무슨 일이 일어났는지는 말하지 않는다는 점이다. 적어도 우리는 여전히 미궁 속에 있다. 바울이 이 서신에서 하는 말을 제외하면, 우리가 가진 것이라곤 몇 가지 단서와 추측뿐이다. 누가는 분명 자기 글의 주인공이 겪었던 엄혹한 고초를 별것 아닌 것처럼 이야기하려 하지 않는다. 그는 바울이 아시아 속주의 주요 도시인 에베소에서 겪은 온갖 일, 그리고 에베소 극장에서 엄청난 군중이 "에베소 사람의 아르테미스는 위대하다!"를 외치며 난동을 부린 유명한 사건을 그림 그리듯 생생히 묘사한다. (그들이 그럴 만도 했다. 에베소 동북쪽에 있었던 아르테미스 신전은 고대 세계 7대 불가사의 중 하나라 할 정도로 경이로운 건축물이었으니까.)[2] 그러나 바울이 에베소에서 보낸 시간을 증언하는 누가의 기사는 우리 예상과 일치하는 사건을 전혀 제시하지 않는다.

우리는 바울이 회당에서 메시아를 설교하고, 그에 반발하는 움직임이 일어나며, 위협과 소동이 벌어져 그 지역 관리들이 개입하고, 결국 바울이 이 도시를 떠나야 했으리라고 예상하는데, 누가의 기사는 이런 일을 전혀 이야기하지 않는다.

그러나 고린도후서가 들려주는 이야기는 누가의 기사와 다르다. 우리는 고린도후서 이야기를 통해 바울의 삶에서 수수께끼로 남아 있는 부분, 어쩌면 그의 마음과 생각 속에 감춰져 있던 부분까지도 파 들어간다. 어떤 이들은 심지어 바울이 이런 일들을 겪고 나서 그의 신학적 입장을 확 바꾸었다고 주장했다. 나는 그런 주장이 옳다고 생각하지 않는다. 그러나 이제 우리는 바울을 이끌어 간 동력이 무엇이며 그가 다메섹 도상에서 예수를 만난 사건이 그의 삶과 그의 중심과 겉으로 나타난 그의 소명을 어떻게 바꿔 놓았는지 조사하는 작업에서 완전히 새로운 단계로 들어간다. 아울러 우리는, 아직 이렇게 많은 것이 수수께끼로 남아 있지만, 역사와 인간의 눈으로 볼 때 바울이 한 일이 결국 큰 성공으로 드러난 이유는 대체 무엇인가라는 또 다른 질문도 미리 제시할 수 있을 것 같다.

이런 질문들은 바울이 고린도후서 서두에서 하는 말이 이미 제시한다.

우리는 져야 할 짐이 너무 과중하여 생명을 포기하는 지경에까지 이르렀습니다. 그렇습니다, 우리는 마음속으로 사형 선고를 받아들였습니다.[3]

만일 누군가가 나를 보러 와서 이렇게 말한다면, 그것이 심각한 우울의 징조임을 알아차렸으리라. 이것은 단순히 외면이 죽었다는 선고가 아니었다. 우리가 알게 된 바울은 그런 외면의 죽음이라면 충분히 극복했을 것이다. 그것은 "마음속 깊숙한 곳에서" 받은 사형 선고였다. (이 서신에서 '우리'는 분명 바울 자신을 가리킬 때 쓰는 말이다. 바울은 이 서신 1:1에서 이 서신을 쓸 때 디모데가 그와 함께 있었다고 말한다. 하지만 그가 하는 말은 아주 친밀하고 다정하기 때문에, 우리는 그가 하는 말을 일종의 완곡어법으로, 다시 말해 자신에 관한 이야기를 에둘러 이야기한 것으로 받아들여야 한다. 이는 어쩌면 일인칭 단수를 썼을 때 발생할 수 있는 직접 충격을 피해 보려 쓴 것인지도 모른다.)

그는 곧이어 이 내면의 사형 선고에 그가 결국 보인 반응을 이렇게 서술한다. "이는 우리 자신을 의지하기를 그치고, 죽은 사람을 일으키시는 하나님을 의지하게 하려는 것이었습니다."[4] 바울은 이제 그 어둠을 되돌아보면서 하나님의 자비라는 더 커다란 리듬 속에서 그것을 바라볼 수 있지만, 그때에는 그 어둠에 완전히 압도당했었다. 그는 이 서신에서 이 주제를 한 번 이상 더 다루는데, 그가 고린도후서 4장에서 말하는 내용은 특히 시사하는 점이 있다.

우리는 온갖 압박을 받고 있지만 그래도 완전히 짓눌리지 않습니다. 우리는 당황스러운 일을 겪지만 절망하지 않습니다. 우리는 박해를 받지만 버림받지 않습니다. 우리는 맞아 쓰러지지만 멸망하지 않습니다.[5]

그러나 사실 그가 1장에서 말한 요지는 **그때는** 그가 자신이 완전히 부서져 버렸다고 **느꼈었다**는 것이다. 그는 어쩔 줄 모르는 상태에 **있었다**. 그는 버림받았다고 **느꼈다**. 그는 파괴당했다고 **느꼈다**. 그러나 그는 뒤늦게야 그때를 돌아보며 이렇게 말한다. "그러나 결국 돌아보니 난 그러지 않았다." 바울은 고린도전서에서 권투 선수라는 이미지를 사용한다. 이 이미지를 펼쳐 보면, 바울이 말하는 사례는 마치 그가 핵주먹이라 생각한 주먹을 맞고 완전히 의식을 잃은 채 병원 병상에 누워 깨어나길 기다리는 모습처럼 보인다. 그러나 현재 여기서 이야기하는 바울은 자신의 발로 서 있다. 그렇다면 그런 일이 어떻게 일어났을까? 역시 바울은 바울이었다. 그는 이 모든 사건 경과를 메시아의 사람으로 산다는 것이 의미하는 내용의 일부라고 해석한다. "우리는 늘 예수의 죽으심을 몸에 지니고 다닙니다. 이는 예수의 생명이 우리 몸에서 나타나게 하기 위함입니다."[6]

바울이 이런 이야기를 하는 곳은 아주 깊은 뜻이 숨어 있는 이 본문만이 아니다. 고린도전서와 고린도후서를 내쳐 잇달아 읽어 보면(물론 번역본으로 읽어도 그 점이 그대로 드러나리라고 생각하지만, 그래도 특히 그리스어 본문으로 읽어 보면), 무슨 일이 일어났음을 금세 깨닫는다. 두 서신의 문체가 다르다. 사람들은 온갖 방법을 동원하여 바울의 글쓰기 스타일을 시험해 봤는데, 컴퓨터 기술을 사용하여 바울이 쓴 문장의 작용 방식 등을 분석해 본 것도 그 한 예다. 두 서신은 각각 그 나름의 이야기를 들려준다. 물론 서신 전체를 모두 모아 살펴보면 변화가 아주 크지는 않지만, 일부 사람들은 두 서신 사이에 큰 차이가 있다고 주장했다. 그러나 같은 교회에 써 보냈고 기껏해야 2-3년 시차를 두고 써 보낸 이 두 서신(고린도전서와 고린도후서)은 육안으로 봐도 깜짝 놀랄 만한 차이가 있다. 고린도전서는 고린도 교회의 온갖 문제를 다루는데, 쾌활하고 경쾌하며 설명을 많이 하지만 때로는 놀리며 괴롭히기도 하고 이의를 제기하기도 한다. 그러나 늘 어떤 생각의 흐름을 보여 주며 자신 있는 표현을 담고 있다. 고린도후서도 역시 끝까지 놀리며 괴롭히는 서신일 수 있지만, 서신을 읽다 보면 어둠과 고통이라는 필터를 통해 바울에게서 이 서신을 끌어내고 있는 것 같은 느낌이 든다.

바울은 고린도후서에서 같은 말만 하고 또 하는 구닥다리 축음기 레코드처럼 한 말을 또 하고 한 말을 또 한다.

> 모든 위로의 하나님…께서 우리를 위로해 주신 그 위로로 온갖 고통 가운데 있는 사람들을 위로하게 하십니다. … 우리가 환난을 당한다면, 그것은 여러분의 위로와 구원 때문입니다. 우리가 위로를 받는다면, 그것은 여러분의 위로 때문입니다. 여러분이 우리와 함께 고난을 받듯 우리와 함께 위로도 받을 줄 우리가 알기 때문입니다.[7]

이제 그는 반대로 뒤집어, 자신이 방금 한 말을 바꾸고 바로잡는다.

우리는 지금 여러분이 읽고 이해할 수 있는 것 외에는 어떤 것도 쓰지 않습니다. 나는 여러분이 계속 끝까지 속속들이 이해하기 바랍니다. 이미 여러분이 적어도 부분적으로나마 우리를 이해한 것처럼 말입니다![8]

바울은 무거운 벽돌을 하나씩 하나씩 집어 그것을 힘들게 쌓아 벽을 세워 가는 사람처럼 말에 말을 더한다.

누가 이 도전에 응하겠습니까? 많은 사람들과 달리, 우리는 하나님의 말씀을 파는 장사꾼 따위가 아닙니다. 우리는 진심으로 말합니다. 우리는 하나님께 받은 말을 합니다. 우리는 하나님 앞에서 말합니다. 우리는 메시아 안에서 말합니다.[9]

고린도전서에는 이처럼 들리고 이런 느낌을 주는 말이 없다. 말이 난 김에 더 말하면, 갈라디아서나 데살로니가 서신에도 이런 말은 없다. 우리는 자기 심중의 말을 구술하는 한 사람의 말을 듣는다. 그의 마음은 이제 요모조모로 편안해졌지만, 이전에는 무겁기가 천근만근이었다. 그의 말은 탈진한 이의 말처럼 들린다.

그러나 바울은 고린도후서 끝에 가면 기운을 낸다. 실제로 바울이 그리스 북부를 빙 돌아 육로로 에베소에서 고린도로 가던 길에 이 서신을 쓰고 있으며, 이렇게 길을 가던 중 좋은 소식을 들었음을 일러 주는 표지들이 있다. 그러나 이 서신에서 서두와 몇몇 지점을 살펴보면, 그가 이전에 돌에 맞고 두들겨 맞았을 때 그의 얼굴과 그의 몸에 그 흔적이 남았던 것과 똑같은 식으로 그의 마음과 그의 생각과 그의 언어에 흔적을 남긴 어떤 일이 일어났음을 알게 된다. 나는 2002년 봄 두 달에 걸쳐 이 서신을 번역하면서 고린도전서에서 고린도후서로 옮겨 가다가 방금 말한 모든 것을 느꼈다. 고린도후서의 그리스어는 훨씬 어려운데, 아마도 신약 성경에서 가장 어려운 그리스어일 것이며 바울이 쓴 글 가운데서는 분명 가장 어렵다. 서신이 스스로 자신을 묶어 버려 도무지 풀어내기가 어렵다.

그렇다면 무슨 일이 일어났던 걸까? 일부 사람들은 고린도전서로 거슬러 올라가 거기서 힌트를 찾았다. 바울은 고린도전서에서 자신이 매시간 위험에 부닥치며 심지어 매일 "죽고 있다"고 묘사한다. 그는 이렇게 말한다. "내가 만일 인간적 동기로 에베소에서 맹수와 싸웠다면, 그것이 내게 무슨 유익이 되겠습니까?"[10] 그는 미래에 있을 부활을 이야기하면서, 그 소망이 없다면 그가 지금 겪는 일을 겪는 게 무의미하리라고 강조한다. 그러나 그가 쓴 글은 여전히 아주 경쾌한 느낌이 든다. 여기서 말하는 '맹수' 역시 적어도 그가 지금까지 늘 받곤 했던 적의 가득한 대접을 가리키는 은유일 가능성이 높다. 그는 현재 자신이 에베소에서 하는 일에 만족한다. 그는 심각한 반대도 있지만 훌륭한 기회도 있다고 말한다.[11] 그러나 바울이 그의 '자랑스러운' 고난이라고 묘사하는 일이 그가 예상하지 않았던 방식으로 그리고 심각하게 현실로 나타나려 하는 것처럼 보인다.

가장 설득력 있는 추측—어디까지나 추측이지만, 그래도 가장 설득력이 있는 추측—은 바울이 에베소에서 옥에 갇혔으며 그 목숨이 위태로울 수도 있는 재판을 받고 있었다는 것이다. 그것이 '진짜 엄청난 폭풍'을 만들어 냈다. 고린도에서 좋지 않은 일로 충격을 받은 것이 얼마 전인데, 곧바로 이런 일이 터졌기 때문이다. 더구나 이곳의 교회마저 바울에게 등을 돌렸다.

누가는 바울이 에베소에서 옥고를 치른 일을 언급하지 않으나, 이 옥고를 뒷받침하는 강력한 증거가 있다. 바울은 작은 서신인 빌레몬서에서 빌레몬더러 자신을 위해 "손님방을 마련해 주십시오"라고 요청한다. 빌레몬은 에베소에서 내륙으로 200킬로미터쯤 떨어진, 리쿠스 강가에 있던 골로새에 살았다. 바울은 여전히 옥중에 있었다. 그러나 그는 자신이 이 서신을 쓸 무렵이면 자기 벗들의 기도를 힘입어 풀려나기를 소망했다. 바울은 그렇게 풀려나면 빌레몬을 방문하여 특히 이전에 빌레몬의 집에서 도망친 노예 오네시모가 어떻게 되었는지 알아보려 했던 것 같다. 그 문제를 다시 살펴보겠지만, 지금 당장은 바울이 손님방을 언급했다는 것이 아주 중요하다.

에베소 말고도 바울이 옥고를 치른 곳으로서 우리가 아는 곳은 가이사랴[12]와 로마뿐이다. 바울은 가이사랴에 있을 때 이미 에게해 연안에 있던 교회들에 작별 인사를 건넸다. 그는 로마에 있을 때, 거기서 서쪽으로 더 나아가 스페인까지 가려 했다.[13] 그가 비록 가이사랴에서 계획을 바꿔 에베소를 다시 방문하거나 아니면 로마에서 제국 동쪽으로 한 번 더 돌아가기로 결정했다 할지라도, 그가 애초에 가려 했던 곳은 리쿠스 계곡 위에 자리한 작은 성읍이었을 리가 없다. 따라서 골로새에 있는 손님방은 바울이 에베소에서 옥고를 치렀음을 일러 주는 증거를 제공한다.

그렇다면 누가가 이를 언급하지 않는다는 사실은 본질상 의미심장하다. 이는 마치 밤에 짖지 않은 셜록 홈즈의 개와 비슷하기 때문이다. 누가는 바울이 돌에 맞고, 두들겨 맞고, 다른 공격을 받으며 법정에 고발당한 일을 보고하는 것으로 만족한다. 그는 바울이 가이사랴에서 옥고를 치르고 로마에서 가택연금을 당한 일을 이야기한다. 에베소는 틀림없이 그보다 엄혹했던 순간이었으리라. 어쩌면 뭔가가 덜 분명했을지도 모른다. 다른 곳에서는 바울을 성실하고 충성스러운 사도요 복음 전도자라고, 무고를 당했지만 당국이 사실을 파악하고 결국 풀어 주었던 사람이라고 이야기할 수 있었다. 이번 경우는 더 흐릿하고 어두웠다. 이런 사실은 바울이 고린도후서 서두에서 보고하는 분위기와 일치한다. 아울러 고린도후서가 주제 면에서 골로새서와 몇 가지 연결 고리를 갖고 있다는 점도 주목할 만하다. 이런 점을 볼 때 바울은 옥에서 풀려나기 직전에 골로새서를 쓰고 옥에서 풀려난 지 얼마 안 되어 고린도후서를 썼을 것이다.

이런 사실을 생각하면, 바울이 제국 동부를 돌아간 그의 마지막 여행에서 에베소를 피한 게 설명이 된다. 누가는 그 지점에서 바울이 그 지역에서 많은 시간을 보내고 싶어 하지 않았다고 설명하면서, 이는 바울이 예루살렘에서 오순절을 지내고자 했기 때문이라고 말한다. 물론 이런 이유가 사실일 수도 있다.[14] 그러나 바울이 두 해 혹은 세 해를 보냈던 도시를 지나쳐 감은 단순히 여행 일정 문제 때문만은 아니었던 것 같다. 바울은 싸움을 회피하는 사람이 아니었지만, 이번에는 자신이 싸워야 할 싸움과 그냥 피해야 할 싸움이 있음을 깨달았을 수도 있다.

그렇다면 결국 우리가 에베소에 관하여 아는 것은 무엇인가? 에베소는 '에베소 사람의 아르테미스'를 섬기는 웅장한 신전의 본산이었을 뿐 아니라 이 시대에는 황제 숭배의 자랑스러운 본거지이기도 했다. 여러 촌락과 도시의 지역 관리들은 로마 그리고(또는) 황제에게 새 신전을 지어 바치는 특권을 얻고자 서로 경쟁을 벌이곤 했다(물론 이들이 노리는 것에는 이런 지위에 따르기 마련인 경제적 부수입도 들어 있었다). 에베소는 1세기에 두 번이나 영예를 얻었고, 두 세기 뒤에 한 번 더 영예를 얻었다. 게다가 에베소는 온갖 마술뿐 아니라 주류 이교 신앙에서 소외당해 늘 구석에서 유행하던 어둡고 강력한 여러 사술의 본거지이기도 했다. 사도행전은 바울의 가르침이 미친 영향을 보여 주는 증거로 마술사들이 그들의 비술을 담은 책을 불태우는 장면을 묘사하는데,[15] 이런 일이 바로 에베소에서 일어난 이유가 이해가 간다. 그러나 이런 일에는 반발이 있었으리라고 생각하는 것 역시 타당할 것이다. 어둠의 세력이 반격할 때는 페어플레이를 하지 않는다.

따라서 나는 바울이 에베소에서 옥고를 치렀다고 주장하는 일부 학자들의 견해에 동의한다. 아울러 나는 이런 점이 모든 증거를 가장 잘 설명해 준다고―뿐만 아니라 이곳이 바울이 빌레몬서를 쓴 곳이자 에베소서 자체를 포함하여 다른 옥중 서신을 쓴 곳이라고―주장한다. 내가 곧 제시하겠지만, 저 서신은 그 지역 교회들이 돌려 보도록 쓴 서신이다. 이 때문에 보통 때보다 더 일반성을 띤 말로 적혀 있다. 그러나 바울은 에베소에서도 우리가 '고린도 위기'라 부를 만한 일을 겪었다. 이 일에는 몇 가지 요소가 들어 있는데, 비록 일어난 일의 상세한 내용을 모두 확인하기는 불가능할지 모르지만 핵심 요소는 분명하게 드러난다. 우리의 목적을 고려할 때 정말 중요한 것은 이 모든 일이 바울 자신에게 미친 영향과 바울이 이 모든 일에 보인 반응이다. 이 두 가지―에베소에서 겪은 어려움 그리고 고린도와 관련된 어려움―가 동시에 진행되기 때문에 우리는 이 둘 사이를 왔다 갔다 할 수밖에 없겠다. 그래야 바울이 왜 자기가 사형 선고를 받은 것처럼 느꼈는지 이해할 수 있겠다.

바울은 십중팔구 53년경에 고린도전서를 썼을 것이다. 이때 그는 교회 안의 많은 문제를 처리해야 했다. 이 문제 가운데 특히 둘은 뒤따르는 더 큰 위기의 일부였던 것 같다. 그는 이미 사전 준비 서

신이라 할 더 짧은 서신을 써 보냈는데, 이 서신은 현재 남아 있지 않다. 여기서 그는 신자들에게 유대인과 그리스도인의 엄격한 윤리법, 특히 성, 돈, 우상 숭배, 그리고 부적절한 행위가 난무하던 다른 영역과 관련된 윤리법을 비웃고 무시하는 사람들과 어울리지 말라고 다그친다.[16] 바울은 이어 자기 아버지의 아내와 동거하던 이 교회 내부의 한 특정 지체를 쫓아내라고 명령함으로써 더 자세한 지침을 제시한다. 교회 내의 일부 사람들, 어쩌면 문제가 된 사람의 친구였을지도 모르는 이들은 바울의 이런 명령이 가혹해도 너무 가혹하다고 생각했을지 모른다. 동시에 이 교회는 여러 분파로 나뉘어 다투고 있었다. 몇몇 지체는 바울을 자신들의 진정한 지도자로 인정하지 않는다고 선언했다. 그들은 바울 대신 베드로(게바)나 아볼로를 좋아했다. 이 두 문제가 겹쳤을 수도 있다. 사람들이 바울이 취하고 있던 엄격한 노선에 짜증을 냈다면, 그들이 바울이 아닌 다른 선생을 더 좋아한 것도 당연한 일이었으리라. 이리하여 2차 문제가 등장한다.

우리는 베드로를 안다(잘 알지는 못하지만, 그래도 조금은 안다). 아볼로는 어떤가? 아볼로는 본디 알렉산드리아 출신으로 능력 있는 성경 교사였다. 그는 바울이 에베소를 처음 방문한 직후에 에베소를 찾았다가 이후 고린도로 갔다. 아볼로가 에베소에 있는 동안, 적은 무리의 신자들은 그가 비록 예수에 관한 기본 사실은 알지만 예수를 세례 요한의 확장판이자 응용판 정도인 인물로 생각한다는 것을 분명히 알게 되었다. 말하자면 아볼로는, 요한은 그저 내다보기만 했던 일을 그 죽음과 부활로 다 이루신 이가 메시아이신 예수라고 생각하지 않았다. 그때 바울의 벗이었던 브리스길라와 아굴라는 아볼로를 한쪽으로 데려가 예수와 관련된 것을 더 상세히 설명하면서, 우리 같으면 그저 조용한 구경꾼으로 있고픈 순간을 제공한다. (뒤이어 이상한 작은 속편이 있었다. 바울은 에베소에서 세례 요한을 따르는 소규모 무리를 하나 만났으며, 그들에게 요한의 말이 예수 안에서 이루어졌다고 설명했다.)[17] 우리의 목적에 비춰 볼 때, 중요한 것은 아볼로가 바울이 고린도를 떠난 뒤 고린도에 가서 그 교회에 큰 인상을 남김으로써 결국 그 교회의 일부 지체들이 바울보다 아볼로가 그들이 진정 원했던 선생이었다고 판단하게 만들었다는 점이다.

그런가 하면, 게바—예수의 오른팔이었던 베드로—자신도 고린도에 갔었다. 일부 사람들은 **이 게바**가 그들이 원하던 사람이라고 판단했다. 사람들은 종종 이것이, 갈라디아서 2장에서 이야기하는 일처럼, 안디옥에서 있었던 충돌의 재방송과 관련이 있을지도 모르며, 어쩌면 베드로는 다시금 성도 사이의 교제를 두 부류로 나누고 유대인 예수 따름이와 이방인 예수 따름이가 각각 따로 식사해야 한다는 주장을 펴려 했을지도 모른다고 주장했다. 이런 주장을 뒷받침하는 증거는 없다. 그러나 그것이 곧 바울이 없을 때 베드로가 바울이 세우고 교회 설립 후 첫 18개월 동안 보살폈던 교회에 와서 가르치는 일을 생각하며 대단히 행복해했으리라는 말은 아니다.

바울은 이 모든 내용을 고린도전서에서 우리가 '개인 숭배'라 부르는 두루뭉술한 말로 이야기한다. 그러나 그 아래에는 틀림없이 그 자신의 고통스러운 느낌이 더 깊이 자리하고 있었으리라. 그는 그들에게 먼저 예수에 관하여 이야기했다. 그는 영이 새 신자들 가운데서 힘차게 일하심을 보며 기뻐했다. 그는 그들을 사랑했고, 그들과 함께 기도했으며, 그들 가운데서 일하고, 그들과 함께 울었다. 그는 분명 브리스길라와 아굴라가 그와 함께 에베소로 건너가기보다 고린도에 그대로 머무르기를 원했을 것이다. 그랬다면 틀림없이 사람들을 바른 길로 이끌었으리라.

어쨌든, 바울은 고린도전서를 썼는데, 그때가 아마도 53년 말이었던 것 같다. 그런 다음, 나중에 뼈저린 실수로 드러날 일을 하고 만다. 그는 고린도를 어서 방문하고자 에게해를 건넜다.[18] 그는 그 상황을 타개할 권위 있는 조치를 취하려 했으나, 이 조치는 거부당하고 말았다. 그는 자신을 대하는 그들의 태도가 아주 차디참을 느꼈다. 한시라도 서둘러 거기를 떠나는 게 최선이라 여겼다. 그가 정말 거기로 돌아오길 원한다면 고린도 사람들이 신뢰할 만한 사람이 써 준 추천장을 받아와야 하리라고 누군가가 그에게 일러 주었다. 목회자가 아닌 사람은 이런 말이 얼마나 깊은 상처를 주는 말인지 모르리라.

우리는 이 일이 바울에게 얼마나 영향을 주었을지 알 만큼 바울에 관하여 알고 있다. 바울은 자신과 메시아 신앙을 공유했던 이들을 사랑하고 신뢰하며 그 자신도 그들에게 사랑을 받고 신뢰받는 경험을 풍성히 했다. 그런 일이 그리스 북부에서 있었으며, 우리는 그런 사실을 그가 이미 데살로니가에 써 보낸 서신과 나중에 빌립보에 써 보낼 서신에서 읽어 낼 수 있다. 그러나 그리스 남부— 로마 당국이 복음을 전해도 좋다고 허가해 주었던 곳—는 그를 대적하는 쪽으로 돌아서고 있었다. 이런 일이 그가 갑자기 에베소에서 더 혹독한 저항에 부닥쳤을 때와 같은 때에 일어났다면, 그가 나중에 온갖 고초에 지치고 단련된 모습으로 새날을 맞았을 때 그 스스로 고린도후서에서 말하는 것처럼 그 목숨을 포기할 지경까지 갔었다고 말한 이유를 비로소 이해할 수 있겠다.

처음에는 모든 것이 아주 좋게 출발했다. 적어도 처음에는 그가 이전에 선교 여행을 했던 도시들과 아주 비슷한 모습으로 시작했다. 바울은 안디옥에서 출발하여 길리기아와 갈라디아를 거쳐 아시아로 들어갔다. 겉으로 보면 아주 빨리 여행한 것 같다. (가는 길에 다소에서 멈추었을까? 거기 있던 가족을 방문했을까? 다시 한 번 가족들이 마음을 바꾸기를 소망했지만 결국 실망만 하고 말았을까? 이것도 그가 무너지며 쇠약해진 원인 가운데 하나였을까?) 어쨌든 그는 에베소에 도착했고, 늘 그랬던 것처럼 회당에서 일을 시작했다. 이번에는 거기에 석 달을 머물렀다. 안식일을 열두 번 보낸 셈인데, 안식일마다 바울의 성경 강론과 논거 제시가 회당에 울려 퍼졌다. 그는 아브라함과 출애굽과 다윗과 포로 생활과 소망과 메시아를 이야기했으리라. 열두 안식일은 창세기와 신

명기와 시편과 이사야서와 예레미야서와 에스겔서의 세부 내용을 파고 들어가기에 충분한 시간이었다. 그리고 바울이 "나를 사랑하여 나를 위해 자신을 내주신" 분이라 말한 메시아라는 이를 이야기하기에도 충분한 시간이었다.

하지만 바울의 강론을 듣던 이들은 자신들이 익히 아는 이야기를 읽어 나가는 바울의 방식이 함축한 의미에 당황과 혼란을 느끼기 시작했으며, 이에 따라 바울에게 반대하는 목소리도 커져 갔다. 이때가 아마도 바울이 회당의 치리에 복종하여 40에서 하나 감한 유대식 매질을 당했던 때 가운데 하나가 아닌가 싶다. (신명기 25:3은 최대 40대까지만 때리도록 규정해 놓았다. 그러나 바울 시대에 유대교 교사들은 혹시라도 때린 횟수를 잘못 헤아려 더 때리는 일이 벌어질까 봐 한 대를 줄였는데, 형벌이 가져올 고통보다 율법이 정한 횟수를 넘겨 율법을 어기는 일을 더 염려했던 것으로 보인다.) 바울은 자신이 이런 형벌을 다섯 번이나 받았다고 말한다. 이것은 그가 할 수만 있으면 계속하여 회당 공동체와 함께 일하는 쪽에 진력했음을 일러 준다. 그가 그리한 것은 단지 회당에 나타나지 않기만 해도 그런 형벌을 쉬이 피할 수 있었기 때문이었다.[19]

에베소 유대인 공동체의 몇몇 사람이 이 '메시아 숭배'가 행하는 일에 관하여 헛소문을 퍼뜨리기 시작했다. 우리는 후기 기록에서 어떤 조롱 같은 것이 떠돌았으리라는 짐작을 해볼 수 있다. 말하자면, 이 예수 따름이들이 남녀가 함께 모여 문을 걸어 잠그고 문 뒤에 숨어 누군가의 몸을 먹고 그들의 피를 마시며 종잡을 수 없는 잡담을 지껄일 뿐 아니라 새로운 종류의 '사랑'을 놓고 많은 말을 지껄인다고 빈정거리는 말이 나돌았다. 이리하여 바울은 결국, 그가 고린도에서도 그랬던 것처럼 여기에서도 회당을 더 이상 그의 근거지로 삼을 수 없음을 깨달았다. 다른 곳으로 옮겨야 할 때가 되었다. 어쩌면 이때가 바로 그가 고린도전서에서 경기장이라는 은유를 언급하면서, 자신이 "에베소에서 맹수와 싸웠다"[20]고 말한 그때가 아닌가 싶다. 이 서신은 만사가 잘 돌아가던 때 쓴 것이라 그런지, 고린도후서에서 자주 나타나는 어려움이 드리운 그림자가 전혀 나타나지 않는다. 바울은 지금 자신의 대적들과 벌인 큰 난투극을 언급하는 것 같지만, 이 대적들이 누구이며 이들의 쟁점이 무엇이었는지는 확실히 알 수 없다.

어쨌든 그는 두란노라는 이가 소유한 그 지역 강당을 하나 빌렸다. 그는 두 해 동안 시간을 쪼개 천막을 만드는 일을 하는 한편 믿음을 두고 공개 강설과 토론을 진행했다. 에베소는 에베소였다. 교역로와 문화의 또 다른 중심지였으니만큼, 이렇게 한 것은 복음의 메시지를 퍼뜨리기에 탁월한 방법이었다. 사람들이 멀리 사방 천지에서 와서 이 도시에서 시간을 보내고 다시 그들이 가던 길을 갔다. 인쇄술이나 사람들이 이야기를 주고받을 사회 매체가 없다 보니, 사람들은 그저 자신들이 여행하다가 우연히 만난 이상한 것이나 새로운 것을 두고 떠들어 댔다. "난 방금 에베소에서 왔는데, 당신은 믿지 않으려 하겠지만, 거기에 분명 …라고 말하는 이상한 무리가 있습디다."

우리는 이런 일이 어떻게 전개되었는지를 가까운 한 사례에

서 볼 수 있다. 바울은 골로새서 서두에서 하나님께 감사한다. 에
베소에서 내륙으로 들어간 곳에 자리한 작은 성읍 골로새에 민족
과 사회 계층과 문화가 깊이 갈라놓은 구분을 뛰어넘어 서로 사랑
하는 이들이 모인 공동체가 있다는 것이 그 감사의 이유였다. "그
[에바브라]는 영 안에서 여러분의 사랑에 대한 소식을 우리에게 전해
주었습니다"라고 그는 말한다.[21] 에바브라는 에베소에서 바울과 함
께 일한 사람 중 하나였다. 그는 내륙 지역으로 들어가 거기서 좋
은 소식을 전한 뒤, 바울에게 돌아와 그 좋은 소식의 능력이 모든
곳에서 분명히 나타나고 있다고 선언했다. "복음이 온 세상에서 열
매 맺으며 자라"고 있었다.[22] 이제 골로새 교회의 지도자 가운데 하
나가 된 빌레몬 자신도 바울에게 그 자신의 목숨을 빚졌는데, 이
는 아마도 빌레몬이 이 대도시로 사업차 출장을 갔다가 바울의 복
음을 듣고 믿었던 일을 가리키는 것 같다. 복음이 골로새에서 이와
같이 살아 움직이고 있었다면, 그 지방의 다른 성읍과 도시, 그러
니까 라오디게아와 히에라볼리 그리고 우리가 이곳보다 잘 모르는
근처의 다른 많은 곳에서도 역시 그렇게 살아 움직였다고 추측하
는 것이 타당하겠다.

에베소 자체에서는 바울의 사역이 날로 왕성하게 힘을 얻어
간 것 같다. 서신들을 보면, 바울과 그의 청중은 살아 계신 하나
님이 때로는 그들의 마음과 생각에 놀라운 일을 행하시기도 하지
만 그들의 몸에도 그런 일을 행하심을 당연시할 수 있었던 것 같
다. 새 창조가 옛 세계 속으로 뚫고 들어오는 것을 여느 때는 기대

할 수 없는 방식으로 생생히 보여 주는 표지인 놀라운 치유는 사실 정말 주목할 대상이 아니었지만, 그래도 어쨌든 늘 신비였다(사람들은 여전히 아프고 죽어 가는데, 병을 고쳐 달라는 기도가 늘 그대로 응답받지는 않는다). 그러나 에베소에서는 바울이 교회를 설립할 때 다른 곳에서는 도저히 예상하거나 경험하지 못했을 치유의 능력이 함께 나타난 것 같다. 누가는 바울의 피부에 닿은 손수건과 수건조차도 치유하는 성질을 가졌었다고 보고하는데, 이는 잠시 나타났던 신기한 현상으로 보인다.[23] 사람들은 바울의 이름을 입에 올릴 때면 두려워했으며, 어떤 이들은 실제로 그 이름을 사용하여 능력을 드러내기도 했다. 그 지역의 유대인 축귀자요 대제사장의 아들이었던 이들이 예수와 바울의 이름을 결합하여 악귀를 쫓아내려 했지만, 오히려 어떤 악귀 들린 자가 이들에게 이런 유명한 말을 하며 달려들었다. "내가 예수를 알고 바울도 잘 안다. 그런데 너희는 누구냐?"[24] 누가는 이와 같은 이야기가 그 지역에 두루 퍼졌다고 말한다. 누가 자신은 예수의 이름이 큰 존경을 받았다고 말하지만, 바울의 이름도 그렇게 존숭을 받았으리라고 상상할 수는 없다.

바울은 틀림없이 이때를 사랑했으리라. 그는 작업장에서 일하느라 바빴고 사람들을 가르치느라 눈코 뜰 새가 없었다. 사람들은 그의 강론을 들으러 구름처럼 모여들었고, 병자를 데려와 고쳐 달라고 요청했으며, 그가 지나가면 몸을 돌려 쳐다보았다. 예수는 주이셨고, 바울은 그의 사도였다.

그 공동체도 대체로 바뀌어 가는 것처럼 보였다. 갖가지 수준의 힘이 뒤섞여 존재하는 곳으로 유명했던 도시에서, 예수를 참된 주로 선포하는 복음의 능력은 보이지 않는 힘을 마음대로 조종하여 자신들의 이익을 챙기는 법을 알고 있던 사람들을 저절로 끌어당기는 자석이 되었고, 그들에게 놀랄 만한 효과를 발휘했다. 세상을 틀림없이 그 핵심까지 뒤흔들어 놓았을 한 장면을 보면, 상당히 큰 무리의 마술사가 자신들이 해 왔던 일을 사람들 앞에 털어놓으면서 그들이 신주단지처럼 여겼던 마술 책을 가져다 불사른다.[25] 어둠의 술수가 거의 말 그대로 시커먼 연기가 되어 사라지고 있었다. 바울이 십자가에 달리셨다가 부활하신 주의 이름과 능력을 부르며 올렸던 그 모든 기도가 효험을 발휘하고 있었다. 에베소는, 고린도 혹은 그리스 북부의 다른 도시들보다 훨씬 많이, 복음이 보여 줄 수 있는 삶의 본보기를 보여 주는 쪽으로 돌아서고 있었다. 여기저기 사는 몇 사람만 아니라 공동체 전체가 그런 모습을 보여 주었다.

그러나 어둠의 세력은 그렇게 쉬이 물러나지 않았다. 무시무시한 일이 벌어지고 만다. 이 일로 말미암아 결국 바울은 옥에 갇히고, 모든 것이 부서지는 것 같은 절망에 빠지고 만다. 누가는 여기서 다른 곳만큼 기사를 줄여 썼다. 이 때문에 우리는 이 일이 정확히 언제 일어났는지 알 수가 없다. 바울이 에베소에서 보냈던 초기의 좋은 시간은 마술 책 소각과 함께 막을 내렸다. 바로 이때 바울은 그리스를 다시 방문하기로 결심하고, 위로 올라가 마케도니아를 통과한 뒤 남으로 내려가 고린도로 가기로 한다.[26] 그리하여 그는 디모데와 에라스도를 미리 보낸다.²⁷ 이어 누가는 단지 바울이 "아시아에서 좀 더 시간을 보냈다"라고 말한다. 바로 이때가 모든 일이 별안간 무섭도록 잘못되어 버린 때가 아닌가 싶다.

그럼에도 나는 모든 사정으로 보아 이 위기가 오히려 누가가 사도행전 19:23-41에서 아주 생생히 묘사하는 폭동이 있은 뒤에 일어났을 가능성이 더 높다고 생각한다. 누가는 바울이 "큰 소동이 가라앉자" 그 성읍을 떠날 수 있었다고 말하지만,[28] 이 큰 소동에는 당연히 누가가 묘사하는 것, 곧 그가 아주 잘 짜놓은 장면 가운데 하나인 폭동뿐 아니라 그가 묘사하지 않은 시간, 곧 바울을 엄습한 재앙도 들어 있었을 것이다. 이 재앙은 아마도 폭동이 끝난 뒤에 닥쳤을 것이며, 바로 이때 바울은 다시 한 번 진짜 어려운 상황을 벗어났다. 만일 당신이 이 세상의 부패와 악함 뒤에 자리한 어둠의 세력들에 도전한다면, 그 싸움은 뜻하지 않은 방향으로 아주 고약하게 바뀌리라는 것을 예상할 수 있다.

———————

우리는 에베소에서 바울에게 일어난 수수께끼 같은 사건 속으로 뛰어들기 전에 다시 고린도로 돌아가 봐야 한다. 나는 고린도 교회와 갑자기 관계가 악화된 것이 바울에게서 서서히 확신을 앗아가고 그를 공격 받게 만든 요인 가운데 하나가 아니었나 하는 강한 의문을 품고 있다.

그는 그리 오래 떠나 있지 않았지만, 사태는 분명 그가 없는 동안에 벌어졌다. "글로에 집안 사람들"이 그에게 소식을 전해 주었다. "글로에 집안 사람들"이라는 말은 글로에 자신과 그의 실제 가족을 의미할 수도 있다. 그러나 이 말이 암시하는 것은 글로에가 빌립보의 루디아와 (나중에 나오는) 겐그레아의 뵈뵈처럼 독립하여 사업을 경영했던 여성이요 십중팔구는 부유했으리라는 것이다. 어쨌든 이 글로에를 돕는 일꾼이나 노예로서 우리가 역시 예수 따름이였으리라 추측하는 이들이 에베소에 와서 바울을 만났을 것이다. 아무튼 '글로에 집안 사람들'은 다툼이 벌어지고 있던 한 교회 소식을 알려 왔다. 이 교회 사람들은 여러 무리로 나뉘어 서로 다른 설교자(바울, 아볼로, 게바)를 지지했고, 심지어 어떤 그룹은 "나는 메시아 편이야!"라고 소리쳤다. (이는 실제로 어느 그룹이 한 말이 아니라 바울의 냉소적인 반응이 아니었을까?) 대체 무슨 일이 벌어지고 있었을까?

문화 면에서 '양자택일' 논리를 앞세운 현대 유럽 철학을, 시대를 거슬러 올라가 초기 교회에도 열심히 투영했던 19세기의 일부 학자들은, 율법에 초점에 맞추었다고 추측한 '유대인 기독교'(그런 점에서 갈라디아의 '선동자들'과 여러 유사점이 있었다)와 유대교 율법과 단절했던 기독교라 추측한 바울 중심의 '이방인 기독교' 사이에 존재했던 큰 이데올로기 간극을 이런 다툼에서 어렴풋이나마 찾아내려고 했다. 일부 사람들은 베드로 자신이 첫 분파(소위 '유대인 기독교')의 지도자였다고 생각한다. 그러나 이는 단순하고, 아무 근거도 없으며, 우리가 얼른 살펴본 성경 내용과도 어긋난다. (바울 자신이 여러 곳에서 자신이 '유대인 그리스도인'이라고 역설하지 않는가!) 더구나 이는 후대의 기준을 거꾸로 앞 시대에 적용한 잘못이 있다.

이 문제는 사뭇 다른 것 같다. 이 문제는 **스타일**과 관련이 있다. 바울이 고린도 사람들의 편 가르기 정신을 비판한 것은 유대 율법과 거의 관련이 없고 철두철미하게 '이 세상의 지혜'와 관련이 있다. 결국 그것은 하나님의 어리석음을 강조한 바울의 말과 관련이 있었다. 고린도 사람들은 그 말솜씨가 사회의 존경을 받을 만큼 달변인 지도자를 원했던 것 같다. 그들은 바울이 그런 면모를 보여주지 못하자 바울에게 실망했다. 그러나 바울은 종류가 다른 지혜가 있다고 설명한다. 세상의 지혜가 있지만, 그 반대편에는 하나님에게서 나온 진짜 지혜, 감춰진 지혜가 있다.

바울은 여기는 물론이요 이 서신 전체에서 고린도 사람들에게 **종말을 염두에 두고 생각하라**고 가르친다. 그는 이전에 그들을 직접 가르칠 때도 분명 그렇게 가르쳤으리라. 종말을 염두에 두고 생각하라는 말은 그들이 늘 살아가던 그리스-로마의 이교 신앙이 지배하는 세계와 완전히 다른 세계, 한 분 하나님이 살아서 활동하시고 완전히 새로운 것, 장차 임할 날에 완성될 무언가를 시작하신 세계를 상상하며 살라는 말이었다. 그것은 새 성전 창조와 관련이 있었다. 교회 곧 고린도 사람들이 앙망하던 지혜를 지닌 지도자를 찾다가 갈기갈기 찢어 놓은 그 교회가 바로 새 성전이요 살아 계신 하나님이 영으로 들어와 사시게 된 곳이었다.[29] 1세기 유대인 가운데 어느 누구도 이와 같은 이미지를 사용하여 이전과 전혀 다른 종류의 진리를 명쾌하게 '묘사'할 수 있는 이는 아무도 없었다. 바울이 생각했던 교회관은 종국에 나타날 성전을 향한 옛 유대인의 소망을 가져왔으며, 예루살렘 성전과 광야의 성막이 그것을 미리 알려주는 이정표 역할을 했던 새 창조(피조 세계)를 제시했다. 바울은 교회가 그런 곳이라고 말한다. 고린도 사람들이 그런 교회에 속해 있다면—그들이 메시아에 속해 있다면—이런 부질없는 시시한 싸움은 애초에 하지 말아야 한다.

> 모든 것이 여러분의 것이니, 바울이든 아볼로든 게바든, 세상이든 생명이든 죽음이든, 현재든 미래든, 모든 것이 여러분의 것입니다! 또 여러분은 메시아의 것이고, 메시아는 하나님의 것입니다.[30]

그들이 모두 메시아께 속해 있다면—바울이 그들더러 결코 잊지 말라고 말하는 것처럼, **십자가에 못 박히셨던** 메시아께 속했다면—세상 기준이 완전히 뒤집힐 것을 기대해야 한다. 특히 (바울이 고린도후서에서 펼쳐 보이게 될 논지이지만) 사도들을 더 넓은 공동체 안에서 위대한 지위에 있는 사람들이라 생각해서는 안 된다. 사도들은 개선 행진 끝머리에서 처참한 몰골로 끌려가는 포로 같다. 그들은 부끄러운 죽음을 당하러 그렇게 끌려간다. 이것이 바울이 말하는 요점의 일부지만, 동시에 이것이 능력의 원천이기도 하다.[31] 이 서신 서두는 온통 능력을 다룬다. 능력이라는 주제는 분명 바울이 고린도 생각을 할 때는 물론이요 에베소에서 다양한 종류의 능력을 상대할 때도 관심을 기울인 테마였다. 십자가에 못 박히신 메시아를 전하는 어리석은 복음이 하나님의 능력이다. 하나님의 약함이 인간의 강함보다 강하다. 바울의 설교가 일깨워 준 것처럼, 그들이 믿은 것은 인간의 지혜가 아니라 하나님의 능력이었다. 그러다가 급작스럽게, 그리고 상당히 큰 충격을 안겨 주는 위협이 등장한다. "하나님나라는 말이 아니라 능력에 있습니다." 문제가 된 이 '능력'은 바울이 자기가 가치 있고 중요한 사람이라고 "우쭐대는" 이들을 상대할 때 사용해야 할지도 모르겠다고 생각하던 능력이었다.[32] (고린도 사람들이 '우쭐댄다'는 비판은 이 서신 전체의 주요 테마다. 이는 유대교 율법과 무관하며 오로지 사람들이 으레 가지기 마련인 자랑 및 어리석음과 관련이 있었다.)

이리하여 바울은 구체적 문제를 다루기 시작한다. 여기서 문제는 근친상간을 저지른 남자다. 고린도 교회의 많은 이가 이 사람을 옹호했는데, 이유인즉 그들이 메시아 백성으로서 아주 '자유롭다'는 것을 이 사람이 보여 준다는 것이었다. 바울은 그들에게 자신이 앞서 보낸 서신을 되새겨 준다(이 서신은 현재 남아 있지 않다). 교회는 이 일을 반드시 치리해야 한다. 이들은 유월절 백성이니만큼, 어떤 도덕의 '누룩'도 그 집(교회)에 허용해서는 안 되었다.[33] 교회 안에서 벌어진 송사도 마찬가지였다. 그들은 메시아의 백성이었다. 그런 이들이기에 그들은 온 우주를 아우르는 마지막 심판 때 그 심판을 도와야 할 이들이었으며, 그러기에 그 지역에서 벌어지는 내부 분쟁은 그 지역 세속 법정을 이용하지 않고 해결할 수 있어야 했다. 바울이 갈라디아 사람들에게 썼듯이, 이것은 결국 마지막에 물려받을 유업에 관한 것이다. 하나님나라는 이미 메시아 안에서 세워졌으며 마지막에 완성될 것이다. 그 나라가 완성될 때 온 세상을 아우르는 영광스러운 유업이 메시아와 그의 백성들에게 주어지리라고 약속되었다.[34] 그러나 그 나라의 핵심은 하나님이 만물을 바로잡으시고 인류를 회복시켜 본디 인류가 가졌던 역할과 명예를 되찾아 주시며, 순전한 인간성을 썩게 하고 파괴하는 삶의 방식을 고집하는 이들은 그 나라를 유업으로 받지 못한다는 것이다. 이것은 율법주의를 임의대로 적용한 결과가 아니다. 이는 분석에서 나온 진리다.

바울은 고린도전서 7장에 들어가 성도덕과 관련된 몇 가지 근본 문제를 간략히 제시하면서, 혼인 자체를 다룬다. 바울은 여기에서도 종말을 염두에 두고 생각하라고 요구한다. 하나님은 이 세상을 완전히 다시 만들고 계신다. 그 결과, 온 세상 만물이 이전과 다른 모습을 보인다.

그가 다음에 다루는 주제는 여태까지 다룬 주제와 사뭇 다르고 아주 어려운 문제다. 이교 신전에서 희생 제물로 바친 고기를 먹어도 되는가가 그것이었다. 고린도 같은 도시에서는 이 문제가 거의 모든 판매용 고기와 관련이 있었다. 이교 신전이 푸줏간과 레스토랑의 조합 같은 기능을 훌륭히 하고 있었기 때문이다. 사람들은 희생 제물로 쓸 동물을 이런저런 신에게 올리는 제사 자리에 가져와 바친 뒤 온 가족이 그 고기를 먹었다. 남은 고기는 시장에 내다 팔았을 것이다. 고린도 같은 성읍에 있던 몇몇 큰 유대인 공동체는 그들만이 이용하던 코셰르 푸줏간이 있었지만, 유대인은 그냥 고기를 피하는 경우가 많았다. 피와 관련된 음식법 때문이기도 했지만, 이교 예배 및 그 예배에 따르는 모든 것을 피하고자 함이었다.

이곳이 바로 사도행전 15장에 나오는 예루살렘 교회 지도자들의 서신이 그 가치를 발휘했을 법한 곳이다. 바울은 그 서신이 다루는 문제가 부도덕한 성생활임을 재차 강조했다. 거기에는 다른 의견을 배려할 여지가 없었으며 '관용'의 원리가 적용되지 않았다. 그러나 우리가 우상을 섬기는 신전과 거기서 희생 제물로 바친 고기를 다룬 고린도전서 8-10장에서 보는 내용은 목회에서 부닥치는 난제를 정교하고도 섬세하게 다룬 것이다. 이 난제는 바울이 '강한' 자와 '약한' 자라 부르는 이들이 각기 다르게 제시하는 두 의견을 다루는 일과 관련이 있었다. 이 '강한' 자와 '약한' 자는 바울이 만든 전문 용어다. '강한' 양심을 가진 자는 바울처럼 우상이 존재하지 않음을 아는 사람이어서 자기에게 제공된 고기를 거리낌 없이 먹는다. '약한' 자는 과거에 실제로 우상에게 예배하며 우상에게 제물로 바친 고기를 먹음으로 신의 생명에 참여한다고 상상하던 삶을 살았기 때문에, 지금도 고기와 접촉할 때면 우상 숭배와 그에 따르는 모든 것이 횡행하는 어두운 세계로 끌려 들어가는 것 같다고 느낄 수밖에 없는 이들이다.

이 문제는 바울에게서 어떤 근본적 신학 원리, 그리고 그가 자신의 소명을 어떻게 이해했는지를 일러 주는 주목할 만한 진술을 끌어낸다. 이 둘은 모두 바울이 생각했던 그 자신 그리고 그를 그가 되게 만든 것에 어떤 최종 평가의 핵심에 자리할 수밖에 없는 것들이다.

그 신학 원리는 탄탄한 **창조 유일신론**creational monotheism이다. 우상은 실제 존재하지 않는다. 위대한 기도 **쉐마**가 선언하듯이, 하나님은 한 분이시다. 바울은 고린도와 다른 모든 곳에 '많은 신, 많은 주'가 있음을 알아도 아주 잘 알지만, 그가 새로 만들어 낸 새 **쉐마**는 그 모든 것을 능가한다. 우리가 보았듯이, 이것이 바로 고린도에 있던 유대인 공동체가 갈리오에게 청원하면서 반대 의사를 표시했던 기도였을지도 모른다. 그렇지 않다면, 그 기도는 필시 이 기도와 비슷한 또 다른 기도였으리라. 이 기도는 그의 마음속에 늘 머물렀고 날마다 그의 입에 있었다. 이제 바울은 한 분 하나님**에 관하여** 이야기하기를 원하던 다른 때처럼, 이 하나님을 부르며 기도함으로써 이 하나님에 관하여 이야기하고 그분의 나라를 향한 자신의 충성을 선언하기를 좋아한다.

우리에게는 한 분 하나님, 아버지가 계시니,
그분에게서 만물이 비롯되고, 우리는 그분을 향해 또 그분을 위해 삽니다.
또 한 분이신 주 메시아 예수가 계시니,
그분을 통하여 만물이 존재하고, 그분을 통하여 우리가 삽니다.[35]

이 번역은 좀 딱딱하지만, 더 길게 다른 말로 바꿔 번역한 문장도 바울이 **쉐마**("들으라, 이스라엘아. 주님은 우리 하나님, 주님은 한 분이시니")를 차용하여 '주'를 예수를 가리키는 말로 만들고 '하나님'을 '아버지'를 가리키는 말로 만든 독특한 방식을 제시하지는 못한다. 이 기도는 풍성한 신학을 간결하게 압축한 형태로 담고 있지만, 바울이 여기서 이 기도를 인용하는 목적은 창조 유일신론이 현실에서 만들어 내는 결과를 강조하려 함이다. 한 분 하나님이 만물을 지으셨으니, 만물을 감사함으로 받는다면 거부할 것이 하나도 없다. 바울은 이 긴 논의의 끝부분에서 같은 취지를 다시 이야기하면서, 이번에는 시편 24:1을 인용하여 "땅과 그 안에 가득한 것들은 주의 것입니다"[36]라고 말한다. 이것은 단순히 화용론("사람들이 우상에게 바친 고기를 그만 먹게 하는 일은 힘들 것이다")이 아니다. 이는 유대교에서 기초 중의 기초라 할 신학적 강조점, 곧 "만물의 창조주이신 한 분 하나님이 계신다"는 강조점에 그 뿌리를 두고 있다.

물론 이런 점을 강조함은 오히려 이교 신전 안에서 목격하지 못한 고기라 할지라도 이미 다양한 종류의 고기를 금지 음식으로 규정했던 유대교 율법을 근간부터 무너뜨린다. 이야말로 바울이 제시하는 주장의 역설 중 일부이며, 어쩌면 예루살렘 교회는 이런 역설을 완전히 이해하지 못했을지도 모른다. (바울의 그런 입장은 예루살렘 교회가 예루살렘 공의회 뒤에 보낸 서신과 분명 들어맞지 않았다.) 여기서 바울이 제시하는 논지의 중심 부분인 9장은 그가 사도로서 '자유'—혼인할 자유, 그가 하는 일에 따른 대가를 받을 자유 등—를 누린다는 사실을 강조하면서도, 복음을 위해 이런 자유를 쓰지 않기로 결단했음을 강조한다. 특히 이 결단이 담고 있는 몇몇 의미는 일부 사람들에게 큰 충격을 준다.

나는 참으로 모든 사람에게서 자유롭습니다. 그러나 나는 조금이라도 더 많은 사람을 얻으려고 스스로 모든 사람의 종이 되었습니다. 나는 유대인을 얻으려고 유대인에게는 유대인처럼 되었습니다. 나 자신은 율법 아래 있지 않은데도, 율법 아래 있는 사람들을 얻으려고 율법 아래 있는 사람들에게는 율법 아래 있는 사람처럼 되었습니다. (나는 하나님 앞에서 율법 없는 사람이 아니라 메시아의 율법 아래 있는데도) 율법 없는 사람들을 얻으려고 율법 없는 사람들에게는 율법 없는 사람처럼 되었습니다. 나는 약한 사람들을 얻으려고 약한 사람들에게는 약한 사람이 되었습니다. 나는 어떻게 해서든 몇 사람이라도 구원하려고 모든 사람에게 모든 것이 되었습니다. 나는 복음 때문에 이 모든 일을 하고 있습니다. 그것은 내가 복음의 유익에 참여하기 위함입니다.[37]

바울은, 현대 문화 속에서 살아가는 우리와 달리 '정체'라는 개념에 집착하지 않았다. 그러나 만일 그가 자신의 정체가 무엇이냐는 질문을 받았다면, 이 본문으로 예리한 답을 제시하는 셈이다. 바울의 이 말을 들으니, 우리 입에서는 이런 말이 튀어나오려 한다. "'내가 유대인**처럼** 되었다? 아니, 이봐요, 바울, 그게 무슨 말이요? 당신은 유대인**이오**." 이 말을 들은 그는 이렇게 대답한다. "그런 뜻이 아니오. 그건 내가 '율법 아래' 있지 않다는 말이오." 만일 그가 율법 아래 있다면, 시편 24:1을 모든 음식을 이제 용납할 수 있다는 의미로 인용할 수 없었으리라. 그는 다른 정체, **메시아의** 사람이라는 정체를 갖고 있다. 그는 "메시아의 율법 아래" 있으며 "메시아 안에" 있다. 그가 갈라디아서의 절정을 이루는 본문에서 말하듯이 메시아의 백성은 **죽었다**. 이들은 옛 정체를 뒤에 버려두고 새 정체로, 메시아의 사람이라는 정체로 들어갔다.[38] 이것이 바로 복음이 "유대인에게 걸림돌"이 된 이유 가운데 하나였다. 하지만 그럼에도 이 새 정체 역시 깊이깊이 뿌리 내린 유대인의 세계관 속에서만, 그리고 이제는 메시아를 염두에 둔 세계관 속에서만 의미가 있다. 그에게 부여된 특별한 책임을 짊어진 바울은 이제 메시아의 사람이라는 그 정체를 훼손하지 않고도 온갖 부류의 삶들과 어울려 살아가면서 그들과 함께하는 동안에 그들의 관습을 공유할 수 있는 사람이 되었다.

이는 필시 바울이 유대인 친구들과 함께 식사하면(또는 이 친구들을 식사에 초대하여 그들과 함께 식사할 때면) 코셰르 음식을 먹을 것이며 언제나 그렇게 하리라는 것을 의미한다. 그리고 그런 의미일 수밖에 없다. 그러면서도 그가 한 말은 필시 바울이 유대인이 아닌 벗과 함께 식사하면, 그 벗이 자기 앞에 무슨 음식을 놓아두든 그 음식을 다 먹으리라는 뜻이기도 하다. 이 역시 그런 의미일 수밖에 없다.[39] 그렇다면 관건은 '양심'이다. 바울의 양심이 아니라, 우상에게 바친 고기를 먹음으로 말미암아 상처를 입을 수도 있는, 다시 우상 숭배로 되돌아갈 수도 있는 다른 누군가의 양심이 문제다.

이는 분명 예루살렘 공의회 후에 보낸 사도 서신이 묘사한 것보다 따라가기가 훨씬 어려운 길이었으리라. 예루살렘 교회 지도자들이 보낸 서신은 그냥 관련된 음식을 모두 먹지 말라고 했다. 그러나 바울은 이런 금지 조치가 불필요할 뿐 아니라 유대인이 갖고 있던 믿음 자체의 근본 원리를 훼손한다고 본다. 일부 사람들은 분명 바울 자신이 현실에 맞게 내놓은 해결책을 앞뒤가 맞지 않는 차원을 넘어 사악하다고 보았을 것이다. 예를 들어, 고린도에 이런 유대인 가정이 있었다고 생각해 보자. 그 가정이 바울과 함께 식사하고 바울이 유대교의 모든 관습을 지킬 수 있도록 배려해 주었건만, 바로 그 주에 바울이 어떤 이방인 집에서 식사하면서 그 이방인들이 먹는 것을 함께 먹는 모습을 보았다고 생각해 보라. 어쩌면 반대편(그 이방인 가정)에서도 놀라지 않았을까 하는 생각을 해볼 수도 있지만, 그 이방인 가정은 그냥 어깨를 한번 으쓱하면서 식사한번 같이한 게 뭔 별일이냐고 생각했을 가능성이 아주 높다. 그러나 다시 말해 두지만, 바울은 이 서신을 쓰면서 **고린도 사람들에게 메시아 백성으로서 생각하라고 가르친다.** 그는 지금 이스라엘의 성경이라는 기초 위에 집을 지으면서, 그 성경을 십자가에 못 박히셨다가 부활하신 메시아 바로 그분에 비춰 아주 새롭게 해석한다.

따라서 이 서신(고린도전서)은 강력한 결론을 향해 나아간다. 11장은 가정에서 식사하는 문제 곧 주의 만찬 또는 성찬을 다룬다. 12장은 사귐(공동체) 내부의 통일성 문제 그리고 영이 '메시아의 몸'

을 구성하는 각 지체에게 모든 이를 이롭게 하는 데 사용하게끔 각기 다른 선물(은사)을 어떻게 주시는가 하는 문제를 다룬다. 14장은 이를 교회가 한 몸으로 드리는 예배에 적용한다. 힘찬 교향곡의 부드러운 중간 악장처럼 12장과 14장 사이에 들어 있는 13장은 바울이 사랑*agapē*을 절묘하고 정교하게 읊은 시다. 여기서 바울은 고린도 사람들에게 그저 '윤리'를 가르치는 데 그치지 않고, 더 나아가 **종말을 염두에 두고 생각할 것**을 가르친다.

> 알다시피, 우리는 부분적으로 알고,
> 부분적으로 예언합니다.
> 그러나 완전한 것이 오면,
> 부분적인 것은 폐지됩니다.
> 어린아이였을 때, 나는 어린아이처럼 말하고 생각하고 판단했습니다.
> 성장해서는, 나는 어린아이 같은 방식을 내던졌습니다.
> 지금 우리가 보는 것은
> 거울에 비친 어른거리는 반영이지만,
> 그때는 얼굴과 얼굴을 마주할 것입니다.
> 지금은 내가 부분적으로 알지만,
> 그러나 하나님께서 나를 완전하게 아시듯,
> 그때는 완전하게 속속들이 알 것입니다. 그러므로 이제
> 믿음, 희망, 사랑 이 셋이 남는데, 그중에
> 사랑이 으뜸입니다.[40]

사랑은 단순히 의무가 아니다. 바울이 말하는 핵심은 사랑이 신자의 **운명**이라는 것이다. 그것이 하나님의 미래에 속한 실상이다. 지금은 뭐가 뭔지 알 수 없는 반영처럼 흐릿하게 보이지만, 얼굴과 얼굴을 마주한 채 완전한 실상을 보게 미래가 저편에서 기다린다. 중요한 점은 이 미래가 예수와 관련된 사건 그리고 영의 능력을 통해 **현재라는 시간 속으로 미리 앞당겨 들어왔다**는 것이다. 바울이 사랑을 중요시하는 이유는 그 때문이다. 그는 심지어 많은 이가 그의 중심 테마로 여기는 '믿음'보다 사랑을 중요시한다. 사랑은 현재의 미덕이지만, 신자는 이 미덕 안에서 다가오는 마지막 시대의 삶을 내다보고 그 삶을 실제로 체험한다.

이 서신에서 마지막으로 신학을 다룬 장, 몸의 부활을 다룬 15장이 바로 그 자리에 온 것도 그 때문이다. 15장은 앞서 논한 내용과 무관한 별개의 주제를 다루는 이 서신 마지막 부분에 임시로 갖다 붙인 논의가 아니다. 15장이 모든 것의 중심이다. 바울은 이렇게 선언한다. "메시아께서 일으켜지지 않았다면, 여러분의 믿음은 무의미하고, 여러분은 아직도 죄 가운데 있을 것입니다."[41] 바울은 이것이 그들을 규정하는 정체의 핵심에 있지 않다면 그들의 믿음은 헛것이요 "아무 쓸모가 없다"고 말한다(여기서 바울은 자신이 늘 표현하는 염려를 이제 고린도 사람들에게 던지는 도전이라는 틀로 짜서 제시한다). 그러나 그렇지 않다. 예수의 부활은 새 세계가 열렸으며, 그 결과 "주 안에서 여러분이 하는 수고가 헛되지 않을 것"임을 의미한다.[42] 부활은 우리가 살아간 삶과 행한 일이 "헛되지" 않은가를 묻는 하나 마나 한 질문에 대한 궁극의 대답이다.

우리는 이것에서 바울의 모든 공적 이력의 뿌리를 발견한다. 부활을 다룬 장은 단순히 이 서신 전체의 바탕을 이루는 논리를 전개한 장만이 아니다. 부활은 바울이 믿었던 모든 것의 기초다. 부활이야말로 그가 사도가 된 첫 번째 이유다. 메시아의 부활이 메시아를 온 세상의 참된 주요, 이미 온 세상의 정당한 통치자로 세웠다. 이제 "'그분이 모든 원수를 자기 발아래 두실 때'까지, 그분이 계속 다스리셔야 합니다."[43] 죄와 죽음을 앞세워 이 세상에 손상을 입힘으로써 결국 이 세상에서 하나님의 형상을 지닌 존재로 여겨져 왔던 인간에게도 손상을 입힌 어둠의 권세들은 **이미** 메시아에게 패배했다. 죽음 자체가 격파당하면, 이 승리는 **마침내 완성될 것이다**. 바울은 메시아의 사람으로 존재하게(살아가게) 된다는 것을─예수와 영(성령)에서 절정에 이른 위대한 성경 이야기 안에서 살아가게 된다는 것을─철두철미하게 변화된 생각과 마음, 변화된 상상과 이해를 가진다는 의미로 받아들였다. 그리해야 '이미 그러나 아직'인 이 세상 속에서 살아가는 게 의미가 있었다.

이곳이 살아가기에 가장 편한 곳은 아니었지만 그래도 분명 가장 즐거운 곳 가운데 하나였다. 메시아는 **이미 부활하셨다**. 메시아의 모든 백성도 메시아가 "왕으로 오실 때" **부활할 것이다**.[44] 그리스도인의 삶과 사랑과 기도와 기념과 고난, 그리고 특히 사도 사역은 사회에서 누리는 특권이나 기지 넘치는 수사와 아무 관련이 없다. 이것들은 모두 방금 말한 종말론의 틀 안에서만 의미를 가질 뿐이다. 그것이 바로 바울이 고린도 사람들에게 말하고 싶었던 요지였다. 바울은 에베소에 앉아, 복음이 이 집 저 집, 이 가게 저 가게로 들어가 역사하는 모습을 지켜보고, 이 세상의 권세들에 맞서면서, 마술사들이 마술 책을 불태우는 모습을 보았다. 그러기에 그는 자신 있게 말할 수 있었다. 이것이 미래요, 그 미래가 지금 역사하고 있다고. 그들이 지금 하나님의 신세계 안에서 행하는 일은 결코 헛된 일이 아니다.

바울은 끝부분의 인사말을 통해 새 계획을 일러 준다(그러나 바울은 그가 이미 이 주제를 갈라디아 교회들에 이야기했음을 시사한다. 아마도 사도행전 18:23이 간략히 묘사하는 여행 때 그리한 것 같다). 그는 예루살렘 교회가 아주 빈궁해졌음을 알고, 예루살렘이 그토록 의심한 교회들—이방인이 할례를 받지 않고도 교회의 완전한 지체가 되게 허용한 공동체들—이 힘을 모아 예루살렘에 실제로 오랫동안 재정 지원을 한다면 어떤 결과가 벌어질지 상상해 보았다. 이런 일을 하려면 조직 구성이 필요했을 것이다. 그러나 바울은 분명 이 일을 메시아의 백성이 하나임을 보여 주는 표지이자 이 백성을 하나로 만들어 줄 방법이라고 보았다. 시간이 흘러갈수록 이 일은 그에게 점점 더 중요한 사안이 되었다. 이 때문에 그는 나름대로 계획을 세웠다. 그는 그리스 북부를 두루 여행한 뒤, 고린도 사람들과 상당한 시간을 보내고자 했다. 그렇게 계획한 것은 다 이유가 있었고 의미가 있었다.

모든 일이 엉망이 될 때까지는.

우리는 바울이 고린도후서 2:1에서 말하는 추가 방문(그가 말하기를, "나는 여러분이 또 한 번 가슴 아픈 방문을 겪게 하지 않기로 마음먹었습니다")이 정확히 언제 있었는지 모른다. 그는 약 2년 반 동안 에베소에 머물렀는데, 십중팔구 53년부터 56년까지 머물렀을 것이다. 이 방문은 그 시기 초에, 그러니까 고린도전서를 쓴 뒤에 있었을 것이다. 우리는 이 방문 때 정확히 무슨 일이 일어났는지도 모른다. 바울이 고린도전서 16:5-7에서 그려 보인 계획을 보면, 에베소를 떠나 그리스 북부로 갔다가 고린도로 내려간 뒤 재차 계속 이동하려 했었지만, 어쨌든 어느 시점에 이르러 이런 생각을 바꾸었다. 나중에 그는 다른 생각을 갖게 되었다. 그는 배를 타고 에베소에서 고린도로 건너갔다가 북으로 가서 마케도니아를 방문한 다음, 다시 마케도니아에서 고린도로 돌아와 고린도 사람들의 전송을 받으며 예루살렘으로 가고자 했다.[45] 그러나 그가 고린도에 이르렀을 때, 무슨 일이 일어났다. 그 일이 무슨 일인지 우리는 모른다.

어떤 이들은 고린도 교회의 하나 혹은 더 많은 지체나 지도자가 바울 면전에서 대놓고 반기를 들었을 것이라고 추측했다. 어쩌면 모욕과 조롱도 함께 퍼부었을 것이다. 또 다른 이들은 바울이 계획했던 연보를 거두던 초기 단계에 규칙에서 벗어난 재정 문제가 있었으며, 바울이 이를 두고 잘못한 이들을 비판하자 그들이 도리어 모든 행위를 부인했으리라고 추측했다. 이뿐 아니라 당연히 다른 문제들이 있었을 것이며, 어쩌면 바울이 바로잡으려 했으나 거부당했던 도덕상의 잘못이나 일탈이 있었을지도 모른다. (고린도후서 2:7-8은 "가슴 아프게 한" 범죄자를 언급하는데, 이는 고린도전서 5장에 나오는 근친상간한 자를 가리킬 수도 있지만, 두 장면은 들어맞지 않는다. 고린도 교회에서 벌어진 부도덕한 행위나 부적절한 행위는 이것만이 아니었으리라고 추측하는 것이 타당하다.)

고린도의 일부 사람들은 바울을 신뢰할 수 없으며, 자기 마음도 정하지 못하는 바보처럼 날마다 계획이 달라지는 인간이라고 선언했던 것 같다.[46]

바울은, 자신이 사도로서 가진 능력을 여느 때처럼 행사했는데도 그것이 자신을 곤경에 빠뜨린 것처럼 보이자 충격을 받고 당황하며 낙담했다. 이번에 바울은, 이전에 바보(파포스)에서 마술사를 상대할 때나 빌립보에서 노예 소녀를 상대할 때와 달리 이 문제와 문제를 일으킨 사람들을 그냥 담담하게 상대하지 못했다. 왜 그랬을까? 그의 능력에, 그가 고린도전서 4장에서 자랑했던 능력에 대체 무슨 일이 일어났던 걸까? 그는 마케도니아까지 내쳐 가려던 계획을 포기했다. 그는 맥이 풀린 채 에베소로 돌아왔다. 우리는 에게해를 건너 돌아오는 배 안에서 갑판을 이리저리 왔다 갔다 하다가 섬들을 응시한 채 자신에게, 하나님에게, 자신이 사랑하는 주께 대체 어디서 이 모든 일이 꼬인 거냐고 묻는 바울을 상상해 본다. 대체 그 능력에 무슨 일이 일어난 걸까? 고린도에 있던 그의 사람들이 그에게 등을 돌리고 있었다면, 굳이 에베소에서 자신을 과시하며 자신의 이름을 드러낸 목적은 무엇이었을까?

에베소로 돌아오는 일도 역시 쉽지 않았을 것이다. 바울의 기분은 이전과 아주 달랐다. 그는 그가 사랑하는 고린도 사람들이 그를 대하는 태도에 정신이 멍해지고 속이 뒤집혔다. 그는 고린도 사람들에게 '고통스러운 서신'을 서신을 써 보낸다. 고린도전서 5장이 언급하는 첫 서신처럼, 이 고통스러운 서신도 남아 있지 않다. 바울은 그 서신을 디도에게 주어 그를 고린도로 보내면서, 진전된 결과를 기다렸다.

이런 때가 목회자에게 괴로운 때다. 이전에 미국에서 강연할 때였다. 하필 강연 주제도 고린도후서였다. 그때 내가 섬기고 있던 공동체 지체들이 내가 없는 동안에 일어난 한 도덕적인 문제로 말미암아 깊은 혼란에 빠졌다는 전갈을 들었다. 전화도 있는 세상이건만(그때는 이메일이 없었다), 사태를 바로잡는 일을 시작할 수가 없었다. 여러분이 그런 상황에 있더라도 그저 기도하며 고통을 겪을 수밖에 없다. 성령이 역사하시기를 바라며 이전보다 더 기도하고 참으며 기다릴 수밖에 없다. 바울이 사도로 내내 일하면서 그 앞에 놓인 모든 일을 오로지 빛나는 영광 가운데서 척척 해 나갔으리라고 추측하는 사람은 고린도후서를 도저히 공부할 수 없으며 백날 공부해 봤자 아무 소용이 없다.

바울의 대적이 바울을 친, 쳐도 세게 친 때가 바로 이때였다. 나는 앞서 내가 바울이 에베소에서 옥고를 치렀다고 확신하는 이유를 설명했다. 일부 사람들은 이런 일이 적어도 두 번 있었다고 주장했다. 우리는 바울이 옥고를 치른 이유였을 법한 일이 무엇인지 충분

히 추측할 수 있을 만큼 여기저기서 바울에게 일어난 온갖 일을 잘 안다. 빌립보에서는 바울의 축귀가, 귀신 들린 이를 이용해 돈을 챙기던 사업주들의 귀신놀음을 망쳐 놓았다. 사업주들은 바울이 로마인에게 불법인 유대 관습을 가르친다고 고발했다. 다시 말해, 경제적 손실을 동반한 영적 싸움에 정치적 함의를 함께 지닌 종교 문제라는 틀을 씌웠던 셈이다. 바울은 데살로니가에서 '또 다른 왕'이 있다고 말하며 세상을 뒤집으려 한다는 죄목으로 고발당했다. 이곳이든 저곳이든, 십자가에 못 박히신 메시아에—그리고 어쩌면 메시아가 이제 할례 받지 않은 비유대인도 반가이 맞아 주신다는 가르침에도—느끼는 유대인의 경악과 공포가 바울을 향한 반대를 낳았으며, 이 반대는 때로 유대인을 딱히 좋게 여기지도 않았던 데다 바울을 그 지역의 사회와 문화에 위협을 끼치는 인물로 보았던 해당 지역 비유대인의 적대감으로 말미암아 확대되기도 했다. 다시 말해, 때로는 이교도들이 바울을 위험한 유대인으로 보는 바람에 반대가 일어나기도 했으며, 때로는 유대인이 바울을 이교 신앙으로 장난질하는 사람이라 여기는 바람에 반대가 생기기도 했다. 이런 아이러니는 분명 바울에게 영향을 주었고, 그가 폭력에 부닥칠 때는 이런 아이러니가 그의 상황을 어렵게 만들기도 했다.

이제 사태는 에베소에서 중대 국면에 이른다. 사태의 양상은 새로운 게 없었을 것이다. 우리가 앞서 보았듯이, 이 도시는 황제를 숭배하는 데 쓰려고 지은 훌륭한 새 건물을 자랑했지만, 이 지역은 오랫동안 아르테미스 여신을 섬겨 온 곳으로 온 세상에서 두루 이

바울 평전

름을 얻고 있었다. 특히 이 도시의 아르테미스 여신 숭배는, 일부 사람들의 주장처럼 제우스가 몸소 하늘에서 선물로 내려보냈다는 장려壯麗한 여신상에 초점을 맞추고 있었다. 이 여신상은 거대한 아르테미스 신전에서 그 모습을 과시하고 있었으며, 오직 여성만 참여하여 여신에게 올리는 제사는 에베소는 물론이요 에베소 바깥 지역까지 상당한 영향력을 미쳤다. 아르테미스는 풍요와 다산의 여신이었으며, 많은 젖가슴이 있는 여신 은상銀像은 그 자체가 명물이었다. (이 여신 은상은 지금도 있다. 내가 최근 에베소에 갔을 때 그 지역 관광 상품 가게에는 이런 여신상이 가득했다.)

그러나 고대 시민은 오늘날 관광객이 기념품으로 여기는 것을 예배 대상으로 여겼다. 사람들은 이 은신상을 그들의 집에, 그 신상을 모실 자그마한 신당神堂에 모시면서 이 여신이 그들과 함께 있으며 그들의 가족과 밭, 그들의 사업과 가축에 복을 주리라고 확신했다. 그들은 여신에게 기도했으며, 들어오고 나갈 때면 여신에게 인사했다. 여신 앞에 싱싱한 꽃을 놓아두었고, 어쩌면 초도 한둘 켜 놓았을지 모른다. 여신이 그들을 보살펴 주었다. 이 때문에 에베소 지역의 은세공장인 협회도 빌립보의 노예 소유자들과 똑같이, 아니 어쩌면 훨씬 더 바울을 골칫덩어리라 여겼다. 빌립보에서 바울은 그저 한 노예 소녀에게서 귀신을 쫓아냈을 뿐이었다. 에베소에서 바울은 그저 이 위대한 여신 자체를 비판하면서, 사람들에게 "손으로 만든 신은 신이 아니"라고 말하고 있었다.[47] 마술사들이 자신들의 책을 불태운 마당에 은으로 만든 아르테미스 신당에서 이루어지던 지역 상거래가 침체에 빠진 건 당연한 일이었다.

데살로니가 및 아테네처럼 여기에서도 가장 큰 충격을 준 바울의 메시지는 "어떻게 구원을 받을 것인가"도 아니요 "메시아가 너희 죄 때문에 죽었다"도 아니었다. 전자는 분명 바울이 전한 메시지의 일부였으며 후자도 바울이 전한 메시지에서 늘 중심 자리에 있었지만, 가장 큰 충격을 준 것은 이것들이 아니었다. 메시아라는 분에 관한 선포 자체는 한 분 하나님이라는 더 큰 그림 안에서만 의미가 있었다. 그 선포는 본질상 살아 계신 신을 알리는 소식으로 가짜 신들이 가득한 세계에 도전하는 유대교의 메시지였다.

데메드리오라는 이가 이끄는 은세공장인들은 시민들의 자부심을 부추겼다. "이 사람은 대체 자기가 누구라고 생각하는 겁니까? 자기가 뭔데 여기 와서 우리더러 우리가 섬기는 위대한 여신은 존재하지 않는다는 말을 하는 겁니까?" 신학적 선언은 에베소 경제에 문제를 불러일으켰고, 사람들은 이를 시민들을 모욕한 것으로 해석했다. 은세공장인들이 자기들의 구호를 외치기 시작하자, 곧이어 온 도시가 이 구호를 따라 외치기 시작했다. "에베소 사람의 아르테미스는 위대하다! 에베소 사람의 아르테미스는 위대하다!"[48] 폭동이 터졌다. 군중이 거대한 원형극장 안으로 밀고 들어갔다. 이들이 질러 대는 소리는 외침을 증폭시켰을 것이다. 축구장에 모인 엄청난 관중이 심판이 잘못 준 페널티킥에 격분하여 일제히 박자를 맞춰 고함을 질러 대는데, 이 소리가 점점 더 커져 갔다고 상상해 보라. 이곳은 누가가 아주 크게 설정한 장면 가운데 하

바울 평전

나다. 이런 장면은 영화에 딱 어울리는 모습인데, 우리는 바울의 진가를 제대로 판단해 줄 감독을 아직 기다리고 있다. 당신이 5만 남짓 되는 이 무리 속에 섞여 한목소리로 소리를 질러 대며 그에 맞는 몸짓까지 해댄다면, 웃음이 나왔을 수도 있겠다. 그러나 이 많은 군중이 겨냥하는 사람이 바로 당신이라면, 웃음이 싹 사라질 것이다.

이 모든 사람이 겨냥한 인물이었던 바울은 직접 그 자리에 들어가 (당연히) 사람들에게 이야기하려고 했다. 슬픔과 근심만 안겨 준 고린도 방문을 마친 뒤, 큰 파도처럼 밀려든 아드레날린이 그에게 강력한 용기를 불어넣었을지도 모른다. 그러나 바울을 다정히 대했던 그 지역 일부 행정관은 전갈을 보내, 극장 안으로 들어가는 무모한 일을 하지 말라고 말렸으며, 바울의 벗들도 온갖 방법을 동원하여 그가 거기에 들어가지 못하게 했다. (뱃사람들이 오디세우스에게 했던 것처럼 바울을 꽁꽁 묶어 놓았을까? 아니면 바울을 바울 자신의 작업장에 가두고 문을 잠가 버렸을까? 그는 어떻게 이 좌절을 극복했을까? 설교자요 아테네에서 노련한 수사가들에게 일장 강연을 했던 사람, 빌립보에서는 그 지역 행정관들에게 그들이 책임을 지지 않고도 바울을 옥에서 꺼내 줄 수 있는 특권을 활용하여 할 수 있는 일이 무엇인가를 일러 주었던 그 사람이 바로 바울 아니었던가?) 군중은 바울의 친구 두 사람, 곧 마케도니아 사람 가이오와 아리스다고를 겨우 붙잡았다. 두 친구는 분명 자신들의 마지막이 다가왔다고 생각했을 것이다. 어쩌면 폭도들에게 짓밟히는 것이 그들이 기대했을 가장 관대한 운명이었을지도 모른다.

그러다가 문제 전체의 초점을 예리하게 드러내 주는 중대한 순간이 다가온다. 신학적 도전, 경제적 문제, 상처받은 시민의 자부심이 한데 뒤엉켜 쏟아지더니, 순식간에 다른 민족을 향한 편견이 그 추한 본색을 드러냈다. "그놈은 유대인이다!" 한 유대인 무리가 알렉산더라는 이를 대표로 내세웠다. 아마도 이 사람은 군중에게 그 지역 유대인 공동체는 바울과 바울의 친구들이라는 이 이단과 아무 상관이 없음을 설명하고 싶었을 것이다. 이것이 그의 의도였다면, 이는 역효과를 낳았다. 폭도들은 이 사람도 유대인임을 눈치챈다. 수군거리는 소리가 군중 사이에 떠돈다. 그러자 군중이 외치는 소리는 오히려 더 커져, 두 시간 내내 계속되었다. "에베소 사람의 아르테미스는 위대하다!" 영어로도 이 외침이 울려 퍼지는 장면을 어렵지 않게 상상해 볼 수 있지만, 이 외침을 그리스어로 다시 바꿔 보면, 리듬이 살아나는 외침을 생생히 느낄 수 있다. **메갈레 헤 아르테미스 에페시온!** *Megalē bē Artemis Ephesiōn* **메갈레 헤 아르테미스 에페시온!** 수만이나 되는 군중이 한데 모여 첫 음절부터 한 음절 한 음절 강조하며 큰 소리로 외치면서 그 외침에 맞춰 허공을 향해 주먹을 내지르는 모습을 상상해 보라.

우리는 저 자리에 들어가려다 친구들에게 제지당한 채 저 외침을 듣고 있는 바울을 상상해 본다. 그는 물론 기도하고 있었을 것이다. 만일 여러분이 옥에 갇혀서도 한밤중에 찬송을 부르는 사람과 같은 부류의 사람이라면, 귀청이 터질 정도로 소리를 질러 대는 폭동이 눈앞에 닥친 상황에서도, 특히 그 모든 일이 여러분 때

바울 평전

문에 일어났을 때도 역시 옥에서 한밤중에 찬송하던 그 사람처럼 계속하여 기도할 것이다. 급격히 치솟던 흥분이 가라앉자, 바울은 이전보다 녹초가 되었다. **그 모든 일이 허사였단 말인가?** 한 분 하나님과 그 아들을 전한 메시지는 이후에도 영원히 유대인의 한 하위 그룹, 곧 메시아 예수를 따르는 이들만 특별히 받아들인 소소한 선택으로 남을 것인가? 그가 친구들을 겨우겨우 따돌리고 마침내 극장 안으로 들어가 엄청난 군중에게 연설을 하게 되었다고 상상해 보라. 그 일을 잘해 낼 수 있었을까? 그때 그 자리에 필요한 말을 찾아냈을까? 영이 그에게 능력을 부어 주셨을까? 참된 주이신 예수를 신선하고도 명확하게 이야기할 수 있었을까? 그가 근래 고린도를 방문할 때는 그런 일이 일어나지 않았었다. 여기에서도 그런 일이 일어나지 않는다면? 그런 일이 다시 일어나지 않았다면? 늘 하고 또 하는 질문이지만, **그 모든 일이 말짱 헛일이었는가?**

누가는 이 모든 일의 의미를 축소하려고 최선을 다한다. 그는 군중 대다수가 우선 자신들이 왜 모였는지 이유조차 몰랐다고 말한다. 어쨌든 그 지역 행정관은 겨우겨우 사태를 진정시켰다. 어쩌면 그렇게 진정시킨 것 자체가 놀라운 일이었을지도 모르겠다. 아마도 두 시간이나 지났으니 군중도 잠시 쉬려 했는지 모르겠다. 이 행정관은 누가의 기사에 등장하는 다른 행정관과 그 지역 관리들과 더불어 대체로 이 사도행전 저자가 독자에게 알리고자 하는 내용을 이야기한다. 난동이 일어났지만, 사실 바울과 그의 동료들은 어떤 법률도 어기지 않았다는 것이 그 내용이다. 만일 바울과 그 동료들이 법을 어겼다면, 사람들은 이들을 법대로 고발할 수 있었으리라. 누가는 분명 바울 일행을 고발하는 일이 말처럼 쉽지 않음을 알았을 것이다. 로마 속주의 입법도 미친 폭풍처럼 몰아친 경제적 몰락, 종교적 도전, 시민의 자부심, 그리고 다른 민족을 향한 편견까지 법 안에 담아낼 수는 없었다.

나는 누가가 아무것도 아닌 일로 벌어진 소란쯤으로 해석할 수 있는 일을 폭동으로 부각시킨 것은 이 일이 사람들에게 잘 알려져 사람들이 이 일을 물어보았기 때문이 아닌지("듣자 하니, 그 사람 때문에 에베소에서 폭동이 일어났다며? 왜 하필 에베소에서 그런 난리를 일으켰대?), 이 다음에 일어날 일에서 사람들의 이목을 돌려놓으려 했기 때문이 아닌지 의심한다. 이곳이 평전 작가가 컴컴한 터널로 들어가는 곳이다. 활기찬 고린도전서의 바울과 산산이 부서지고 두들겨 맞은 고린도후서의 바울 사이에 놓인 터널로, 자신이 살아 있는 동안에 예수가 다시 오시리라고 믿는 바울과 그 영광스러운 순간이 오기 전에 죽으리라 예상하는 바울 사이에 놓인 터널로. 아직 어떤 판결도 선고되지 않았지만, 바울은 바로 그 밤에 자신의 내면 깊숙한 곳에서 사형 선고를 들었다. 우리는 이때 정확히 무슨 일이 일어났는지 모른다. 그러나 그는 이제 목숨 자체를 포기한 지점에 이르렀다.

그렇다면 무슨 일이 일어났을까? 빌립보에서 일어난 문제와 몇 가지 유사점이 있다. 하지만 빌립보에서 발생한 문제는 그래도 수월했다. 그때 바울은 하룻밤 옥고를 치른 뒤, 자신이 로마 시민인

데도 아무 죄도 없이 재판도 받지 못한 채 두들겨 맞고 옥에 갇혔다고 지적했었다. 이번에는 그때보다 사안이 복잡했던 것 같다. 어쩌면 그는 '로마 시민권'이라는 카드를 다시 활용하는 것이 현명하지 못할 수도 있다고 판단했던 것 같다. 죄목 자체가 그를 제거하기에 충분치 않을 수도 있었다. 때문에 그는 적대감이라는 물결이 맘껏 활개 치도록 내버려 두었다.

요컨대, 은세공장인 데메드리오가 실패했던 그곳에서 누군가는 겨우 성공을 거둔 것처럼 보인다. 아니면 데메드리오와 그의 동료들은 그 성읍 법률 자문관에게서 언질을 받고 바울을 고발할 죄목을 만들어 내어, 바울이 사실은 아르테미스 여신이나 이 여신을 섬기는 거대한 신전을 모독한 죄를 저질렀다고 주장했을지도 모른다. (어쩌면 바울은 어떤 신상이 하늘에서 떨어졌다는 이야기를 듣고 그런 생각을 조롱했을지도 모른다.) 확고한 유일신론자였던 바울은 그 유일신론 때문에 아테네에서 아슬아슬한 모험을 감행하기도 했었다. 그러나 이번에는 바람의 방향이 바뀌는 중요한 순간에 배의 키에서 자신의 손을 뗐는지도 모른다.

어쩌면 그가 도움을 청했던 몇몇 사람들이 그를 실망시켰는지도 모른다. 빌립보서(빌립보서는 십중팔구 이 옥고가 거의 끝나갈 무렵에 썼을 것이다)에 들어 있는 힌트들은 바울을 그런 처지에 빠뜨린 원인이 그저 이교도의 적대감만은 아님을 일러 준다. 바울이 벗이라 여겼던 지역 사람들은 실상 적이었거나 적어도 경쟁자였음이 드러났다. 이렇든 저렇든, 바울은 옥에 갇혔다. 그것도 경우에 따라서는 아주 쉽게 목숨을 잃을 수도 있는 죄목으로. 머리카락이 잘려 나간 삼손처럼, 바울도 갑자기 능력을 잃어버렸다. 폭동은 그저 시끄러운 전주에 불과했다. 어둠의 세력들이 또 다른 방책을 동원하여, 본질상 한 분 하나님을 전하는 유대교의 메시지이지만 십자가에 못 박히셨다가 부활하신 메시아라는 충격적인 메시지로 다시 정의한 메시지를 갖고 자신들의 영역을 감히 잠식해 들어오던 누군가에게 강한 반격을 가했다.

우리가 앞서 보았듯이, 로마 세계는 감옥을 보통 처벌 장소로 사용하지 않고, 재판을 받게 될 사람을 가둬 두는 구금 장소로만 사용했다. 그러나 재판을 받으려면 시간이 필요했기 때문에, 판결 선고 이전에도 피구금자를 처벌하는 효과가 있었을 것이다. 옥에 갇힌 죄수를 돌보려는 노력은 전혀 없었다. 죄수가 음식을 원하면 그 친구들이 음식을 갖다주어야 했다. 나중에 옥에서 서신을 써 보내는 바울을 보면, 그도 분명 그에게 필요한 것을 챙겨 주는 친구가 몇 있었다. 그리고 그와 함께 옥고를 치른 벗이 적어도 하나는 있었다. 그러나 바울의 친구들은 바울이 체포되고 시간이 얼마 흐른 뒤에도 그가 어디 있는지 몰랐을 수도 있으며, 당시 일어난 일에 비춰 바울과 얽히는 것을 아주 두려워했을 수도 있다.

음식과 물을 거의 섭취하지 못한 사람의 영혼이 가라앉는 데는 그리 오랜 시간이 걸리지 않는다. 바울과 실라는 빌립보 감옥에서 찬송을 불렀다. 갑자기 지진이 일어났고, 이는 그들의 운명을 갑자기 바꿔 놓았다. 나는 바울이 에베소 감옥에서도 기도했으며, 어쩌면 찬송도 불렀으리라고 추측한다. 오래된 시 몇 편이 그의 상황에 딱 들어맞았다. 초기 기독교의 시 몇 편, 그중에서도 특히 예수를 주로 찬미하는 시들도 그의 머리와 그의 가슴에 들어 있었을 것이다. 그러나 며칠이 지나고 몇 주가 지나는데도 딱히 사정이 나아지지 않은 것처럼 보였다. 사정이 이렇게 되니, 바울은 금세 우리가 고린도후서 4장에서 보았던 처지에 빠지고 말았을 것이다. 돌이켜 보면, 그때 그는 마치 산산이 부서지고, 버림받고, 파괴당하여, 정신을 놓은 채 어쩔 줄 몰라 했던 **것 같다**. 지진도 그를 구하지 못했다. 그는 줄곧 두들겨 맞아야 했을 것이다. 추위에 떨었을 것이며, 어쩌면 아팠을 수도 있다. 물론 이 모든 것은 추측이지만, 우리는 그가 이 어두운 순간을 돌아보면서 말하는 내용 그리고 적어도 바로 이 시기에 쓴 몇몇 옥중 서신에 들어 있는 또 다른 증거를 어느 정도 설명해야만 한다.

바울은 이제 로마로 돌아간 브리스가와 아굴라에게 인사를 전하며 이들이 그를 위해 "죽음을 무릅썼다"고 말하지만, 우리는 이들이 바울 대신 목숨까지 내걸었던 위태로운 상황이 무엇이며 어떻게 그런 위험을 무릅썼는지 알 도리가 없다.[49] 어쩌면 그것은 바울이 지금 빠져 버린 지독한 곤경과 관련이 있었을 수도 있다. 어쩌면 바로 이들이 용기를 내서 기도한 다음, 이 도시 행정관에게 가서 자신들의 스타인 사람이 누명을 뒤집어쓰고 죄수로 갇혀 있다고 증언했을지도 모른다. 그렇게 했다가는 그들도 충분히 공범으로 체포될 수도 있었지만, 아마 그들은 어쨌든 그렇게 했을 것이다.

충격으로 다가오는 이 기간이 얼마나 오래 이어졌는지 우리는 모른다. 우리가 보았듯이, 바울은 에베소에서 53년 중반 혹은 말에 이르는 때부터 56년 초 아니면 56년 중반까지 머물렀을 가능성이 아주 높다. 이 기간에는 지극히 만족스럽지 못했던 짧은 고린도 방문은 들어 있지 않다. 바울은 이 방문 후 어느 시점에 디도를 고린도에 보내 자신이 쓴 "고통스러운 서신"을 전하게 했다. 그러나 우리는 이런 일이 언제 있었으며, 그 일이 있었던 순간과 그가 결국 풀려나 이후 여행을 계속하게 된 시간 사이에 얼마나 오랜 시간이 흘렀는지 확실히 알지 못한다. 이 시간표에는 위에서 말한 폭동과 바울이 적어도 한 차례 치렀던 중요한 옥고를 비롯하여 사도행전이 서술하는 모든 활동을 충분히 담아낼 시간이 들어 있다. 어쨌든 우리가 바울의 정신 상태와 감정 상태를 평가할 때는 그가 겨우 2-3주 정도 옥고를 치르는 동안에 고린도후서 1장에서 묘사하는 상태에 빠지고 말았다는 점을 곱씹어 봐도 좋으리라. 그는 옥에서 마음과 몸을 괴롭히는 다양한 고문을 받아야 했으며, 자신이 거기에 얼마나 오래 있어야 하는지도 몰랐다.

앞으로 이유들이 분명히 밝혀지겠지만, 나는 그런 이유 때문에 바울이 자신이 치른 옥고를 자신이 그때까지 침입해 온 세계를 지배해 왔던 세력들의 복수로 해석했다고 생각한다. 그는 회당 책임자들과 걸핏하면 충돌했으며, 로마 행정관을 어떻게 다루어야 하는지도 알았다. 바울도 그들만큼이나 유대 율법과 로마법을 잘 알았다. 그는 이 국면을 쉽게 뒤집을 수 있었으며, 수사 면에서도, 그리고 어쩌면 법률 면에서도 이길 수 있었다. 그러나 이번 경우에는 뭔가 다른 상황이 벌어지고 있음을 느꼈다. 그를 엄습한 세력은 단순히 인간의 힘이 아니었다. 그는 에베소에서 능력 있는 사역을 펼치다가 벌집을 건드리고 말았다. 불 속에 들어간 모든 마술 책이 연기가 되어 공중으로 올라가는 장면을 생각해 보라. 예수는 당신을 따르는 이들에게 그저 몸만 죽일 수 있는 자들을 두려워하지 말고 더 무시무시한 파멸을 초래할 수 있는 '눈에 보이지 않는 권세들'을 두려워하라고 경고하셨는데,[50] 바울도 인간인 관리들이 비록 중요한 인물들이기는 하지만 때로는 그저 그들을 통해 공격하곤 하는 다른 권세들의 전위대로서 행동할 수도 있음을 익히 알고 있었다. 바울은 예수가 그의 죽음으로 모든 어둠의 세력들을 이미 격파하셨으며 그의 부활로 하나님의 새 창조를 시작하셨다는 사실을 가르치고, 설교했으며, 즐거이 축하했다. 그러나 이런 굳건한 믿음도, 차갑고 악취가 나며, 밤에는 빛도 없고, 파리와 벌레가 득실거리는 옥중에서 곡기穀氣를 만나지 못해 위장마저 텅 비다 보니 틀림없이 극한, 아니 극한을 넘어선 지경까지 시험을 받았을 것이다. 이러다 보니 결국 찾아온 것은 절망이었다.

바울은 석방된 뒤에 옥고를 치르던 때를 돌아보면서, 이것이 그로 하여금 죽은 자들을 부활시키시는 하나님을 신뢰하게 하려는 일이었다고 고린도 사람들에게 설명했다.[51] 물론 그가 이전에 이런 하나님을 믿지 않거나 신뢰하지 않았던 것은 아니다. 그러나 이제 그의 믿음과 신뢰는 완전히 새로운 위기에 직면했다. 그렇다면 그는 어떻게 하나님을 신뢰했던 그 지점으로 돌아갔을까? 그는 그런 일이 일어나기까지 그저 이를 악물고 "난 죽은 자를 부활시키시는 하나님을 신뢰해야 해!"라고 말했을까? 그렇게 믿기는 힘들다. 바울은 소위 긍정의 힘을 믿는 사고방식의 소유자가 아니었다. 나는 뭔가 더 특별한 것이 작용했다고 생각한다.

우리는 바울이 일찍이 고린도를 찾았다가 예루살렘으로 돌아간 뒤 다시 안디옥으로 돌아갈 때, 유대교 기도 전통에 뿌리를 두고 있었지만 이제는 예수에게 초점을 맞추었던 기도를 올렸음을 보았다. 우리는 이 기도를 그가 유대인이 매일 올리는 주요 기도 가운데 하나인 **쉐마**를 아주 놀랍게 응용하여 이제는 그 '아버지'와 그 '주' 두 분에게 충성을 표현하는 기도로 만든 것이라고 보았다.[52] 따라서 만일 바울이 이런 기도를 그의 생각 속에서 만들고 빚어냈다면, 그리고 만일 그가 우리가 아는 것처럼 사람들이 질시할 정도로 생생하며 물 흐르는 것 같은 언어를 구사할 재능을 갖고 있었다면, 저 깊디깊은 절망에서 우러나온 그의 기도가 성경의 뿌리에서 예수 형체를 담은 표현으로 발전해 가고, 예수 형체를 담은 표현에서 기도다운 형식과 형체를 더 갖춘 간구와 송축으로 발전해 가기 시작했어도, 다시 말해 하나님의 주권과 승리를 송축하는 옛 성경의 기도를 떠올려 주면서도 이제는 예수가 주권을 행사하시는 주로서 그 기도의 중심에 자리하고 있었을지라도 새삼 놀랄 이유가 없을 것이다.

나는, 엄동嚴冬을 나는 식물이 뿌리를 더 깊이 내리듯이 옥중의 바울도 자신의 뿌리를 이전보다 훨씬 깊은 성경 전통에서 찾아야 했으며, 여전히 그 성경 전통에서 자신의 뿌리를 찾으면서도 이번에는 더 깊은 곳에서, 곧 예수와 그의 죽음이 가지는 의미 속에서 찾아야 했다고 생각한다. 그 뿌리는 천천히 물을 발견했다. 그는 그 시커먼 흙이 자리한 심층에서, 이전에는 의식하지 못했던 그곳에서 소망과 새로운 가능성을 끌어냈다. 그 수고가 맺은 열매는 오늘까지도 기독교 신앙의 핵심 가까이에 남아 있다.

다시 말해, 나는 옥중 서신 넷이 모두 에베소에서 쓴 서신이라고 생각하며 바울이 체험한 투쟁이 이 서신을 쓰게 만든 직접적인 계기라고 생각한다. 이 서신들은 예수가 메시아요 세상의 모든 세력을 그 발아래 두신 주권자라는 시각을 표명한다. 이런 시각은 그가 힘들게 깨달았고 내내 믿었던 진리를 시인한 말이지만, 이전에는 이렇게 앞이 보이지 않는 상황에서 그런 진리를 궁구해 봐야 하는 일을 겪지 않았었다. 나는 바울이 이제는 시詩로 변한 이런 진리 문언들과 성경에서 울려 퍼지는 메아리를 그의 마음으로 깊이 생각하고 기도하며 들으면서, 오랜만에 또 다시 이런 시각을 그 주위에 있는 이들과 함께 나누기 시작했다고 생각한다. 바울은 이런 간구와 기도를 통해 자신이 죽은 자들을 부활시키시는 하나님을 이전에 알았던 것보다 훨씬 깊은 차원에서 신뢰하고 있음을 발견했다. 빌립보서 2장과 골로새서 1장에 있는 시 그리고 에베소서 첫 세 장이 담고 있는 전례 드라마는 모두 이렇게—바울 자신의 믿음이나 활력을 칭송함이 아니라 하나님의 승리와 주이신 예수를—

송축함을 증언한다. 바울은 고린도후서 4장에서 골로새서 1장의 시와 아주 긴밀한 관련이 있는 본문을 제시한 뒤 곧바로 이렇게 말한다. "우리가 이 보물을 질그릇에 안에 지니고 있으니, 이는 그 엄청난 능력이 우리가 아닌 하나님께 속한 것임을 드러내려는 것입니다."[53] 나는 바울이 옥중에 있는 동안에 바로 이런 일을 겪었다고 생각한다.

어떤 이들은 이 모든 체험이 사실상 '두 번째 회심'이었다고 주장했다. 말하자면 바울은 이 두 번째 회심을 통해 결국 이전에 그가 이해하지 못했던 겸손을 배웠다는 것이다. 나는 이 견해에 동의하지 않는다. 이 상황은 그보다 복잡하며, 실은 더 흥미롭다. 그러나 나는 그가 옛날 성경의 시와 패턴을 취하면서도 그 시와 패턴의 중심에 예수가 있음을 발견하고 오랫동안 예수께 초점을 맞춰 기도해 온 습관이 그가 이 절망을 벗어나 소망으로 돌아갈 길을 찾는 데 아주 긴요한 도움을 주었다고 생각한다. 야곱처럼 사도도 천사와 씨름하며 컴컴한 밤을 보내고 나면 그 말투는 물론이요 어쩌면 그 몸도 비틀거릴 수 있지만, 그래도 기독론과 치유는 함께하며 서로 잘 어울린다.

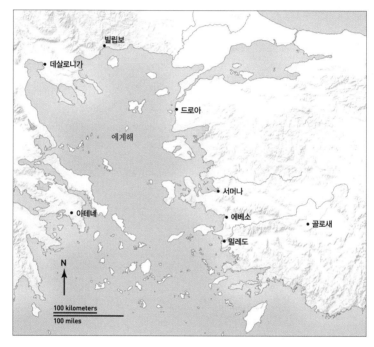

에베소

11장

/

에베소 Ⅱ

나는 빌립보서가 첫 옥중 서신이었다고 생각한다. (55년에 쓰지 않았을까?) 그렇게 생각하는 이유는 이렇다. 빌립보서 첫 장을 보면, 바울은 자신의 재판이 어떻게 진행될지 여전히 모르고 있다. 그는 결과가 이렇게 되든지 저렇게 되든지 결국 메시아가 영광을 받으시리라고 말한다. 그(메시아)는 "내가 살든 죽든 내 몸을 통해 큰 명성을 얻으실 것입니다."[1] 이리하여 바울은 판을 뒤집어 자신을 고발한 이들과 재판관에게 공을 넘겼다. 그는 자신이 옥에 갇힌 것 자체가 복음의 목적을 섬기는 일이라고 선언한다. 이 때문에 도리어 그와 그가 전한 메시지가 사람들의 이야깃거리가 되었기 때문이다. 심지어 그에게 또 다른 괴로움을 안겨 주려고 발버둥 치던 이들조차(누구인지 분명치 않다) 십자가에 못 박히셨다가 부활하신 주 예수를 전한 메시지에 그냥 주목하고 있었다. 바울은 자신이 사느냐 죽느냐가 이제는 마치 자기 손에 달린 것처럼 쓴다. 그는 둘 중 어느 결과가 나오든 침착하게 마주할 수 있는 길을 터득했다. 하지만 그는 사실 자신이 풀려나리라고 믿었다. 그에게는 아직 해야 할 일이 아주 많이 있었기 때문이다. 비록 그는 "정말 이 모든 것에서 떠나 왕과 함께 있고 싶습니다. 그것이 훨씬 더 낫기 때문입니다"라고 말하지만 말이다.[2]

바울이 이 서신을 쓴 계기는 빌립보 교회가 선물로 보내 준 후원금에 사의를 표하고 싶었기 때문이다. 빌립보에서 에베소는 가장 가까운 지름길로 가도 약 480킬로미터나 된다. 빌립보 교회가 바울에게 보낸 후원금을 가지고 온 빌립보 교회의 심부름꾼 에바브로디도는, 바닷길인지 뭍길인지 확실치 않으나 이보다 좀 더 먼 길로 왔을 것이다. 그러나 그때 문제가 생겼다. 에바브로디도가 병이 들었는데, 병세가 심각했다. 빌립보 사람들은 틀림없이 무슨 일이 생겼는지 궁금했을 것이다. 여러분이 어떤 사람에게 큰돈을 맡겼는데 그 사람이 다시 나타나지 않으면, 도대체 뭔 일이 벌어진 건지 캐묻기 마련이다. 바울은 빌립보 사람들이 은연중에 물어보는 이런 질문에 대답할 뿐 아니라 나아가 더 많은 것을 이야기한다. 그는 이제 그의 답신을 가지고 빌립보로 돌아가는 에바브로디도가 왕이신 분을 섬기는 일에 그 목숨을 잃을 위험까지 무릅쓴 신실한 동역자였다고 설명한다.[3]

그러나 이 짧은 서신의 핵심은 바로 예수 자신이다. 바울은 빌립보 사람들에게 그들의 공적 행위를 복음과 일치시키라고 촉구하는데, 이는―바울 자신이 그래왔고 지금도 그리하는 것처럼―메시아의 고난에 동참하라는 의미일 것이다. 특히 바울은 빌립보 사람들에게 그들이 하나님과 그들의 거룩함을 소중히 여기며 지키라고 당부한다. 그는 사회적 배경, 민족적 배경, 문화적 배경이 서로 사뭇 다른 사람들로 구성된 공동체가 온갖 흥미로운 이유를 내세워 분파를 짓고 갈라질 수 있으며, 어쩌면 그런 배경과 전혀 무관해 보이는 문제를 놓고도 갈라질 수 있다는 것을 아주 잘 알고 있다(설령 그 전에는 몰랐을지라도 근래 고린도 사람들을 겪으면서 이 점을 깨달았을 것이다). 분열을 조장하는 모든 충동에 저항해야 한다. 아울러 바울은, 고린도에서 볼 수 있었던 허다한 사례처럼 여기에서도 예수 따름이의 행위가 그들을 에워싸고 있는 이교 세계에서 부적절한 색채를 취할 수도 있음을 역시 잘 안다. 그런 점에도 역시 저항해야 한다.

그렇다면 어떻게 해야 하는가? 이 서신 전반부가 주로 호소하는 내용이 그것을 설명한다. 공동체의 통일성과 거룩함은 공동체와 그 공동체에 속한 개개인의 생각이 변화되어 메시아 바로 그분의 마음을 그대로 드러낼 때에 찾아오며, 그럴 때에만 비로소 찾아온다.[4]

따라서 '메시아의 마음'이 모든 시대를 통틀어 예수께 초점을 맞춘 가장 위대한 시 가운데 하나가 이야기한 주제다. 이 시는 창세기와 시편 그리고 특히 이사야서를 되울려 주면서, 지극히 낮은 자리로 내려오셨다가 높이 올림을 받아 온 세상의 주가 되신 예수 이야기를 들려준다. 이 시는 몇 가지 차원에서 그 힘을 발휘한다. 이 시는 바울이 예수 바로 그분에 관하여 믿었던 많은 것—즉 예수는 참 인간이요, 궁극의 이스라엘인이며, 주의 종이요, 사람으로 나타나신 이스라엘의 하나님이며, 카이사르는 그저 천박한 흉내 내기에 불과함을 알게 해 준 진정한 왕이심을―을 표현한다.

> 그분은 하나님의 형체를 지니셨지만
> 하나님과 동등함을
> 이용해 먹을 것으로 여기지 않으셨습니다.
>> 오히려 자기를 비워
>> 종의 형체를 받아들이시고
>> 사람의 모습으로 태어나셨습니다.
>>> 그러고는 사람의 모양을 취하셔서
>>> 자기를 낮추시고,
>>> 죽기까지,
>>>> 곧 십자가에서 죽기까지 순종하셨습니다.
>>> 그러므로 하나님께서 그분을 지극히 높이시고
>>> 그분을 위해 모든 이름 위에 뛰어난
>>> 이름을 그분에게 주셨습니다.
>> 그리하여 이제 하늘과
>> 땅 위와 아래에 있는 모두가
>> 예수의 이름 앞에 무릎 꿇고 절할 것입니다.
> 그리고 모든 입이
> 예수 메시아를 주로 고백하여
> 아버지 하나님께 영광을 돌릴 것입니다.[5]

이것은 아담(모든 이)의 이야기요, 이스라엘 이야기이며, 한 분 하나님의 이야기다. 예수를 다룬 시로서 형태상 완벽한 균형을 갖추고 있다. 이 시는 헬레니즘 시대에 위대한 인물을 칭송하는 송가에서 볼 수 있는 관용어로 표현했지만, 물론 시의 내용은 유대 사상과 성경의 내용을 깊이 표현하고 있다. 사실 이 시는 바울이 믿었던 많은 것을 요약하여 제시한다. 즉 예수가 메시아로서 이스라엘의 이야기를 완성하신 분이라는 것, 이스라엘이 예배하던 한 분 하나님이 몸을 갖고 나타나신 분이라는 것, 그 때문에 온 세상의 주로 임명받으신 분이라는 것을 제시한다. 꼼꼼히 짠 구조를 갖춘 이 시는 그 중심에 자리한 십자가에 아주 큰 비중을 부여하면서, 바울이 복음에 관하여 깊이 믿었던 바로 그것을 요약 제시한다. 예수가 주로 높이 올림을 받으시고 모든 이가 그의 이름 앞에 무릎을 꿇게 될 것은 바로 십자가 **때문이다.** 십자가로 세상의 모든 권세를 격파하셨다 때문이다.

나는 이 시가 예수는 누구신가 하는 물음과 관련하여 바울이 훨씬 전부터 가졌던 믿음에서 직접 나온 시라고 주장한다(그는 이미 갈라디아서에서 그런 믿음을 피력했지만, 추측컨대 그 전부터 그런 믿음을 갖고 있었을 것이다). 그러나 이 시는 비록 바울 자신이 견지해 온 성경 성찰 결과와 성경의 가르침을 따라 만들어졌지만, 이제는 그런 성경 자료가 담고 있는 다른 많은 요소를 치밀한 구조 속에 끌어들인다. 바울은 예수가 온 우주에 존재하는 다른 모든 세력에게 거두신 최종 승리와 그들을 압도하는 예수의 권능을 송축함으로써, 그 자신이 가장 밑바닥으로 떨어져 있는 바로 그 순간에 '죽은 자를 부활시키시는 하나님'도 바로 그곳으로 내려오셨다는 사실을 깊이 곱씹었다. 따라서 이 시는 이후 오랜 시간이 흐른 뒤에 빌립보 사람들에게 그들이 어떤 생각을 품어야 하는지를 가르치는 본보기 역할을 했고 그후에 교회에게도 계속하여 그런 역할을 했지만, 이미 그러기 전부터 바울 자신을 깊은 절망의 구렁텅이에서 건져 낸 여러 사다리 가운데 하나로서 그 역할을 다했을지도 모른다.

이 시는 무엇보다 **능력**을 철저히 새롭게 정의하여 제시한다. 이것이 바로 바울이 에베소에서 그리고 고린도전서에서 아주 마음을 많이 쓴 주제였다. 바울은 복음의 능력이 자신에게 속하지 않고 철저히 하나님께 속했음을 깨달으면서 바로 이 주제를 기본부터 다시 생각했다. 바울은 메시아가 생각하셨던 것처럼 생각하는 법을 배우는 것이 교회 안에서 온전한 통일을 이루는 유일한 길이라고 주장했으며, 그렇게 생각하는 것이 "어그러지고 타락한 세대 가운데서 순결하고 흠 없는 하나님의 자녀"로 살아가는 법을 일러 주는 비밀이라고 주장했다.[6]

바울은 자신이 섬기는 교회들에게 "무엇을 생각해야 하는가" 뿐 아니라 "어떻게 생각해야 하는가"도 가르치고자 다시 한 번 서신을 사용한다. 그는 그들에게 모든 것을 말하지는 못하나 그래도 그들에게 말하고 싶어 한다. 아마 아직 할 말을 다 쓰지 못했는데도 파피루스 두루마리가 다 떨어졌을 것이다. 그러나 그것은 그가 상관할 일이 아니었다. 그가 할 일은 자신이 섬기는 교회 사람들에게 메시아의 마음을 집어넣는 것이었다. 그런 일이 이루어진다면, 그가 결국 시간을 허비하지 않았다는 게 드러날 것이다.[7] (바울은 오랫동안 자신이 시간을 허비하지 않았는지 근심했지만, 그 근심을 털어 버리지 못한 것 같다.) 나는 바울이 이렇게 메시아의 마음을 대단히 탁월하게 표현한 것을 한편으로는 그가 예수께 초점을 맞춰 성경을 깊이 묵상한 결과요, 다른 한편으로는 그가 자신의 의사와 상관없이 예수가 보여 주신 모범을 본받은 결과라고 주장한다. 그도 역시 무거운 고난을 겪으며 겸비해졌다. 바울은 이것이 바로 예수가 주로서 높이 올림을 받으신 길이었다는 사실을 깊이 생각했다.

빌립보서 2장 끝부분에는 어색한 휴지 부분이 있다. 이것은 아마도 바울이 옥중에서 서신을 쓰다가 거기서 쉬려 했지만 결국 계속 쓰기로 결심하면서 다음 이야기로 넘어갈 부분을 매끄럽게 마무리할 기회를 갖지 못했음을 보여 주는 표지가 아닌가 싶다.

그럼에도 빌립보서 후반부는 전반부, 특히 빌립보서 2장에 있는 시를 아주 많이 본뜬다. 이 권면은 3장 끝부분에서 절정에 이르는데, 여기서 바울은 "구주요 주이신 왕 예수"가 하늘에서 오셔서 현재 우리가 가진 몸을 "자신의 영광스러운 몸처럼 되게" 바꿔 주시리라고 선언한다. 시편 8편이 선언하듯이, 그에겐 "만물을 자신의 권위 아래 정렬시킬 수 있는" 능력이 있기 때문이다.[8] 고린도전서 15:20-28에 있는 비슷한 본문처럼, 이 본문도 바울이 예수를 진짜 인간으로 믿었음을 보여 주는 부분이다. '인성人性'과 '신성神性'에 얽힌 난제는 오랜 세월에 걸쳐 사람들을 괴롭혀 왔다. 그 세월

이 지나서도 역시 이 난제를 부둥켜안고 살아가는 우리는, 바울 같은 이가 인간이 하나님의 형상을 반영하도록 만들어졌음을 그냥 쉽게 믿으면서, 한 분 하나님이 다른 누구에게도 나누어 주시지 않겠다고 하셨던 영광을 나눠 가진 이를 너무나 쉽게 진짜 인간으로 볼 수 있었다는 사실에 때로는 깜짝 놀랄지도 모른다.[9] 골로새서를 다룰 때 다시 보겠지만, 바울은 이것을 그가 상이한 여러 시각으로 탐구해 볼 수 있는 진리라고 여겼다. 물론 이것은 그저 놀라서 바라만 볼 수 있는 진리에 그치지 않고, 이전과 다른 삶—여러 유대 전승이 만들어 낼 수 있다고 주장했으나 결국 만들어 내지 못하는 무능을 드러냈던 삶—을 살아가게 할 동력원으로서 활용할 수 있는 진리였다.

그것이 3장 서두에 있는 예리한 논박을 이해하게 해 줄 열쇠다. 바울은 갈라디아에서 문제를 일으킨 '선동자' 내지 '소요자'의 주장에 공감한 사람들이 바울 자신의 메시지를 거부하고 반발함을 염려한다. 이 사람들은 아직 빌립보에 오지 않은 것 같지만, 이들의 도착은 단지 시간 문제인 것 같다. 이는 필시 그들이 이미 에베소에서도 활동하고 있었음을 보여 주는 증거일 수도 있다. 어쩌면 그들이 거기서 바울의 선교 활동에 반발한 일 자체가 바울이 겪은 위기를 불러왔을지도 모른다. (메시아를 전하는 메시지를 오로지 옥중에 있는 바울의 삶을 더 괴롭게 만들 목적으로만 선포했던 사람들을 이야기한 1:15-18의 흥미로운 본문이 말하려는 의미도 그것일지 모른다.)

이 모든 것이 그가 서두에서 제기하는 경고의 목소리가 담고 있는 어조를 설명해 줄지도 모른다.

개들을 조심하십시오! '악한 일' 하는 사람들을 조심하십시오! '살을
잘라 내는' 파당, 곧 신체 훼손자들을 조심하십시오! 알다시피, 영으
로 하나님을 예배하며, 왕이신 예수를 자랑하고, 육체를 신뢰하기를
거부하는 우리가 '할례당'입니다.[10]

바울이 말하는 요지는 명확하다. '개'는 유대인이 이방인을 부
를 때 자주 쓴 말이었다. "악한 일"은 열심이 끓어넘치던 토라 선
생들이 옹호하던 '선행'을 패러디한 말이다. "살을 잘라 내는"이나
"신체 훼손자들"은 번역자가 바울이 구사한 언어유희의 숨은 뜻을
끌어내 보려고 쓴 말이다. 그는 '할례'를 뜻하는 *peritomē* 대신, 무
언가를 잘라 내거나 베는 행위를 뜻하는 *katatomē*를 쓰는데, 이
는 아마도 이교 제의에서 행하는 일을 묘사한 것 같다. 바울은 바
로 그런 일을 이야기한다. 그는 여기저기 돌아다니며 회심자에게
할례를 받아야 한다고 강요하던 이들은 이교 제의에 참여하여 사
람 몸에 칼로 상처를 내려 하는 이들보다 나을 게 없는 이들이라고
말한다.

"우리가 '할례당'입니다"는 듣는 순간 숨이 멎을 정도로 놀라운
주장이다. 그러나 이는 바울이 다메섹 도상 체험 뒤에 일관되게 유
지해 온 전체 입장과 일치한다. 다시 말하지만, 이는 비교 종교와
관련된 문제가 아니다. 바울은 지금 "우리 예수 따름이는 옛 유대

교보다 나은 종교를 발견했다"고 말하는 게 아니다. 그는 지금 **메시아 종말론**messianic eschatology 이야기를 하고 있다. 이것은 이스라엘이 품어 왔던 소망의 최종 완성이었다. 이는 메시아와 부활을 이야기하는 것이었다. 바울은 지금 "나는 옛 집을 떠나 더 좋은 저 길 아래 집으로 이사하기로 결정했다"고 말하지 않는다. 그는 지금 자신이 살았던 집이 애초에 그 집을 지었던 건축가에게 넘어갔으며, 그가 중심이 되어 그 집을 다시 짓고 있다는 말을 한다. 그는 거기 머물면서 그 건축을 내내 살펴보려 한다. 만일 옛날 집이 더 좋다고 말한다면, 그들은 중요한 것을 놓친 셈이다. 이스라엘의 메시아가 오셨다가 죽은 자 가운데서 부활하셨다면, 이제는 그를 따르는 이들이 하나님의 진짜 백성이다. 이는 무뚝뚝하고 재미없는 말이지만 일관된 말이다. 1세기의 다른 유대교 지도자들을 따랐던 이들도 같은 말을 했을 것이다. 이것은 이스라엘의 하나님께 불충을 저지르는 게 아니다. 사람들은 바울이 메시아에게 충성했느냐를 두고 입방아를 찧기도 했지만, 그래도 바울을 시종일관 특징 지은 것은 메시아를 향한 그의 충성이었다.

바울 자신은 이런 논지를 밀어붙일 수 있는 우월한 위치에 있었다. 그는 유대 세계를 그 내부에서 속속들이 알고 있었다. 그가 유대 세계 안에서 갖고 있던 자격은 그로 하여금 교회를 핍박하게 한 동인動因이 되었던 '열심'에 이르기까지 나무랄 것이 없었다. 그러나 바로 이곳이 그가 모든 것을 이루신 메시아를 만나 모든 것을 바꾼 곳이었다. 바울을 이끈 동인이 무엇이며 다메섹 도상 사건이 그에게 무슨 영향을 주었는지 알고 싶다면, 우리가 갖고 있는 바울의 글 가운데 아마도 이 본문이 그것을 가장 명쾌하게 일러 주지 않을까 싶다.

하지만 수익 칸에 쓴 것이 무엇이든, 나는 그것을 메시아 때문에 오히려 손실로 계산했습니다. 맞습니다, 이상한 말이라는 것을 알지만, 할 말이 더 있습니다. 나는 왕이신 예수를 내 주로 아는 일이 다른 모든 것을 합한 것보다 훨씬 값진 줄 알기 때문에 모든 것을 손실로 계산합니다! 사실 나는 메시아 때문에 모든 것을 잃었고, 지금은 그 모든 것을 쓰레기로 여깁니다. 그것은 메시아께서 내 수익이 되시게 하려는 것이고, 토라가 규정하는 나 자신의 언약의 신분이 아니라 메시아의 신실하심을 통해 얻는 신분을 지님으로써 내가 그분 안에서 발견되려는 것입니다. 그 신분은 하나님에게서 오는 언약의 신분으로, 믿음에 대해 주어집니다. 이것은 그분을 알고, 그분의 부활의 능력을 알고, 그분의 고난에 동참함을 안다는 뜻입니다. 그분의 죽음의 방식과 모범을 공유한다는 뜻입니다. 그래서 어떻게 해서든 죽은 사람들 가운데서 일어나는 최종 부활에 이르려는 것입니다.[11]

이 본문과 관련하여 말할 수 있는 것이 많지만, 현재 우리의 목적을 생각하면 중요한 점은 세 가지다. 첫째, 바울은 빌립보서 2:6-11의 시에서 제시한 메시아 패턴(메시아가 보여 주신 모범)을 따른다. 메시아는 그의 지위("하나님과 동등함")를 자신을 이롭게 하는 데 쓸 것으로 여기지 않고, 도리어 자신을 "종"의 삶과 수치스러운 죽음에 내주셨다. 그는 바로 그 때문에 지금 만유의 주로 높이 올림을 받으셨다. 이 때문에 바울은 하나님 백성의 한 지체로서 완전한 구실을 할 수 있는 특권을 지닌 자신의 지위를 자신에게 이롭게 사용해서는 안 되는 것으로 여겨야 함을 안다. 그 대신 바울은 언약의 구성원이라는 자신의 참된 지위, 그리고 토라가 아니라 메시아의 신실하심을 통해서 다가오는 부활의 소망을 발견할 것이다.

둘째, 이 본문은 메시아**에 관한** 믿음 내지 이론뿐 아니라, 메시아가 누구인지 아는 지식에도 초점을 맞춘다. 바울은 "왕이신 예수를 내 주로 아는 일", "그분의 부활의 능력을 알고, 그분의 고난에 동참함을 안다"고 이야기한다.[12] 바울은 이 이론을 철두철미하게 꿰뚫고 있다. 그는 이를 종일, 필요하다면 밤을 새워서라도 설명할 수 있다. 그러나 이것도 예수 자신의 인격과 임재를 알지 못하면 아무 의미가 없다.

셋째, 바울은 메시아가 누구신지 아는 '지식'이 고난 속에서 친밀히 나타난다는 것을 배웠다. 그는 아마도 이것을 이 서신을 쓰기 몇 주, 몇 달 전에 새로운 방식으로 터득했을 것이다. 바울은 이를 "동참", "그분의 고난에 동참함"이라고 이야기한다. 이때 그가 쓰는 말이 '사귐' 혹은 '나눔'(공유)을 뜻하는 **코이노니아**_koinōnia_다. 그러나 우리가 앞서 보았듯이, 바울이 말하는 이것은 상호 귀속(소유)을 표현한 말이며, 현대 영어는 이와 정확히 일치하는 번역어를 제공하지 못한다. 바울 자신이 겪었던 무시무시한 일을 생각할 때, 한

편으로는 이것이 그리고 다른 한편으로는 빌립보서 2:6-11의 시
가, 우리를 바울이 "죽은 사람을 일으키시는 하나님을 의지"[13]하는
법을 배우고 있던 그 길로 가장 가까이 데려다줄지도 모른다. 바울
은 자신도 메시아와 더불어 이스라엘이 품고 있던 궁극의 소망, 곧
"죽은 자의 부활"에 이르고자 메시아의 죽음에 동참하길 즐겨 하
는 지점에 이르렀다. 오래전부터 내려온 이스라엘 이야기는 메시
아 안에서 완성되었다. 바울은 이전에 하나님과 토라를 향한 열심
을 품었지만, 이제는 그 열심을 모두 "쓰레기"로 여겨야 했다. 이것
이 그가 갈라디아서 2:19-20에서 말한 내용을 확장하여 설명한 내
용이다.

> 내가 율법을 통해 율법에 대해 죽은 것은 하나님에 대하여 살려 함입
> 니다. 나는 메시아와 더불어 십자가에 못 박혔습니다. 하지만 나는 살
> 아 있습니다. 그러나 내 안에 사는 것은 더 이상 내가 아니라 메시아
> 이십니다.

그것이 바로 이제 그가 그의 과거를 다 잊어버리고, 마치 결승
선만을 바라보는 운동선수처럼, "앞에 있는 것을 좇으려고 온 힘을
다 쏟는"[14] 이유다.

이어 이 모든 내용의 핵심이 나온다. 즉 바울이 메시아를 본받
듯이, 빌립보 사람들은 바울을 본받기를 배워야 한다.[15] 그렇다면
그들은 어떻게 하면 바울을 본받을 수 있을까? 그들은 토라를 지키

려고 애쓰는 열심 있는 유대인이 아니었다. 하지만 그들은 모두 나름대로 자신의 지위가 있었으며, 한 인간으로서 혹은 시민으로서 그들만의 자부심을 갖고 있었다. 설령 그 어떤 지위를 갖지 않은(가난하거나 노예이거나 혹은 여성이어서—물론 루디아 같은 일부 여성은 남성에게 종속되지 않고 독립하여 활동했으며 자유인이었지만) 이들도 언제나 이교도가 영위하던 삶의 방식으로 되돌아가려는 유혹을 받고 있었다. 따라서 식민지에서 영위했던 자랑스러운 생활 방식으로 되돌아가려는 로마 사람이든 아니면 그저 말초적 쾌락에 탐닉하고픈 유혹에 빠진 사람이든,[16] 모든 이가 그런 삶의 방식에 저항하면서 거룩함을 지키고 하나를 이루는 길로 나아가야 한다. 그 길은 메시아가 몸소 만드신 길이요, 그가 선택하신 십자가의 길이 만들어 낸 길이며, 진짜 사람, 진짜 몸으로 나타나신 한 분 하나님이시라는 그분의 지위가 만들어 낸 길이다.

바울은 이 모든 내용을 서술하고 메시아의 승리를 송축한 뒤, 그가 고린도후서 1장에서 서술하는 곳과 사뭇 다른 장소에 이르렀다. 바울은 이 서신에서 그 시대의 위대한 여러 철학을 많이 언급하는데, 그중 한 대목에서 메시아의 사람이 됨으로 말미암아 스토아 학파와 에피쿠로스 학파가 얻고자 하는 '만족'을 얻었다고 선언한다.

내가 무엇이 부족해서 하는 말이 아닙니다. 나는 가진 것에 만족하는 법을 배웠습니다. 나는 가진 것이 없이 사는 법도 알고, 풍족함에 대

처하는 법도 압니다. 나는 배부르든 굶주리든, 풍족하든 가진 것이 없든, 어떤 상황에서도 살 수 있는 숨은 비결을 배웠습니다. 바로 이것입니다. 내게 능력 주시는 분 안에서 나는 모든 것을 할 힘이 있습니다.[17]

여기에서도 다시 **능력**이 등장한다. 그러나 "그 엄청난 능력이 우리가 아닌 하나님께 속"했다[18] 바울은 이제 이를 터득했다. 바울은 예수의 승리를 깊이 생각했다. 그의 이런 깊은 성찰은 오랜 세월 동안 성경에 뿌리를 두고 올려 온 기도에서 자랐다. 그 뿌리가 컴컴한 고난과 절망 속에 뿌리를 내리면서, 그를 새로운 곳으로 데려다주었다. 예수 안에 계신 하나님이 모든 능력을 주신다. 예수 따름이가 가질 수 있는 어떤 능력도 오로지 예수의 역사를 통해 임한다. 바울은 선물을 보내 준 빌립보 사람들에게 다시 한 번 감사한다. 그는 그리로 가던 에바브로디도를 보낸다.

————————

55년 어느 때쯤 혹은 56년 초, 바울이 컴컴한 옥에서 옥고를 치르는 동안 한 주, 두 주가 흘러가고 한 달, 두 달이 흘러갔다. 그 사이, 바울의 몇몇 친구들이 와서 그를 보살펴 줄 수 있었다. 그러던 어느 날, 깜짝 놀랄 정도로 젊은 친구 하나가 바울을 찾아왔다. 그 이름은 오네시모였다. 오네시모는 노예였다. 그의 주인은 빌레몬이었다. 빌레몬은 에베소에서 내륙으로 240킬로미터쯤 들어간 곳에 있던 작은 도시 골로새에 집을 갖고 있던 부자였다. 당시 노예들이 종종 그랬듯이, 오네시모도 주인집에서 도망쳤는데, 도망치면서 주인 돈을 얼마간 훔쳐 간 것 같다. 오네시모는 자신이 안고 있는 위험을 알았다. 당시 법은 탈주한 노예를 극형으로 처벌했다. 그런 경우는 십자가형이 보통이었다(물론 십자가형은 '일벌백계'가 그 목적이었다). 도망친 노예를 숨겨 주거나 도와주는 것도 중범죄였다. 그러나 오네시모는 바울에게 갔다. 근래 절망과 죽음에 직면했고 에베소에 갔을 때는 오네시모의 주인 빌레몬이 믿음을 갖게 된 것을 보았던 바울은 이제 조금 복잡한 상황에, 아주 급박한 위험만 없었다면 이 문제를 놓고 흥미진진한 도덕철학 세미나를 열었을 상황에 빠지고 말았다. 이제 바울은 어떻게 해야 하나?

그가 맨 먼저 한 일은 오네시모와 복음을 나누는 것이었다. 두려움에 떨던 이 노예는 순전한 사랑—세상을 창조해 낸 바로 그 사랑—때문에 노예의 죽음을 당했던 한 사람에 관한 소식을 듣고 그 소식에 사로잡히고 만다. 분명 지금처럼 그때도 일부 회심자는 빨리 보상을 얻고 싶어 부리나케 믿는다고 고백했지만, 바울은 이 젊은이의 마음이 진실로 바뀌었는지 꿰뚫어 볼 수 있었다. 오네시모는 바울에게 아들 같은 이가 되었다. 그는 열심히 배우려 했고 열심히 도우려 했다('오네시모'라는 이름은 '유익하다'라는 뜻이다. 그는 그 이름에 걸맞게 살려고 노력했다). 그러나 이런 상황이 영원히 지속될 수는 없었다.

바울 평전

바울이 마음만 먹었으면 이 젊은이가 괴로운 처지에서 벗어나게 도와줄 수도 있었을 것이다. 자기 벗 가운데 하나를 시켜 이 젊은이를 그리스나 훨씬 더 먼 곳으로 데려가게 할 수도 있었다. 그러나 만일 그렇게 했다면 바울이 다음에 빌레몬을 만났을 때 무슨 말을 할 수 있겠는가? 이 체제를 뒤엎으려는 이 죄수가 악독한 반사회적 행위를 저지른 것도 모자라 이제는 도망친 노예에게 은신처를 제공했다는 말이 나오면 어떻게 되겠는가? 더구나 자신이 받은 소명을 곱씹어 본 바울은 그 소명을 가장 잘 표현해 주는 말 가운데 하나가 **화해**_katallagē_임을 깨달을 수 있었다. 그가 전한 복음은 한 분 하나님이 온 세상을 당신과 화해시키신다는 것이었고, 유대인과 그리스인, 노예와 자유인, 남자와 여자가 "모두 메시아 예수 안에서 하나"가 되었다는 것이었다. 게다가 이때는 갈라디아 사람들에게 이런 내용을 써 보낸 지 채 열흘도 되지 않았을 때였다. 이것이 사실이라면, 이것이 그저 바울의 머릿속에만 들어 있던 웅대한 포부가 아니라면, 실제 현장에서 이루어져야 했다. 진짜 유대인, 진짜 그리스인. 진짜 남자와 여자. 진짜 노예와 주인. 그 모든 이가 하나가 되어야 했다.

물론 노예제는 혐오를 불러일으킨다. 우리도 그 점을 안다. 우리가 아주 잘 알 듯이, 18세기와 19세기 노예제는 그 전개 과정에서 여러 가지 악독한 양상을 보여 주었다. 그러다 용감한 노예제 폐지 운동가들이 나서서 마침내 노예제를 폐지했다. 이 운동가들은 무엇보다 성경을 근거 원리로 삼아 노예제 폐지에 반대하는 주장과 충돌하기도 했다. 특히 우리는 노예제를 생각하면 인종차별 주의를 떠올린다. 우리가 아는 것처럼, 노예제는 폐지되었지만 인종을 차별하는 습관은 현대 세계 안에 도로 자리를 잡았다. 우리는 바울이 "그들을 모두 자유롭게 풀어 주어라! 노예제라니, 그런 악독한 관습이 어디 있단 말이냐!"라고 호통을 쳐 주었길 바라지만, 바울은 그러지 않았다.

설령 바울이 그리 호통을 쳤을지라도 그것은 결국 허무한 몸짓이었을 것이다. 고대 세계에서는 노예제가, 많든 적든 우리가 사는 세계에서 석유와 가스 혹은 전기가 하는 모든 일을, 우리가 우리 기술을 활용하여 해내는 모든 일을 해냈다. 노예제를 비판한다는 것은 전기와 내연기관을 비판하는 것과 같은 일이 되었으리라. 더구나 바울이 살던 세계에서는 노예제가 출신 민족과 아무 상관이 없었음을 유념해야 한다. 노예가 되고 싶으면 전쟁에서 진 쪽에 속해 있거나 하던 사업이 망하면 되었다. 물론 노예는 착취당하고 학대당하며 쓰레기 취급을 받을 때가 잦았지만, 존경을 받고 귀인 대접을 받으며 한 집안 사람으로 소중히 여김을 받을 수도 있었다. 키케로의 노예였던 티로■는 키케로의 오른팔이었다. 심지어 티로는 속기速記를 발명하기도 했다. 노예제는 복잡했지만, 어디에나 있었다.

바울은 이스라엘의 하나님이 실제 행동을 통해 당신 자신을

■ 키케로가 죽은 뒤에 그가 남긴 작품을 편집하여 펴낼 정도로 큰 신임을 받았다.

노예를 해방시키는 하나님으로 정의하셨음을 알고 있었다. 출애굽 이야기 자체가 그런 이야기였다. 바울은 궁극의 자유를 믿었다(그리고 하나님도 그런 자유를 믿으셨다고 믿었다). 피조물 자체가 "썩어짐의 종 노릇"에서 벗어나 누리는 자유, 결국 하나님의 모든 자녀에게 부활한 삶(생명)을 의미하는 자유를 믿었다.[19] 늘 그랬듯이, 바울이 안고 있던 과제는 온 우주를 아우르는 이 원대한 시각을 그 본질이 훼손당하여 위태로운 처지에 빠진 채 어찌할 줄 몰라 하는 인간이 사는 현실 세계로 가져오는 것이었다. 그는 불현듯 빌레몬과 오네시모를 메시아에게서 나온 자유가 실제로 어떤 모습인지 보여 줄 작은 모델로 만들 계획을 세웠다.

그는 빌레몬에게 이렇게만 쓸 수는 없었다. "그런데 말이오. 오네시모가 내게 왔소. 내 그대에게 간청하니, 그에게 자유를 주어 여기 머물게 해 주시오." 어쩌면 그것이 바로 바울이 원하는 것이었겠지만, 그가 다루고픈 진짜 문제는 그것이 아니었다. 그렇게 말했다간 다른 노예들에게 오네시모처럼 해보라고 부추기는 꼴밖에 되지 않을 것이다. 그렇다고 이와 비슷한 상황에서 자기 벗에게 서신을 써 보냈던 로마 사람 플리니우스가 말한 것처럼 이렇게 말할 수도 없었으리라. "내가 그 친구에게 따끔하게 한소리 해 놓았소이다. 그러니 이번에는 그대가 그를 놓아주었으면 좋겠구려."[20]

바울의 목표는 더 높고 더 깊다. 바울은 옥중에서 충격과 공포가 뒤엉킨 질곡의 시간을 통과하면서 하나님이 어떻게 몸소 메시아로 임재하사 세상을 자신과 화해시키셨는지를 깊이 생각해 오고 있었다. 어쩌면 이제는 그 하나님이 아주 큰 위험이 따르는 목회 전략을 통해 자신과 친한 이 두 사람을 화해시키려는 바울 안에 임재하셨는지도 모른다. 오네시모는 바울이 써 준 서신을 들고 빌레몬에게 돌아갈 것이다(골로새서 4:7-9을 살펴보면, 바울의 벗인 두기고가 그와 동행할 것 같다). 바울이 쓴 서신은 두 사람에게 많은 것을 요구한다. 바울이 요구하는 내용은 오네시모에겐 위험하고 빌레몬에겐 지극히 어처구니없는 일이다. 그러나 이 서신은 무슨 일이 일어나야 하는지를 설명해 줄 뿐 아니라 실제로 그런 일이 일어나게 돕는다.

이 서신은 자그마한 걸작이다. 바울은 빌레몬에게 자기가 그들의 사귐 *koinēnia*이 풍성하고 강력한 효과를 발휘하여 그들을 모두 '왕에게까지', 메시아에게까지 데려다주길 기도하고 있다고 설명한다. 바울이 다른 곳에서 이 '사귐'이라는 개념을 쓴 사례에 비춰 보건대, 그가 지금 하려는 말은 예수만이 아니라 '메시아 안에' 있는 모든 이가 '메시아'라는 것이다. 갈라디아서에서도 그러했고("여러분은 모두 **메시아 예수 안에서** 하나입니다") 고린도전서에서도 그러했듯이 ("몸은 하나인데 많은 지체가 있고, 몸의 지체가 많기는 해도 모두 한 몸이듯, …**메시아도 그러하십니다**"), 그 용어는 **결합을 가리키는**(한 몸임을 나타내는) 용어다.[21] 바울은 에베소서에서 이렇게 말한다. "우리는 사랑 안에서 진리를 말해야 합니다. 그리하여 모든 면에서 **그분에게까지**—메시아에게까지—자라야 합니다."[22] 이 풍성한 하나 됨이야말로 바울이 늘 명령하는 것 가운데 하나다. 그가 늘 명령하는 또 하나는 거룩함이다. 그렇다면 이런 통일을 어떻게 이룰 수 있는가?

바울은 나중에 이런 말을 썼다. "하나님께서 사람들의 죄과를 헤아리지 않으시고 메시아 안에서 세상을 자기와 화해하게 하셨고, 또 **우리에게 화해의 메시지를 맡기셨습니다.**"[23] 따라서 이 지점에서는 화해의 메시지가 하나님이 하셨던 행위를 재현한다. 바울은 빌레몬과 오네시모 사이에 서서, 자신의 인격을 건 진심어린 호소를 통해 두 사람을 하나로 묶는다. 그는 (한쪽 팔을 벌려) 이렇게 말한다. "여기 내 아들, 내 심장 같은 오네시모가 있소. 그가 말하자면 그대들을 대신하여 여기 옥중에 있는 나를 돌보아 주었소이다!" 그리고 그는 (다른 한쪽 팔을 벌려) 빌레몬을 향해 이렇게 말한다. "그대의 사랑이 내게 아주 큰 위로를 주는구려. 그대는 복음 안에서 내 동역자요. 그렇게 따지니 결국 그대가 지금 같은 사람이 됨은 내 덕분이오. 그대는 이제 바로 여기 옥중에 있는 나를 되살려 줄 기회를 얻었소." 바울은 정말 두 사람 사이에 서 있는 것처럼 이야기하면서, 십자가 형상을 하고 두 사람에게 팔을 벌리며 다가간다. 이어 그는 ("그들의 범죄를 그들이 지은 범죄로 여기지 않으시며") 이렇게 말한다. "오, 그러나, 만일 오네시모가 그대에게 잘못한 일이 있으면, 내게 받을 빚으로 기록해 두구려. 내가 갚으리다." 이어 그는 이런 말을 덧붙인다. "하나 더 부탁하리다. 내가 쓸 손님방을 하나 준비해 주시오. 계속 기도하시오. 나는 곧 여기서 나갈 테니, 그러면 내 그대를 찾아가리다."

바울의 말대로 이루어지려면 양쪽이 겸손과 신뢰를 가져야 했다. 골로새로 출발하려는 오네시모의 마음은 천근만근이었다. 모든 일이 수월하게 잘 풀리리라 생각하며 마음 편하게 생각할 수가 없었다. 그가 도망친 데는 여러 이유가 있었다. 그 이유가 무엇이든, 이제 그는 그런 이유와 대면해야 했다. 빌레몬은 돌아온 오네시모를 보면 놀랄 것이요, 어쩌면 그에게 화를 낼 수도 있을 것이다. 그러나 동시에 그는 바울이 했던 말과 자신이 요구받은 일이 절묘한 균형을 이룬다는 점도 깨달을 것이다. 이 글이 노예제에 관한 정책 선언이라면, 우리가 바랄 내용에는 미치지 못한다. 현실에 맞는 일회성 목회 전략을 실험하는 것이라면, 현명한 방법이다. 바울의 이런 권면이 효과를 발휘했던 것 같다. 50년 뒤에 에베소 주교를 맡은 이가 오네시모라는 사람이다. 젊은 날 노예였던 이가 이제 장년이 되어 그리스도인의 지도자가 되었던 것일까? 아니면 그 이름이 이미 초기 공동체 안에서 존경받는 이름이 되었던 것일까?

만일 바울이 오네시모와 두기고를 멀리 골로새에 보낸다면, 그 기회를 빌려 그가 거기 있는 교회 전체에게 무언가를 더 말하려 한다. 어쨌든 바울은 그 지역의 모든 교회가 돌려볼 서신을 써 보낼 가능성을 마음에 두고 있었다. 그는 이미 서신 내용을 머릿속에 구상해 두었다. 그는 두 통을 쓰려 한다. 말하자면 이 두 통을 나란히 써 보내려 하는데, 한 통은 모든 교회에 보내는 일반 서신이요 한 통은 특별히 골로새에 써 보내려 한다. 55년이나 56년 초에 썼을

가능성이 큰 이 두 서신은 바울 자신이 옥에 갇힌 이유를, 그리고 바울이 이렇게 옥고를 치름이 복음 자체가 위태로운 지경에 빠졌음을 의미할 수도 있지만, 그럴지라도 거기 있는 교회들이 그가 전한 소식을 듣고 근심하지 말아야 할 이유를 조금은 다르면서도 결국은 같은 말로 설명한다. 두 서신은 이런 내용을 다룰 때 바울이 세상의 모든 권세를 압도하고 이기신 예수의 권능에 관하여 깊이 묵상한 것을 생생히 표현한다. 바울은 바로 이 주제를 깊이 묵상한 덕분에 절망을 헤치고 다시 예수를 신뢰하는 자리로 돌아올 수 있었다(고 나는 주장한다). 바울의 세계관 전체를 충실히 담아낸 두 서신은 고대 유대인과 성경의 생각에서 유래했지만 이제는 예수를 중심으로 다시 만들어 낸 세계 속에 뿌리를 내린 채, 세상을 뒤집어엎는 새로운 복음의 메시지를 이교 세력이 지배하는 세계에 제시한다.

우리는 골로새서와 에베소서라는 이 두 서신 속으로 뛰어들기 전에 우선 바울이 이 두 서신의 저자인가 하는 문제에 관하여 한마디 해 두고 넘어가야 한다. 지금 이 책은 그런 전문 논쟁으로 뛰어들기에는 적합하지 않지만, 짧게 설명하고 넘어가는 것이 좋을 것 같다.

현대 서구의 대다수 비평적 학자들은 골로새서와 에베소서 전부 혹은 이 둘 가운데 하나의 저자가 바울이라는 데 여전히 의문을 표명한다. 이런 의문을 표명하는 이들은 그 근거 가운데 하나로 문체를 들지만, 사실 바울 서신은 대부분 각기 다른 문체를 보여 준다. 나도 바울 서신 가운데 가장 두드러진 문체 차이를 보여 주는 서신은 아마도 고린도전서와 고린도후서일 것 같다는 점을 이미 설명했는데, 이 두 서신은 바울이 쓴 서신으로 여기는 게 보통이다. 문체 문제는 대개 골로새서보다 에베소서와 관련이 있지만, 나는 바울이 아시아 속주 중심부에서 아시아 속주 중심부로 써 보내는 서신임을 고려하여 일부러 '아시아식' 문체를 채택하고 아시아식 언어유희와 화려한 문장, 리듬을 사용했을 것이라는 일부 학자들의 주장에 감명받았다. 이런 문체는 당시에 잘 알려져 있었으며 (정말 잘 알려져 있었는지를 두고 논쟁이 있긴 하다), 특히 로마 웅변가들 사이에서는 더더욱 그러했다. 몇몇 로마 웅변가는 '아시아식' 그리스어 모델을 모방했지만, 다른 이들은 이런 모델을 퇴보하고 타락한 것이라 여겼다.

어쨌든 바울의 문체와 관련하여 말해 두고 넘어가야 할 것이 셋 있다. 첫째, 이런 일을 컴퓨터로 분석하듯 분석하는 사람들은 대다수 서신이 바울에게서 나왔다고 말하곤 했다. 둘째, 현재 남아 있는 바울 서신은 고대 세계가 내놓은 대다수 문학 작품과 비교하면 사실 아주 짧아서, 우리가 만족할 수 있을 정도로 양자를 충분히 비교하기가 분명 어렵다. 셋째, 비평적 학자들은 이런저런 사람이 어떻게 글을 썼는가라는 문제와 관련하여 자신들의 견해를 주장할 때 너무 융통성 없이 자신들의 견해만 고집하기가 쉽다. 같은 사람이 같은 주에 학술지에 보낼 학술논문을 쓰고, 정치 집회에서 연설할 원고를 쓰며, 어린이들이 읽을 영어 교재를 쓰는 것도 얼마든지 가능하다. 어쩌면 그런 일을 다 하면서 시도 몇 편 쓸 수도 있다. 같은 사람이라도 상황이 달라지면 그 문체에 조그만 변화가 생기는 건 당연한 일이다. 바울 서신에서 볼 수 있는 소소한 문체 변화가 다 그런 경우다. 바울은 에베소서를 쓸 때 특정 상황이나 수신인을 마음에 두지 않고 일반 서신으로서 쓴다.

물론, 진짜 문제는 19세기 이후로 바울 연구의 첨단을 걸었던 학자들이 독일 자유주의 개신교 안에 자리하고 있었다는 점이다. 그 세계 사람들은 교회를 아주 '높이' 보는 골로새서와 에베소서의 교회관이 '개신교'(프로테스탄트) 색채를 더 많이 드러내는 로마서, 갈라디아서, 고린도 서신의 견해와 상반된다고 생각했다. 이것은 사실 그야말로 어처구니없는 실수다. 바울이 비록 교회관을 다양하게 표현하긴 했지만, 그래도 그의 교회관은 바울 서신 전체에 걸쳐 일관된 모습을 보여 준다. 사람에 따라 혹 에베소서와 골로새서의 교회관이 다른 서신의 그것과 완전히 다르다고 생각할지 모르나, 그런 일은 바울이 로마서와 갈라디아서에서 말하는 내용을 축소해야 비로소 가능한 일이다. 이와 관련하여, 가령 바울이 각 서신에서 예수를 바라보는 견해를 다룬 의견들도 있다. 그러나 이런 의견들 역시 바울이 로마서 그리고 바울이 쓴 게 명백한 다른 서신에서 말하는 내용을 축소하려는 견해에 근거를 두고 있다.

어쨌든, 이것은 근래에 당시 유대 세계를 연구하고 나서야 비로소 분명하게 드러난 것이기는 하지만, 에베소서와 골로새서는 모두 그 지향점이 유대 세계에 깊이 뿌리박고 있다. 물론 두 서신의 지향점은 예수를 중심으로 다시 생각한 것이나, 그래도 두 서신은 그 세계관 안에서 바라봐야 이해가 가능하다. 19세기 개신교는 유대 사상도 좋아하지 않았으며 바울이 너무 유대인다운 존재가 되는 것도 분명 원하지 않았다. 훨씬 더 근래에는 일부 사람들이 에베소서와 골로새서의 '가훈'에 불만을 표명하면서, 이 가훈이야말로 그들이 갈라디아서와 다른 곳에서 발견하는 자유의 강령을 저주하는 말이라고 주장했다. 이것 역시 잘못이다. 우리는 역사가이기 때문에 이 시대의 도덕으로 억지 기준을 만들어 세운 뒤, 이 기준에 맞춘 '바울'을 지어내려고 해서는 안 된다. 학계에서는 숱한 유행이 오고 간다. 에베소서와 골로새서를 거부하는 유행—아니 어쩌면 개신교의 바울이 한편으로는 유대교와 거리를 유지하게 하고 다른 한편으로는 가톨릭과 거리를 유지하게 도우려는 유행이라고 말해야 할지도 모르겠다—이 오랫동안 도전해 왔다. 그 유행이 '중요하게' 보이기 때문에, 그것에 도전했다간 혹시라도 그것이 '중요하지 않게' 보이는 일이 일어날까 봐 그것에 도전하기를 무서워하는 이들이 많다. 나는 에베소서와 골로새서가 에베소에서 기록되었다고 생각한다. 우리가 일단 이 서신들의 기록 장소를 에베소로 보면, 방금 말한 문제들이 역사 연구가 아니라 이데올로기가 만들어 낸 문제처럼 보이기 시작한다.

골로새서는 어떤 신생 교회에 써 보낸 서신 같다. 바울은 골로새에서 온 에바브라에게서 그런 교회가 있다는 정보를 들었다. 에바브라는 에베소에서 바울의 인도로 회심한 뒤 말씀을 전하러 고향으로 돌아갔던 것 같다. 바울은 그 교회의 믿음과 지혜와 이해가 자라나 예수의 '능력'을 힘입어 예수께 영광을 돌리는 삶을 살아가고 예수께 영광을 돌리는 일을 할 수 있기를—여기서 다시 등장하는 주제다—기도한다.[24] 특히 바울은 그들이 **감사하는** 습관을 계발하고 풍성하게 만들기를 간절히 원한다. 그는 이 목표를 이루고자 그들에게 한 시를 제시한다. 이 시는 빌립보서 2장의 시처럼 예수가 세상의 모든 권세 위에 서서 온 우주를 다스리는 주이심을 송축한다.

내가 앞서 제시했듯이, 이것은 바울 자신이 그 권세들과 싸울 때 필요로 했던 활력소 가운데 일부였다. 사실, 옥중에 있는 사람이 이 시를 쓴다는 것이 바로 이 시가 말하려는 의미의 일부다. 다시 말해, 이 시는 이 시를 읽거나 이 시로 기도하는 이들에게 그들이 그들 주위 사면팔방에서 목격하는 세계와 다른 세계—다른 주가 있는 세계, 한 분 하나님이 통치하시고 구원을 베풀어 주시는 세계, 새로운 종류의 지혜가 사람들 눈앞에 드러나는 세계, 인간의 존재 방식이 달라지는 세계—를 상상해 보라고 권한다.

사실 골로새서 본문을 깊이 파고 들어가 보면, '지혜'를 이야기하는 부분이 많다. 늘 그렇듯이, 바울은 사람들이 **생각하기**를 배우길 원한다. 규칙과 원리를 그냥 아무 생각 없이 달달 외워 흡수하지 말고, 진정한 인간으로서 성장하여 "명확한 이해에서 나오는 모든 풍성함"을 경험하고 "하나님의 신비를 아는 지식"에 이를 수 있기를 원한다.[25] 이 모든 일은 그 '신비'를 드러내신 분이 바로 예수 바로 그분임을 그들이 깨달을 때에 일어날 것이다. 메시아 그분이야말로 그들이 "지혜와 지식의 모든 숨겨진 보화"를 발견할 수 있는 '곳'이다.[26]

바울은 여기서 유대인의 사고를 구성하는 중요한 두 가닥에 깊이 의지한다. 앞서 보았듯이, 한편으로 보면 그는 기도하며 묵상하는 전통을 아주 잘 알고 있다. 경건한 유대인은 그런 묵상을 통해 하늘의 영역을, 그리고 어쩌면 한 분 하나님 바로 그분까지 알현하는 환상을 체험하길 소망했다. 이런 전통은 바벨론 포로생활이 끝난 뒤에도 이교도가 여전히 지배하면서, 어떤 의미에서는 예언자들이 남겼던 가장 위대한 약속, 특히 이스라엘의 하나님이 만인이 지켜보는 가운데 그 권능을 나타내시며 시온의 성전으로 돌아오시리라는 약속이 실현되지 않았던 때에 발전한 것 같다. 어쩌면 이때는 검증과 인내의 시간이었는지도 모른다. 이 시간을 지나는 동안, 어떤 이들은 언젠가는 그 성전을 가득 채우고 온 피조 세계에 가득 흘러넘칠 실체를, 말 그대로 미리 어렴풋이나마 보았을지도 모른다.

둘째, 온 피조 세계는 한 분 하나님이 **그의 지혜를 통해** 만드셨다. 그것이 바로 잠언 8장이 말하는 내용이요, 유대 사상가들이 바울 자신의 시대에 이르기까지 계속 발전시켜 갈 사상 흐름의 출발점이었다. 처음 시작할 때는 분명 이 지혜가 은유였다. 하나님이 세상을 창조하실 때 '지혜라는 여인'이 하나님의 시녀 역할을 했다고 이야기한 것은 하나님이 세상을 만드실 때 두서없이 만들거나 뒤죽박죽 만들지 않고 **지혜롭게**—일관되게, 질서를 잘 갖춰—만드셨음을 표현한 시어^{詩語}였다. 그 말은 그런 의미였다. 물론—이것이 잠언 전체의 핵심이요, 그 핵심을 되울리며 발전시킨 후대 문헌의 핵심이기도 한데—당신이 하나님의 형상을 되비쳐 주는 진정한 인간이기를 원한다면, 당신도 역시 지혜 있는 사람이어야 한다. 당신도 지혜라는 여인을 알아야 한다.

그 시대에 성전에 관하여 쓴 몇몇 사람들은 '신비' 전승과 '지혜' 전승 양자에 초점을 맞추었다. 성전은 한 분 하나님이 들어와 사시겠다고 약속하셨던 곳이다. 때문에 사람들은 그 궁극의 신비가 그 모습을 드러내는 일이 정말 일어난다면 그 신비가 성전 안에 임재하거나, **마치** 자신들이 성전 안에 있는 **것 같은** 일이 일어나리라고 예상했을지도 모른다. 기원전 200년경에 기록되었으며 집회서 또는 시락의 아들 예수^{Jesus ben Sirach}의 지혜서로 알려져 있는 책은, 지혜라는 여인이 인간 가운데 들어와 살기를 원하지만 자신의 거처를 어디에 세워야 할지 고민하는 모습을 상상한다. 고민할 필요가 없다. 그 여인이 있을 곳은 당연히 성전이다.[27] 이 모든 것이 유대 사상의 또 다른 가닥 속에서 한 덩어리를 이루고 있다. 성경이 궁극의 '현자'로 묘사하는 다윗의 아들 솔로몬 역시 성전을 세운 왕이다. 솔로몬이 새로 지은 성전을 성별하여 봉헌했을 때, 제사장이 거기 서서 자신이 해야 할 일을 할 수 없을 정도로 광휘가 휘황한 가운데 하나님의 영광이 그 집을 가득 채우게 된다.[28]

　그때와 완전히 다른 문화 속에서 살아가는 우리는 이 모든 것을 서로 다른 사상의 기괴한 조합처럼 느낀다. 바울이 살던 세계의 사람들은, 그중에서도 특히 좋은 교육을 받은 유대인은 분명 서로 별개인 이 모든 개념이 기름을 잘 친 하나의 기계처럼 하나의 통일체라고 보았다. 아니 어쩌면 이 지혜를 한 사람처럼 여겼다고 말하는 게 더 나을지도 모르겠으며, 이 경우는 지혜가 예수다. 그렇다면 그가 바로 지혜와 지식의 모든 보화를 발견할 곳이라는 말은 무슨 의미일까?

　바울은 또 다른 놀라운 시를 제시하면서 이것이 바로 그 시의 의미라고 선언한다. 이 시는 내가 방금 말한 모든 것을 표현할 뿐 아니라 나아가 아름답게 표현한다. 여기에 창조와 지혜와 신비와 성전의 비밀이 있다. 그 모든 것이 잘 어우러진 모습이 여기 있다.

　창세기는 "태초에"라는 말로 시작하는데, 히브리어 본문에서는 이 말이 한 단어 **버레쉬트**_bereshith_다. 전치사 **버**_be_는 '… 안에'나 '…을 통해'나 '…을 위해'를 뜻할 수 있으며, 명사인 **레쉬트**_reshith_는 '처음', '머리', '합계', 혹은 '첫 열매'를 의미할 수 있다. 잠언 8장에서 지혜라는 여인은 하나님이 자신을 "그가 하시는 일의 시작으로서"(22절, _bereshith darkō_) 자신을 창조하셨다고 선언한다. 창세기 1장의 창조 기사는 인간을 하나님의 **형상**으로 창조하는 대목에서 절정에 이른다. 피조 세계 전체가 한 성전이다. 하늘과 땅이 대표하는 이 실체가 하나님이 거하기 원하시는 곳이다. 하나님이 이 성전 안에 임재하신 방식은 '형상'이었다(고대 세계 사람이면 누구나 이 사실을 아주 잘 알았을 것이다). 이 형상이 예배 대상이었으며, 창조주를 세계와 창조주 앞에 펼쳐진 더 넓은 세계에 보여 주었다. 복잡하다고? 물론 복잡하기는 하지만, 우리 눈에는 그렇게 보일 뿐이다. 우리 문화는 이런 종류의 생각을 엉터리라며 내버리려고 최선을 다해 왔기 때문이다. 하지만 이런 생각은 일관성이 있으며 이 생각이 묘사하는 형상은 피조 세계 자체와, 아니 사실은 인간과 조금 닮았다.

이제 바울이 여행하면서, 푹푹 찌고 비좁은 그의 작업장에서 일하면서, 길가 여인숙에 머물면서, 그가 늘 자연스럽게 머물던 곳인 성경이라는 거대한 세계를 젊은 디모데에게 가르치면서 깊이 곱씹고 기도했을 유대 사상을, 복잡하지만 일관성을 지닌 그 모든 유대 사상을 상상해 보라. 바울이 오늘날 터키와 그리스 지역에서 복음이 역사함을 본 뒤에 예루살렘을 찾았다가 성전 바로 그곳에서 그 모든 내용을 깊이 묵상하며 기도하는 모습을 상상해 보라. 특히 바울이 여기 성전에서 예수가 이제 어떻게 하여 온 피조 세계의 초점으로서, 지혜와 신비의 초점으로서, 진정한 인간다움이란 것이 지닌 심오한 의미의 초점으로서, 그리고 존재할 수 있는 모든 힘을 다스리시는 주로서 보좌에 오르셨는지를 신선하게 꿰뚫어 보는 통찰을 발견하는 모습을 상상해 보라. 이제 바울이 위기의 순간에, 절망의 순간에, 온갖 '권세'가 결국 그를 압도했다고 느끼던 바로 그 순간에 마치 바닥이 없는 것처럼 깊고 깊은 우물과 같은 진리 속으로 내려가, 죽은 자를 부활시키시는 하나님을 신뢰한다는 것이 무슨 의미인지를 신선하게 발견하는 모습을 상상해 보라. 이 것이 바로 그가 떠올린 것이다.

그분은 보이지 않는 분이신 하나님의 형상이시며
모든 피조물의 맏이이십니다.
그분 안에서 하늘에 있는 것과 여기 땅에 있는
모든 것이 창조되었기 때문입니다.
보이는 것들과 보이지 않는 것들,
왕좌든 주권이든 통치권이든 권세든
모두가 그분을 통해 그분을 위해 창조되었습니다.
또한 그분은 다른 모든 것보다 앞에, 먼저 계시고
그분 안에서 모든 것이 존속합니다.
또한 그분 자신은 최고이신 분으로
교회라는 몸의 머리이십니다.
그분은 모든 것의 시작이시며,
죽은 자들 가운데서 맏이이십니다.
그리하여 모든 것 가운데서 으뜸이 되셨습니다.
그분 안에 모든 '충만'이 기쁘게 머무시고
그분의 십자가의 피로 평화를 이루시어
그분을 통해 모든 것을 자신과 기꺼이 화해시키셨기 때문입니다.
그분을 통해, 그렇습니다, 땅에 있는 것들과

하늘에 있는 것들을 화해시키셨습니다.[29]

이 시가 그리 우아하지 않다면, 바울이 지금 여러 권세들, 그러니까 땅 위에 있는 권세들과 땅 아래 어두운 영역에 있는 권세들, 그를 옥에 가두고 그의 영혼을 산산이 부서질 정도로 짓뭉개 버린 권세들에게 주먹을 휘두르고 있기 때문이라고 말하는 이가 있을지도 모르겠다. 그러나 그는 지금 그런 일을 하지 않는다. 신학적 결과는 동일하다. 당신을 통해 만물이 창조되게 하셨던 예수가 이제는 십자가에 달려 죽음으로 말미암아 당신을 통해 만물을 하나님과 화해시키신다. 바울은 지금 바로 이 예수가 이렇게 만물을 하나님과 화해시키시는 세상이 임했음을 되새겨 주며 이 세상을 송축한다. 물론 이 세상은 그와 그의 벗들이 육안으로 볼 수 있는 세상이 아니다. 그들은 지역 관리들이 로마 황제에게 충성하는 모습을 보았다. 행정관은 그들을 괴롭히고, 관리들은 그들을 위협했다. 옥에 갇히고 고문을 당했다. 그러나 그들은 이제 믿음의 눈으로, 성경이라는 렌즈를 통해 보기를 익혔던 눈으로 세상을 보고 예수를 보라는 권유를 받는다.

마치 묵시 속의 환상처럼 신비를 계시하는 이 시는 또 다른 세계를 어렴풋이 보여 준다. 그 세계는 그때나 지금이나 폭력이 난무하고 야만이 횡행하는 이교 세계보다 진실한 세계다. 그 세계는 유대 세계지만, 이전의 유대 세계와 다른 점이 있다. 다윗의 진정한 자손이요 참 인간(진정한 '형상')이신 메시아가 오심으로 말미암아 마침내 그 의미가 알려지게 된 유대 세계다. 이 메시아의 실체와 의미를 미리 알려 주는 이정표가 바로 예루살렘 성전이었다. "모든 충만"—한 분 하나님의 충만한 신성—이 "그분 안에 기쁘게 머무셨다." 이것이 성전 언어다. 이 언어는 단순하면서도 아주 심오한 요한의 말—"말씀이 육체가 되어 우리 가운데 사셨다"[30]—과 더불어 사람이 예수에 관하여 가질 수 있는 견해 가운데 가장 높은 견해를 제시한다. 예수는 형상이요, 이 세계라는 성전의 중심에 계신 참 인간이시며, 하늘과 땅에 발을 딛고 서 계신 분이요, 종국에는 하늘과 땅이 하나가 되게 하실 분이며, 그의 부끄러운 죽음으로 만물을 그 창조주와 화해시키신 분이다.

바울은 예수를 이처럼 간결하면서도 숨이 멎을 만큼 놀라움을 안겨 주는 모습으로 제시하면서, 골로새 사람들과 자신을 이 그림 속으로 끌어들인다. 그들은 모두 이 그림의 일부가 되었으며, 바울 자신이 겪는 고난도 주이신 예수가 당신의 권세를 이 세상에서 실현하시는 방법 가운데 하나다. 바울이 일찍이 갈라디아 사람들에게 말했듯이, 메시아는 진정 그들 안에서 살고 계신다. 한 분 하나님의 영광이 돌아와 온 세상을 가득 채우리라던 옛 유대인의 소망이 이렇게 현실로 이루어지기 시작했다. 골로새에서는 그렇게 보이지 않았을지도 모른다. 그곳에서는 기이하다 싶은 온갖 다양한 사람들이 열 명 혹은 스무 명씩 빌레몬의 집으로 몰려가 기도하고 한 분 하나님을 예배하면서 예수를 부르는가 하면, 함께 빵을 떼고, 서로를 위해 혹은 세상을 위해 기도했기 때문이다. 그러나 사실 메시아는 거기에서도 그들 가운데 계시며, 언제나 "영광의 희망"이시다.[31] 언젠가는 피조 세계 전체가 그의 임재로 가득 찰 것이다. 그때에 그들은 이날을 돌아보면서, 다시 새로워진 피조물이 어떤 모습일지를 생생히 보여 준 작은 모형이요 청사진이었음을 깨닫게 될 것이다.

이는 빌립보서 3:2-11이 했던 것 같은 역할을 하는 경고로 이어진다. 이 본문에서 바울이 골로새 사람들에게 갈라디아에서 일어난 일을 되풀이하지 말라고 경고하는지는 썩 분명하지 않지만, 우리가 이 본문 전체를 읽어 보면 그런 취지가 눈에 들어온다. 그는 이렇게 말한다. "너희는 이미 참된 유일신 신자이며 참된 성전에 초점을 맞추고 있다.[32] 너희는 이미 '할례를 받았으나' 보통 할례처럼 몸에 할례를 받지 않고 메시아와 함께 죽고 부활함으로 할례를 받았다.[33] 너희를 방해했을 수도 있는 토라는 이제 한쪽으로 치워졌다.[34] 따라서 이제는 사람들이 너희를 가르친답시고 어떤 환상이나 계시를 주장하든 개의치 말고 너희에게 음식이나 절기나 안식일에 관한 규율에 순종할 의무가 없음을 인식하라."[35] 이 모든 것은 결국 무엇을 의미하는가? 유일신론(유일신 신앙), 성전, 할례, 토라, 음식법, 안식일, 환상, 계시···. 이것은 바울이 아주 잘 아는 유대 세계의 언어처럼 들린다. 이 경고는 사실 빌립보서 3장의 경고와 비슷하다. 이상한 혼합주의 '철학'이 골로새를 엄습했다고 상상하는 사람이 많지만, 그렇게 상상할 필요는 없다. 이것은 암호 같은 용어를 써서 꾐에 넘어가 유대교 무리로 들어가지 말라고 경고하는 말이다.

그렇다면 그가 사람들이 "그들을 사로잡으려" 사용할 수도 있는 "철학과 공허한 속임수"를 이야기하는 이유는 뭘까?[36] 갈라디아서 4장에서도 그랬지만, 바울은 회당 공동체가 십자가에 못 박힌 메시아를 전하는 메시지를 거부하면 많은 사람 가운데 남을 것은 단지 하나의 철학뿐임을 분명히 알았다. 바울이 살던 세계에서는 '철학'이 삶의 한 방식이었다. 몇몇 유대인 저술가는 그들 자신의 세계관을 철학을 사용하여 피력했다. 하지만 여기서 중요한 말은 '너희를 사로잡다'이다. 바울은 이를 한 단어로 표현하면서, 아주 보기 드문 그리스어 단어 *sylagōgōn*을 사용했다. 이 단어에서 한 글자만 바꾸면—그리스어로 한 획만 더 쓰면—*synagōgōn*이 되어 '너희를 회당으로 끌어들이다'라는 뜻이 된다. 우리는 바울이 빌립보서 3장에서 '살을 잘라내는', 곧 *katatomē*를 경고하면서 이 말을 사용하여 '할례'를 뜻하는 *peritomē*를 조롱하는 언어유희를 구사하는 모습을 보았다. 그는 여기에서도 마찬가지로 유대인 교사들(혹은 유대인 그리스도인 교사들)이 골로새의 예수 따름이에게 와서 할례를 받으라고 회유할 가능성을 아예 쓸어버린다. 바울은 이미 그런 일이 일어났다고 말한다. 그들은 이미 메시아와 함께 죽었다가 부활했다.

이어 이것은 2장 끝부분부터 이 서신 끝부분까지 이어지는 그의 간결한 가르침의 틀을 형성한다. 이것은 갈라디아서 2:19-20 — "나는 율법을 통해 율법에 대해 죽었는데… 나는 살아 있습니다"―을 더 길게 적용한 부분이다. 바울은 이렇게 말하는 것이다. "너희가 진실로 누구인지 깨달으라. 메시아가 죽었다가 부활하셨으며, 너희는 메시아 안에 있다. 따라서 너희도 죽었다가 부활했으니, 이제 그에 맞게 사는 법을 배워야 한다. 지금은 감춰져 있으나 새 창조(피조 세계)가 드러나고, 왕이신 메시아가 영광 가운데 나타나실 때가 오리라. 그 일이 일어나면, 너희가 이미 들어가 있는 그분도 나타나시리라. 이를 믿고 그대로 살라."[37] 뒤따르는 가르침―정결한 성생활, 지혜롭고 친절하며 진실한 말, 전통으로 내려온 경계를 초월한 통일성을 강조하는 가르침―은 선명하고 기본이 되는 내용이다. 모든 것이 감사로 되돌아간다.[38] 그것이 아내와 남편, 그리고―놀랍게도―자녀와 노예에게까지 주는 가르침을 담은 간결한 '가법家法'의 맥락이다. 바울의 가르침은 이 모든 이를 책임을 지닌 진짜 인간으로 다룬다.

바울은 기도와 인사로 서신을 맺는다. 로마서(바울이 직접 방문하지 않은 교회에 써 보낸 유일한 또 다른 서신)에서도 그랬지만, 이 인사는 여느 인사보다 충실하다. 바울이 열거하는 동료 목록은 빌레몬서 말미에 나온 목록에 아주 비슷하지만 더 상세하다. 아리스다고는 바울과 같이 옥살이를 하던 이로 보인다. 마가(바나바의 조카)도 바울을 도우면서, 그가 7-8년 전에 일으켰던 문제들을 분명 극복했다. 바울은 (내가 제시했듯이) 온갖 권세들을 모두 제압하고 그들을 다스리시는 예수의 주권을 오랫동안 묵상했으며, 이를 통해 그의 영혼이 되살아났다. 게다가 이 동료들도 분명 바울에게 큰 힘이 되었는데, 특히 역시 유대인이었던 세 사람(아리스다고, 마가, 그리고 빌레몬서가 유일하게 언급하지 않은 사람인 유스도라 하는 예수)이 그러했다. 이것이 중요한 것은 여러 이유 때문이다. 바울은 이방인이 할례를 받지 않고도 교회의 완전한 지체가 되어야 한다는 주장을 펴는 이로 잘 알려져 있었다. 이 때문에 바울은 유대인 예수 따름이를 비롯한 유대인들이 자신을 피하려 한다는 것과 그에 따른 위험을 늘 알고 있었다. 특히 마가가 그와 함께 일하고 있다는 사실은 바나바와 베드로를 포함한 그 집안과 바울 사이에 존재하는 어떤 틈새도 적절히 봉합되었음을 일러 주는 증거일지도 모른다.

바울은 흥미롭게도 골로새 사람들에게 그들이 낭독을 통해 읽게 될 서신을 받으면, 그 서신을 다 읽은 뒤 라오디게아에 있는 교회에게도 전해 주라고 당부한다. 아울러 바울은 골로새 사람들에게 라오디게아**에서** 그들에게 보낼 서신도 꼭 읽으라고 당부한다. 분명 이곳저곳을 돌아다니며 서신을 전하는 이가 있다. 두기고와 오네시모가 이 두 서신을 전할 것 같다. 하지만 이 일은 이 두 심부름꾼에게 흥미로우면서도 힘든 여행이 될 것이다. 두기고와 오네시모가 걸어서 골로새까지 가려면 한 주는 걸리려니와, 그동안 두기고는 하던 일을 그만두고 오네시모를 늘 즐겁게 해 주려 한다.

내가 앉은 곳에서 보면, 책과 서류 더미, 커피잔과 촛대 사이에 섞

여 있는 사진 수십 장을 볼 수 있다. 이 사진은 대부분 작지만 특별한 사진이다. 가족, 휴일 풍경, 해변의 흰 말, 도시 원경遠景을 담은 사진이다. 심지어 내 아내가 교황을 사진에 담는 사진도 있다(그 교황이 누구인지는 묻지 말기를). 그러나 눈에 보이지는 않지만 기억에는 선명히 남아 있는 옆방에는, 사진틀에 담아 놓은 사진 열네 장이 있다. 잘라 붙여 완전한 파노라마로 만들어 놓은 사진. 이 사진은 스위스로 휴가를 갔다가, 베른 고원의 쉬니게 플라테라는 산맥에서 찍었다. 카메라가 완전히 원을 그리며 한 바퀴 회전했기 때문에, 사실 이 파노라마의 왼쪽 끝은 오른쪽 끝과 붙어 있다. 중앙에는 위대한 산정山頂 곧 아이거, 뮌히, 그리고 영예로운 융프라우가 있다. 주위의 산들은 모두 이보다 작지만 그래도 역시 만년설을 이고 웅장한 모습을 뽐내며 여름 햇빛에 그 몸을 담그고 있는 멋진 산이다. 이 사진은 지금 내 앞에 있는 사진과 완전히 다른 종류의 사진이지만, 이 사진 속에도 더 작은 사진에 들어 있던 낯익은 피사체들, 그러니까 가족, 휴일 풍경, 풀을 뜯는 동물(이 경우에는 소), 그리고 심지어 저 멀리 있는 자그마한 마을이 들어 있다. 이들은 모두 한 사진틀 안에 들어 있다. 이 때문에 이 피사체들은 훨씬 더 많은 의미를 제시한다. 이 사진은 한 번만 봐도 온 세계를 받아들일 수 있다.

에베소서가 그와 같다. 이 서신은 회람 서신 같다. 특정 교회에 친밀한 인사를 건네거나 그 교회를 언급하는 말이 전혀 없기 때문이다. 에베소서 첫 구절의 "에베소의"라는 말("왕이신 예수를 충성스럽게 믿는 에베소의 거룩한 이들에게")은 가장 이른 시기에 나온 가장 훌륭한 사본에서는 찾아볼 수 없으며, 아마도 4세기 혹은 5세기 어느 때쯤에 어떤 사본 필사자가 서신을 받는 이의 주소가 없음에 당황하여 이를 추가한 것 같다. 이렇게 한 데에는 그럴 만한 이유가 있었을지도 모른다. 이 서신이 정말 회람 서신이었다면, 그러나 이 서신을 에베소 옥중에서 써 보냈다면, 이 서신의 사본 하나는 에베소 교회 자신이 보관했거나 아니면 라오디게아나 골로새에서 온 누군가가 처음에 그 서신을 받았던 곳으로 돌려보낼 사본을 하나 만들었을 가능성이 아주 높다. 따라서 이 필사자는 이 서신에 수신인 주소가 없음을 보았으나 이 서신이 에베소에서 기록되었음을 알고 저 말을 추가하는 현명한 일을 한 것 같다.

많은 이가 이 서신을 회람 서신이라고 생각하는 이유는 서신에 수신자 주소와 인사말이 없기 때문만은 아니다. 이 서신은 아주 넓은 영역을 아우르면서, 서로 다른 많은 요소를 한데 결합하여 한눈에 볼 수 있게 해 놓았다. 놀랄 정도로 아름다운 정상과 희미한 원경이 보이지만, 중요한 것은 저자가 멀리서 이 모든 것을 바라보며 한 번에 그것을 다 표현하려 했다는 점이다. 그것이 바로 심지어 이 서신이 정말 바울이 쓴 서신인지 확신하지 못하는 이들 가운데서도 몇몇 사람이 이 서신을 '바울주의의 왕관'이요 바울 사상을 한 틀에 담아 놓은 서신이라 부른 이유다. 나는 이 서신이, 말하자면 비록 종류가 다른 사진이지만 그래도 같은 사람의 작품이라 인정할 수 있는 서신이라고 믿는다.

에베소서에는 골로새서와 공통된 부분이 많다. 공통 부분이

하도 많다 보니, 어떤 이들은 한 서신이 다른 서신의 모델이었다고 생각할 정도다. 내가 생각하기에는, 이 두 서신이 서로 조금 다른 목적에 활용하고자 거의 같은 시기에 썼을 가능성이 높은 것 같다. 골로새서는 골로새의 특정한 공동체에 특별히 초점을 맞추지만, 에베소서는 저자가 좀 멀리 떨어진 채 풍경 자체가 말하게 한다. 나는 에베소서가 바울 자신의 상황을 알 수 있게 해 주는 서신이요, 그가 왜 옥중에서 아시아 속주 교회들에게 이 서신 속의 말을 하고 싶어 했는지 이해할 수 있게 해 주는 서신이라고 생각한다. 이 서신은 명백히 상이한 두 가지를 결합해 놓았지만, 바울 그리고 그가 에베소에서 겪은 위기를 생각하면 그리한 이유가 이해가 간다.

첫째, 하나님의 목적 그리고 하나님의 계획을 대행하고 대표하는 존재인 교회를 온 우주 차원에서, 전 세계 차원에서 조망하는 시각이 있다. 이 서신은 이 시각을 다루는 데 처음 세 장을 할애한다. 이 세 장은 고양된 산문(어쩌면 사실은 긴 문장과 화려한 표현을 구사한 '아시아식' 글인지도 모른다), 한 흐름으로 이어지는 찬양, 예배, 그리고 기도가 잇달아 이어진다. 이 대목은 그야말로 온통 유대적 색채가 넘쳐난다. 이 대목은 창조주와 온 우주, 하나가 된 하늘과 땅, 세상의 모든 힘이 창조주 하나님과 높이 올림을 받으신 메시아께 복종하는 모습, 창조주가 참 사람이신 이의 발아래 "모든 것"을 놓아두신 모습을 생생하게 제시한다.[39] 그의 죽음과 부활로 말미암아 새 출애굽이 일어났으며, "영"(성령)이라는 보증금은 장차 신자가 받을

"상속"을 확실히 보증해 주었다. 아울러 이제는 "현 시대뿐 아니라 오는 시대에도 거명될 모든 이름"을 포함하여 "모든 통치와 권위와 능력과 주권"이 그에게 복종한다.[40] 아시아에 있는 이들은 모두 여기서 언급하는 이가 누구인지 알았을 것이다.

에베소서 2장은 하나님이 은혜와 풍성한 자비를 행하사, 죄에서 그리고 인간의 우상 숭배로 그 배를 불리던 "권세들"에서 유대인과 이방인을 똑같이 구해 내셨다고 이야기한다. 아울러 2장은 메시아의 백성을 이 세상에서 하나님의 선한 목적이 무엇인지 보여 줄 모델이 되게 하고 이 목적을 계속 이루어 가고자 구해 내신 새 피조물이요 하나님의 **포이에마**(작품)*poiēma*라 이야기하는데, 영어의 '시poem'가 바로 이 말에서 나왔다. 아울러 2장은 바울 시대 유대인(특히 헤롯이 다시 지은 예루살렘 성전이 돈만 쏟아부은 가짜임을 아주 잘 알았던 이들)이 오랫동안 기다려 왔던 새 성전을 이야기한다. 이제 새 성전은 예수 따름이 공동체로 이루어지며, 살아 계신 하나님이 당신의 영으로 거하시는 곳이다. 바울은 이어 3장에서 자신이 하는 일과 현재 겪는 고난이 오래전부터 하나님이 갖고 계셨던 목적이 담긴 지도 위에 들어 있다고 설명한다. 늘 그러려 했던 것처럼, 세상의 권세들은 이제 하나님의 권능과 대립하고 있다. 바울은 이를 토대로 자신이 지금 서신을 써 보내는 모든 이가 "그 너비와 길이와 높이와 깊이"—이것이 진정 그가 지금 펼쳐 보이는 파노라마다—를 깨닫게 되고 특히 메시아 바로 그분의 사랑을 알게 되어, 그들에게 하나님의 모든 충만이 가득하게 되길 기도한다.[41]

따라서 이 서신 전반부는 온통 **능력**과 **통일**—복음 안에서 나타난 하나님의 능력, 그리고 하늘과 땅이 하나 되며 유대인과 이방인이 교회 안에서 하나가 됨—을 이야기한다.[42] 이는 이어 교회가 받은 상이한 많은 선물을 통한 교회의 하나 됨 그리고 특히 남자와 여자가 혼인을 통해 하나 됨을 다룬 주목할 만한 권면을 낳는다.[43] 바울도 기꺼이 인정하듯이, 여기에도 신비가 있다. 에베소서에서는 온 피조 세계를 향한 창조주의 계획이 성취되고 그 성취가 유대인과 이방인, 남자와 여자 안에서 이루어졌음을 미리 보여 주는 표지가 존재한다는 인식이 아주 분명하게 나타난다. 이 점에서 이 서신은 바울 서신임이 아주 명백하며, 특히 갈라디아서와 잘 어울린다. 따라서 에베소서가 제시하는 큰 사진을, 파노라마를 의심해서는 안 된다.

에베소서 후반부는 삶의 실제와 관련된 성격이 강하고 분명하게 나타난다. 하나님이 교회에 주신 다양한 선물은 교회에 풍성하면서도 다채로운 색깔이 어우러진 통일성을 부여하여 교회 지체들이 바로 그런 통일체 안에서 "메시아에 이르기까지 자라가게" 하시려고 주신 것이다. 이것이 바로 바울이 빌레몬에게 말했던 내용이다. 이는 디아스포라 유대인에게 그들이 깨닫게 될 도덕 기준, 특히 성 윤리 문제와 관련하여 깨닫게 될 도덕 기준에 맞춰 새롭게 살아가라고 부단히 권면하는 말을 낳는다. 이는 자연히 혼인 관계 내부의 섬세한 균형을 논하는 말로 이어지며, 이 섬세한 균형 때문에 또 다른 형태의 '가법'이 등장한다. 그러나 거기에는 놀라운 내용이 등장한다. 하지만, 되돌아보면, 그다지 놀랄 이유가 없다.

혹자는 에베소서 첫 세 장을 읽으면서, 세상일이 모두 이미 뒤틀어지기 시작했다면 그 길로 가고 있는 것이라고 생각했을지도 모르겠다. 하나님의 구속 목적이 지향하는 위대한 목표(비전)는 이미 메시아 안에서 이루어졌다. 이제는 교회가 공동체로서 그 삶과 하나 됨을 통해 온 세상을 상대로 한 분 하나님이 하나님이요, 예수가 주이시며, 다른 모든 권세를 그분에게 복종한다고 선언할 것이다. 어쩌면 사람들은 이것을 이루어질 수 없는 과대망상이자 현실을 모르는 판타지에 불과하다고 여길지도 모르겠다. 실제로 우리 시대 많은 사람이 그렇게 여겼다. 그러나 6장 끝부분에 가면 계속되는 현실을 되새겨 주는 내용이 나온다. 신자들은 권력 투쟁에 골몰한다. 이런 일은 위험하고 불쾌하기에, 신자는 늘 이런 일이 일어나지 않게 경계하고 복음이 제공할 수 있는 모든 방어 수단을 활용해야 한다.

여기가 바로 바울이 고린도후서 1장에서 언급하는 끔찍한 경험을 한 뒤에 다다른 곳이 아니었나 싶다. 바울은 예수의 주권을 끊임없이 묵상해 왔다. 그가 이전에 했던 기도 생활이 뿌리를 두고 있던 이 묵상은 깊은 유대교 뿌리에서 자라난 것이었다. 그의 이 묵상은 예수를 겸비한 종이요, 참 사람의 형상이며, 높이 올림을 받으신 주요, "신성의 모든 충만이 몸이 되어 거주"하는[44] 곳이라고 송축한다. 이 모든 묵상이 그가 결국 외면의 감옥에서 풀려나기 전에 이미 컴컴한 내면의 감옥에서 올라올 수 있도록[■] 도와주었다. 그는 이전에 그가 에베소에서 일하던 시절에 대놓고 그에게 맞서던 군주와 권력이 그에게 반격할 수도 있음을 잊지 않았다. 그는 행정관의 냉혹한 얼굴을 에워싼 유황 냄새, 자신들이 새로 맡게 된 죄수를 채찍질하거나 매질하게 되자 마귀처럼 좋아하던 간수들의 환호를 느꼈고 그 냄새를 맡았다. 어쩌면 그는 자신이 친구라 생각했건만 이제는 돌변하여 원수가 된 이들의 우쭐대는 얼굴도 보았을지 모른다. 그는 자신이 1-3장에서 거듭거듭 이야기하는 모든 진리, 특히 "풍성하고 다채로운 하나님의 지혜를 하늘에 있는 통치자들과 권세자들에게 알리는"[45] 진리를 사람들이 송축하면, 오히려 통치자들과 권세자들은 그런 진리를 고분고분 받아들일 가능성이 거의 없다는 것을 알며, 이를 경험으로 터득했다. 바울 자신이 같은 본문에서 설명하듯이, 그가 당하는 고난이 핵심을 분명히 설명한다. 십자가가 얻은 승리는 이제 십자가를 통해 실행되어야 한다.

나는 사실 영의 전쟁을 다루는 본문인 에베소서 6:10-20이 이 서신의 나머지 전체와의 관계에서 수행하는 기능이 마치 몸의 부활을 길게 논증한 고린도전서 15장이 고린도전서 앞부분과의 관계에서 수행하는 기능과 아주 비슷하다고 생각한다. 여러분은 에베소서 6:10-20이 그런 곳임을 간파하지 못했을 수도 있으나, 일단 이 본문에 이르면, 이 본문은 앞부분과 아무 상관이 없는 부록이 아니라 오히려 그 앞에 나온 모든 것을 설명해 주는 더 심오한

■   일반적으로 로마 감옥의 형태는 지하 구덩이였다.

실체임이 드러난다. 특히 바울이 4-6장에서 말하는 모든 것은 도덕을 둘러싸고 세상에서 벌어지는 권력 투쟁의 최전선을 끌어내린다. 달라도 아주 다른 여러 선물이 분열이 아니라 통일을 이루는 데 기여하도록 만드는 일은, 4장에서 말하듯이 아주 어렵다. 이교 세계가 잠깐 가져다주는 어두운 환락에 저항하려는 심상과 자연스러운 동기를 재교육하는 일은 훨씬 더 어렵다. 부부가 정말 서로 복종하는 혼인 관계를 이루고 이런 혼인을 유지해 가는 것이야말로 어쩌면 가장 어려운 일인지도 모르겠다. 타협하면서 차선책을 찾는 것은 쉽다. 제자의 길을 충실히 걸어가려고 애씀은 영의 전쟁에 참여하겠다고 서명하는 것이다.

이 서신 전반부도 마찬가지다. 바울은 한 분 하나님을 송축하고 그분이 행하신 창조와 새 창조, 출애굽과 새 출애굽을 송축하는 일이 세상의 권세들에 도전하는 일과 양립할 수 있을 뿐 아니라 도리어 둘 사이에는 연관이 있을 수밖에 없음을 이 시대의 수많은 이론가보다 훨씬 잘 알았다. 에베소서 1-3장이 '지금'만 잔뜩 이야기하고 '아직'은 충분히 이야기하지 않는다고 비판하는 것은 적절치 않다. '아직'은 4장과 5장에 있으며 특히 6장이 다루는데, 이렇게 하는 것은 아주 타당한 이유가 있다. 바울은 에베소에 와서 살았고 하나님의 강력한 승리를 가르쳤다. 그러다 그는, 처음에는 고린도에서 그리고 에베소로 다시 돌아와 지내면서, 복음 자체처럼 하나님의 능력도 오직 인간의 약함을 통해서만 비로소 알려질 수 있음을 발견했다. 이 때문에 바울은 아시아의 교회들에게, 특히 리쿠스 계곡에 있는 작은 공동체들에게, 그가 이 서신 앞부분에서 말한 것에서 벗어나지 말고 도리어 겸비한 자세로 마음에 새겨 두라고 절절히 경고하며 절박하게 호소한다.

주 안에서 그분의 강한 능력으로 강해지십시오. 하나님께서 주시는 전신 갑옷을 입으십시오. 그러면 마귀의 간계에 굳건하게 맞설 수 있을 것입니다. 알다시피, 우리는 피와 살을 가진 존재와 싸우는 전쟁에 참여한 것이 아닙니다. 이것은 지도자들과 권세들과 이 어두운 시대에 세상을 지배하는 권력들과 하늘에 있는 악한 영적 세력들과 싸우는 전쟁입니다.

이러한 이유로 여러분은 하나님의 전신 갑옷을 입어야 합니다. 그러면 악이 기회를 잡을 때 여러분은 잘 견뎌 내고, 해야 할 일을 하고, 모든 일이 끝날 때도 여전히 서 있을 수 있습니다. 그러므로 굳건하게 서십시오! 진리의 허리띠를 두르고, 정의를 가슴막이로 입고, 전투를 대비해 평화의 좋은 소식을 신으십시오. 이 모든 것과 함께 믿음의 방패를 잡으십시오. 그러면 악한 자가 쏘는 불화살을 모두 꺼 버릴 수 있을 것입니다. 구원의 투구와 성령의 검, 곧 하나님의 말씀을 지니십시오.

어떠한 경우라도 영 안에서 온갖 유형의 기도와 간구로 기도하십시오. 여러분은 이를 위해 깨어 경계하며, 항상 인내하고 하나님의 모든 거룩한 이들을 위해 간구해야 할 것입니다. 또 나를 위해서도 간구해 주십시오! 하나님께서 내가 입을 열어 말할 그분의 말씀을 내게 주시도록, 그래서 내가 복음의 비밀스러운 진리를 크고 분명하게 알릴 수 있도록 기도해 주십시오. 결국 그 일 때문에 내가 쇠살에 매인 사신이 된 것입니다! 내가 담대하게 선포할 수 있도록 기도해 주십시오. 그것이 내가 마땅히 해야 할 일입니다.[46]

바울은 세상 권세들이 거세게 반격해 오리라는 것을 알았다. 이 경고는 한 줄 한 줄이 모두 "내가 마땅히 해야 할 일입니다"라고 말한다. 바울은 예수의 주권을 끊임없이 묵상함으로써 "죽은 자를 부활시키시는 하나님"을 신뢰한다는 것이 무슨 의미인지를 신선하게 깨달아 알게 되었다. 그럼에도 그는 적어도 두 가지 큰 도전이 그 앞에 여전히 도사리고 있음을 아주 잘 안다. 결국 그는 로마로 가고 싶어 한다. 그러나 나중에 그는 심지어 이 로마조차도 스페인으로 가는 도중에 잠시 들렀다 갈 곳으로 생각하게 된다. 그러나 그 앞에 도사린 두 도전은 그가 이런 여행을 아직은 계획조차할 수 없음을 의미한다.

첫째, 그는 고린도로 가야 한다. 고린도 사람들이 그를 어떻게 맞아 줄지 그는 전혀 모른다. (디도는 아직 돌아오지 않았다. 바울은 분명 이를 거기서 벌어지는 일을 일러 주는 나쁜 징조라고 생각한다.) 이어 그는 예루살렘으로 가려 하며 거기에 갈 수 있기를 소망한다. 바울은 주로 이방인 교회들이 모아 준 연보를 갖고 예루살렘으로 가기를 바라지만, 이 연보가 오히려 사태를 악화시킬 수도 있다. 유대인 전통주의자들이 지칠 대로 지치고 엉망이 된 사도의 몰골을 어찌 생각할지, 이

교도 친구를 대동하고 이교도의 손을 타 더러워진 돈을 연보랍시
고 가져와 거룩한 도시에 있는 전통주의자들을 조롱하는 이 사도
를 어찌 생각할지 모를 일이었다.

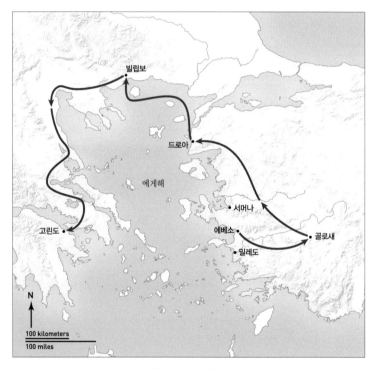

에베소에서 고린도로

12장

/

고린도 II

바울과 고린도 교회가 빠지고 만 뒤엉킨 난제는 그에 상응하여 그다음에 정확히 무슨 일이 일어났는지 밝혀내려는 연구자들의 복잡한 탐구를 불러왔다. 앞서 보았지만, 고린도후서는 다른 바울 서신과 비교하여 비단 문체만 큰 차이가 있는 게 아니다(고린도후서에서 적어도 몇 장의 문체는 다른 바울 서신과 확연히 다르다). 고린도후서의 전체 구조도 짜임새가 없고 덜커덕거린다. 안 넣어도 될 문단을 논증에 더 끼워 넣은 것 같고, 앞서 다룬 주제를 갑자기 다시 이야기하고, 특히 끝부분에 이르면 느닷없이 분위기가 바뀐다. 처음 몇 장에서는 괴로운 심경을 토로하고 앞뒤가 맞지 않는 말을 하다가, 결론부로 나아가면서 별안간 전투 의지를 불사르고 상대를 조롱하며 의기양양한 모습을 보인다. 갈라디아서에서도 그랬지만, 우리는 여기에서도 이쪽과 통화하는 저쪽의 이야기를 들을 수 있기를 거듭거듭 소망한다. 그러나 우리는 저쪽 이야기를 들을 수가 없다. 이 때문에 고린도후서는 까치집▪이 되었다. 이 까치집에는 바울과 그 대적과 바울의 동기와 신학과 관련하여 똑똑하다는 온갖 자잘한 이론들이 가득 쌓여 있다. 이 서신과 상관없는데도 모아 놓은 이상한 찌꺼기들은 가끔씩 이 까치집에서 털어 버려야 한다. 그래야 새가 거기에 다시 내려앉을 수 있기 때문이다. 이 책은 관련 학자들의 논쟁을 파고드는 자리가 아니다. 따라서 나는 우리가 여태까지 죽 바울 이야기를 따라오면서 알게 된 모든 것에 신선한 시각으로 도전해 보고 이 고린도후서가 바울 이야기 안에서 차지하는 의미를 최대한 밝혀 보자고 제안한다.

이 작업은 바울이 옥에서 풀려날 때 그 안에 뒤섞여 있던 충격과 안도감에서 시작해야 한다. (나는 그가 옥에서 풀려난 때를 56년 중반이나 말경으로 본다.) 옥고는 오래도록 이어지는 상처를 남긴다. 슬프게도 오늘날 우리는 '억류당한 자'(갇힌 자)의 영혼을 부수는 데 사용된 기술을 익히 잘 안다. 그러나 그런 기술이 모두 지난 수백 년 사이에 만들어졌다고 상상하면 안 된다. 바울은 이제 몸으로 당하는 고난에 익숙해졌지만, 에베소에서는 이전보다 심한 고문을 겪었다. 그의 감정, 그의 상상력, 지극히 깊은 내면에 자리한 그의 마음은 견딜 수 없을 정도로 부서졌다. 만일 당신이 옥에 갇혔는데, 어떤 사람이 나타나 옥문을 확 열고 당신더러 가고 싶은 길로 가라고 말한다 하여, 그 사실이 곧 여러분이 숨을 깊이 들이쉬고 몸을 부르르 떤 다음 미소를 지으며 햇빛이 비치는 세상으로 나갈 수 있음을 의미하지는 않는다. 기억은 늘 현재형이다. 안팎에서 이런저런 환청

■ 온갖 것을 다 모아둔 곳.

바울 평전

이 들리고, 악몽은 여러분이 눈을 감는 순간 당신에게 달려들려고 한다. 몸의 상처가 나은 뒤에도 마음의 상처는 그대로 남는다.

우리가 확실히 말할 수 있는 것은 그가 이런 상처를 부여안고 맨 처음 찾은 곳이 골로새였다는 것이다. 빌레몬의 집 손님방이 그를 기다리고 있었다. 어쩌면 그는 거기서 몇 주를 보내면서 악몽을 천천히 가라앉혔을지도 모른다. 그러나 분명 그의 주된 목적은 고린도로 가는 것이었다. 그는 위험을 무릅쓰고 이전에 그가 했던 일을, 즉 배를 타고 곧장 에게해를 건너가는 일을 하려 하지 않았다. 그는 느닷없이 동쪽 항구 겐그레아에 나타나, 아무 전갈도 없이 고린도 교회에 불쑥 찾아가서 그 교회를 놀라게 하고 싶지 않았다. 바울은 자신이 어떤 마중을 받을지 미리 알고 싶었다. 그래도 결국 그들은 바울을 따를까?

이번 방문에는 디도를 만나는 일도 들어 있었다. 바울은 "슬픈 방문"에 따른 붕괴를 겪은 뒤에 "아픈 서신"(고통스러운 서신)을 썼다. 이 서신은 분명 그 교회 지체들이 그를 대하는 태도를 꾸짖고(특히 어느 한 사람이나 두 사람이 바울을 박대하고 괴롭혔을까? 궁금하지만, 우리도 모른다) 그들에게 화해하라고 촉구하는 내용이었다. 그들은 정말 바울이 자신들에게 돌아오려 한다면 새로 추천서를 받아오는 게 좋으리라는 말을 했을까? 바울은 그 말을 믿을 수 없었으나, 그의 귀에서는 여전히 그 말이 울리고 있었다. 그들은 정말 바울에게 그의 생김새와 언변이 그들이 원하던 지도자상과 맞지 않는다고, 그들은 고린도 같은 고급 취향 도시에 어울리는 지도자를 원하는데 바울은 그런 사람이 아니라고 말했을까? 그들은 정말 바울의 여행 계획 변경에 화가 나서 바울이 하는 말은 하나도 믿을 수 없다고 말했을까?

사실, 그들은 이 모든 말을 했다. 아니면 바울이 쓴 서신을 보고 그들이 그런 말을 했으리라고 추론해 본다. 그러나 우리가 고린도후서라 부르는 서신은 서신 자체가 바울에게서 조각조각 부분부분 끌어내 모아 놓은 서신 같다. 고린도후서는 멈췄다가 출발하고 기어를 바꾸는 모양새가 어색하고 매끄럽지 않은데, 왜 그런지 이유를 알기가 어렵다. 그건 바울이 이 서신을 56년 말이나 57년 초에 그리스 북부를 두루 돌아다니며 조금씩 썼기 때문만이 아니다. 그가 옥에서 풀려나 자유를 되찾고 난 뒤 얼마 동안 누렸던 들뜬 기분이 시간이 감에 따라 희미해졌다거나 고통스러운 기억이 밤마다 그를 여전히 엄습하기 때문만도 아니다. 그는 정말 근심했다. 그가 보낸 "아픈 서신"이 더 많은 문제만 일으키는 화근이 되었는지, 아니면 고린도 사람들이 그에게 품었던 적개심을 버리고 이제는 그와 화해하기를 원하는지, 아직 그는 모르고 있었다. 디도가 그의 서신을 갖고 갔다. 그런데 지금 그 디도의 행방이 묘연하다. 그는 어디에 있을까?

디도의 행방이 궁금했던 바울은 북쪽으로 올라가, 320킬로미터쯤 떨어진 드로아로 갔다. 그는 거기서 디도를 찾게 되기를 간절히 바랐다. 그 도시에 있던 자그마한 제자 그룹은 바울이 거기 머물며 복음을 전해 주기를 열망했다. 바울은 이를 두고 "주 안에서 열린 문이 나를 기다리고 있음을 깨달았"다고 말한다.[1] 그러나 그는 쉴 수 없었다. 그의 영혼은 괴로움에 시달렸다. 에베소의 악몽은 물러가고 있었을지 모르나, 더 오래된 고린도의 악몽은 여전히 버티고 있었다. 바울은 자신이 사랑을 다룬 저 빼어난 시를 써 보냈던 사람들에게서 보고 싶지 않은 장면들을, 그들의 화난 얼굴, 높아진 목소리, 이전에는 친구였던 이를 이제는 원수로 여기는 사람들, 한때는 그가 함께 기도하며 울기도 했으나 이제는 아예 만나 주지도 않거나 면전에서 자신들과 맞지 않는 사람이라며 더 이상 당신 같은 사람은 필요 없다고 핀잔을 주는 사람들을 그 머릿속에 거듭 거듭 떠올려 보았다. 바울은 상황이 어찌 되었는지 알고 싶어 마음이 다급했다. 그가 거기 갔을 때 무엇을 발견할지 모를 일이었다. 게다가—이보다 훨씬 어려운 문제는—그가 진행했던 큰 사업, 곧 예루살렘 교회를 위한 연보 거두기의 운명은 어찌될 것인가? 바울은 그리스 북부 도시들이 이 연보에 참여하리라고 확신했지만, 그곳 회중은 가난했다. 고린도가 연보에 참여하지 않으면, 그의 연보 거두기는 보잘것없는 자그마한 행동처럼 보일지도 모른다. 그러다 보면, 결국 그 미미한 연보 금액 때문에 놀림을 받고 연보를 거두게 된 동기도 의심받을 것이다.

　　결국 그는 마케도니아로, 빌립보로, 그리고 데살로니가로 걸음을 재촉했다. "아무것도 염려하지 마십시오."[2] 그는 불과 얼마 전에 빌립보 사람들에게 그리 써 보냈었다. 그러나 그도 알듯이, 아무것도 염려하지 않기란, 말은 쉬워도 행하기는 어려운 일이다. 그것은 도달하려고 늘 애써야 할 목표이지 자기만족에 취해 잘난 체하는 영성이 늘 유지하는 상태가 아니었다. 이제 빌립보에 도착한 바울은 "밖으로는 싸움이, 안으로는 두려움"에 시달리며 "사방에서 어려움을 겪었"다.[3]

우리는 짧게 뚝뚝 끊어지고 괴로움이 그대로 배어나는 이 말을 읽으며 어느새 한 사람의 지극히 깊은 내면에 자리한 감정에 다가갔음을 느낀다. 고대 텍스트 가운데 이런 식으로 자기 감정을 토로한 글이 거의 없다. 때때로 키케로나 세네카의 서신에서 그런 감정이 언뜻언뜻 보이긴 하지만, 그들의 서신은 일부러 세련되게 다듬어 품위 있게 보이려고 쓴 것이다. 세련된 도시 사람이었던 마르쿠스 아우렐리우스는 냉철하면서도 박식한 스토아주의를 피력한다. 그래도 바울에 가장 가깝게 내면의 감정을 토로한 인물로 꼽을 수 있는 이가 바울보다 400년 뒤에 활동한 아우구스티누스일 것이다. 현대인은 보통 바울을 귀찮을 정도로 여러 요구를 집요하게 쏟아 내고 자신감이 넘치는 도덕주의자로 인식하지만, 그런 인식은 타당하지 않다. 그는 몸도 마음도 두들겨 맞을 대로 두들겨 맞았다. **그러나 그는 고린도 사람들이 그런 사실을 아는지 여부에는 신경 쓰지 않는다.** 지도자가 사회에서 존경을 받을 수 있어야 하고 본보기가 되는 인물이어야 하는 세계에서는 그것이 바로 중요한 문제다.

결국 바울은 다시 한 번 길을 돌아간다. 그는 몇 년 전에 아주 들떠 지나갔던 여로를 다시 따라가면서 드로아에서 마케도니아로 간다. 그러나 그는 여전히 마음을 놓지도 못하고 쉬지도 못한다. "결국 그 모든 일이 허사였단 말인가?" 이 질문이 내내 그를 따라

다녔다.

그러다 갑자기 구름이 물러가고 다시 해가 나왔다. 그가 사랑하는 빌립보와 데살로니가 교회들은 그를 위로할 수 없었다. 오직한 일만이 그에게 위로를 줄 수 있었다. 마침내 그 일이 일어났다.

낙심한 사람들을 위로하시는 하나님께서 디도가 도착하게 하심으로 우리를 위로하셨습니다. 그가 온 것뿐 아니라, 그가 여러분에게서 받은 위로도 우리에게 위로가 되었습니다. 그는 우리를 향한 여러분의 그리움과 여러분의 한탄과 나를 향한 여러분의 열정에 대해 말해 주었습니다.[4]

좋은 소식이었다. 고린도 사람들은 자신들이 바울에게 얼마나 못된 짓을 했는지 생각하며 끔찍해 했다. 그들은 어떻게 해서라도 바울에게 용서를 빌고자 애쓰고 있었다. 그들은 일을 바로잡고자 자신들이 할 수 있는 일을 다 했다. 숨어 있는 근본 문제는 실제로 그들이 저지른 어떤 범죄와 관련이 있었다(앞서 보았듯이, 이 범죄가 무엇인지는 밝혀내기가 불가능하다). 그들은 이 범죄를 깔끔히 해결하려고 애썼다. 그들의 충성이 논란거리가 되었으나, 그들은 충성심을 굳게 지켰다. 소식을 기다리는 동안 바닥이 보이지 않는 절망의 구렁에 빠졌던 바울은 이리하여 이제 정도가 지나치다 싶을 정도로 하나님을 송축한다.

그 결과 나는 더욱더 기뻐하게 되었습니다. 내가 편지로 여러분을 슬프게 했더라도, 나는 후회하지 않기 때문입니다. 내가 후회했다 하더라도, 그것은 내가 쓴 편지가 잠시나마 여러분을 슬프게 했음을 알기 때문입니다. 하지만 나는 이제 기뻐합니다. 여러분이 슬퍼했기 때문이 아니라, 여러분의 슬픔이 여러분을 회개로 이끌었기 때문입니다. 알다시피, 그것은 하나님으로부터 난 슬픔이었고, 여러분이 우리 때문에 손해 입은 것은 아무것도 없습니다. …

그런데 이 모든 위로에 더해, 디도가 크게 기뻐했기 때문에 우리는 진정 기뻐했습니다. 여러분은 정말로 그에게 기운을 북돋아 주었으며, 그의 마음에 쉼을 주었습니다.… 내가 모든 면에서 여러분을 신뢰한다는 사실이 기쁩니다.[5]

이리하여 바울은 이제 이전과 아주 다른 생각의 틀을 갖고 선교 사업에 나설 수 있게 되었다. 다음 두 장은 예루살렘에 전달할 연보 거둠을 다룬다. 마케도니아 교회는 그들이 낼 연보를 이미 다 냈다. 그들의 고난과 가난을 생각하면, 그들이 낸 연보는 아주 큰 금액이었다. 이제 고린도 차례가 되었다. 바울은 디도를 다시 보내면서, 다른 두 사람을 함께 보낸다(우리 속을 태우려고 그러는지, 이들이 누군지 바울은 말하지 않는다). 이들은 고린도 사람들에게 그들이 낼 연보를 미리 준비하게끔 가르쳐야 한다. 그리해야 바울이 거기 갔을 때 당황하지 않고 준비한 연보를 낼 수 있을 것이다.

우리는 고린도후서에 다양한 문제가 들어 있음을 언급했는데,

이런 이야기를 할 때면 소위 연보 조성을 다루는 부분인 8장과 9장이—바울의 성품을 어느 정도 일러 주는 부분으로서—아주 부자연스럽고 뒤틀린 그리스어로 기록되었다는 점을 유념해야 한다. 나도 적은 금액이지만 교회 연보 조성을 해봤다. 나는 심지어 내가 옳다고 열렬히 믿는 명분 때문에 사람들에게 돈을 요청할 때도 늘 어색함을 느꼈는데, 바울도 이 8장과 9장을 쓰면서 분명 내가 느꼈던 것과 비슷한 어색함을 느낀 것 같아 나 자신이 위로를 받기도 한다. 바울이 39개 구절 가운데 어디에서도 '돈'이라는 단어나 그와 비슷한 말을 일절 꺼내지 않는다는 것은 그가 이런 연보 요청을 상당히 거북하게 느꼈음을 일러 준다. 그는 "은혜"와 "행위", "섬김", "너희가 이 사역을 섬김" 같은 말로 이야기하며, '같은 형제자매 사이의 사귐'을 뜻하는 **코이노니아***koinōnia*라는 말도 물론 사용한다.

이 모든 것이 우리가 이 서신을 하나의 통일체로 볼 수 있는 배경을 제공한다. 앞서 보았듯이, 고린도후서는 한 주제와 다른 주제를 어색하게 왔다 갔다 한다. 그러나 이런 주제들 밑바닥에는 바울 자신의 사도 사역이라는 주제가 깔려 있다. 고린도가 안고 있던 특별한 문제가 무엇이었든, 그 문제는 애초에 고린도 사람들이 사도 사역이란 진정 어떤 것이어야 하는지를 바로 이해하지 못함에서 시작되었다. 이런 몰이해는 다시 복음 자체를 이해하는 시각이 얕거나 부적절하여 생긴 것이었다. 자신의 사도 사역이 지독한 비판을 받았던 바울은 이제 사도란 누구이며 무엇을 하는 사람인가라는 문제를 정면으로 거론한다. 그의 대답은 예수의 죽음이 이상한 방식으로 사도가 하는 일에 작용한다는 점에 초점을 맞춘다. 그것이 '화해 사역'을 진행시키는 방식이며, 바울도 그 스스로 하나님의 신실하심을 온몸으로 구현함으로써 그가 이사야 49장의 '종'을 어떻게 본받고 있는지를 재차 증명한다.[6]

특히 바울은 그가 고린도로 돌아가기를 원하면 "공식 추천장"을 갖고 가야 할 수도 있다는 주장을 비판한다. 그는 이렇게 말한다. "거울을 들여다봐라. **너희**가 우리의 공식 추천장이다!" 영이 들어가 거하시는 고린도 교회는 그 자체가 "메시아께서 우리를 사자로 삼아 보내신 편지"다.[7] 이는 그들이 사실은 성경이 약속했던 갱신된 언약에 속한 백성임을 보여 주며, 이는 다시 바울의 사도직이 과거나 현재나 진짜임을 보여 준다. 바울은 이 점을 고린도후서 3장에서 모세의 청중과 자신의 청중을 길게 비교함으로써 논증한다. 모세는 기탄없이 이야기할 수 없었다. 그 청중의 마음이 돌처럼 굳어 있었기 때문이다. 그러나 바울은 기탄없이 담대하게 이야기할 수 있으며 실제로 그렇게 한다(고린도 사람들은 분명 이를 불쾌하게 여겼다). 이는 고린도 사람들의 마음이 영으로 말미암아 변화되었기 때문이다.

이것 자체만으로도 충분히 할 말은 한 셈이다. 그러나 바울은 계속하여 자신이 행하는 사역은 십자가에 못 박히셨다가 높이 올림을 받으신 주 바로 그분의 사역을 확장한 데 불과하다고 주장한다.

이 세상의 신이 믿지 않는 사람의 마음을 눈멀게 하여, 그들이 하나님의 형상이신 메시아의 영광의 복음의 빛을 보지 못하게 하는 일이 벌어지는 것입니다. 알다시피, 우리는 우리 자신을 선포하지 않고, 메시아 예수를 주로, 그리고 우리 자신을 예수로 인한 여러분의 종으로 선포합니다. "어둠 가운데 빛이 비추어라"라고 말씀하신 하나님께서 우리 마음속을 비추셔서, 메시아 예수의 얼굴에 있는 하나님의 영광을 아는 지식의 빛을 주셨기 때문입니다.[8]

바울이 여기서 하는 말은 흡사 그가 골로새서에서 예수를 두고 한 말이 아닌가 싶을 정도다. 그는 골로새서에서도 같은 취지의 말을 하면서, 예수가 사랑에서 우러나온 하나님의 목적, 창조주 하나님이 몸소 예수의 복음과 영의 능력을 통해 그 백성의 마음과 삶 속에서 새 창조를 시작하시려는 하나님의 목적을 친히 구현하시는 하나님의 참된 형상이요 참 사람이심을 밝혔다.

이는 바울에게 지난 몇 달 동안 그의 내면을 고통스럽게 불태우며 파고들었던 진리를 재차 일깨워 준다.

우리가 이 보물을 질그릇 안에 지니고 있으니, 이는 그 엄청난 능력이 우리가 아닌 하나님께 속한 것임을 드러내려는 것입니다. 우리는 온갖 압박을 받고 있지만 완전히 짓눌리지 않습니다. 우리는 당황스러운 일을 겪지만 절망하지 않습니다. 우리는 박해를 받지만 버림받지 않습니다. 우리는 맞아 쓰러지지만 멸망하지 않습니다. 우리는 늘 예수의 죽으심을 몸에 지니고 다닙니다. 이는 예수의 생명이 우리 몸에

서 나타나게 하기 위함입니다.[9]

이는 다시 죽음과 삶을 더 깊이 곱씹어 보면서, 바울이 이전에 보낸 서신에서 부활에 관하여 말한 것을 발전시키는 내용으로 이어진다.

우리가 바울을 계속 이끌어 가는 원동력이 무엇인지 발견하려는 탐구 작업을 계속할 때 특별히 관심을 끄는 것이 하나 등장한다. 그는 여전히 예수의 재림을 기대하며, 예수의 재림과 함께 죽은 자의 부활도 기대한다. 그러나 그는 고린도전서에서는 자신이 예수 재림 때 여전히 살아 있는 자 가운데 들어 있으리라고 추측했지만,[10] **이제는 그 모든 일이 일어나기 전에 죽을 수도 있다는 전망을 내놓는다.** 이런 예상은 빌립보서에서도 제시했지만,[11] 이제는 이런 예상이 아예 그의 생각 속에 들어와 자리를 잡았다. 이는 물론 그가 에베소에서 "사형 선고"를 받았다는 생각의 일부이기도 했다.[12] 하나님이 펼쳐 보이실 미래를 바라보는 그의 시각은 바뀌지 않았다. 바뀐 것이 있다면, 자신이 그 미래에 맞게 바뀔 지점이 어디인지를 달리 생각하게 되었다는 것이다. 그러나 그 모든 일이 어떻게 일어나든, 바울은 장차 그 모든 일과 함께 일어날 부활을 그의 평생 소명이 진정 무엇인지 가장 독특하게 천명하는 아주 중요한 말 가운데 하나의 지반으로 삼는다. 바울 자신의 말에서 드러나듯이, 이것이 바로 그가 그라는 사람이 되게 만든 것이다.

우리 모두가 반드시 메시아의 심판석 앞에 나타나, 선한 일이든 악한 일이든 각자 몸으로 행한 대로 받을 것이기 때문입니다.

그러므로 우리는 주님이 두려운 분이심을 알기에 사람들을 설득하는 것입니다. 하지만 우리는 하나님께 드러나 있고, 내가 바라기는 여러분의 양심에도 우리가 드러나 있으면 합니다. 우리는 다시 우리 자신을 추천하려는 것이 아닙니다! 여러분에게 우리를 자랑할 기회를 주어, 사람의 마음보다는 외모를 자랑하는 사람들에게 해 줄 말이 있게 하려는 것입니다.

우리가 정신이 나갔다면, 알다시피, 그것은 하나님을 위한 것입니다. 또 우리가 정신이 온전하다면, 그것은 여러분을 위한 것입니다. 메시아의 사랑이 우리를 강권하기 때문입니다. 우리는 한 사람이 모두를 위해 죽으셨으니 모두가 죽은 셈이라는 확신에 이르렀습니다. 그분이 모두를 위해 죽으신 것은, 살아 있는 사람들이 더 이상 자기자신을 위해 살지 않고 자신을 위해 죽으셨다가 일으켜지신 그분을 위해 살게 하기 위함입니다.[13]

'주를 두려워함'은 주를 공경하며 두려워함이다. 그러나 아울러 그리고 무엇보다도, 사랑이 있다. 모든 일이 평가받을 심판 날이 올 것이다. 그러나 그 뒤에는 다른 무엇보다 훨씬 더 깊이 바울을 움직이는 동인動因이 있었다. 어떤 인격적 사랑, 곧 그를 위한 사랑, 그를 **통한** 사랑이 그것이었다. 그가 그의 첫 번째 서신에서 이야기한 사랑이 그 사랑이었다("나를 사랑하여 나를 위해 자신을 내주신 하나님의 아들"). 그는 이제 그 사랑이 고린도와 에베소, 빌립보와 데살로니가에서 역사하고 있음을 보았다. 그 사랑은 이어 모든 불화와 실망에도 불구하고 그와 그의 벗들 그리고 동역자들을 묶어 준 풍성한 유대紐帶(끈과 띠)가 되었다. 그 사랑은 결국 온갖 역경에도 불구하고 굳건하게 유지될 것이다. 결국 메시아와 영(성령) 안에 있는 새 언약은 새 창조(새 피조물)를 의미한다.

> 따라서 누구든 메시아 안에 있으면 새 피조물입니다! 옛것은 지나갔으니, 보십시오, 모든 것이 새로워졌습니다. 이 모든 것이 하나님으로부터 옵니다. 그분은 메시아를 통해 우리를 자기와 화해시키셨고, 또 우리에게 화해의 사역을 주셨습니다.[14]

고린도 사람들이 이전에는 바울이 무슨 말을 하는지 이해하지 못했다면, 이제는 확실히 이해한다. 바울은 지금 장난삼아 사도 일을 하는 게 아니며, 자신의 메시지나 자신의 방법을 어떤 도시나 문명의 사회 기준과 문화 기준에 맞추지도 않는다. 사람들이 자기네가 보는 것을 좋아하지 않는다면, 그것은 그들의 문제다. 유대인은 표적을 원하고 그리스인은 지혜를 구하지만, 그들 모두가 얻는 것은 십자가에 못 박히신 메시아다.

그렇다. **고난 받는 사도가 있다.** 이것이 결국 핵심이요, 고린도 후서의 다른 모든 것을 하나로 묶어 주는 주제이며, 근래 한두 해 사이에 이전보다 훨씬 많이 바울의 몸은 물론이요 마음을 파고든 주제다. 바울은 고린도 사람들에게 자신은 수사를 사용하지 않으며 있는 그대로 기탄없이 말한다고 강조한 다음, 그가 말하는 주제에 열중하면서 그들에게 재기가 번득이는 말로 연발 사격을 가할 것을 생각하고 틀림없이 남몰래 미소를 지었을 것이다. 그가 가한 첫 번째 사격이 여기 있다.

> 우리는 스스로를 하나님의 일꾼으로 추천합니다. 우리는 많이 참고, 고난과 역경과 곤경과 매 맞음과 투옥과 난동과 고된 노동과 밤샘과 굶주림을 겪고, 순결과 지식과 관대함과 친절과 성령과 참된 사랑을 베풀고, 진리를 말하고, 하나님의 능력으로 일하고, 오른손과 왼손 모두에 하나님의 신실한 일을 위한 무기를 들고, 영광과 수치를 겪고, 비방과 칭찬을 겪습니다. 우리는 속이는 자 같지만 진실하고, 이름 없는 자 같지만 유명하고, 죽어가는 자 같지만, 보십시오, 살아 있습니다. 또 징벌 받는 자 같지만 죽임당하지 않았고, 슬퍼하는 자 같지만 늘 기뻐하고, 가난한 자 같지만 많은 사람을 부요하게 하고, 아무것도 가진 게 없는 자 같지만 모든 것을 가졌습니다.[15]

그러나 더 있다. 이제 바울을 만난 디도는 고린도 사람들이 참회하며 바울을 만나길 열망한다는 것을 확실하게 알려 주었다. 이를 들은 바울은 안도한다. 바울은 이 소식을 들은 덕분에 이 서신의 마지막 몇 장에서 겉으로 드러난 소란의 근본 원인이었던 것으로 보이는 더 심각한 문제를 다룰 수 있었다. 여전히 고린도에 머물고 있던 이들인지 아니면 여전히 외부에서 고린도 사람들에게 영향을 미치던 이들인지 확실하지 않으나, 자찬自讚을 늘어놓으면서 자신들이 바울보다 우월하다고 주장하는 사람들이 일부 있다. 이들은 유대인이며, 그것만큼은 확실하다. 그러나 이들이 이방인 회심자도 할례를 받아야 한다고 주장하던 부류의 유대인인지는 확실치 않다. 바울이 그가 갈라디아서와 다른 곳에서 그런 주장에 반대할 때 사용하는 논증을 여기 어디에서도 전혀 전개하지 않기 때문이다.

바울이 말하는 내용으로 미루어 보건대, 그들은 그들의 지위와 업적과 방법을 '자랑하고', 아마 이외에 다른 것도 자랑했던 것 같다. **이들은 바울이 그들 장단에 맞춰 춤추기를 거부하자 성질을 부린다.** 바울은 그들의 놀이에 끼려 하지 않는다. 바울은 이 문제가 오래전에 발생했음을 알고 있었다. 이런 점 때문에, 그리스 북부 마케도니아 지역의 교회들에게는 재정 지원을 받으면서도 고린도 자체가 그런 도움을 주려 하면 늘 거부했었다. 바울은 이미 이것을 고린도전서 9장에서 이야기했으며, 이제 고린도후서 11장에서 다시 강조한다.[16] 복음을 실로 "값없는" 복음이 되게 했다는 것,[17] 바로 이것이 그의 '자랑'이었고, 이것이 그의 '자랑'이다. 지금 바울은 그들을 정말 사랑하지 않고 냉대한다는 비판을 받고 있다.[18] 아무도 그를 '사지' 못한다. 그의 돈줄이 되어 그를 쥐락펴락할 수 있는 이는 아무도 없다. 여러모로 복잡한 교회 재정을 처리해야 하는 사람이라면 누구나, 특히 빈부격차가 큰 공동체에서는 돈과 사역을 뒤섞는 것이 갈등을 낳기 쉬움을 안다. 특히나 그 모든 갈등의 밑바닥에 사람들의 사회 지위에 관한 의문이 자리한 곳에서는 더더욱 그렇다.

이 모든 사연이 신약 성경에서 가장 훌륭하지만 사실은 가장 우스꽝스러운 수사의 비약을 낳는다. 이 서신 앞부분에서 마음의 고통을 토로했던 바울은 마침내 고린도후서 11:16-12:10에서 마음을 굳게 다지며 태도를 결연히 한다.

우리가 이 본문이 어떻게 작용하는지 이해하려면, 그리고 바울의 생각과 심상 자체가 어떻게 작용한 것처럼 보이는지 새롭고 예리한 시각으로 들여다볼 수 있는 통찰을 얻으려면, 우리 스스로 고린도 같은 로마 식민지 세계 속으로 들어가야 한다. 로마 자체는 물론이요 로마가 다스리는 속주에 있던 로마 관리들은 으레 그들의 업적을 뽐내곤 했다. 그들은 공직 임기를 마칠 때가 다가오면 돌이나 심지어 대리석에 그들의 업적과 그들이 시행한 공공사업 목록을 새겨 넣고 싶어 했다. 이것이 바로 아우구스투스가 했던 일이다. 그는 제국 온 천지에 기념비를 세우고 거기에 큰 글씨로 자신의 업적을 장엄하게 새겨 넣었다. 로마는 오늘날의 이력서에 상응하는 것(고린도 사람들이 바울에게 새 추천장을 원했음을 기억하라)을 '명예 이력cursus bonorum'이라 불렀다. 여러분이 이런 것을 쓴다면, 재무관▪을 지내다 법무관praetor으로 승진한 일을 기록할 것이다. 혹은 한

▪ 로마 관직 가운데 가장 낮은 관직.

도시의 수도 사업을 관장했거나 그 도시의 다른 중요한 역할을 맡았던 때를 기록할 것이다. 여러분이 관운이 있는 사람이라면, 집정관으로 섬겼던 해를 기록할 것이다. 그러나 심지어 제정 시대에도 결국 집정관은 황제 다음 자리였기 때문에, 대다수 경우에는 집정관이 여전히 정치 이력의 정점이었다. 이어 여러분은 속주 총독이 되어 한 속주를 경영한 일을 기록할 것이다. 게다가 여러분의 군 이력도 있다. 싸웠던 전투와 부상과 받은 화환을 역시 나열할 것이다.

군인에게는 특별한 영예가 있었다. 한 도시를 포위 공격할 때는 성벽을 타고 넘어갈 사다리를 성벽에 대고 걸쳤다. 그것은 아주 위험하고, 사실은 시도하는 것 자체가 미친 짓이었다. 그러나 성을 공격할 때 처음으로 성벽을 넘어가는 사람(이런 사람은 늘 자신이 살아남으리라고 생각했다)은 사람들이 탐내는 '성벽의 왕관'을 자기가 받을 상으로 주장할 수 있었다. 그러나 몇 개 사다리가 동시에 걸쳐졌을 때는 누가 맨 먼저 성벽을 넘은 사람인지 확실하게 밝혀내기가 힘들었다. 따라서 이런 경우는 선서를 하고 자신에게 이 상을 받을 권리가 있음을 주장해야 했을지도 모른다. 군인이 얻을 수 있는 최고 영예인 '영국 빅토리아 십자훈장'도 마찬가지다.

고린도 사람들이 기꺼이 우러르고픈 사람은 그런 부류의 사람이다. 고린도 사람이라면 오늘날 서구 교회 일부에서 유행하는 '유명인 문화'를 좋아하며 즐겼으리라. 그들이 바울에게 바라던 인물상이 그런 모습이다. 그들이 바울의 볼품없는 외모, 눌변, 퉁명스럽고 직설을 퍼붓는 그의 가르침 방식을 부끄럽게 여긴 이유도 그 때문이다. 이 서신의 정점이 황제의 자랑, 업적, 성벽 넘기, 그리고 다른 온갖 것으로 뒤덮인 이 세상 전체를 영광스럽게 패러디한 내용이라는 점은 바울이라는 사람이 누구이며, 고린도후서가 말하는 것이 무엇인지, 그리고 (그가 말하려 했던) **복음이** 과연 무엇인가를 충분히 말해 주고도 남는다. 바울은 그들에게 자신이 완전 멍청이처럼 말하겠다고 알려 준 뒤 이렇게 입을 연다.

그들이 메시아의 일꾼입니까? 미친 사람의 말처럼 들리겠지만, 나는 더욱 그렇습니다. 나는 더 힘들게 수고했고, 더 자주 감옥에 갇혔고, 셀 수 없을 만큼 여러 번 맞았고, 거의 죽을 뻔했던 적도 많았습니다. 나는 유대인에게 마흔에서 하나 모자라는 채찍질을 다섯 차례나 맞았습니다. 나는 세 차례나 매를 맞았고, 한 번 돌에 맞았고, 세 차례나 파선을 당했고, 하루 밤낮을 바다에서 표류했습니다. 나는 쉬지 않고 여행하여, 강의 위험, 강도의 위험, 동족의 위험, 외국인의 위험, 도시의 위험, 광야의 위험, 바다의 위험, 거짓 신자들의 위험에 맞닥뜨렸습니다. 나는 고생하며 노동했고 밤을 지새웠고 굶주리고 목말랐으며 음식도 전혀 먹지 못한 채 다니기 일쑤였고 추위에 떨고 헐벗었습니다.

다른 것은 전부 접어두더라도, 모든 교회를 향한 염려가 날마다 나를 짓눌렀습니다. 누가 약해지면 나도 약해지지 않았습니까? 누가 죄를 지으면 내가 수치심으로 애타지 않았습니까?

군이 자랑해야 한다면, 나는 내 약함을 자랑하겠습니다. 영원히 찬양받으실 하나님, 곧 주 예수의 아버지 하나님께서는 내 말이 거짓이 아님을 아십니다. 다마스쿠스에서 그 지역 통치자인 아레다 왕이 나를 체포하려고 다마스쿠스 성을 지키고 있었지만, 나는 창문을 통해 광주리를 타고 성벽을 내려가 그의 손아귀에서 벗어났습니다.[19]

"자, 여기 내 업적 목록이 있소. 이제 됐소?" 바울은 그렇게 말한다. "여기 내 이력서, 내 사도 지원서가 있소! 내 맹세코 선언하는데, 나는 상황이 어려워지면, 제일 먼저 성벽을 넘어 줄행랑쳤소. 그게 가장 중요한 내용이오." 우리는 고린도에서 이 서신을 낭독할 때 들었던 사람은 대부분 이 지점에서 적어도 파안대소했기를 바랄 수밖에 없다. 탁월한 언변을 구사하여 언변은 중요하지 않음을 설명한 글이 여기 있다("나는 브루투스 같은 웅변가가 아니다"). 자랑거리 목록을 완전히 엎어 버린 목록이 여기 있다. 원한다면, 이 목록을 '수치 이력*cursus pudorum*'이라 불러도 되겠다.

이어 바울은 12장에서 영과 관련된 그의 체험을 계속 이야기하지만, 이상하게 말을 별로 하려 하지 않는 것 같다. "어떤 사람이… 십사 년 전에… 셋째 하늘로 붙들려… 올라가… 표현할 수도 없고 사람이 되풀이해서도 안 되는 말씀을 들었습니다."[20] 결국 같은 말이다. 분명 바울은 기이한 체험을 했다. 그러나 그것이 오늘 그가 십자가에 못 박히셨던 메시아의 사도로 그들 앞에 서게 된 근거는 아니다. 중요한 것은 바울이 결국 "몸에 가시"를 받았다는 것이다. 갖가지 추측이 난무했었다. 그 가시는 병이었을까? 신체의 특이한 약점이었나? 끊임없이 돌아와 그를 물어뜯으며 놔주지 않았던 어떤 특별한 유혹이었을까? 그가 이전에 폭력으로 뒤덮인 삶을 살았던 것을 슬퍼하는 양심의 가책이었을까? 아니면 천하가 다 알도록 바나바와 신랄한 언쟁을 벌였던 일을 슬퍼하는 양심의 가책이었을까? 바울은 말하지 않는다.

바울이 말하는 내용은 그가 그런 체험을 통해, 그리고 특히 우리 추측이지만 고린도에서 겪은 끔찍한 대립의 전 과정과 에베소에서 겪은 붕괴를 통해 터득한 것이었다. 그가 하는 이 말이 우리가 실제로 가질 수 있는 어떤 정보보다도 가치가 있다. 주는 그렇게 말씀하셨다. "내 은혜가 네게 충분하다. 내 능력은 약함 가운데서 완전해진다."[21] 그것이 바로 바울이 들어야 할 말이었지만, 고린도 사람들이 듣고 싶지 않았던 말이 바로 그런 말이었다. 그러나 그들은 이 말을 들어야 한다. 그건 이 말이 바울이 여태까지 쓴 서신 가운데 가장 힘이 넘치고 자신의 속마음을 가장 잘 드러낸 서신 끝부분에 나오기 때문이다.

그래서 나는 메시아의 능력이 내 위에 머물도록 더욱더 기쁘게 내 약함을 자랑하겠습니다. 그래서 나는 메시아를 위해 약하고 모욕당하고 어려움에 처하고 박해당하고 재난을 겪을 때 기뻐합니다. 알다시피, 내가 약할 그때에 강하기 때문입니다.[22]

이리하여 바울은 마침내 고린도로 돌아온다. 그는 주가 그에게 넘어뜨리지 않고 세울 권위를 주셨다고 말한다.[23] 그는 아직도 넘어뜨려야 할 것이 있다면 넘어뜨리려 한다. 그러나 그는, 그 스스로 빌립보 사람들에게 말한 것처럼, 어떤 일이 다가오든 그 일에 만족하는 법을 배웠다. 바울과 고린도 사람들은 오랫동안 복잡한 관계에 있었지만, 결국 이 관계의 해결책은 십자가에 못 박혔다가 부활하신 주의 복음이 그 안에 낙인처럼 찍혀 있는 사람이 바로 바울임을 보여 준다. 그는 인정받을 수 있는 사람이다. 고린도와 에베소도 그를 인정했다. 그가 십자가에 못 박힌 메시아의 대표로서 인정받는 사람임은 의심할 여지가 전혀 없다.

이렇게 폭풍이 몰아치던 몇 해 동안 무언가가 바울의 생각과 마음을 휘저었다. 그는 자신의 소명을, 예수가 다메섹 도상에서 자신을 부르신 목적을 알았다. 그는 때때로 시험에 빠져 자신이 시간을 낭비한 것은 아닌지 의심했지만, 그런 생각이 찾아올 때마다 이사야 49장이 제시하는 생각의 고리(거기 나오는 종이 그 모든 게 헛된 일이 아닌가 하는 의문을 품으면, 하나님의 부르심이 그 의문에 늘 답을 제시한다)를 통해 그 의심을 헤쳐 나갔다. 그는 살아가면서 마음의 고통과 좌절을 겪었지만, 동시에 큰 격려와 칭찬을 받는 순간도 겪었다. 그는 서신으로 이야기를 주고받고 긴 대화를 나누면서, 낯선 이와 친구, 열의를 품은 동료 및 의심을 품은 구경꾼을 가르치고, 그들과 논쟁했으며, 그들에게 설교하고, 그들과 토론했다. 그는 그 궤도에 머물러 있었다.

바울 평전

그는 자신이 무엇을 믿는지, 아브라함과 출애굽과 다윗과 포로 생활과 메시아를 다룬 성경의 위대한 내러티브가 어떻게 작용하는지 알았다. 그는 이를 수없이 설명했고, 이 내러티브가 함축하는 의미와 결과물을 인식 가능한 온갖 다양한 형태로 그리고 가능한 모든 반대 의견에 맞서 논의했다. 따라서 이제 그는 차분히 로마로 갈 계획을 세우고 이어 로마에 보낼 위대한 서신을 받아 적게 하지만, 조심스럽게 말하면 위에 말한 것들은 로마서를 받아 적게 하면서 비로소 처음으로 생각해 낸 것은 아니었다. 로마서 자체는 새 서신이지만, 거기서 설명하는 모든 사상은 이미 그 전에 그가 상세히 시험해 보고 검증하며 만들어 낸 것이었다.

그 순간에(십중팔구는 57년 봄이나 여름에) 로마서를 쓴 특별한 이유가 있다. 곧 그 이유를 살펴보겠다. 그렇다면 왜 그 서신을 **이와 같이** 썼을까? 로마서를 바울의 다른 서신과 다른 범주로 보는 데는 많은 이유가 있지만, 특히 로마서의 꼼꼼하고 강력한 구조가 로마서를 다른 범주로 보는 이유다. 로마서는 네 부분으로 나뉘는데, 각 부분이 그 나름의 완전성, 그 밑바닥에 자리한 논증, 그리고 그 내부의 역동성을 갖고 있다. 이 네 부분이 함께 일어섬과 넘어짐이라는 단일 사상 흐름을 형성하면서도, 늘 그가 강조하고자 하는 특별한 요점들을 향해 계속 나아간다. 이런 모습은 (적어도 내가 보기에는) 바울이 이런 유형에 해당하는 문학 모델이나 선례를 알지 않았나 하는, 아직도 풀리지 않은 의문을 낳는다. 확실한 것은 그가 이 서신의 구조를 아주 꼼꼼하게 생각하여 만들어 냈으며 자신이 무슨 일을 하고 있는지도 정확히 알았다는 점이다. 학자들과 설교자들은 때때로 바울이 마치 부랴부랴 이런 것들을 지어낸 것처럼 말하고 쓴다. 그런 본문이 있을 수도 있지만—예를 들어, 어떤 이는 갈라디아서에 들어 있는 몇몇 예리한 본문이 그런 본문이라고 생각하면서 더 냉철한 편집자의 눈이 이런 본문을 만들어 냈을지도 모른다고 생각한다—로마서에는 그런 본문이 없다. 그는 이런 내용을 거듭거듭 생각하고, 기도하고, 가르쳤다. 이제 그는 자신이 성경을 토대로 삼고 예수에 초점을 맞춰 가르친 것을 이렇게 걸러내 얻은 진액을 이 네 항아리*로 쏟아 부은 다음, 이 항아리들을 일렬로 놓아두기로 결심했다. 이렇게 해 놓으면, 그저 그것들을 모두 모아 놓은 것보다 많은 것을 사람들에게 이야기해 줄 것이다.

이런 일은 우연히 일어나지 않는다. 로마서는, 이를테면 고린도전서(로마서 다음으로 긴 서신)와 다르다. 고린도전서도 어떤 사상의 흐름이 있기는 하지만, 하나에 이어 다른 하나가 등장하는 모습이 오히려 무슨 목록 같은 모습에 더 가깝다. 로마서는 바울 혹은 (한마디 덧붙인다면) 그 시대의 어떤 이도 시도하지 않은 문학예술 작품의 특질을 갖고 있다. 이 작품을 듣는 이들은 필시 교향곡을—단지 그 다음에 등장할 큰 곡을 알리는 교향곡이 아니라, 모든 곡이 어우러져 만들어 내는 더 큰 통일체를 알리는 교향곡을—듣는 것처럼 들었을 것이다.

■　로마서를 구성하는 네 부분.

어떤 이들은 로마서가 심사숙고하여 쓴 '조직 신학'이요, 바울이 지난 10년 동안 일하며 힘써 두드리고 만들어 낸 믿음을 집약한 것이라고 주장했는데, 충분히 나올 만한 주장이다. 로마서에는 그저 극소량의 진리만 들어 있는 게 아니다. 그러나 로마서에는 생략하고 다루지 않는 중요한 사항이 있을 뿐 아니라(예를 들면, 성찬을 전혀 언급하지 않는다. 우리는 고린도전서를 통해 성찬이 초기 그리스도인 예배에서 대단히 중요한 초점이었음을 알고 있다), '단락 구분'과 '단락 제목'을 붙인 역본이 일부 있기는 하지만, 로마서 속의 사상 흐름은 한 '주제'에서 다른 '주제'로 옮겨 가는 식으로 흘러가지 않는다. 다시 말하지만, 로마서는 처음부터 끝까지 계속 이어지는 통일된 논증이다. 바울은 이 논증에서 비슷한 주제로 다시 돌아와 이야기하기를 반복하고 또 반복하지만, 그때그때마다 (음악에 계속 비유하자면) 음조를 달리하고 편곡을 달리한다.

로마서는 단순히 바울이 가르쳤던 모든 것을 요약해 놓은 서신이 아니다. 이 서신은 로마 교회에 아주 중요한 핵심들을 일러 주려고 쓴 것이다. 바울은 로마를 방문하지 않았지만, 이 서신 말미에 있는 인사를 보면 분명 거기에 친구가 몇 있었다. 덕분에 그는 로마 교회, 나아가 로마 사회에서 무슨 일이 벌어지고 있는지 조금은 알고 있었다. 이 모든 사실은 그가 이 서신에서 말하는 내용 및 그런 내용을 말하는 이유와 관련이 있다.

그가 이 서신을 쓴 가장 분명한 이유는 이제 지중해 동쪽 세계에서 펼쳤던 사역을 마무리하고 사역 무대를 지중해 서쪽으로 옮기려 했기 때문이었다. 앞서 제시했듯이, 나는 이것이 단순히 설교할 대상을 더 많이 발견한다거나 '구원'할 '영혼'을 더 많이 발견한다는(물론 바울이라면 이런 표현을 쓰지 않았을 것이다) 차원을 넘어 어떤 대상에 더 집중하겠다는 포부를 표명한 것이라 생각한다. 바울은 메시아 복음과 다른 복음, 곧 로마 제국의 복음, 로마 황제와 그의 모든 치적을 과시하는 '복음'이 휘날리는 주요 지점에 메시아 복음이라는 깃발을 꽂고 싶었다. 따라서 로마 자체도 분명한 목표였지만, 이제는 그 로마를 지나 바울 시대 사람들이 세상의 서쪽 끝으로 알고 있던 스페인이 로마 문화와 로마의 영향을 받아들인 주요 중심지였다. 바울과 같은 시대의 인물인 위대한 세네카가 바로 거기 출신이었다. 몇 달 뒤에 로마 황제로 등극하게 될 갈바■는 타라고나항을 근거지로 삼아 이 지역을 다스린 총독을 지냈다. 아마도 이 타라고나항이 바울의 첫 번째 목표였을 것이다. 타라고나는 로마 황제를 섬기는 큰 신전을 자랑했다. 바울은, 에베소나 고린도에서도 그랬듯이, 로마 황제가 주主라고 뻐기지만 사실은 바로 그 앞에 있는 예수가 참된 주*Kyrios*이심을 열렬히 선포하고 싶었을 것이다. 그 선포에 따를 희생은 전혀 문제가 되지 않았다.

그러나 이런 일을 하려면 기대고 비빌 언덕이 필요했다. 재정을 도와줄 이도 있어야 했고 실무를 도와줄 이도 있어야 했을 것이다. 기도로 그와 사귐*koinōnia*을 나누며 도와줄 공동체도 필요했을

■ 4-69년, 재위 68-69년. 로마 제정 시대 여섯 번째 황제.

것이다. 그런 사귐이 이뤄지려면 서로 깊은 이해가 있어야 했다. 그들은 바울이 누구이며 그가 하는 일이 무엇인지 알아야 했다. 그들도 바울에 관한 갖가지 소문을 들었을 것이다. 바울이 너무 유대인 성향이 짙어서 혹은 그가 유대 관습의 여러 요소를 너무 가벼이 다뤄서(결국 따지고 보면 둘 다 바울을 비판하는 말이었다), 바울을 믿지 못하겠다는 이들도 일부 있었을 것이다. 바울의 가르침 가운데 어떤 줄거리는 누구라도 알 만한 초보 내용이었다.

그러나 그것은 단지 시작이다. 바울이 이 서신을 써야 했던 더 절박한 이유가 있었다. 얼마 전에 로마의 예수 따름이를 새롭고 복잡한 위치로 몰아넣은 일이 일어났다. 우리는 41년에 로마 황제가 된 클라우디우스가 유대인 공동체에서 소요가 일어난 뒤 로마에서 유대인을 쫓아낸 일을 기억한다. 우리는 이 사건에 관하여 원하는 만큼 정보를 갖고 있지 않다. 하지만 우리가 가진 증거는 그 일이 십중팔구 40년대 말에 일어났으리라고 일러 준다. (아울러 우리는 사실 모든 유대인이 로마를 떠나지는 않았을 것이며, 다만 소요를 일으켰던 그 공동체는 학살당하고 나머지 유대인은 자신들의 정체를 숨기고자 모습을 감춰야 했을 수도 있다고 추측할 수밖에 없다.) 바울의 벗인 브리스길라와 아굴라도 그렇게 로마를 떠난 이들 가운데 들어 있었다. 바울이 아마도 49년에 처음 고린도에 도착했을 때 그들이 고린도에 있었던 이유는 바로 그 사건 때문이었다. 그러나 54년에 클라우디우스가 죽고 네로가 제위를 이어받으면서, 클라우디우스의 칙령은 철회되었다. 유대인은 적어도 로마로 돌아가도 좋다는 허락은 재차 받았을 수 있지만, 딱히 환영은 받지 못했을 것이다.

내가 "딱히 환영은 받지 못했을 것"이라고 말하는 이유는 이 시기에, 다른 많은 시대와 문화에서도 존재했던 것처럼 로마에도 반反유대 정서 경향이, 아니 때로는 단순히 경향 차원을 넘어서는 큰 흐름이 존재했기 때문이다. (우리가 '반反셈anti-Semitic'이라는 말이 아니라 '반유대anti-Jewish'라는 말을 쓰는 이유는 '반셈'이라는 말이 19세기에 가서야 비로소 알려진 어떤 인종 이론을 암시하기 때문이다.) 바울과 실라가 빌립보에서 유대인이요 로마인이 행하면 불법인 일을 행하라고 가르친다는 공격을 받았던 일을 생각해 보라. 유대인 알렉산더가 에베소 원형극장에서 이야기할 때 성난 무리가 쑥덕거렸던 일을 생각해 보라. 유베날리스 같은 시인이나, 조롱을 일삼던 역사가 타키투스 같은 이가 한 말의 언저리에서도 그와 같은 것을 느낄 수 있다.

이런 인종 편견의 밑바닥에는 언제나 신학적 의심이 자리하고 있었다. 이후 수 세기가 흘러가면서 그리스도인이 뒤집어쓰게 되는 그 의심은 바로 유대인은 신을 예배하지 않는다는 것이었다. 이런 의심 때문에, 흉한 일이 생기면 사람들은 누구에게 책임을 물어야 하는지 알고 있었다. 심지어 고린도에서도 바울에 관하여 판결을 내리기를 거부한 갈리오의 결정이 폭도들에게 회당장을 구타할 빌미를 주었으며, 폭도들은 이런 일을 하고도 무사히 빠져나갔다. 로마 제국 전역에 걸쳐 유대인을 쫓아가는 것을 아무 생각 없는 바보짓이라 여기는 이가 많았다. 로마인은 유대인이 그들 자신의 하나님을 예배할 수 있게 허용하고 예루살렘 성전을 위한 세금을 올렸으며, 로마와 황제에게 예배하는 일을 포함하여 유대인의 믿음을 손상할 만한 종교적 의무를 면제해 주었다. 그러나 그것이 곧 로마가 유대인을 좋아했다는 의미는 아니었다. 바울은 이런 조치 뒤에 어떤 일이 뒤따를 수 있는지 알 수 있었으며, 그것도 아주 분명하게 알 수 있었다.

한 세기 뒤, 바울이 기막히게 옳았음이 증명된다. 본디 소아시아 흑해 연안 시노페 사람인 마르키온이라는 지도자가 로마에 온다. 그는 로마에서 예수의 하나님과 유대인의 하나님은 철저히 구분된다고 주장하는 기독교 형태를 가르쳤다. 그는 본문을 심히 잘라 낸 신약 성경 축약본을 만들어 냈다. 유대인과 성경 색채가 들어 있는 부분은 생략하거나 수정했다. 그가 가르친—그리고 그를 아주 유명한 인물로 만든—기독교 신앙은 유대인과 유대인의 전승이 들어설 여지가 없었다. 이리하여 그의 기독교는 완전히 이방 색채를 띤 현상이 되었다.

이런 위험이 다가옴을 간파하는 데는 상상력이 많이 필요하지 않았다. 바울이 소아시아와 그리스에 세웠던 교회에서는 그런 일이 일어날 가능성이 더 적었다. 그는 늘 회당에서 사역을 시작했고, 자신이 "먼저는 유대인에게, 그리고 또한 그리스인에게도" 메시지를 전한다는 것을 분명히 했기 때문이다.[24] 바울은 오직 이방인만 있는 예수 공동체라는 개념이 등장할 기회를 전혀 주지 않았다. 그가 설교했던 대다수 도시를 보면, 물론 에베소 같은 대도시는 예외일 수도 있지만, 십중팔구는 예수 따름이 공동체가 그리 크지 않았을 것이다. 아마도 겨우 수십 명 남짓이었을 것이며, 고린도도 아마 1-2백 명 정도였을 것이다. 이런 공동체라면, 적어도 처음 시작할 때는 상당히 다른 신학 주장을 펴기가 아예 불가능하지는 않아도 꽤 어려웠을 것이다. 예수의 메시지는 분명 40년대 어느 때쯤 그곳에 도착했다(전승은 베드로가 그 메시지를 가져왔다고 하지만, 이를 뒷받침하는 1세기 증거는 전혀 없다). 로마는 어쨌든, 오늘날의 몇몇 대도시처럼, 제국 전역에서 몰려온 상이한 문화 집단과 민족 집단이 그들 나름의 거주 구역에서 모여 살았던 도시였다. 로마에는 모두 예수를 예배하면서도 **사실상 서로 전혀 접촉이 없었던** 상이한 그룹이 많이 있었을 가능성이 아주 높다. 이는 서로 다른 가정 교회에 보내는 로마서 16장의 인사말이 증명해 주는데, 이 그룹들은 십중팔구 그들의 본고장 문화에게서 적잖이 영향을 받은 상이한 고유 관습을 갖고 있었을 것이다.

로마의 이런 사정은 새로운 상황이며, 이전과 종류가 다른 강설講說이 필요했다. 바로 그런 이유 때문에, 어떤 '조직 신학'을 연속하여 강설한 원고가 바로 바울 서신이라 보는 것은, 이를테면 갈라디아서가 첫 원고이며 로마서는 본질상 같은 내용을 쓴 마지막 원고일지 모른다고 보는 것은 전혀 말이 되지 않는다. 물론 갈라디아서와 로마서는 어느 정도 비슷한 주제를 다루기는 한다. 그러나 갈라디아서는 **어떤 상황에서도 할례를 받아서는 안 되며 토라를 짊어지면 안 된다는 것**을 열띤 어조로 부랴부랴 쓴 서신이지만, 로마서는 **복음의 형상을 따라 유대인과 그리스인의 균형을 만들어 내야 한다는**

것을 더 한가하게 그리고 글을 어떻게 쓸지 더 꼼꼼히 구상하면서 쓴 서신이다.

바울은 갈라디아서에서는 '율법에 반대'하고 로마서에서는 '율법에 찬성'하는 일을 하지 않는다. 그런 얕은 분석이 오랫동안 득세한 때가 있었다. 오히려 바울은 갈라디아에서 모종의 위험을 간파할 수 있었으며 그 위험을 즉시 제거해야 한다는 것을 깨달았다고 보는 것이 옳다. 그는 이제 더 오랫동안 이어져 온 또 다른 위험이 로마에 있음을 간파했다. 한 예수 운동이 유대와 성경이라는 자신의 뿌리를 내버리고자 열심히 몸부림치고 있었다. 바울이 보기에 이는 그야말로 어처구니없는 일이었다. 그는 자신이 평생 동안 성경과 목회 현장을 겪으며 숙고한 것을 끌어다가 바로 이 어처구니없는 일을 물리치는 작품을 하나 짓기로 결심한다. 그는 자신의 경험에 비춰 유대인이 자신을 이교도보다 나을 게 없는 배신자로 여기리라는 것도, 또 이교도는 자신을 귀찮은 유대인 가운데 하나요, 오히려 더 귀찮게 만들 거리를 갖고 온 사람으로 여길 수 있다는 것을 아주 잘 알았다. 복음이라는 새 포도주는 어떤 이에겐 아주 달콤하지만 또 어떤 이에게는 아주 건조할 것이다. 그러나 그에게는 선택할 여지가 없었다. 그는 고린도에 그렇게 써 보냈다. "메시아의 사랑이 우리를 강권하기 때문입니다."[25]

이때 바울은 로마에 유대인이 없었던 49년부터 54년 사이에 자라난 로마의 새 세대 예수 따름이들이 이 새로운 종파가 '우연히' 유대인 세계에서 시작하기는 했지만 이제는 완전히 이방인 현상이 되었다는 사실을 자랑할 위험성이 있음을 보았다. 이 새 세대는 회당 공동체가 5년 동안 활동을 멈추고도 다시 강력한 공동체로 살아난 모습을 보면서, 이제 예수의 하나님은 유대인과 다시 볼일이 없는 이가 되어 버렸다고 생각하고픈 유혹을 받았을 것이다. 자랑스럽고 아주 중요한 말이었던 '메시아'만이 적절한 이름이 되었을 것이다. 예수 예배에는 이스라엘의 메시아가 온 세상의 주가 되리라고 말했던 시편과 예언자들의 메아리가 더 이상 담기지 않았을 것이다. 예수 운동은 개인의 사사로운 영성 정도로 바뀌고, 하늘은 물론 이 땅에도 임한 하나님나라와 상관이 있다기보다 오히려 한 개인의 영적 내면을 계발하는 일과 더 상관이 있는 것으로 바뀔 것이다. 그렇게 되면, 그 운동은 더 이상 메시아 종말론에 근거한 운동이 아닐 것이다. 그런 운동은 자신을 '유대 종교'와 다르다고 여기는 '종교'가 될 것이요, 더 이상 왕과 권력, 통치자와 권위에 큰 위협이 되지 않는 개인 중심의 사사로운 종교가 될 것이다.

이것이 바로 2세기 후반에 구원보다 내면의 자아를 발견하는데 치중하고 공중에게 증언하기보다 사사로운 경건에 몰두했던 종교인 소위 영지주의가 등장하면서 일어난 일이다. 물론 마르키온은 바울을 영웅으로 여겼다(그러나 그가 바울을 영웅이라 여긴 것은 바울을 하나님이 유대인 및 유대인의 율법과 관계를 끊었다고 말하는 이로 오해했기 때문이다). 그러나 바울 자신은, 특히 로마서는 마르키온이 주장하는 체계 전체를 단호하게 가로막는다.

만일 로마 교회가 하나님이 이제는 유대인과 영원히 관계를 끊었다고 생각하고 싶어 한다면―이방인 그리스도인만 그런 생각을 했던 게 아닐 수도 있는데, 예수를 믿기를 완고하게 거부하는 동포 유대인에게 질려 버린 일부 유대인 그리스도인도 그 길로 가는 게 좋겠다는 생각을 했을지도 모른다―로마 바로 그곳에 있던 서로 다른 가정 교회들 가운데도 역시 같은 문제가 발생할 것이다.

바울이 서로 다른 그리스도인 무리 안에 서로 다른 관습이 존재하는 문제를 다룬 로마서 14장과 15장은 특별히 그들 나름의 길을 고집하게 되었던 여러 소그룹에게 써 보낸 글일 개연성이 아주 높다. 그 길은 음식법과(혹은 음식법을 지키지 않겠다는 결정과) 관련이 있었을 수도 있고, 안식일 및 다른 거룩한 날들(그리고 그런 것들이 지금도 중요한가라는 문제)과 관련이 있었을 수도 있다.

이 문제는 바울이 고린도전서 8-10장에서 부닥친 문제와 분명 같은 종류이기는 하지만 정확히 같은 문제는 아니다. 고린도전서에는 바울이 서로 다른 장소에서, 서로 다른 가정 교회에서 예배하는 별개 그룹들을 다루고 있음을 시사하는 내용이 없다. 바울이 서신을 써 보내는 예수 따름이들은 서로 다른 의견을 주장하기는 하지만, 그래도 모두 고린도의 한 교회에 속해 있다. 이런 한 교회 안에 서로 다른 관습이 존재했다면 그 교회의 통일과 사귐에 당장 영향을 미쳤을 것이다. 로마는 그와 사정이 달랐다. 로마에 있는 그리스도인 그룹들은 이미 따로따로 나뉘어 있었다. 그들은 이미 서로 다른 관습법을 발전시켰다. 그들은 이제 자기들끼리 서로 의심을 품고 바라보곤 했다. 이러니 그들이 함께 예배하기는 불가능했을 것이다. 그들은 필시 사용하는 송가도 서로 달랐을 것이다. 그들이 쓰는 그리스어 악센트도 그들이 본디 태어났던 나라의 악센트를 반영했을 테니, 당연히 서로 아주 달랐을 것이다. (라틴어는 엘리트 언어였다. 당시 로마 거주자 가운데는 애초에 그리스어를 사용하는 이가 꽤 많았다.)

바울은 로마를 처음 찾지만 그곳을 로마보다 서쪽에 있는 지역을 선교할 때 기지로 사용하고 싶었다. 그러나 그는 로마에 그런 기지를 세울 수 없었다. 단순히 로마의 한두 가정 교회와 제휴를 맺고 나머지 교회를 무시할 수는 없었다. 그가 아주 열렬히 옹호하는 통일성은 딱히 유쾌한 이상은 아니었다. 그러나 그것은 바울 자신의 선교가 일관성을 유지하는 데 대단히 중요했다. 아울러 그가 이전에 에베소서에서도 말했듯이, 바로 그 통일성을 통해 온갖 풍부한 다양성을 지닌 하나님의 지혜가 하늘에 있는 통치자들과 권위들에게 알려지곤 했다. 로마 황제와 그 배후에 있는 어두운 권세들이 '또 다른 왕이신 예수'가 계심을 전하는 '좋은 소식'에 맞서려 한다면, 그 메시지로 살아가는 공동체는 당연히 하나가 되어야 한다. 물론 이 통일은 차이를 인정하는 통일일 것이다("온갖 풍부한 다양성을 지닌 하나님의 지혜." 아울러 우리는 이를 고린도전서 12장 및 에베소서 4장이 생생하게 제시하는 여러 사역 목록과 비교해 볼 수 있다). 그러나 온통 서로 다름만 있고 통일이 없다면, 로마 황제는 아예 신경 쓸 필요도 없으리라. 교회는 그저 로마에 들어온, 좀 더 독특한 동방의 종교 모임에 불과할 것이다.

로마서는 이런 첨예한 이슈들을 이 서신의 절정을 이루는 몇 부분에서 핵심 사항으로 다룬다. 이런 로마서의 밑바탕을 이루는 메시지는 바로 예수가 이스라엘의 메시아요 따라서 온 세상의 정당한 주권자로서 당연히 주主의 지위에 계신 분이라는 것이다. 장엄한 형식을 갖춘 이 서신 도입부는 그 점을 분명히 밝힌다. 십자가에 못 박히셨던 예수의 부활은 그가 메시아요 '하나님 아들'이심을 확증했다. 아울러 메시아 시는, 그중에서도 특히 시편 2편은 세상의 왕들더러 메시아 앞에 겸손히 나아와 지혜를 배우라고 다그친다. 로마 황제들은 아우구스투스 때부터 계속하여 그들의 즉위, 그들의 출생 따위를 비롯하여 그들의 통치와 관련하여 일어난 여러 사건이 '좋은 소식', 곧 그리스어로 **유앙겔리아**_euangelia_의 내용임을 알리게 했다. **주**_Kyrios_요 **구원자**_Sōtēr_인 로마 황제로 말미암아 새로운 황금시대가, 특히 **정의**_dikaiosynē_와 **구원**_sōtēria_과 **평화**_eirēnē_라는 특징을 지닌 시대가 도래했다는 것이 그 이유였다. 만물을 정복하는 로마 황제의 **힘**_dynamis_이 이런 일들을 이루었고 유지해 갈 것이다. 그러니 그의 백성들은 '충성'이나 '성실_pistis_', '믿음의 순종'으로 보답하는 것이 마땅했다.

바울의 **유앙겔리온**_euangelion_(복음)도 위와 같은 말들을 사용했으나, 그 의미는 사뭇 달랐다. 그 차이를 특히 잘 보여 주는 곳이 빌립보서 2:6-11 같은 시, 그리고 바울이 로마가 자랑하던 '명예 이력_cursus bonorum_'에 맞서 자신의 '수치 이력_cursus pudorm_'을 인정하는 부분이다. 그것은 단순히 로마 황제와 예수를 동일 잣대 위에 놓고 로마 황제는 틀렸으며 예수가 옳다는 식으로 비교하는 간단한 문제가 아니었다. 로마에 있는 교회든 아니면 다른 곳에 있는 교회든, 교회가 예수께 충성함을 하나님이 임명하신 시민 통치자에게 원리상 순종하지 않음을 의미하는 것이라고 생각한다면, 예수를 로마 황제 수준으로 끌어내리는 일이요 그 자체가 처참한 실수가 될 수도 있다. 예수와 바울과 베드로는 모두 본질상 유대교의 유일신론 관점에서 이 땅의 통치자들이 모두 한 하나님께 복종한다고 분명하게 선언했는데, 예수와 로마 황제를 그런 식으로 비교한다면 그런 유일신론 관점을 이교의 시각으로 변질시키는 일이 될 것이다.[26] 물론 이것은 이 땅의 통치자들이 결코 잘못을 저지를 수 없다는 의미는 아니었다. 결코 그런 의미가 아니다. 바울은, 늘 그렇듯이, 얇고 단순한 축소주의식 결론을 거부한다. 오히려 이 서신은 도입부와 결론이 주된 신학 논지의 틀을 형성한다. 이 서신 도입부와 결론은 로마 황제 얼굴을 똑바로 쳐다보면서, 예수가 참된 주이실 뿐 아니라 다른 **종류**의 주이시라고 선언한다.

> 왕이신 예수의 종, 곧 사도로 부름 받았으며 하나님의 좋은 소식을 위해 따로 세움 받은 나 바울이 이 편지를 씁니다. 이 좋은 소식은 하나님께서 그분의 예언자들을 통해 거룩한 글들에서 미리 약속하신 것으로, 자기 아들에 대한 소식입니다. 그분은 육신으로는 다윗의 씨에서 이어져 내려온 후손이시고, 거룩함의 영으로는 죽은 자들 가운데서 부활하심으로 하나님의 아들로 강력하게 확정되신 분, 곧 왕이자

우리 주님이신 예수이십니다!

우리는 그분의 이름을 위해 모든 민족 가운데 믿음의 순종이 나타나게 하려고 그분을 통해 은혜와 사도직을 받았습니다. 그들 가운데 왕이신 예수의 부르심을 받은 여러분도 포함되어 있습니다.…

나는 좋은 소식을 부끄러워하지 않습니다. 그 소식은 모든 믿는 사람에게 구원을 주시는 하나님의 능력입니다. 먼저는 유대인에게, 그리고 또한 그리스인에게도 동등하게 주십니다. 좋은 소식에는 하나님의 언약적 정의가 드러나, 신실함에서 신실함에 이르기 때문입니다.[27]

여기 모든 내용이 다 있다. 즉 그는 다윗의 참된 자손이니 부활을 통해 다윗의 참된 자손임이 드러나고 높이 올림을 받아 인간의 모든 권위 위에 계신 주이심이 드러난 분이요, 그에게 충성하는 모든 이에게 참된 정의와 구원을 베풀어 주시는 통치를 시작하신 분이다.

이 위대한 논증의 결론에도 같은 말이 나온다.

메시아께서 하나님의 진실하심을 나타내시려고 할례 받은 사람들의 종이 되셨는데, 이는 곧 족장들에게 주신 약속을 확증하시고, 민족들이 하나님의 긍휼하심 때문에 하나님을 찬양하게 하시려는 것입니다. 이는 성경이 말하는 바와 같습니다.

그런 이유로 내가 민족들 가운데서 주를 찬양하고
주의 이름을 노래할 것입니다.

또 성경은 말합니다.

모든 민족아, 주를 찬양하고

모든 백성이 그분을 찬송하게 하여라.

또한 이사야가 말합니다.

이새의 뿌리가 돋아날 것인데

그가 일어나 민족들을 다스리고

민족들은 그에게 희망을 둘 것이다.[28]

이 마지막 결론을 다음과 같이 로마의 가정 교회들에 보내는 분명한 명령문으로 시작한 것은 주목할 만하다. "그러므로 메시아께서 여러분을 기꺼이 받아들이신 것처럼, 여러분도 하나님의 영광을 위하여 서로 받아들이십시오."[29] 사람과 사람을 가르는 전통적 구분을 초월한 메시아 백성의 통일성은 예수 따름이가 이미 시작된 메시아의 세계 통치를 드러내는 표지 역할을 할 때 대단히 중요한 방법이다. "이새의 뿌리"(다시 말하면, 다윗의 참된 상속인)는 **세상 모든 민족을 통치하게 되는** 분이다. 예수의 부활은 바울의 진정한 정치 신학과 사회 신학의 기초이자, 바울이 예수에 관하여 믿었던 다른 모든 것의 기초이기도 하다.

로마서는 많은 얼굴을 가진 서신이지만, 그래도 단일 사상 흐름이 있다. 그 사상 흐름을 이 책 같은 책에서 적절히 요약하여 제시하려는 것은 어리석은 짓이 될 것이다. 인간 바울, 사상가 바울, 목자요 설교자인 바울과 거래하고픈 사람은 머지않아 어딘가에 앉아서 그 모든 것을 혼자 힘으로 알아내기를 원하게 될 것이다. 앉은 김에 로마서를 처음부터 끝까지 내쳐 읽기는 현대에도 극소수 독자가, 아니 어쩌면 많은 사람이 자주 시도하는 일이지만, 바울에게 이 서신을 받아 겐그레아에서 로마로 가져온 뵈뵈가 로마 회중 앞에서 이 서신을 처음 낭독했을 때도 당연히 처음부터 끝까지 내쳐 읽었을 것이다. 뵈뵈는 십중팔구 이 서신을 설명하는 일도 했을 것이며, 서신을 듣다가 자연스럽게 발생한 의문에도 대답했을 것이다. 그런 다음에는 이 서신을 필사하여 거듭거듭 낭독했을 것이며, 그때도 보통은 처음부터 끝까지 내쳐 읽었을 것이다. 따라서 우리는 로마 회중 가운데 적어도 일부 사람은, 특히 교사들은 이 서신을 더 짧은 부분으로 나누어 공부했을 것이며, 이 서신 사본을 받은 다른 교회들도 그리했을 것이라고 추측해 볼 수 있다(에베소에서 사본이 하나 있었음을 알려 주는 초기 증거가 있다. 이 사본에는 로마에 보내는 긴 인사말이 빠져 있다). 이렇게 읽을 때는 처음부터 끝까지 내쳐 읽고 이어 공부할 때는 부분 부분으로 나누어 공부하는 훈련이, 기도하고 예배하는 공동체의 삶 속에 철저히 스며들었으며 오늘날까지도 대단히 중요하게 남아 있다.

그러나 적어도 서두에서 말해 두고 넘어가야 할 것이 있다. 바울은 **하나님이 당신이 하시겠다고 늘 말씀하셨던 일을 하셨으며 이것이 바로 오늘날 그 일이 가지는 의미**라고 말한다. 복음 사건—예수가 십자가에 못 박히셨다가 부활하신 것, 그리고 영이라는 선물이 주어진 것—은 이런 일을 맞을 준비가 전혀 되지 않았던 세계에, 그리고 이런 사건을 고대하면서도 다른 방식으로 일어나리라 예상했던 유대 세계에 느닷없이 들이닥쳤다. 그러나 하나님은 이를 통해 당신이 언약에 신실하시다는 것을, 아브라함 및 이스라엘과 맺으셨던 그 언약에 신실하시다는 것을 드러내셨다. 하나님은 늘 이 언약을 통해 종국에는 피조 세계 전체를 바로잡으려 하셨다. 하나님의 피조 세계는 인간의 우상 숭배와 죄로 말미암아 더러워졌다. 심지어 그가 택하신 백성도 피조 세계를 바로잡는 일과 관련하여 아무 일도 할 수 없는 것으로 보였다. 그러나 이제(이는, 로마서 3:21에서 볼 수 있듯이, 바울이 즐겨 쓰는 문구다) 하나님은 당신의 언약 목적이 늘 염두에 두었던 일이, 그가 늘 아브라함에게 약속하셨던 것처럼 그 식구들의 죄가 용서 받은 단일 가족, 곧 유대인과 이방인이 하나가 된 한 언약 가족이라는 새 실재를 수립하는 수단으로 메시아 예수를 '제시하심'이었다는 것을 나타내셨다. 그것이 로마서 첫 부분인 1-4장의 요지다.

바울은 여기서 마침내 자신이 어린 시절에 공부한 '열심' 전승에서 배운 말씀을 끄집어낸다. 비느하스는 우상 숭배자를 죽였으며, **그것이 그의 의로 여겨졌다.** 다시 말해, 하나님은 그와 언약을 수립하셨다. 그럴 수도 있다. 그러나 바울은 이제, 창세기 15:6을 따라, 아브라함이 하나님을 믿었으며—즉 아브라함 자신이 온 세계를 유업으로 받을, 헤아릴 수 없이 많은 식구를 거느린 한 가족의 조상이 되리라는 약속을 믿었으며—**그것이 그의 의로 여겨졌다**고 생각한다. 이 믿음, 이 신뢰, 이 성실이 아브라함의 언약을 나타내는 배지badge였다. 바울은 한 분 하나님이 예수가 십자가에 못 박히신 사건과 부활 사건을 통해 언약에 신실하심을 보이셨음을 보았다. "예수 우리 주를 죽은 자 가운데서 부활시키신 분"을 믿는 모든 이는 이제 그 언약의 완전한 지체가 되었다.

따라서 이제는 유대인이나 이방인이 성실한 믿음으로 그 약속을 붙잡고 "죽은 자를 부활시키시는 하나님을" 믿음이 아브라함 가족의 식구임을 나타내는 유일무이한 배지가 될 것이다. 그 가족은 할례로 만들 수도 없고(할례는 창세기 15장보다 뒤에 덧붙여졌다) 율법을 따름으로도 만들 수 없다(이 역시 수백 년 뒤에 덧붙여졌다). 그 가족을 만들 수 있는 것은 오로지 하나님의 은혜에서 비롯된 신선한 행위이며, 사람은 이 은혜를 믿음으로 받아들일 뿐이었다. 그런 점에서 보면, 오늘날 대중을 상대로 한 가르침에서 인간이 모두 죄인이며 오직 은혜로 오직 믿음을 통해 '의롭다 하심을 받는다'는 것을 선언하고자 로마서 1-4장을 사용하는 것은 훌륭한 일이다. 하지만 슬프게도 이런 가르침은 바울이 실제로 이 네 장에서 말하는 것을 축소하곤 하며, 이 네 장이 더 큰 논증의 일부일 뿐이요 뒤따르는 내용이 없으면 이 네 장의 의미도 완전히 이해하지 못한다는 점을 간파하지 못하곤 한다. 로마서는 사람이 어떻게 해야 구원받을 수 있는지를 설명하려고 쓴 게 아니다. 물론 로마서는 그 점을 생생하고도 설득력 있게 설명하지만, 그것은 어디까지나 하나님의 신실하심을 강조하고자 함이요, 더불어 언약 백성이 직면하고 있는 여러 도전을 강조하고자 함이다. 그것들이 로마 교회가 당장 이해해야 했던 주제다.

그렇다면 아브라함 가족의 일부가 된다는 말은 무슨 의미인가? 간단히 말하면 이런 의미다(바울이 터키와 그리스 지역을 두루 다니며 이 회당 저 회당에서 설명했던 것이 바로 이것이다). 창세기 자체와 이후에 나온 수많은 유대 전승에 따르면, 아브라함을 부르심은 하나님이 아담의 죄에 제시하신 답이었다. 따라서 우리가 아브라함 안에서 발견하는 것은 하나님이 단번에 죄를 처리하시고 그 죄가 가져온 죽음도 처리하시겠다는 약속이다. 로마서의 첫 네 장은 바로 그 이야기를 다룬다. 바울은 이를 다루면서 로마서의 두 번째 주요 부분인 5-8장으로 자연스럽게 넘어간다.

이번에 바울은 아담에서 메시아로, 더 나아가 창조 갱신이라는 마지막 약속까지 이어지는 인류 이야기를 더 분명하게 들려준다. 5-8장은 초기 기독교에서 아주 강력한 주제였던 새 출애굽을 놀라울 정도로 풍성하게 그리고 여러 차원에서 설명한다. 바울은 이 네 장의 모든 부분을 거의 전부 메시아 예수로 다시 연결되는 문단들을 사용하여 꼼꼼하게 구조를 구축해 놓았다. 바울은 "아담에서 메시아까지" 다룬 기본 진술을 마친 뒤에, 출애굽 내러티브를 다시 이야기한다. 세례의 바다를 통과함(6장)은 노예 생활을 버리고 자유를 발견하려고 홍해를 건넘과 같다. 그러나 이어 이스라엘은 시내산에 이르러 토라를 받는다. 이는 이스라엘이 이미 죄를 범했음을 즉시 선언한다. 실제로 신명기가 분명히 밝히듯이, 토라는 그저 이스라엘을 유배 장소로, 새로운 종류의 노예 생활을 해야 할 곳으로 데려다 놓았다. 7장 끝에 있는 탄식은, 복음에 비춰 돌아보면, 토라를 올바로 즐거워하고 토라에 성실하기를 간절히 원했지만, 유대인을 포함하여 온 인류를 관통하는 컴컴한 아담의 기질 때문에 그 성실이 좌절되었음을 발견한 '그 유대인'이 내뱉는 탄식이다.

이것은 복잡한 문제―여러분이 원한다면, 하나님의 소유인 백성이 반역함으로 말미암아 엄청나게 커져 버린 아담의 문제라고 표현해도 되겠다―이며, 이 문제에 더 이상 훌륭한 답을 내놓을 수 없다 할 정도로 빼어난 답을 제시한 것이 바로 로마서 8장이다. 메시아의 죽음과 영이라는 선물은 함께 "율법이 할 수 없는 일"[30] 곧 율법이 약속한 생명을 주는 일을 한다. 율법은 생명을 주겠다고 약속했지만, 인간의 (그리고 이스라엘 백성의) 죄 때문에 그런 일을 할 수 없었다. 바울은 8장 전체에서 출애굽과 초기 기독교 전체가 제시하는 핵심 주제를 하나 귀띔한다. 하나님의 영광스러운 임재가 이스라엘 자손이 광야를 지나는 내내 그들을 인도하시고 성막에 들어오셔서 그 안에 사셨듯이,[31] 이제는 영이 메시아의 백성을 그들의 유업 곧 어떤 한 "약속된 땅"이 아니라 다시 새로워진 온 피조 세계로 인도하신다.[32]

시편 2편이 말하듯이, 다시 새로워진 피조 세계는 메시아와 그의 백성이 받을 '유업'이다. 따라서 이것은, 시편 8편이 말하듯, 인간이 마침내 "영광과 영예로 관冕을 쓰게 되었으며," 본디 약속받았던 그대로 온 피조 세계를 다스릴 권위를 부여받았음을 의미한다. 바울 사상 전체를 살펴보면, 특히 로마서를 쓰기 얼마 전에 쓴 고린도후서를 살펴보면, 사실 이 '영광'은 굉장히 역설적 형태를 띤다. 이 영광은 바로 고난이요, "말보다도 더 깊은 탄식"[33]을 토하며 그 고난 속에서 비틀어 짜내는 기도다. 그러나 바울은 이 모든 고난 가운데서도 의기양양하게 "우리는 우리를 사랑하신 분을 통하여 완승을" 거둔다고 결론짓는다.[34] 그것이 바로 그가 그의 깊디깊은 생각과 마음을 그대로 드러내며 이야기할 때 늘 돌아가는 지점—"나를 사랑하여 나를 위해 자신을 내주신 하나님의 아들", "메시아의 사랑이 우리를 강권하기 때문"—이다. 이제 이 온 피조 세계 가운데 있는 어느 것도 "왕이신 예수 우리 주 안에 있는 하나님의 사랑에서 우리를 떼어 놓을 수 없"다.[35] 하나님의 언약은 늘 사랑의 약속이요 그 사랑이 가득 열매를 맺으리라는 약속이었다. 이제 그 언약 사랑은, 메시아 안에서 그리고 영으로 말미암아 승리를 거두었다는 게 드러났다. 로마서 8장은 초기 기독교 운동이 남긴 문헌의 그 어떤 곳보다, 아니 어쩌면 기독교 운동 밖의 다른 문헌에 들어 있는 그 어떤 곳보다도, 풍성하며 심오하고 힘찬 생명력을 이어가는 절정이다.

사람들은 종종 로마서 5-8장을 (그리고 사실은 로마서 1-8장도) 그 자체만으로 마치 '복음'을 구성하는 부분처럼 여기면서, 이 서신의 나머지 부분은 그저 부록이거나 '실제에 적용한 내용'으로 여겨 왔다. 사실 로마서의 이 첫 두 부분은, 그중에서도 어쩌면 특히 5-8장은, 이 부분 고유의 영향력을 지닌 것으로 받아들일 수 있다. 어쩌면 때로는 그렇게 함으로써 이 두 부분이 그 가득한 풍미를 확실히 풍기게 하는 것도 좋은 일이다. 그러나 우리가 바울이 걸어간 삶 속에서 이 순간의 그를, 흥분을 자아내면서도 왠지 불길한 이 과도기에 서 있는 그를 이해하고자 한다면, 서두의 이 두 부분이 나름대로 통일성을 갖고 있기는 하지만, 사실 이 두 부분은 사뭇 다른 종류의 건물을 짓기 위한 기초로서 설계한 것이라고 결론지을 수밖에 없다. 로마서 9-11장과 12-16장은 바울이 직접 로마 청중에게, 혹은 아마도 그렇게 말해야 한다면, 청중들에게 보낸 호소의 일부다. 이곳이 바로 그가 가려 하는 곳임을 아는 것이 1-4장과 5-8장의 색채와 형태를 결정했다. 우리가 이런 마지막 목적지를 못 본다면, 이 두 부분이 진실로 가지는 가치를 충분히 음미하지 못할 것이다.

로마서의 셋째 부분이자 많은 점에서 이 서신의 결정적 부분이기도 한 로마서 9-11장은 바울 서신의 어느 곳보다 꼼꼼하고 수미일관한 논증 가운데 하나다. 사람들은 때로 마치 바울이 이 본문에서 두서없이 생각나는 대로 글을 쓰면서, 뭔 말을 써야 할지 감을 못 잡고 헤매다 겨우겨우 뭔가 생각을 짜냈지만 결국은 그 생각을 바꾸거나 물리치고 대신 다른 무언가를 제시하는 것처럼 이야기한다. 이런 이야기만큼 진실과 동떨어진 것도 없을 것이다. 먼저이 부분은, 유대의 고전 양식을 따라, 기도라는 틀 안에 꼼꼼히 짜넣은 것이다. 시편 속의 많은 시처럼 이 부분도 탄식으로 시작하여 힘차게 울려 퍼지는 찬송으로 끝맺는다. 긴 서두(9:6-29)는 긴 맺음 부분(11:1-32)과 쌍을 이루며, 이 논증의 핵심은 그 중간인 9:30-

10:21에 자리해 있다. 이 핵심 자체는 제2성전기 내내 대단히 긴요했던 한 텍스트, 곧 신명기의 마지막 몇 장에 초점을 맞추며, 바울이 토라에서 시작한 이스라엘 이야기를 막 마치는 지점에서 등장한다. 사실, 아브라함에서 시작하여 포로로 끌려갈 것을 경고했다가 회복을 약속하는 이스라엘 이야기를 들려주는 모세오경은 여전히 황금률로 남아 있다. 바울 시대의 많은 유대인 저술가가 그 이야기를 다시 들려주었고 그 뒤에 나온 이들도 같은 일을 하게 되지만, 바울 역시 그 이야기를 다시 들려준다. 바울은 아주 중요한 지점에서, 자신이 안디옥에서 고린도에 이르기까지 여러 회당에서 역설한 것처럼 토라의 목표, 그 위대한 내러티브 전체의 목표와 궁극의 목적이 메시아였음을 역설한다. "메시아는 율법의 목표*Telos gar nomou Christos*"■이시므로,[36] 믿는 자는 모두 언약 지체의 지위를 얻을 수 있다.

그렇다면 이것은 이스라엘 이야기요, 하나님이 이스라엘에게 하셨던 언약에 신실하셨음을 들려주는 이야기다. 이런 신실하심의 절정이 이스라엘의 메시아였다. 나중에 마르키온은 메시아 이야기와 이스라엘 이야기가 아무 상관이 없는 것처럼 주장하고 어쩌면 로마의 일부 사람도 이미 그렇게 생각하고 있었는지 모르지만, **메시아 이야기는 이스라엘 이야기와 단절된 이야기가 아니며, 결코 단절될 수도 없다.** 바울은 그들에게 자신의 "크나큰 슬픔과 끊임없는 고

■ 이는 그리스어 본문에서 로마서 10:4에 등장하는 첫 네 단어다.

통"³⁷을 알려 주고 싶어 한다. 이것은 그가 에베소에서 겪은 극심한 고통이 아니라, 더 오랫동안 지속된 마음의 고통이다. 이 고통은 그가 10년 동안 침묵의 시간을 보내고 고향 다소로 돌아왔을 때 고향 사람들이 그의 메시지를 거부하는 모습을 보이면서 시작되었다. 이 회당에서 저 회당으로 다니며 말씀을 전하는 동안, 그의 관심이 분노로 바뀌면서 그의 그런 고통도 지속되었다. 이런 고통은 그가 성경을 토대로 예수에 관한 사건을 이해할 수 있게끔 아주 명쾌하게 설명해 주었으니 이제는 그들의 메시아를 틀림없이 환영하리라고 생각했을지도 모를 바로 그 사람들의 음모와 폭력에 시달리면서 절정에 달했다. (이렇게 슬픈 기억을 곱씹은 이는 바울만이 아니었다. 요한은 예수에 관하여 이렇게 썼다. "그분이 자기 소유에 오셨지만, 그분의 백성은 그분을 맞이하지 않았다.")³⁸ 그것이 바울이 내뱉은 탄식의 내용이며, 그가 "그들의 구원을 위해"³⁹ 올리는 기도의 내용이기도 하다. 이 세 번째 부분의 중심은 그 구원에 이르는 길을 가장 분명한 말로 이렇게 천명한다. "예수가 주님이시라고 그대 입으로 고백하고, 하나님께서 죽은 사람들 가운데서 예수를 일으키신 것을 그대 마음으로 믿으면 그대가 구원을 받을 것이기 때문입니다."⁴⁰

따라서 예수는 어떤 '새 종교'를 시작하시지 않았으며, 바울도 그런 종교를 제시하려 하지 않았다. 예수는 이스라엘의 메시아이거나—1세기 유대인이라면 예수가 메시아라는 말을 하나님을 예수를 중심으로 '이스라엘'을 다시 구성하고 계신다는 의미로 알았을 것이다—메시아를 사칭하는 사기꾼이었다. 만일 예수가 사기꾼이라면 그를 따르는 이들은 하나님을 모독하고 있는 셈이었다. 둘 중 하나일 뿐 중간 지대는 없었다. 사도직이라는 것이 존재하는 이유도 바로 성경에 근거하여 언약이 다 이루어졌다고 보는 이런 유대 특유의Jewish 시각, 메시아이신 실체가 태어났다고 보는 이 시각 때문이었다. 다시 말해, 바울은 로마 교회에 이렇게 말하고 있다. "이것이 바로 내가 지금 하는 일을 하는 이유이며, 내가 내쳐 스페인에 가서 이 일을 할 때 그대들이 나를 도와주길 바라는 이유라오." 세상 민족이 메시아를 믿지도 않으면서 어떻게 메시아를 부르겠는가? 그들이 듣지 않으면 어떻게 믿을 수 있겠는가? "그들에게 선포하는 사람이 없다면 어찌 듣겠습니까? 보내심을 받지 않는다면 어찌 선포하겠습니까?"[41] 바울은 다시 한 번 자신의 소명과 이사야서의 '종' 본문을 연결한 다음, 시편, 이사야, 그리고 신명기(성문서, 예언서, 그리고 토라)를 근거로 **하나님이 당신이 늘 하시겠다고 말씀하셨던 일을** 행하시되, 그야말로 충격이요 뜻밖인 방법을 통해 **행하셨음**을 재차 이야기한다. 그는 바로 이것이 오늘날 우리가 서 있는 자리로 우리를 데려다주었다고 암시한다.

따라서 로마서 11장은 그 자체가 일관된 논증이며, 하나님과 이스라엘의 이야기 속에 존재하는 이 새롭고 선례가 없는 순간으로 생각을 전진시켜 간다. 우리가 기억하듯이, 바울이 여기서 이런 내용을 쓰는 이유는 이제 예수 따름이가 유대라는 맥락과 완전히 단절하고 그들 자신을 그냥 이방인 공동체로 봐야 할 때가 되었다는 주장이 로마 교회 내부에서 일절 나오지 않게 하려는 것이었다.

19세기와 20세기 유럽에서 발호했던 바로 그와 같은 끔찍한 세력을 알고 있는 우리는 이런 주장이 로마의 사회와 문화가 가하는 여러 압력에 별 고민 없이 순응한 것이었을 수도 있겠다는 상상을 어렵지 않게 해볼 수 있다. 바울은 그런 주장에 결코 동조하려 하지 않는다. 바울 자신은 유대인이다. 은혜와 믿음으로 구별된 남은 자가 있으며, 그는 이 남은 자 그룹의 대표다. 그러나 그 남은 자가 그 민족에게 주어진 특권이 아니라 은혜와 믿음으로 말미암아 그 지위를 얻었다면, 그런 남은 자는 줄어들어 무無가 되지 않고 도리어 자라날 수 있으며 자라날 것이다. "그들도 믿음 없는 상태에 머물지 않으면 다시 접붙임 받을 것입니다."[42] (여기서 말하는 "믿음 없음"은 '예수를 이스라엘의 메시아로 인정하지 않음'을 가리키는, 전문 용어에 가까운 말임을 유념해야 한다. 바울은 자신이 지금 이야기 주제로 삼고 있는 유대인이, 옛적의 그 자신처럼 한 분 하나님을 굳건히 믿고 그 하나님을 향한 열심을 품고 있음을 아주 잘 안다.)[43]

사람들은 유대인이 이런 '믿지 않음'을 포기한다는 것이 가지는 의미와 관련된 구체적 약속을 찾아보려고, 다시 말해 그들이 언제 그리고 어떻게 예수를 메시아로 알게 된다는 것인지 알아보려고 로마서 11장을 샅샅이 살폈다. 항간에는 갖가지 신화가 넘쳐흐른다. 심지어 로마서 11장이 유대인이 그 조상의 고향 땅으로 돌아갈 것을 예언한다고 주장하는 이들도 있다. (바울이 이 서신을 쓸 때는 유대인이 그 땅을 떠나지 않았었다.) 그게 핵심이 아니다. 바울은 하나님이 생각하시는 일을 예측하려고 하지 않는다. 바울은 지금 그들이 물려받은 유대 전통을 거부하고 마르키온주의라는 위험에 빠져 버린 교회에 가능한 한 강한 어조로 이렇게 이야기한다. "그 가지들에게 우쭐거리지 마십시오."[44] 이 가지들은 믿지 않음 때문에 원래의 감람나무에서 잘라 내버린 것이다. 그러나 하나님은 이것들을 다시 접붙이실 수 있다. 더구나, 현재 믿지 않는 이스라엘이 봉착한 운명 자체가 메시아의 소명을, 마치 그림자 속에서 이뤄 가듯이, 이루어 가는 기나긴 과정이다.

> 그들의 범죄 때문에 구원이 민족들에게 이르렀는데, 이는 그들로 시기하게 하려는 것입니다. 그들의 범죄가 세상에 풍요를 가져다주고 그들의 궁핍이 민족들에게 풍요를 가져다준다면, 하물며 그들이 충만할 때는 훨씬 더 풍요로워지지 않겠습니까!
>
> 이제 나는 이방인 여러분에게 말합니다. 내가 이방인의 사도인 만큼, 내 특별한 사역을 기쁘게 여깁니다. 이는 내 '혈육'에게 시기심을 일으켜서라도 가능하다면 그들 가운데 몇이라도 구원하려는 것입니다. 알다시피, 이스라엘을 버리는 것이 세상을 위한 화해를 뜻한다면, 이스라엘을 받아들이는 것은 죽은 자들 가운데서 살아나는 것이 아니고 무슨 뜻이겠습니까?[45]

나는 여기서 바울이, 말하자면, 하나님의 손을 묶으려는 시도를 하고 있다고 생각하지 않는다. 그는 지금 정확히 무슨 일이 일어날 것인지 혹은 무슨 일이 언제 일어날 것인지를 이야기하지 않는다. 심지어 그는 "로마에 있는 너희는 너희 지역 회당 자체에게 복음을 전해야 한다"는 말도 하지 않는다. 물론 그가 이 서신 서두에서 하는 말, 곧 복음이 "먼저는 유대인에게, 그리고 또한 그리스인에게도"라는 말은 아마도 그가 로마에 도착하면 그가 늘 해 왔던 패턴을 따르겠다는 뜻이요, 스페인에도 유대인 공동체가 있으리라 생각하니, 스페인에 가서도 역시 그 패턴을 따르겠다는 의미이리라. 그는 지금 유대인이 늘 하나님의 신실한 가족의 일부일 것이며, 하나님이 "그 가운데 몇이라도" 믿음으로 인도하실 수 있고 또 인도하시리라고 말한다.[46] 그러나 여기서 그가 말하려는 요지는, 로마서 전체를 관통하는 요지처럼, 하나님이 신실하시다는 것이다. 하나님은 당신이 약속하신 것에 성실하셨다. 역사 속에 깊이 새겨진 메시아 패턴은 "하나님께서 모든 사람에게 긍휼을 베푸시려고 모든 사람을 불순종 가운데 두셨"[47]음을 보여 준다. 만일 로마 교회가 이런 가르침을 굳건히 지킬 수 있다면, 그들은 참된 메시아 신비를 지닌 채 살아갈 수 있을 것이다.

로마서 마지막 부분인 12-16장은 공동체의 삶 및 개인의 삶과 관련하여 교회에 제시하는 폭넓은 일반적 가르침으로 문을 연다. 이 부분은 먼저 우리가 바울이 중시했던 주제로 알고 있는 것을 이야기한다. 바울은 그들이 그들의 자아를 다 쏟아 참된 하나님을 예배하기를 배우기 원하며, 그 목적을 이루고자 새 세계에 사는 사람들처럼 **생각하기**를 배우기 원한다. "도리어 여러분의 마음을 새롭게 함으로 변화되어 하나님의 뜻이 무엇인지, 곧 무엇이 선하고 합당하며 온전한지 분별할 수 있도록 하십시오"[48] 바울의 글에서 자주 볼 수 있듯이, 일반적 권면은 결국 사랑으로 곧장 나아가는데, 이때 이런 권면과 균형을 이루는 것이 중요한 근간이 되는 윤리다. 바울의 글 전체에서 일관되게 나타나는 이런 윤리는 이미 동이 **텄고** 언젠가는 완전히 **밝아질** 낮의 빛 안에서 **이제** 살아가면서 지켜야 할 윤리다.[49] 바울은 유대인이 시민을 다스리는 권세에 관하여 보통 갖고 있던 견해를 되새겨 주는, 짧고 중요한 내용을 그 권면이라는 틀 속에 집어넣는다.[50] 굳건한 유일신론자는 창조주가 그런 권위가 존재하길 원하신다는 것과, 그런 권위는 스스로 알든 모르든 하나님 바로 그분에게 책임을 진다는 것을 안다. 복음은 정치와 담을 쌓는 영지주의식 영성을 인정하지 않으며, 바울의 동포 가운데 많은 이가 당시 일으키려고 준비하고 있던 일차원적 혁명도 인정하지 않는다. 바울은 예수 운동이 예루살렘의 열심당 운동과 뒤섞이는 것을 원하지 않는다. 다시 말하지만, 그런 얕은 '열심'은 "지식에 기초한 것이 아"니다.[51] 로마의 그리스도인은 그 생각이 이런 끔찍한 환원론을 극복하는 차원까지 자라가야 했다.

이는 마지막 부분의 중핵中核으로, 곧 모래처럼 흩어진 채 어쩌면 서로 심히 의심하고 있을 수도 있는 로마의 여러 교회에게 바울이 통일을 호소하는 내용으로 나아가는 길을 연다. 바울이 이 부분 끝에 이르면(14:1-15:13) 근본 문제, 곧 일부 가정 교회는 유대인 교회요 일부 가정 교회는 이방인 교회라는 문제를 언급하지 않는데, 이는 주목할 만한 점이다. (물론 문제는 이보다 복잡했을 수도 있다. 일부 이방인 그리스도인은, 갈라디아의 일부 사람들처럼, 유대 토라를 열심히 받아들이고 싶어 했

는지도 모른다. 또 일부 유대인 그리스도인은, 바울 자신처럼, 그가 '강한' 입장이라 부르
는 것을 받아들였을 수도 있다.) 그러나 바울은 이런 문제를 그런 관점에서
다루려 하지 않는다. 그는 이렇게 말한다. "우리 가운데 어떤 이는
이렇게 하길 좋아하고… 우리 가운데 어떤 이는 저렇게 하길 좋아
한다."

그는 로마 교회 지체들이 이런 여러 차이를 넘어 서로 존중하
기를 원한다. (이 시대 서구 교회는 이와 사뭇 다른 문제를 해결해야 하지만, 그래
도 우리는 여기서 제시하는 '관용'이 모든 행위 영역으로 확대, 적용되지는 않음을 유념
해야 한다. 로마서 13장 끝부분과 같은 내용을 담고 있는 다른 서신의 여러 부분도 이 점
을 아주 분명히 밝힌다.) 그리고 바울은 그들이 메시아 패턴을 따라 살
아가야 함을 다시 한 번 되새겨 준다. 바울은 예수의 죽음과 부활
을 단순히 어떤 새로운 상황을 만들어 낸 역사적 사실로만 여기지
않고, 나아가 교회가 영위하는 삶의 모든 측면에 새겨져야 할 패
턴으로 본다. 바울이 중요하게 여긴 것은 찬송하고 예배하는 삶이
다. 이제 그 삶이 영 안에서 예수와 하나님 아버지 바로 그분을 하
나로 묶는다. 이렇게 모든 지체가 전통의 장벽을 초월하여 한 몸
으로 드리는 예배야말로 로마 황제의 이데올로기를 근본부터 흔
들어 놓을 것이다.

알다시피, 무엇이든 미리 기록된 것은, 우리가 교훈을 얻어 인내와 성
경의 위로를 통하여 희망을 갖게 하려는 것입니다. 인내와 위로의 하
나님께서 여러분으로 하여금 메시아 예수를 따라 같은 마음에 이르

게 하셔서, 여러분이 한마음과 한입으로 우리 주 메시아 예수의 아버지 하나님께 영광을 돌리게 해 주시기를 바랍니다.[52]

이 서신은 여행 계획을 제시하고 바울이 지중해 동부 지역을 두루 다니며 펼친 선교 활동을 곱씹어 보며 끝을 맺는다. 바울은 자신이 "예루살렘에서부터 일루리곤에 이르기까지 두루" 다녔다고 말한다.[53] 사도행전은 데살로니가 서북쪽에 있는 이 일루리곤을 언급하지 않으며, 다른 바울 서신도 이를 귀띔조차 하지 않는다. 그러나 사도행전은 더 두루뭉술하게 "그는 그 지방을 지나며"[54]라고 말하는데, 이 지역에 그리스 서북 지방을 포함시키기는 어렵지 않을 것 같다. 그가 밝힌 여행 계획에서 가장 중요한 일은 그가 예루살렘으로 가서 연보를 전달하는 것이다. 그는 로마의 예수 따름이들에게 자신이 안전하게 여행할 수 있도록 기도해 달라고 요청한다. 아울러 그는 "예루살렘을 위한" 그의 "섬김을 하나님의 백성이 기쁘게 받아들일 수 있도록"[55] 기도해 달라고 요청한다. 이는 곧 새로운 근심거리가 바로 눈앞에 이르렀음을 암시하는 말이기도 하다.

뵈뵈는 이 서신을 들고 서쪽으로 가는 사이, 바울은 연보를 갖고 동쪽으로 가려 한다. 그는 약 30명이나 되는 로마의 지체들에게 인사를 전하며—상이한 모든 가정 교회의 기초인 이들을 망라하여 인사를 전한 것이라고 추측해 볼 수 있다—"도시의 재무관 에라스도" 및 "이 편지를 받아쓰는 나 더디오"를 포함하여 여덟 친구도 로마 지체에게 인사를 전한다.[56] 우리는 더디오가 내뱉는 안도의 한숨을 발견할 수 있다. 그에게 앞서 흘러간 시간은 여러 가지 점에서 큰 부담이었을 것이다.

바울은 분열과 여러 문제를 일으키는 이들에게 마지막 경고를 보낸 뒤 축도로 끝맺는다.[57] 이는 베토벤의 어느 교향곡 끝부분처럼 지금도 계속 울려 퍼진다. 이리하여 마침내 이 서신은 끝을 맺는다. 로마서는 가장 황홀하고 흥분을 자아내며, 가장 치밀하고 어려운 글 가운데 하나요, 지성과 영혼에 도전을 던지는 글 가운데 하나이며, 교회사 속의 어느 시대에나 귀중한 가치가 있고, 어쩌면 다른 어느 누구의 역사에서도 가치가 있다 할 만한 글 가운데 하나다.

고린도에서 예루살렘으로

13장

/

다시 예루살렘

이제 드디어 바울이 연보를 갖고 예루살렘으로 떠날 때가 되었다. 계획을 세우는 데도 오랜 시간이 걸렸던 이 엄청난 연보 사업은 그를 이끌었던 두 열정, 두 가닥의 소망과 야망을 함께 끌어모은 사업이었다. 이런 열정, 이런 소망과 야망은 적어도 40년대 말 이후 그의 중심 관심사였다. 그 둘 가운데 첫째는 "가난한 이를 기억하라!"였다. 둘째는 "메시아 예수 안에서는 더 이상 유대인이나 그리스인도 없다"였다.[1] 바울은 틀림없이 복잡하고 위험한 사업인데도 이 사업을 진행해야 하는 근본 이유를 고린도후서 8-9장과 로마서 15장에서 제시했다. 너그러움은 그 자체가 예수를 따르는 일임을 보여 주는 인증 표지 가운데 하나였다. 이는 특히 복음의 드라마 전체가 결국 예수 바로 그분이 베풀어 주신 너그러움과 관련이 있었기 때문이다.

여러분은 왕이신 예수 우리 주의 은혜를 알고 있습니다. 그분은 부요하셨지만 여러분 때문에 가난해지셔서, 자신의 가난으로 여러분을

부요하게 하셨습니다.[2]

빌립보서 2장과 골로새서 1장처럼, 이 한 문장이 예수를 바라보는 바울의 시각 전체를 우리에게 제공한다. '열정과 사랑'을 품고 행동하라는 권면으로서 만든 이 문장은 전통이 만들어 놓은 가장 큰 분열을 초월하여 통일이라는 아주 긴요한 목적에 이바지한다.

만일 민족들이 유대인들의 영적 복을 나누어 가졌으면, 유대인들의 물질적 필요를 돕는 것이 옳고도 합당합니다.[3]

다시 말해, 연보를 거두는 일은 (주로) 이방인 교회에 그들이 널리 유대인 그리고 누구보다 특히 예루살렘 교회에 늘 깊은 의무를 지고 있음을 되새겨 주려고 시작한 사업이었다. 아울러 이는 예루살렘 교회, 나아가 어쩌면 더 넓게 유대인 청중과 소통하려고 시작한 사업이기도 했다. 이런 사실은 이방인 교회가 그들 자신을 어떤 '새 종교'로 여기지 않았으며, 예루살렘과 단절하고 종류가 다른 공동체를 만들어 내려는 의도를 갖고 있지 않았음을 일러 준다. 이방인 교회도 같은 가족의 일부였으며, '가족'이 늘 하던 일—어려움이 생기면 서로 돕는 일—을 하고 있었다.

그러나 어떤 이들은 이 연보 거둠에 다른 동기가 있다고 주장했다. 이 견해는 바울이 로마서 11장에서 지금은 믿지 않는 유대인

가운데 많은 이가 언젠가는 메시아께 돌아올 것이며, 이 사건이 장차 예수가 친히 강림(파루시아)하시고, 죽은 자가 부활하며, 옛 피조 세계가 썩어짐의 종노릇을 하던 데서 구원을 받고, 메시아 안에서 하늘과 땅이 하나가 되는 마지막 날을 앞당길 것이라 귀띔한다고 보았다. 그는 이렇게 써 놓았다. "이스라엘을 받아들이는 것은 죽은 자들 가운데서 살아나는 것 아니고 무슨 뜻이겠습니까?"[4] 바울은 실제로 이 모든 일이 이뤄지기를 소망했다. 그는 이 모든 일과 연보를 연계했던 것일까?

십중팔구는 그렇지 않다. 그는 로마서 15장에서 이렇게 말하지 않았다. "나는 연보를 갖고 예루살렘으로 갑니다. 그러니 예루살렘 사람들이 이 연보를 흔쾌히 받아들이게, 그럼으로써 지금은 믿지 않는 허다한 유대인이 메시아이신 예수께 돌아오고 그때에 예수가 다시 오시게끔 기도해 주십시오." 바울은 그들에게 다만 그가 믿지 않는 이들에게서 벗어나고 그가 한 일을 예루살렘 교회가 흔쾌히 받아들이게 기도해 달라고 요청했다. 어쨌든, 그는 가능한 한 빨리 로마로 갔다가 이어 스페인으로 가려고 한다. 분명 바울의 모든 계획에는 '주가 원하시면'이라는 단서가 달려 있었으며, 그가 하나님의 목적을 예측한 말에는 빌레몬서 15절처럼 '어쩌면'이나 '아마도' 같은 말이 붙어 있었을 것이다. 그렇지만 과연 바울은 하나님이 정말 자신에게 두 일을 **동시에** 다 원하신다고 생각했을까? 말하자면, 하나님은 그가 로마로 갔다가 이어 스페인으로 가는 것도 원하시고, 그가 예루살렘에 연보를 전달하여 마침내 **파루시아**(예수의 강림)가 일어날 수 있게 해 주는 것도 원하셨을까? 십중팔구 바울은 그렇게 생각하지 않았을 것이다. 사실, 바울이 로마서 11장에서 주의 재림을 촉진할 유대인의 대규모 회심을 제시하고 있다고 보는 것이 과연 옳은지 아주 의심스러울 뿐 아니라, 연보와 유대인 회심 사이에 존재한다는 연관성도 바울은 전혀 생각하지도 않았던 것이요, 그가 세웠던 다른 계획을 살펴봐도, 그런 연관성을 생각했을 리가 만무하다.

디아스포라 공동체에서 예루살렘을 위해 연보를 거둔 유대인은 바울만이 아니었다. 예루살렘 성전이 하는 일을 도울 목적으로 만든 유대 성전세가 온 세계 유대인 공동체에 부과되었다. 성인 남성은 한 사람이 2드라크마를 내야 했다. 성전세를 부과한 것은 비단 거대한 성전 건물을 유지하고 거기서 꾸준히 예배를 드릴 수 있게 돕는 실제적 목적 때문만은 아니었다. 성전세는 직접 예루살렘에 가서 예배할 수 없는 사람도 한 걸음 떨어져 성전 예배에 동참한다는 의미를 담고 있었다. 로마 시대에 도시 관리들이 성전세가 안전히 전달되게 상당한 신경을 썼으며, 예루살렘으로 가는 순례자들은 으레 큰 무리를 지어 여행했음을 보여 주는 증거가 있다.[5] 이런 조치가 없었으면, 유명한 연례 과업이었던 성전세 전달하는 일은 분명 노상강도나 심지어 횡령의 목표물이 되었을 것이다.

바울도 분명 잘 알고 있던 여러 문제가 있었다. 그러나 그 전에 바울이 그의 연보 거둠을 어떤 의미에서는 예수 형상을 가진 유대 성전세로 보았는지 여부를 물어보는 것이 흥미롭다는 점을 이야기해 둔다. 바울은 유사한 사례를 알지 못했다. 예루살렘 지도자들이 사람들 사이에서 '기둥'으로 알려져 있었음을 생각하면—하지만 바울은 그런 생각에 심히 눈살을 찌푸렸을지도 모른다—바울은 분명 예루살렘 교회를 도울 돈을 보내는 것이 어떤 의미에서는 '새 성전'이 존속하는 데 도움이 되리라는 것을 틀림없이 인식했을 것이다. 그러나 그가 설령 이런 점을 중요하게 생각했더라도, 그의 서신에서 그런 점을 집어내지는 못한다.

　이보다 중요한 점은 그가 연보를 책임지고 안전하게 전달할 그룹을 신경 써서 조직했다는 점이다. 우리는 앞서 어떤 이가 돈을 전달할 책임을 맡았을 때 발생하는 문제를 보았다. 그 사례를 보면, 에바브로디도가 빌립보 사람들이 에베소에 있던 바울에게 보낸 선물을 가져갔지만, 병이 들어 제때에 돌아가지 못하면서 의심을 사게 되었다. 바울은 이런 점을 고려하여 애초에 연보 계획을 세울 때부터 고린도 사람들에게 그들이 예루살렘에 보내는 선물을 전달할 때 바울 자신이 공식 서신을 써서 그들이 인정하는 사람들 편에 함께 보내겠다고 확약했다. 이번 경우에는 바울 자신이 그들과 같이 갈지 여부가 분명하지 않았다.[6] 바울은 고린도후서를 쓸 무렵에는 이 연보 사업을 진행할 때 각 단계 단계를 완전히 투명하게 진행해야 한다는 것을 훨씬 더 명확하게 깨달았다. 바울은 디도와 이름을 밝히지 않은 동료가 "주의 영광을 위해, 또 우리의 선한 믿음을 보이기 위해" 이 사업을 도울 것이라고 말했다. 이렇게 한 것은 "우리가 맡은 이 훌륭한 선물을 두고 우리는 할 수 있는 한 누구라도 불쾌한 비난을 제기하지 않게 하려"함이다.[7] 오늘날도 그렇고 그때도 그렇고, 돈이란 것이 끈적끈적 들러붙는 성질이 있음은 사람이면 다 안다. 돈을 만지는 사람은 그 손에 그 돈을 얼마 움켜쥔 채 사라지곤 한다. 그런 일은 일어나지 말아야 할 뿐 아니라, 그런 일이 일어나지 않게끔 지켜야 한다.

바울은 본디 배를 타고 곧장 시리아로 가려 했었다.[8] 그렇게 했다면 연보를 훨씬 수월하게 전달했을지도 모른다. 그러나 그는 자신을 해치려는 음모가 진행 중임을 알고, 다시 한 번 그리스 북부를 돌아 뭍길로 가기로 결심한다. 그들이 출발할 무렵에는(필시 57년 늦여름에 출발했을 것이다) 일행이 늘어났다. 그리스 북부는 베뢰아에서 온 소바더(아마도 로마서 16:21에 나오는 소시바더인 것 같다) 그리고 데살로니가에서 온 아리스다고 및 세군도가 대표했다. 갈라디아 교회는 더베에서 온 가이오가 대표했다. 아시아 곧 에베소와 주변 지역은 디모데, 두기고(한 해 전쯤 바울이 골로새와 라오디게아에 서신을 전하는 이로 보낸 인물), 그리고 드로비모가 대표했다. 아리스다고는 바울이 에베소에서 옥살이를 할 때 바울과 같이 있었다.[9] 디모데는 물론 본디 갈라디아 루스드라 사람이었지만, 이 무렵에는 줄곧 에베소에서 일했기 때문에 아시아를 대표하는 이로 여길 수 있었다. 사도행전이 이 지점에서 '우리'라는 말을 쓰는 것으로 보아, 누가 역시 적어도 빌립보에서 일행에 합류하지 않았나 싶다. 이 명단이 그토록 중요한 교회에서 온 대표자를 달리 언급하지 않는 것을 보면,[10] 아마도 그가 대표자 역할을 한 것 같다. 비록 고린도전서 16장이 하는 말이 있기는 하지만, 그래도 우리는 그리스 남부를 공식 대표하는 이가 없다는 데 놀란다. 어쩌면 그쪽 지역 그리스도인들은 이들 가운데 몇 사람이 충분히 신뢰할 만한 사람임을 알았던 것 같다. 이렇게 큰 무리를 꾸린 목적은 분명하다. 우선 숫자가 많으니 상당히 안전했을 것이다. 게다가 이 일곱 사람은 연보로 거둔 돈이 무사히 전달되었음을 그들이 대표하는 교회에 다시 보고할 수 있었을 것이다.

그렇다면 그들은 어떻게 연보를 날랐을까? 이는 어려운 질문이다. 바울 시대에는 바울과 그 벗들이 고린도나 에베소에서 거액을 예금했다가 가이사랴나 예루살렘에서 같은 금액을 인출할 수 있는 통일된 은행 시스템이 없었다. 이집트였다면 그런 일이 가능했을지도 모른다. 당시 이집트는 지방 각지에 왕립은행 혹은 국립은행 지점망이 갖춰져 있었다. 비슷한 시스템이 이탈리아의 여러 지역에도 있었다. 그러나 더 크게 로마 제국 전체 안에도 통합된 국제 금융 시스템이 있어서, 예금, 대출, 신용 제공, 원거리 지역이 아닌 지역 사이의 계좌 이체와 관련된 은행 업무를 처리했다. 그렇다면 바울 일행은 어떻게 연보를 가져갔을까? 그들은 어떻게 그 돈을 날랐을까?

요세푸스가 말하듯이, 로마 관리들이 해마다 있었던 성전세 운송을 주시하며 감시했다 할지라도, 바울이 연보 전달을 할 때도 그들에게 같은 신세를 질 수는 없었을 것이다. 만일 연보로 거둔 돈 전부를 큰 상자나 가방에 보관했다면—늘 그렇게 상자나 가방에 담아 날랐을 것이며, 아마도 나귀 등에 싣고 날랐으리라고 추측해 볼 수 있다—이 돈 상자나 가방은 그들이 들른 모든 항구에서, 그들이 묵은 모든 길가 여인숙에서, 그리고 그들이 지나간 모든 호젓한 길에서 분명 표적이 되었을 것이다. 그들은 무리 지어 여행했으니, 충분히 안전하다고 느꼈을 수도 있다(그리고 어쩌면 각 지역을 통과할 때마다 그 지역을 그들과 함께 여행하며 그 지역을 무사히 지나는 데 도움을 줄 이들을 추가로 뽑았을 수도 있다). 배로 여행하면 여행자는 갑판에서 자야 했으며 자기 양식을 스스로 마련해야 했기 때문에, 여행 일행은 단단히 뭉친 무리를 형성하고 유지했으리라고 추측해 볼 수 있다. 친구들이 그 돈을 고액 주화나 금괴나 은괴로 바꿔 줌으로써 가져갈 돈의 부피를 줄여 주었을 수도 있다. 그랬다면 사람들의 시선을 덜 끌면서 나를 수 있었을 것이다. 어쨌든, 이 연보 전달은 고대 세계 여행에 보통 따르던 여러 위험을 수반할 수밖에 없는 위험한 일이었다. 드디어 예루살렘에 도착했을 때, 비록 거기에는 또 다른 이야기가 있었지만, 그래도 그들은 틀림없이 기뻤으리라. 이제 우리는 그 또다른 이야기를 살펴봐야 한다.

———————————

이 여행은 특별한 두 순간으로 유명하다. 첫 번째 장면은 유명한 장면으로 일종의 희비극이다. 이 사건은 일행이 드로아에 도착했을 때 일어났다. 바울은 다음 여행 구간에 있는 아소로 출발하기 직전, 사람들이 많이 모인 자리에서 설교했다. 설교를 이어가다 보니, 시간이 흘렀고 어느새 밤이 깊어졌다. 이때 유두고라는 젊은이가 열기가 후끈한 방안에서 2층 창가에 앉아 그 설교를 듣고 있었다. 그러다가….

이 일화는 아마도 누가의 독자들에게 바울의 치유 능력을 되새겨 주려는 것 같지만, 그런 경우가 아니면 일어나지 않았을 법한 장면을 예리하게 묘사함으로써 우리가 바울 자신을 바라보는 우리의 견해를 꾸준히 이어가게 해 준다. 우리는 바울이 불과 얼마 전에 로마서를 써 보내는 일을 마쳤음을 기억한다. 로마서는 그가 이야기할 수 있는 것들을 아주 농축하여 기록하면서도 다른 서신보다 훨씬 길게 쓴 서신이었다. 그가 제시하려는 논지를 아담에서 시작하여 아브라함, 출애굽, 다윗, 포로 생활, 이사야, 시편, 그리고 메시아에 이르는 이야기를 처음부터 끝까지 재차 짚어가며 지나가는 그의 모습을 충분히 상상해 볼 수 있다. 게다가 이 이야기는 바로 이 메시아라는 지점에 충격적인 휴지(休止)가 있다. 메시아가 십자가에 못 박혔다가 죽은 자 가운데서 부활하리라고 예상한 이는 아무도 없었다! 이어 바울은 궁극의 새 창조(피조 세계)가 도래하면 온 세상을 유업으로 받고 몸의 부활이 있으리라는 약속으로, 예수 따름이들이 하나가 되어야 한다는 논지로, 우상과 부도덕한 성생활을 끊으라는 논지로, 예수와 영이 여러 가지 점에서 유대 율법을 철저히 완성하셨을 뿐 아니라 철저히 초월하셨다는 논지로 계속 나아간다. 그리고 그는 더 많은 이야기를, 또 더 많은 이야기를 들려준다. 여기저기서 숱한 질문이 날아들었을 것이며, 성경과 이야기와 선교 일화를 아우르는 그의 대답은 막힘이 없었을 것이다. 우리는 중간에 끼어드는 말 때문에 이야기가 중단되는 장면, 토론, 바울이 로마서 여러 부분에서 사용했던 생생한 토론 스타일("그렇다면 우리가 무슨 말을 하겠습니까?", "그러나 …라고 가정한다면", "아니면 하나님이 오직 유대인의 하나님이십니까?" 같은 말)을 상상해 볼 수 있다. 아울러 모인 이들이 잠 깐 쉬면서 기도하거나, 찬송을 부르거나, 바울이 기억을 더듬어 인용한 성경 본문을 누군가를 시켜 찾아보게 한 뒤 큰 소리로 낭독하게 하여 더 많은 이가 유익을 얻을 수 있게 하는 모습도 상상해 볼수 있다. 이런 다음 바울은 재차 이야기를 이어갔으리라.

바울이 이야기를 이어가면서, 창에 앉아 있던 젊은이 유두고는 결국 잠에 굴복하고 말았다. 그는 창에서 땅으로 곤두박질치고 말았다. 죽은 것 같았다. 바울은 아래층으로 뛰어 내려가 그 젊은이 앞에 무릎을 꿇고 그를 붙잡아 일으켜 다시 살렸다. 그들은 빵을 떼어 함께 먹었다. 그런 다음, 바울은 마치 아무 일도 없었던 것처럼 새벽까지 그의 담화를 이어갔다.[11] 이야기를 마치자, 이제 떠날 시간이 되었다. 누가의 독자 가운데는 이 본문을 곱씹어 읽으면서, 바울을 밤새 철학을 논하고 낮에는 보통 때처럼 자기 생업을 영위하는 또 다른 소크라테스라 상상하는 이가 있었을지도 모르겠다.[12]

이 여행에서 두 번째 중요한 순간은 일행이 에베소 남쪽 밀레 도에 상륙했을 때 일어났다. (지금은 에베소처럼 밀레도도 바다에서 꽤 떨어져 있다. 이들이 각각 자리한 강어귀는 시간이 흐르면서 토사가 쌓였다.) 우리가 앞서 보았듯이, 누가는 바울이 오순절에 맞춰 예루살렘에 당도하기를 간절히 바랐기 때문에 에베소를 지나쳐 가기로 결정했다고 설명한다. 오순절에 맞춰 예루살렘에 도착하는 것이 에베소를 지나친 동기의 일부일 수도 있지만, 나는 바울이 어려운 혹은 위험한 상황에 끌려 들어가기를 원하지 않은 것도 에베소를 지나친 이유일 수 있다고 생각하며, 그가 소규모 일행을 이끌고 사람들이 북적거리는 도시 안으로 들어갔을 때 일행이 갖고 간 큰 돈을 지킬 수 있을지 염려했을 수도 있다고 생각한다. 바울이 에베소에서 그를 만나러 온 교회 장로들에게 남긴 고별사에는 현실이 될 수도 있는 이런 여러 위험이 실제로 반영되어 있다. 그 거리는 지름길로 가도 거의 50킬로미터쯤 되었겠지만, 도로를 따라가면 더 멀었을 것이며, 어느 길로 가든 아마 이틀 혹은 심지어 사흘은 걸리는 여행이었을 것이다.

누가가 이때 바울이 했다고 말하는 고별사는, 바울이 아테네 아레오바고에서 했던 사뭇 다른 연설처럼, 실제로 전달하는 데 3분도 채 걸리지 않을 분량이다. 그러나 아테네 연설처럼, 이때도 틀림없이 바울은 훨씬 더 긴 시간 동안 이야기했을 것이다. 만일 장로들이 한 주 가운데 황금 시간을 할애하여 밀레도를 찾아왔다가 에베소로 돌아갔다면, 이들과 바울은 십중팔구 적어도 하루 종일 이야기를 나누고 싶어 했을 것이다. 이 장면에는 바울이 우리가 여기서 발견하는 것과 같은 일을 이야기하는 모습도, 그것도 훨씬 더 길게 이야기하는 모습도 들어 있었을 것이다.

바울은 작별을 고한다. 그의 말에는 마지막 유언 같은 비감이 감돈다. 그는 여전히 로마로 갔다가 이어 스페인으로 가기를 소망하며 그렇게 되기를 기도한다. 그러나 그는 예루살렘행을 깊이 생각하면서 자신이 과연 이런저런 형태의 고초를 감당할 준비가 되어 있는지 강하게 의심한다. 그는 이런 의심을 영이 주시는 것이라 여긴다. 따라서 그 자신이 에베소에서 했던 일을 되돌아보고 이제 거기 교회에서 부닥칠 수도 있는 일을 예상해 보는 것이 적절했다. 누가는 바울이 한 일을 세련된 그림으로 제시하고 싶어 했지만, 그런 그가 이 고별사에 이런 공간을 할애한 데는 분명 그 나름대로 이유가 있었다. 그러나 우리는 이 모든 내용에서 일하는 바울을 생생히 묘사한 초상을 얻는다.

우리는 특히 목자 바울이 밖으로 나아가 여기저기 다니면서 예수 따름이의 가정을 방문하고 공중에게 가르치는 모습을 본다. 그는 그 지역 유대인 공동체의 음모 때문에 자신이 겪었던 고난을 곱씹으면서, 1년여 전 몇 달 동안이나 자신을 끔찍한 절망에 빠뜨렸던 바로 그 괴롭힘을 언급한다. 그러나 그의 메시지는, 늘 그렇듯, 예수를 중심으로 다시 만들어 낸 유대의 메시지로서 변함이 없었다. 그는 사람들이 우상에서 돌아와 이제 예수 안에서 알려진 살아 계신 하나님을 섬겨야 한다고 설교했다. 이 메시지는 그의 사역 초기부터 변하지 않았으며, 이교도가 득실대는 큰 도시가 지금도 새겨들어야 할 말이었다. 그는 갈라디아에서 위기를 겪은 뒤로 사람들 입에서 그가 메시지를 줄여 일부만 제시했을 수도 있다는 비판이, 사람들에게 진리를 통째로 제시하지 않고 일부만 제공했을 수 있다는 비판이 나올까 봐 신경이 곤두서 있었다. 천만에. 바울은, 그 점에 관한 한, 자신에겐 허물 잡힐 일이 없다고 말한다. 그는 하나님의 계획 전체를 하나도 줄이지 않고 그들에게 선포하며 설명했다.

우리가 우리 나름대로 주요 서신을 다 살펴보고, 바울이 이 모든 서신을 제시하면서 성경의 상이한 여러 주제를 이런저런 방식으로 연관 짓고 그 모든 주제를 예수 및 영과 어떻게 결합하는지 살펴보고 나면, 그가 희미하게라도 우스꽝스러운 부분은 생략해 버리곤 한다는 것을 일러 주는 기미를 발견할지도 모르겠다. 이런 비판을 하느니, 구스타프 말러가 그의 교향곡을 너무 짧게 만들었다고 비판하는 게 차라리 낫겠다. 그러나 이것은 바울이 단지 큰 그림뿐 아니라 아주 자잘한 세부까지 모두 묘사하는가라는 문제만이 아니었다. 바울이 그의 메시지를 제시하는 방식은 그가 어느 하나라도 전하지 않고 유보했다가는 자칫 사람들을 구원을 받지 못할 위험에 빠뜨렸다는 책임이 그에게 돌아오리라는 것을 암시한다. 그는 결백했다. 그는 그들에게 모든 이야기를 하나도 빠짐없이 전했다. 바울은, 마치 후렴처럼, 그들에게 자신이 그들 가운데서 쉼 없이 일했다는 점과 설교하고 가르치는 일을 하면서도 그 손으로 직접 일하여 생계를 꾸렸다는 점을 되새겨 준다. 그들에게는 밤낮으로 바울을 관찰할 시간이 아주 많이 있었다. 그러나 그들도 바울이 자기 손으로 직접 벌어 생계를 꾸리면서 특별 대우나 특별한 호의를 바라지 않았음을 알았을 것이다.

그러나 바울은 자신이 에베소에서 보낸 시간을 곱씹어 보는 것만으로 그치지 않았다. 그는 장로들에게 이제 곧 그들에게 닥칠지도 모를 일을 경고한다. 그는 자신이 그들을 에워싼 온갖 위험을 그들에게 눈물로 경고했다고 말하면서, 그런 위험이 이전보다 훨씬 더 크게 다가오는 모습을 볼 수 있다고 말한다. 우상 숭배와 부도덕으로 가득한 세계는 강력하고 음흉했다. 그 세계로 끌려 들어가는 이가 많았으며, 어쩌면 그 가운데는 한때 그리스도인으로서 믿음을 고백했던 이도 일부 있었을지 모른다. 그런 일은 고린도에서 일어났으며, 이제 여러 곳에서 다시 일어날 것이다. 바울은 이미 그 길을 걸어가기 시작한 이들을 생각하며 슬픔을 토로하고, 그들에게 돌아오라고 아주 절절하게 호소한다. 특히 그는 그들에게 자신이 유물론 문화의 함정으로 끌려 들어가기를 거부했던 사례를 제시했다. 바울이 이렇게 설교하고 가르친 것은 돈 때문이 아니었으며, 그들도 돈 때문에 이런 일을 하지는 말아야 했다.

내밀한 생각을 다 드러낸 이 고별사는 그가 고린도를 떠난 뒤에 그의 등 뒤에서 다가온 것과 같은 비판을 사전에 배제하거나 그런 비판이 시작되기 전에 미리 잘라 버리려고 준비한 것 같다. 그러나 바울은 이번에도 역시 그런 어려움이 앞에 놓여 있음을 알았다. 에베소에서 온 장로들은 목자 같은 이들이었다. 그들 앞에는 돌봐야 할 양 떼가 있다. 문제의 그 양 떼는 "하나님이 당신 자신의 피로 사신 하나님의 교회"—예수가 십자가에 못 박혀 죽은 사건이 가진 의미를 천명한 초기 기독교 진술 중 가장 놀라운 말 가운데 하나—였다. 따라서 그들은 최선을 다해 그 양 떼를 돌봐야 한다.[13] 늑대들이 있을 것이다. 늑대들은 늘 있다. 늑대 가운데 일부는 그 자신이 이전에 목자였다. 어쩌면 지금 바울이 하는 말을 듣고 있는 이들 가운데도 늑대가 있을지 모른다. 이 늑대들은 진리를 왜곡하고 사람들을 잘못된 길로 이끌어 그들을 따라오게 한다. 어쩌면 바울 서신 가운데 절반은 이런 종류의 일이 갈라디아, 고린도, 그리고 다른 곳에서 일어났기 때문에 쓴 것일 수도 있다. 이 문제는 새삼스러운 게 아니었다. 이 문제는 늘 심각한 현안이었다.

그러나 이 고별사는 그저 바울 자신, 그리고 교회가 당면한 여러 위험만 이야기하지 않았다. 여기에는 하나님과 예수를 다룬 내용도 들어 있었다. 하나님과 예수가 궁극의 초점이 아니라면, 바울의 이 고별사는 허언일 것이다. 바울은 이렇게 말한다. "이제 나는 여러분을 하나님께, 그리고 그분의 은혜의 말씀에 의탁합니다. 그 말씀은 여러분을 세워 줄 수 있고, 하나님께서 거룩하게 하신 모든 사람 가운데 여러분에게 유산을 줄 수 있습니다."[14] 하나님이 주신 은혜의 말씀은 강력한 십자가의 말씀이요, 삶을 변화시키는 복음의 말씀이며, 옛 성경에서 시작하여 예수 바로 그분의 폭발적 새 사건에 이르기까지 전진해 온 이야기를 들려주는 말씀이었다. 바울이 마지막에 부른 이는 예수 바로 그분이었다. 예루살렘 지도자들이 바울에게 "가난한 자를 기억하라"고 당부했던 것처럼, 바울도 에베소 사람들에게 "약한 자를 돕는 일을 하라"고 당부했다. 이는 예수가 친히 (다른 곳에 기록되지 않은 한 말씀에서) "주는 것이 받는 것보다 더 복 있다"[15]고 말씀하셨기 때문이다. 교회는 바로 그런 공동체로—사람들에게 후히 베풀어 주시는 하나님의 은혜를 본받는 공동체로—알려져야 했다. 교회는 자신들의 목적만 이루려고 기를 쓰는 세상 군주와 권력에 그런 방법으로 맞서야 했다. 늑대들이 와서 그들이 잡을 수 있는 먹이를 잡으려 하는 것도 바로 그렇게 자신들의 목적을 이루려 하기 때문이었다. 이런 종류의 공동체는 그 본질 자체가 취약했으며, 늘 취약하곤 했다. 그 충성도 의심받곤 했다. 그러나 하나님의 은혜와 하나님 말씀은 더 강해졌으며, 훌륭한 식품처럼 교회를 튼튼히 세워 주고 신자와 그 지도자에게 자양분을 공급함으로써 이들이 진정 "그 나라를 유업으로 받게" 해 줄 것이요 메시아와 그 백성이 약속받은 그대로 온 세상을 유업으로 얻게 해 줄 것이다.

바울은 이것이 자신의 마지막 방문이 되리라고 설명했다. 그에게는 지금 다른 계획이 있었으며, 소아시아로 다시 돌아올 생각은 하지 않았다. 그들은 당황했고 몹시 동요했지만, 바울의 결심은 단호했다. 그의 얼굴은 마치 그 주의 얼굴처럼 예루살렘을 향했지만, 그런 다음에는 예수와 달리 로마를 바라보았다.

그들은 무릎 꿇고 기도했다. 이어 서로 포옹한 뒤, 에베소 사람들은 바울을 배까지 배웅했다.

바울은 자신이 경고를 받지 않았다는 말을 결코 할 수 없었다. 사람들은 그가 예루살렘에 가면 고초를 겪을 것이라고 계속 이야기했다. 여행자는 아시아 서남부 리키아 해안 파타라에서 배를 바꿔 타고 시리아 두로로 갔다. 거기 있던 예수 따름이들은 바울에게 예루살렘으로 가지 말라 했지만, 바울은 마음을 바꾸려 하지 않았다. 그들은 조금 더 남쪽에 있는 돌레마이(프톨레마이스)를 거쳐 마침내 가이사랴에 이르러, 빌립 및 그의 딸들과 거기 머물렀다. 그들이 거기 머물 때 예루살렘에서 온 예언자 아가보가 바울에게 예루살렘 유대인들이 그의 손과 발을 묶어 이방인에게 넘겨주리라고 경고했다. 모든 이가 바울더러 가지 말라고 간청했다. 이제 우리는 그가 이를 거부했음을 알지만, 그의 거부에 놀라지 않는다. 바울은 그들의 절절한 사랑과 염려에 마음이 찢어졌다. 그러나 그는 기꺼이 결박당하려 했을 뿐 아니라, 그것이 정말 하나님 뜻임이 밝혀진다면 예수의 이름 때문에 죽는 것도 마다하려 하지 않았다. 그들은 뜻을 누그러뜨렸다. 여행자들은 가던 길을 이어갔다. 마침내 이들은 예루살렘에 도착했다. 십중팔구 57년 초가을이었을 것이다.

고대는 물론이요 현대에도 그곳을 여행한 이들은 누구도 거기를 잊지 않는다. 거룩한 도시. 황금 같은 도시 예루살렘. 살아 계신 하나님이 당신 이름을 두시겠다고 약속하신 곳, 당신이 세우신 왕을 세상 모든 민족의 통치자로 세우시리라고 약속하신 곳이 바로 그곳이다. 바울은 바로 그곳에서 이 약속들이 실현되었다고 믿었다. 예수가 예루살렘 성 밖에서 왕위에 오르셨으며, 한 분 하나님만

하실 수 있는 일을 단번에 행하신 뒤 온 세상의 주로 높이 올림을 받으셨다. 그러니 그가 어찌 그런 곳에 한 번 더 가지 않을 수 있었겠는가?

그러나 그 도시에는 그가 왔다는 소식을 들으면 화를 내거나 어쩌면 폭력까지 휘두를 법한 이들이 아주 많았으며, 그 가운데는 여전히 "율법에 열심을 품은"—과거에는 바울 자신도 그런 사람이었다!—예수 따름이도 있었다. 이런 상황에서 과연 그가 어떻게 사람들이 다 지켜보는 가운데 예루살렘으로 들어갈 수 있을까? 이는 바울에게도 고민거리였지만 예루살렘 지도자들에게도 그러했다. 이 연보가 예루살렘 교회와 이방인 교회가 서로 상대를 기쁘게 받아들이는 징표가 되어 주기를 바라는 이도 있었겠지만, 누가는 그런 일을 언급하지 않아 우리에게 좌절을 안겨 준다. 연보로 가져온 돈이 어찌 되었는지 우리는 전혀 모른다. 바울 서신을 읽어 보고, 그가 꼼꼼한 계획을 세워 연보를 거두었으며 역시 치밀하게 이 연보를 가져온 것을 살펴보면, 이건 마치 텔레비전으로 대단히 중요한 스포츠 경기를 보다가 느닷없이 정전이 되는 바람에 마지막 10분을 시청하지 못하여 결국 누가 이겼는지 알지 못하게 된 것과 다를 게 없다.

누가는 우리 질문에 답을 제시하지 않았다. 어쩌면 그는 사람들의 시선을 이 일화 전체에서 다른 데로 돌리고 싶었는지도 모르겠다. 어쩌면 바울과 그의 벗들은 모아 온 연보를 건넸다가 이방인의 '때가 묻은 더러운' 돈이라며 퇴짜를 맞았을지도 모른다. 아니

바울 평전

면 연보는 받아들여졌지만, 바울과 그의 선교 활동에 대한 사람들의 인식은 거의 바뀌지 않았을 수도 있다. 어쩌면, 때때로 벌어지는 일처럼, 이 뜻밖의 후한 선물이 그 지역 교회를 둘로 갈라놓아, 그 교회가 받은 영 안에서 이 선물을 받아들이고 싶어 하는 이들과 자신들이 바울에게 뇌물을 받고 그와 한 패거리가 되어 토라를 홀대한다는 악평이 높았던 그의 태도를 눈감아 주었다는 말을 들을까 봐 두려워하던 이들이 대립했을지도 모른다. (어쩌면 바울과 바나바가 일찍이 연보를 갖고 예루살렘에 왔던 이전 방문에 관한 오랜 기억이 남아 있었을 수도 있다. 그때 바울과 바나바는 디도를 함께 데려왔는데, 일부 사람은 디도가 할례를 받기를 원했다.) 어쨌든, 이 시기에 관한 정보를 오로지 누가에게 의존하는 상황에서 그가 이 연보를 전혀 언급하지 않았기 때문에, 우리가 뭐라고 말하기는 불가능하다. 우리는 그저 일이 잘 되었기만 바랄 수 있을 뿐이다. (게다가 누가는 이 이야기에서는 디도를 언급하지 않는다. 이는 딱히 분명한 해결책을 찾을 수 없는 문제로 유명하지만, 이것 역시 고대사에서 거듭 만나곤 하는 작은 수수께끼에 불과하다.)

드디어 예루살렘에 도착한 바울과 그 벗들은 바나바처럼 본디 키프로스 사람인 나손 집에 머물렀다. 예루살렘 지도자들은 바울 및 그 동역자들과 마지막으로 만난 뒤로 이들이 수년 동안 행한 일을 듣고 반가워했지만, 예루살렘에 잠복해 있을 수도 있는, 바울을 향한 반감이 현실로 나타나기 전에 이런 반감을 잠재울 계획을 찾아 내놓았다. 그들이 제안한 것은 바울이 서원하고 성전에서 정결 의식을 행할 다른 네 사람에 합류하는 것이었다. 이것은 이전에 바울이 고린도를 처음 방문하고 나서 서원을 했던 일을 변용한 것이었다. 이전에도 말했지만, 바울은 예수 따름이가 된 뒤에도 예배와 겸손과 섬김을 향한 생각과 마음을 곧게 하려고 마련해 놓은 유대인의 다양한 신앙 관습을 그대로 계속 따랐으리라고 추측하는 것이 지극히 타당하다.

예루살렘 지도자들은 그들의 계획이 그 지역 예수 따름이 가운데 있는 '열심당'을 막아 주기를 바랐다. 결국 이 '열심당'은, 이제 예수 때문에, 하나님이 사람들의 증오를 받던 이방인 통치자를 제거하시고 이스라엘에 단번에 자유를 주시려는 당신의 오랜 계획을 완결하시리라고 확신했다. 그러나 예수를 따른다고 주장하는 다른 이들이 하나님과 그의 율법에 대한 그들의 헌신을 누그러뜨리려 하면서 다른 사람들에게도 그렇게 누그러뜨리라고 가르친다면, 하나님의 목적 전체가 위험에 빠질 것이다. 따라서 바울이 해야 할 일은 정결 서원을 한 무리와 합류함으로써 자신이 율법에 충성한다는 것을 증명하는 것이었다. 그도 동일한 서원을 했을 수 있으며, 실제로 그 의식에 들어가는 비용을 부담했다(연보로 모아 온 돈 가운데 일부를 선용한 셈인가?). 바울이 그렇게 한다면 바울을 둘러싼 소문과 험담 그리고 그가 사람들에게 율법을 무시하라고 가르친다는 모든 비방은 진실이 아니었다는 게 분명히 드러날 것이다.

이 계획은 우리가 바울이 약 10년 전 예루살렘 공의회 뒤에 얼추 써놓았던 서신을 보면서 떠올리는 것과 같은 순진함을 느끼게 한다. 웨스트민스터에서 결코 벗어나지 않는 영국 정치인 혹은 프랑크푸르트나 도쿄에 있는 다른 은행을 방문할 때를 제외하곤 월 스트리트를 벗어나 다른 곳을 여행하지 않는 미국 은행가는 왠지 현실성이 없는 존재 같다. 마찬가지로 복잡다단하기만 한 현실생활이 고상한 생각을 파괴할 수도 있음을 예루살렘 지도자들이 간파하지 못했다는 것은 현실성이 없는 이야기다.

실제로 예루살렘 지도자들은 그들이 예수를 믿는 이방인에게 이교 신전에서 희생 제물로 바친 고기를 먹는 것을 포함하여 우상 숭배 및 부도덕(부도덕한 성생활)과 관련된 모든 것에서 떠나라고 당부하는 서신을 썼던 일을 바울에게 되새겨 준다. 아마도 바울은, 갈라디아서 2:9이 제시하는 '분업'처럼, 선교 사업을 진행하는 동안 실제로 양쪽이 서로 상대를 인정하기 위한 방편으로 마련해 두었던 문서를 이렇게 언급하는 말을 들었을 때, 그 마음이 가라앉았으리라. 그는 여러 해에 걸쳐 고린도와 에베소 그리고 다른 곳에서 실제로 목회 상황을 겪으면서—그리고 이런 상황과 관련된 첫 신학 원리들을 특히 고린도전서 8-10장과 로마서 14-15장에서 두들기고 다듬어 만들어 내면서—사정이 그 '사도 서신'■에서 전제한 것보다 훨씬 복잡함을 알았다. 그는 우상 숭배와 부도덕을 절대 금지하는 원칙에 늘 충실했다. 그러나 그는 성경의 탄탄한 근거를 토대로, 누군가의 더러운 양심이 그렇게 만들지 않는 이상 모든 고기가 사실 '깨끗하며' 어떤 것도 '더럽지' 않다는 결론에 이르렀다.[16] 이

■　예루살렘 지도자들이 이방인 그리스도인에게 보낸 서신.

서신은 좋은 뜻으로 쓴 것이었으나, 현장의 현실은 이 서신이 그저 출발점에 불과할 수 있음을 일러 주었다. 바울은 분명 새 계획도 예전과 마찬가지로 선한 의도와 현실성이 없는 기대를 뒤섞어 놓은 게 아닌가 하는 의문을 품었을 것이다.

결국 바울이 그 '서신'■이 다룬 여러 문제에 관하여 갖고 있던 입장은 단순히 현실을 고려하여 타협하자는 것이 아니었다. 그것은 강한 신학 원리를 천명한 선언이었다. 일부 초기 그리스도인은 바울과 입장을 같이하면서, 그가 취하는 노선이 바로 예수 자신이 지지하던 입장이거나 적어도 마가가 보기에 예수가 어느 지점에서 말씀하시고자 했던 입장임을 지적했을 것이다. 마가복음을 보면, 위를 통과하여 몸 밖으로 나오는 것이 사람을 더럽히지 않는다는 예수의 수수께끼 같은 말씀을 "모든 음식은 깨끗하다"는 의미로 받아들인다.[17] 어쨌든 바울은 예루살렘 공의회 이후로 먼 길을 걸어왔다. 그의 교회는 상당히 간결했던 그 '서신'이 암시하는 내용을 훨씬 넘어 신학적으로 깊이 생각하라는 가르침을 받았다. 바울의 심정은 필시 전 세계 최고 연주회장에서 연주하다 고향에 돌아왔는데 길거리 선술집에서 흘러간 곡이나 연주하는 이를 찬미하는 음악을 연주해 달라고 초대받는 바람에 심란해진 음악가의 심정과 같았으리라. 바울은 예루살렘 지도자들이 말하는 것을 이해하고 존중할 수 있었지만, 그래도 그는 그들이 아는 세계보다 큰 세계를

■   예전에 예루살렘 지도자들이 보냈던 서신.

알고 있었다.

하지만 어쩌면, 말 그대로 어쩌면 그들이 세운 새 계획이 먹혀들었을 수도 있다. 바울은 곧장 정결 의식을 추진한다. 그는 그렇게 하겠다고 선언한다. (진국 프로테스탄트인 '진짜 바울'은 결코 이런 일을 하지 않으리라고 추측했던 사람들은 헛짚었다. 바울 복음이 바울을 성전과 성전에서 거행하는 희생 제사 제도에 반대하는 이로 만들지는 않았다. 그가 비록 예수가 궁극의—마지막—희생 제물이라고 믿기는 했지만, 이것이 곧 이후에 이루어지는 레위기 법—유대 제사법—이 이제는 죄악임을 의미하지는 않았다.) 정결 의식은 한 주가 걸린다. 바울과 그를 염려하는 벗들에겐 틀림없이 아주 긴 한 주였을 것 같다. 의식이 끝난 뒤 바울과 다른 이들은 성전으로 들어갔다. 이 계책이 효과가 있었을까? 그들은 그 상황을 무사히 빠져나갔을까? 예루살렘은 배신자로 악명이 높았던 이[■]와 한통속이라는 곤혹스러운 처지—아니 곤혹스러운 처지를 더 심각한 상황—를 모면했을까? 바울은 어쩌면 십중팔구 그 뒤에 따라붙었을 항의와 야유를 모면했을까?

그 대답은 "아니오"다. 오히려 상황이 그들이 두려워했던 것보다 훨씬 악화되는 결과만 낳았다. 그들은 바울이 디아스포라 유대인 가운데서 율법 파괴를 조장한다는 죄목으로 고발당하지나 않을지 우려했다. 사람들이 실제로 바울을 고발한 죄목은 더 무거웠다. 바울은 이제 일부러 성전을 더럽혔다는 죄목으로 고발당한다. 그

■ 바울을 말한다.

들은 교통 사고를 피하려 했으면서, 브레이크를 밟지 않고 가속기를 밟은 꼴이 되었다. 차라리 바울을 아예 성전에 보내지 않은 것이 나았을 것이다. 성전을 더럽히려 했다는 죄목을 뒷받침하는 증거는 물론 정황 증거요 빈약하기만 했다. 그러나 이런 사실도 성난 군중을 막지는 못했을 것이다. 누가는 아시아에서 온 몇몇 유대인이 소란을 일으키기 시작했다고 설명한다. 에베소에서 바울을 알았던 이들이었다. (돌이켜 보면, 에베소에 있던 사람은 바울이 누구인지를 다 알았다.) 바울은 무섭다는 생각을 했을지도 모르겠다. 명절을 쇠려고 돌아온 이들이 바글거렸으니까. 다른 유대인 가운데도 같은 생각을 한 이들이 많았다. 사람들이 세계 각지 디아스포라에서 예루살렘에 왔다. 그 가운데 일부는 이미 바울에 적대감을 품고 있었으며, 최악의 경우까지 생각했을 것이다. 아무리 조심스럽게 성전에 들어갔어도, 아무리 의식법상 책잡힐 일이 없는 정결한 몸으로 성전에 들어갔어도, 그런 사실을 들어 사람들을 진정시키기는 역부족이었다.

이 디아스포라 유대인은 이제 사도행전의 다음 다섯 장에 걸쳐 울려 퍼질 죄목을 조작해 낸다. "여기, 그가 있소!" 그들은 그렇게 말한다. "이 인간이 온 세상을 돌아다니며 모든 이에게 율법을 지키지 말고 성전을 무시하라고 가르쳤소!" (바울은 필시 그들에게 율법 폐지와 율법 완성의 차이를 백 번 천 번이라도 설명하고 싶었을 것이다. 그러나 그때나 지금이나 사람들은 화가 나면 제가 읽고 싶은 것만 읽는 법이다.) 그들은 말을 이어간다. "여기 바로 그 인간이 있소! 온 세상을 돌아다니며 유대 전통에 반대하는 이 이단을 퍼뜨리는 것도 성에 안 차, 이제는 아예 예루살렘까지 찾아와서 이교도인 자기 친구들을 이 성전에 데려왔으니, 이렇게 우리 성전을 더럽혀 자기 스스로 자기 죄를 증명했소이다."

바울은 어떻게 했는가? 누가는 에베소에서 온 이 사람들이 또 다른 에베소 사람이요 이방인인 드로비모와 함께 바울을 그 도시에서 보았으며, 이 때문에 바울이 이방인은 출입해서는 안 된다고 경고해 놓은 표지판을 넘어 드로비모를 성전 안으로 데려왔을 것이라 짐작했다고 설명한다. 이런 추측은 틀렸지만, 이미 바울은 해를 입었다. 추측컨대 바울은, 바다에 빠졌다가 거대한 파도가 자신을 덮쳐오자 그때서야 아주 뒤늦게 자신이 할 수 있는 일은 아예 아무것도 없음을 깨달은 사람처럼, 자신에게 무슨 일이 닥칠지 알고 맥 빠진 표정으로 그 일을 대비하지 않았을까 싶다. 사람들이 떼로 몰려와 바울을 붙잡은 뒤 두들겨 패기 시작했다. 사람들은 그를 발로 차고, 주먹으로 때리고, 뺨을 때리며, 할퀴었다. 당시 근무 중이던 로마 호민관이 소동 소식을 듣고 신속히 개입하여 바울을 체포했다. 그 바람에 바울은 목숨을 겨우 부지하고 그 자리에서 빠져나왔다. 호민관은 무엇이 문제인지 이해하지 못했다(에베소 폭동 때도 그랬지만, 바울 폭행에 가담한 군중 대다수는 실제로 무슨 일이 일어나고 있는지도 모르고 부화뇌동했다). 이 때문에 호민관은 바울을 병영으로 데려가라고 명령한다. 병사들은 바울을 들어 성난 군중 사이를 지나 데려갔다. 병사들과 바울은 제법 안전한 곳에 도착한다. 문이 닫혔다. 폭도들은 여전히 고함을 질러 댔지만, 이제 더 이상 접근하지는 않았다.

바울이 이런 일을 당하고도 어떻게 말을 조리 있게 잘 할 수 있었는지 그 연유는 분명하지 않지만, 그도 이제 그저 무기력한 무저항 상태에 빠져 있기에는 너무 멀리 와 있었다. 무엇보다 그는 사람들 앞에서 말할 수 있기를 원했다. 그들은 하나님과 율법에 열심을 품고 있다. 바울 자신도 하나님과 그의 아들에게 열심을 품고 있다. 아울러 바울은 자신도 지금 그들이 품고 있는 생각과 같은 생각을 품었던 때를 아주 잘 기억한다. 그들은 그의 동포요, 그가 그들의 믿지 않음 때문에 슬퍼하는 이들이며,[18] 그가 위하여 기도했던 이들이자,[19] 설마 영영 "믿음 없는 상태로 머물지"는 않으리라고 믿은 이들이다.[20] 그가 그들에게 이야기하지 못한다면, 누가 그들에게 이야기할 수 있겠는가? 근래에도 바울은 드로아에서 열심을 품은 한 그룹을 상대로 성경이 정말 말하고자 하는 것이 무엇이며, 성경이 말하는 내용이 어떻게 서로 들어맞는지, 그리고 바울 자신의 사명이 아담과 아브라함으로 거슬러 올라가고 하늘과 땅이 마침내 새로워질 날을 내다보는 계획의 일부인 이유가 무엇인지를 밤을 새워 설명했었다. 또 몇 주 전에는 틀림없이 그 자신도 탁월한 글솜씨 그리고 신학과 목회 분야의 능력과 열정을 그대로 담아낸 작품으로 알았을 법한 서신을 아주 꼼꼼하고 뛰어난 필치로 마무리했었다. 바울은 이 순간 다른 무엇보다도 이 모든 것을 성난 군중에게 말할 수 있는 기회를 가질 수 있기를 원하고, 갈망하고,

열망한다.

그리하여 그는 호민관에게 그런 기회를 달라고 요청한다. 사실, 그는 먼저 호민관 자신에게 이야기할 기회를 달라고 요청하는데, 이것이 기이한 짧은 대화의 시발점이었다. 호민관은 바울이 요세푸스와 다른 유대 전승이 언급한 이집트의 선동가, 곧 자신이 하나님이 주실 해방을 이루겠다고 약속하며 소망을 품은 이들을 데리고 광야로 들어갔던 사람일 것이라고 추측했다. 호민관이 바울이 그리스어로 말하는 것을 들으면서 자기 짐작이 옳다고 생각했는지(그리스어로 말하는 이집트인도 있을 수 있으니까), 아니면 바울이 보통 수준을 넘는 훌륭한 그리스어로 말하는 것을 들으면서 자신이 처음에 했던 추측에 의문을 품게 되었는지는 확실히 알 수 없다. 그러나 이로 말미암아 바울은 자신이 다소 출신 유대인임을 소개할 기회를 얻는다. 그는 분명 훌륭한 그리스어를 구사할 수 있었으리라. 그가 태어난 곳은 문화의 고장이요 명성이 자자한 곳이었다. 호민관과 대화를 마무리한 바울은 호민관에게 조금 전만 해도 그의 피를 보고 싶어 날뛰던 군중에게 말할 기회를 달라고 요청하여 허락을 얻어 낸다.

그것은 값진 노력이었지만 실패할 수밖에 없었다. 로마군 병영 계단에서 이루어진 바울의 연설은, 군중이 그가 그 지역 언어인 아람

어로 말하고 있다는 것을 알아차리면서 이내 사람들의 귀와 눈을 끌어모았다. 바울이 그의 젊은 시절, 특히 바로 이곳 예루살렘에서 율법에 열심을 내던 시절을 이야기할 때는 그들도 조용히 귀를 기울였다. 듣는 그들의 마음속에서는 어쩌면 의심과 놀람이 뒤엉키지 않았을까. 그가 예수를 만난 이야기는 물론 극적이었으며, 그 뒤에 곧바로 이어진 사건, 곧 경건하고 율법을 준수하던 아나니아가 주의 명령을 받아 그의 눈을 열어 볼 수 있게 해 준 이야기도 역시 극적이었다. 여기까지는 아주 좋았다.

그러나 뒤이어 아주 중대한 순간이 이르렀다. 바울은 모든 민족이 이스라엘의 하나님을 예배하게 되리라는 성경의 약속이 다 이루어졌음을 자세히 설명해야 했다. 그는 특히 그들에게 이를 설명한 뒤, 이렇게 이방인을 받아들임이 어떤 점에서 모세와 예언자들이 예언했던 토라의 진정한 완성인지를 설명하기 원했다. 그는 메시아 예수가 어떻게 하나님이 다윗 왕에게 약속하셨던 대로 위대한 성전 약속을 실현한 궁극의 방편이 되셨으며, 하나님의 영광이 어떻게 몸으로 예수 안에 거하시고 이제는 그의 영을 통해 그를 따르는 이들 안에 거하시는가도 설명하고 싶어 했다. 바울은 율법을 비웃으며 율법을 어기는 일을 하지 않았다. 그는 분명 성전을 더럽히지도 않았다. 율법과 성전을 깊이 존중하고 소중히 여겼다. 늘 성실했다. 그러나 하나님이 십자가에 못 박힌 메시아를 이스라엘에 보내시자….

그것이 바로 바울이 말하고 싶었던 것이었으나, 한 번도 그런 말을 할 기회를 얻지 못했다. 바울은 부활하신 예수가 자신을 이방인에게 보내겠다는 말씀을 하셨다고 말함으로써 너무 일찍 덫에 걸리고 말았다. 그것이면 충분했다. 군중은 바울을 타협한 자로 보려 했었는데, 이제는 그들의 의심이 확신으로 바뀌었다. 그는 토라를 내버리고, 성전을 멸시하며, 그들의 원수 곧 하나님의 백성을 억압하는 악당과 벗이 된 자였다. 군중은 바울이 자신을 더럽힌 것도 모자라, 이제는 우리 나머지 사람까지 더럽히려 한다고 말했다. 하나님이 세상을 심판하실 때 그도 당연히 그가 받을 보상을 얻겠지만, 그보다 지금 당장 그 보상을 받아야 했다. "그를 이 땅에서 없애 버려라! 저런 자는 살 권리가 없다!"[21]

골치 아픈 죄수를 로마 호민관은 으레 해 왔던 것처럼 고문으로 사건 진상을 밝혀내려 한다. 강제력을 쓰지 않으면 어느 누구도 진실의 일부나 사건의 진실 전체를 털어놓지 않는다는 것이 당시의 생각이었다. 그러나 호민관은 다시 한 번 놀랄 일을 겪게 된다. 바울은 빌립보에서 행정관을 굴복시켰을 때처럼, 여기에서도 옆에 서 있던 호민관에게 자신의 비밀을 이렇게 털어놓았다. "먼저 유죄인지 확인하지도 않고 로마 시민에게 채찍질하는 것이 합법적입니까?"[22]

이 질문은 수사의문문이다. 바울은 그 답을 알았으며, 호민관도 그 답을 알았다. 그런 일이 그저 불법에 그치는 일만은 아님을 둘 다 알고 있었다. 그런 일은 아주 미련한 짓이었다. 만일 어떤 시민이 그런 일을 고발한다면, 양쪽의 처지는 금세 뒤집어질 수 있으며, 그 일에 연루된 관리 자신이 혹형^{酷刑}을 받을 것이다.

이는 자연스럽게 또 다른 질문을 낳는다. 바울은 자신이 로마 시민이라고 주장했지만, 이 주장을 어떻게 증명할 수 있었을까? 거짓 주장을 하는 것은, 특히 이런 상황에서 거짓 주장을 하는 것은 중죄가 될 것이요 어쩌면 극형을 받을 수도 있었다. 로마에서는 시민이 토가▪를 입곤 했는데, (바울이 집단 폭행을 당한 뒤에도 사람들이 그 옷차림을 인식할 수 있었던 점을 생각하면) 바울이 이때 그런 옷차림을 하고 있었을 가능성은 거의 없다. 또 다른 표지는 (*diploma*로 알려진) 작은 나무 배지였다. 바울은 십중팔구 이 배지를, 어쩌면 사슬이나 끈으로 그 몸에 내내 꼭꼭 지니고 다녔을 것이다. 오늘날의 여권과 아주 비슷한 이 배지는 이 배지를 갖고 있는 이와 그의 시민권이 등록된 장소에 관하여 세세한 공적 정보를 제공했다. 호민관은 이맛살을 찌푸리며, 이렇게 말했다. "나는 많은 돈을 들여 이 시민권을 샀소." 이 말에 바울은 이렇게 대답했다. "그런가요? 나는 태어날 때 로마 시민이었습니다."²³ 그것으로 충분했다. 호민관은 고문하던 이들에게 그만두고 물러나라고 명령했다. 그러나 호민관은 실제로 무슨 일이 벌어졌는지를 아직도 파악하지 못하고 있었다. 군중에게서도 바울 자신에게서도 사건 전모를 밝혀내지 못한 호민관은 대제사장과 모든 산헤드린 의원을 불렀다.

이쯤 되면 우리도 무슨 일이 벌어질지 알 만하다. 바울은 한 분

▪ 두루마기 같은 긴 옷.

바울 평전

하나님이 세상의 모든 권력 구조를 지으셨다고 굳게 믿었다. 아울러 그는 권력을 쥔 자들이 정상 궤도에서 벗어났을 때는 하나님이 그 권력을 지으셨다는 사실을 되새겨야 한다고 굳게 믿었다. 바울은 (설령 온유한 대답이 분노를 쫓아 버린다고 충고하는 잠언 15:1을 실제로 깊이 고려했을지라도) 온건한 접근법을 취하는 대신, 우선 자신이 당한 만큼 보복하는 쪽으로 마음이 훨씬 기울어 있었다. 이 때문에 그는 어떤 이가 자신을 어떤 죄목으로 고발하기를 기다리지 않고, 이스라엘의 한 분 하나님 앞에서 평생 동안 깨끗한 양심을 지켜 왔다고 주장했다. 그는 이 하나님께 충성했다. 이 지점에서 대제사장은 그에게 닥치라고 명령했다. 예수 재판 때도 그랬지만,[24] "네가 네 자신을 변호하는 말을 하면 안 된다. 누가 봐도 너는 유죄니까. 그러니입 닥쳐라. 안 그러면, 우리가 닥치게 하겠다" 같은 폭언이 상징하듯, 그런 식으로 피고인의 입을 틀어막는 것이 당연지사였다.

바울은 입을 다물지 않았다. 그는 이렇게 대답했다. "이 회칠한 벽이여, 당신을 하나님께서 치실 것입니다! 당신은 율법에 따라 나를 재판하기 위해 앉아 있으면서 율법을 어겨 가며 나를 치라고 명령합니까?"[25] 그가 토라에 충분히 열심을 내지 않았다는 것이 죄목 가운데 하나였다면, 그도 피고인을 공정히 대하는 것이 토라의 요구임을 알고 있음을 처음부터 똑바로 일러 주었을 것이다. 그가 고려하지 않은 것은 자신에게 말하는 이가 대제사장이었다는 것이었다. 옆에 있던 이들이 재빨리 그에게 이를 일러 주었다. 그런 고위 인사에게 위와 같은 폭언을 했으니, 이제는 **그가** 곤란하게 되었다.

하지만 바울은 사람이 고의 없이 무언가를 잘못했을 때—죄를 저지를 '의사 없이' 혹은 '자기도 모르는 사이에' 죄를 저질렀을 때—필요한 일은 그저 사죄하고 용서를 빌며 종국에는 속죄제를 올리는 것뿐임을 알고 있었다. "나는 그가 대제사장인 줄 몰랐습니다."[26] 바울은 그렇게 말했다. 다시 말하지만, 바울도 그들만큼이나 성경이 직무를 맡은 자를 존중하기를 요구한다는 것을 잘 알고 있었다.[27]

이는 결국 양쪽이 멈출 때까지 모욕과 비난을 주고받는 기괴한 광경으로 이어졌지만, 바울은 거기서 그만두려 하지 않았다. 그는 단번에 주도권을 잡았다. 그는 오래전 예루살렘에 와서 가말리엘에게 배웠다. 인화점이 어디인가도 아주 잘 알았다. 바울은 비록 군중이 연합 전선을 형성하고 싶어 하지만, 그들의 이데올로기에는 깊은 간극이 존재함을 꿰뚫고 있었다. 그 간극을 널리 대변하는 것이 귀족층인 사두개인과 민중을 대변하는 압력 집단인 바리새인의 대립이었다. 바리새인은 혁명을 통해서라도 이스라엘이 부활하리라는 소망을 이뤄 보려는 꿈을 꾸고 있었다. 이제 이 당당한 무리 속에 작은 폭탄을 하나 던질 때가 되었다. 그는 무리 전체에게 이렇게 외쳤다. "내 형제들이여, (느닷없이 형제들이라는 말을 쓴 게 괴이하지만, 그에겐 다 생각이 있었다.) 나는 바리새인이고 바리새인의 아들입니다. 이 재판은 희망에 관한 것, 죽은 사람들의 부활에 관한 것입니다!"

바울 자신도 그런 결과가 일어나리라는 것을 알았지만, 그의 이 말은 실제로 무리 사이에서 자중지란이 일어나게 만들었다. 바울이 이 말을 하자마자, 무리 가운데 있던 바리새인은 그를 옹호하기 시작했다. 그들은 바울이 말하려는 게 무엇인지 이해하지 못했지만, 이제 바리새인 대 사두개인의 싸움이 되어 버린 이상, 자신들이 어느 편을 들어야 할지 알고 있었다. 그들이 혼란을 일으킨 이유는 어린 날 다소의 사울이 믿었던 것과 사도 바울이 믿게 된 것이 차이를 보인 핵심 때문이다.

그들이 알던 '부활'은 마지막 때에 모든 이에게 일어날 일이었지만, 그것은 곧 이미 죽은 이도 그 마지막 사건이 일어나기 전의 중간기 동안 어떤 형태로든 여전히 살아 있음을 의미했다. 우리도 그렇지만, 이 중간기 상태를 명확하게 표현할 만한 좋은 말이 없었다. 이 때문에 그들은 때로 죽은 이가 '천사 같은' 존재를 가졌다고 이야기하며 때로는 이제 '영'이 된 이라고 이야기했다. 이 두 경우에 그 사람들은 여전히 살아 있지만 마지막 날에 가질 부활의 몸을 **기다리고** 있었다. 이 때문에 바리새인은 바울을 좀 봐줄 수 있었다. 어쩌면 그들은, 바울이 다메섹 도상에서 예수를 만난 일을 이야기했을 때, 그가 실제로 보고 들은 이는 '천사'이거나 '영'이거나 이 중간기 상태를 지나며 지금도 살아 있는 어떤 이라고 생각했을지도 모른다.

초기 예수 따름이들은 이것이 핵심이 아님을 즉시 알아차렸을 것이다. 바울이 그들의 가장 확실한 대표자였던 이 초기 예수 따름이들에게는 놀랍게도 예수가 앞서 행하시면서 다른 모든 이보다 앞서 죽은 자 가운데서 이미 부활하셨다는 사실이 전부요 더할 나위 없이 중요했다. 그러나 바울이 주도권을 쥐면서, 이 모임은 더 이어질 수 없게 되었다. 율법을 지키지 않았고 성전을 더럽혔다는 죄목은, 적어도 잠시나마 사람들의 뇌리 속에서 사라졌다. 군중은 무질서하게 흩어졌다. 로마 호민관은 다시금 바울을 성난 무리에게서 구해야 했지만, 이번에는 도시의 폭도가 아니라 예루살렘 장로들의 공회에서 구해 내야 했다.

바울은 이 작은 승리에 어떤 반응을 보였을까? 우리는 호민관 예하 병사들이 바울의 팔을 비틀어 쥐고 다시 병영으로 데려가 밤새 구금하는 모습을 본다. 물론 바울은 이런 일에 익숙했다. 적어도 그와 호민관은 모종의 친밀한 관계를 맺은 것 같았다. 바울은 그의 동포인 유대인이 자신에게 더 공감해 주기를 원했을지도 모른다. 그러나 이제 그는, 고린도에서도 그랬듯이 이 논쟁의 직접 당사자가 아닌 로마 관리가 오히려 더 나은 친구일 수도 있다고 느꼈을지 모른다. 그는 밤 기도를 올린다. 침대는 딱딱했지만, 기진맥진한 그는 곯아떨어진다.

그가 아는 다음 일은 예수가 거기서 그 옆에 서 계셨다는 것이다. 최근에 고린도에서도 이런 일이 있었다. 그때 예수는 그에게 거기 머물며 두려워하지 말라고 말씀하셨다. 이제 예수는 그에게 계속하여 나아가야 하리라고 말씀하신다. 바울은 예루살렘에서 그의 증거를 제시했다. 이제 그는 로마에서도 같은 일을 해야 할 것이다. 이 때문에 바울은 **로마에 가려던 일이 이렇게 이루어지겠다**고 생각한다. 그는 지난 1-2년 동안 자신이 로마로 가야 한다는 것을 강하게 느꼈지만, 예루살렘 방문이 로마 방문은 물론이요 다른 모든 일도 무산시킬 것처럼 여겼다. 그러나 이제 그는 로마 방문이 이루어질 수도 있음을 깨닫는다. 이것은 그가 계획했던 방법은 아니었다. 그러나 어쩌면, 정말 어쩌면 그의 로마 방문은 이렇게 이루어져야 했는지도 모른다. 로마 호민관이 두 번이나 그를 폭력에서 구해 주었다. 어쩌면 그것이 징표일지 모른다. 어쩌면 로마 체제 전체가, 비록 낡은 관료제와 생명을 경시하는 이교의 태도를 그대로 보여 주지만, 그래도 이제는 그를 점차 커져 가는 위협에서 구해 낼 수단이 되어 줄 것이다.

그 생각이 바울의 마음을 가로질렀다면, 다음날 일어난 또 다른 사건은 그 사건이 옳았음을 확인해 주었다. 토라에 열심을 품은 유대인 40명이 바울을 죽일 때까지 먹지도 않고 마시지도 않겠다고 엄숙히 맹세했다. 그들의 계략은 단순했다. 자신들이 바울을 산헤드린으로 데려가는 도중에 죽이겠다는 것이었다. 그러나 그들에겐 통탄할 일이었겠지만, 이 계략은 새 나가고 말았다. 우리는 여기서 놀랐다. 이 내러티브를 통틀어 바울의 친족을 유일하게 언급한 곳이 바로 이곳이기 때문이다. 바울 누이의 아들이 이 일을 들었다. (이는 순간 또 다른 질문을 내다보는 창을 연다. 예루살렘에는 바울의 친족이 몇이나 있었을까? 그 가운데 일부는 예수 따름이였을까? 우리는 모른다.) 바울의 조카는 바울에게 와서 이를 알렸고, 바울은 조카를 호민관에게 데려가 그대로 일러 주게 했다.

필시 다음에는 또 무슨 일이 일어날지 염려하고 있었을 호민관은 이 도전에 대응할 방법을 정확히 알고 있었다. 그는 백부장

둘에게 바울을 가이사랴까지 데려갈 병사 백 명을 각각 준비하고, 여기에 기병 70명, 그리고 추가로 경무장 호위병 이백 명을 더 준비하라 명령했다. 예루살렘에서 160킬로미터쯤 떨어진 가이사랴는 총독의 집무지로서 바울을 보호하기에 최적지였다. 그날 밤, 그들은 가야 할 길을 거의 절반이나 가서 안디바드리에 이르렀다. 그때쯤에는 필시 계략을 꾸미던 자들도 자신들이 기회를 잃었음을 알아차렸을 것이다. 거기서 군인들은 예루살렘으로 돌아왔으며, 기병과 경무장 호위병은 바울을 데리고 가이사랴로 갔다.

호민관 클라우디우스 루시아스는 총독에게 전후 사정을 자세히 설명하는 서신을 써 보냈다. 호민관은 이 서신에서 이전에 갈리오가 고린도에서 취했던 견해와 비슷한 견해를 표명했다. 그는 이 사람(바울)이 유대 율법과 관련된 다툼 때문에 고발당했지만, 죽이거나 옥에 가둘 만한 어떤 죄도 짓지 않았다고 말했다. 이 사안은 오로지 유대인 내부의 다툼이라는 것이 로마의 시각인 것 같다. 그들이 평화를 지켜야 할 경우만 아니면, 그들에겐 성가실 일이 전혀 없었다. 그러나 어떤 이유이든, 이 사람(바울)이 주변에 있는 한, 일이 더 힘들어질 것 같았다.

이리하여 바울은 그 지역을 관할하는 총독 손에 넘겨졌다. 당시 총독은 벨릭스(안토니우스 펠릭스)▪였다. 본디 노예 출신 자유인▪▪이

▪ 52년부터 60년까지 유대 속주 총독을 지냈다.
▪▪ 노예였다가 나중에 자유인 신분을 얻은 사람.

었던 벨릭스는 사회 계급이 순식간에 뛰어올라 어느새 클라우디우스 황제*의 총신(寵臣)이 되었다. 그는 클라우디우스의 오른팔 가운데 하나인 팔라스**의 아우였다. 벨릭스는 차갑고 부패한 관리였다. 그는 한 대제사장 피살 사건 때문에 일어난 봉기를 진압했으며, 가이사랴에서 유대인이 그 지역 군중에게 공격을 받을 때는, 고린도에서 폭도들이 소스데네를 구타해도 수수방관했던 갈리오처럼, 서서 지켜보기만 했다. 하지만 그는 헤롯 아그립바의 딸인 유대 왕녀 드루실라와 혼인했다. 그에게는 유대 지배층의 호소에 귀를 기울이며 공감할 만한 작은 기회가 적어도 한 번은 있었다.

유대 지도자들이 왔다. 자신들이 가이사랴로 와야 하는 상황이 벌어진 데 분명 짜증이 나 있었던 이들은 사건을 총독의 관심을 끌 만한 쪽으로 만들어 줄 법한 전문 변호사를 활용하여 바울을 고발한다. 변호사는 이렇게 말한다. "우리는 이 사람을 사회의 골칫덩이로 압니다. 그는 온 세계의 모든 유대인들 사이에서 사회적 소요를 선동합니다. 그는 나사렛 종파의 우두머리입니다. 그는 심지어 성전까지 더럽히려 했습니다!"[28] 이것은 본디 유대인 내부 문제와 관련된 죄목을 공중의 안녕을 해치는 소요죄로 '둔갑시키는' 것으로서 늘 써먹던 전술이다. 유대인 내부 문제에 로마 총독을 끌어들여 판결을 내리게 할 이유가 전혀 없었다. 하지만 성전을 더럽힌

■ 기원전 10년-기원후 54년, 재위 41-54년.
■■ 마르쿠스 안토니우스 팔라스. 노예 출신 자유인으로 본디 그리스인이었으며, 클라우디우스와 네로의 비서였고, 62년에 죽었다.

일은 고대 세계에서는 누구라도 이해할 만한 문제였다. 어느 도시, 어느 하위문화에 속한 사람이든 성전이 더럽혀진다고 생각하면 몸서리를 쳤을 것이다.

물론 바울은 이런 고발 내용을 인정하지 않는다. 그는 도시에 불안을 조장했다는 기본 죄목을 단호하게 부인한다. 그는 성전에서 싸우지도 않았고, 군중을 선동하지도 않았다. 어쨌든 그는 예루살렘에 채 두 주도 머물지 않았다. 하지만 그가 그들이 한 '종파'라 부르는 그 길the Way을 따르는 이인 것만은 사실이다. 그러나 그가 그 길을 따르게 된 것은 예수 안에서 일어난 일이 율법과 예언자들의 폐지가 아니라 완성이라고 확신하기 때문이다. 의로운 자와 불의한 자가 모두 부활할 것이다(어느 바울 서신도 이를 강조하지 않는다. 바울 서신은 오직 의인의 부활에만 초점을 맞추기 때문이다). 그러나 바울은, 이전에 산헤드린 앞에서도 말했듯이, 바로 그런 이유 때문에 하나님과 모든 사람 앞에서 그의 양심을 늘 깨끗이 지켜 왔다. 물론 그는 충성스러운 유대인으로 지내 왔다. 하지만 그 충성은 이제 이스라엘의 메시아를 중심으로 다시 만들어진 것이었다. 사실 그는, 그 스스로 늘 말하듯이 바로 이런 사실 때문에 충성한 유대인으로 지내 왔다.

그렇다면 바울이 **했던** 일은 무엇일까? 그저 자신을 고발한 죄목을 반박하는 데 그치지 않고 무엇보다 자신이 예루살렘에 간 이유를 설명하려는 바울은 과연 그 자신을 어떻게 설명할까? 그는 강력한 논지로 말문을 연다. 그가 예루살렘을 찾아온 것은 유대인을 선동하여 문제를 일으키려는 게 아니라 도와주려는 열망 때문이었다. 그는 "그의 동포에게" 전달하려고 여러 해 동안 연보를 거뒀다. 그것을 전달하려고 예루살렘에 왔으며, 그 일 때문에 정결하고 경건한 성전에 들어갔다. 그가 들어갔을 때는 군중도 없었고 소란도 없었다. 바울은 "아시아에서 온 유대인 몇 명"이 그 난리를 일으켰다고 말한다.[29] 빌립보서 1장과 에베소 자체에서 벌어진 장면을 봐도 알 수 있듯이, 바울을 가장 지독하고 가장 단호하게 반대한 이들은, 그 이유가 무엇이든 에베소의 유대인 공동체 출신임을 알 수 있다. 바울은 이들이 사실은 변호사가 제시한 것처럼 도시에 불안을 조장한다는 일반 죄목이 아니라 유대의 특수성과 훨씬 더 관련이 있는 불만을 제기하려 한다는 것을 알고 있다. 이 때문에 바울은 아시아에서 온 그들이 직접 와서 자신을 고발하게 하라고 주장한다.

아니면, 돌이켜 생각해 보니 진짜 문제는 바울 자신이 산헤드린에서 한 말과 관련이 있다는 말을 하는 것인지도 모른다. 이것은 괴롭힘이다. 유대 지배층도 그것을 알았지만, 어떻게 손을 쓸 수가 없다. 물론 바울은 그들을 향해 중요한 것은 유대인이 품고 있는 부활 소망이라고 소리쳤다. 그는 자신의 논지가 더 타당하다고 주장했다. 그의 존재 이유는 바로 이 유대인의 소망이 예수 안에서 이루어졌다는 것이었다. 적어도 바리새인이 보기에는 그랬다. 다시 말해, 그는 유대인과 그들이 걸어가는 삶의 방식에 반대하지 않았다. 그는 그 소망이 이루어졌음을 송축했다.

벨릭스는 판단을 미루었다. 그와 드루실라는 두들겨 맞은 사도를 안으로 불러들여 말할 기회를 준다. 바울은 예수가 누구인지, 성경에 따르면 그가 왜 이스라엘의 메시아인지, 그리고 이것이 장차 임할 마지막 심판, 하나님의 정의, 그리고 절제하는 삶을 살아가라는 복음의 도전과 관련하여 가지는 의미가 무엇인지를 한 번 더 설명한다. 그러나 바울은 복음을 선포할 또 다른 기회를 가짐에 불평하지 않는다. 벨릭스는 오랜 세월 동안 절제를 행하지 않았다. 설령 절제를 행했다 해도, 그는 오랫동안 모든 궁극의 심판은 로마 사법 제도가 관장할 문제라고 여겨 왔다. 그러나 로마의 사법 제도는 어떤 고려를 따라 재판 결과를 조작하기도 했다. 벨릭스는 바울이 하는 말을 거기서 중단시킨다. 그는 지금은 그만하면 됐다고 말한다. 그러나 벨릭스는—바울이 기금(연보)을 관장하는 것 같으니—바울에게 뇌물을 받았으면 하고 바란다. 이 때문에 그는 바울을 거듭거듭 불러들인다. 그러나 두 해가 지나도 뇌물 한 푼 들어오지 않았으며, 벨릭스는 그 임기를 마친다.

그는 이 시점에서 바울을 풀어 줄 수도 있었다. 그의 주된 동기는 늘 그의 뱃속을 채우는 것이었지만, 그래도 이제는 뇌물을 바라던 마음도 줄어든 데다, 그의 관심사 역시 로마 귀환을 앞둔 속주 총독이 으레 느끼는 불안 쪽으로 옮겨가 있었다. 그는 어려운 처지에 말려들고 싶지 않았다. (본디 그의 후견인이었던 클라우디우스가 죽고 이제는 네로가 그 뒤를 이었다.) 따라서 그는 그가 관장하는 유대 백성에게서 좋은 보고를 받길 원했다. 그는 결국 바울을 옥에 그대로 가둬 둔 채, 후임 총독인 베스도(포르키우스 페스투스)▪의 자비 혹은 다른 조치를 기다리게 한다.

누가는 다시 한 번 이 모든 내용을 빠른 속도로 흘러가는 드라마처럼 제시했다. 그는 다양한 색깔을 지닌 배우들을 많이 등장시키면서도 그들의 연기를 압축하여 제시한다. 이 때문에 우리는 이 부분을 몇 분이면 다 읽을 수 있다. 그러나 우리는 이 모든 일이 이태에 걸친 사건이라는 사실을 유념해야 한다. 바울은 로마서를 57년에 쓰고, 같은 해 늦게 예루살렘에 도착했다. 그리고 이제 59년이 되었다(베스도가 총독으로 부임한 해를 그 해로 볼 수 있다). 바울은 비록 잠시나마 죽음을 면했다. 그러나 로마 감옥은 그대로 로마 감옥이었다. 그는 분명 그를 찾아오는 친구도 만나고 그에게 필요한 것을 가져오게 해도 좋다는 허락을 받았지만, 그저 시간이나 죽이면서 해야 할 일을 하지 못하는, 불쾌하고 바람직하지 못한 일을 맞이했다는 느낌이 있었다. 그는 섭리를 믿는 믿음이 늘 인내를 요구한다는 것을 알았다. 그러나 그렇다 해도, 일이 점점 우스꽝스럽게 되어가고 있었다. 예수는 바울에게 그가 로마로 갈 것이라고 약속하셨다. 바울은 로마 자체가 그를 로마로 데려가리라는 의미일 수도 있겠다고 추측했다. 그러나 만일 로마가 이런 일을 이루어지게 하는 데는 도통 관심이 없는 부패한 관리를 계속 보낸다면 그 일이 과연 어떻게 일어날까?

신임 총독 베스도가 가이사랴에서 짧은 변론 절차를 열었을

■   59년부터 62년까지 유대 총독을 지냈다.

때 그 답이 나타났다. 바울도 필시 이를 꽤 긴 시간 동안 깊이 생각했을 것이다. 유대인 발언자들은 다시 한 번 바울을 온갖 죄목으로 고발했다. 바울은 이에 답변하면서, 아주 중요한 세 가지 점을 재차 강조했다. 그는 유대 율법이나 성전을 상대로 어떤 죄도 짓지 않았다. 말이 나온 김에 한 마디 더하면, 로마 황제에게도 죄를 짓지 않았다. 그가 이 지점에서 로마 황제를 언급한 이유는 분명치 않다. 우리가 아는 한, 그가 황제에게 반역하는 죄를 범했다고 주장한 이는 아무도 없었기 때문이다. 하지만 이후에 벌어진 일이 이때 바울이 품었던 생각을 일러 줄지도 모른다.

그러나 처음에 우리는 으레 볼 수 있는 움직임을 본다. 정의에는 관심이 없고 유대인의 환심을 사길 원했던 베스도는 이들에게 예루살렘에서 재판을 받으라고 제안했다. 이전에 있었던 음모를 떠올린 바울은 그런 일이 가져올 결과를 너무나 잘 알고 있었다. 이제 그가 내내 그 소매에 숨겨온 카드를 펼쳐 보일 때가 되었다.

나는 황제의 재판정 앞에 서 있고, 그곳이야말로 내가 마땅히 재판받아야 할 곳입니다. 잘 아시는 대로, 나는 유대인들에게 아무런 잘못도 하지 않았습니다. 만일 내가 어떤 잘못을 했거나 죽어 마땅한 일을 저질렀다면 죽음도 마다하지 않겠습니다. 그러나 그들이 나에 대해 고발하는 일을 내가 저지르지 않았다면, 누구도 나를 그들에게 넘겨줄 수 없습니다. **나는 황제에게 상소합니다.**[30]

이런 종류의 상소는 판결에 대한 상소가 아니다. 평결이 전혀 이루어지지 않았기 때문에 어떤 판결도 선고되지 않았다. 이 상소는 이 사건 전체를 최고심급 법원으로 이송해야 한다는 상소였다. 물론 이 상소는 위험한 모험이었다. 황제가 이 사건을 제멋대로 처리할 수도 있었다. 그래 놓고도 온갖 이유를 댈 수 있는 이가 황제이니까. 바울이 세상을 돌아다니며 말썽을 일으키는 인간이라는 말이 황제 귀까지 들어오면, 그런 말을 듣는 유대인을 황제가 친절히 대할 이유는 당연히 없을 것이다. 그렇다고 그 대안이 예루살렘에서 다시 재판을 시작하는 것뿐이라면, 그에 따르는 온갖 위험을 생각할 때, 비록 예상치 못했던 방법이지만 이것이 결국 그를 로마로 데려다줄 방법이었다. 베스도는 그의 고문들에게 의견을 구했지만, 그는 분명 이미 그 답을 알고 있었다. 바울은 황제에게 상소했다. 그러니 이제 그는 황제에게 갈 것이다.

그러나 바울을 로마에 보내려면 이 사건에 관한 설명, 관련 사실에 관한 진술도 함께 보내야 했다. 그렇다면 베스도는 이 사건의 '사실'을 어떻게 밝혀낼까? 좋은 기회가 생겼다. 화려함을 뽐내기 좋아하던 헤롯 아그립바 2세가 역시 그처럼 화려함을 뽐내기 좋아하던 그 아내 버니게를 동반하고 새로 부임한 총독 베스도를 환영하러 오고 있었다. (로마 총독과 총독이 관장하는 지역 귀족의 관계는 복잡했다. 그러나 양쪽은 늘 서로 상대 처지를 이해하는 것이 더 좋다는 점을 인식했다. 많은 보통 유대인은 양쪽을 모두 경멸하곤 했지만, 이 특이한 인물 헤롯은 그래도 그 집안의 대다수 식구만큼 인심을 아예 얻지 못한 인간은 아니었다.) 베스도는 아그립바에게 바울이 누구이며 이 문제의 본질이 무엇인지 설명하고, 그럴듯한 평까지 이렇게 덧붙였다. "이 사건은 그들의 종교에 관한 여러 논쟁과 바울이 살아 있다고 주장하는 예수라는 어떤 죽은 사람에 대한 것이었습니다."[31] 이 말은 사도행전 18장에서 바울을 고발한 죄목에 갈리오가 내놓은 답변, 그리고 사도행전 23장에서 호민관이 벨릭스에게 써 보낸 말과 아주 비슷하게 들린다. 유대인의 관점에서 보면, 바울은 전통으로 내려온 공식에 위험한 새 요소를 도입하려는 인물일 수도 있지만, 로마의 관점에서 보면 이 사건은 단지 말에 얽힌 논쟁처럼 보였다. 적어도 베스도는 사건의 핵심 쟁점을, 곧 이 사건이 온전히 예수의 부활과 관련이 있다는 것을 파악했다. 그러나 그는 바울이 왜 예루살렘으로 가려 하지 않고 오히려 황제에게 상소했는지 이해하지 못하겠다고 털어놓았다. 따라서 아그립바가 자신이 직접 바울의 말을 들어 보겠다고 요청한 것도 당연했다.

통설 가운데 하나는 누가가 바울을 변호할 자료를 제공하고자 사도행전을 썼다는 견해다. 누가가 사도행전을 일찍 집필하여 바울이 네로 앞에서 재판을 받을 때에 썼는지 아니면 그보다 한참 뒤에 썼지만 그래도 돌이켜 역시 바울을 변호할 목적으로 썼는지는 결국 여기서 우리가 바울을 이해하는 데 아무런 영향을 미치지 않는다. 바울이 우리가 제시하는 전반적 질문—바울을 움직인 동인은 무엇이었는가, 그리고 특히 다메섹 도상에서 일어난 무슨 일이 바울이 한 모든 일의 원동력이 되었는가? 이 모든 것을 그대로 인정한다 하더라도, 이 이상하고 수수께끼 같으나 활력이 넘치는 사람이 시작한 운동이 어떻게 이토록 빨리 엄청난 성공을 거두게 되었는가를 과연 어떻게 설명할 수 있을까—에 스스로 답변을 제시하는 모습을 보는 것도 이번이 마지막이다.

바울이 아그립바, 버니게, 베스도 그리고 이들의 수행원 앞에서 한 연설은 아레오바고 연설이나 에베소 장로들에게 한 고별사보다 길다. 하지만 아레오바고 연설이나 에베소 장로들에게 한 고별사처럼 이 연설도 성경 본문에 실린 내용은 바울이 이때 실제로 했던 말보다 틀림없이 훨씬 짧을 것이다. 하지만 이 연설은 우리가 바울 자신의 글에서 거듭거듭 봤던 내용을 아주 많이 강조하고 있기 때문에, 우리는 이 연설이 그가 여태까지 말한 내용을 상당히 정확하게 요약하고 있다고 확신할 수 있다. 그 연설 전체의 요지는—바로 이 요지 때문에 이전 세대 독자들은 바울을 더 이상 '유대인'으로 남겨 두지 않겠다고 결심하고 사도행전이 묘사하는 초상을 거부했다!—바울이 처음부터 충실한 유대인이었다는 것이다. 그는 다메섹 도상에서 예수를 만났을 때도 충실한 유대인으로 활동하고 있었다. 그가 더 넓은 세계에서 펼친 선교 활동은 이제 온 세상이 당신 소유라고 주장하시는 이스라엘의 하나님을 위한 것이었다. 그는 정말 온 세계에 모세와 예언자들이 줄곧 이야기했던 것을, 즉 "메시아께서 고난 받으실 것이고, 죽은 사람들 가운데서 일어난 첫 번째 사람이 되실 것이고, 이 백성과 이방 민족들에게 빛을 선포하시리라는 것"[32]을 알려 주려고 최선을 다하고 있었다. 바울은 늘 충실한 유대인이었고, 그런 유대인으로 여전히 남아 있었다. 그것이 그 연설의 요지였다.

그것이 바로 바울이 유대인의 여론에 어느 정도 영향을 미칠 수도 있었던 헤롯 아그립바 2세에게 강조한 점이었다. 그것이 그가 성실하지 않은 유대인이라는 고발, 토라를 아주 홀대하고 성전을 더럽힐 음모를 꾸민다는 고발을 당하고 주장하고자 했던 점이었다. 그것이 바로 누가도 글을 쓸 때마다 강조하려 했던 점이었다. 누가는 바울이 거듭 고발을 당했는데도, 유대 전통과 문화와 삶의 방식을 뒤집어엎으려 하지 않았음을 강조했다. 그것은 바로, 다른 충실한 유대인들이 때때로 주장한 것처럼 그도 이스라엘의 메시아가 나타나셨음을 믿는다는 말이요, 메시아의 이름과 그 메시아의 자격을 안다는 말이었으며, 이 메시아가 단순히 이교도 군대를 격파하는 차원을 넘어 그보다 훨씬 강력한 일을 행하셨다는 말이었다. 그는 모든 민족을 노예로 사로잡아 부려 왔던 어둠의 세력들을 뒤집어엎으셨다. 그는 새 '성전', 곧 하나님의 영광이 영으로 들어가 사시게 된, 온 세계를 아우르는 공동체를 세우셨다. 그리고 그는 이제 당신 사자를 이방 민족들에게 보내사 경건한 유대인들이 내내 그들에게 말하고 싶어 했던 것을, 곧 그들이 우상을 섬기는 데서 돌이켜 살아 계신 하나님을 섬겨야 한다는 것을 전하게 하셨다. 이 모든 내용이 예수와 바울의 첫 만남 때 예수가 바울에게 일러 주신 말씀에 관한 바울의 설명 속에, 그리고 바울 자신이 그 만남의 결과로서 그때까지 해 온 일을 설명한 내용 속에 들어 있다.

물론 이 연설의 핵심은 사도행전이 다메섹 도상에서 예수가 다소의 바울에게 나타나신 사건을 세 번째이자 마지막으로 설명한 내용이다. 이때 이 이야기가 가장 풍성하게 펼쳐진다. 분명 누가가 다메섹 도상 사건을 이야기한 세 기사를 모두 편집했으며, 뒤의 기사로 갈수록 내용이 세지고 풍성해지게 배열했다. 가장 풍성한 이세 번째 기사는 우리가 품고 있는 근본 질문, 즉 무엇이 바울을 지금의 이런 사람으로 만들었으며, 다메섹 도상 사건은 그에게 무슨 영향을 주었는지, 그리고 바울이 한 일이 그가 품었던 꿈보다 훨씬 풍성한 열매를 맺은 이유는 무엇인가라는 질문을 또 다른 각도에서 들여다보게 해 준다.

느닷없이 사울을 엄습한 예수의 첫 질문은 이제 누구나 다 아는 것이 되었다. 다른 두 기사처럼 이 기사에서도 예수는 사울에게 왜 그가 당신을 핍박하는지 묻지만, 이번에는 톡 쏘는 말을 하나 덧붙이신다. "이렇게 무모하게 대들다가는 네가 다친다."[33] 이것은 신의 뜻을 거역하려 하는 인간을 묘사한 그리스의 유명한 속담을 인용한 것이다. 하나님의 뜻을 거역하지 말라는 것은 바로 사울의 스승인 가말리엘이 경고했던 말이기도 하다.[34] 당시 다소의 사울의 마음속에는, 그리고 이 연설을 할 때 바울의 마음속에는 이미 어떤 심오한 아이러니가 자리하고 있다. 즉 예수가 여러 신을 섬기는 민족들에게 가서 한 분 하나님을 전하라는 사명을 그에게 주시면서, 동시에―이방 민족들이 돌아서야 할 바로 그 이교 전통에서 나온 말을 사용하여―그가 지금 하는 행동을 경고하신다. 물론 이 맥락에 등장한 속담은 젊은 사울의 '열심' 안에 자리한 갈등을 보여 주

려고 쓴 것이다. 이 내용은 바울이 로마서에서 그의 자서전이라 할
내용을 강하게 되울려 주며 탄식하는 말로 그의 동포 유대인에 관
하여 쓴 것과 정확히 일치한다.

> 내가 그들을 위해 증언할 수 있는 것은, 그들이 하나님께 열심히 있다
> 는 것입니다. 그러나 그것은 지식에 기초한 것이 아닙니다. 알다시피,
> 그들은 하나님의 언약적 신실하심을 모른 채, 그들 자신의 언약의 지
> 위를 세우려고 힘을 썼고, 그로써 하나님의 신실하심에 복종하지 않
> 았습니다. 알다시피, 메시아는 율법의 목표이시니, 이는 모든 믿는 사
> 람이 언약의 신분을 얻을 수 있게 하려는 것입니다.[35]

이 본문은, 바울이 지금 하는 연설처럼, 한 분 하나님이 언약
을 통해 이루시려는 궁극의 목적을 **이** 메시아—사람들이 예상하
지 못했고, 원하지 않았던, 그리고 실제로 사람들이 걸려 넘어지게
만든, 이 십자가에 못 박힌 예수—안에서 드러내셨기 때문에, 이
제는 모든 민족이 이 새로운 종류의 공동체 안으로 부름을 받을 수
있게 되었음을 곧장 일러 준다. 그의 죽음은 이방 민족들을 노예로
사로잡았던 어둠의 세력들을 격파함으로써, 이스라엘과 이방인을
가르는 벽을 만든 우상 숭배와 부정不淨 그리고 부도덕이라는 낙인
을 없앨 수 있게 만들었다. 그 결과, 이제는 이방인도 "죄를 용서받
고" 예수를 믿는 "믿음으로 거룩해진 사람들 가운데서 유산"을 얻
을 수 있게 되었다.[36]

학자들은 지난 세대 내내 바울 복음의 초점이 개인의 죄 용서인가 **아니면** 이방인을 (언약 백성에) 포함시키는 것인가라는 문제를 붙들고 씨름했다. 바울이 갈라디아서에서 로마서에 이르기까지 모든 서신에서 일관되게 말한 내용을 그대로 담고 있는 이 구절은 이 두 가지를—아울러 이 둘이 서로 상대를 정의한다는 것을—일러 준다. 출애굽 때의 파라오와 같은 이교 세력이 격파되었기 때문에, 이제는 모든 사람이 자유롭게 한 분 하나님을 예배할 수 있다. 예수의 죽음으로 어둠의 권세들이 완전히 격파되었으며, 이 죽음을 통해 죄(애초에 인간이 어둠의 권세들에게 노예 노릇을 하게 만들었던 죄)가 용서받고, '거룩해진' 새 백성 안에 이방인이 들어오지 못하게 막았던 장벽이 사라졌다. 이처럼 '죄 용서'는 '이방인을 포함시키는' **결과를 가져오며**, 이방인이 하나님 백성 안에 포함되는 일이 일어나는 것은 바로 '죄 용서' **때문이다.** 이것이 바로 바울이 다메섹 도상 체험 때부터 견지해 왔고, 남은 생애 내내 견지해 가는 복음 이해의 핵심이다. 그는 자신의 운동이 어떤 '성공'을 거두었다면 그 첫 번째 원인은 바로 그 복음이라고 말하려 한다.

물론 지금 당장은 바울도 이 복음이 사람들의 마음을 얻을 수 없으며 실제로 사람들이 이것을 달가워하지도 않음을 알았다. 이방인이 참회하고—여기에서는 일부러 말하지 않음이 현명하겠다 싶어 말하지 않은 것 같지만, 할례를 받음으로 유대인이 되지 않고도—한 분 하나님을 진정으로 예배하는 이가 될 수 있다는 생각은 바울이 디아스포라에서 걸핏하면 배척당한 주된 이유였다. 그것이 특히 이태 전에 폭도들이 성전에서 그를 뒤쫓다가 결국 바울이 이 자리에서 헤롯 아그립바를 대면하게 만든 일련의 사건을 낳은 원인이었다.

그러나 바울은 굳건히 서 있었다. 그는 내내 모세와 예언자들을 자세히 설명했다. 모세와 예언자들은 특히 둘을 이야기했었다. 기회만 있었다면, 바울은 아그립바에게 성경 장절까지 열심히 제시했으리라. 첫째, 메시아가 "죽은 사람들 가운데서 일어난 첫 번째 사람이 되실 것"이다.[37] 고린도전서 15장에서 볼 수 있듯이, 바울의 신학에는 2단계 부활 신학이 있다. 이 신학을 한 마디로 요약하면, 메시아의 부활이 역사의 새 시대를 열고 나중에 그의 모든 백성 역시 부활한다는 것이다. 둘째, 메시아가 "이 백성과 이방 민족들에게 빛을 선포하시리라"는 것이다.[38]

여기에는, 적어도 누가의 마음속에는 저 멀리 누가복음 서두에서 울려 퍼진 시므온의 송가가 메아리치고 있는지도 모른다. 이 송가에서 시므온은 예수를 "민족들에겐 계시의 빛이요, 주의 백성 이스라엘에게는 영광"이라고 부른다.[39] 그러나 이보다 중요한 메아리가 이사야 49장인데, 바울도 이 본문을 대단히 중요하게 여겼다. 주의 종은 "야곱 지파들을 일으켜 세우고 이스라엘의 남은 자들을 회복시킬 것이다." 하나님은 그를 "[하나님의] 구원이 땅 끝까지 이르게 할 모든 민족의 빛으로" 주실 것이다.[40] 이것은 바울이 아그립바 앞에 섰을 때 마음에 담고 있기에 특히 적절한 본문이다. 이다음 구절이 이렇게 이어지기 때문이다.

이스라엘의 구속주요 이스라엘의 거룩하신 분이신

주가 심히 멸시받고 모든 민족에게 미움을 받으며

통치자들의 노예인 이에게 이와 같이 말씀하신다.

"왕들이 보고 일어서게 할 것이요, 제후들이 그리할 것이며,

그들이 엎드리게 하리니,

이는 신실하고, 이스라엘의 거룩한 이인 주가

너를 택했기 때문이다."[41]

이것 역시 바울이 얼마 전에 쓴 로마서에서 그의 사역을 곱씹어 본 내용에서도 분명하게 울려 퍼지고 있다. 그는 이사야 52:15 끝부분을 인용한다.

그분에 대해 전해 듣지 못했던 사람들이 볼 것이고

듣지 못했던 사람들이 깨달을 것이다.[42]

그러나 같은 구절 상반절은 이렇게 선언한다.

그리하여 그가 많은 민족을 놀라게 할 것이며

왕들이 그 때문에 그 입을 다물게 될 것이다.

바울 앞에는 로마 황제를 대표하는 인물과 현재 '유대인의 왕'인 인물이 있었지만, 오히려 그 누구보다 먼저 성경이 말한 것이

현실로 이루어졌음을 생생히 깨달은 이는 바울이었으며, 정작 그의 이야기를 듣던 귀인들은 그것을 알아차리지 못하거나 몰랐을 것이다.

특히 로마 황제를 대표하는 이는 바울의 메시지를 듣다 보니 입을 닫고 있을 수가 없었다. 바울을 아는 이들은, 비록 누가가 압축한 형태로 제시하긴 했지만, 이 연설이 분명한 사상, 성경에 근거한 일관된 세계관을 제시한다는 것을 알 것이다. 바울은 늘 그의 메시지가 유대인에게는 걸림돌이요 이방인에게는 미친 소리라는 것을 알았다. 바울은 아그립바에게는 이 걸림돌 너머를 보라고 도전을 던지지만, 베스도에게는 자신이 전한 메시지가 그저 미친 소리일 뿐이라는 것을 틀림없이 알았을 것이다. 때마침 베스도가 그런 반응을 보인다.

베스도는 목소리를 높일 대로 높여 고함을 지른다. "바울, 그대가 미쳤군! 당신의 이 모든 학식이 당신을 미치게 만들었소!"[43] 이는 아테네에서 일어난 일, 바울이 고린도와 다른 곳을 회억할 때면 떠올리던 일을 그대로 되풀이한 것에 불과했다. 그러나 바울은 베스도에게 자신이 결코 미치지 않았음을 차분히 이야기한 뒤, 이 기회를 활용하여 아그립바에게 직접 호소한다. 아그립바는 예수와 예수 따름이에 관하여 안다. "이 일은 어느 구석에서 일어난 일이 아니지 않습니까?" 바울은 내쳐 아그립바를 더 몰아붙인다. "아그립바 왕이시여, 예언자를 믿으십니까? 믿으신다는 것을 나는 압니다."[44]

이것은 재치 있는 한 수였다. 자신이 유대 백성 가운데서 누리는 인기를 유지하길 간절히 원했던 아그립바는 예언자들을 믿지 않는다는 말을 하지 않을 테니까. 그러나 아그립바는 바울의 다음 수를 아주 잘 알고 있었다. "너는 나를 그리스도인으로 만들고 있다고 생각하는가 보구나. 게다가 말하는 투를 보니 당장 그럴 것이라고 보는 것 같다!"[45] 이것이 조롱으로 한 말이든 아니면 다정한 한 마디든—베스도는 그러지 못했지만, 아그립바는 바울이 비록 부활하신 예수가 일러 주신 계시에서 이야기를 시작하기는 했지만, 그래도 그가 한 모든 말의 밑바닥에 심오한 일관성이 있음을 틀림없이 알았을 것이다—바울은 아그립바의 이 말에 차분히 대답한다. 우리가 아는 한, 이것이 바울 사도가 고위층과 대면하는 마지막 장면이다. 바울은 관례대로 관리에게 예를 표하고 그에게 호소한다. "당신뿐 아니라 오늘 내 말을 듣는 사람이 나와 같아지기를 기도합니다." 그런 다음 그는 미소를 지으며, 현재 그가 어떤 처지에 있는가를 누구라도 알 수 있게 보여 주는 표지를 가리키며 이렇게 말한다. "물론 이 쇠사슬은 빼고 말입니다."[46]

왕 일행과 총독 일행은 떠나려고 일어섰다. 그들은 고개를 저으며 이 친구는 죽일 만한 이도 아니요 묶어 둘 만한 이도 아니라고 말한다. 사실 바울은 황제에게 상소하지만 않았으면 그대로 풀려날 수도 있었다. 누가는 여기에 존재하는 여러 아이러니를 아주 잘 알고 있다. 바울이 황제에게 상소하지 않았다면, 베스도는 그를 예루살렘으로 보내 거기서 재판 받게 했을 것이다. 그랬다면 무슨 일이 일어났을지 아무도 모른다. 여하튼 바울이 황제에게 상소했기 때문에, 베스도는 사건 전말에 관한 공식 보고서를 작성해야 했다. (그러나 그는 아직도 자신이 무슨 말을 써야 할지 모르는 것 같다). 그는 아그립바를 불러다가 바울이 하는 말을 듣게 함으로써, 결국 바울이 이사야가 말했던 것을 이룰 기회를 주었다. 바울은 이 상소로 말미암아 비록 사슬에 묶인 채 로마로 가게 되었지만, 어쨌든 로마로 가게 되었다. 그는 이 땅에서 지존 행세를 하는 왕 앞에, 그것도 무력한 죄수의 몸으로 서게 될 것이다. 그는 약할 때 강해질 것이다.

3부

바다
바다

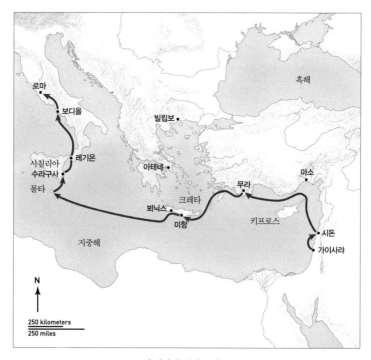

가이사랴에서 로마로

14장

/

가이사랴에서 로마로, 그리고 그 너머

바울이 로마로 가는 여정에서 실로 이상한 일은 바울 자신이 이 여정을 책임지는 자처럼 보인다는 것이다. 그는 호송 중인 죄수다. 선주船主도 아니요 선장도 아니다. 물론 그는 베테랑 여행자다. 고린도후서 11장에 따르면, 이미 세 번이나 난파를 겪었고, 밤낮으로 바다를 표류한 적도 한 번 있었다. 그러나 그런 사실 때문에, 그가 이 항해 내내 거듭하여 그리한 것처럼, 이런저런 조언과 가르침을 준 것이 타당하다고 생각할 이는 아무도 없을 것이다. 나는 누가가 일부러 바울을 좋게 묘사한 초상으로 이런 모습을 제시했다고 생각한다. 내가 놀라는 것은 그런 게 아니다. 어쨌거나 바울은 느닷없이 두목 노릇을 하게 된다.

물론 바울은 지중해와 에게해를 배로 자주 다녔다. 하지만 그는 여전히 바다가 하나님의 좋은 창조에게 패퇴한 어두운 혼돈의 세력들을 상징할 뿐 아니라, 홍해가 갈라져 이스라엘 자손이 건널 길을 열어 주기 전에 이 자손을 위협했던 어둠의 세력을 상징한다고 보았던 유대 전승의 상속인이었다. 시편 93편 같은 시들도 종종 같은 생각을 되새겨 주었다. 바울 시대에 유대인 세계에서 가장 인기 있는 책 가운데 하나였던 다니엘서를 보면, 악한 이교도 제국을 상징하는 '괴물'이 바다에서 나온다.[1] 바다는 혼돈의 상징이요, 위험의 원천이며, 한 분 하나님이 창조 때와 새 창조 때 갖고 계신 목적에 언제라도 반격할 수 있는, 길들일 수 없는 힘이었다. 바울은 바다를 신중히 고려하면서 겨울 동안에는 여행하지 않아도 되게끔 여행 계획을 짰다.[2] 땅에 위험—음모, 산적 등—이 있다면, 뭍길 대신 바닷길을 택하여 갈 수도 있었다. 그러나 언제나 예상할 수 있는 위험이 그렇다는 말이었지, 또 어떤 위험이 도사리고 있는지는 아무도 몰랐다.

누가는 사도행전을 구성할 때, 파란만장한 항해와 난파를 다룬 사도행전 27장이 누가 봐도 그의 복음서에서 절정임이 명백한 예수 재판과 십자가상의 죽음 부분과 일종의 평행 관계를 이루게끔 구성했다. 그때는 "어둠의 권세"가 가장 독하게 발악하던 순간이었다.[3] 이제는 바울이 예수를 주로 선포하고자 로마에 당도하기 전에 어둠의 권세들이 그에게 퍼부을 수 있는 가장 악독한 공격에 정면으로 맞서야 할 순간이다. 따라서 그가 구조되어 로마에 도착한 일은 '구원'이라는 성격을 가지며, 이것이 사도행전 27장의 주된 주제다. 사실, '구원'과 관련된 그리스어 단어가 잇달아 일곱 차례나 등장한다.[4] 누가는 이 에피소드 전체를 바울이 에베소서 6장에서 묘사하는 영적 전투를 재연한 일종의 드라마로 보는 것 같다. 누가와 바울이 가까운 벗이요 여행을 같이했다 하여 이들이 모든 주제에서 틀림없이 의견을 같이했으리라고 아주 성급하게 예단하는 것은 위험한 비약이다. 오히려 나는 이 지점에서 이 두 사람이 가까워졌으리라고 생각한다. 누가는 배에 탄 사람이 다 물에 빠져 죽을 뻔했던 난파 사건이 드라마틱하지만 홍해를 건넌 사건—본질상 세례 자체를 표현하는 이미지이기도 했던 유월절 사건—을 비틀어 놓은 형태와 비슷하다는 사실을 모르는 체하며 지나치지는 않았을 것이다.

바울은 다행히 그를 호송할 책임을 맡은 특별한 관리가 있었다. 황제 근위대 백부장이었던 율리우스는 가이사랴에서 해안을 따라 올라가 시돈까지 갈 배를 마련했다. 시돈에 이르렀을 때, 백부장은 바울이 벗들을 방문하게 해 주었다. 백부장은 이 이상한 죄수가 로마로 가게 된 것을 아주 기뻐한다는 것과 도망치지 않으리라는 것을 이미 알고 있었다. 그 뒤, 이들은 지중해 동북 해안을 돌아 루시아 해안에 있는 무라에 이르렀다. 그곳이 이들이 탄 이 첫 번째 배의 종착지였다. 이 때문에 이들은 거기서 또 다른 배를 구했다. 이번에 탈 배는 알렉산드리아에서 이탈리아로 가는 배였다. 누가는 나중에 276명이 이 배에 타고 있었다고 우리에게 일러 준다. 이 가운데 상당수가 노예였을 것이다. 로마에 가고 싶어 하는 이가 많았다. 조그만 장소에 갇혀 있는 인간들의 삶이 백인백색이었으리라는 것을 상상해 볼 수 있다. 고대 도시 생활에 사생활이라는 것이 거의 없었다면, 사람들이 북적대는 배 안에는 사생활이 아예 없었다.

한 해 중 이때는 이런 항해를 하기에 늦은 때였다. 고대에는 보통 9월 중순이 지나 지중해를 항해하는 것은 위험하다고 생각했으며, 11월부터 다음 해 2-3월에 이르는 기간은 항해가 다소 불가능하다고 생각했다. 하지만 로마는 이집트에서 꾸준히 많은 곡물을 공급받아야 했다. 이 때문에 클라우디우스는 해운海運이 가능한 한 1년 중 많이 이루어질 수 있게 장려하는 특별 조치를 취했다. 이번 항해는 선주가 더 큰 이익을 노리고 위험을 감내한 경우 가운데 하나인 것 같다.

항해 초기에는 예상보다 항해가 더뎠다. 이들이 마침내 크레타에 이르렀을 때는 이미 10월에 접어들어 항해하기가 위험한 시기에 들어섰다. (누가는 이때가 대속죄일이 지났을 때라고 말한다. 59년에는 대속죄일이 10월 5일이었다.) 일행은 미항에 내렸다. 크레타 남쪽에 있는 조그만 어촌이었던 이곳은 라세아에서 몇 킬로미터 떨어져 있었다. 사람들은 이곳이 겨울을 나기에 좋지 않다는 데 의견을 같이했다. 항구는 폭풍에서 안전하지 않았으며, 성읍 자체도 포구에서 너무 멀리 떨어져 있어서 배를 지키려고 배 위에 머물러야 하는 이들은 쉬이 접근할 수가 없었다. 이 때문에 해안을 따라 80킬로미터쯤 더 가면 뵈닉스에서 훨씬 나은 숙소를 구할 수 있음을 알았던 일행은 마저 더 가기를 원했다.

바로 이때 바울이—다른 이도 아닌 죄수가!—조언한다. 일부 사람들은 불가능한 일이라고 추정할지 모르겠으나, 아예 불가능한 일은 아니다. 바울은 로마 시민이었고, 아직 공식 기소된 상태도 아니었으며, 어떤 죄를 지었다고 유죄 판결을 받은 상태는 더더욱 아니었다. 바울은 여행에 데리고 다니는 이가 적은 데다 그 자신은 분명 흠이 없고 해박한 사람이었다. 그러니 틀림없이 사람들에게 존경을 받았을 것이다. 여하튼, 이런 상황에서는 여행에 이해 관계가 걸린 당사자들이 토론을 벌인 뒤에 결정을 내렸다는 증거가 있다. 바울은 이 항해가 그저 괴로움만 안겨 줄 것이라고 경고했다. 배에 실은 물건은 물론이요 배 자체도 큰 피해를 입을 가능성이 있으며, 어쩌면 사람들의 생명도 크게 위태로울 수 있었다. 실은 이것이 타당한 근거가 있는 판단이었다. 그러나 황제를 대표하는 자로서 선장과 선주까지 감독할 최종 책임을 지고 있는 것처럼 보이는 백부장은 바울의 조언보다 이들의 조언을 받아들였다. 이들은 자신들의 기득권을 고려해야 했으며, 이 기득권이 위험을 감내할 만한 가치가 있다고 생각하는 것 같았다.

사실은 이들의 말대로 되지 않았다. 일행이 탄 배가 해안을 따라 조금씩 움직이는 동안, 유명한 동북풍이 이들을 덮쳤다. 거세게 부는 바람 속에서 가우다라는 작은 섬에 잠깐 멈춘 때를 제외하고는 그대로 폭풍 앞에 떠밀려 갈 수밖에 없었다. 우리는 이 장면을 생생하게 상상해 볼 수 있다. 300명 가까이 되는 온갖 부류의 사람들이 작고 취약한 배에 가득 타고 있었건만, 바람은 더 거세지며 파도는 더 성을 내고 있었다. 배에 탄 모든 이가 결정이 내려진 경위를 알고 있었다. 배 안에는 불안과 분노가 뒤섞여 있었을 것이다. 물에 빠져 죽느니 불편한 항구에 머무는 쪽이 좋았으리라.

뱃사람들은 애가 타서 이리저리 뛰어다니며, 배가 북아프리카 해안에서 꽤 떨어진 곳에 있는 모래톱에 걸리지 않게 하려고 할 수 있는 모든 일을 다 했을 것이다. 그들은 배가 거대한 파도 속에서 파도를 더 높이 타고 갈 수 있게끔 배 무게를 줄이려고 최선을 다했다. 우선 배에 실린 짐을 배 밖으로 던졌다(로마에 도착하면 큰돈을 챙기려 했던 짐들도 당연히 내던졌다). 이어 배에서 쓰는 도구도 내던졌다. 이 모든 장면을 지켜보던 여객들은 그것이 무슨 의미인지를 너무나도 잘 깨달았을 것이다. 뱃일로 닳고 닳은 뱃사람들이 그런 극단 조치를 취한다면, 무슨 희망이 남아 있겠는가? 여러 날 밤을 공포로 보냈겠지만, 폭풍은 가라앉을 기미가 보이지 않았다. 사람들은 물에 흠뻑 젖었고, 추위가 뼛속까지 파고들었다. 한데 모인 채 거의 아무것도 혹은 전혀 먹지 못하고, 그들이 가져가는 물품 가운데 무어라도 보존하려는 시도조차 하지 않았다. 뱃멀미를 하는 이들도 분명 있었으리라. 비참한 고통과 두려움이 그 배에 타고 있던 군인과 노예, 상인과 사도를 모두 똑같은 상태로 떨어뜨렸을 것이다.

우리는 바울과 그 일행이 서로 조용히 요나서를 읊었으리라고 상상해 본다. 이는 다만 이 배의 '요나'는 누구인가—대체 누가 그들을 이런 수렁에 빠뜨렸는가—라는 괴이한 질문만 낳았을 것이다. 아니, 어쩌면 그들은 예수가 갈릴리에서 폭풍을 잠잠케 하셨던 일을 서로 되새겨 주었을지도 모른다. 그들은 분명 예수께 폭풍을 멈춰 달라고 간절히 기도했을 텐데, 그가 그리해 주시지 않는 이유가 뭔지 궁금했다. 바람은 미친 듯이 울어 대며 이 작은 배와 거기

탄 불쌍한 사람들을 이리저리로 내동댕이쳤다. 조금도 수그러들지 않았다. 낮에는 해를 볼 수 없었고 밤에는 별을 볼 수 없었다. 잠을 자는 것도 어렵거나 불가능했으리라. 악몽이 현실이 되었다. 낮은 컴컴했는데, 밤은 더 컴컴해졌고, 폭풍은 누그러질 기미가 보이지 않았다. 두 주 내내 이 상태가 지속되었다. 결국 사람들이 1년 중 이 시기에 보통 지중해를 항해하지 않는 데는 다 그럴만한 이유가 있었다. 마침내 누가는 "안전하리라는 희망을 결국 다 버렸다"고 말한다.[5] 구원? 어림도 없는 소리였다.

그러나 이어 무슨 일이 일어났다. 그것은 폭풍이 잠잠해짐이 아니었다. 그들의 몸과 어지러운 정신은 그저 그것만을 바랐지만, 그 일이 일어난 게 아니었다. 설령 구조 작전이 가능했다 해도 그런 작전은 아예 이루어지지 않았다. 그게 아니라, 한 마디 말—한 사자가 들려준 격려의 말—이 있었다. 이런 말이 있었다 하면, 여러분은 아마 바울이 폭풍에 시달리더니 기어코 정신이 어떻게 되어 버렸다고 생각할지 모르겠다. 예상컨대, 그 배에 탔던 이들 가운데도 그렇게 생각한 사람이 많았을 것이다. 그러나 바울은 분명 하나의 계시를 받았다. 그는 그 계시를 사람들에게 알려 주어야 했다. 그는 그가 늘 하던 대로 이것저것 계산하지 않고 곧장 그 계시를 일러 주었다. 우리가 사는 세계에서는 이런 순간에 "내가 여러분에게 말하노니" 같은 말을 하는 것은 사람들의 호의를 얻고 귀를 기울이게 만드는 최선책이 아닐 것이다. 그러나 우리가 아는 바울은 이런 사람이다. 그는 단 한순간도 지체하지 않고 할 말을 한다.

특이한 환상과 계시가 그의 삶 전체를 형성했다. 그러니, 새삼 이제 와서 멈출 이유가 없지 않은가? 결국 그는 들은 대로 이야기했다.

여러분, 크레타를 떠나지 말자는 내 조언을 받아들였어야 했습니다. 그랬다면 이런 피해와 손실을 입지 않았을 것입니다. 그러나 이제 이렇게 말하고 싶습니다. 기운을 내십시오! 배만 잃을 뿐 아니라 생명을 잃지 않을 것입니다. 지난밤에, 알다시피, 내가 속했고 내가 예배하는 하나님의 천사가 내 곁에 서서 말했습니다. '바울아, 두려워 마라. 너는 반드시 황제 앞에 서야 한다. 또 너에게 말하니, 하나님께서 너에게 네 여행 동료 모두를 맡기셨다.' 그러니 내 친구들이여, 기운을 내십시오. 나는 하나님을 믿고, 그분이 내게 말씀하신 대로 되리라 믿습니다. 그러나 우리는 틀림없이 어느 섬에 가 닿을 것입니다.[6]

다 아주 좋은 말이었다. 그러나 뱃사람들은 더 항해해야 했기 때문에(이번에는 배에서 운용하는 도구의 도움도 받지 못한다), 어떤 결정을 내려야 했다. 뭍이 점점 더 가까워지는 것 같았다. 그러나 배가 암초에 부딪혀 산산조각 나지나 않을지 걱정한 뱃사람들은 당시 뱃사람들이 종종 하던 일을 했다. 그들은 동이 트기를 기도하며 배 고물에서 닻을 넷 내렸다. 해저海底 고고학은 이런 체계가 어떻게 작동하는지를 분명하게 보여 주었다. 배가 바람과 파도가 이끄는 대로 끌려가자, 닻을 하나씩 하나씩 내려, 가능한 한 배가 천천히 가게끔 속도를 늦췄다. 그러다가 각 닻이 압력을 받아 부서질 것 같

바울 평전

으면, 그 닻을 포기하고 다음 닻을 내렸다. 배는 아마 이리저리 흔들리며 45미터쯤 전진하다가 갑자기 요동했다. 이러기를 반복하고 또 반복했다. 이들은 일어날 수도 있는 재앙으로 서둘러 다가가기보다 뭍으로 조금씩 다가가려 했다. 이런 작업이 끝나자, 뱃사람들은 자기들 살길만 도모하는 계획을 꾸미려 했다. 이들은 자신들만 거룻배로 탈출하고 나머지 사람은 그 운명에 맡길 참이었다. 그러나 바울이 이들을 발견하고—하필이면 왜 늘 바울일까?—백부장에게 알렸으며, 병사들이 이들을 제지했다. 만일 바울이 우두머리답다는 평을 이미 얻지 못했다면, 뱃사람들은 바로 그때 그런 결론에 이르렀을 것이다. 그러나 바울은 곧바로 아주 다른 제안을 내놓았다.

그 배에 탄 모든 사람이 자기가 먹을 양식을 아끼면서, 두 주 내내 먹지 못한 채 지내 왔다. 바울은 이제 먹을 때가 되었다고 말했다. 구조(누가에겐 역시 '구원')가 가까워졌다. 이러자 바울은 모든 사람 앞에서 빵을 떼고 감사 기도를 올렸다. 이들은 기운을 차리고 음식을 먹었다. 이어 이들은 나머지 곡물도 바다에 버려 배를 훨씬 더 가볍게 만들었다. 선주의 관점에서 보면, 이제 이 항해의 목적은 완전히 물거품이 되고 말았다. 그러나 적어도 그들은 뭍에 가까이 이르렀다.

그러나 그것 자체가 안전을 보장하지는 않았다. 애타게 그리던 해안이 똑똑히 보이는 곳에서도 많은 배가 난파했으며 사람들이 죽었다. 어쨌든 배 안에 있던 어느 누구도 그들 앞에 해안선이 있음을 알아차리지 못했다. 그때는, 설령 진짜 항구는 아닐지라도, 최소한 사람들이 안전히 상륙할 수 있게끔 배를 붙일 수 있는 장소를 아무도 알지 못했다. 우리는 이 배의 뱃사람과 여객 가운데 희망과 두려움이 뒤섞여 있음을 느낀다. 이들은 한 만灣을 식별할 수 있었다. 어쩌면 이들이 해야 할 일은 배를 그 방향으로 몰고 가는 것밖에 없었으리라! 이들은 닻을 버리고, 키를 풀어 늦춘 뒤, 돛을 올려 바람이 그들을 그 만으로 데려가게 했다.

그러나 이들은 해면 바로 아래에 있는 암초를 미처 생각하지 못했다. 바람에 떠밀려 질주하던 배가 암초를 정면으로 들이받으면서 뭔가가 갈리고 박살 나는 무시무시한 소리가 우리 마음까지 들려온다. 그러다 갑자기 배가 멈추자, 우리는 전율과 동요를 느낀다. 그 와중에도 돛을 찢어 버리기라도 하듯 몰아치는 바람은 계속하여 괴성을 질러 댄다. 깨진 선체를 통해 바닷물이 밀어닥치자, 뱃사람들은 고함을 질러 대고, 여객들은 공포에 질려 비명을 토해 낸다. 배는 멈춘 채 박살이 났지만, 파도는 멈추지 않았다. 끊임없이 선체를 후려치던 바닷물은 배 고물을 산산조각 내기 시작했다. 그러다 갑자기 이 혼돈에 음울한 요소가 하나 더 추가되었다. 병사들은 이 혼란과 소음 속에서 (빌립보의 간수가 그랬던 것처럼) 자신들이 호송하는 죄수들이 도망치기라도 하는 날에는 자신들에게 무슨 일 일어나리라는 것을 깨달았다. 그렇다면 이들이 도망가게 했다는 이유로 책임 추궁을 당하느니 그냥 이 죄수들을 죽여 버리는 게 좋지 않을까? 바울의 운명은 바다와 칼 사이에서 절체절명의 순간을 맞고 있었다. 끝내 이런 일이 벌어졌을까?

그러나 다행히, 백부장은 마치 대범한 우두머리 같기도 하고 명철하기도 한 이 죄수에게 깊은 존경을, 아니 어쩌면 애정이라 할 감정까지 품게 되었다. (어쩌면 누가는 바로 이와 같은 순간들 때문에 그가 쓴 글에서 여러 백부장에게 호의를 보였는지도 모르겠다.) 어쨌든 백부장은 다른 명령을 내린다. 그는 사람들에게 헤엄칠 수 있는 사람은 헤엄을 치고 헤엄치지 못하는 사람은 부서진 선체 조각을 붙든 채 최선을 다해 뭍으로 나아가라고 명령했다. 무시무시했던 지난 두어 주 동안 사람들의 집이었던 배는 때려 갈기는 파도에 다 부서지고 있었다. 공포에 질린 276명—상인, 사업가, 선주, 병사, 사도, 뱃사람, 노예, 죄수가 다 섞여 있었지만, 이들은 급작스런 비상 상황을 맞아 졸지에 동등한 사람이 되고 말았다—은 숨을 헐떡이다 물에 뛰어들어 해안으로 나아갔다. 이 사람 저 사람 구별이 없었다. 하나같이 물에 흠뻑 젖었고, 두려움에 떨었으며, 얼어붙었고, 탈진했다. 기거나 비틀거리며 뭍으로 올라가는 이 모든 이에겐 지위와 부는 아무 의미가 없었다. 이리하여 바다가 안겨 준 시련이 끝났다. 모든 이가 살아남았다.

어둠의 권세들은 그들이 저지를 수 있는 최악의 일을 저질렀다. 바울은 다시 한 번 죽은 자를 부활시키시는 하나님, 악의 세력들에게 승리를 거두시는 하나님, 출애굽의 하나님을 믿었다. 그와 그의 일행 역시 다른 모든 이와 마찬가지로 피곤하고 물에 다 젖은 신세가 되었지만, 이번에도 다시 한 번, 최소한 살아남았다. 온갖 간난신고艱難辛苦를 겪었지만, 이들은 아직도 로마로 가는 중이었다.

그러나 바닷물에 밀려 해안에 겨우 다다른 순간, 그들이 맨 처음 떠올린 생각은 그런 것이었을 리가 없다. 추웠고 비가 내렸다. 그러나 그 지역 사람들이 난파한 배를 보고 도우러 와서, 그곳이 어딘지 궁금해 하는 누군가에게 그곳이 몰타 섬임을 알려 주었다. 가장 먼저 필요한 것은 모든 사람을 덥혀 줄 불이었다. 그들은 불을 땔 잔가지를 모으기 시작했다. 바울도 한가하게 있지 않고 손을 보태 나뭇가지를 한 묶음 모았다. 바울이 그가 모은 가지에 불을 붙였다. 그러자 독사가 불꽃을 피해 재빨리 기어나오더니, 바울이 미처 피하기도 전에 제 독니로 바울의 손을 물었다. 바다, 병사들, 그리고 이제 독사까지! 일상에서 일어나는 사건에서 더 깊은 의미를 찾는 데 늘 골몰했던 바울은 어쩌면 이번에는 사자를 피하려다 곰을 만나자 어떤 집으로 뛰어 들어가 벽에 기대 숨을 돌리는 순간 뱀에 물려 버린 사람을 이야기한 옛적의 예언[7]을 떠올렸을지도 모른다.

하지만 다음에 일어난 일은 이전에 루스드라에서 바울 자신에게 일어났던 일과 다소 반대다. 루스드라에서는 사람들이 처음에는 바울을 신이라 생각했다가 끝에는 그에게 돌을 던졌다. 그러나 몰타 주민들은 그와 반대로 처음에는 그가 틀림없이 살인자일 것이라고 생각했다. 그가 비록 바다에서는 살아나왔지만, 그럼에도 눈에 보이지 않는 신의 '정의'가 그를 끝까지 따라왔다고 생각했다. 바울은 그따위 정의는 믿지 않았으며, 오로지 살아 계신 하나님의 '정의'만 믿었다. 그렇다 해도, 그가 독사에 물린 때는 틀림없이 난처한 순간이었으리라. 그는 즉각 뱀을 그 손에서 털어 불 속에 던져 버렸다. 그를 지켜보던 이들은 잠시 후면 독이 그의 몸 조직 안에 스며들 것이라고 확신했다. 그 지역 주민은 물론이요 바울의 벗들도 그 주위에 모여 있는 장면이 상상이 간다. 의사인 누가는 걱정하며 바울을 지켜보고 있었고, 사람들은 자신들이 할 수 있는 일이 무엇일지 생각하며 그를 보고 있었다. 비관론자들은 바울이 곧 몸이 붓기 시작하거나 그냥 그대로 쓰러질 것이라고 중얼거렸다. 그러나 그들은 그런 일이 일어나지 않으리라는 것을 점차 깨달았다. 바울은 평온했고, 그 몸도 멀쩡했다. 그러자 지역 주민들이 이렇게 말했다. "아, 우리가 틀렸네. 이 사람은 살인자가 아니네. 틀림없이 신이네, 신이야."

일이 진정되고 여객들을 맞을 준비가 되자, 바울과 그 일행은 '그 섬의 지도자'인 보블리오(푸블리우스)라 하는 이의 환대를 받았는데, 그의 아버지는 열병과 이질로 시달리고 있었다. (보블리오는 이 섬을 관장하던 로마 행정관이 아니었다. 이런 사람은 그 지역에 땅을 소유하지 않았을 것이며, 그의 아버지도 그와 함께 살지 않았을 것이다.) 바울이 그 아버지에게 안수하고 기도하자, 열이 떨어지고 병이 떠나갔다. 예상할 수 있는 일이지만, 이 소식이 알려지자, 그 섬 주위 사방에서 병자가 구름처럼 몰려들었다. 바울이 이들을 모두 고쳐 주자, 주체할 수 없을 정도로 넘쳐흐르는 감사가 바울 일행에게 쏟아졌다. 그 지역 사람들은 이제 이들을 잘 보살펴 주었고, 마침내 이들이 떠날 때는 필요한 것을 후히 공급해 주었다.

이 장면은, 누가가 이야기하는 그대로 놓고 보자면, 분명 압축되어 있고 더할 나위 없이 아름다운 광경이다. 그러나 이 장면은, 어찌 보면 도저히 이해가 가지 않는 수수께끼를, 즉 어떻게 모든 일행이, 아마도 이제는 숙소조차 빌릴 돈이나 다른 수단이 전혀 없었을 이들이 다시 항해에 나설 수 있을 때까지 59년에서 60년에 이르는 동절기 내내 그 섬에 머물 수 있었을까 하는 의문을 설명해 준다. 바울과 그 벗들은 틀림없이 뜻하던 일이 진척되지 않아 답답해하면서도, 안도와 감사 그리고 새로운 소망을 느꼈을 것이다.

———————

이리하여 일행은 다시 로마로 떠났다. 난파한 배에 탔던 이들은 59년 10월 말이나 11월 초부터 60년 1월이나 2월까지 몰타 섬에서 석 달을 보냈다. 몰타에서 시칠리아로 건너가는 다음 여정은 짧았으며, 거기서 이탈리아 해안을 따라 올라가는 여정도 그보다 큰 지중해를 건너기보다는 쉬웠다. 바울이 한 이 여행의 마지막 단계를 살펴보면, 그는 당시 세계가 알고 있던 최고심급 법원에 재판을 받으러 가는 죄인 같지가 않다. 마치 무슨 축하 행진을 하는 사람 같은 느낌이 든다. 배는 나폴리에서 북쪽으로 11 내지 13킬로미터쯤 떨어진 보디올(푸테올리)에 정박한다. 로마 공화정 시대부터 로마의 오랜 식민지였던 보디올은 이 무렵에는 동쪽에서 오는 곡물이 들어오는 항구로서 상당히 중요했다. 이 단계에서도 바울이 탔던 배 주인과 그가 거느린 이들이 일행과 함께 있었다면, 배가 무사히 도 착했을 때 자신들이 얻을 수 있었을 것을 생각하며 틀림없이 애석 해했을 것이다.

바울과 그 일행은 보디올에서 그리스도인 그룹을 하나 발견한 다. 이는 이때 같은 지역 내륙에 있는 폼페이에도 그리스도인 그룹 이 있었다는 증거다. 복음은 분명 이 해안 전 지역에서 이미 열매 를 맺었다. 여객들은 십중팔구 일주일도 채 걸리지 않을 마지막 여 정을 이어가기 전에 거기 머물며 한 주일을 지낼 수 있었다. 바울 일행이 곧 로마에 도착한다는 소식이 알려지자, 예수 따름이 형제 들이 로마에서 동남쪽으로 64킬로미터 떨어진 압비오 광장(아피우스 포룸), 그곳보다 로마에 16킬로미터 가까이 있는 세 여관▪까지 마중 나왔다. 이는 분명 바울에게 큰 격려가 되었을 것이다. 이때가 60 년 초였으니, 그가 뵈뵈를 로마로 보내 그의 유명한 서신을 전하게 한 뒤로 거의 3년이 흐른 때였다. 그는 마치 그 필생의 걸작을 멀리 떨어진 화랑에서 열리는 큰 전시회에 보낸 예술가처럼 그가 쓴 서 신을 수신자들이 잘 받았을지 수도 없이 궁금해 했을 것이다. 그는 이렇게 자신을 마중 나온 사람들을 보면서 재차 확신을 얻었을 것 이다. 그들은 적어도 로마에 있는 이 가운데는 바울을 귀하고 존경 해야 할 손님으로 여기는 이가 많음을 일러 주었다. 사람들이 이렇

▪ 개역개정판은 트레이스 타베르네로 표기했다.

게 멀리까지 마중 나와 목적지까지 호위하며 동행하는 일은 보통 지체 높은 귀족 아니면 개선장군이나 받을 만한 대접이었다.

물론 그는 여전히 감시를 받고 있었다. 그러나 그는 기결수^{旣決}^囚가 아니었다. 사실 따지고 보면 황제에게 상소한 이는 바로 그였다. 그랬던 그가 희한하게도 여전히 이 사태의 주도권을 쥐고 있었다. 그는 이 도시에 따로 홀로 머물 수 있게 허락받았으며, 그를 감시하는 병사가 하나 함께 붙었다.

고고학자들은 자신들이 이 무렵에 그가 살았던 곳을 발견했을지도 모른다고 생각한다. 이곳이 구별된 장소였을 수 있음을 일러주는 것 같은 장식이 있는 1세기의 거처가 있다. 현대의 도로보다 낮은 곳에 자리한 문제의 집은 로마를 서북쪽에서 동남쪽으로 관통하는 주요 도로인 코르소 바로 옆에 있으며, 포룸과 판테온 중간쯤에 있다. 그 집은 한 교회 아래에, 지금은 도리아 팜필리 미술관 Palazzo Doria Pamphili이 들어선 건물 아래 부분에 있다. 이런 생각이 옳다면, 바울은 이 고대 도시의 한가운데에 묵었던 셈이다. 사람들은 보통 로마의 그리스도인 그룹 대다수가 더 가난한 이들이 모여 살던 강 건너 트라스테베레 Trastevere 구역에 살았으리라고 추측한다. 그러나 로마에 몇몇 가정 교회가 있었고 이 교회들은 당연히 서로 그리 교분이 없었으리라는 것을 일러 주는 자료들을 고려하면, 일부 그리스도인은 도시의 중심부에 살았으며 바울도 이들 가운데 하나 혹은 그보다 많은 이와 가까운 곳에서 살았을 가능성이 크다.

고대사를 연구하다 보면 종종 있는 일이지만, 우리는 우리가 가진 자료가 침묵하는 몇 가지 것을 알고 싶어 한다. 첫째, 바울이 로마에 보낸 서신은 기대한 효과를 거두었을까? 그 지역 신자들에 겐 그 서신의 내용을 깊이 곱씹어 볼 시간이 3년이나 있었다. 그렇 다면 그들은 바울이 그들을 독려했던 일을 하고 있었을까? 이방인 이 주류인 로마 교회는, 바울이 로마서 10장에서 기도한 그대로 회 당 공동체를 존중하며 그들을 위해 기도하게 되었을까? 이리저리 나뉘어 있던 가정 교회들은, 바울이 일러 준 대로, "서로 받아들"임 으로써 "한 마음과 한 입으로 우리 주 메시아 예수의 아버지께 영 광을 돌릴"[8] 길을 찾았을까? 다시 말해, 그들은 함께 예배하며 기 도하고 있었을까? 그럼으로써 그들은 바울이 또 다른 일을 할 수 있도록 도와줄 수 있게 되었을까? 아니면 그들은 그가 보낸 서신에 경악하거나 아예 내팽개쳐 버렸을까? 환영하는 이들이 나왔음은 열의를 가진 이가 일부 있었음을 일러 준다. 그렇다면 다른 이들은 어땠을까? 우리는 모른다.

둘째, 우리는 바울이 2년 동안 가택 연금 상태에 있다가 네로 앞으로 끌려갔으리라고 추측한다. 이때 무슨 일이 일어났을까? 거 기에서도 바울이 베스도와 아그립바 앞에 섰을 때와 같은 멋진 장 면이 펼쳐졌을까, 아니면 그보다 더한 장면이 펼쳐졌을까? 아니면 거기서 급격히 추락했을까? 네로가 사도를 직접 만났을까, 아니면 이런 불쾌하고 시시한 일은 하급 관리에게 위임했을까? 이것도 역 시 모른다.

더 자세한 질문을 던져 본다. 셋째, 바울은 네로 앞에 끌려갔다가 죽임을 당했을까, 아니면 다시 목숨을 건져—현재 우리가 가진 어떤 자료도 이에 관하여 기록해 놓지 않았다—여행을 더 하고 글도 더 썼을까? 이때 목숨을 건졌다면, 그는 언제 최후를 맞았고 어떻게 죽었을까? 현대 독자들에게는 바울에 관하여 아주 많이 알고 있는 우리가, 그의 사상과 소망과 두려움과 기쁨을 세세히 알고 있는 우리가 이 일이 어떻게 막을 내렸는지를 모른다는 게 영 이상하게 보일지도 모르겠다. 우리가 조금은 추측해 볼 수 있고 또 추측해 보겠지만, 그보다 우선 누가가 우리에게 말하려는 내용을 살펴봐야 한다.

사도행전은 이 지점에 이르기까지 바울이 예루살렘에서 어떤 사람으로 인식되었고 토라 훼손 및 성전 모독과 관련하여 어떤 죄목으로 고발당했는지에 초점을 맞추었다. 다시 말해, 바울이 고발당한 죄목은 유대 세계 그리고 유대 세계가 조상에게서 물려받은 전통을 철저히 배신한 것이었다. 물론 바울은 그가 쓴 여러 서신과 여러 심문 절차에서 이런 죄목이 어처구니없음을 반박했다. 그러나 로마에는 큰 회당 공동체가 있었다. 클라우디우스 치세기에 추방당했다가 로마로 다시 돌아온 이 공동체는 겉보기엔 유대인을 위한다고 말하는 것 같은데 사실은 그들의 오랜 문화를 무너뜨리고 그들 민족의 안전을 위협할 수도 있는 사람에게 당연히 민감한 반응을 보였을지도 모른다. 그들이 품었을 의문—바울이 정말 충성스러운 유대인인가?—은 오늘날까지도 울려 퍼지는 질문일 것이다.

바울은 로마에 도착하자마자 이 문제를 다루는 것을 최우선 과제로 삼았다. 물론 우리는 그가 가능한 한 빨리 자신의 벗들과 만났으리라고 추측한다. 그러나 사실 네로 앞에서 받게 될 재판을 포함하여 다른 모든 문제를 좌우할 수도 있음이 드러나게 되는 핵심 관건은 유대인 공동체와 관련되어 있었다. (유대인 예수 따름이 가운데는 여전히 회당 공동체에 속해 있던 이도 일부 있었을 수 있으며, 회당 공동체에 더 이상 속해 있지 않은 이들도 당연히 있었겠지만, 어쨌거나 유대인 공동체는 다양한 유대인 예수 따름이와 대립하고 있었다.) 바울은 이전 선교 여행 때 어느 도시를 가든 곧장 회당을 찾아가거나 적어도 기도처*proseuchē*를 찾아갔다. 아울러 그는 로마서 서두에서도 복음이 "먼저는 유대인에게, 그리고 또한 그리스인에게도" 이르렀다고 선언했었다. 이제 그는 그때와 변함없이 자신의 원칙과 습관을 고수했으며―그는 가택 연금 상태였기 때문에 회당에는 갈 수 없었을 것이다―유대인 공동체 지도자들에게 그를 방문해 달라고 초대했다.

그들의 첫 만남의 목적은 성경 토론이나 신학 토론이 아니었다. 그들이 그런 토론을 할 수 있으려면, 그 전에 짚고 넘어갈 것이 있었다. 바울은 먼저 한 가지를, 어쩌면 우리와 그들의 거리 때문에 우리가 아는 이전의 이야기에서도 추측해 내지 못할 수 있는 무언가를 분명히 해 두고 싶었다. 바울은 예루살렘과 가이사라에서 기나긴 법정 공방을 벌이고 난 뒤 황제에게 상소한 것이 자기 동포 유대인의 눈에는 그가 궁지에서 빠져나오려는 방책이 아니라 판을 뒤집고 그의 동포 유대인에게 반격을 가하는 것으로 보였을 수도 있겠다는 것을 깨달았다. 이것은 몇 가지 점에서 중요한 의미를 함축하고 있었을지도 모른다.

따지고 보면 60년대 초는 로마와 유대의 관계가 점점 더 긴장 국면으로 접어들던 시기였다. 클라우디우스 치세기에 추방을 당했던 나쁜 기억이 그대로 남아 있었다. 뿐만 아니라, 유대 자체를 봐도 최근에 부임했던 벨릭스와 베스도를 비롯하여 자질도 없고 부패한 총독이 잇달아 부임하면서 지역 주민들의 분노가 들끓었다. 로마는 지난 백 년 동안 터질 수도 있는 봉기의 움직임을 그때그때 억압하고 진압했다. 그러나 이것은 바울도 아주 잘 알았던 '열심', 곧 성경을 연료로 삼아 타오르던 '열심' 때문에 끓어오르던 냄비의 뚜껑을 내리누르는 데만 성공했을 뿐이었고, 이제는 그 냄비가 아예 폭발하려 하고 있었다. 로마에 있던 유대인 공동체도 이 모든 사실을 아주 잘 알았을 것이다. 어쩌면 로마 유대인 공동체의 눈에는 그 동포에 맞서 증언하는 유대인으로서 찾아온 바울이 이런 문제의 일부처럼 보이지 않았을까?

더구나 유대에서 부당한 대우를 받았다고 항변하러 온 (어쩌다 유대인이기도 한) 로마 시민이 이제 황제 앞에 출두한다면, 골치 아픈 유대인들을 단번에 처리하고 싶어 하는 로마의 욕망에 기름을 끼얹을 수도 있지 않을까? 그런 일이 벌어지면, 클라우디우스가 공포했던 칙령의 메아리를 깨우지 않을까? 그들이 살았던 집과 생업으로 돌아온 지 불과 몇 년 되지도 않은 유대인이 다시 한 번 로마에서 환영받지 못하는 존재가 되는 일이 벌어지지 않을까? 이것은 고

바울 평전

린도에서 폭도들이 소스데네를 구타할 때나 알렉산더가 에베소에서 군중에게 연설하려 하는 장면에서 우리가 보았던 일종의 반反유대 반동에 불을 붙일 수도 있지 않을까? 바울도 이런 위험을 아주 잘 알았을 것이다. 그는 그런 일이 현실로 터지기 전에 그 싹을 제거하고 싶어 했다.

사실, 유대에서 벌어진 일 때문에 불복 신청을 하려고 로마를 찾아간 유대인은 바울이 처음이 아니었을 것이다. 헤롯 대왕의 상속인인 아켈라오(아르켈라우스)는 60년 전에 그가 왕으로서 다스릴 왕국을 받고자 로마로 갔었다. 아우구스투스는 아켈라오의 바람을 들어주었지만, 그 바람대로 들어주지 않고 그를 '왕king'이 아니라 '분봉왕ethnarch'(그 지역을 다스리는 행정 책임자)으로 임명했다. 그러나 얼마 지나지 않아 유대인과 사마리아인으로 구성된 사절이 이를 항의하러 로마에 갔고, 결국 아켈라오는 기원후 6년에 그 자리에서 쫓겨났다.⁹ 왕권을 받으러 멀리 떠났다가 돌아와서 그가 다스리는 백성의 저항을 받게 된 한 왕을 다룬 예수의 비유는 십중팔구 이 아켈라오 이야기를 조금 비틀어 반영한 비유일 것이다. 물론 예수는 이 비유를 이야기할 때 다른 종류의 왕국과 저항을 생각하셨다.¹⁰

그렇다면 이제 문제가 터지게 될까? 바울이 황제에게 상소한 일이 로마와 유대에 있는 유대인 공동체에 엄청난 고통을 안겨 주게 될까? 그의 상소는 그가 로마에 보낸 서신에서 이룩하려 했던 모든 것을 무너뜨리는 결과를 낳지 않을까? 그는 자신이 마침내 로마에 도착할 때를 꼼꼼히 대비하고자 자신이 한 일을 서신에 기록했었다. 그러나 그가 3년 전에 말했던 내용이 보여 주었던 절묘한 균형은, 그가 황제에게 상소하는 방법을 통해 로마에 오게 되면서 위태로워질 수도 있었다.

이 때문에 바울은, 예루살렘과 가이사랴에서 연설할 때마다 늘 강조했던 것처럼, 로마의 유대 장로들에게도 자신이 성실한 유대인이며 그의 모든 사명이 '이스라엘의 소망'과 관련이 있다는 점을 강조했다. 이는 우리가 여러 서신, 특히 갈라디아서와 고린도전서, 빌립보서, 그리고 물론 로마서를 통해 아는 바울과 아주 확실히 일치하기 때문에, 우리는 우리 자신이 확고한 역사적 증거 위에 서 있다고 확신할 수 있다. 이것이 바로 그가 말하고 싶었던 것일 게다. 물론 그가 생각하는 '이스라엘의 소망'은 온 세상을 유업으로 받음이요(이스라엘 왕이 온 세상의 왕이 되심이요) 죽은 자의 부활을 의미했다. 바울은 이 둘을 예수 안에서 보았기 때문에 예수를 따름이 이 오래된 민족의 열망을 성취하는 길이자 유일한 길이라고 보았다.

물론 유대 장로들은 바울에게 유대에서 바울과 관련한 어떤 전갈도 받지 못했다고 이야기했으며, 바울은 이를 듣고 안도했다. 그에 관한 글을 전한 이가 아무도 없었다. 하지만 그들은 메시아를 따르는 이 종파를 분명 알고 있었다. 이는 아마도 12여 년 전에 클라우디우스가 유대인을 추방하게 된 원인이 바로 이 종파였기 때문일 것이다. 그들도 모두 모든 이가 이 정신 나간 새로운 반反사회 운동에 악담을 퍼붓고 있음을 알았다. 실제로 그들은 그런 이였다. 로마 역사가 타키투스는, 멀찌감치 떨어진 2세기 초의 관점에서 이

시기와 이 운동에 관하여 서술하면서, 그리스도인은 모든 인류를 증오하는 인간 집단이라고 조롱한다. 그는 이렇게 말한다. "여러분이 뭘 기대할 수 있겠소? 머지않아 세상의 온갖 오물과 어리석음이 결국 로마로 모이는구려."[11] 물론 바울이 그 말을 들었다면 이방인에겐 어리석음이요 유대인에겐 걸려 넘어지게 하는 것이라고 생각했을 것이다. 그다지 바뀐 것이 없었다. 물론 타키투스는 네로의 핍박이 조금 도가 지나쳤다고 말하기는 한다. (이는 트라야누스가 플리니우스에게 권고한 말과 상당히 비슷하다. 트라야누스는 그리스도인을 당연히 죽여야겠지만, 사람들이 자신들의 이웃을 염탐하거나 고자질하는 것은 원하지 않는다고 권고했다. 말하자면 문명인다운 행위 기준을 계속 지켜야 한다는 것이었다.)[12]

그리하여 유대 장로들은 그들이 바울을 더 여유 있게 만나 그 메시지를 탐구할 수 있는 날을 정했다. 우리는 그 기록을 안다. 그 만남의 주제는 이스라엘의 소망, 곧 한 분 하나님이 온 세상의 왕이 되시리라는 소망이었을 것이다. 바울은 이것이 우리가 본 그대로 그가 이 도시 저 도시에서 들려주었던 이야기를 들려줌을 의미한다고 보았다. 그 이야기는 창세기, 출애굽기, 민수기(비느하스를 기억하라), 신명기, 시편, 이사야, 예레미야, 에스겔, 그리고 훨씬 더 많은 내용을 담고 있었다. 족장들, 모세, 다윗, 포로 생활, 메시아. 그리고 메시아가 십자가에 달려 돌아가신 일과 부활이 그 이야기에 들어 있었다. 그 다음에 무슨 일이 이어졌을지 짐작해 볼 수 있다. 어떤 이는 믿었겠지만, 또 어떤 이는 믿지 않았을 것이다. 바울은 슬펐겠지만, 이것 역시 성경이 제시한 약속과 경고의 일부임을 알았다. 그는, 예수가 그러셨듯이, 이사야 6장을, 이 백성들의 마음이 둔해졌다는 말씀을 인용했다.[13] 그는 이 모든 내용을 깊이 곱씹어 생각하고, 그가 3년 전에 로마에 보낸 서신에 다 적어 보냈다. 이제 그는 바로 여기 로마에서 그 자신의 눈으로 이 백성들의 마음이 둔해졌음을 보았다.

그래도 여전히 소망이 있었다. 그는 그 마음의 눈으로 그가 그 서신에서 외쳤던 기도("내가… 하나님께 기도하는 것은 그들의 구원을 위해서입니다")와 그가 제시했던 가능성("그들도 믿음 없는 상태에 머물지 않으면 다시 접붙임 받을 것입니다"), 그리고 그가 굳게 믿었던 약속("민족들의 수가 충만히 찰 때까지… '온 이스라엘이 구원받을 것입니다'")[14]을 곱씹어 보았을 것이다. 그러나 우선 당장은 그 패턴, 곧 현재까지 이어져 온 바울의 이력 전체가 보여 주는 패턴이 계속되었다. 복음은 "먼저는 유대인에게" 이르렀지만, 대다수 사람이 예수 바로 그분을 거부했듯이, 유대인이 그 복음을 거부하자, 이제 "하나님이 주시는 이 구원이 이방인들에게 전해졌다." 사도행전 28:28에 있는 이 말씀은 로마서 11:11("그들의 범죄 때문에 구원이 민족들에게 이르렀는데")을 직접 되울려 준다. 바울 자신이 작은 소리로 혹은 마음속으로 로마서 11:11 끝에 있는 말씀인 "이는 그들로 시기하게 하려는 것입니다"를 되뇌었을지도 모르며, 어쩌면 내친김에 11:14, 곧 "이는 내 '혈육'에게 시기심을 일으켜서라도 가능하다면 그들 가운데 몇이라도 구원하려는 것입니다"까지 되뇌었을 수도 있다. 그러나 이런 말을 큰 소리로 자신을 찾아온 이들에게, 그것도 이렇게 초면인 자리에서 이야기한다면 눈치 없는 일이 될 것이다. 결국 그들이 "시기하게" 된 것은 바울이 제시한 가르침을 담은 말 때문이 아니라, 유대인이 아닌 이들이 그 나라와 메시아와 부활을 고대한 옛 유대인의 소망을 기뻐하는 모습을 보았기 때문일 것이다. 이런 점은 바울이 로마의 가정 교회가 무슨 방법이 되었든 한데 모여 예배하고 통일된 공동체를 형성할 길을 강구해야 한다는 점을 중요시했던 이유 가운데 하나이기도 했다. 이 문제들이 모두 서로 얽혀 있었다.

바울은 가택에 연금당한 채 그의 사건이 황제 앞에 올라가기까지 이태를 기다렸다. 이 이상한 유대인 죄수는 네로의 우선순위 목록에서 높은 자리에 있지 않았을 것이다. 하지만 바울은 사람들을 자유로이 그가 머무는 구역에 초대하여 참된 왕과 참된 '복음'을 계속 선포했으며, 로마 제국이 내세우는 '좋은 소식'은 그저 참된 복음의 모조품에 불과하다는 것이 자신의 믿음임을 역시 계속 선포했다. 누구도 그를 제지하지 않았다. 그는 그의 말에 귀를 기울이려는 사람 누구에게나 이스라엘의 한 분 하나님이 온 세상의 참된 왕이시며 그가 그 아들 예수를 이스라엘의 메시아이자 온 세상의 주로 세우셨다고 이야기했다. 누가는 바울이 "매우 담대하게" 가르쳤다고 말한다.[15] 우리는 이런 말에 놀라지 않는다. '담대함'은 바울이 자신을 묘사하는 말의 핵심 표현이었다. 그는 심지어 긴장감이 감돌고 다투는 분위기가 역력한 고린도후서 3장에서도 그가 사도로서 "담대하게" 선포했음을 주요 주제로 삼을 정도였다. 그는 결코 뭔가를 감추려 하지 않았다. 사람들의 비위를 맞추려고도

하지 않았다. (분명 이것이 지중해 항해 기사에서 우연히 드러난 바울의 우두머리다움과 간섭 행위의 한 근원이다. 바울은 자신이 생각한 것을 주저 없이 말하곤 했다.) 그는 복음을 '담대히' 선포함으로 말미암아 일어날 수도 있는 결과보다 복음에 신실하지 못함을 훨씬 두려워했다. 그는 자신이 메시아로 모두 모여들었다고 본 이스라엘의 여러 전승에 충실했다. 결국 그는 메시아 바로 그분에게 성실했으며, 죽기까지 신실하셨던 바로 그분에게 충실했다.

그렇다면 바울 자신의 죽음은 어땠을까? 바울이 로마에 도착한 해는 60년일 가능성이 가장 높아 보인다. 그해에 그가 로마에 왔다면, 두 해 동안 가택 연금 상태에 있었으니, 가택 연금이 끝난 해는 62년이 된다. 그 다음에는 무슨 일이 있었을까?

─────────

이 시점부터 가능한 시나리오는 둘이 있다. 둘은 사뭇 다르다. 소소하게 살펴보자면, 이 두 시나리오는 사도행전이 지금 우리가 보는 본문이 끝나는 데서 멈추는 이유가 무엇인가라는 질문과 결합된다. 사도행전이 일찍 저작되었다고 보면, 결국 바울이 재판 받을 때 사용할 문서로서 기록되었다는 말이 된다. 이는 누가가 사도행전을 마지막 2년 동안에 기록했다는 말이 되며, 바울이 잇달아 '심문'을 받은 이야기를 들려준 셈이다. 그렇다면 사도행전의 모든 내용은 바울이 장차 네로 앞에 출두할 일을 향해 한 계단 한 계단 올라가는 셈이요, 바울의 결백을 그리고 그가 충성스러운(그러면서도 메시아께 신실한) 유대인임을 크게 강조함으로써 결국 바울이, 적어도 갈리오가 고린도에서 보았던 바울의 모습대로, 부름 받은 길을 기꺼이 걸어간 유대계 로마 시민임을 크게 강조하여 그를 두둔하고 있는 셈이다. 사도행전의 저작 시기가 늦다고 보면, 사도행전이 지금 끝나는 부분에서 멈춘다는 것은 누가가 재판 결과를 알았지만—특히 바울이 곧바로 유죄 판결을 받았다면—그 재판 결과에 사람들의 시선을 끌어당기고 싶지 않았다는 것을 일러 주는 것일지도 모른다. 누가가 군이 재판 결과를 밝히지 않은 이유는 그런 결과를 밝혔다간 이교 당국자들이 이 이상한 순회 유대인을 지지했다는 그의 이야기가 엉망이 되어 버렸을 것이기 때문이다. 그랬다간 아마 그 당국자들 자신도 놀랐을 것이다. 아니면 그것은 누가 자신은 네로가 바울을 풀어 주었고 바울이 곧바로 다른 활동에 착수할 수 있었음을 알았지만, 거기서 멈춰도 누가 자신의 목적은 다 이루어졌음을, 다시 말해 하나님나라 복음이 이제 예루살렘과 유대에서 사마리아로, 이어 땅 끝까지 나아갔음을 증언하려는 그의 목적은 다 이뤄졌음을 나타내는 것일지도 모른다.[16] 누가의 이야기에서 진짜 주인공은 바울이 아니라 복음 자체다. 그렇다면 거기서 사도행전을 멈추어도 충분했을 것이다.

따라서 누가가 사도행전을 여기서 멈춘 동기를 추측해 보는 일은 아주 멀리 나아갈 필요가 없다. 일부 포스트모던 소설가들처럼 우리도 이 이야기에 서로 다른 두 결말 혹은 심지어 세 결말을 써 볼 수 있으며, 어느 결말을 택할지는 독자에게 달린 셈이다. 물론 바울이 로마에서 순교했다는 전승이 있다. 지금도 로마의 성문 밖 성 바울 대성당에 가면 바울이 묻혔다 하는 무덤이 있으며, 그 무덤 옆에서 바울을 묶었다는 사슬을 볼 수 있다. 나는 2008년 10월에 거기서 빈 필하모닉 교향악단이 수많은 추기경의 옹위를 받으며 가운데 보좌에 앉아 있는 교황 베네딕도 16세를 위해 브루크너의 웅장한 6번 교향곡을 연주하는 장엄한 공연을 관람했다. 음악은 감명 깊었지만, 물론 그 음악은 바울이 정말 거기 묻혔을까 하는 내 의문에 어떤 해답의 실마리도 제공하지 않았다.

결국 생각해 볼 수 있는 해답은 갈리며, 또 갈린다. 첫 번째 해답이면서 가장 명백한 답은 바울이 64년 로마 대화재에 이어 일어난 그리스도인 박해 때 죽임을 당했다는 것이다. 우리가 앞서 언급했듯이, 로마의 대다수 그리스도인은 테베레강 서남쪽 둑에 있는 빈민 구역에서 살았으며, 불은 더 부유한 사람들이 사는 동북 지역에서만 일어났다. 이 때문에 빈민 구역에 살던 그리스도인은 손쉬운 표적이 되었다. 사람들은 틀림없이 이 그리스도인들이 불을 놓았으리라고 말했을 것이다. 그리스도인들의 집은 아무 해도 입지 않았기 때문이다! (어쨌든, 이 그리스도인들은 신들을 예배하지 않기 때문에, 어떤 재앙도 십중팔구는 이들의 잘못이었다.) 바울 그리고 어쩌면 베드로도 체포된 지도자 가운데 들어 있었을 가능성이 아주 높으며, 진짜 원인은 그날부터 오늘까지도 여전히 수수께끼로 남아 있는 이 재앙의 원인 제공자로 몰려 형벌을 받았을 가능성이 아주 높다. 다른 많은

바울 평전

그리스도인은 네로가 가하는 혹독한 고문을 받으며 천천히 죽어갔거나, 전승이 베드로가 그렇게 죽었다고 일러 주는 것처럼 십자가에 거꾸로 매달려 죽었겠지만, 로마 시민이었던 바울은 칼에 목이 베어 빨리 죽임을 당하는 특전을 누렸을 것이다. 그러나 그렇다 해도, 바울이 64년에 죽임을 당했다면, 누가가 언급하는 2년 뒤에 2년이 더 남는 셈이다. 2년이면 스페인을 방문하고도 남는 시간이 아니었을까?

충분히 그랬을 수 있다. 오늘날 카탈루냐의 유서 깊은 도시 타라고나에는 바울이 거기 왔었다고 열렬히 주장하는 이들이 일부 있지만, 그 주장이 확실한 사실임을 끝내 확인하지 못할지라도, 바울 당시 로마와 타라코 사이에는 정기 선편이 있었기 때문에 그런 주장이 정당함을 충분히 뒷받침할 수 있다. (타라고나는 로마 속주였던 히스파니아 타라고나 속주의 수도였다. 이 속주는 아우구스투스 시대 이후로 이베리아 반도 북쪽을 가로질러 대서양 연안까지 뻗어 있었다.) 우리는 그가 스페인에 갔으면 하고 바라는 이유를 알 수 있다. 본디 아우구스투스에게 바친 신전이 바울 시대에 이르러 멋진 테라스를 갖춘 황제 숭배 단지로 바뀌었는데, 이 단지에 있던 대신전大神殿은, 오늘날 같은 장소에 서 있는 대성당처럼, 바다 쪽으로 몇 킬로미터를 더 간 지점에서도 육안으로 쉽게 볼 수 있다. 나는 바울이 로마 황제가 다른 칭호와 더불어 왕과 주라는 칭호를 주장하는 곳이면 어디에서나 예수가 왕이요 주이심을 열심히 선포했다고 주장하는데, 내 주장이 옳다면, 당시 세계의 끝에 자리한 로마 속주에 있는 타라고나도 당연히 바울의 과녁이 되었을 것이다.

나는 초기 로마 주교 클레멘스의 증언에 이전보다 더 큰 비중을 두고 싶다. 클레멘스는, 1세기 말, 바울에 관하여 이렇게 써 놓았다.

그는 일곱 번이나 사슬로 묶이고, 유배를 당했으며, 돌에 맞았고, 동에서나 서에서나 설교했다. 그런 뒤 그는 그의 믿음에 걸맞은 진정한 영광을 얻었으며, 온 세상에 의를 가르쳤고, 서쪽의 가장 먼 곳까지 이르렀다. 마침내 그는 통치자들 앞에서 증언했으며, 이로 말미암아 이 세상을 떠나 거룩한 곳으로 갔으며, 끝까지 견디는 인내의 탁월한 본보기가 되었다.[17]

"서쪽의 가장 먼 곳"은 물론 스페인을 의미한다. 이 글은 클레멘스가 그저 로마서 15장을 토대로 추정하여 쓴 글일 수도 있지만, 바울이 세상을 두루 다니며 일했다는 인상을 심어 주려는 그의 목적에는 부합하는 글이었을 것이다. 그러나 클레멘스는 바울 시대에서 한 세대도 지나지 않아 로마 교회의 중심이 되었던 인물이다. 그는 바울이 죽고 나서 30년도 채 되지 않아 이 글을 쓴다. 그렇다면 우리가 그의 글을 평가절하하며 우리 나름대로 어떤 이야기를 지어낼 수도 있지만, 오히려 그런 우리보다 그가 확실하고 믿을 만한 전승을 알고 있을 가능성이 훨씬 더 높다.

이 지점에서 생각해 볼 수 있는 또 다른 대안은, 바울이 62년

바울 평전

에 있은 심리 때 자유를 얻자, 그가 애초에 밀레도에서 했던 말(그 지역에 다시는 그의 얼굴을 보여 주지 않겠다는 것)과 로마서 15:23에서 더 확실하게 했던 말(더 이상 동쪽에서 일할 여지가 없다)을 뒤집고 마음을 바꿨다는 것이다. 이것 역시 가능하다. 바울은 고린도후서에서 자신에게 생각을 바꿀 권리가 있다고 열변을 토한다. 설령 그가 전에 이런저런 일을 하겠다고 말했을지라도, 정작 그때가 오면 다른 일을 할 수도 있을 것이다. 그는 그 순간에 하나님의 인도를 따르곤 했다. 그의 모든 계획에는 '어쩌면'이라는 말이 함께 붙어 있었다.

그러나 그가 동쪽으로 다시 갔다면, 무슨 목적 때문이었을까? 왜 동쪽으로 되돌아갔을까? 그가 만일 서쪽으로 갔다면, 그 다음에는 북쪽으로 갈 수 있지 않았을까? 그랬다면 블레이크■의 유명한 시 "예루살렘"의 바울판이 탄생할 수도 있지 않았을까?("고대에 그 발들이 / 푸른 영국의 산 위를 걸었던가?") 그러나 깊이 생각해 보면, 우리에게 그런 시가 없는 것이 역시 좋을 수도 있겠다. 그런 여행의 세부 내용이 바울의 작품 중에서도 가장 교묘하고 다루기 어렵다는 소위 목회 서신에 들어 있다면, 우리가 그 세부 내용을 어떻게 모두 조화롭게 연결하겠는가?

내가 여태까지 이런 것들을 이야기하지 않은 이유는, 내가 판단하기에, 다른 어떤 관련 자료보다 이런 것들이 바울의 여행 계획과 바울의 글쓰기 스타일에 꿰맞추기가 훨씬 어렵기 때문이다. (이

■   1757-1827. 영국 시인이자 화가.

전의 몇 세대는 바울이 히브리서를 썼다고 생각했다. 이런 생각에 반대하는 표준 견해—히브리서의 신학은 바울 신학과 아주 다르다—는 상당히 과장되었지만, 그가 히브리서에 관여하거나 영향을 미쳤다는 증거가 전혀 없다.) 그렇다 할지라도, 내가 앞서 말했듯이, 저자는 한두 주면 자신의 글쓰기 스타일을 쉽게 바꿀 수 있고, 이 작품에서는 이런 스타일로 썼다가 저 작품에서는 저런 스타일로 쓰는 것도 역시 어려운 일이 아니다. 그러나 우리가 디모데전서와 디도서라 부르는 서신을 바울이 쓴 서신으로 부담 없이 인정하는 데 필요한 변화는 우리가 에베소서와 골로새서를 바울이 쓴 서신으로 인정하는 데 필요한 변화와 특히 그 종류가 다르며, 우리가 이런 서신들과 사뭇 종류가 다른 서신인 고린도전서와 후서를 바울 서신으로 인정하는 데 필요한 변화와 더더욱 그 종류가 다르다.

하지만 우리가 일단 논의를 시작하고자 한다면, 나는 디모데후서에서 시작해야 한다고 판단한다. 나는 만일 디모데후서가 우리가 가진 유일한 '목회' 서신이라면, 이 서신이 디모데전서 및 디도서와 가진 명백한 연관성 때문에 견뎌 왔던 바로 그 질문이 나오지는 않지 않았을까 생각해 본다. 디모데후서는 바울이 받은 두 차례의 법률 심리 사이에 로마에서 쓴 것이라고 주장한다. 바울은, 비록 그의 에베소 시절 벗인 오네시보로가 로마에 와서 그를 찾아와 만나긴 했지만, 그래도 고독했으며 슬픔에 젖어 있었다.[18] 바울은 슬픈 어조로 오네시보로를 "아시아에 있는 모든 이"와 대조한다. 바울은 아시아에 있는 모든 이가 자신에게서 돌아섰다고 말한다. 아마도 그들은 바울을 등지고 40년대 후반에 갈라디아 사람들이 들었던 메시지와 더 비슷한 무언가로 돌아섰는지도 모른다. 그렇다면 디모데는 어디에 있을까? 만일 지금 디모데가 로마에서 바울에게 거기서 무슨 일이 벌어지고 있는지 말해 달라고 했다면, 디모데는 에베소에 있을 리가 없다. 그럼 바울은 어디에 갔다 왔을까?

바울은 자신이 드로아에 겉옷을 두고 왔다고 말한다.[19] 이는 바울이 앞서 고린도에서 예루살렘까지 여행했던 것과 잘 들어맞는 것 같다. 바울은 어쩌면 졸다가 창에서 떨어진 이로 말미암아 더 힘을 얻은 철야 설교를 마친 뒤에 지쳐서 얼이 빠져 있었을지도 모른다. 그러나 만일 바울이 누군가를 보내 겉옷을 찾아오게 하려 했다면, 로마에 갈 때까지 기다리기보다 가이사랴에서 이태 동안 옥고를 치르는 동안에 겉옷을 가져오게 했을 가능성이 훨씬 높을 것이다. 사실, 디모데후서 1:17이 오네시보로가 로마에서 바울을 찾았다고 언급하지 않았으면, 비록 다른 세부 사항들이 수수께끼로 남겠지만, 그래도 디모데후서는 가이사랴에서 쓴 서신이라는 주장이 나왔을 수도 있다. 바울은 두기고를 에베소에 보냈다고 이야기하는데, 결국 에베소서와 골로새서를 모두 로마에서 썼다면, 바울의 그런 말이 일리가 있을 수도 있다. 하지만 에베소서와 골로새서를 로마에서 썼다고 하면, 내가 앞서 말한 것처럼, 또 다른 문제들이 생긴다. 바울은 브리스가와 아굴라에게 안부 인사를 한다. 어쩌면 이들은 로마에서 에베소로 한 번 더 돌아왔을 수도 있다. 그러나 만일 그렇다면, 이들은 로마에 그리 오래 머물지 않았던 셈이 된다. 바울은 에라스도가 고린도가 머물렀다고 말하지만, 사도행전 19:22은 에라스도가 바울보다 앞서 마케도니아로 갔다고 말한다. 바울은 아픈 드로비모를 남겨 놓았다고 말하지만, 사도행전 21:29은 드로비모가 바울과 함께 예루살렘에 있었다고 말한다. 이들 가운데 어느 것도, 따로 하나만 떼어서 고려하든 아니면 함께 고려하든, 역사상 불가능한 일이다. 우리는 바울이 쓴 다른 서신들과 사도행전 내러티브 사이에 상당히 쉬운 수렴이 존재함을 보았는데, 어쩌면 이런 수렴이 우리를 속여 우리가 실제로 아는 것보다 많은 것을 알고 있다고 생각하게 만들었는지도 모르겠다. 그러나 내가 보기에는, 디모데후서가 정말 바울이 쓴 서신이라면, 비록 바울이 이전에 세웠던 계획이 있긴 하지만 그래도 이 서신은 분명 그가 로마에서 첫 심리 절차를 마친 뒤에 동쪽으로 돌아가 추가로 펼친 활동을 암시하는 것 같다. 아울러 이는, 빌립보서 1장이 반영하는 상황과 달리, 바울이 이때에 실제로 자신이 결국 죽음을 맞으리라 믿었음을 암시한다.

이미 나는 포도주 제물로 부어지고 있습니다. 내가 떠날 때가 이르렀습니다. 나는 선한 싸움을 싸웠고 경주를 마쳤으며 믿음을 지켰습니다. 내가 여전히 무엇을 기다려야 할까요? 의의 면류관입니다! 의로운 재판장이신 주께서 그날에 내게 보상으로 그것을 주실 것입니다. 나뿐 아니라 그분의 나타나심을 사모하는 모든 사람에게 주실 것입니다.[20]

우리는 이런 글을 쓰는 바울의 모습을 쉬이 상상해 볼 수 있다. 그 다음 본문을 쓰는 그의 모습도 역시 상상해 볼 수 있는데, 바울은 이다음 본문에서 자신을 실망시키는 사람들 때문에 피곤하고 염려하며 지친 모습을 보인다("데마는 나를 내버려 두고… 그는… 이 세상을 사랑한 것입니다!"[21]). 디모데후서가 정말 바울이 쓴 서신이라면, 이 서신은 우리가 다른 데서 전혀 들어 본 적이 없는 복잡한 여행—그리고 로마로 돌아간 여행—을 되비쳐 준다.

디모데전서는 디모데후서보다 훨씬 명료한 것 같다. 디모데후서를 보다가 디모데전서를 보면, 마치 고린도후서를 보다가 고린도전서로 되돌아간 것 같다. 디모데는 에베소에 있다.[22] 바울은 디모데가 거기서 할 일을 가르친다. 이 서신이 제시하는 가르침 가운데 많은 부분이, 특히 그 기본 개요는 첫 두 세기(1세기와 2세기) 중 어느 때에 제시되었을 수도 있다. 이 서신에는 바울과 직접 연계할 수 있는 내용이 거의 없으며 실상 디모데와 연계할 만한 내용도 거의 없다. 여기에서는 후메내오와 알렉산더를 "사탄에게 넘겨준" 신성 모독자로 언급하는데,[23] 바울은 고린도전서에서도 근친상간을 범한 자를 사탄에게 내어 주라고 권면했었다.[24] 후메내오는 디모데후서 2:17에서도 등장하는데, 이번에는 빌레도와 함께 나오며, 이들이 저지른 죄를 더 자세히 제시한다. "부활이 이미 일어났다고 말한다." 우리는 여전히 지그소 퍼즐의 작은 조각들을 살펴보고 있다. 맞춰야 할 조각이 몇 남아 있지만, 우리에게는 이 조각들을 어디에 맞춰야 하는지 일러 주는 그림이 없다.

디도서 같은 경우는 여러 문제가 뒤죽박죽 섞여 있다. 사도행전 21장에 나오는 여행, 곧 몰타에서 예루살렘으로 가는 여행은 누가가 제시하는 것보다 훨씬 더 돌아서 갔을 수 있다. 아울러 이 일행은 크레타를 경유하면서, 중도에 디도를 놔두고 갔을 수도 있다. 하지만 사도행전 21:1-3은 이 사건들을 세밀히 묘사하는데, 바울이 오순절에 맞춰 예루살렘에 당도하고자 길을 서둘렀다는 이야기는 이미 앞에서 했었다.[25] 지리와 관련하여 중요한 의미를 가질 수 있는 게 하나 더 있다면, 바울이 디도에게 자신이 그리스 서북 해안에 있는 작은 성읍 니고볼리(로마 황제와 깊은 연관이 있는 곳이기도 했다)에서 겨울을 나기로 했음을 일러 주는 장면이다. 다시 말하지만, 바울 서신이나 사도행전의 어느 곳도 그가 그 방향으로 갔다고 일러 주지 않는다. 이는—다시 한 번 되풀이하여 강조하는 점이지만—그 방향으로 가는 것이 불가능했다거나 가능성이 없다는 말이 아니라, 단지 이와 같은 소소한 세부 사항이 들어맞는 큰 그림이 우리에게 없다는 말일 뿐이다.

따라서 나는 바울이 스페인을 여행했을 수 있다고 추정하면서, 역시 그가 로마에서 첫 번째 심리를 마친 뒤에 동쪽 지역을 다시 방문했을 가능성도 더 열어 두게 되었다. 그렇다면 문제는 스페인과 동쪽이라는 이 두 곳이 하나를 택하면 다른 하나는 가지 못하는 것처럼 보일 수도 있다는 것일지 모르겠다. 만일 바울이 네로의 박해 때 로마에 돌아와 어려운 상황에서 한 번 더 심리를 받았다면, 서쪽과 동쪽을 모두 여행하기에는 2년이라는 기간이 충분하지 않을 것이다. 그러나 어쩌면 그것이 핵심인지도 모른다. 어쩌면 그 박해에는 법으로 덫을 놓는 일 따위는 전혀 필요하지 않았을 것이다. 황제는 방화 책임을 그리스도인에게 뒤집어씌웠으며, 그것으로 충분했으리라. 그렇다면 결국 두 여행 가운데 하나 혹은 두 여행 모두 실현할 수 있었을지도 모른다. 바울은 네로가 그리스도인들을 체포하여 구금할 때 동쪽이나 서쪽으로 갔을지 모른다. 어쩌면 바울은 64년 이후 어느 때에 그 모든 일이 다 끝났는지 알아보려 돌아왔지만, 사회 분위기가 바뀌어, 시민이든 아니든 황제에게 상소했든 하지 않았든 상관없이 곧바로 위험한 골칫거리로서 재판에 붙여졌을지도 모른다. 어쩌면. 바울은 그 삶을 살아가면서, 수많은 '어쩌면'을 달고 살아야 했다. 아마도 그의 평전을 쓰는 이들 역시 그 '어쩌면'이라는 말을 수도 없이 쓰는 것이 적절할 것 같다.

마지막으로, 바울이 다가오는 죽음에 어떻게 다가갔을지를 살펴볼 수 있으려면, 그 전에 뒤로 물러나서 이 사람과 그가 한 일을 묘사한 더 큰 그림을 살펴보는 것이 중요하다.

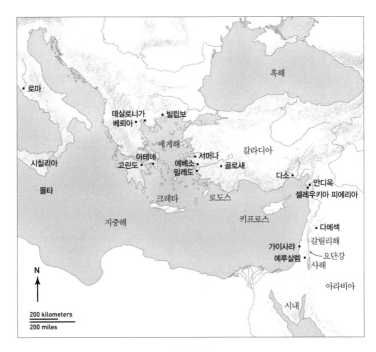

로마

흑해

데살로니가 · · 빌립보
베뢰아

에게해   갈라디아

시칠리아   아테네 · · 서머나
                고린도 · · 에베소   골로새   다소
                        밀레도   · · 안디옥
몰타   셀레우키아 피에리아
        크레타   로도스

지중해   키프로스

                            · 다메섹
                        갈릴리해
                가이사랴 · ┌ 요단강
                예루살렘 · └ 사해

N   아라비아

↑   시내

200 kilometers
200 miles

바울의 세계

15장

/

바울의 도전

바울은 무엇을 하려 했는가? 그가 그 일을 하게 만든 것은 무엇인가? 그는 왜 유대인들에게 계속 두들겨 맞으면서도 자꾸 회당을 찾아갔을까? 그는 왜 유대인이 아닌 이들이 그를 미친 유대인이라 생각하며 성읍에서 쫓아내려 하는데도 계속하여 그들에게 자신의 메시지를 전했을까? 그는 왜 쉼 없이 일했을까? 왜 어떤 때는 동시에 세 곳에 있으려 하고, 어떤 때는 동시에 다섯 교회에 서신을 써 보내며, 설명하고 좋은 말로 달래며, 가르치고 선포하며, 여행하고 또 여행하고 좀 더 여행하기를 쉬지 않았을까? 그를 계속 일하게 만들었던 동력원은 무엇이었으며, 그 동력원은 다메섹 도상에서 있었던 첫 사건 그리고 그 후에 그 사건을 생각할 때마다 그 내면에서 늘 느꼈던 강박과 어떤 관련이 있을까? 심지어 한 번은 그 동력이 다 떨어지기도 했는데, 이때 과연 무엇이 그의 믿음과 소망을 되살렸는가? 우리는 이 명철한 지성과 열정이 불타는 심장을 어떻게 평가할 수 있을까? 그의 중심에 자리한 어떤 동인動因이 그를 움직였을까? 다메섹 도상에서 일어난 사건은 그 동인에 어떻게 시동을 걸었을까? 마지막으로, 다른 어떤 질문보다 궁금한 것은, 왜 이런 일이 일어났을까? 그는 왜 온갖 역경을 무릅쓰고 이런 운동을 시작했을까? 상당히 짧은 시간을 거쳐 4세기와 5세기에 우리가 지금 보는 교회로 자리 잡게 된 운동을 왜 시작했을까? 그저 정신없이 바쁘고 허다한 약점을 지닌 이 사람이 온갖 역경에도 이처럼 탁월한 성과를 거둔 훌륭한 사람처럼 보이는 이유는 무엇일까? 무엇이 이 사람을 그렇게 보이도록 만들었을까?

바울은 에베소에서 지독한 우울과 공황 상태를 겪은 뒤 믿음과 소망을 되찾았다. 바울이 에베소에서 겪은 이 엄청난 위기의 순간을 떠올려 본다면, 그가 현대 교회와 세계가 택한 쉬운 길로 가지 않은 이유를 설명하는 데 조금이나마 도움이 될지도 모르겠다. 단순하고 칼로 베듯 명료한 자신들의 형이상학이나 철학을 좋아하는 이들은, 가이사랴의 베스도처럼 바울이 하는 말을 들으면 온통 복잡하고 혼란스러운 말이라 여겨 화를 내며 퇴짜를 놓고 싶어 한다. 그들에겐 그런 말이 그저 미쳐도 아주 많이 미친 소리일 뿐이다. 현대 세계에는 베스도의 후계자가 아주 많았다. 미지근한 온도로 자신들에게 이바지하는 종교를 좋아하는 이들, 아니 사실은 자신들의 벗을 좋아하는 이들은 바울의 성격을 받아들이기가 힘들다고 여길 수도 있다. 바울은 의욕이 넘치면서도 약점이 수두룩하다. 담대하고 (그 자신의 말을 빌리면) "저돌적이지만" 금세 심각한 자기 회의("이게 다 말짱 헛일 아닌가?")에 빠지곤 한다. 말하자면 그는 친구로서 대하기도 힘들고 까다롭기 이를 데 없는 이이지만, 그래도 일단 친구가 되면 그 보상만큼은 더할 나위 없이 확실한 인물이라고 생각해도 될 것 같다.

그렇다면 우리가 던진 질문들은 과연 올바른 질문일까? 왜 우리가 바울의 사상과 성격을 프로크루스테스의 침대에 올려놓고 우리가 좋아하느냐 마느냐라는 기준을 들이대며 멋대로 재단해야 하는가? 그는 당연히 그를 재단하는 어떤 주장이라도 예리하게 반박할 것이다. 그라고 해서 **우리가 내건** 판단 기준, 우리의 사상, 우리가 좋아하는 성격 유형에 의문을 제기하지 말란 법이 없지 않은가? 사람들은 대체 어디서 이런 질문들을 던지기 시작할까?

바울의 경우는 그 출발점이 확실하다. 그의 출발점은 늘 예수였다. 예수는 이스라엘의 소망을 놀랍게 이루신 분이요, 참 사람이며, 참된 '형상'이셨다. 그는 몸을 갖고 나타나신 이스라엘의 하나님이셨다. 따라서 유대교 유일신론을 저버리지 않고도, '살아 계신 참 하나님'께 올리는 예배 **안에서** 예수를 주로 예배하며 주라 부르게 되었다. 그러나 예수를 주로 예배하며 주라 불렀지만, 그것은 '살아 계신 참 하나님'께 올리는 예배 **안에서** 그리했지, 하나님께 올리는 예배와 나란히 예수를 따로 예배한 것은 아니었다. 예수를 주로 모신 이들은 예수 때문에 다른 모든 우상, 예수와 겨루는 다른 모든 '주'를 버리게 된다. 무엇보다 예수는 온 세상의 참된 주로 당신의 나라에 오셨다. 당시에 예수 이야기를 쓰기 시작했던 바울의 벗들은 바로 그 점을 강조했다. 예수는 이스라엘을 포함한 모든 인간을 노예로 사로잡았던 어둠의 세력들이 지닌 힘을 박살내고자 무거운 세상 죄를 짊어진 채 죽임을 당하셨다.

이를 통해 오래전부터 내려온 약속을 이루신 예수는 "우리 범죄 때문에 넘겨지셨고, 우리를 의롭다 하시려고 일으켜지"셨다.[1] 예수는 셋째 날에 죽은 자 가운데서 몸으로 부활하심으로써, 그가 누가 봐도 틀림없는 참 메시아요 '하나님의 아들'이심을(메시아요, 이스라엘의 대표자이시며, 몸으로 나타나신 이스라엘의 하나님이심을) 온 세상에 선포하셨다. 따라서 예수는 그 안에서 "하나님께서 하신 모든 약속이… '예'가 되신" 분이요, "율법의 목표"이며, 아브라함의 참된 씨이자, 궁극적 "이새의 뿌리"다.[2] 따라서 예수는 주이시며, 모든 이가 그 이름 앞에 무릎을 꿇을 것이다. 예수는 미래에 있을 큰 사건 때 다시 나타나실 것인즉, 이 사건은 참된 왕이 당신 나라의 소유권을 주장하시고 그 나라를 세우셨음을 깨닫게 함과 동시에 오랫동안 감춰져 왔던 하나님이 마침내 그 모습을 나타내셨음을 깨닫게 할 것이다. 예수는 죽은 자 가운데서 당신 백성을 부활시키실 마지막 순간이 오기 전인 현재도 그 강력한 메시지로 인생을 변화시키실 수 있으며 실제로 변화시키셨다. 이 모든 일을 볼 때 예수는 그저 어떤 사상, 혹은 여러분이 그렇게 표현하고 싶다면, 어떤 신학적 사실을 담고 있는 이름표가 아니라 오히려 살아 계시고, 우리에게 영감을 불어넣으시며, 우리를 위로하시고, 경고하시고, 용기를 북돋아 주시는 존재이시다. 그는 그 사랑으로 "우리를 밀어붙이시는" 분이요, "나를 사랑하여 나를 위해 자신을 내주신" 분이다. 바울의 선언처럼, 성경이 묘사하는 고대 세계를 포함하여 온 세상이 우리에게 주는 그 모든 특권보다 그를 아는 것이 오히려 값지다. 예수는 출발점이셨다. 그리고 그는 다다를 목표다.

목표? 그렇다. 예수가 목표인 이유는 바울이 그가 다시 나타나시리라는 것을 추호도 의심하지 않았기 때문이다. 그는 '하늘에서 내려오실' 것이다. 그러나 이 말의 의미를 제대로 음미하려면, 저 '하늘'이 '우리 위에 있는 하늘'이 아니라, 하나님이 현재 실재하시는 차원임을 되새겨야만 한다. 예수가 하늘**에서** 땅**으로** 오시는 목적은—대중에게 인기 있는 판타지 속에 많이 등장하는 내용처럼—그의 백성을 따로 떼어내 '하늘'로 다시 데려가려 함이 아니라, 이미 시작된 일, 곧 인간의 영역인 '땅'에 하나님의 영역인 '하늘'의 삶을 이식하는 일을 완결하려 함이다. 하나님의 계획은 하늘과 땅에 있는 모든 것을 예수 안에서 하나가 되게 하는 것이었으며, 그 계획은 언제나 변함이 없었다. 이는, 유대인의 관점에서 볼 때 예수가 곧 하늘과 땅을 모두 아우르는 곳인 궁극의 성전이심을 의미했다. 예수가 그 자신을 통해 몸소 이미 이루신 이 일은 이제 그의 영을 통해 실행되고 있다. 바울은 늘 하나님의 새 창조(피조 세계)가 도래할 것이며, 어쩌면 곧 도래할지도 모른다고 믿었다. 바울은 후기 서신을 쓸 무렵에 이르러, 그가 초기에 짐작했던 것과 달리, 그런 일이 일어나기 전에 자신이 죽을 수도 있음을 깨달았다. 그러나 그는 타락하고 썩어 가는 현세가 언젠가는 이 노예 상태, 이 죽음의 상태에서 구원받아 하나님 백성, 하나님이 지으신 새 인류의 영광스러운 통치 아래 새로운 생명으로 나타나게 되리라는 것을 결코 의심하지 않았다.

더구나 이런 점 때문에 그의 일이 특히 절박한 사업이 되었다. 지난 세기 내내 심각한 오해가 있었던 곳이 바로 여기다. 바울 시대에 '묵시주의'(묵시 종말론)라 이름 붙여도 될 만한 견해가 있었다 할 때, 바울도 그런 견해를 공유한 인물이었다. 그는 이스라엘의 하나님이 바벨론 유수 때 성전을 떠나시고 누구나 볼 수 있는 강력한 영광 가운데서 다시 돌아오시겠다는 당신의 약속을 이행하시지 않았지만, 갑자기 모든 인간을 충격과 혼란에 빠뜨리며 예수 안에서 당신을 나타내사 미처 당신을 받아들일 준비가 되어 있지 않은 이 세상과 사람들 속으로 뚫고 들어오셨다고 믿었다. 바울은 이런 일이 예수의 죽음과 부활이라는 사건 그리고 영이 선물로 주어진 사건 때뿐 아니라 그 자신의 사례에서도, 그리고 어쩌면 다른 이들의 사례에서도 순식간에 사람 눈을 멀게 하고 삶을 변화시키는 영광 가운데서 일어났다고 믿었다. 그는 새 창조가 이미 시작되었으며 미래에 완성되리라고 믿었다. 아울러 그는 예수가 죽고 부활했을 때 위대한 변화가 온 우주에서 **일어났다**고 믿었으며, 예수가 '다시 오실' 때 또는 '다시 나타나실' 때, 하늘과 땅이 마침내 하나가 될 그때에 엄청난 변화가 **일어나리라**고 믿었다.

하지만 지난 몇 세대의 학생들과 성직자들은 종종 바울이, 그리고 실은 예수와 그의 초기 제자들도, 이 모든 일과 관련하여 다음 두 가지를 믿었다고 배우곤 했다. 첫째, 그들은 장차 일어날 이 엄청난 변화가 (이런 의미 혹은 저런 의미에서) 우리가 아는 세상의 끝을 가져올 것이라고 배웠다. 둘째, 그들은 장차 일어날 이 사건이 한 세대 안에 일어나리라고 배웠다. 그러다가 그리스도인 첫 세대가 지나간 뒤에도 이 세상이 끝나지 않자, 특히 초기 기독교 사상 전체, 그중에서도 특히 바울 사상과 거리를 두고 싶어 했던 이들은 너나 할 것 없이, 때로는 친절한 의도로 때로는 거만한 의도로 이렇게 말하는 게 흔한 일이 되었다. "그들은 세상이 끝날 거라고 예상하던데, 그들이 틀렸군. 그러고 보면 그들이 말하는 다른 것도 엉터리가 수두룩할 것 같아." 이 주장의 아이러니는 '세상의 끝'이라는 개념이 성경의 개념도 아니요 유대교 개념도 아니며 초기 기독교 개념도 아니라는 것이다. 이 개념은 과거에 있었던 혁명과 아직 오지 않은 혁명이 내건 꿈들을 그 동력원으로 삼았던 19세기 유럽 세속 세계에서 나왔다. 19세기 끝 무렵에 이르러, 일부 저술가가 예수와 그의 초기 제자들이 썼던 하나님나라 언어의 유대교적 맥락을 진지하게 검토하기 시작했다. 이때 이들은 이런 언어가 1세기 유대 세계에서 어떻게 작용했는지에 초점을 맞추지 않고, 이런 언어가 그 시대 유럽 이데올로기 안에서 어떻게 작용했는지에 초점을 맞추었다. 이들은 이 언어가 19세기 유럽에서 작용한 방식을 거꾸로 예수와 바울과 나머지 사람들에게 투사했다. 이렇게 했어도 이런 방법이 당시에는, 특히 유럽이 전쟁과 전쟁 소문과 더 좋지 않은 일로 말미암아 끔찍한 '종말의' 세기로 뛰어들던 그 시기에는 나름 설득력이 있었다. 그러나 바울을 움직인 동인은 무엇이었는가라는 질문은 본질상 역사와 관련된 질문이었기에, 그 방법은 이 질문에 도움이 되지 않았다.

그렇다면 바울의 종말론에 절박한 분위기를 느끼게 만든 것은 무엇이었을까? 중요한 점은 오랫동안 기다려 왔던 그 사건이 **어느 때라도** 일어날 수 있다는 것이지, 반드시 어떤 특정한 시간 틀 안에서 일어나리라는 것이 아니었다. 한 세대 안에 **일어난다던** 사건은 세상의 끝이 아니었다. 마가복음 13장과 마태복음 및 누가복음에 있는 평행 본문에 따르면, 그 사건은 **예루살렘의 멸망**이었다. 이는 초기 기독교 구조 속에 깊이 스며들었지만, 근래에 당시 유대 세계에 관한 연구가 일어나기 전까지만 해도 그런 사실을 널리 인식하지 못했다. 그러나 사람들은 예루살렘, 특히 예루살렘 성전을 늘 하늘과 땅이 만나는 장소로 여겼다. 그러다 보니, 일부 주석가는 이사야가 이야기하는 '새 하늘과 새 땅'을 다룰 때면, 딱히 많은 설명을 내놓지 않고, 이사야가 말하는 것이 종국에 가서 예루살렘 성전이 재건되는 일을, 하늘과 땅을 아우르는 성전이 세워지는 일을 가리킨다고 말하곤 한다.[3]

물론 그것은 다시 하늘과 땅 자체가 다시 새롭게 되어 결국 하나가 되리라는 것을 미리 일러 주는 말일 것이다. 그러나 성전 그리고 그 전에 광야에 있었던 성막은 늘 창조주의 궁극적 의도를 앞서 일러 주는 이정표라는 의미를 갖고 있었다. 그 점은 복음 전승 안에서도 충분히 뚜렷하게 나타난다. 예수는 성전이 심판을 받으리라고 경고하시면서, 돌 위에 돌 하나도 남지 않으리라고 말씀하셨다. 그것이 사실은 '세상의 끝'일 것이다. 현대 사람들이 생각하는 얄팍한 의미, 즉 이 시공간 우주의 붕괴가 아니라 유대인들이 생각했던 의미, 곧 하늘과 땅을 하나로 묶어 주었던 건물이 무너질 것이라는 말이었다. 예레미야가 경고했듯이, 혼돈이 다시 찾아올 것이다.

나는 위에서 바울이 데살로니가후서에서 이 마지막 순간이 다가옴을 보았으며, 어떤 로마 황제가 이전에 칼리굴라▪가 저질렀던 일을 자행함으로써 그 순간이 임할 가능성이 크다고 보았었다는 점을 이야기했다. 괴물들—아마도 바다에서 나온 궁극의 괴물일 것이며, 이는 로마 자체를 의미했다—은 똑바로 서서, 하늘과 땅을 아우르는 구조, 곧 (예수에 따르면) 예레미야가 말한 '강도의 소굴'을 구현했던 구조를 다 부숴 버릴 것이다. 그런 다음에는 참된 주이신 예수가 완전히 다른 종류의 나라, 결코 요동하지 않는 나라를 세우실 것이다. 그러나 만일 **이런 일**이 한 세대 안에 일어난다면— 예루살렘이 로마인에게 멸망당한다면—바울은 차라리 그가 할 일을 바삐 서두르는 편이 더 좋으리라. 이는 그가 그 시대 어느 누구보다도 이런 무시무시한 사건이 어떤 반응을 만들어 낼지 잘 알고 있었기 때문이다.

이방인 예수 따름이들은 하나님이 마침내 그런 유대인들을 잘라 내시고 '교회'를 유대인이 아닌 이들로 구성된 몸으로 남겨 놓으셨다고 말할 것이다. 기독교는 '유대교'라 불리는 어떤 것과 대

▪ 12-41, 재위 37-41.

비되는(물론 유대교와 비교하여 지지를 받는) '한 종교'가 될 것이다. 거꾸로 유대인 예수 따름이들은 할례를 받지 않고 토라 전체를 따르지 않고도 참 하나님을 예배할 수 있다고 생각하여 이 재앙을 불러들였다며 이방인 예수 따름이들을—특히 비열한 타협자 바울을 따른 이들을—비판할 것이다. 예수의 메시지를 거부했던 유대인도 물론 있을 것이다. 이 모든 일이 일어난 것은 거짓 예언자 예수와 그의 악한 추종자들, 특히 이스라엘을 그릇된 길로 이끈 바울 때문이다.

이 모든 내용은 상상이다. 하지만 이런 상상은 모든 점에서 우리가 바울과 그의 복음에 관하여 알고 있는 내용에 근거하고 있다. 따라서 그는 그런 대재앙이 닥치기 전에, **유대인과 이방인이 함께 어우러진 공동체, 한 분 하나님의 아들인 예수 안에서, 예수를 통해, 그리고 영의 능력 안에서 한 분 하나님을 예배하는 공동체를 세우고 유지하기로** 결심했다. 그렇게 해야만, 일어날 수도 있는 이런 분열을—이런 분열은 물론이요, 고린도전서 3장과 에베소서 2장이 말하는 '새 성전'의 몰락도—피할 수 있을 것이다. 이것이 바로 바울이 서신을 쓸 때마다 이 서신 저 서신에서 **교회가 모든 민족의 경계를 초월하여 하나가 되어야 한다**고 역설한 이유였다. 이는 결코 어떤 새 '종교'를 수립하자는 말이 아니었다. 그것은 바울이 '자기를 혐오하는 유대인'이라는 것—우리는 지금도 얼토당토않은 정보에 근거한 이런 중상과 비방을 가끔씩 만난다—과 무관했다. 바울은 자신이 유대인이 품은 소망의 중심 특징이라 여기는 것들을 강조했다. 그것은 한 분 하나님, 이스라엘의 메시아, 그리고 부활 자체였다. 바울이 중요시한 것은 **메시아 종말론**_messianic eschatology_ 그리고 그 종말론을 구현한 공동체였다. 한 분 하나님이 개개 약속들의 총체뿐 아니라, 하나님의 옛 백성에 관한 모든 내러티브를 다 이루시되 아주 뜻밖의 방식으로 이루셨다. 그 바람에 약속의 수호자들은 대부분 그런 사실을 알아차리지 못했다. 결국 그것은 바울이 이 회당 저 회당에서 이야기해 오던 것이었다. 하나님이 그렇게 이루신 덕분에 이제 이방인이 한 가족에 편입되고 있었다.

사람들은 종종 바울이 **마지막** 날들에도 자신이 살아 있으리라 믿은 것처럼 쓰곤 했는데, 어떤 의미에서는 맞는 말이다. 하나님은 메시아 안에서, 혼돈과 우상 숭배와 악함과 죽음으로 덮인 옛 세계를 멈추게 하셨으며, 그 세계가 주던 공포를 자신에게 옮기시고 그 대신 다른 무언가를 시작하셨다. 그러나 그것은 바울이 **첫날들**을 살아가고 있다고 인식했음을 의미했다. 이 첫날들은 하늘과 땅이 토라와 성전이 아니라 예수와 영을 통해 하나가 된 새로운 세계사 드라마 속의 첫 장면이었으며, 하나님의 영광이 온 세상을 가득 채우고 온 세상을 완전히 뒤바꿔 버릴 미래를 가리키고 있었다. 이런 시각은 바울 시대 비非유대인 세계에서는 찾지 못할 것이다. 이런 시각은 철두철미하게 유대인의 시각이었으며, 이제는 이스라엘의 메시아라 믿는 분을 중심으로 다시 새롭게 만들어진 사실 속에 포함되어 있었다.

따라서 십자가에 못 박히셨다가 부활하신 메시아요 주이신 예수, 그리고 그 결과로서 유대인의 소망이 갖게 된 새로운 형상이 철두철미하게 바울의 동기와 사고방식을 형성한 중심이었다. 바로 이 점 때문에 바울이 충성스러운 유대인인가가 늘 논란이 되었다. 바로 여기가 우리가 인간과 인간의 비참한 곤경과 이 곤경에서 구원받음에 관하여 바울이 이야기해야 했던 것을 그 적절한 맥락 속에서 이해할 수 있는 지점이다. 이것이 16세기부터 현재까지 바울을 다룬 대다수 기록의 중심 골자였다. 우리가 바울의 삶을 돌아볼 때는 이런 주제를 그 역사 맥락 속에서 살펴봄으로써 이 주제를 본래대로 분명하게 펼쳐 보이는 것이 중요하다.

바울은 늘 한 분 하나님이 마지막에 온 세상을 바로잡으시리라고 믿었다. 시편도 그리 말했고, 예언서도 그렇게 예언했다. 예수도 그런 일이 일어나리라고 (그러나 그런 일이 다가옴을 아무도 알아차리지 못하리라고) 선포하셨다. 바울은 그 일이 예수 안에서 **일어났다**고—그리고 그가 다시 오실 때 일어나리라고—선언했다. 먼저 십자가와 부활을 통해 온 세상을 바로잡는 일을 실행하셨고 예수가 다시 오실 때 이 일을 마침내 완성하실 하나님은 그 사이에 능력이 넘치고 삶을 변화시키는 복음의 말씀 안에서 당신의 영을 주셨다. 그리스인에게는 복음이 이해할 수 없고 어리석은 것이었으며 유대인에게는 신성모독이요 걸려 넘어지게 하는 것이었다. 그럼에도 이 복음은 사람들의 마음과 생각 속에서 강력하게 역사했다. 복음을 듣는 이들은 복음이 이치에 맞을 뿐 아니라 복음이 제시하는 의미가 그들을 내면부터 밖까지 완전히 변화시킨다는 것을 발견했다. 이것이 위대한 '복음의' 실체이며, 바울과 그가 쓴 서신은 이런 실체로 유명하다.

우리의 문제는 우리가 그런 복음의 강력한 실체를 잘못된 틀 안에 놓아두었다는 것이다. 서구 교회는 대체로 바울의 메시지를 살펴볼 때 하늘과 땅이 마지막에 하나가 되리라는 성경의 시각을 거부하는 중세의 관념 속에 놓고 보았다. 중세는 시선의 초점을 '땅'에서 돌려 서로 완전히 다른 두 개념, 곧 '천국'과 '지옥'으로 옮겨 놓았으며, 종종 '천국' 이전에는 어떤 잠정 단계('연옥')가 있다고 보았다. 따라서 삶을 바꿔 놓고 세상을 변화시키는 바울 복음을 이 완전히 다른 강령, 곧 복음을 믿는 것이 그 모든 것을 피해 '천국으로 가는' 길이라는 강령에 이바지하는 것으로 바꿔 버렸다. 그러나 그것은 바울이 말한 게 아니었다. "여러분은 믿음을 통해 은혜로 구원받았습니다!" 바울은 에베소서에서 그렇게 썼다. "이것은 여러분이 주도하여 일어난 일이 아니라 하나님의 선물입니다. 행위에 근거한 것이 아니니 아무도 자랑할 수 없게 하시려는 것입니다."[4] 이 말을 그대로 놓고 보면, 천국행 사고 체계에 쉬이 꿰맞출 수 있는 말이지만, 이 말이 들어 있는 더 넓은 맥락을 살펴보면, 바울이 아주 다른 생각을 갖고 있었다는 게 드러난다. 바울은 에베소서 첫 장에서 하나님의 계획은 "그 왕 안에서 온 우주를, 그렇습니다, 그분 안에서 하늘과 땅에 있는 모든 것을 통합하는 것이었습니다"라고 역설한다.[5] 그는 이 서신 2장에서 "은혜로 말미암아 믿음을 통해 구원받음"의 목적을 이렇게 설명한다.

하나님께서 우리를 바로 이 모습으로 만드셨습니다. 하나님께서 선한 일을 하도록 왕이신 예수 안에서 우리를 창조하셨습니다. 그 일은 우리가 마땅히 걸어야 할 길로, 그분이 미리 준비하신 것입니다.[6]

하나님께서 우리를 바로 이 모습으로 만드셨습니다. 또는 이 그리스어 본문의 맛을 색다르면서도 입에 감기게 살려 본다면, "**우리는 하나님의 시詩입니다**", "우리는 하나님의 예술작품입니다"로 옮겨 볼 수도 있겠다. 하나님은 새 창조를 메시아 안에서 그리고 영을 통해 이루셨으며, 이루실 것이다. 복음을 믿고 삶을 변화시키는 복음의 능력을 발견하는 사람은, 비록 작아도 그 새 창조를 생생히 보여 주는 중요한 실물 모델이 된다.

결국 인간이 존재하는 목적은 그저 하나님 세계의 수동적 거주자가 되는 것이 아니었다. 바울이 하는 말만 살펴보더라도, 인간이 존재하는 목적은 형상을 가진 자가 되는 것, 하나님의 지혜와 질서를 이 세상 속에 되비치며 온 피조 세계가 하나님께 돌려드리는 찬미를 되비쳐 주는 것이었다. 따라서 인간은—성전 속에 있는 한 '이미지'처럼—하늘과 땅의 문턱에 서 있도록 지음 받았으며, 하나님의 생명을 온 땅으로 흘려보내고 온 땅이 올리는 찬미가 하나님께 올라가게 하는 통로가 되게 지음 받았다. 따라서 여기에 인간 구조rescue와 갱신(전통 언어로 표현하면 '구원')을 바라보는 바울 시각의 핵심이 있다. 즉 복음 안에서 은혜에 붙잡히고 한 분 하나님을 성실히 믿으면서 예수께 초점을 맞춰 그 복음을 증언하는 사람은 하나님의 자비를 받아 누리는 수혜자일 뿐 아니라, 그 자비를 전하는 대리자이기도 하다. 그런 사람은 하나님이 당신이 지으신 이 세계에 들려주시는 시다. 그런 사람은, 본디 시가 하는 것처럼, 사물을 보는 기존 방식을 깨부수고 열어 인간의 또 다른 존재 방식을 상상해 볼 수 있는 생각을 불러일으킨다.

그것이 바로 바울 복음과 윤리의 핵심이다. **하나님은** 마지막에 **온 세상을 바로잡으실 것이다.** 그는 예수 안에서 그리고 그의 죽음과 부활을 통해 이미 그 일 가운데 큰 작업을 마치셨다. 이제 **하나님은** 복음과 영을 통해 **사람들을 바로잡으심**으로써, 이 사람들이 복음이 행하는 일의 본이 되게 하시고 하나님의 세계를 더 깊이 있게 변화시켜 가는 대리인이 되게 하신다.

이것이 바울의 유명한 '칭의론'의 핵심이다. 칭의론은 갈라디아서, 빌립보서, 그리고 로마서에서 아주 중요하게 등장하지만, 다른 서신에서는 이상하리만치 눈에 띄지 않는다(물론 우리가 이 칭의론이 다른 모든 것과 결합되어 있음을 깨닫는 순간부터는 이야기가 달라진다). 다시 말하지만, 이 문제는 그 틀이 잘못되어 있었다. 만일 우리가 "우리는 어떻게 천국에 이르는가?" 혹은 마르틴 루터의 표현을 따라 "나는 어떻게 은혜로우신 하나님을 발견할 수 있는가?"라는 질문을 붙들고 있다면, 그리고 바울이 칭의에 관하여 말한 내용에서 그런 질문에 대한 답을 짜내려고 한다면, 십중팔구 하나는 찾아낼 것이다. 그 답이 완전히 틀린 답은 아닐 수도 있다. 그러나 우리는 바울이 말하는 '칭의'가 실제로 의미하는 것을 놓치고 말 것이다. 그가 말하는 칭의는 어떤 도덕주의식 틀을 이야기하는 게 아니다. 도덕주의식 틀이 중요시하는 문제는 오로지 우리 인간이 우리 스스로 행동하여 공로('의')의 보고를 쌓았는지, 만일 우리 스스로 그런 보고를 쌓지 못했다면, 다른 누군가가 우리를 대신하여 쌓아 둔 그런 보고를 어디서 찾을 수 있는지 뿐이다. 그것은 인간이 이 세상에서 하나님의 형상을 되비치라는 부름을 받았다고 보는 **소명의** 틀*vocational framework*, 그리고 인간이 바로 그런 소명을 행할 수 있게끔 하나님이 예수를 통해 인간을 해방시켜 주시는 구조 작전과 관련이 있다.

이 때문에 바울은 '죄'와 '구원' 문제를 대단히 중요하게 여기지만, 이 문제는 서구 그리스도인이 보통 취해 온 세계관과 다른 세계관 안에서 기능한다. 바울도 모든 경건한 유대인처럼 우상 숭배가 이 세상의 큰 문제라고 보았다. 인간은 우상을 숭배함으로써 완전한 인간보다 못한, 하나님의 형상을 온전히 담고 있는 존재보다 못한 존재의 길을 따라 행했다. 그것이 유대교의 핵심 믿음이며, 바울도 그런 믿음을 공유했다. 그러나 그가 자신이 물려받은 전승을 예수와 영에 비춰 철저히 곱씹으면서, 유대교와 공유하지 않게 된 것이 있었다. 그것은 이스라엘 백성 자체가 이 문제의 해답이라는 생각이었다. 그건 마치 모든 이가 유대인이 되어 토라를 지키려고 노력해야 하며, 그렇게 하면 이스라엘은 물론이요 온 세계가 다 잘 되리라는 말과 같은 것이었다. 바울도 그런 견해를 알았지만 그 견해를 단호히 거부했다.

바울은 이스라엘도 아담 안에 있다고 믿었는데, 이는 특히 그가 그것을 성경에서 아주 분명히 보았기 때문이었다. 이스라엘 자신도 우상을 숭배했던 오명을 갖고 있었다. 그러나 인간에게 구원을 베풀어 준 예수의 죽음, 예수 자신이 새로운 유월절이심을 보여 주신 그 죽음의 목적은 인간이 본디 그들 소유였던 권위를 넘겨준 강력한 '신들'과 '주±들'을 격파하는 것이었다. 부활이 그것을 증명했으며, 이를 통해 참 하나님을 새 세상에 되비쳐 줄 새 세상과 새 백성을 만들어 내기 시작했다. 바울의 이방인 선교가 '죄 용서'라는 개념이나 '마음을 깨끗이 씻음'이라는 개념과 다른 개념이 아닌 이유는 그 때문이다. 유대인과 그리스인을 갈라놓았던 오랜 장벽이 메시아 안에서 무너진 것은 능력 있는 복음이 그런 사실들을 선포하고 그런 사실들이 그 효과를 발휘하게 만들었기 **때문이 다.** 시편 2편의 약속―하나님이 그가 기름 부으신 왕을 세상 모든 민족의 통치자들 위에 세우심으로, 아브라함에게 그가 받을 '유업' 과 관련하여 주셨던 약속을 세상 모든 구석에 미치게 하시겠다는 약속―이 메시아 안에서 실현되었다. **바로 그 점 때문에** 바울은 그 배경도 각양각색인 온갖 부류의 사람들에게 '믿음의 순종'을 요구할 수 있었다. 바로 그런 이유 때문에 우리는 바울이 한 일을 '신학' 작업 내지 '종교' 작업이지만 동시에 '사회와 관련된' 혹은 '정치와 관련된' 작업으로도 봐야 한다. 바울이 '칭의'를 설명할 때면, 이 칭의는 늘 메시아 안에서 믿는 유대인과 믿는 이방인으로 구성된 단일 가족이, 인간의 새로운 존재 방식이 존재함을 이 세상에 증언하는 한 가족이 존재한다는 그의 논증 가운데 일부를 형성했다. 바울은 바로 이런 것을 보여 주는 실물 모델이 자신이라고 보았다. "나는 율법을 통해 율법에 대해 죽었는데, 이는 내가 하나님에 대해 살기 위해서입니다."[7]

따라서 바울의 특별한 소명은 이방인의 땅에 유대인과 이방인이 어우러진 교회를 세우고 유지하는 것이었으며, '막는 자'가 금세 다가올 엄청난 격변을 여전히 제지하는 동안에 그 일을 하는 것이었다. 그러나 그런 그도 그 몸이 동시에 여러 곳에 있을 수는 없었으며, 심지어 가장 긴 서신을 쓸 때도 그가 쓰고 싶은 만큼 쓸 수가 없었다(여기서 우리는 다시금 바울이 드로아에서 보냈던 길고 열정이 넘치는 밤과 유두고가 창에서 떨어졌던 일을 생각해 본다). 이 때문에 그는 일찍부터 자신이 사람들에게 **무엇을** 생각하고 믿을지도 가르쳐야 하지만, 동시에 **어떻게** 생각하고 믿을지도 가르쳐야 한다는 것을 깨달았다. 말하자면, 분명히 성경에 비춰 기도하고 생각하는 법을 가르쳐야 했다. 신자들이 새로워지고 변화된 생각을 가질 방법을 가르침으로써 그들이 스스로 바울이 미처 시간이 없어 그들에게 일러 주지 아니한 일도 행할 수 있게 해야 했다. '메시아의 마음', 특히 십자가 이야기를 중심으로 형성된 마음을 품고 생각할 방법을 가르쳐야 했다. "여러분은 이런 생각을 품어야 합니다. 그것은 곧 여러분이 메시아 예수께 속해 있기 때문에 지니게 되는 마음입니다."[8] 이것이 교회가 하나가 되거나 거룩해질 수 있는 유일한 길이다. 이 둘은 모두 명령이었다. 그러나 지키기가 아주 어려운 명령이었다. 이 때문에 바울은 '메시아 안에' 있는 이들이 그리스도의 마음을 훈련하는 것이 아주 중요함을 깨달았다. 바울은 이런 요구를 할 때 당대 철학이 제시한 사상과 문구를 포함하여 그가 찾을 수 있었던 모든 자료를 인용했다. 그는 이렇게 써 놓았다. "우리는 모든 생각을 포로로 사로잡아 메시아께 순종하게 만듭니다."⁹ 나는 이것이 바로 그의 사역이 눈부신 성공을 거둔 이유 가운데 하나라고 인정한다.

하지만 이 모든 내용은 바울이 주로, 어쩌면 그저 '생각하는 사람'—냉철한 전자두뇌, 걸어 다니는 컴퓨터—이었음을 암시하는 것처럼 보일지도 모르겠다. 그렇지 않다. 우리가 거듭거듭 보았지만, 그는 자신을 사랑이라는 말로 정의했다. 메시아 안에서 나타난 하나님의 사랑, 오직 사랑으로만 갚을 수 있는 그 사랑이라는 빛이 그를 예수 바로 그분과 맺은 풍성하고 친밀한 관계 속에 묶어 두었다("그를 알고, 그 부활의 능력을 알며, 그 고난에 동참함을 앎"). 그 사랑은 우리가 '목회' 활동이라 부를 만한 것 안으로 끊임없이 넘쳐 들어왔지만, 바울은 그 사랑을 그저 행동으로 드러낸 사랑으로 본다. 우리는 바울이 데살로니가 교회를 세우고 얼마 지나지 않아 이 교회를 생각하며 아주 분명하게 드러냈던 염려들 속에서, 그리고 그가 고린도 교회 사람들을 만나고자 에베소에서 마지막 여행을 떠나면서 고린도 교회에 보였던 심히 괴로운 반응에서, 한편으로는 강력하지만 다른 한편으로는 상처받기 쉬운 그런 사랑을 본다. 우리는 빌레몬에게 보낸 작은 서신에서 그런 사랑이 강력하면서도 예리하게 살아 움직이는 모습을 본다.

그는 "내가 헛되이 달음질하고 있는가?"라는 질문을 끊임없이 던졌고 그때마다 "너는 내 종이다"라는 성경의 대답이 또 끊임없이 이어졌지만, 이 질문과 대답은 모두 그런 사랑과 목회자로서 가진 관심에서 나온 것이었다. 이사야 49장이 그의 머릿속에서 돌고 돌았다. 물론 이 이사야서 본문과 더불어 다른 본문도 많이 있었지만, 이 이사야 49장, 그리고 특히 그곳의 몇몇 문구가 평생 그 마음의 습관을 형성했다. 하나님의 빛을 이방인에게 가져갈 종과 이 종이 겪어야 할 고초—이 고초에는 자신의 일이 정말 선한 결과를 만들어 내고 있는가 하는 의심도 들어 있었다—를 내다본 이사야의 환상은 바울과 늘 함께했다. 이것이 바울을 움직인 여러 가지 가운데 하나였다.

바울이 말하는 중심 개념인 **피스티스**_pistis_는, 바로 이 종의 소명 속에서 바라보면 가장 잘 이해할 수 있다. 우리가 앞서 봤듯이, **피스티스**는 '믿음'(faith, 이 단어는 영어에서도 다양한 의미를 지니며, 그 모든 의미가 다양한 지점에서 중요한 역할을 한다)이라는 의미뿐 아니라, '충성'이나 '신뢰할 수 있음'이라는 의미도 갖고 있다. 이 **피스티스**라는 개념은 우리가 이전의 많은 시대는 물론이요 우리 시대에도 사람들이 바울과 관련하여 제기하는 아주 중요한 질문 가운데 하나, 곧 "바울은 충실한 유대인이었으며, 그는 자신이 그런 유대인이라고 생각했는가?"라는 질문을 다루는 데 도움을 준다.

만일 **피스티스**가 '믿음'과 '충성'을 모두 의미할 수 있다면, 바울의 가장 유명한 논의인 칭의론은 '충실함으로 말미암아 의롭다 하심을 받음_justification by loyalty, 以誠稱義, 以忠稱義_'으로도 표현할 수 있지

바울 평전

않을까? 그렇게 말하면 나가도 너무 많이 나간 게 아닌가 싶지만, 그래도 바울이 생각했던 '칭의' 자체의 의미는 오늘날 서구에서 보통 생각하는 의미, 곧 관념적 종말론("내가 어떻게 하면 천국에 갈 수 있을까?")과 연결된 도덕주의식 시각("나는 하나님이 내게 원하시는 일을 다 했는가?")이 빚어낸 의미와 상당히 달랐다. 바울은 칭의가 이 사람 혹은 저 사람이 아브라함이 약속받았던 단일 가족의 식구가 되었다는 하나님의 선언과 관련이 있다고 보았다. 이는 곧 그들이 비록 이방인이어서 '경건치 않다' 할지라도, 이런 사람들 역시 하나님이 이들을 사로잡았던 권세들을 뒤집어엎으심으로 말미암아, 하나님이 죄를 용서해 주심으로 말미암아, 그리고 영의 능력 있는 정화 사역으로 말미암아 의인이요 하나님의 언약 가족에 속해 있다는 선언을 받아 '의롭다 하심을 얻게' 되었다는 뜻이다. 이리하여 이전에 비느하스 그리고 그 전에 아브라함이 들었던 말, 곧 "그것이 그들에게 의로 여겨졌다"라는 말을 이제는 이 이방인들이 듣게 되었다. 그들은 언약의 구성원이 될 것이다. 비느하스의 '열심', 다소의 사울이 품었던 '열심'이 이제는 복음을 위한 열심으로 바뀌었다. 중요한 것은 이제 사람들이 그들의 **피스티스**를 보고 그들이 언약 가족의 식구임을 인식할 수 있다는 것이었다. 이 **피스티스**는 "예수를 죽은 자 가운데서 부활시키신 하나님을 믿음"이나 예수를 주로 고백하며 하나님이 그를 죽은 자 가운데서 부활시키셨다는 **것을** 믿음으로 표현할 수 있었다. 디도도 그런 **피스티스**를 공유했다. 바로 그런 이유 때문에 바울과 바나바는 디도가 할례를 받아서는 안 된다고 주장했다. 안디옥의 이방인 신자들도 그 **피스티스**를 공유했다. 바로 그런 이유 때문에 바울은 이와 다른 방향을 시사하는 것 같은 행동을 한 베드로를 비판했다. 그리고 또 그런 경우들이 있었다.

따라서 문제의 '믿음'은 한 인간 전체가 복음 전체에 보이는 반응이다. 이는 전통적 라틴어 표현을 빌리면, **피데스 쿠아**^{fides qua}(믿음의 행위)일 수 있다. 즉 인간이 믿는다는 것을 드러내는 믿음^{the faith} ^{by which} one believes, 인간이 실제로 드러내는 신뢰, 한 인간이 그 인격 전체로 복음의 메시지에 보이는 반응을 의미할 수 있다. 아니면 그것은 인간이 믿는 믿음을 의미하는 **피데스 쿠아이**^{fides quae}(믿음의 내용), 곧 한 인간이 동의하는 특정한 것들을 의미할 수 있다. 그러나 '동의'는 어디까지나 믿음의 한 부분일 뿐이다. 복음은 단지 어떤 정신 반응, 어떤 계산, 어떤 결론을 만들어 내는 것으로 그치지 않는다. 동의도 물론 중요하지만, 그것 하나만 발생하지는 않는다. 그것 하나만 발생할지도 모른다는 상상을 할 수 있었던 것은 어쩌면 중세 후기의 어떤 철학 유형뿐일 수도 있다. 생각과 마음은 아주 밀접하게 연결되어 있다. 그것이 바로 '충성'이 **피스티스**에 없어서는 안 될 부분인 이유다. '믿음을 보이는 순종'—더 널리 쓰는 번역으로 표현하면 '믿음의 순종'—은 예수를 전하는 메시지에 마음을 다하고 인격을 다해 충성함을 보이는 반응이다. 물론 논란의 여지가 있는 충성도 있겠으나, 그것 역시 충성이다.

바울 시대 유대인은 이런 '충성'을 매일, 아니 사실은 하루에도 몇 번씩, 우리가 보았던 그 기도를 통해 표현했다. 바울도 젊은 날 그 기도를 사용하여 '충성'을 표현했으며, 나중에는 그 기도를 완전히 새로운 형태로 바꿔 씀으로써, 그리고 그의 성숙한 예수 따름을 통해 '충성'을 표현했다. 바울은 시편의 몇몇 시, 예언자들의 글, 유대교 예배와 전례 스타일 전체를 다룰 때도 그랬지만, 방금 말한 행동과 말도 복음 사건을 중심으로 다시 고쳐 만들어 냈다. 이것이 그의 자아 인식, 그를 그 자신으로 만들어 낸 것에 대한 그 자신의 심오한 내면 인식의 중심이었고, 늘 변함없는 중심으로 남아 있었다. 그는 충성스러운 유대인이었다.

사도행전의 마지막 몇 장은 이 점을 거듭거듭 강조하고 또 강조한다. 우리는 사도행전이 묘사하는 이런 그림을 바울 자신이 쓴 서신과 대립시키며 떼어놓으려는 어떤 시도에도 맞서야 한다. 물론 바울은 충실이 무슨 의미인지를 다시 정의했다. 그것은 이방인 벗들과 식사할 때 그들이 먹는 유형의 음식을 피한다는 의미가 아니었다. 그것은 그가 젊은 날에 지켰던 방식을 따라 안식일과 절기를 지킨다는 의미가 아니었다. 실체가 오면, 이정표는 더 이상 필요 없다. 이정표가 길을 잘못 안내했기 때문이 아니라, 그 할 일을 다 했기 때문이다. 버킹엄 궁전 밖에 "이 길은 런던으로 가는 길"이라는 이정표를 세우지는 않는다. 바울이 지금 취하는 입장을 취하는 이유는 그가 어떤 '자유주의자'—그의 시대에는 이 말이 의미하는 게 무엇이었든 상관없이!—였기 때문도 아니요, 그가 이방인을 그의 공동체에 꾀어 들이고자 현실을 고려한 타협을 했기 때문도 아니며, 거듭해서 하는 말이지만 그가 내심으로는 그 자신의 문화와 정체를 증오했기 때문도 아니다. 그것은 오로지 메시아 때문이었다. "나는 메시아와 함께 십자가에 못 박혔습니다. 내가 살아 있지만 내 안에 사는 것은 더 이상 내가 아니라 메시아이십니다."[11] **메시아가 오셨다면, 하나님이 그를 부활시키심으로 그가 메시아임을 밝히셨다면, 충실한 유대인으로 살아간다는 것은 이 메시아에게 성실을 다하고 이 메시아 안에서 그리고 이 메시아를 통해 행동하신 하나님께 충성을 다한다는 것이다.**

그러나 메시아가 십자가에 못 박히셨다가 부활하셨다면, 충실한 유대인으로 살아간다는 것이 사실은 무슨 의미인가라는 문제가 완전히 새롭게 대두되었다. 이제 그런 유대인으로 살아간다는 것은 십자가에 못 박힘과 부활이라는 패턴을 따라감을 의미했다. 바울은 이 패턴이 이스라엘의 성경 자체가 제시하는 패턴을 되비쳐 준다고 주장했을 것이다. 그것은 세례가 담고 있는 깊은 진리를 발견한다는 의미였다. 세례를 받은 이는 이제 '메시아 안에' 있으며, 민족을 초월한 대가족의 한 식구가 되었다. 아울러 메시아에게 진실인 일(십자가에 못 박힘과 부활)이 그에게도 진실이 되었다. 바로 이곳이 '산정'(여김)이라는 행위가 속한 곳이며, 후대 교의는 이 계산에 '전가'라는 의미를 덧입혔다. **바울은 교회 안에 있는 이들에게 그들 자신을 죄를 향해 죽은 자로 산정하고(여기고), 메시아 예수 안에서 하나님을 향해 살아 있는 자로 산정하라고 말한다.**[12] 바울은 그에게 진실인 일이 그들에게도 진실이라고 말하곤 했다. 따라서 그들은 이제 그 진실을 따라 살아야 한다. 그들은 **이미 '그분 안에서' 부활했다.**

그런 그들이 **언젠가는** 그의 영으로 말미암아 몸으로 **부활할 것이다**. 따라서 그들은 그 삶 전체를 이 빛 안에서 살아가야 한다. 이것이 보통 말하는 의미의 믿음이다. 이런 믿음이 존재하면, 이 믿음은 사실 충성, 곧 메시아께 다하는 충성, 메시아를 통해 한 분 하나님께 다하는 충성과 구분할 수 없다. 이것이 결국 바울이 다메섹 도상에서 배운 것이요, 그 삶을 완전히 부숴 놓고 그의 눈을 멀게 했던 그 사건을 평생 곱씹으며 터득한 것이다.

———————

이 모든 것이 내가 바울이 제시했으리라고 믿는 답을, 그리고 우리 자신이 우리가 '추가로' 던지는 질문—그가 제시한 답이 왜 효과를 발휘했는가? 그의 수고가 결국 아주 풍성한 열매를 맺은 이유는 무엇인가?—에 제시하고 싶어 할 법한 답들을 가리킨다.

　이 질문에 접근하는 방식에는 서로 아주 다른 두 방식이 있다. 나는 바울이 두 접근법이 모두 제 역할을 하길 원했으리라고 생각한다. 그는 서로 차원을 달리하는 여러 설명을 모두 알았을 것이다. 그는 분명 열왕기하가 예루살렘을 포위 공격하던 앗수르인을 격파하는 주의 천사에 관하여 이야기한 것을 알았다. 아울러 그는 헤로도토스가 적어 놓은 버전도 알았을지 모른다. 헤로도토스의 글을 보면, 쥐들이 포위 공격하는 이들의 활시위를 조금씩 갉아먹어 결국 그들이 퇴각할 수밖에 없도록 만든다.[13] 바울은 분명 사람이 같은 사건을 사뭇 다른 이야기로 들려줄 수 있지만, 이런 이야기들이 그 나름대로는 모두 진실일 수 있음을 알았을 것이다. 누가가 바울이 아그립바와 버니게 앞에 출두한 이야기를 다룬 기사는 바울 자신이 그날 밤 자신을 지키는 간수에게 했을 법한 이야기와 상당히 다를 것이며, 아그립바와 버니게가 다음 날 바울이 한 말을 놓고 나누었을 법한 이야기 내용과도 달랐을 것이다.

그러면 바울의 사역이 놀랍도록 오랜 기간에 걸쳐 성공을 거둔 이유를 상이한 여러 각도에서 이야기해 본다면 뭐라 말할 수 있을까? 한 걸음 더 나아가서, 사도가 한 일이 가지는 중요한 의미를 우리가 제대로 이해할 수 있게끔 이런 질문을 던져 보자. 바울 스스로 그의 사역이 성공을 거두었음을 알 수 있었다면, 그는 이런 성공을 어떻게 평가했을까?

바울은 십중팔구 신학적 대답부터 내놓았을 것이다. 한 분 하나님이 계시며, 이 한 분 하나님이 당신의 아들을 통해 어둠의 권세들을 격파하셨다. 따라서 우리는 그가 당신의 영을 통해 당신의 영광을 아는 지식의 빛을—신실하고 고난을 무릅쓰며 기도와 함께하는 예수 따름이들의 증언을 통해—온 세계에 널리 퍼뜨리시리라고 기대해야 한다. 아니면 이를 달리 이렇게도 표현해 볼 수 있다. 한 분 하나님은 이미 당신의 새 성전, 당신의 새 **소우주**를 세우셨다. 유대인과 이방인이 함께 어우러진 교회는 하나님의 영이 이미 우리 가운데 들어와 사시는 장소요, 장차 온 세상에 걸쳐 일어날 일을 미리 일러 주는 표지로서 당신의 영광을 나타내시는 장소다. 따라서 이 운동은 조만간 흥왕할 수밖에 없다.

물론 바울은 이 모든 일이 원활하게 혹은 순탄하게 일어나리라고 기대하지 않았을 것이다. 바울은 결국 현실주의자다. 그는 작고 때로는 혼란스러운 공동체가 훨씬 큰 공동체로 바뀌어 로마 세계에서 다수를 형성하는 일이 무시무시한 고난과 무서운 위험을 겪지 않고도 일어나리라고 생각하지는 않았을 것이다. 정말 그렇다. 아마 그는 이후 여러 세기에 걸쳐 교회가 저지른 잘못과 싸워야 했던 싸움을 미리 알았다 해도 슬퍼하긴 했겠지만 그것 때문에 놀라지는 않았을 것이다. 그러나 그는 늘 예수와 영이 중요하다고 역설한다. 그는 무슨 일이, 온 우주를 아우르는 의미를 지닌 무슨 일이 예수 안에서 **일어났다**고 역설하곤 했다. 이 운동은 그저 제멋대로 흘러가지 않는다. 이 운동은 어떤 왕성한 작용과 역사 속의 기회에서 우연히 만들어진 부산물이 아니다. 하나님은 그 뜻과 에너지를 만들어 내시고자 당신 백성 가운데서 일하신다. 이는, 조만간 그리고 무슨 수단을 통해서든 더 큰 효과를 만들어 내게 된다.

그렇다면 바울은 이런 신학적 설명으로 충분하다고 생각했을까? 어떤 의미에서는 그렇다고 생각했지만, 또 어떤 의미에서는 그러지 않았다. 바울은, 신학자와 달리, 역사가가 연구하고 싶어 할 법한 모든 요소에 아주 예리한 관심을 갖고 있었으며 그 모든 요소를 아주 잘 간파했다. 그는 헤로도토스가 열왕기하 이야기에서 신화의 색채를 지워 버린 것도 잘 알았을 것이다. 바울은 그의 시대에 다른 이들이 호메로스가 쓴 이야기를 대상으로 똑같은 일을 하고 있다는 것도 알았다.

그러나 바울은 분명 그 모든 일을 인간의 개입이 없이 그저 하나님이나 천사의 힘이 작용하여 일어난 일로 여기려 하지 않았다. 그가 그리한 것은 단순히 그 모든 일을 헤로도토스를 따라 순전히 자연주의식으로(초자연이라는 개념을 아예 인정하지 않는 식으로) 설명하는 것을 원하지 않았기 때문만은 아니었다. 바울은 은혜가 역사할 때에 그 은혜로 말미암아 인간이라는 대리자도, 특히 기도할 때에, 열심히 일하라는 부르심을 받곤 한다고 믿었다. 그는 그 자신이 그런 경우라고 말한다.[14] 창조주는 갖가지 방법으로 일하시지만, 그 가운데 중심이 되는 방법이 사람—생각하는 사람, 기도하는 사람, 어려운 결단을 내리는 사람, 특히 기도하며 열심히 일하는 사람—을 통해 일하심이다. 그것이 하나님의 형상을 가진 자로 살아간다는 말의 의미 가운데 하나이기도 하다. 하나님의 행위와 인간의 행위라는 문제는 제로 게임인 경우가 거의 없다. 하늘의 세계와 땅의 세계가 예수와 영 안에서 하나가 되었다면, 서로 그 층위를 달리하지만 함께 존재하면서 서로 보강해 주는 설명을 기대할 만하다.

그렇다면, 인간의 관점에서 이야기해 볼 때, 무엇이 과연 바울과 그의 일을 바꿔 놓았을까? 특별히 바울이라는 사람을—사실 그대로 말해—모든 시대를 통틀어 가장 큰 성공을 거둔 공인公人 가운데 한 사람으로 만든 것은 무엇이었을까? 그는 대체 무엇을 가졌기에 자신이 처한 여건(공용어, 여행의 자유, 로마 시민권)을 활용하여 성공 가망이 없어 보이는 운동을 그의 당대뿐 아니라 이후에도 계속 이어지는 운동으로 세울 수 있었을까?

그의 이야기 전체를 통틀어 우리 앞에 맨 처음 다가오는 것이 그의 순전한 에너지다. 우리는 그 에너지가 그의 서신 전체에서 고동치고 있음을 느낀다. 우리는 그가 한 도시에서 폭력을 당하면 다른 도시로 곧장 옮겨 가 거기에서도 같은 것을 전하고 같은 일을 행함으로써 폭력에 대응하는 모습을 본다. 그는 사람들이 "대체 잠은 언제 잡니까?"라고 물어보는 유형의 사람이다. 그는 늘 일하며, 그의 손에는 천막을 만들다 생긴 굳은살이 박여 있다. 작업대 앞에서 굽히고 일한 그의 등은 뻣뻣하게 굳어 있다. 그러나 그는 언제라도 질문을 품고 찾아오는 손님, 부모에게 쫓겨나 어쩔 줄 몰라 하는 아이, 사람들이 그가 예수 따름이임을 알게 되면 그의 처지가 어찌 될지 염려하는 지역 관리를 맞을 준비가 되어 있다. 그는 한두 시간 연장을 내려놓고 이 집 저 집 다니면서 사람들을 격려할 일이 있으면 격려하고, 경고할 일일 있으면 경고하며, 기도할 일이 있으면 기도하고, 울 일이 있으면 울 준비가 되어 있다. 그는 끈기가 있다. 사람들은 그를 제거할 수 없으며, 그럴듯한 말로 속일 수 없다는 것을 안다. 그는 고린도에 있는 디도 유스도의 집이나 에베소의 두란노 서원에서 오후에 강의할 때 자신이 말해야 할 것을 늘 곱씹고 생각한다. 그는 쉴 때도 필사자를 불러다가 서신을 받아 적게 한다. 그는 쉬지 않는다. 친한 벗들과 저녁 기도를 올리려고 잠시 일을 멈춘다. 그는 밤이 깊도록 일하면서, 자신이 만난 사람들, 그 도시 관리들, 다른 도시에 있는 예수 따름이들, 다음날 할 일, 다음 사역 계획을 위해 기도한다.

두 번째 것, 곧 이 모든 에너지를 극명하게 보여 주는 것이 바로 누구든지 그를 비판하고 대적하는 이를 만나도 자신이 전하는 복음을 기탄없이 흉금을 터놓고 말하는 그의 습관이다. 그는 바로 앞에 있는 사람에게도, 눈치 보는 일 없이, 하고 싶은 말을 다 하곤 했다. 다소의 사울이 다메섹에서 일하던 초기에 툭 하면 말썽에 휘말려들었던 것도 그런 이유 때문이었으며, 나중에 예루살렘 사도들이 그를 고향 다소로 쫓아 보내기로 결정한 것도 그런 이유 때문이었다. 그는 안디옥에서 베드로와 다툰다. 나는 바울이 예루살렘 공의회에서 더 많은 말을 하지 않은 것은 오로지 바나바가 그더러 말하지 말고 조용히 있으라고 설득했기 때문이라고 주장했다.

바울은 토론 때 같으면 한편으로 삼아 옆에 두고 싶은 사람이지만, 더 예민한 사람이라면 멀리하고픈 사람일 수도 있다. 그는 빌립보에서 지역 행정관과 다툰다. 그는 에베소에서 엄청난 군중에게 연설하고 싶어 안달한다. 자신을 폭행하려 한 예루살렘 폭도들에게도 자신을 설명하려 한다. 그는 심지어 대제사장도 꾸짖는다. 산헤드린 내부의 여러 분파가 서로 대립하게 만드는 방법도 꿰뚫고 있다. 그는 로마 총독에게도 정의와 절제와 다가올 심판을 놓고 강의한다. 선주에게도 겨울을 어디서 나고 어디서 나지 말아야 할지 이야기하며, 만사가 무시무시하게 잘못되어 갈 때는 "내가 너희에게 이렇게 이야기하지 않았느냐"라고 말한다. 또 뱃사람들이 도망치려 하는 것을 알아내 백부장에게 이들을 막으라고 일러 준다.

바울은 그를 동료로 여기는 사람들에겐 분명 일이 잘 될 때는 한층 더 잘 되게 북돋지만 일이 안 될 때는 오히려 더 꼬이게 만드는 사람이었다. 그러나 그를 적으로 여기는 일부 사람들에겐 그를 죽이는 것만이 유일한 해결책이라 생각하게 만드는 사람이었을 수도 있다.

오늘날 사람들은 성공을 거둔 회사와 비영리 조직이 어떻게 출발했는지 연구한 박사학위 논문과 경영학 책을 저술한다. 100 중 99는 바울처럼 처음부터 열심히 일하고, 맨땅에서 일을 시작하며, 지역 당국자들과 싸울 때는 싸우고, 필요한 돈을 조성하며, 같이 일하는 이들을 설득해서 해야 할 일을 되새겨 주고 꿈을 잃지 않게 하는 이가 있다. 주도권을 쥐고 용감하게 난국을 돌파하려는 이도 있다. 해야 할 일이 이루어질 때까지 무슨 일을 해야 하며 어떻게 해야 하는지를 강조하고 또 강조하는 이도 있다.

그러나 바울에게는 이런 측면도 있지만, 바울의 약점에는 사람들이 수긍하고 마음 편히 받아들일 만한 측면도 있다. 그가 쉼 없이 일하고 저돌적 에너지를 발휘한 사람인데도, 사람들이 그를 사랑하며, 그와 함께 일하길 원하고, 그가 떠날 때 울었던 것은 다 그런 측면 때문이다. 바울은 자신의 마음이 넓게 열려 있으며 교회를 향한 그의 애정은 무한하다고 말하는데, 이는 진실이다.[15] 그의 정직함은 해처럼 빛난다. 바울은 우리가 보는 모습이 그의 본모습이다. 설령 우리가 원하지 않은 모습일지라도 그것이 그의 진짜 모습이다. 그는 숨기는 구석이 없다. 여러분은 그가 여러분을 위해 무언가를 하리란 것을 다 안다. (그가 늘 말하듯이) 하나님이 메시아 안에서 그를 위해 모든 일을 행하셨기 때문이다.

바울은 무시무시한 고난과 고초를 비롯하여 자신이 직접 겪지 않은 것은 어떤 것이라도 다른 이에게 요구하려 하지 않았다. 그는 복음을 선포할 때 이런 고난과 고초를 생생한 시각 도구로 활용하곤 했다. 그가 사람들에게 자신을 얼마든지 믿어도 된다고 주장하는 것은 그 때문이다. 그는 자신이 데살로니가에서 유모처럼 온유했다고 말하는데, 믿어도 되는 말이다. 우리는 고린도 사람들이 그가 사랑에 관하여 쓴 시를 그의 자화상으로 인식했으리란 것도 안다. 그는 빌립보 사람들에게 기뻐하고 즐거워하라는 말을 하고 또 하는데, 빌립보 사람들은 그가 기회만 주어지면 사람들과 어울려 즐기기 좋아하는 사람이라는 것을 알았다. 그는 자신이 가르친 것의 본을 보였는데, 지극하고 풍성하며 자신을 내어 주는 메시아의 사랑이 바로 그가 가르친 것이었다.

사람들은 때로 그가 그들을 너무 많이 찾아오지 말기를 바랐을지도 모른다. 그가 온다고 해서 삶이 재미없어지는 건 아니었겠지만 그렇다고 딱히 편하지만도 않았을 것이다. 그럼에도 그들은 그와 함께 있을 때 진리를 더 분명히 깨달음을 인식했을 것이다. 그를 직접 만나면 하나님의 사랑을 더 따뜻이 느꼈기 때문이다. 이는 그들도 그 사랑이 그를 이끄는 원동력임을 알았기 때문이다. 그는 자신을 통해 다른 사람을 바꿔 놓는 사람이었다. 그렇게 사람을 바꿔 그 사람들도 스스로 그들이 낼 수 있는 에너지를 최대한 내게 하여 바울 자신과 같은 일을 하게 하는 사람이었다. 한 분 하나님과 그가 보내신 메시아께 다하는 충실이 바울의 표어였다면, 그가 시작한 이 이상한 운동이 이후에 흥왕하게 된 여러 이유 가운데 하나는 바로 그의 동역자 대다수가 바울 자신에게 열렬히 충실을 다했기 때문이었다. 그는 그들을 사랑했고, 그들은 그를 사랑했다. 그렇게 하여 일이 다 이루어졌으며, 그렇게 하여 그가 시작한 운동이 성공을 거두었다.

이 모든 내용은 그들이 그렇게 행했던 일이 왜 일어났는지를 한 차원에서나마 설명하는 데 도움을 준다. 그러나 두세 세대가 가기도 전에 (회사 설립자나 자선 단체 설립자에게도 일어나는 일이지만) 이 사람에 대한 기억은 사라졌을 것이다. 바울의 영향이 바울 당시는 물론이요 이후에도 계속 살아 있게 된 것은 분명 그가 쓴 서신 때문이었다. 우리는 작지만 멋지며 도전을 던지는 이 문서들 속에서 그가 매일 가르치고, 논증하고, 기도하고, 신자들을 돌보는 일을 할 때 오고 갔을 말을 포착한다. 이 문서들은 (비록 그 결론은 원형이 아니지만 그래도 여전히 중요한데) 우리가 제시했던 질문에 대한 진짜 답변으로서 독자들을 바울의 강의실 안으로, 사람들이 북적이던 그의 작은 가게 안으로, 그와 함께했던 내밀한 무리 안으로, 그의 마음속으로 끌어들인다. 그렇게 끌어들이는 것은 비단 그 문서의 내용만이 아니다. 비록 놀라울 정도로 원래의 모습을 간직하고 있고 힘이 넘치지만, 그래도 그 문서의 내용만이 그런 일을 하는 건 아니다. 바울은, 많은 사람이 잘못 주장했듯이, 그저 이스라엘과 그리스와 로마 세계를 종합한 인물이 아니었다. 그가 제시한 그림은 이스라엘 고대사에 뿌리를 둔 것으로서, **유대다운**Jewish 모습을 확고히 간직한 그림이었다. 이스라엘의 메시아가 그 중심에 있었으며, 세계 열방과 그들의 가장 훌륭한 사상이 메시아를 중심으로 새로운 통일을 이루었다. 그는 단순히 어떤 '종교'나 어떤 '신학'을 가르치지 않았다. 오늘날 우리가 바울을 정당하게 평가하려 한다면, 신학대학원과 대학 종교학부는 물론이요 정치학부, 고대사학부, 경제학부, 그리고(또는) 철학부에서도 그를 가르쳐야 한다.

내가 생각하기에 중요한 것은 그가 쓴 서신이 아주 많은 분위기와 상황을 다룬다는 점이요, 우리가 물려받은 고전 전통이 남긴 위대한 음악처럼, 그가 쓴 서신도, 여러분이 삶의 어느 단계에 있든, 여러분이 기쁠 때든 슬플 때든, 여러분에게 기회와 도전이 주어졌을 때든 언제라도 여러분을 그 자리에서 발견할 수 있다는 점이다. 나는 지난 세대 영국이 낳은 가장 훌륭한 언론인 가운데 한 사람인 버나드 레빈을 떠올려 본다. 그는 위대한 작곡가들이 그의 평생 동안 그와 어떻게 동행했는지를 이렇게 이야기했다. "먼저 세상을 바로잡기 원했던 소년 시절에는 베토벤과 함께했습니다. 그 다음에 어른이 되어 자신도 바로잡을 수 없었던 시절에는 바그너와 동행했지요. 마지막으로 그림자가 길어지고 '모든 것이 알려지며 용서받을' 나라가 있다는 믿음이 자랄 때, 이 믿음을 확인할 때는 모차르트와 함께했습니다."[16]

그렇다면, 바울의 경우는 이렇게 말할 수 있겠다. 복음을 열렬히 변호하고 이단을 공격하려는 젊은 개혁자 시절에는 갈라디아서와 동행하고, 어른이 되어 슬프게도 세상일이란 것이 생각보다 복잡하고 혼란하다는 것을 깨닫게 되었을 때는 고린도후서와 함께하며, 마지막에는, 세상 모든 일이 그렇지만, 그 어떤 것도 "왕이신 예수 우리 주 안에 있는 하나님의 사랑에서 우리를 떼어놓을 수 없다"[17]는 것을 우리에게 되새겨 주는 로마서와 동행한다. 바울 자신이 잘 알았던 시편의 시들처럼, 바울 서신도 바로 가까운 곳에서 우리를 기다리다가, 우리가 새로운 과제에 부닥쳤을 때는 우리 팔을 잡아끌며 조용히 격려하는 말을 속삭여 주고, 우리가 이행할 의무를 되새겨 주며, 풀 속에 숨어 있는 뱀을 경고해 주고, 우리가 새로운 인간의 길을 따라, 새로운 유대인의 길을 따라, 예수의 길을 따라 살아간다는 것이 무슨 의미인지를 이런저런 각도에서 보여 주고, 신실하고 능력이 넘치는 창조주 하나님의 사랑을 거듭거듭 드러내 보여 준다.

　성경을 열어 보면 바울의 이름을 달고 있는 본문은 보통 70쪽에서 80쪽 정도다. 이 정도 분량의 글을 남긴 바울이 어떻게 하여 고대의 다른 위대한 서신 저자—키케로와 세네카 같은 이들—는 물론이요 나아가 그 시대와 우리 시대에 사람들에게 널리 알려진 위대한 지성인과 운동 창립자를 훨씬 능가하는 성공을 거둔 이유를 묻는다면, 그가 남긴 이 서신이 사람을 절박하게 몰아치는 내용에서 다정하게 끌어당기는 내용에 이르기까지, 예언자의 예언 같은 내용에서 시에 이르기까지, 엄밀한 지성에서 열정이 넘치는 변호에 이르기까지, 아주 폭넓은 내용을 아우른다는 점이 그 대답의 중심이 되어야 한다. 빌레몬서와 로마서를 나란히 쓸 수 있는 사람은 어느 순간, 어느 문제에도 대처할 수 있는 중요한 사람이었다.

물론 사람들은 한 세대도 지나지 않아서 그가 때로는 이해하기 힘들며 일부 사람들이 그를 그릇된 길로 끌어가고 있다고 투덜댔다. 지금도 그런 일이 일어난다. 그러나 교회사에서 사람들이 인정하는 위대한 중요 인사 가운데 많은 이—아우구스티누스, 루터, 바르트를 생각해 보라—가 바울의 작품을 신선하게 파고들어 역사 속에 등장한 것은 결코 우연이 아니다. 이 위대한 사람들도 바울을 일부 오해했다고 생각하는 사람들조차 그 점을 인정한다. 바울은 **무엇을** 생각하느냐뿐 아니라 **어떻게** 생각하느냐도 중요하다고 역설했다. 그는 자신이 변호한 것의 본을 보여 주었으며, 이후 세대도 세대를 거듭하는 동안 그를 따라 그가 생각했던 것을 생각하려고 노력함으로써 새로운 방식으로 생각하는 법을 배웠다. 그의 유산은 계속하여 신선한 배당금을 만들어 냈다. 도전이 계속하여 도전을 만들어 내고 있다.

이 모든 내용이 바울이 누구이며 그가 왜 성공을 거두었는가라는 문제의 핵심에 자리하고 있다. 물론 바울 자신은 한 분 하나님이 그 모든 일의 뒤편에 계신다고 말할 것이다. 물론 회의론자는 알렉산드로스 이후로 바울이 살던 세계가 그리스어를 사용하게 되었고 로마인이 이전보다 수월하게 여행할 수 있는 세상을 만들었기 때문에 형편이 좋았다고 반박할지도 모르겠다. 그런 말을 들으면, 바울은 "그래, 형편이 좋아졌다 칩시다. 그럼 다 성공합니까?"라고 말할 것이다. "기한이 찼을 때"[18] 메시아가 보냄을 받았다면, 그리스와 로마는 문제의 일부이자 준비의 일부였을지도 모른다. 하지만 나는, 사람들이 옛 철학과 이방 종교에 차츰 질리면서 뭔가 새로운 것을 받아들일 준비가 되어 있었다고 말하는 이들도 있지만, 바울이 그런 말을 들었으면 그다지 수긍하지 않았으리라고 생각한다. 에베소에서 문제가 터진 이유는 사람들이 아르테미스 숭배를 중단함으로써 바울의 메시지를 받아들일 준비를 했기 때문이 아니라, 한 분 하나님을 전하는 바울의 메시지가 갑자기 등장하면서 아르테미스 숭배를 중단시켰기 때문이다. 사회 조건과 문화 조건도 어떤 일이 발생한 경위를 설명하는 데 도움을 줄 수 있지만, 그것이 모든 것을 설명해 주지는 않는다.

더 나은 설명은 바울이 변호할 뿐 아니라 그의 글을 통해 가능케 만들었던 새로운 삶의 방식, 새로운 종류의 공동체에서 발견할 수 있을지도 모른다. 바울은 서신을 쓸 때마다 한 가족을 이룬 신자들의 삶을 강조한다. 그는 한 가족을 이룬 이 신자들을 '교회', 곧 **에클레시아**_ekklēsia_라 부르기 시작하며, 이후 세대도 보통 이를 '교회'라 부르게 된다. 그가 거듭 교회의 **통일**과 **거룩함**을 강조하는 것도 다 그만한 이유가 있다. 그는 자신과 다른 이들이 예수께 충성을 다함으로 말미암아 겪게 되거나 겪은 고난을 강조하고 심지어 이런 고난을 명백히 즐거워하는 것도 괜히 그런 게 아니다. 이 모든 일이 들려주는 이야기는 이전에 이교도였던 이들이 자신들의 종교에 질린 나머지 자신들의 '종교적' 측면을 채워 줄 색다른 것을 찾았다고 보는 이야기와 다르다. 이것은 새로운 종류의 공동체, 아니 아예 대담하게 말해 본다면, 새로운 종류의 '정치'와 관련 있다.

정치는 **폴리스**^{polis}—도시, 공동체—와 관련이 있으며, 이 폴리스가 어떻게 작동하고 어떻게 운영되는지와 관련이 있다. 바울 시대에도 실제 통치를 맡은 엘리트에 속해 있던 이론가들(키케로와 세네카 같은 이들)이 종종 정교한 이론을 제시했다. 바울이 묘사하는 정치 풍경에 등장하는 주요 대상은 당연히 로마였다. 로마는 세계를 통일했다. 아니, 자신이 세계를 통일했다고 주장했다. 그러나 그 통일은 위에서 아래로 내려가는 통일이었다. 이 통일은, 황제의 절대 주권을 위협하지 않으면 다양성을 용인했지만, 그래도 늘 삐걱거렸으며 추할 때도 잦았다. 결국 그 '다양성'이란 것도 엄밀히 말해 수직 위계 구조의 틀 속에서 바라본 다양성이었다. 여자 위에 남자가 있었고, 노예 위에 자유인이 있었으며, 로마인은 다른 모든 사람보다 우월했다. 반란은 인정사정 두지 않고 진압했다. 브리타니아 사람 칼가쿠스는 이렇게 탄식했다. "그들은 황무지를 만들어 놓고 그것을 '평화'라 부른다."[19]

이렇게 황제가 지배하는 세상에서 이 바울이라는 이상한 인물이 지치지 않는 사역을 펼치면서, 여기에서는 여섯 사람으로 이뤄진 그룹, 또 저기에서는 열두 사람이나 열 사람으로 이뤄진 그룹이 나타났다. 바울은 로마 황제와 다른 **퀴리오스**에게 충성하는 색

다른 공동체상을 제시했고, 통일에 관하여 다른 시각을 제시했으며, 색다른 종류의 다양성을 주장했다. 통일과 다양성은 바울은 물론이요, 개개 공동체(교회를 단일하나 아주 다양한 지체를 지닌 메시아의 '몸'으로 본 바울의 시각 때문에 도전을 받았던 고린도 교회 같은 공동체)와 온 세상을 아우르는 '가족'(바울의 연보 모금 사업에서 도전을 받은 이방인 교회와 유대인 교회 같은 교회들)에게도 아주 중요한 점이었다. 그러나 바울이 하던 일은 분명 '정치적'이었지만, 이는 그가, 우리가 앞서 보았듯이, 한편으로는 유대인 회당 공동체 그리고 다른 한편으로는 로마군과 로마 공무 조직과 유사성을 가질 뿐이며 그들끼리 서로 연결되어 있던 공동체 조직망을 세우고 유지했다는 의미다. 그러나 바울의 공동체는 유대인 회당 공동체는 물론이요 로마군 및 로마의 공무 조직과 사뭇 달랐다.

하지만 바울의 공동체는 아주 깊은 뿌리를 갖고 있었다. 바울이 한 일과 이후에도 지속되었던 그의 업적도 이 뿌리가 없으면 생각할 수 없다. 바울의 메시아 공동체는 단순히 다른 어느 것과도 무관하고 다른 어느 것에도 의지하지 않는 혁신이 아니었다. 로마는 그 이야기를 거슬러 올라가면 거의 천 년을 올라갔다. 아우구스투스는 그의 궁정 시인과 역사가를 시켜 그의 혁신적 통치가 로마의 유구한 역사와 고귀한 전통에 딱 들어맞는 정점임을 설명하게 하는 데 심혈을 기울였다. 회당은 그보다 훨씬 긴 이야기를 하고 또 했다. 이 이야기는 아브라함과 이삭과 야곱, 모세와 여호수아, 그리고 다윗과 솔로몬까지 거슬러 올라갔다. 바울도 그 이야기를 들려주었으며, 자신이 섬기는 공동체들에게 **그들이 이 위대한 전통에 접붙여졌음**을 늘 설명하곤 했다. 그가 섬기는 공동체는 어떤 점에서는 전혀 새로운 것이었을지도 모른다. 그러나 그들은 또 다른 측면에서 자신들이 아브라함의 가족임을 주장했다. 바울 자신이 그들에게 그렇게 주장하라고 가르쳤다. 이는 바울의 사역에서 신학적 강점이기도 했지만 사회적, 공동체적 강점이기도 했다.

다시 말하면, 예수의 메시지가 뚫고 들어갈 색다른 종류의 진공 상태가 존재했을 수도 있다. 그렇다고 그것이 사람들이 옛 '종교'를 포기하고 새 종교를 발견하는 일은 아니었다. 기존 철학에 불만을 느끼다가 바울이 가르치는 새 철학을 발견했다는 말로도 설명할 수가 없다. 오히려 그 나름의 역사와 변천을 거쳐 온 어떤 정치 실체에 익숙해 있던 사람들이 다양하면서도 통일된 더 큰 세계를 내다보는 시각을 어렴풋이나마 맛보고 있었다. 그러다가 그들은 그들 주위를 돌아보다, 결국 로마도 사실은 그들이 한 약속을 이행할 수 없다는 것을 동시에 발견했다. 새 공동체가 다른 **퀴리오스**, 부와 정복이 아니라 겸손과 고난을 통해 그 주권을 얻은 이에 관하여 이야기하자 많은 이가 분명 그 이야기에 매력을 느꼈다. 이는 비단 우리가 '종교적' 이유라 부를 만한 이유 때문만이 아니라, 바로 그들이 어쩌면 '정치적' 이유라 불렀을 수도 있는 이유 때문이기도 했다. 이것은 연기 같고 거울 같은 황제의 수사와 달리 실제 존재하는 것처럼 보였다.

물론 바울은 그가 메시아의 몸이 지닌 통일성에 관하여 색다르게 그려 보인 그림을 교회 전체를 아우르는 큰 설명으로 발전시켜 갈 시간을 갖지 못했고, 그런 필요성을 느끼지도 않았다. 그는 아리스토텔레스나 그 후계자들이 내놓은 정치 이론과 견줄 만한 정치 이론을 분명하게 밝히지 않았다. 그러나 2세기와 3세기 교회는 바로 그런 종류의 사회 실험―새로운 방식의 공동생활을 발전시켜 감―을 하고 있었다. 그들이 하는 일을 행하게끔 영감을 불어넣은 것이 무엇인지 묻는다면, 결국 그 연원은 바울까지 거슬러 올라간다. 바울이 통일을 강조한 것은 분명 그의 신학적 시각에서 나온 주장이었다. 그가 통일을 강조한 것은 단순한 실용주의가 아니었다. 물론 현실을 고려한 것이기도 했지만, 동시에 그것은 또 다른 사회 현실과 문화 현실을 만들어 내는 힘을, 그들을 지켜보던 세계에 예수가 주요 로마 황제는 주가 아님을 선포할 힘을 갖고 있었으며, 바울도 십중팔구는 그 점을 인식했다. 바울이 그의 서신에서 종종 다급하게, 때로는 특별한 위기를 해결하고자 분명하게 천명하는 것들은 예수 따름이를 독려하여 그들이 인간에게 새 활력을 불어넣는 새로운 종류의 인간 사회를 어렴풋이나마 맛보고 실제로 만들어 가게 하는 데 다시금 사용되고 있었다.

문화의 벽을 초월한 사회가 이전과 다른 양상으로 통일성 속의 다양성을 보여 준다는 사실이 강력한 호소력을 지니고 있다면, 거룩함도 역시 그러하다. 이는 현대 서구인의 본능에 어긋난다. 현대 서구인은 대개 어릴 때부터 가정과 학교 그리고 교회의 까다로운 도덕주의에 분개하기 때문이다. 그러니 새롭지만 요구하는 게 많은 이 새로운 행위 기준이 어찌 매력이 있을 수 있을까? 하지만 고대 세계에서는 이것이 많은 이에게, 특히 이교도가 보통 따르던 행위 패턴에 비춰 가장 취약한 위치에 있던 이들―여자, 가난한 이, 소수 민족, 노예, 어린이―에게 좋은 소식이었다. 이런 인식이 2세기의 유명한 의사 갈레노스■에게서 나온 비열한 칭송(이 칭송에는 분명 당혹감도 섞여 있다)의 뒤편에 자리해 있는 것 같다. 갈레노스는 그가 유일하게 그리스도를 따른 이 운동을 언급한 곳에서 두 가지 점을 언급한다. 그는 이 둘 때문에 이 괴이한 새 신앙을 따르는 이들이 미쳤다고 보았는데, 하나는 그들이 몸의 부활을 믿음이요, 다른 하나는 그들이 도통 잠을 안 잔다는 것이었다.[20] 이 둘은 한 덩어리였다. 인간의 몸이 새로운 존엄, 새로운 가치를 부여받고 있었다. 아무도 이런 삶의 방식을 상상하지 못했다. 바울은 그런 삶의 방식을 가르쳤고, 초기 그리스도인은 그 본을 보여 주었다.

특히, 2세기, 3세기, 4세기의 교회 생활을 연구했던 이들은, 역시 우리 시대의 예상과 반대로, 그리스도인의 메시지가 여성에게 이교 세계가 제시할 수 있었던 것보다 훨씬 나은 전망을 제공했다고 강조했다. 우선, 그리스도인의 세계에는 여성에게 좋은 점이 더 많았을 것이다. 이교도는 원치 않는 아이를 낳으면, 특히 여자아이를 낳으면 으레 죽이곤 했지만, 그리스도인은 유대인을 따라 그런 행위를 그만두었다. 이교 세계는 그런 영아 살해로 말미암아 결

■ 129-210. 알렉산드리아 등에서 의술을 배우고 로마에서 활동했던 그리스 의사.

국 혼인할 수 있는 여성이 부족하게 되었지만, 그리스도인 가운데는 그런 여성이 남았다. 이는 결국 그리스도인 여성과 이교도 남성이 많이 혼인하는 결과로 이어졌다. 이교도 남편은 혼인한 뒤에 회심하여 그리스도인이 되거나 적어도 그 자녀를 그리스도인으로 기르는 데 동의하기도 했을 것이다. 다시 말하지만, 우리 시대의 일반인식과 달리, 여성의 역할에 관한 신선한 평가가, 결국 따지고 보면 예수 자신에게서 비롯되기는 했지만, 그래도 특히 바울을 통해 사람들에게 전달되었다. 바울은 일부 여성을 그의 동료이자 동역자에 포함시켰고(그중에는 '사도'도 하나 있다), 메시아의 가족 안에는 결국 '남자와 여자'가 없음을 일찍부터 인식했으며, 뵈뵈에게 로마서를 전달할 책임을 맡기고 십중팔구는 이 서신을 설명할 책임까지 맡겼다.

이제 우리는 이와 비슷한 사상 궤적을 추적해 봐야 한다. 우리가 단지 통일과 거룩함에만 초점을 맞추다 보면, 바울의 공동체가 본질상 **외부를 향한** 공동체였으며 밖을 향한 그들의 얼굴은 외부 사람들을 적극 돌보는 얼굴이었다는 사실을 못 보고 지나칠 수도 있다. 고대 세계의 의술은 십중팔구 의술의 도움을 받을 수 있는 여유가 있는 이의 전유물이었다. 그러나 불과 몇 세대가 지나지 않아, 그리스도인은 병원을 세우고 도울 수 있는 이를 모두 돌보게 된다. 역병이 한 성읍이나 마을을 엄습하면, 부자나 명망가는 전염의 위험을 피해 멀리 시골에 있는 자신들의 집으로 피신하곤 했다. 그러나 그리스도인은 목숨을 잃을 위험까지 감내하며 그곳에 남아 환자들을 돌보곤 했다. 그 전에는 어느 누구도 그와 같은 삶을 꿈꾸지 않았다. 바울은 이런 일이 사회에 반드시 필요한 일이며 당위라고 언급하지는 않지만, 적어도 가끔은 그 자신의 사역을 특징지었던 치유 활동을 통해 표현하기도 했으며, 그가 어두운 세상을 밝히는 빛과 같은 지체들로 이루어진 공동체의 생활에 관하여 말한 내용은 이런 일이 사회에 필요함을 직접 제시하기도 한다.

마찬가지로, 고대 세계에서는 교육도 십중팔구 엘리트만 누릴 수 있었다. 유대인 소년은 읽기와 쓰기를 배웠다. 그들은 결국 토라를 배워야 했을 것이다. 그러나 대다수 평범한 이교도는 기능상 문맹이거나 일상에서 맡은 일에 필요한 읽기 정도만 할 수 있었다. 어떤 이는 당시 글을 읽을 수 있었던 사람이 전체 인구의 20 내지 30퍼센트에 불과했다고 추산한다. 더 오래된 그리스의 일부 도시와 섬은 그 시민에게 초등 교육을 시키는 전통을 갖고 있었으나, 많은 이는, 특히 여성과 노예는, 이런 기회도 거의 얻지 못했을 것이다. 하지만 초기 그리스도인은 교육에 열심이었으며, 특히 읽기에 열심이었다. 우리는 바울 공동체 안의 '교사'가 가르친 것이 무엇인지 궁금해 하는데, 나는 '읽기'가 그 대답의 일부가 아닐까 생각한다. 교사가 회심자에게 고대 이스라엘의 성경을 가르친다면(물론, 교사 자신도 한때는 회심자였으리라), 이 가르침에는 많은 회심자가 그때까지 갖고 있지 않았던 기초 기술이 들어 있었을 것이다.

우리가 알고 있듯이, 초기 그리스도인은 책에 관한 기술을 선도한 선구자였다. 그들은 그 성질상 어쩔 수 없는 한계를 갖고 있던 두루마리scroll를 버리고 대신 현대 양장본의 조상이라 할 코덱스codex를 발전시켰다. 그들이 만일 그들 공동체가 만들어 내는 책을 더욱더 많은 이가 읽을 수 있기를 원했다면, 주저 없이 그 일을 했을 것이다. 이처럼 교육을 강조하고 특히 읽기를 강조한 것은 바울까지 직접 거슬러 올라갈 수 있다. 따지고 보면, 자신이 섬기는 교회를 상대로 생각이 자란 이들이 되며 그들의 마음을 새롭게 함으로 변화를 받으라고 독려한 이가 바로 바울이다. 그는 예수 따름이가 옳은 일을 생각할 뿐 아니라, 옳은 **방법**으로 생각하기를 원했다. (우리가 아는 한) 바울 자신은 우리가 오늘날 '학교'라 부르는 것을 세우지는 않았다. 그러나 그런 학교가 세워졌다면, 그들이 그런 학교를 세우게끔 자극을 준 바울에게 감사했을 것이다.

이 모든 것이 기본 명령이 된다. 이 기본 명령은 바울이 아주 이른 시기에 쓴 서신에서 당연한 규범으로 등장하며, 이후 수 세기가 지나는 사이에 교회의 주요 특징이자 매력 있는 특징이 된다. 예루살렘 사도들은 바울에게 "가난한 자들을 계속 기억해야 한다"고 요구했다. 바울은 그렇게 하겠다고 대답하면서, "그것이 내가 열심히 해 온 일"이라고 대답했다. 바울은 결국 한 특별한 일에 초점을 맞추었는데, 바로 예루살렘을 위한 연보 거둠이었다. 그러나 모든 표지는 각 지역의 예수 공동체가 똑같은 우선순위를 갖고 있었는데, 아마도 이는 물론 예수 바로 그분 때문일 것이다. 바울은 데살로니가 사람들이 '사랑', 곧 **아가페**$^{agap\bar{e}}$를 실천한 것을 칭송하면서, 그들에게 더욱 사랑을 행하라고 촉구한다. 그는 갈라디아 사람들에게 이렇게 썼다. "우리에게 기회가 있을 때 모든 사람에게, 특히 믿음의 가족들에게 선한 일을 합시다." "기뻐하는 사람들과 함께 기뻐하고 우는 사람들과 함께 우십시오." "여러분은 세상 속의 빛처럼 그들 가운데서 빛나야 합니다." 복음 자체는 새로운 종류의 백성, "선한 일에 열심을 내는" 사람들을 만들어 내려 했다. 실제로 복음을 통해 태어난 새로운 종류의 인류는 "선한 일"이라는 특별한 목적을 이루고자 창조되었다.[21] 사람들은 이 "선한 일"이라는 말을 그저 '도덕 규칙을 행함'이라는 의미쯤으로 읽으면서, 방금 말한 사실을 자주 간과하곤 했는데, 특히 나중에 '선한 일을 행함'을 '오직 믿음으로 의롭다 하심을 받음'과 대립시키면서 그런 경향이 강해졌다. 도덕도 중요하고 믿음도 중요하다. 그러나 여기서 중요한 것은 그것이 아니다. 바울이 여기서 강조하는 것은 공동체가 평상시에 하는 행위를 통해 그 주위 세계를 더 나은 곳으로 만들어 가야 한다는 것이다.

2세기와 3세기를 대강 살펴보기만 해도 이 모든 사실이 그리스도인 공동체가 확산된 이유를 잘 설명해 준다는 것을 충분히 확인할 수 있으며, 특히 이 모든 사실을 한데 모아 살펴보면 더더욱 그러하다. 주위 사람들은 이 예수 따름이를 이상한 사람들이라 보았을 수도 있으며, 어떤 이들은 예수 따름이를 반사회적 인간이라 생각했을 수도 있다. 그러나 이 예수 따름이는 실상 더 큰 사회를 바꿔 놓은 일을 하고 있었다. 2세기 끝에 이르렀을 때, 로마 관리들은 기독교의 가르침이 담고 있는 뉘앙스를 특별히 간파하지는 못했지만, 그래도 그들은 '주교'(감독)라는 말이 무슨 의미인지는 알았다. 당시 주교는 가난한 사람에게 필요한 것을 신자들에게 알려 주는 사람을 의미했다. 이런 공동체 생활의 가닥들을 살펴보면, 모든 핵심이 바울로 거슬러 올라간다. 바울이 이 씨들을 심었다. 그는 이 씨들이 싹을 틔우기 오래전에 죽었지만, 싹들이 돋아났을 때는 그리스도인 공동체가 신선한 꿈과 가능성으로 고대 세계에 도전을 던지는 존재가 되어 있었다. 이 공동체가 품었던 꿈은 각자가 모든 이를 위해 일하고 모든 이가 각자를 위해 일하는 사회를 세우는 것이었다. 이 공동체가 제시했던 가능성은 당시 세계를 압도하던 옛 이교의 숙명적 유산과 이 이교가 남긴 사회, 문화, 정치 분야의 관행을 탈피하여 **코이노니아**_koinōnia_, 곧 '사귐'이라 부르기도 하는 새로운 종류의 공동체를 발견할 수 있다는 것이었다. 말하자면, 한 가족을 제시한 셈이다.

역사 문제가 다시 신학 문제로 옮겨 가자, 분명 2세기와 3세기 신학자들은 예수가 십자가에서 돌아가신 일을 이야기하면서, 예수가 십자가에서 모든 어둠의 권세에 승리를 거두셨다는 그들의 믿음을 종종 강조했다. 그것은 그저 어떤 추상적 '대속'을 다룬 신학 이론이 아니었다. 그것은 그들이 살아가고 일했던 공동체의 삶에 꼭 있어야 할 기반이었다. 공동체가 비로소 존재할 수 있었던 것은, 옛 신들이 비록 반격을 시도하기는 했지만 결국 뒤집어지고 말

왔기 때문이다. 맘몬과 마르스와 아프로디테는 사기꾼임이 드러났다. 로마 황제 자체도 궁극의 주가 아니었다. 신학이 역사 사실, 정치 사실 아래에 숨어 있었다. 이 그리스도인 공동체는, 길에서, 집에서, 장터에서, 이전과 다른 주를 따르고 한 분 하나님께 예배한다는 것이 무슨 의미인지를 보여 주었다.

바울 자신도 이 공동체를 떠받치는 주요한 지적 기반intellectual infrastructure 가운데 일부를 제공했다. 이것 역시 고대 세계의 다른 주요 지적 구조물이 그 기력을 다했기 때문이 아니었다. 스토아 학파, 에피쿠로스 학파, 당시 떠오르고 있던 유망한 중기 플라톤주의자■는 진지하고 명쾌하며 많은 점에서 매력이 넘치는 대변인을 갖고 있었다. 하지만 돌이켜 보면, 만물의 창조주이신 한 분 하나님을 예수에 초점을 맞춰 바라보는 바울의 시각은 이 모든 철학에 도전을 던져 그 철학 자신의 방법으로 그 철학을 다 격파할 수 있었다. 따지고 보면, 이런 철학은 모두 세계를 이해하는 방법이었고, 세계 안에서 일관되고 의미 있는 인간의 길을 발견하는 방법이었다. 이후 세대들은 이와 똑같은 문제를 기독교의 틀로 명쾌히 설명하기를 원할 때(거듭 말하지만, 이 설명은 유대에 뿌리를 두었지만 예수를 기초로 삼아 그 틀을 새롭게 다시 짠 것이었다) 바울을 찾아 도움을 구했다. 물론 다른 자료도 여전히 중요했다. 그런 자료의 명백한 본보기가 바울

■ 기원전 1세기부터 기원후 3세기에 신플라톤주의가 등장할 때까지 유행했으며 자유 의지와 영혼 불멸을 주장했다. 플루타르코스가 대표 인물이다.

자신도 아마 들었다면 무릎을 꿇었으리라는 생각이 드는 글인 요한복음 서문이다. 그러나 바울이 이스라엘과 그리스 그리고 로마의 3중 전통을 충실히 파고들어 이들 전부를 예수와 영(이스라엘의 메시아인 예수와 이스라엘이 품었던 궁극의 소망인 부활의 중개자인 영)의 형상으로 바꿔 놓은 것이 후대에 나온 위대한 사상가들의 활동 지반을 제공했다.

후대의 이런 사상가 가운데 복음을 널리 퍼뜨린 이는 거의 없었다. 복음을 널리 퍼뜨린 공로자는 지역 공동체다. 이 공동체들은 자주 위협을 받고 실제로 핍박을 받으면서도 복음의 제시한 명령을 삶으로 살아 냈다. 그러나 그런 사상가들의 작업이 없었으면, 교회는 살아남지도 못하고 흥왕하지도 않았을 것이다. 신학은 건강한 교회의 척추다. 몸에는 여전히 팔다리와 기관, 관절과 조직이 필요하다. 바울 자신이야말로 메시아의 몸이라는 이미지를 사용하여 그런 점을 역설한 최초의 인물일 것이다. 그러나 척추가 없으면 몸은 살아남지 못할 것이다. 교회가 이후 여러 세기에 걸쳐 살아남고 번성한 것은 바울이 그 제자들에게 생각할 대상(무엇을 생각해야 하는가)뿐 아니라 생각하는 방법(어떻게 생각해야 하는가)을 가르치며 이룩한 성과 덕분이다. 바울은 그것에 어떤 대가가 따르리라는 것을 아주 잘 알았지만, 자신이 가르치는 것이야말로 진정 인간의 길이요, 진정한 인간다움이 지닌 힘을 통해 승리를 거둘 길이라고 믿었다. 우리도 그것에서 우리가 찾는 답을 얻는다.

결국 몇 가지 설명 흐름이 있지만, 이 흐름들은 모두 바울 자신으로 수렴된다. 바울 자신이 품었던 꿈은 통일되고 거룩하며 외부를 바라보는 교회였다. 그는 고난 받는 사도직(사도의 길)이라는 개념을 정립한 선구자였다. 십자가에 못 박혀 돌아가신 예수의 메시지가 고난 받는 사도를 통해 펼쳐지고 이 세상에서 효험을 발휘했다. 그는 이 공동체들이 어떤 방향으로 발전해 갈지 내다볼 수 없었을 것이다. 물론 그는 이루어진 모든 일에 동의하지는 않았을 것이다. 그러나 역사가이자 전기 작가인 사람■은, 부리나케 서둘렀고 자주 논란도 불러일으킨 바울의 사역으로 거슬러 올라가 그 사역에서 세상을 바꿔 놓은 운동의 깊은 뿌리를 찾아낼 수 있다. 이 책은 그 다음 문제, 곧 우리 시대에 교회가 그 정책과 우선순위를 바울의 사역에 비춰 재평가한다면, 과연 무엇이 달라질까라는 문제를 다루지 않는다. 우리는 결국 전기 혁명이 온 세계를 하나로 아우르는 상황을 만들어 내는 것을 보았는데, 이는 1세기 세계가 로마의 급작스런 부상(浮上)으로 말미암아 경험했던 상황만큼이나 극적인 신세계였다. 이런 시대에 교회가 보일 반응은 무엇이며 교회가 이행해야 할 책임은 과연 무엇일까?

그러나 바울이 품었던 꿈, 곧 옛 이스라엘을 다룬 성경 이야기에 뿌리를 두고, 늘 기도하며, 자신들을 적대시하는 사회와 정치에 맞서면서도 모든 사람, 특히 가난한 이에게 선을 행하는, 통일되고 거룩한 공동체가 늘 중심을 이룰 것이다. 바울 자신의 그칠 줄 모

■   저자인 톰 라이트 자신을 말하는 것 같다.

르는 에너지, 그의 명쾌함과 취약함, 이런 꿈을 살아 움직이게 하는 동력을 불어넣는 그의 언어 구사 방식을 생각할 때, 어느 세대나 그를 본받을 수 있는 사람들을 필요로 할 것이다. 그의 우뚝 솟은 지적 성취, 예수와 영을 중심으로 한 분 하나님을 바라보는 시각을 재정립하여 그를 에워싼 철학 세계에 도전을 던진 그의 신학적 시각은 교회 전체에 꼭 있어야 할 탄탄한 틀을 제공할 것이다. 교회가 신학 작업은 물론이요 바울과 그 동료들의 작품에 뿌리를 둔 주해 작업을 포기할 때, 교회의 통일과 거룩함, 교회가 가난한 이들을 돌봄 역시 밖으로 밀려날 것이며, 그때 그런 일이 일어날지라도 우리는 놀라지 않을 것이다.

―――――――

바울과 그 후계자들이 역설하는 것이 하나 더 있다. 바로 기도다. 우리는 이제 바울의 마지막 날들을 신중히 살펴보면서, 그가 어린 시절에 배웠고 이후에 예수와 영에 비춰 발전시켰던 기도 패턴을 다시 돌아본다.

바울은 그의 수고가 그의 목숨을 대가로 요구할 수도 있음을 늘 알았다. 그는 40년대 말에 안디옥을 떠난 뒤에 그 자신이 '집'이라 부를 수 있는 곳을 가졌겠지만, 그래도 그는 자신이 집에서 편안히 누워 죽으리라고 예상하지 않았다. 그가 사도행전 끝부분에서 말하는 이태 동안의 가택 연금 뒤에 죽음을 맞았든, 아니면 두 번째로 체포당하여 마지막 재판을 받기 전에 계속하여 선교 여행을 했든, 나는 그가 죽음을 늘 준비한 점, 그의 죽음이라는 사건이 그가 살아간 삶과 관련하여 다가왔다는 점, 그리고 특히 그가 늘 올렸던 기도를 우리 시선에 담고 있어야 한다고 생각한다.

모든 시대를 통틀어 가장 위대한 교사 가운데 하나로 꼽히는 랍비 아키바■와 관련된 유명한 이야기가 있다. 로마 고문자들이, 135년에 바르 코흐바 봉기가 있은 후 유대인 봉기자들을 체포했다. 아키바도 체포되었는데, 고문자들은 아키바의 살을 쇠빗으로 꿰뚫어 그가 지독한 고통을 겪으며 천천히 죽게 만들었다. 이때 아키바는 **쉐마***Shema*로 계속 기도하면서, 한 분 하나님을 향한 그의 충성과 하나님나라를 지지하는 그의 단호한 결심을 선포했다고 한다.[22] 그는 이렇게 계속 기도했다. "**쉐마 이스라엘**, 들으라, 이스라엘아. 주님은 우리 하나님, 주님은 한 분이시니. 너는 네 주 하나님을 네 마음을 다하고, 네 영혼을 다하고, 네 힘을 다해 사랑하라"(여기서 '영혼'은 '목숨'을 의미한다). 소크라테스가 독미나리 즙을 마실 때 그 옆에 서 있던 그의 벗들처럼, 아키바의 제자들도 스승 곁에 서서 두려움과 공포에 질린 채 이런 상황에서도 어떻게 계속하여 그 기도를 올릴 수 있냐고 물었다. 아키바가 남긴 대답은 늘 현명하고 겸비한 유대 사상의 본보기로 남아 있다. 그의 대답은 훨씬 후대에

■ 50-135. 미쉬나에 많은 글을 남긴 랍비이며 바르 코흐바 봉기 때 로마에 처형당했다.

기록되었으나 우리가 그에 관하여 아는 내용을 그대로 되비쳐 준다. 그는 자신이 평생 그 기도 속에 들어 있는 말인 '네 영혼을 다하고' 때문에 고초를 겪었다고 설명했다. 그는 그 말의 의미를 궁금해 하면서, 자신이 그 기도의 그 부분을 다 이행할▪ 기회를 가지게 될지 의문을 품었다. 그는 자신이 드디어 그 기회를 얻었으니, 이 기회를 놓치지 않겠노라고 선언했다. 결국 이것이 바로 **목숨**을 다해 한 분 하나님을 사랑하라는 말의 의미였다. 아키바는 그 입에 늘 붙어 있던 '한'(히브리어로 *echad*)이라는 말 때문에 죽었다. "들으라, 이스라엘아. 주님은 우리 하나님, 주님은 **한 분이시니.**" 에하드. 그것은 충성을 다하겠다는 말이었고, 죽기까지 충성하겠다는 말이었다.

어쩌면 바울도 그 벗들에게 에워싸인 채 처형자의 칼을 기다리지 않았을까 싶다. 나는 내 마음의 눈으로 그 장면의 바울을 본다. 그도 계속 기도한다. 그 기도는 당연히 성실과 사랑을 고백하는 기도, 유대 스타일의 성실을 고백하는 기도, 그러나 메시아를 따라 다시 정립한 충성을 고백하는 기도, 시작된 하나님나라의 유일신론을 고백하는 기도일 것이다. "우리에게는 한 분 하나님(아버지가 계시니, 그분에게서 만물이 비롯되고, 우리는 그분을 향해 삽니다)과 한 주(메시아 예수가 계시니, 그분을 통하여 만물이 존재하고, 그분을 통하여 우리가 삽니다)가 계시니, **여러분은 그분을 사랑하십시오.**"이 본문(고전 8:6)은 영어보다 그리

■   자기 영혼을 다해, 자기 목숨을 바쳐 주님을 사랑할.

스어로 읽을 때 부드럽게 흘러간다.

Heis theos, ho patēr, ex hou ta panta kai hēmeis eis auton,
Kai heis kyrios, Iēsous Christos, di'hou ta panta kai hēmeis di'
autou.

이것이 바로 바울을 바울로 만든 본문이다. 이것이 다메섹 도상에서 느닷없이 그를 덮친 실체다. 그는 자신이 한 일이 논란도 많고 고통도 컸으며 무거운 요구를 동반했고 오해를 불러일으킬 수밖에 없었는데도 결국 허사가 되지 않고 도리어 성장하여, '한 종교'를 만들어 내는 데 그치지 않고 나아가 새로운 인류의 인간—새 백성, 새 공동체, 새 세상—을 만들어 내게 된 이유를 제시할 때, 바로 저 본문이 궁극적 설명을 제시한다고 말했을 것이다. 그가 한 일은 새 **폴리스**, 새로운 종류의 사랑을 만들어 냈다. 그가 감히 상상조차 할 수 없었던 일을 한 셈이다.

그는 거듭거듭 그 기도로 기도하고 또 기도한다. 그는 그 호흡의 박자에 맞춰 그 기도로 기도한다. 그는 그의 가장 깊숙한 내면의 자아 속에 자리하신 영의 호흡을 따라 그 기도로 기도한다. 그는 자신의 **피스티스**, 자신의 충성, 자신의 사랑을 다시 한 번 선포한다. 한 분 하나님, 한 주를 선포한다. '한'이라는 말을 힘주어 강조한다. 그가 평생에 걸쳐 한 일은 하나님나라 그리고 주이신 예수를 누구에게나 드러내 놓고 거침없이 증언하는 것이었다. 그는 처형자가 그 칼을 뽑은 지금도 기도하며 그 일을 한다. 그는 이 한 분 하나님을 그 마음과 생각과 힘을 다해 사랑한다. 그리고 마지막으로 그 목숨까지 바쳐 사랑한다.

옮긴이

글

/

애초에는 쓰지 않았던 글을 책이 나올 때가 가까워서야 두서 없이 몇 마디를 적어 봅니다. 번역하는 내내 쉽지 않은 문장과 씨름했던 탓인지, 아니면 여느 평전과 달리 논증과 추리가 강하게 드러나는 독특함 때문인지, '옮긴이 글'을 쓴다 해도 어디서 글을 시작해야 할지 참 막막합니다. 아주 정밀한 독서이지만 오히려 바로 그런 점 때문에 강한 인상이 남았던 몇 곳만이 의식 속에 남고 번역하며 거쳐 온 대다수 지역은 곧장 저 무의식 속으로 사라져 버리는 번역의 오묘한 특성도 이런 글을 쓰려 할 때면 옮긴이를 괴롭히는데, 이 평전도 예외는 아니군요.

바울! 글쎄, 이 평전을 번역한 이로서 바울이라는 사람을 어떻게 이야기해야 할지 지금도 잘 모르겠습니다. 노년에 옥에 갇힌 그의 모습을 떠올려 보면 주를 향한 믿음을 고백하고 찬미를 올리지만, 실은 고단한 인생살이와 외로움에 지쳐 우울과 맞서 싸우는 모습이 떠오르곤 합니다. 그가 교회와 신자에게 써 보낸 이런저런 서

바울 평전

신을 보면서, 또 사도행전 같은 책이 증언하는 그의 놀라운 행적을 보면서 비범한 사도요 신학자이며 카리스마 넘치는 지도자의 모습을 그에게 대입할 때가 많지만, 저는 번역하는 내내 바울을 우리와 같은 사람으로 생각해 보려 했습니다. 지은이의 말처럼, 바울이 젊은 날에 아내를 여의었다면 아내를 떠나보내던 날 그의 심정이 어떠했을지, 다마스쿠스로 가던 길에 느닷없이 부활하신 예수를 만나 눈이 멀어 버렸을 때 그의 마음속에서는 어떤 격랑이 일어났을지, 목숨까지 잃을 고비를 여러 차례 겪으면서 사람들에게 복음을 전하고 교회를 세웠건만 그런 교회와 지체들이 순식간에 돌변하여 그를 공격했을 때는 얼마나 절망하고 비통했을지, 그리고 인생의 마지막 장을 닫을 때 그의 얼굴에는 어떤 표정이 나타났을지…. 지금도 그의 인생사가 궁금하고, 그 인생사를 구성했을 장면 장면이 사진으로 남아 있지 않은 게 안타깝기만 합니다.

바울은 관심사도 정말 다양했던 것 같습니다. 그가 다루는 문제는 대다수가 결국 그리스도의 몸이요 그리스도인 공동체인 교회와 관련이 있지만, 교회가 자리한 시공간, 그 시공간에서 일어나는 인간사와 모두 관련이 있습니다. 정치, 경제, 사회, 윤리, 심지어 부부생활에 이르기까지, 참 오지랖도 넓다 싶을 정도로 갖가지 문제에 발을 들여놓는 이가 바울입니다. 바울이 오늘날 활동했다면 '바울이 바라본 세상만사' 같은 책도 하나 쓰지 않았을까 하는 생각이 드는군요. 우리는 오늘날 신학이라는 한 학문 분과 속에 바울을 집어넣곤 하지만, 그것은 정말 이 시대를 살아가는 우리가 우리의 시각으로 바울이라는 사람을 판단한 결과에 불과할지도 모릅니다. 바울을 제대로 알려면, 오히려 이 세상에 존재하는 모든 학문이 협동 작업을 펼쳐야 할지도 모르겠습니다. 그리해야 비로소 바울이라는 조각그림을 맞출 수 있을 것 같군요.

이 책은 바울 평전이라는 제목을 갖고 있지만, 사실 바울이라는 인물의 삶을 처음부터 끝까지 자세하게 일러 주는 정보는 많지 않습니다. 남아 있는 자료도, 마치 2악장의 일부까지만 전해 주는 미완성 교향곡처럼, 그 삶의 일부만 전해 줍니다. 이 때문에 지은이는 이 평전의 여러 부분을 탐구와 추리와 논증으로 채우면서, 이 책을 읽는 우리에게도 바울의 삶과 사상을 캐 들어가는 작업에 동참하라고 초대합니다. 마치 훌륭한 제빵사가 맛있는 빵을 아예 다 구워 주지 않고 잘 숙성된 반죽만 주면서 그 반죽으로 자신과 함께 빵을 만들어 보자고 초대하는 것 같습니다. 지은이는 앞에서 설교하는 이의 말만 맹신하며 맹종하지 않고 스스로 진리 앞에 서서 겸손히 그 진리를 궁구할 줄 아는 이야말로 참된 그리스도인이라고 말하는데, 어쩌면 이 평전이야말로 그런 참된 그리스도인의 덕목을 실천해 볼 수 있는 마당이 아닌가 싶습니다. 그 삶의 숱한 구석에 허다한 의문부호를 붙이고 있는 바울이라는 사람! 그러기에 우리가 어떤 선입견이나 좁은 시각이나 닫힌 생각으로 접근했다간 도리어 그 면모를 제대로 파악하지 못할 수도 있는 사람! 그 사람을 추적하고 알아 가는 게 우리가 해야 할 일이겠습니다. 웅대한 포부, 온 우주와 온 역사를 아우르는 시야를 드러냈던 바울! 그런 바울도 인간인지라 죽어 가면서 자신이 헌신한 모든 것이 과연 열매를 맺을 수 있을지 고뇌했을지도 모르겠습니다. 되돌아보면 인생이란 게 허무하다고 느낄 때가 종종 있으니까요. 바울도 그런 때는 울지 않았을까요?

번역하기 힘들었던 책이지만, 바울이라는 사람을 깊이 생각해 보게 만든 책이었습니다. 물론 지금도 바울이라는 사람을 종종 떠올리곤 합니다. 그가 살았을 장면들을 그려 보기도 하고요. '옮긴이 글'을 마무리하면서, 부족한 번역자에게 귀중한 책을 번역할 기회를 주신 비아토르 출판사 김도완 대표께 감사를 드리고 싶습니다. 그리고 부족한 번역을 다듬어 부족함을 가려 주신 박명준 편집자께도 깊이 감사드립니다. 신종 코로나바이러스 때문에 온 세계가 어려움을 겪는 이때 바울이 이 시공간 속에 있었다면 무슨 말을 건넸을까? 요새는 종종 그런 생각을 해보곤 합니다. 번역에 부족한 점이 있다면 독자 여러분의 너그러운 이해를 바랍니다. 이 책이 바울이라는 이를 알아 가고자 하는 모든 분에게 훌륭한 길잡이가 되길 바라며, 부족한 옮긴이가 몇 자 적어 올렸습니다. 감사합니다.

2020년 3월
옮긴이 박규태 올림

연대표

/

고대사가 다 그렇듯이, 여기서 제시한 연대는 대부분 추정치다. 이 연대 중 몇 곳은
본문에 들어 있는 특별한 주장에 의존했다. 주요 여행은 굵은 글씨로 표시했으며,
서신은 고딕체로 표시했다.

기원전 4년?	예수가 나사렛에서 나심
기원후 5-10년?	사울이 다소에서 태어남
30	나사렛 예수가 십자가에 못 박혀 돌아가셨다가 부활하심
33?	예수가 다메섹으로 가던 사울에게 나타나심
33-36	바울이 다메섹과 아라비아에 있다가 다시 다메섹으로 돌아옴
36	바울이 다메섹 도상 사건 후 처음으로 예루살렘을 방문
	(갈 1:18-24)
36-46	바울이 다소에 머무름. 바나바가 그를 안디옥으로 데려감
40	칼리굴라가 예루살렘에 자기 상(像)을 세우려고 계획함
41	칼리굴라가 암살당함. 클라우디우스가 등극함
46/47	기근을 당한 예루살렘을 방문함(행 11:30, 갈 2:1-10)
47-48	바울과 바나바가 **첫 번째 선교 여행**에 나섬. **키프로스와 갈라디아 남부**를 방문
48	베드로가 안디옥에 옴(갈 2:11-21), 갈라디아의 위기
48	**갈라디아서**
48/49	예루살렘 공의회(행 15장)
49?	클라우디우스가 유대인을 로마에서 쫓아냄

주
/

서문

1. 런던의 SPCK와 미니애폴리스의
   Fortress Press가 모두 출간했다.
2. Stephen Mitchell, *Anatolia:
   Land, Men, and Gods in Asia
   Minor*, vol. 2, *The Rise of the
   Church* (Oxford: Clarendon, 1993).
3. George S. Duncan, *Paul's
   Ephesian Ministry: A
   Reconstruction* (London: Hodder
   and Stoughton, 1929).
4. *The New Testament for
   Everyone* (London: SPCK, 2011); *The
   Kingdom New Testament* (San
   Francisco: HarperOne, 2011). 《하나님나
   라 신약 성경》, IVP)

들어가는 글

1. 갈 1:14.
2. 갈 1:14, 빌 3:6.
3. 빌 3:20.
4. 롬 8:30.
5. 갈 4:4.
6. 신 6:4.
7. 빌 4:8.
8. 신 30장.
9. 스 9:9, 느 9:36을 보라.
10. 레 25장.
11. 출 40장, 왕상 8장.
12. 사 52:7-12.
13. 빌 3:6.
14. 갈 1:14.
15. 갈 4:17-18.

1장 열심

1. 민 22-24장
2. 민 25:6.
3. 시 106:30-31.
4. 창 15:6.
5. 마카비1서(마카베오상) 2:51-60.
6. 왕상 18-19장.
7. 마카비1서(마카베오상) 2:49-68.
8. 마카비2서(마카베오하) 7장.
9. 행 5:34-39.
10. 행 7:56.

2장 다메섹

1. John Betjeman, *Uncollected Poems* (London: John Murray, 1982), 68.
2. John Shelton Lawrence and Robert Jewett, *The Myth of the American Superhero* (Grand Rapids: Eerdmans, 2002); Robert Jewett and John Shelton Lawrence, *Captain America and the Crusade Against Evil: The Dilemma of Zealous Nationalism* (Grand Rapids: Eerdmans, 2004).
3. 가령 Margaret MacMillan, *The War That Ended Peace* (London: Profile Books, 2013), 특히 9장을 보라.
4. 사 40:1.
5. 사 40:4-5. 저자가 저자 나름대로 바꿔 표현함.
6. 사 52:8.
7. 겔 43:1-5, 출 40:34-38.
8. 말 3:1.
9. 창 15:7-21.
10. 창 28:10-22.
11. 창 40-42장.
12. 단 2:17-49, 7:1-28.
13. 겔 1:26.
14. 고후 4:6.
15. 갈 3:28.
16. 갈 1:17.

3장 아라비아와 다소

1. 갈 1:15-17.
2. 갈 1:12.
3. 왕상 19:1-9.
4. 왕상 19:10-15.
5. 왕상 19:15.
6. 왕상 19:18.
7. 롬 11:3-4.
8. 갈 1:15, 렘 1:5.
9. 갈 1:16.

10. 갈 1:24, 사 49:3을 되울려 줌.

11. 갈 2:2, 사 49:4을 되울려 줌.

12. 고후 11:30-33.

13. 고후 12:1-10.

14. 고후 1:20.

15. 시 2:7-9.

16. 시 47:8-9.

17. 시 72:8.

18. 고후 10:5.

19. 빌 4:8.

20. 롬 9:1-5.

21. 고전 7:7.

22. 고전 7:8.

23. 고전 9:6.

24. 고전 7:15.

25. 갈 3:28.

26. 고전 9:26-27.

4장 안디옥

1. 롬 9:2.

2. 행 11:26.

3. 행 26:28, 벧전 4:16.

4. 갈 2:10.

5. 갈 2:2.

6. 살전 2:1, 3:5, 빌 2:16.

7. 고전 9:26-27.

8. 고전 9:20.

9. 롬 1:16.

5장 키프로스와 갈라디아

1. 빌 1:23.

2. 눅 23:43.

3. 행 26:16-18.

4. 행 13:7.

5. 행 13:12.

6. 행 13:9.

7. 롬 11:1-2, 삼상 12:22을 인용.

8. 행 13:16-41.

9. 시 2편, 16편, 사 55장.

10. 사 49:6, 저자의 번역.

11. 행 13:51; 눅 10:11을 보라.

12. 행 13:52.

13. 갈 3:5.

14. 행 14:5.

15. 행 14:19.

16. 갈 4:13.

17. 갈 4:15.

18. 갈 4:14.

19. 고후 4:7-12, 6:3-10, 11:21-
    12:10.

20. Ovid, *Metamorphoses* 8,618-
    724. 《변신 이야기》, 민음사)

21. 행 13:38-39.

22. 고후 11:25.

23. 행 14:22.

6장 안디옥과 예루살렘

1. 행 10-11장.

2. 행 21:27-22:22.

3. 행 13:38-39.

4. 마카비1서(마카베오상) 2:46;
   Josephus, *Antiquities* 13.257-
   258, 318.

5. 행 11:9.

6. 갈 2:13.

7. 갈 2:11, 14.

8. 갈 2:15-16상.

9. 빌 2:8.

10. 갈 2:16중-하.

11. 갈 2:17-18.

12. 갈 2:19-20.

13. 갈 2:21.

14. 행 18:22.

15. 갈 1:4-5.

16. 갈 6:15.

17. 갈 3:6에서 인용한 창 15:6.

18. 마카비1서(마카베오상) 2:52, 54.

19. 갈 4:8-11.

20. 갈 3:28.

21. 갈 4:6.

22. 갈 4:26.

23. 갈 6:15.

24. 갈 4:25.

25. 암 9:11-12을 인용한 행 15:16-
    17.

26. 갈 2:19-20.

27. 갈 1:15-16.

28. 벧후 3:16.

7장 유럽으로

1. 갈 4:20.

2. 갈 4:10, 몬 23, 딤후 4:11.

3. 고전 9:6.

4. 에 6:1, 저자의 번역.

5. 행 16:3.

6. 갈 2:3-5.

7. 고전 9:20.

8. 행 16:10.

9. 행 16:14.

10. 행 16:17.

11. 행 16:20-21.

12. 행 16:28.

13. 행 16:30.

14. 행 16:31.

15. 행 16:37.

16. 살전 1:9.

17. 행 17:6-7.

18. 살전 2:7-8.

19. 살전 2:17.

20. 살전 3:6.

21. 살전 2:1, 3:5.

22. 고전 1:26.

23. 살전 2:8.

8장 아테네

1. 살전 3:2.

2. 행 17:21.

3. Aeschylus, *Eumenides* 647-648.

4. 행 17:19-20.

5. 고후 10:5.

6. 요 19:11.

7. 골 2:15.

8. 시 50:12.

9. 행 17:27-28.

10. 행 17:31.

11. 고전 4:3-4; 롬 2:14-16을 보라.

12. 시 2:10.

13. 행 17:33.

9장 고린도 I

1. 고전 2:3.

2. 고전 15:3-5.

3. 고전 2:1-2.

4. 고전 1:22-25.

5. 살전 1:9.

6. 롬 2:8-9.

7. 살전 2:10-12.

8. 살전 2:19-20.

9. 살전 1:5, 2:13.

10. 살전 4:1-8.

11. 갈 6:10.

12. 살전 4:12.

13. 살전 4:13-14.

14. 엡 1:10.

15. 살전 4:16.

16. 살전 5:2-3.

17. 렘 6:14.

18. 살전 5:4-10.

19. 사 13:10.

20. 렘 4:23-28.

21. 살후 2:6-7.

22. 살후 2:13-14.

23. 살후 3:10.

24. 살후 3:7-9, 12.

25. 행 18:9-10.

26. 행 18:13.

27. 고전 8:6.

28. 행 18:15.

29. 행 18:17.

30. 살전 5:17.

31. 고전 8:6.

32. 행 18:22.

10장 에베소 I

1. 고후 1:8.

2. Pausanias 4,31,8, 7,5,4.

3. 고후 1:8-9.

4. 고후 1:9.

5. 고후 4:8-9.

6. 고후 4:10.

7. 고후 1:3-7.

8. 고후 1:13-14.

9. 고후 2:16-17, 문자 그대로 번역.

10. 고전 15:32.

11. 고전 16:8-9.

12. 행 23-26장.

13. 행 20:25, 38, 롬 15:24, 28.

14. 행 20:16.

15. 행 19:19.

16. 고전 5:9-10.

17. 행 19:1-7.

18. 고후 2:1.

19. 고후 11:24.

20. 고전 15:32.

21. 골 1:8.

22. 골 1:6.

23. 행 19:12.

24. 행 19:15.

25. 행 19:18-20.

26. 행 20:21.

27. 행 19:22.

28. 행 20:1.

29. 고전 3:10-17.

30. 고전 3:21-23.

31. 고전 4:18-21.

32. 고전 1:18, 25, 2:5, 4:20.

33. 고전 5:7-8.

34. 고전 15:23-28.

35. 고전 8:6.

36. 고전 10:26.

37. 고전 9:19-23.

38. 갈 2:19-21.

39. 고전 10:27.

40. 고전 13:9-13.

41. 고전 15:17.

42. 고전 15:17, 2, 58.

43. 시 110:1을 인용한 고전 15:25.

44. 고전 15:23.

45. 고후 1:15-16.

46. 고후 1:15-17.

47. 행 19:26.

48. 행 19:28.

49. 롬 16:4.

50. 마 10:28, 눅 12:4-5.

51. 고후 1:9.

바울 평전

3. 고후 7:5.

4. 고후 7:6-7.

5. 고후 7:7-9, 13-16.

6. 고후 5:21-6:2, 그리고 사 49:8.

7. 고후 3:3.

8. 고후 4:4-6.

9. 고후 4:7-10.

10. 고전 15:51-52, 아울러 살전 4:17.

11. 빌 1:21-23.

12. 고후 1:12.

13. 고후 5:10-15.

14. 고후 5:17-18.

15. 고후 6:4-10.

16. 고후 11:7-11.

17. 고전 9:18.

18. 고후 11:11.

19. 고후 11:23-33.

20. 고후 12:2-4.

21. 고후 12:9.

22. 고후 12:9-10.

23. 고후 13:10.

24. 롬 1:16.

25. 고후 5:14.

26. 요 19:11, 롬 13:1-7, 골 1:15-20, 벧전 2:13-17.

27. 롬 1:1-5, 16-17.

28. 롬 15:8-12.

29. 롬 15:7.

30. 롬 8:3.

31. 출 40장.

32. 롬 8:17-30.

33. 롬 8:26.

34. 롬 8:37.

35. 롬 8:39.

36. 롬 10:4.

37. 롬 9:2.

38. 요 1:11.

39. 롬 10:1.

40. 롬 10:9.

41. 롬 10:14-15.

42. 롬 11:23.

43. 롬 10:1-3.

44. 롬 11:18.

45. 롬 11:15-18.

46. 롬 11:14; 고전 9:22에 있는 "일부 사람"(어떤 이들)과 유사함에 주의하라.

47. 롬 11:32.

48. 롬 12:2.

49. 롬 13:8-10, 11-14.

50. 롬 13:1-7.

51. 롬 10:2.

52. 롬 15:4-6.

53. 롬 15:19.

54. 행 20:2.

55. 롬 15:31.

56. 롬 16:22.

57. 롬 16:25-27.

13장 다시 예루살렘

1. 갈 2:10, 3:28.

2. 고후 8:9.

3. 롬 15:27.

4. 롬 11:15.

5. Josephus, *Antiquities* 14.190-
216, 17.313을 보라.

6. 고전 16:3-4.

7. 고후 8:19-20.

8. 고후 1:16, 행 20:3.

9. 골 4:10, 몬 24.

10. 행 20:4.

11. 행 20:7-12.

12. Plato, *Symposium* 223D. 《향연》

13. 행 20:28.

14. 행 20:32.

15. 행 20:35.

16. 롬 14:14, 20.

17. 막 7:19.

18. 롬 9:1-5.

19. 롬 10:1.

20. 롬 11:23.

21. 행 22:22.

22. 행 22:25.

23. 행 22:28.

24. 요 18:22.

25. 행 23:3.

26. 행 23:5.

27. 이 경우에는 출 22:7.

28. 행 24:5-6.

29. 행 24:19.

30. 행 25:10-11.

31. 행 25:19.

32. 행 26:23.

33. 행 26:14.

34. 행 5:39.

35. 롬 10:2-4.

36. 행 26:18.

37. 행 26:23.

38. 행 26:23.

39. 눅 2:32; 아울러 1:78-79을 보라.

40. 사 49:6.

41. 사 49:7.

42. 롬 15:21이 인용한 사 52:15.

43. 행 26:24.

44. 행 26:27.

45. 행 26:28.

46. 행 26:29.

14장 가이사랴에서 로마로, 그리고 로마 너머

1. 단 7:3.
2. 고전 16:5-8; 아울러 딤후 4:21을 보라.
3. 눅 22:53.
4. 행 27:20, 31, 34, 43, 44, 28:1, 4.
5. 행 27:20.
6. 행 27:21-26.
7. 암 5:19.
8. 롬 15:6-7.
9. Josephus, *Antiquities* 17.219-249; *Jewsih War* 2.80-100.
10. 눅 19:11-27.
11. Tacitus, *Annals* 15.44.
12. Pliny, *Letters* 10.97.
13. 행 28:27.
14. 롬 10:1, 11:23, 25-26.
15. 행 28:31.
16. 행 1:8.
17. 클레멘스1서 5:6-7.
18. 딤후 1:16-18.
19. 딤후 4:13.
20. 딤후 4:6-8.
21. 딤후 4:10.
22. 딤전 1:3.
23. 딤전 1:20.
24. 고전 5:5.
25. 행 20:16.

15장 바울의 도전

1. 롬 4:25.
2. 고후 1:20, 롬 10:4, 갈 3:16, 롬 15:12.
3. 사 65:17, 66:22.
4. 엡 2:8-10.
5. 엡 1:10.
6. 엡 2:10.
7. 갈 2:19.
8. 빌 2:5.
9. 고후 10:5.
10. 빌 3:10.
11. 갈 2:19-20.
12. 롬 6:11.
13. 왕하 19:35; Herodotus, *Histories* 2.141.
14. 고전 15:10, 골 1:29.
15. 고후 6:12
16. Bernard Levin, *Enthusiasms*(New York: Crown, 1983), 195.
17. 롬 8:39.
18. 갈 4:4.
19. Tacitus, *Agicola* 30.6.

20. Galen, *Summary of Plato's Republic*, in Mary Beard, John North, and Simon Price, *Religions of Rome* (Cambridge: Cambridge University Press, 1998), 2.338.

21. 갈 2:10, 살전 4:9-10, 갈 6:10, 롬 12:15, 빌 2:15, 딛 2:14, 엡 2:10.

22. Babylonian Talmud Berakoth 61b; Jerusalem Talmud Berakoth 9:14b.

성경

색인

/

ㄹ

492-496, 523-526, 596-597,
637-639, 645-647
- 새 피조물인 메시아의 백성 473-
474
- 예수와 새 창조 101-103. 126-
130, 134-135, 140-142, 184-
185, 546-548
- 토라 안에 나오는 새 창조 47-48,
66-71
샴마이 71, 72
서기오 바울 192, 197, 202
성도덕 62, 402
성막 525
성문 밖 성 바오로 대성당 622
성전(첫 성전) 37, 45, 46, 48-52, 67,
68, 73-76, 88, 90-93, 95, 99,
100, 108, 128, 149, 168, 169,
225, 230, 253, 267, 360, 362,
400, 460-463, 466, 467, 474,
511, 528, 542, 557, 561-563,
566, 567, 572, 574, 576, 577,
580, 584, 588, 612, 638, 640,
642, 643, 646
성찬 408, 507
세군도 544
세네카 189, 617, 365, 488, 508,
667

세례 25, 103—106, 246, 289, 296,
388, 524597, 656,
세례 요한 160, 388-389
소바더 544
소크라테스 315, 320, 548, 684,
솔로몬 왕 48, 60, 35, 321, 327,
461, 671
수에토니우스 340
수전절 58, 66
수치 이력(cursus pudorum) 517
쉐마 기도 58, 69, 96, 140, 366,
404, 405, 428, 684
스데반 73, 75, 99, 121, 125, 168,
230
스토아 학파 31, 42, 43, 132 134,
316-318, 323, 328-330, 352,
488, 680
시내산 114, 116, 261
시므온 벤 코시바 179
시민권 423, 568, 660
《신들의 본성에 관하여》(키케로) 42
'신비' 전승 461
신실함(신실하심) 157-160, 242-243,
262-264, 517-518, 521-523
실라(실루아노) 280-282, 286, 289,
291-299, 301, 303, 305, 313,
341, 343, 359, 370, 424, 510

톰 라이트 N. T. Wright

시대를 선도하는 신약학자, 초기 기독교 역사에 정통한 역사가, 목회 현장과 성도들의 삶에 깊이 관심하는 사제다. 1948년 영국에서 태어나 옥스퍼드에서 수학하고(BA, DD) 케임브리지, 맥길, 옥스퍼드 대학교에서 신약성서학을 가르쳤으며, 웨스트민스터 참사회원 신학자이자 영국 성공회 더럼 주교를 역임했다. '기독교의 기원과 하나님의 문제'를 다룬 6부작 시리즈로 학계에 큰 영향을 끼치며 '역사적 예수 연구'와 '바울 신학' 분야의 독보적인 학자로 인정받았다. 《마침내 드러난 하나님 나라》, 《광장에 선 하나님》, 《이것이 복음이다》, 《혁명이 시작된 날》, 그리고 그리스-로마 세계 속에서 초기 기독교의 역사적, 문화적, 사회적 실체를 재구성한 역작 *The New Testament in Its World: An Introduction to the History, Literature, and Theology of the First Christians*(비아토르 출간 예정) 등 학문성과 대중성을 겸비한 저작을 왕성하게 내놓고 있다.

옮긴이 박규태

교회 사역에서 물러나 번역에 전념하고 있다. 번역한 책으로 《바울의 종말론》, 《성령: 바울 서신의 성령론》, 《바울과 팔레스타인 유대교》, 《바울》, 《두 지평》 등 50여 권이 있다.

바울 평전

톰 라이트 지음 | 박규태 옮김

2020년 5월 7일 초판 1쇄 발행
2024년 6월 25일 초판 5쇄 발행

펴낸이 김도완
등록번호 제2021-000048호
　　　　(2017년 2월 1일)
전화 02-929-1732
전자우편 viator@homoviator.co.kr

펴낸곳 비아토르
주소 서울시 종로구 삼일대로 428, 500-26호
　　　(우편번호 03140)
팩스 02-928-4229

편집 박명준
제작 제이오
제본 엔에스피티

디자인 임현주
인쇄 (주)민언프린텍

ISBN 979-11-88255-55-9 03230

저작권자 ⓒ 톰 라이트, 2020

이 도서의 국립중앙도서관 출판예정도서목록(CIP)은 서지정보유통지원시스템 홈페이지(http://seoji.nl.go.kr)와 국가자료종합목록시스템(http://www.nl.go.kr/kolisnet)에서 이용하실 수 있습니다.(CIP제어번호 : CIP2020015756)